Selling Berlin. Imagebildung und Stadtmarketing
von der preußischen Residenz bis zur Bundeshauptstadt

BEITRÄGE ZUR STADTGESCHICHTE
UND URBANISIERUNGSFORSCHUNG

----

herausgegeben von
Christoph Bernhardt
Harald Bodenschatz
Christine Hannemann
Tilman Harlander
Wolfgang Kaschuba
Ruth-E. Mohrmann
Heinz Reif
Adelheid von Saldern
Dieter Schott
Clemens Zimmermann

Band 6

Thomas Biskup / Marc Schalenberg (Hg.)

Selling Berlin

Imagebildung und Stadtmarketing von der
preußischen Residenz bis zur Bundeshauptstadt

Franz Steiner Verlag Stuttgart 2008

Gedruckt mit freundlicher Unterstützung
der Fritz Thyssen Stiftung

Bibliografische Information der Deutschen Nationalbibliothek
Die Deutsche Nationalbibliothek verzeichnet diese
Publikation in der Deutschen Nationalbibliografie;
detaillierte bibliografische Daten sind im Internet über
<http://dnb.d-nb.de> abrufbar.

ISBN 978-3-515-08952-4

Inhalt

DIE VERMARKTUNG BERLINS IN GEGENWART UND GESCHICHTE

Thomas Biskup/Marc Schalenberg

„In der gegenwärtigen Phase einer forcierten globalen Marktwirtschaft [werden] Stadtkulturen gezielt als distinkte Markenzeichen und ‚city brandings' geformt."[1] Dieser Befund des Wiener Kulturwissenschaftlers Lutz Musner erfaßt einen Themenkomplex, dessen Auswirkungen vielfältig zu spüren sind: von städtischen Infrastrukturprojekten und Festivals bis hin zu Websites und Bewerbungen um den begehrten Titel einer Kulturhauptstadt Europas. Lokalstolz und „Traditions"-Pflege sind dabei oft sekundär gegenüber handfesteren Bemühungen um öffentliche oder private Fördermittel, um eine feste Verankerung auf der touristischen und auf der (wirtschafts-)politischen Landkarte. Nicht anders als Personen und Institutionen aller Art scheinen Städte heute mehr denn je dazu aufgefordert, ein „Alleinstellungsmerkmal" nach außen zu kehren, sich offensiv und nicht gerade selbstkritisch zu „verkaufen". Seit den 1980er Jahren haben daher Metropolen, aber auch kleinere Städte oder ganze Regionen unter dem Label des „Stadtmarketing" Öffentlichkeitsarbeit und Standortwerbung betrieben, häufig eng verzahnt mit Wirtschaftsförderung und Stadtentwicklung. In vielfältigen Organisationsformen, die von Arbeitsgemeinschaften bis hin zu eigens geschaffenen Agenturen reichen können, agiert das so verstandene Stadtmarketing im Spannungsfeld von Politik, Verwaltung, lokaler Wirtschaft und Öffentlichkeit, zumeist orientiert an betriebswirtschaftlichen Konzepten und kommunalen Steuerungstheorien. Eine wissenschaftliche Aufarbeitung dieser Zusammenhänge erfolgte bisher am ehesten von Politologen, Wirtschaftswissenschaftlern und Tourismusforschern, oft mit dem deutlichen Bestreben einer Anwendung der Ergebnisse in der Praxis.

Zu fragen ist allerdings, ob die gegenwärtigen Profilierungsbestrebungen von Städten im Wettbewerb urbaner Zentren wirklich ein neues Phänomen, den Versuch einer Antwort auf die Globalisierung darstellen. Waren Städtekonkurrenzen und -vermarktungen in früheren, vermeintlich weniger von ökonomischer Konkurrenz gekennzeichneten Zeiten kein Thema? Um dies zu überprüfen, haben die Herausgeber des vorliegenden Bandes im Februar 2005 zu einer Tagung nach Berlin eingeladen, welche die „Vermarktung" des im deutschen Sprachraum durch seine Bevölkerungszahl, politische Bedeutung, aber auch historischen Brüche herausragenden urbanen Verkaufsobjekts in Geschichte und Gegenwart in den Blick nahm: der preußisch-deutschen Kapitale selbst, die als Residenz, Hauptstadt und als europäische Metropole in den vergangenen drei Jahrhunderten vielfältige Wandlungen erfahren hat.

---

1   *Lutz Musner*, Metropolen im Wandel – ein Forschungsschwerpunkt im Rückblick, in: IFKnow 2/2005, 6f., hier: 6.

Mit dem in der Krönung des brandenburgischen Kurfürsten Friedrich III. zum ersten König in Preußen 1701 gipfelnden Aufstieg der Hohenzollern in die erste Reihe der europäischen Dynastien stellte sich die Notwendigkeit, die neue Würde über die Haupt- und Residenzstadt – auch jenseits ihrer Grenzen – erfahrbar zu machen. Mußte der Krönungsakt aus diplomatischen Gründen im randständigen (ost-) preußischen Königsberg erfolgen, so war es vor allem das Einzugszeremoniell in Berlin, mit dem der Monarch einer weiteren höfischen Öffentlichkeit seinen neuerworbenen Rang vorführen wollte. Seither wurde die Stadt in vielfältiger Weise als Bühne genutzt: vom barocken Ausbau des Schlosses und der Anbringung von Königswappen auch auf anderen öffentlichen Gebäuden über die Umbenennung der wichtigsten Verkehrsachse Berlins in „Königstraße" bis hin zur Aufnahme königlicher Insignien in der damals als propagandistisches Leitmedium verwendeten Druckgraphik.[2] So sollte europaweit das Bild Berlins als nunmehr königlicher Residenzstadt geprägt werden. Beispiele wie dieses machen neugierig, ob und wie der Begriff des „Stadtmarketing" nicht auch in einer längeren historischen Perspektive heuristisch wertvoll sein könnte.

Gerade die Konzentration auf eine Stadt sollte es erlauben, über einen chronologisch bewußt breit angelegten und an signifikanten Beispielen haftenden Blick Aufschlüsse über langfristige Veränderungen – oder eben auch Konstanten – zu gewinnen. Bisher haben sie nicht im Mittelpunkt einer Forschung gestanden, die entweder Stadtbilder im engeren Sinne in Literatur und Kunst untersucht oder Stadtmarketing als aktuelles Management- und Verwaltungsphänomen begreift. Von kulturwissenschaftlicher Warte sind hier neben der bildenden Kunst und namentlich der Vedutistik vor allem Reiseberichte und die Großstadtliteratur der Moderne untersucht und die Genese allgemeingültiger Topoi wie Beschleunigung, räumliche wie soziale Unübersichtlichkeit und Anonymität herausgearbeitet worden.[3] Auf einzelne Städte bezogene Arbeiten hingegen beschränken sich häufig auf die Dokumentation von Darstellungen der Stadt in der Kunst oder in bestimmten deskriptiven Diskursen und verzichten auf eine weitergehende politisch-soziale oder mediale Kontextualisierung.

---

2 Deutsches Historisches Museum/Stiftung Preußische Schlösser und Gärten (Hg.), Preußen 1701: Eine europäische Geschichte. 2 Bde. Berlin 2001; *Goerd Peschken*, Das königliche Schloß zu Berlin, Bd. 1. München 1992; *Gerhild H.M. Komander*, Der Wandel des „Sehepunctes": Die Geschichte Brandenburg-Preußens in der Graphik vom 1648–1810. Münster/ Hamburg 1995.

3 Vgl. etwa jüngst: *David Midgley/Christian Emden/Catherine Keen* (Hg.), Imagining the City. 2 Bde. Frankfurt a.M./Bern 2006; *Hagen Schulz-Forberg*, London-Berlin. Authenticity, Modernity, and the Metropolis in urban travel writing from 1851 to 1939. Brüssel u.a. 2006; daneben: *Susanne Hauser*, Der Blick auf die Stadt. Semiotische Untersuchungen zur literarischen Wahrnehmung bis 1910. Berlin 1990; sowie vor allem im Hinblick auf frühneuzeitliche Veduten: *Wolfgang Behringer/Bernd Roeck* (Hg.), Das Bild der Stadt in der Neuzeit 1400–1800. München 1999; ergänzt durch: *Bernd Roeck* (Hg.), Städtebilder der Neuzeit. Die europäische Stadtansicht von den Anfängen bis zum Photo. Ostfildern 2006.

Die wissenschaftliche Literatur zum Stadtmarketing wird hingegen dominiert von ökonomischen Herangehensweisen, die funktions- und output-orientiert sind und auf methodischer Ebene zumeist nomothetisch-modellbildend operieren, nicht spezifisch kontextualisierend.[4] Auch von Architekten- und Stadtplanungsseite werden – mit klarem Fokus auf die Praxis – Strategien des Stadtmarketing bewußt eingesetzt und bedient.[5] Dagegen erfolgte eine historisch-kulturwissenschaftliche Auseinandersetzung mit dem Thema bislang vor allem im angelsächsischen Raum (und mit Fallstudien zu Großbritannien und Nordamerika). Insbesondere die Arbeit *Selling Places* des britischen Stadtplanungshistorikers Stephen Ward verdient Erwähnung, da sie verschiedene Typen und Epochen von „urban branding" und „boostering" untersucht.[6] Hier möchte der vorliegende Sammelband anknüpfen, indem er die Frage nach den historischen Dimensionen des Stadtmarketing auch für die deutsche Hauptstadt stellt, in der das Thema in den letzten Jahren nicht zuletzt aufgrund der desolaten wirtschaftlichen Situation eine kaum zu übersehende öffentliche Präsenz und Relevanz entfaltete.

Anders als beim Produktmarketing, das sich an der Kaufentscheidung der Konsumenten orientiert, handelt es sich bei Städten um ungleich komplexere politisch-soziale und kulturelle Gebilde, in denen widerstreitende Interessen nicht nur existieren, sondern ständig neu ausgehandelt werden, bevor sie möglicherweise in eine chiffrenhafte Selbstverständigung übergehen. Dies ist neuerdings für die Topoi „Elbflorenz" Dresden aus soziologischer und „Musikstadt Wien" aus kulturwissenschaftlicher Perspektive gezeigt worden.[7] So sehr städtische Images

---

4   Auf einem Projekt des Deutschen Instituts für Urbanistik in Zusammenarbeit mit der Bundesvereinigung City- und Stadtmarketing e.V. basiert der Band: *Florian Birk/Busso Grabow/ Beate Hollbach-Grömig* (Hg.), Stadtmarketing – Status quo und Perspektiven. Berlin 2006; daneben: *Bonita M. Kolb*, Tourism marketing for cities and towns: Using branding and events to attract tourism. Amsterdam 2006; *Christian Ebert*, Identitätsorientiertes Stadtmarketing: Ein Beitrag zur Koordination und Steuerung des Stadtmarketing. Frankfurt a.M. 2004; *Claudia Bornemeyer*, Erfolgskontrolle im Stadtmarketing. Lohmar 2002; *Maria Luisa Hilber/ Ayda Ergez/Christian Bock* (Hg.), Stadtidentität: Der richtige Weg zum Stadtmarketing. Zürich 2004; *Klaus Wolf/Elke Tharun* (Hg.), Stadt- und Regionalmarketing: Vermarktung von Stadt und Region? Vorträge eines Symposiums in Frankfurt am Main am 9. November 2001. Frankfurt a.M. 2002.

5   Urban Affairs (Hg.), City branding. Image building & Building images. Rotterdam 2002.

6   *Stephen V. Ward*, Selling places. The marketing and promotion of towns and cities, 1850– 2000. London 1998; daneben: *Gerry Kearns/Chris Philo* (Hg.), Selling places. The city as cultural capital, past and present. Oxford u.a. 1993. Andreas Daum gab zu bedenken, daß die postmoderne Erfahrung der „growing power of visual imagery and marketing strategies in our society" nicht unbesehen auf frühere Epochen projiziert werden sollte, in denen die nationale Dimension von (Haupt-)Städten stärker ausgeprägt gewesen sei; *Andreas W. Daum*, Capitals in Modern History. Inventing Urban Spaces for the Nation, in: Ders./ Christof Mauch (Hg.), Berlin – Washington, 1800–2000. Capital Cities, Cultural Represen-tation, and National Identities. Cambridge u.a. 2005, 3–28, hier: 19. Freilich könnte es interessant, ja nötig sein zu untersuchen, wie diese „nationale" Dimension ihrerseits visualisiert und plausibilisiert, eben „verkauft" wurde.

7   *Gabriela B. Christmann*, Dresdens Glanz, Stolz der Dresdner. Lokale Kommunikation, Stadtkultur und städtische Identität. Wiesbaden 2004; *Martina Nußbaumer*, Musikstadt Wien. Die Konstruktion eines Images. Wien u.a. 2007.

von Machtverhältnissen und gezieltem Lobbying abhängen, können sie, einmal definiert und rezipiert, auch in gleichsam verselbständigter Form tradiert werden. Eine derartige Reduktion von Komplexität scheint für „Stadtmarketing" nicht nur interessant, sondern sogar notwendig zu sein.[8] Die Bildung, Kommunikation und Tradierung von Images kann mithin von gezielten Neuschöpfungen bis zur unhinterfragten Weitergabe reichen.

Indem in diesem Band der Aushandlungscharakter städtischer Images in den Vordergrund gestellt wird, soll an neuere Untersuchungen zur Kommunikations- und Symbolgeschichte angeknüpft werden, wie sie insbesondere von der Mittelalter- und Frühneuzeitforschung vorangetrieben worden sind. Hier wird symbolische Kommunikation nicht als bloße Diffusion herrschaftlicher, religiöser oder sozialer Zeichen gefaßt, sondern Gesten und Gebärden, rituelle Handlungen und Zeremoniell werden als Ergebnisse komplexer Auseinandersetzungen verstanden, in denen die teilnehmenden Akteure ihre jeweiligen Interessen mit Blick auf ein spezifisches Publikum („Öffentlichkeit") zum Ausdruck zu bringen suchen.[9] Durch die Ausdehnung der Perspektive bis ins 18. Jahrhundert zurück möchte dieser Band somit auch eine Intensivierung des Dialogs zwischen der Frühneuzeitforschung und der neuesten Geschichte anregen.

Dabei geht es nicht um eine umfassende, gar lineare Geschichte des Berliner Stadtmarketing, etwa im Sinne einer in gegenwärtigen Stadtmarketingstrukturen gipfelnden „Professionalisierung".[10] Vielmehr sollen unter dem Begriff des „Selling" verschiedene Themenfelder wie Architektur und Fremdenverkehr, literarische Stadtbeschreibungen und Repräsentation politischer Systeme, Kommunikation und Inszenierungen im öffentlichen Raum zusammen geführt werden, um „city branding" nicht nur in einem technisch-gegenwartsbezogenen, sondern in einem umfassenden historisch-kulturwissenschaftlichen Sinne zu beleuchten, der

---

8   „The place is packaged and sold as a commodity. Its multiple social and cultural meanings are selectively appropriated and repackaged to create a more attractive place image in which any problems are played down"; *Ward*, Selling Places (wie Anm. 6), 1.

9   Dazu grundlegend: *Gerd Althoff*, Rituale – symbolische Kommunikation: Zu einem neuen Feld der historischen Mittelalterforschung, in: Geschichte in Wissenschaft und Unterricht 50 (1999), 140–154; *Barbara Stollberg-Rilinger*, Zeremoniell, Ritual, Symbol: Neue Forschungen zur symbolischen Kommunikation in Spätmittelalter und Früher Neuzeit, in: Zeitschrift für historische Forschung 27 (2000), 389–405.

10   In diesem Punkt drückt sich womöglich der längere Atem aus, den das Zurückgehen vor die Zeitgeschichte nahelegt. Die Herausgeber eines Themenbandes zu „Stadtbilder und Stadtrepräsentationen", der sich empirisch dem 20. Jahrhundert zuwendet, wollen Stadtmarketing verstanden wissen als „institutionalisierte Herstellung von Stadtbildern zum Zweck der positiven Imagebildung"; *Sandra Schürmann/Jochen Guckes*, Leitartikel: Stadtbilder – städtische Repräsentationen, in: Informationen zur modernen Stadtgeschichte 1/2005, 5–10, hier: 6. In Berlin erfolgte der entscheidende Übergang zu einem professionalisierten Stadtmarketing während der Weimarer Republik; vgl. hierzu, mit interessantem Bildmaterial, den Ausstellungskatalog: Berlin wirbt! Metropolenwerbung zwischen Verkehrsreklame und Stadtmarketing 1920–1995. Berlin 1995; sowie den Beitrag von *Daniel Kiecol* in diesem Band und ausführlicher das Kapitel Berlin und der Tourismus, in: Ders., Selbstbild und Image zweier europäischer Metropolen. Paris und Berlin zwischen 1900 und 1930. Frankfurt a.M. 2001, 106–165.

anstelle von künstlerischen oder medialen Genres von imagebildenden Akteuren ausgeht. Den nachfolgenden Beiträgen liegt die These zugrunde, daß die Vermarktung von Städten über „Images" erfolgt, die sich zumeist an konkreten Objekten festmachen, welche wiederum von benennbaren Personen oder Gruppen über bestimmte Medien nach außen getragen werden und sich auf einem Markt mit sehr verschiedenen Konsumenten bewähren müssen. Ausdrücklich soll der Einsatz von Berlin-Images von verschiedenen Seiten beleuchtet werden; neben bis heute präsenten werden auch weniger langfristig verankerte in den Blick genommen, um vorschnellen Generalisierungen und Theoretisierungen vorzubauen.

Deutlich wird in den Beiträgen, daß die jeweilige politische Situation einen entscheidenden Anteil an der Imagebildung besaß. Berlins Aufstieg von einer durchschnittlich bedeutsamen Residenzstadt in ökonomisch wie kulturgeographisch eher marginaler Lage zur nationalen Hauptstadt und europäischen Metropole wäre ohne flankierende Werbung für seine „Mission" und Vorzüge nicht denkbar gewesen. Zugleich wird ersichtlich, daß Berlin nicht erst in der Konkurrenz der politischen Systeme während des Kalten Krieges, sondern bereits seit dem 18. Jahrhundert für die aufsteigende Großmacht Brandenburg-Preußen sowie nach 1871 für das Deutsche Reich und seine bestimmenden Akteure als „Schaufenster" und Bühne für politische Inszenierungen diente, die jedoch selbst immer wieder umstritten waren. So läßt sich die Inanspruchnahme der Stadt als Projektionsfläche nationaler Ambitionen bis in eher unerwartete Felder wie die Debatten über Lichtreklame in der Weimarer Republik hinein verfolgen.[11] Dennoch sollte die intensive Produktion und Nutzung von Berlinbildern durch oder für die Politik nicht zu einer staatszentrierten Sicht auf die Imagebildung verleiten. Vielmehr sind Deutungsangebote und -konkurrenzen zu untersuchen, denen die Konstruktion von Stadtbildern durch Institutionen und Gruppen mit ganz unterschiedlichen Interessen in den konkreten historischen Umständen unterlag.[12]

Auch die rund zwei Jahrzehnte seit dem Mauerfall standen im Zeichen umkämpfter Berlin-Images.[13] Die euphorischen Erwartungen der frühen 1990er Jahre

11 *Stefan Haas*, Visual Discourse and the Metropolis: Mental Models of Cities and the Emergence of Commercial Advertising, in: *Clemens Wischermann/Elliott Shore* (Hg.), Advertising and the European City. Historical Perspectives. Aldershot 2000, 54–78, hier: 68.

12 Staatlich gelenkte Propaganda spielt in diesem Band, abgesehen von *Robert Graf*s Beitrag, eine untergeordnete Rolle. „Images" und „Marketing" scheinen analytisch geeigneter, Werbung für die Stadt unter verschiedenen politischen Systemen zu erfassen. Ob der unlängst vorgeschlagene, sich in Richtung Sozial- und Kulturgeschichte öffnende Begriff der „Propageme" sich durchzusetzen vermag, bleibt abzuwarten; *Rainer Gries*, Zur Ästhetik und Architektur von Propagemen. Überlegungen zu einer Propagandageschichte als Kulturgeschichte, in: *Ders./Wolfgang Schmale* (Hg.), Kultur der Propaganda. Bochum 2005, 9–35.

13 Dies ging offenbar mit einer generell veränderten Diskurslogik einher. Aus literaturtheoretischer Sicht ist in einem 1997 verfaßten Essay die These vertreten worden, daß der auf Investoren und Touristen abzielende „Image"-Diskurs in den 1990er Jahren den in den 1970er und 80er Jahren vorherrschenden, kritischeren und an Theoriefragen orientierten „Text"-Diskurs abgelöst hätte; *Andreas Huyssen*, The voids of Berlin, in: *Ders.*, Present pasts. Urban palimpsests and the politics of memory. Stanford/Cal. 2003, 49–71, hier: 50. Zu Berlin als „Palimpsest" vgl. auch den Beitrag von *David Midgley* in diesem Band.

für die Perspektiven der Stadt gehören endgültig der Vergangenheit an und wurden durch das Lamento über die nicht zuletzt von der Kommunalpolitik verschärfte ökonomische Misere abgelöst. Dem Image Berlins als trendiger Stadt – vom Regierenden Bürgermeister Klaus Wowereit auf die griffige und zuletzt gerne persiflierte Formel „arm, aber sexy" gebracht – mußte das nicht zwangsläufig abträglich sein, wofür etwa die Kür zur „Stadt des Designs" durch die UNESCO im Herbst 2005 ein Indiz ist. Doch Metropolenträume, wie sie im Kollhoffplan für den Alexanderplatz (1993) ihren vielleicht sprechendsten Ausdruck fanden, erscheinen im Rückblick eher hybrid. Von Berlin als „global city", diesem im Anschluß an Saskia Sassens Arbeiten vieldiskutierten Begriff, spricht heute allenfalls noch die Modebranche.[14] Projekte wie die im August 2006 von der Fachhochschule für Technik und Wirtschaft organisierte Ausstellung „Bärenstark: Produkte aus Berlin", das Alternativ-Kaufhaus „ausberlin" an der Karl-Liebknecht-Straße und das Kleider und Accessoires mit Berlinbezug anbietende Geschäft „berlinomat" an der Frankfurter Allee[15], machen deutlich, wie im modenahen Konsumsegment mit Berlin assoziierte Vorstellungen von urbaner, aber ortsspezifischer „Hipness" genutzt werden können, um Produkte auch außerhalb Berlins zu verkaufen. Trotzdem dürfte die deutsche Hauptstadt auf absehbare Zeit weder ein ernst zu nehmendes Wirtschafts- und Finanzzentrum werden noch verfügt sie über die sozialen und kulturellen Voraussetzungen, sich offensiv auf den transnationalen Kapitalismus einzulassen. Die oft erörterte „Subventionsmentalität" (in Ost- wie in West-Berlin) und der eminente „Kiezbezug" der einheimischen Bevölkerung sind nur zwei Symptome einer – bei aller prinzipiellen Offenheit und Notwendigkeit, sich mit „Fremdem" auseinander zu setzen – Tendenz zu lokaler Introspektion.

Als „Glokalisierung" sind wohl auch diejenigen Versuche zu verstehen, welche Berlin oder gar einzelne Stadtteile gleichsam kameralistisch als geschlossenen oder zumindest spezifisch akzentuierten Wirtschaftsraum aufzubauen trachten. Damit sind nicht so sehr Objekte mit identitätsstiftendem Potenzial wie „Berlin"-T-Shirts oder die auf Außenwirksamkeit bedachten und zeitweise als „Botschafter" ausgesandten Buddy Bears gemeint, sondern eher Aktionen wie die Einführung des „Berliner" als Zahlungsmittel in Geschäften im Prenzlauer Berg. Hier werden Nischen innerhalb der globalisierten Weltwirtschaft eingerichtet, die sich partiell mit der nicht immer ironisch grundierten Nostalgie für DDR-Produkte überschneiden und wenigstens zum Teil Ausdruck neuerlicher Vorbehalte gegen einen allzu weitgehenden „Freihandel" sind. Diese sind freilich für die vormalige preußische Residenz und deutsche Reichshauptstadt, in der dem Militär und staatlicher Regulierung aller Art (inklusive einer ebenfalls staatlich getragenen Wissenschaft und Kultur) über weite Teile ihrer Geschichte höhere Bedeutung beigemessen wurde als Handel und wirtschaftlicher Dynamik, nichts wirklich

---

14   Etwa beim „Global City Fashion Festival", das vom 19. –21.8.2005 um den Kurfürstendamm herum stattfand. Zu dieser Debatte: *Erwin Riedmann*, Global City Berlin? Illusionen und die Ironie der Geschichte, in: dérive. Zeitschrift für Stadtforschung 20 (2005), 34–37.
15   www.ausberlin.de/index.php?id=10; www.berlinomat-shop.com

Neues. Im übrigen trifft das auch auf die Erfahrung kurz vor dem Bankrott stehender kommunaler Finanzen zu, die Berlin immer wieder machen mußte.

Ist Stadtmarketing in Berlin mithin nicht in einem breiten gesellschaftlichen Konsens verankert, so stellen sich bei seiner Untersuchung umso mehr die Fragen „wer verkauft?" „was? (also was für ein Berlin-Bild)" und „an wen?" Diese Betonung der Akteurs- und Bildproduzentenebene zielt in unserem Kontext weniger auf „aktuelle urbane Praxen", wie sie kürzlich aspektreich aus ethnologischer Sicht entfaltet wurden,[16] als vielmehr auf die Frage, wer was als berlintypisch zu definieren und gezielt nach außen zu tragen vermochte, zum Teil über die Köpfe der Berliner hinweg. Die Vermarktung Berlins als kommunikativer Akt war und ist schließlich immer auch die Instrumentalisierung der Stadt und/oder einzelner ihrer Bestandteile durch verschiedene Akteure. Analytisch sinnvoll erscheint dabei die Aufteilung in:

1) die „offizielle" politische Ebene, die von den Stadtbezirken über die Kommunal- bzw. Landespolitik, preußische und deutsche Regierungsinstitutionen bis hin zu den Besatzungsmächten reichen kann;
2) bürgerschaftliches oder wirtschaftliches Engagement, das sich grundsätzlich im Einklang mit dem bestehenden politischen System um die Propagierung eines positiv besetzten Berlinbildes bemüht;
3) eine kritische bzw. oppositionelle Auseinandersetzung mit der Obrigkeit, gepaart mit dem Bemühen um Alternativen.

1) Die Zentralität der Rolle Berlins als Residenz- und Hauptstadt wird aus den vielfältigen Beispielen deutlich, mit denen es für das jeweilige politische Regime werbend genutzt wurde. Hervorzuheben ist in diesem Zusammenhang die auch institutionell bis weit ins 20. Jahrhundert hinein dominierende Rolle des preußischen Staates sowie später der nationalsozialistischen Reichsregierung und der Besatzungsmächte, die kommunale Belange weitgehend überlagerte. Dieses Bestreben tritt in ganz unterschiedlichen Ausprägungen zu Tage: im frühen 18. Jahrhundert bei den modellhaft „rationalen" Erweiterungen der Residenz des neuen Königreiches, die Melanie Mertens am Beispiel der Barockpalais untersucht; im Vormärz an den im Beitrag von Marc Schalenberg behandelten Vasen der Königlichen Porzellan-Manufaktur, die ein unter monarchischen Vorzeichen geordnetes Berlin präsentieren; oder im Umfeld der 750-Jahr-Feierlichkeiten in der behördlich sanktionierten „Kritischen Rekonstruktion" der Stadt, wie sie Hendrik Tieben näher analysiert. Diese Form des systeminspirierten Stadtmarketing baute zumeist auf bereits bestehenden Vorstellungen dessen auf, was Berlin sein sollte, lief gerade deswegen aber immer auch Gefahr, als konventionell und wenig zukunftsweisend wahrgenommen zu werden.

---

16 *Alexa Färber*, Vom Kommen, Bleiben und Gehen: Anforderungen und Möglichkeiten urbaner Praxis im Unternehmen Stadt. Eine Einleitung, in: Dies. (Hg.), Hotel Berlin. Formen urbaner Mobilität und Verortung. Münster 2005, 7–20, hier: 7.

An den sich ab dem späten 19. Jahrhundert unter dem griffigen Schlagwort „Museumsinsel" vermarktenden staatlichen Museen kann Tilmann von Stockhausen jedoch zeigen, wie die als Forum königlicher Repräsentation begründeten Sammlungen sich über besondere Imagebildung eine eigenständige Rolle im urbanen Gefüge zu schaffen suchten. Die Nutzung der Hauptstadt als Bühne politischer Inszenierungen war keine obrigkeitliche Einbahnstraße. Nicht nur während der von Christian Saehrendt untersuchten Weimarer Republik waren Konflikte um die symbolische Deutungshoheit in der Hauptstadt an der Tagesordnung: Auch die „absolutistische" preußische Monarchie mußte sich, wie Daniel Schönpflug herausstellt, in einem lokalen Interessengeflecht durchsetzen, und selbst nach 1933 zeigten die Nationalsozialisten in der Ausgestaltung populärer Massenveranstaltungen im „roten Sündenbabel" erhebliche Flexibilität, wie Robert Graf betont; ihre architektonisch eher konventionellen, aber ins Gigantische gesteigerten Pläne, Berlin als „Welthauptstadt Germania" auch architektonisch von Grund auf neu zu gestalten, wurden gar nicht erst öffentlich gemacht.

Aus der Zeit der Blockkonfrontation datiert auch die wohl weitestgehende Vereinnahmung Berlins (als „Frontstadt der freien Welt" bzw. „Hauptstadt der DDR") für in Washington und Moskau zu lokalisierende Zwecke. Daß dies auch eine Internationalisierung gegenüber der vorausgegangenen Zeit des Nationalsozialismus bedeutete, zeigen am Beispiel der am Wiederauf- und Umbau der beiden Stadthälften beteiligten Architekten und der in ihnen propagierten Konsumgüter die Beiträge von Stephanie Warnke und Alexander Sedlmaier. Daran anknüpfend wäre auf kulturpolitische Initiativen wie die von den Amerikanern ins Leben gerufene „Berlinale" (1951) hinzuweisen.

Zwischen preußisch-deutschem Staat und weltpolitischer Systemkonkurrenz einerseits sowie partikularen wirtschaftlichen, sozialen und politischen Interessen andererseits artikulierte die kommunale Ebene selbst nur langsam, und durch politische Umbrüche immer wieder unterbrochen, eine eigenständige Rolle in der Imagebildung: Auch die Einrichtung einer Berliner Fremdenverkehrsstruktur vor dem Ersten Weltkrieg war, wie Daniel Kiecol zeigt, zunächst der Initiative einzelner zu verdanken und wurde erst in den 1920er Jahren in städtische Kontrolle überführt. Umfassendere Imagekampagnen kamen nach dem Zweiten Weltkrieg erst spät wieder auf und gipfelten in den 1990er Jahren in der in enger Zusammenarbeit von Senat und Stadtmarketingagentur entwickelten „Schaustelle Berlin". Der damals an entscheidender Stelle beteiligte Volker Hassemer blickt in seinem unverändert engagierten Essay auf die damaligen Herausforderungen und Ziele zurück.

Bemerkenswert ist, daß in den beiden hier untersuchten Phasen des kommunal verantworteten Stadtmarketing sowohl die Berliner Stadtverwaltung der Zwischenkriegszeit als auch die in den 1990er Jahren verantwortlich zeichnenden „Partner für Berlin" die Stadt weniger als deutsche Hauptstadt denn als eine explizit moderne, durch beschleunigte und technisierte Urbanität charakterisierte Weltmetropole auf der globalen Fremdenverkehrskarte zu etablieren suchten. Dies ließe sich auch für die Image-Ebene als ein Emanzipationsversuch der kommunalen Ebene von staatlich-repräsentativen Zuschreibungen lesen. Unterdessen macht Hassemer für die Nachwendezeit auch deutlich, wie sehr die von ihm mitbetriebene Betonung des Neuen (gerade jenseits der besonders von ausländischen Touristen nachgefragten Spuren von Nationalsozialismus und Mauerbau) die Berliner selbst für den Umbau der Stadt zu gewinnen suchte.

2) Die Nutzung bestehender Vorstellungen läßt sich tendenziell auch für ein zivilgesellschaftliches oder wirtschaftliches Engagement feststellen, das Berlinbilder gezielt innerhalb des bestehenden politischen und wirtschaftlichen Systems einsetzte. Die von Thomas Biskup untersuchten Persönlichkeiten der Berliner Aufklärung, ähnlich denjenigen im eine Generation später in Berlin gegründeten Verein zur Förderung des Gewerbefleißes in Preußen, wollten das Gemeinwohl auf dem Weg (staats)bürgerschaftlicher Initiativen, aber im Einklang mit der politisch maßgeblichen Monarchie voranbringen. Die in Katja Zelljadts Beitrag vorgestellten „Erfinder" von Alt-Berlin suchten Inspiration in einer idealisierten Vergangenheit, die den Problemen der modernen Großstadt nicht kritisch begegnete, sondern ihnen die heimelige Einheit von Volk und Herrscher in einer pseudomittelalterlichen Kleinstadtidylle entgegensetzte. Die von Sybille Frank ins Visier genommenen Projektentwickler von Daimler und Sony suchten nach 1989 aus Eigeninteresse die Schwachstellen staatlicher und städtischer Entscheidungsprozesse auszunutzen, in der Ausgestaltung ihrer Pläne aber von bestehenden und gänzlich unkritisch gewendeten Bildern („erste Verkehrs-Ampel Deutschlands") zu profitieren. Thomas Albrecht zeigt demgegenüber aus der Binnenperspektive des an damaligen Entscheidungsprozessen Beteiligten, wie Vorstellungen der vielzitierten „europäischen Stadt" an ökonomischen Interessen und städtebaulichen Vorgaben ausgerichtet wurden.

Auch heute werden gängige Berlin-Images sowohl von international operierenden Konzernen als auch von Privatpersonen unkritisch beschworen. Zu erinnern wäre etwa an den Gebrauch von Berlin-Clichés seitens internationaler Hotelketten oder daran, daß in den letzten Jahren auffällig viele auswärtige Sammler zeitgenössischer Kunst wie Rolf Hoffmann, Friedrich Christian Flick oder Christian Boros bestehende Räume in Berlin-Mitte für die Inszenierung ihrer Sammlungen ausgewählt haben, das wieder gewonnene Image Berlins als Nabel der Moderne nutzend.

3) Zur Imagebildung beigetragen haben jedoch auch immer wieder den Obrigkeiten zuwiderlaufende Vorstellungen. So wendet Heinrich Heine in seinen von Esther Kilchmann untersuchten Korrespondentenartikeln den Blick von der repräsentativ-bürgerlichen Biedermeierresidenz, wie sie auf den bereits erwähnten KPM-Vasen ins Bild gesetzt wird, auf die Massen unterprivilegierter Berliner, deren roher Charme hier sogar bei Gelegenheit monarchischer Inszenierungen ein revolutionär-bedrohliches Potential erhält. Jahrzehnte später wird der in den in diesem Band nicht thematisierte Heinrich Zille das „Milljöh" der Berliner Arbeiterkieze in bis heute präsente satirische Bilder fassen. Der Germanist David Midgley zeigt in seinem übergreifenden Essay zur Gedächtnislandschaft Berlin, wie es die von Heine eingeführte Figur des Flaneurs erlaubt, bis in die Gegenwart

hinein die Imagebildung als Zusammenspiel von subjektiven, offiziell gepflegten und inoffiziell überlieferten Elementen zu erfahren.

Unterdessen machen die Historiker Peter Fritzsche und Jan Rüger in ihren quellennahen Fallstudien deutlich, wie nach 1900 die Beschleunigung der jenseits behördlicher Kontrollmechanismen eine eigene Dynamik entwickelnden Groß-stadt eine Massenkultur produziert, die auch der kritischen Auseinandersetzung mit den Behörden des Kaiserreiches neue Räume eröffnet; der „Berliner Humor" ließ sich, so Rüger, selbst im Ersten Weltkrieg nur schwer propagandistisch im Sinne der Reichsleitung domestizieren. Wie Alexander Sedlmaier anmerkt, konnte um 1980 die auf westdeutsche Touristen zielende Werbekampagne der „Amüsier-hauptstadt" durch Verweis auf eine inzwischen überregional bekannte Alternativ-szene lächerlich gemacht werden. Deren besonders prägnanter Ausdruck war die Punkszene mit ihrer polarisierenden Mischung aus abstoßender Okkupation des öffentlichen Raums und anziehender Partizipation an der metropolitanen Off-Kultur. Auf diese wird im Band nicht näher eingegangen, doch die fortdauernde Bedeutung der „Szenekultur" für die Imagebildung der 1990er Jahre wird in Alexa Färbers Beitrag ersichtlich, der herausstellt, daß sich sogar das Scheitern konven-tioneller Karrierewege als ganz eigenes Berliner Erfolgsmodell verkaufen läßt.

Tatsächlich ragt unter den Images, die Berlin anheften bzw. angeheftet werden, wohl dasjenige der chronisch unfertigen, „immer werdenden" Stadt für den von uns untersuchten Zeitraum heraus. Daß es von Karl Scheffler 1910 zwar einprägsam formuliert wurde, in der Sache aber durchaus schon vorher existierte, demonstrieren in diesem Band unter anderem die Beiträge von Melanie Mertens und Thomas Biskup.[17] Die rhetorische Aufwertung des „Neuen Berlin", wie sie nach der Wiedervereinigung intendiert wurde, geht wesentlich auf die Kampagnen eines professionalisierten Stadtmarketing zurück; dagegen entstammte der Topos in früheren Zeiten, als er namentlich in der Reise- und Essay-Literatur kursierte, weniger einem kommunalen Vermarktungsinteresse – wiewohl die für die Stadt von einem Schweizer Schriftsteller diagnostizierte „avidité d'avenir"[18] auch zur Mitte des 19. Jahrhunderts manchen Zeitgenossen angelockt haben mag.

Weitere prägende Images umfassen etwa das hauptstädtische, offiziell-repräsentative Berlin, wie es sich um die „große Politik" des Königs und des Hofstaats, des Parlaments und der Botschaften, des (Reichs- bzw. Bundes-) Kanzleramts und der Grand Hotels darbietet; das zerrissen-extreme Berlin, als Ort physischer Gewalt und Spielfeld totalitärer Ideologien; das bodenständig-ehrliche „Zille"-Berlin, das kein Blatt vor den Mund nimmt und unter seiner nüchtern-rauhen Schale eigentlich gutmütig ist; das „freie" Berlin, metropolitan, anti-

17 Bei Scheffler einsetzend, vorwiegend auf bekanntere Schriftsteller und publizistische Inter-ventionen eingehend: *Ilona Stölken-Fitschen*, Das Neue Berlin. Bilder der immer werdenden Stadt, in: *Thomas Stamm-Kuhlmann/Jürgen Elvert/Birgit Aschmann/Jens Hohensee* (Hg.), Geschichtsbilder. Festschrift für Michael Salewski zum 65. Geburtstag. Stuttgart 2003, 642–661. Zur Gedächtnislandschaft und -politik nach 1989 aus „geo-ethnographischer" Sicht: *Karen E. Till*, The New Berlin. Memory, Politics, Place. Minneapolis, MN/London 2005.

18 *Henri-Frédéric Amiel*, Berlin au printemps de l'année 1848. Genf 1849; zit. nach: www.amiel.org/atelier/oeuvre/editions/berlin1848.htm, 1.

spießig und libertinär, in dem jeder nach seiner Façon glücklich werden kann; oder das „schräg"-szenige, kreative Berlin, das provoziert, animiert und neue Lebensstile definiert, sei es in den arkanen Logen des späten 18. oder in den nomadenhaften Clubs des späten 20. Jahrhunderts.

Schon diese unvollständige Auflistung verdeutlicht, wie sehr Stadtimages kulturelle Konstrukte sind, die meist interessengeleitet und unter spezifischen Bedingungen eingesetzt werden. Sie schematisieren oder gar quantifizieren zu wollen, wäre allenfalls auf der Grundlage einer erheblich größeren Anzahl von Fallstudien möglich (und selbst dann noch problematisch). Da es hier indes nicht primär um eine „ideengeschichtliche" Reifizierung derartiger Images geht, dürfte ihr je konkreter Einsatz, wie er in den nachfolgenden Aufsätzen nachgezeichnet wird, einen geeigneteren Einstieg bieten. So wird deutlich, ein wie vielschichtiges, da von den verschiedensten Akteuren abhängiges und betriebenes Phänomen Stadtmarketing in diesem hier vorgeschlagenen, umfassenden Begriffsverständnis ist, das nur in seinem je spezifischen Kontext erfaßt werden kann.

Wollte man dennoch einige zentrale Entwicklungen für „Selling Berlin" herausstellen, so wäre zunächst darauf hinzuweisen, daß bereits seit der Frühen Neuzeit Imagebildung von verschiedenen Institutionen, Korporationen und Gruppen betrieben wurde, deren Kreis sich im 19. Jahrhundert allmählich erweiterte. Um 1900 mündete sie in eine Institutionalisierung des Stadtmarketing, welche über die Centralstelle für den Fremdenverkehr Groß-Berlins und das Ausstellungs-, Messe- und Fremdenverkehrsamt der Stadt Berlin zur heutigen Organisationsform der „Berlin Partner" geführt hat. Sie ist zwar weiterhin vom Senat abhängig, trägt jedoch unter den skizzierten wirtschaftlichen Bedingungen nolens volens dazu bei, daß gegenüber der in früheren Perioden festzustellenden Dominanz des Staates und politischer Auseinandersetzungen heute ein Primat des Ökonomischen zu konstatieren ist: Stadtmarketing ist auf die Ansiedlung neuer Unternehmen und die Vergrößerung der Touristenströme gerichtet, die noch in den Fremdenverkehrskonzepten der 1920er Jahren nur eine Nebenrolle (gegenüber den Belangen der Messe) spielten.

Damit einher geht in dieser längeren Rückschau auch eine schrittweise Verbreiterung des Publikums und eine entsprechend veränderte Nutzung der Medien, wobei sich die zweite Hälfte des 19. und die zweite Hälfte des 20. Jahrhunderts als Zeiten beschleunigten Wandels herausgestellt haben: Die Hohenzollernmonarchie zielte vor allem auf das Publikum der europäischen Höfe, und die Berliner Aufklärer des 18. wie die Residenz-Bürger des frühen 19. Jahrhunderts agierten in einem eng umgrenzten Diskursfeld. Ab der zweiten Hälfte des 19. Jahrhunderts jedoch wurde Imagebildung zunehmend mit Blick auf den Massenkonsum vorgenommen, wie Katja Zelljadt und Peter Fritzsche bereits für das Kaiserreich zeigen. Die Fremdenverkehrsstrukturen hingegen waren noch in der Zwischenkriegszeit eher auf einzelne Geschäfts- und Luxusreisende ausgelegt, der Massentourismus wurde, wie Stephanie Warnke zeigt, erst nach dem Zweiten Weltkrieg ein Thema der Marketingakteure.

Unterdessen hat sich Berlin seit 1989/90, als durch fortschreitende Deindustri-
alisierung und Stellenabbau im öffentlichen Dienst sowie durch eine gewandelte
„symbolische Ökonomie" eine stärkere Konzentration auf Dienstleistungen unumgänglich wurde, erfolgreich als Touristenmagnet etabliert (nach Zahl der Übernachtungen immerhin als Nummer drei in Europa, nach London und Paris).
Politisch, ökonomisch und marketingstrategisch stand dahinter eine „tourism
coalition" aus privaten Investoren, Stadtregierung, Medien, Stadtmarketingfach-
leuten und Kulturinstitutionen, „geared towards the proactive expansion of urban
tourism in the city".[19]

Darüber hinaus avancierte die Umgestaltung und Umnutzung der deutschen
Hauptstadt zu einem bevorzugten Gegenstand für wissenschaftliche Studien und
das Feuilleton; ihr galt und gilt die Sorge vielfältiger Akteure, von studentischen
Projekten bis hin zu Kongressen von Stiftungen und Studien von regierungsamt-
lich eingesetzten Kommissionen. Angesichts der skizzierten Pluralisierung von
Images und Akteursinteressen, aber auch im Zuge der Fragmentierung und Auflösung von Forschungsinstitutionen liefen und laufen viele dieser Initiativen und
Untersuchungen bedauerlicherweise nebeneinander her; zudem scheint das gegen-
wärtige Berlin-Marketing selber eher an einem unkritischen Gebrauch von Berlin-
Images interessiert denn an deren historisch-kulturwissenschaftlicher Aufarbeitung.

Umso stärker wäre zu wünschen, daß die hier versammelten Beiträge dazu
beitragen, eine historisch fundierte Brücke zwischen Stadtforschung und neueren
Untersuchungen zu Symbolpolitik und Mythenproduktion zu schlagen. Der
begonnene Austausch zwischen Geschichtswissenschaft, Kunst- bzw. Architektur-
und Museumsgeschichte, Literaturwissenschaft, Ethnologie, Politologie, Soziologie und nicht zuletzt auch den Praktikern aus Stadtplanung und -politik könnte
mit Gewinn für alle Beteiligten fortgesetzt werden. Die Aufsätze dieses Bandes
laden jedenfalls ein zur weiteren Diskussion der These, daß „Stadtmarketing" in
der Sache eine längere (Vor-)Geschichte hat, als es die Verwendung des Begriffs
vermuten läßt; nicht erst einer konsum- und bildgeprägten Gegenwart wie der uns-
rigen ist es ein wichtiges Anliegen. Und gerade weil es sich wandelnden Rahmenbedingungen unterlag, offeriert es aufschlußreiche Einblicke in das historische
Umfeld (was vermutlich auch auf andere Fälle als Berlin zutrifft). Nicht zuletzt
deshalb sollte dieser Befund die Kulturwissenschaften ermutigen, „Marketing"
nicht allein den Wirtschaftswissenschaften zu überlassen.

---

19 *Hartmut Häussermann/Claire Colomb*, The New Berlin: Marketing the City of Dreams, in:
    Lily M. Hoffmann/Susan S. Fainstein/Dennis R. Judd (Hg.), Cities and Visitors. Regulating
    people, markets, and city spaces. Oxford 2003, 200–218, hier: 215.

Der besondere Dank der Herausgeber geht an die Beiträger zu diesem Band für ihr Engagement und ihre Geduld sowie an die Fritz-Thyssen-Stiftung (Köln) für die großzügige finanzielle Unterstützung bei der Realisierung dieses Bandes und der Ausrichtung der ihm vorangehenden Tagung „Selling Berlin" im Februar 2005.[20] Die Humboldt-Universität zu Berlin hat uns dafür dankenswerterweise Räumlichkeiten und weitere logistische Unterstützung gewährt. Schon frühzeitig zeigten die Herausgeber der Schriftenreihe Interesse für die Aufnahme dieses Bandes, wofür wir Ihnen ebenso danken möchten wie dem Franz Steiner Verlag (Stuttgart) und namentlich Herrn Harald Schmitt für die stets hilfreiche und professionelle Zusammenarbeit.

Hull/Zürich, im April 2007

---

20 Hierzu auch die Berichte von *Jochen Guckes* und *Jens Thiel* unter: hsozkult.geschichte.hu-berlin.de/tagungsberichte/id=734; sowie: *Stephanie Warnke*, History sells. Eine interdisziplinäre Tagung zur Geschichte der Berlin-Images, in: Informationen zur modernen Stadtgeschichte 1/2005, 121–124.

1. AMBITIONEN
IN DER RESIDENZSTADT

„UNSERN HIESIGEN RESIDENTZIEN ... IN MEHREREN FLOR UND ANSEHEN ZU BRINGEN": ZUR SPÄTEN BAU- UND KUNSTPOLITIK VON KÖNIG FRIEDRICH WILHELM I.

Melanie Mertens

Der Herrschaftsstil Friedrich Wilhelms I. wird im allgemeinen mit einem abrupten Niedergang auf dem Gebiet der Künste und Wissenschaften in Verbindung gebracht. Nach wie vor setzt die Forschung seinen Regierungsantritt in künstlerischer Hinsicht mit einem „Absturz in die Barbarei" gleich.[1] Bei genauerer Betrachtung läßt sich diese Einschätzung nicht aufrecht erhalten, fällt doch eine der bedeutendsten architektonischen Leistungen des brandenburg-preußischen Barock in die Regierungszeit dieses Königs. In der kurzen Zeitspanne zwischen 1733 und 1738 entstanden 34 Stadtpaläste mit großzügigen Gartenanlagen, die einen hohen repräsentativen Anspruch offenbaren. Alle wurden durch baupolitische Maßnahmen Friedrich Wilhelms I. initiiert und in hohem Maße mit landesherrlichen Mitteln finanziert. Die meisten von ihnen waren im neu angelegten, westlichen Erweiterungsgebiet der Friedrichstadt räumlich vereint und bildeten ein abgeschlossenes Quartier.

Wie läßt sich dieses großzügige Unternehmen mit dem Bild eines Monarchen vereinen, als dessen hervorstechendste Eigenschaft äußerste Sparsamkeit unter größter Beschränkung auf das Unentbehrliche galt? Die Beweggründe wurzeln auch bei diesem König, so sehr er sich von seinen Vorgängern und Konkurrenten abzuheben bemühte, in der Notwendigkeit, unter seinen Standesgenossen als ebenbürtig wahrgenommen zu werden. Das Stadtbild Berlins empfahl sich dabei aufgrund seiner darstellerischen Möglichkeiten und seiner Fern- und Breitenwirkung als besonders leistungsfähiges Instrument. So ließ es sich Friedrich Wilhelm I. im zweiten Dezennium seiner Regentschaft angelegen sein, sein bis dahin im wesentlichen auf das Militärische konzentriertes Medienkonzept um die attraktive Sparte baulicher Repräsentation zu ergänzen. Dieser Schritt ist das Ergebnis einer längeren Entwicklung, die in den folgenden Ausführungen nachgezeichnet werden soll.

I. Voraussetzungen

Als Friedrich III./I., Kurfürst von Brandenburg und erster König in Preußen, am 25. Februar 1713 starb, hinterließ er eine Residenz, deren architektonische Reize, künstlerische Leistungen und wissenschaftliche Institutionen weit über die Gren-

---

1 *Helmut Börsch-Supan*, Friedrich Wilhelm I. und die Kunst, in: *Friedrich Beck/Julius H. Schoeps* (Hg.), Der Soldatenkönig. Friedrich Wilhelm I. in seiner Zeit. Potsdam 2003, 207–230, hier: 207.

zen seines Landes hinaus gerühmt wurden. Vor allem die Bauwerke, die Friedrich in und um Berlin errichten ließ, spiegelten in den Augen der Zeitgenossen seinen Anspruch als „statori artium liberalium"[2] und „PACIFICUS, qui Sceptra in pace capessivit"[3] umfassend wider. Der irische Freidenker John Toland, der Berlin 1702 besuchte und ein differenziertes Porträt des Königs und seiner Residenz entwarf, bekräftigte, man werde „die Gerechtigkeit und Klugheit König Friedrichs [...] an keinem orte in größerm glantz und scheine [zu sehen bekommen]/ als in seiner ordinair-residentz zu Berlin". [4] In der Tat hatte diese unter Friedrich eine große Anzahl bedeutender Schöpfungen erhalten, die bei anderen, auf diesem Feld konkurrierenden Herrschern und in der europäischen Architektenschar auf großes Interesse stieß. So unternahm der polnische König August der Starke 1703 bemerkenswerte Anstrengungen, um der Grundrisse des Berliner Stadtschlosses von Andreas Schlüter habhaft zu werden.[5] Kaiser Leopold I. betonte in einem Empfehlungsschreiben an Friedrich I. für seinen Hofarchitekten Johann Bernhard Fischer von Erlach im Jahr 1704 dessen „sonderbahres verlangen [...] Euer Liebden Hof- und berühmte gebäu, auch andere in seine profession laufende sehenswürdige sachen zu besichtigen" und erbat „solcher seiner nicht unlöblicher curiosität ein genügen zu leisten".[6] Auch anderen Architekten empfahl sich Berlin aufgrund seines regen Baugeschehens als Station ihrer Grand Tour, wie die zahlreichen Skizzenblätter Christoph Pitzlers aus den Jahren 1695, 1701 und 1704 exemplarisch dokumentieren.[7] Darüber hinaus bezeugen Reiseberichte aus der Zeit um 1700 die weitreichende Attraktivität, die Berlin und sein Hof ausstrahlten. So würdigte der adelige Ordensritter Fra Alessandro Bichi aus Siena 1696 die kurfürstlichen Neubauten Berlins in ausführlichen Schilderungen und bescheinigte dem Hof „für einen der glänzendsten in Europa gehalten" zu werden.[8] Einer breiteren Öffentlichkeit schließlich war die Pracht der brandenburg-preußischen Residenz durch Kupferstiche präsent. Unter den Stadtbildern zeigten fast sämtliche Blätter landesherrliche Bauvorhaben. Bemerkenswerterweise beschränkten

2   Revers der Münze auf das Berliner Stadtschloß, 1704. *Christian Heinrich Gütther*, Leben und Thaten Friedrichs des Ersten. Breslau 1750, 220.

3   *Johann Theodor Jablonski*, Memoriae Honori Gloriae Divi Friderici, in: Christ-Königliches Trauer- und Ehren=Gedächtniß/des weyland Allerdurchlauchtigsten, Großmächtigsten Fürsten und Herrn/Herrn Friderichs, Ersten Christl. Königs in Preußen. Berlin o.J. [1713], Anhang, unpag.

4   *John Toland*, Relation von den Königlichen Preußischen und Chur=Hannoverischen Höfen an einen vornehmen Staats=Minister in Holland überschrieben von Mr. Toland. Aus dem Englischen ins Teutsche übersetzet. Frankfurt 1706, 14.

5   *Guido Hinterkeuser*, Blick nach Europa. Die Architektur in Berlin im Zeitalter Friedrichs III./I., in: Preußen 2001. Eine europäische Geschichte, Bd. 2. Ausst.kat, hg. v. Deutsches Historisches Museum/Stiftung Preußische Schlösser und Gärten Berlin-Brandenburg. Berlin 2001, 254–268, hier: 254.

6   Zit. in: *Hugo Hantsch*, Johann Bernhard Fischers von Erlach Aufenthalt in Berlin, in: Belvedere: Monatsschrift für Sammler und Kunstfreunde 12 (1927), 159f.

7   *Hellmut Lorenz* (Hg.), Berliner Baukunst der Barockzeit. Die Zeichnungen und Notizen aus dem Reisetagebuch des Architekten Christoph Pitzler (1657-1707). Berlin 1998.

8   Berlin und sein Hof im Jahre 1696, in: Die Grenzboten. Zeitschrift für Politik, Literatur und Kunst 50 (1891), 20–30, 71–81, hier: 28.

sich die Darstellungen nicht auf realisierte Architekturen, sondern bildeten – in den *Vues des Palais et Maisons de plaisance* von Jean Baptiste Broebes sogar bevorzugt – in Planung begriffene Projekte oder gar fiktive Visionen ab.[9] Die Inszenierung von Architektur und höfischer Prachtentfaltung im Dienste königlicher Selbstdarstellung und fürstlicher Machtpolitik war zur Regierungszeit Friedrichs III./I. ein intensiv genutztes Kommunikationsmittel, das allerorten verstanden wurde.

Friedrich Wilhelm I. brach mit dem kunstsinnigen Repräsentationssystem seines Vaters. Unmittelbar nach seinem Regierungsantritt veranlaßte der 25-jährige König die Schließung sämtlicher Einrichtungen, die vorrangig der höfischen Repräsentation, dem „divertissement" seines Vaters oder den Schönen Künsten dienten. Den Bau des Stadtschlosses ließ er schlichtweg einstellen.[10] Die königlichen Lusthäuser, deren Vielzahl und Individualität Toland zu begeisterten Schilderungen bewegt hatte, wurden verkauft, verpachtet oder eingemottet. Den Hetzgarten, der in keinem Reisebericht seiner Zeit fehlte, bestimmte er zum Ausbau als Kadettenanstalt; die Löwen und Tiger, welche „monatlich ein vieles an frisch Fleisch consumiret nebst dem andern Wild, haben Ihro Majestät alles verschenket".[11] Umnutzungen erfuhren auch die Gebäude im Coelln'schen Lustgarten, Orangerie und Lusthaus, die fortan als Packhof und Kaufmannsbörse fungierten. Die Akademie der Künste sowie die Sozietät der Wissenschaften wurden de facto aufgehoben, die Zimmer auf dem Königlichen Observatorium vermietet.[12] Den Etat für die Bibliothèque Royale ließ Friedrich Wilhelm I. in eine Pension für den Generalmajor von Glasenapp umwidmen.[13] Anzahl und Ausstattung der Hofchargen wurden halbiert, die Rangordnung auf eine militärische umgestellt.[14] Die finanziellen Einschnitte trafen alles und jeden. Auch vor der eigenen Tafel machte der König nicht halt, so wurde der Küchenzettel, der sich zuvor auf wöchentlich 1.000 Taler belief, auf wenige 100 Taler reduziert.[15] Bereits sechs Wochen nach Regierungsübernahme Friedrich Wilhelms I. notierte ein Gesandter, die „Summa der bisherigen Reduction extendiret sich über 1.300.000 Rthlr. Bei Hofe allein an Küch und Keller wird jährlich 400.000 Rthlr. ersparet."[16] In der Bevölkerung lösten der Sparkurs und seine Folgen für Handel und Gewerbe eine Welle der Emigration aus: „Sonst ist hier in Berlin des Lamentirens und Klagens kein Ende. [...]; einige begehren den Abschied, der wird ihnen aber nicht akkordiret."[17] Trotz des Auswanderungsverbots befand eine im Dezember 1714 durchgeführte Visita-

---

9 *Jean Baptiste Broebes*, Vues des Palais et Maisons de plaisance de S.M. le Roy de Prusse. Augsburg 1733.

10 *Ernst Friedländer* (Hg.), Berliner geschriebene Zeitungen aus den Jahren 1713–17 und 1735. Ein Beitrag zur Preußischen Geschichte unter König Friedrich Wilhelm I. Berlin 1902, 15.

11 *Otto Krauske* (Hg.), Aus einer geschriebenen Zeitung vom Jahre 1713. Berlin 1893, 127.

12 *Friedländer* (Hg.), Geschriebene Zeitungen (wie Anm. 10), 11.

13 *Friedrich Wilken*, Geschichte der Königlichen Bibliothek in Berlin. Berlin 1828, 54.

14 „Was man vom Rangreglement Nachricht hat, so werden die Räthe mit Capitains, Hofräthe mit Obristlieutenants rouliren." Zit. in: *Krauske* (Hg.), Zeitung (wie Anm. 11), 124.

15 Ebd., 111.

16 Ebd., 114.

17 Ebd., 119.

tion, „daß jetzo 17.000 Menschen weniger hier seyn wie vor 2 Jahren, darunter allein 7 bis 8.000 Handwerker begriffen."[18]

Da die Augen Europas in den Monaten nach dem Tod Friedrichs I. gespannt auf Berlin gerichtet waren, gingen die Maßnahmen dieses Reformkurses in all ihrer Drastik unmittelbar in die Berichte der ausländischen Gesandten und höfischen Beobachter ein. Das Bild Friedrich Wilhelms I. erhielt auch dadurch äußerst früh eine martialische Prägung und ein entschieden kunstfeindliches Profil. Da die Verschwendung und Maßlosigkeit Friedrichs III./I. bekannt waren, brachte man den Einsparungen an sich ein gewisses Maß an Verständnis entgegen. So hatte schon Toland 1702 als vermeintliches Sprachrohr „einiger leute, welche […] tadeln" oder „unterschiedener leute von nicht geringem verstande" die Verschwendung, die man in der großen Anzahl der landesherrlichen Lusthäuser hätte erblicken können, kritisch thematisiert.[19] Die Negierung vertrauter Repräsentationsformen und die personelle Auswechslung der Hofgesellschaft durch eine militärisch geordnete Staatsverwaltung stieß hingegen auf tiefes Befremden. Die *Europäische FAMA* mokierte sich noch 1715, „der König sey kein Liebhaber von den studiis, sondern habe sein größtes plaisir an starckleibidgen Soldaten."[20] Erst 1718, fünf Jahre nach den Umwälzungen der ersten Stunde, ließ der Bericht Johann Michael von Loens eine positive Akzeptanz der Hofhaltung Friedrich Wilhelms I. erkennen:

> „Ich sehe hier einen königlichen Hof, der nichts Glänzendes und nichts Prächtiges als seine Soldaten hat. Es ist also möglich, daß man ein großer König sein kann, ohne die Majestät in dem äußerlichen Pomp und in einem langen Schweif buntfärbigter, mit Gold und Silber beschlagenen Kreaturen zu suchen. Hier ist die hohe Schule der Ordnung und der Haushaltskunst, so Große und Kleine sich nach dem Exempel ihres Oberhauptes mustern lernen. […] Die Zucht macht Leute; die preußische ist herrlich".[21]

Doch obwohl die europäischen Höfe dem „Soldatenkönig" allmählich seine Eigenheiten zubilligten und – freilich etwas widerwillig – Respekt bezeugten, blieb der Mangel an Kultur und Kunstförderung in Brandenburg-Preußen legendär.

II. Entstehungsgeschichte des Palastquartiers

Die Entstehung des Palastquartiers ist sowohl räumlich als auch zeitlich eng mit dem Ausbau und der neuerlichen Erweiterung der südlichen Friedrichstadt verknüpft. Der König hatte das Unterfangen bereits 1721 mit der Neugründung der Baukommission wieder aufgenommen.[22] Zeitweise schleppend, nach 1725 stärker

---

18 *Friedländer* (Hg.), Geschriebene Zeitungen (wie Anm. 10), 239.
19 *Toland*, Relation (wie Anm. 4), 25, 30.
20 Die Europäische FAMA, Welche den gegenwärtigen Zustand der vornehmsten Höfe entdecket. Der 163. Theil. Leipzig 1715, 621.
21 *Johann Michael von Loen*, Des Herrn von Loen gesamlete kleine Schriften, hg. v. *Johann Caspar Schneider*. *Frankfurt*, Leipzig 1749 (ND: Frankfurt a.M. 1972), Bd. 1, 22–23.
22 Die Institution einer Baukommission wurde von Friedrich III. 1688 für die Anlage der Friedrichstadt gegründet.

forciert,[23] waren die Vermessung und die Bebauung im Jahr 1732 bis zur Linden-
straße auf Höhe der nach Süden verlängerten Markgrafenstraße fortgeschritten.
Zuschnitt und Größe der Parzellen sowie die modellhaft vorgegebenen Grund- und
Aufrisse zielten dabei durchwegs auf die Bedürfnisse einfacher Bürger und Handwerker ab. Städtebaulich wurde lediglich das Raster der bisherigen Friedrichstadt
fortgeschrieben.

Aus dem Jahr 1732 ist indessen ein Plan nachgewiesen, der eine neue Qualität
in die Stadterweiterung hineinträgt: die kolorierte Handzeichnung von G. R. de
Thadden geht mit der ausgreifenden Verlängerung von Friedrich-, Markgrafen-
und Canonierstraße und der sie schräg anschneidenden Diagonalachse der Linden-
straße weit über das Blockraster der Friedrichstadt in den von Dusableau 1723
gestochenen Ausmaßen hinaus (Abb. 1). Linden- und Friedrichstraße münden als
Diagonale und Mittelachse in einem kreisförmigen Platz, der ihren Schlußpunkt
bildet. Die Canonierstraße – im nördlichen Bereich noch parallel zur Friedrichstraße geführt – knickt ab, um als dritter Strahl im sogenannten Rondell aufzu-
gehen.[24] Die Einführung eines urbanistisch wirksamen Stadtplatzes anstelle der
bisher geschaffenen Quadratfelder, die eher als Auslassungen ursprünglich zu
bebauender Blöcke denn als überlegter Freiraum zu verstehen sind, dokumentiert
einen städtebaulichen Kurswechsel, der bereits in den folgenden zwei Jahren seine
Fortsetzung fand. Mehrere hundert Meter nordwestlich entstanden das Oktogon
und am Ende der Allee Unter den Linden das Quarré, die ebenfalls direkt hinter
der Akzisemauer gelegen die Funktion eines Empfangsraumes im städtebaulichen
Gefüge einnahmen. Der planerische Zusammenhang mit dem Rondell ist naheliegend, da Oktogon und Quarré bereits 1734 explizit in den Akten genannt werden, die von der Bebauung der Platzfronten handeln.[25] Im Kartenbild erscheinen
sie erst 1737, etwa im Kupferstich Georg Paul Buschs nach einer Zeichnung von
Johann Friedrich Walther.[26] Zweifellos gingen die Platzentwürfe mit der Entscheidung, ein repräsentatives Wohnviertel anzulegen, nicht nur zeitlich, sondern
auch ideell Hand in Hand. Dafür spricht auch die Abgrenzung des Palastquartiers
zwischen Oktogon und Quarré, wobei die Plätze selbst und die auf sie zulaufenden
Straßen in die vornehme Neubebauung mit einbezogen wurden (Abb. 2). Das

---

23 Die im Januar 1725 angestellte General-Visitation zählte in der Friedrichstadt 719 bewohnte
    Häuser, 149 wüste Stellen und 26 neue Anbauende. 1732 waren die wüsten Stellen der Fried-
    richstadt in ihren Grenzen vor 1713 bebaut. *Max Jähns*, Entstehungsgeschichte der Berliner
    Friedrichstadt, in: Der Bär. Illustrierte Wochenschrift für vaterländische Geschichte 7 (1881),
    448. Zwischen 1721 und 1737 ließ Friedrich Wilhelm I. allein in der Friedrichstadt 985 neue
    Häuser bauen – eine Siedlungspolitik, die in ganz anderem Kontext bei *Wilhelm Boeck*,
    Stadtplanung und Siedlung unter dem Soldatenkönig, in: Kunst und Volk. Amtliches Organ
    der N.S. Kulturgemeinde 1 (1936), 368–370, 373 besondere Beachtung fand.
24 Begrenzung und Wachstum: Berliner Stadtentwicklung im Spiegel von Karten, hg. v. Landes-
    archiv Berlin. Berlin 1994, 18–20. Vgl. auch *Laurenz Demps*, Berlin-Wilhelmstraße. Eine
    Topographie preußisch-deutscher Macht. Berlin 1994, 16f.
25 Beispielsweise in den Bauakten zum Palais Kameke: Geheimes Staatsarchiv Preußischer
    Kulturbesitz (im folgenden: GStA PK), II. HA, Abt. 14, Tit. CXV, Sect. d) 2. Nr. 1, oder zum
    Palais Reichenbach: GStA PK, II. HA, Abt. 14, Tit. CXV, Sect. d) 2. Nr. 2.
26 Begrenzung und Wachstum (wie Anm. 24), 20–22.

Rückgrat bildete die Canonierstraße, die bald zur Prachtmeile avancierte und nach dem König in Wilhelmstraße umgetauft wurde. Südlich der Leipziger, damals noch Potsdamer Straße benannten Querachse, die in das Oktogon mündet, grenzte hingegen unvermittelt die bescheidene Bebauung der Handwerkerhäuser an.

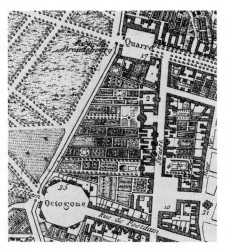

Abb. 1: G.R. von Thadden, Gesüdeter Plan zur Erweiterung der Friedrichstadt, 1733 (Staatsbibliothek zu Berlin, Kartenabteilung)

Abb. 2: Berlin, sog. Schmettau-Plan, gestochen von G.F. Schmidt, 1744 (Staatsbibliothek zu Berlin, Kartenabteilung)

Ging die städtebauliche Planung auf den königlichen Oberbaudirektor Philipp Gerlach zurück, stammten Idee und Konzeption von König Friedrich Wilhelm I. selbst. Die Organisation und Durchführung dieses besonderen Bauprojektes oblag wie die gesamte Stadterweiterung der schon erwähnten Baukommission, die sich aus dem Obristen Christian Reinhold von Derschau als Leiter, Adolf Christoph von Blankensee als dessen Stellvertreter und dem Bürgermeister Johann Jacob Koch als Gewährsmann des Magistrats zusammensetzte. Bei Derschau lief die Akquise potentieller Bauherren oder vielmehr deren königlich angeordnete Einbestellung zusammen. Hier zeigte sich überdeutlich, wessen Kind das Vorhaben war. Kein Mitglied der Hofgesellschaft hegte Ambitionen, sein innerstädtisches Wohnhaus oder auch die nur für die Hofsaison angemietete Etage gegen einen kostspieligen, kilometerweit vom Verwaltungszentrum entlegenen Wohnpalast am Stadtrand zu tauschen. Es mangelte ihnen an finanziellen Mitteln, repräsentativem Ehrgeiz und nicht zuletzt an Verständnis für ein Projekt, das aller bisherigen Politik ihres Königs zuwiderlief.

Der Gehorsam, den Friedrich Wilhelm I. von Beginn seiner Regierung an hart und unmißverständlich von seinen Beamten einforderte, veranlaßte dennoch viele dazu, sich widerstandslos dem Willen ihres Monarchen unterzuordnen. Das Beispiel des Kammergerichtspräsidenten Balthasar von Broich verdeutlicht, daß es für Gegenargumente, geschweige denn für individuelle Entscheidungen keinerlei Spielraum gab. Im August 1734 ließ Broich der Baukommission ein Schreiben zugehen, in welchem er sich bereit erklärte, seiner „Baupflicht" dienstfertig nach-zukommen.[27] Als er einige Monate später den Rückzug aus dem Projekt beab-sichtigte, ließ der König Offiziere und Wachen bei ihm einquartieren, die er üppig zu verköstigen hatte.[28] Es hieß, er habe „wegen seines Haußbaues am Thiergarten gewißen vorhin ergangenen Verordnungen nicht nachgelebt."[29] Nach fünf Tagen gab Broich nach; im Jahr 1740 wurde das neue Palais vollendet und eigentums-rechtlich auf den Kammergerichtspräsidenten überschrieben.[30] Daß Broich kein Einzelfall war, demonstriert das Los des Geheimen Rats von Manitius, dem das gleiche Schicksal widerfuhr.[31] Auch Samuel von Marschall, hoch geschätzter Kriegsminister des Königs, versagte sich nicht, ausdrücklich auf das Motiv seiner Bautätigkeit hinzuweisen: „Ich würde gewiß solchen Bau, da ich wie Euer Königlichen Majestät es zum Theil bekannt, etliche 50.000 Thaler schuldig bin, nicht angefangen haben, wenn ich nicht geglaubt hätte, Euer Königlichen Majestät darunter ein Plaisir zu tun."[32]

Die so geplagten „Bauherren" mußten den Bau finanziell allerdings nicht allei-ne schultern. Der König hatte für die Anlage des Viertels ein beträchtliches Stück seines Tiergartens abgetrennt, weiteren Grund hinzu erworben und die Gesamt-fläche parzellieren lassen. Darüber hinaus stockte er die „Extraordinaire Casse", aus der die Baukosten zu einem guten Teil beglichen wurden, um eine erhebliche Summe auf.[33] Friedrich Wilhelm ließ den „Bauwilligen" über Derschau die aus-gemessene Baustelle zunächst nur anweisen; die „erb- und eigentümliche Verschreibung" erfolgte erst, nachdem das Palais zu seiner Zufriedenheit ausge-führt worden war. Ein Maurer- und ein Zimmermeister erstellten nach einem durch den Bauherrn vorzulegenden Entwurf Anschläge für Qualität und Quantität der benötigten Baumaterialien. Ungeachtet der Größe der Gebäude wies der König wie bei den gewöhnlichen „Neuanbauenden" in der Friedrichstadt das General-direktorium an, „die beyliegend specificierten Materialien an Holtz, Bretter, Latten, Kalck, Kalcksteinen und Gips frey und ohnentgeltlich auf die Bau Stelle liefern" zu lassen.[34] Für Importware wie beispielsweise Pirnaer Sandstein[35] oder

27 GStA PK, II. HA, Abt. 14, Tit. CXV, Sect. d) 2. Nr. 4, f. 3.
28 *Friedländer* (Hg.), Geschriebene Zeitungen (wie Anm. 10), 678.
29 Ebd., 673.
30 GStA PK, II. HA, Abt. 14, Tit. CXV, Sect. d) 2. Nr. 4, f. 94–97.
31 *Friedländer* (Hg.), Geschriebene Zeitungen (wie Anm. 10), 678.
32 Zit. in: *Kurd von Schöning*, Geschichtliche Nachrichten über das ehemalige Ordens Palais, Handschrift, verfaßt 1828 in Berlin, Staatsbilbiothek Preußischer Kulturbesitz, Handschrif-tenabt., Ms. boruss. 226, fol. 33.
33 Der finanziellen Beteiligung Friedrich Wilhelms I. ist es zu verdanken, daß zu jedem Neubau in diesem Quartier eine Bauakte angelegt wurde, die uns noch heute detailliert über die Abläufe am Bau informiert; GStA PK, II. HA Generaldirektorium, Abt. 14 Kurmark, Tit. CXV Berlin, Sect. d) Neuanbauende, 1. Vor dem Cöpenicker Thor [Nr. 1–2], 2. Dorotheen-stadt [Nr. 1–8], 3. Friedrichstadt, [Nr. 1–13].
34 Ein beliebig gewähltes Beispiel aus der Bauakte des Palais Görne, Wilhelmstraße 72. GStA PK, II. HA Generaldirektorium, Abt. 14 Kurmark, Tit. CXV Berlin, Sect. d) Neuanbauende 3. Friedrichstadt, Nr. 6.

etwa „36 Kisten Glaß zu Fenstern aus der Tornow'schen Glaßhütte"[36], die aus anderen Städten oder Anrainerstaaten beschafft werden mußte, erhielten die Bauherren einen „Zoll Schleuse und Accise freyen Paß". Die Rechnungen wurden aus der „Extraordinairen Casse" beglichen.[37] Bei 29 bzw. – rechnet man die nicht im Quartier entstandenen Palais des Friedrichswerder und in der Spandauer Vorstadt mit ein – 34 voluminösen Neubauten summierten sich die Aufwendungen des Königs auf ein Vermögen. Dennoch blieben die Subventionsbedingungen über all die Jahre bis zur Vollendung des Quartiers konstant erhalten.

Nach Abschluß der Bauarbeiten ließ Friedrich Wilhelm I. über das jeweilige Palais und die zugehörige Hof- und Gartenfläche eine Erbverschreibung für die künftigen Eigentümer ausfertigen. Ihr über weite Strecken gleich bleibender Text liest sich wie ein Programm und sei deshalb in Auszügen zitiert: „Wir Friedrich Wilhelm König thun kund und fügen hiermit zu wißen, demnach Wir, mit aufwendung vieler Kosten Uns bishero angelegen seyn laßen, Unsern hiesige Residentzien, insonderheit durch Anbauung der Friedrichstadt in mehreren Flor und Ansehen zu bringen, und zu solchen Ende, durch wiederholte Patente, denen Neuanbauenden verschiedene freyheiten in Gnaden angebothen und verwilliget haben, umb dadurch Fremde in Unsere Lande und anhero zu ziehen, mithin Unsere Residentzien volckreicher zu machen, und die Nahrung, Consumtion, Gewerbe, Handel und Wandel zu erweitern, auch der Stadt selbst neue mehrere Zierde und Ansehen zu geben."[38]

III. Zur Architektur der Palais

Die Architektur, die hier innerhalb von etwa vier Jahren entstand, war weder schlicht noch einfallslos, sondern vereinte Motive von überraschender Modernität mit tradierten Elementen des Berliner Barock. Die zeitliche Parallelität der Entwurfstätigkeit führte zu einem fruchtbaren Wettbewerb zwischen den Architekten, der zu intensiven Studien und fachlichem Austausch animierte.

Augenfällige Orientierungshilfe und Lehrbuch waren die Stichsammlung *L'Architecture Française* von Jean Mariette, die seit 1727 sukzessive in fünf Bänden herausgegeben wurde und „plans, élévations, coupes et profils des églises, palais, hôtels & maisons particulieres de Paris, & des chasteaux & maisons de campagne ou de plaisance [...] de France" umfaßte , sowie die Traktate Charles

---

35 GStA PK, II. HA Generaldirektorium, Abt. 14 Kurmark, Tit. CXV Berlin, Sect. d) Neuanbauende 3. Friedrichstadt, Nr. 12, fol. 2.

36 GStA PK, II. HA Generaldirektorium, Abt. 14 Kurmark, Tit. CXV Berlin, Sect. d) Neuanbauende 3. Friedrichstadt, Nr. 7, fol. 38.

37 In sämtlichen Bauakten stets wiederkehrende Anweisung, beispielsweise: GStA PK, II. HA Generaldirektorium, Abt. 14 Kurmark, Tit. CXV Berlin, Sect. d) Neuanbauende 3. Friedrichstadt, Nr. 7, fol. 9.

38 Die Formulierung dieses Vorspanns der Erbverschreibung wiederholt sich in jeder Akte. Hier zitiert nach GStA PK, II. HA, Abt. 14, Tit. CXV Sect. d) 3. Nr. 4, fol. 83–85.

Augustin D'Avilers, Alexandre Le Blonds und Antoine Dezalliers d'Argenville.[39] Der *Cours d'Architecture* D'Avilers und Le Blonds lag zudem seit 1699 bzw. 1725 als deutsche Übersetzung Leonhard Christoph Sturms vor.[40] Ihr Vorbild kam vor allem hinsichtlich der Anordnung der Wohn- und Wirtschaftstrakte sowie der Austeilung der Grundrisse zum Tragen. Die Disposition des Corps de logis „entre cour et jardin" wurde für die aufwendigsten Häuser der Prachtmeile, die Palais Schwerin (Abb. 3), Schulenburg (Abb. 4) und Vernezobre, gewählt; einhergehend mit ihrer Größe erhielten sie dadurch und aufgrund der ihnen zugehörigen Gärten den Charakter respektabler Landschlösser.

Gleichermaßen fand die bereits 1714 mit dem Palais Kreutz eingeläutete Übernahme Pariser Appartement-Systeme seine Fortsetzung und Differenzierung. Für die Rezeption österreichischer Vorbilder, wie sie beispielsweise die Architektur Konrad Wiesends zeigt, kann ein Bezug zu den Stichwerken Salomon Kleiners und Fischer von Erlachs hergestellt werden.[41] Der Einfluß gedruckter Vorlagen war umso stärker, als den Berliner Architekten jegliche Reisen ins Ausland verwehrt waren. Die gleichsam publike Handhabung der Pläne durch die Baukommission führte fallweise zu einer raschen Entlehnung attraktiver Motive oder neuartiger Ideen. So ist die 1735 auftretende Mode, einen Mittelrisalit kolossaler Ordnung mit aufwendigem Gebälk und Attikaaufsatz als dominierendes Fassadenmotiv einzusetzen, durch den von den Stadtschloßrisaliten angeregten Entwurf des Palais Schwerin ausgelöst worden. Gut ein Dutzend Palais folgten seinem Beispiel und trugen damit zur Ausbildung eines ortsspezifischen Typus bei. Die intensive Rezeption der Barockbauten Berlins aus der Zeit Friedrichs III./I. führte zu einem völlig unerwarteten Revival der Architektur von Andreas Schlüter, Johann Arnold Nering und Jean de Bodt. Darüber hinaus bot das emblemhafte Zitieren des Stadtschlosses als Symbol des noch jungen Königreiches Brandenburg-Preußen in den „Außenposten" der Residenzstadt aus der Sicht Friedrich Wilhelms I. eine machtpolitische Qualität. Konnte oder wollte ein Bauherr keinen eigenen Architekten heranziehen, stand ihm die Inanspruchnahme der königlichen Bauverwaltung frei. Gerlach hatte als verantwortlicher Stadtplaner des Quartiers mit einiger Wahrscheinlichkeit Musterpläne ausgearbeitet, die weniger entschlußfreudigen Bauherren als Orientierungshilfe oder Vorlage zur Verfügung gestellt wurden.

---

39 *Jean Mariette* (Hg.), L'Architecture Françoise, ou Recueil des plans, élévations, coupes et profils des églises, palais, hôtels & maisons particulieres de Paris, & des chasteaux & maisons de campagne ou de plaisance des environs, & de plusieurs autres endroits de France. 5 Bde. Paris 1727–1738 (ND: Paris 1927).

40 *Charles Augustin D'Aviler*, Cours d'architecture qui comprend les ordres de Vignole. Paris 1691. Weitere Ausgaben erschienen 1699 (ins Deutsche übersetzt von Leonhard Christoph Sturm), 1710 (erweiterte französische Ausgabe von Alexandre Le Blond) und 1725 (wiederum von Sturm ins Deutsche übersetzt). Ders., Cours d'architecture qui comprend les ordres de Vignole, Dictionnaire d'architecture. Paris 1693.

41 *Elisabeth Herget* (Hg.), Salomon Kleiner. Das Belvedere zu Wien. Nachdruck des Stichwerkes in 140 Blättern aus den Jahren 1731–40. Dortmund 1980; *Johann Bernhard Fischer von Erlach*, Entwurff einer Historischen Architectur. Wien 1722.

Abb. 3: Palais Schwerin, Wilhelmstraße 73, Meßbildaufnahme, 1911 (Brandenburgisches Landesamt für Denkmalpflege, Meßbildarchiv)

Abb. 4: Palais Schulenburg, Wilhelmstraße 77, Meßbildaufnahme um 1910 (wie Abb. 3)

Aus ihnen erklärt sich die gleich bleibende Grundform einiger Palastbauten, deren Variabiliät auf die Dekoration und Gliederung ihrer Fassaden beschränkt war (Abb. 5). Einigen Entwürfen liegen auch fremde, im Ausland eingekaufte Pläne zugrunde. Daß Generalmajor Adolf Friedrich Graf von der Schulenburg kurz vor Baubeginn mit dem König in Wien und Prag gewesen war, mag Anstoß für die „ausländische" Gestaltung seines Palais und die gezielte Beauftragung eines nicht in Berlin tätigen Architekten gegeben haben. Auch der Baron Vernezobre de Laurieux, der französischer Abstammung war und lange Jahre in Paris gelebt hatte, ließ sich den Entwurf zu seinem „Hôtel particulier" in der französischen Hauptstadt fertigen. Völlig unberührt von der Architektur Berlins blieben diese Pläne dennoch nie, sondern erfuhren, wenigstens im Detail, eine Anpassung an das örtliche Bauwesen.

Abb. 5: Palais Pannwitz und Palais Stoltze, Wilhelmstraße 75/76, Meßbildaufnahme um 1910 (Brandenburgisches Landesamt für Denkmalpflege, Meßbildarchiv)

Die hier nur in aller Kürze charakterisierte Architektur des Palastviertels verdiente aus dem Blickwinkel der Kunstgeschichte sicher längerer Ausführungen, wollte man ihrer Qualität gerecht werden. Solch raumgreifendes Unterfangen ist in unserem Kontext weder wünschenswert noch notwendig. Hervorzuheben bleibt, daß unter den besonderen Bedingungen der Kunstpolitik Friedrich Wilhelms I. die unterschiedlichen ausländischen Vorbilder nicht wie bis dahin in enger Anlehnung, durchaus zitathaft adaptiert wurden, sondern untereinander und mit tradierten Elementen eine enge Verbindung eingingen. Dadurch entstand ein Grundmuster, das vielen der Paläste in der Friedrichstadt zu eigen war und auch die in hohem Maße individuell auftretenden Prachtbauten der Truchseß, Schulenburg und Schwerin beeinflußte. Die zeitlich, räumlich und funktional klar abgrenzbare

Baugruppe hatte einen Regionaltypus geprägt, der unter dem Begriff „Berliner Barock" in die jüngere Architekturgeschichte einging.[42] Baulich fand er in der Herrenhausarchitektur der Mark Brandenburg eine vielfältige Nachfolge, die sich nicht auf das 18. Jh. beschränkte, sondern vereinzelt noch im 19. und 20. Jh. zum Tragen kam.[43]

IV. Beweggründe

Welche Motive mögen den sparsamen Herrscher Friedrich Wilhelm I. – zweifelsohne im Wissen um die hohen Kosten – bewogen haben, das Palastquartier in Angriff zu nehmen? In Angelegenheiten der Repräsentation königlicher Macht unterschied sich der Preußenkönig weiter weniger von seinen Zeit- und Standesgenossen als gemeinhin angenommen. Seine vielbeschworene Aversion gegen alles Höfische und weltliche Prunkentfaltung darf nicht darüber hinwegtäuschen, daß auch Friedrich Wilhelm I. ein mediales Konzept zur Visualisierung seiner Herrschaft verfolgte. Dreh- und Angelpunkt im Zeichensystem brandenburg-preußischer Magnifizenz war die Armee. Den drastischen Einsparungen in der fürstlichen Hofhaltung standen immense Ausgaben für den Aufbau einer schlagkräftigen Streitmacht gegenüber. Tatsächlich wuchs das stehende Heer während der Regierungszeit Friedrich Wilhelms von 36.000 auf knapp 80.000 Mann an.[44] An die Stelle der „cassirten" Hofchargen traten nicht selten Offiziersstellen. Die bald sprichwörtliche Vorliebe für hochgewachsene Grenadiere glich mehr einer Preziosensammlung als der militärstrategischen Unterhaltung einer besonders leistungsfähigen Truppe. Ihre Aushebung avancierte zum veritablen Fürstengeschenk, wie zahlreiche Quellen dokumentieren.[45] Loen brachte die königlichen Anstrengungen auf den Punkt, als er festhielt:

42 Es gab schon in der ersten Hälfte des 20. Jahrhunderts. Bemühungen, den Begriff „Berliner Barock" zu etablieren; *Rudolf Herz*, Berliner Barock. Bauten und Baumeister aus der ersten Hälfte des 18. Jahrhunderts. Berlin 1928. Herz bezog sich dabei auf Philipp Gerlach, der sicher eine zentrale Rolle in der Entwicklung dieses Regionalphänomens spielt. Es sei jedoch noch auf jüngere Studien zum Thema verwiesen, die in ihrer Mehrheit besser geeignet sind, eine Begriffsfindung zu rechtfertigen: *Renate Petras-Hoffmann*, Friedrich Wilhelm Diterichs und die Entwicklung des nachschlüterschen Barock und Rokoko in Berlin, in: Wissenschaftliche Zeitschrift der Humboldt-Universität Berlin 2 (1952/53), 15–84; *Peter-Michael Hahn/ Hellmut Lorenz* (Hg.), Studien zur barocken Baukultur in Berlin-Brandenburg. Potsdam 1998; *Melanie Mertens*, Berliner Barockpaläste. Zur Entstehung eines neuen Bautyps in der Zeit der ersten preußischen Könige. Berlin 2003. Das 2000 für Brandenburg neu herausgegebene Handbuch der Deutschen Kunstdenkmäler zählt zu den Nutzern dieses Begriffs.
43 Für das 18. Jahrhundert seien Schloß Meseberg und die frühen Planungen für Schloß Rühstädt genannt; als historischer Rückgriff kann beispielhaft die Fassadengestaltung von Schloß Roskow angeführt werden.
44 *Jürgen Angelow*, Die formidable Armee: Der Mythos des „Soldatenkönigs", in: *Beck/Schoeps* (Hg.), Soldatenkönig (wie Anm. 1), 183–204, hier: 186.
45 *Peter-Michael Hahn*, Pracht und Selbstinszenierung: Die Hofhaltung Friedrich Wilhelms I. von Preußen, in: Ebd., 69–98, hier: 92–93.

„Der schönste Glanz des preußischen Hofes bestehet in der auserlesenen Mannschaft, die der König auf den Beinen hat; insonderheit ist das große Grenadier-Regiment zu Potsdam, etwas so herrliches und maiestätisches, daß kein Potentat in der Welt es darinnen leicht dem König in Preußen wird vorthun können."[46]

Weniger als das Motiv wirft also die Wahl des Mediums – Architektur mit stark repräsentativen Zügen – die Frage nach seiner Position und dessen Entwicklung im Zeichensystem des preußischen Königs auf. Mit Blick auf die Baulust Friedrichs III./I. hätte man das Palastquartier wohl eher in dessen Regierungszeit erwartet. Dabei würde freilich verkannt, daß auch Friedrich Wilhelm I. der Architektur stets einen hohen Stellenwert beimaß. So waren die massiven Ausgabenkürzungen auf diesem Sektor, die auch den Baustopp einiger Staatsbauten zur Folge hatten, nicht von Dauer. Schon ein Jahr nach Regierungsantritt wurden die Arbeiten am Stadtschloß wieder aufgenommen. Auch das Zeughaus ließ der König in dem Rahmen vollenden, wie es schon zu Lebzeiten seines Vaters geplant worden war. Von größerer Bedeutung waren jedoch die eigenen Bemühungen um eine Wiederbelebung des Bauwesens, die mit den Peuplierungs-Strategien der 1720er Jahre fruchtbar zusammenwirkten. Der Ausbau Potsdams begann bereits 1715 mit der Regulierung des Kanals und der Instandsetzung der bestehenden Gebäude. Nördlich davon entwickelte sich ab 1720 die erste Stadterweiterung bis zur Charlottenstraße, der seit 1732 die Absteckung eines Viertels für eine zweite Neustadt folgte.[47] Parallel dazu nahm Friedrich Wilhelm 1721 die abschließende Überbauung der Berliner Friedrichstadt in Angriff und initiierte ihre Erweiterung nach Süden. Auch Charlottenburg erfuhr seit 1727 eine planvolle Ausdehnung. Die Bebauung der Neustädte erfolgte vorwiegend durch einheitlich gestaltete ein- bis zweigeschossige Typenhäuser, in Potsdam mit niederländisch beeinflußten Halsgiebeln im Satteldach, in Berlin ohne diese, jedoch mit einem ansehnlichen Mansarddach. Repräsentative Wirkung entfalteten sie nur im gemeinsamen Auftritt, isoliert betrachtet war ihre Erscheinung von der stets angemahnten „größten Sparsamkeit" geprägt.

Der bescheidene Gestaltungs- und Kostenrahmen wurde allein durch die Kirchenbauten, namentlich durch ihre hohen Türme, gesprengt. In rascher Folge entstanden zwischen 1724 und 1735 für Berliner und Potsdamer Kirchen acht ambitionierte Turmbauten. Die spektakuläre Geschichte des 1725 begonnenen Petrikirchturms spiegelt das außergewöhnliche Engagement des Königs wider, das nicht mehr allein durch seine urbanistischen Bestrebungen zu erklären ist. Der nach einem ersten Plan des Architekten Johann Jakob Grael auf eine Höhe von 108 Meter geplante Turm stand 1730 kurz vor seiner Vollendung, als ein Blitzschlag das Bauwerk fast gänzlich vernichtete. Anstelle einer sich ökonomisch empfehlenden Schadensbegrenzung durch entschiedene Abstriche im Entwurf entsandte Friedrich Wilhelm I. Grael auf eine Forschungsreise nach Straßburg, um

46   Zit. in: Ebd., 93–94.
47   *Waltraud Volk*, Potsdam. Berlin/München 1993, 26–33.

den Münsterturm zu studieren.[48] Er strebte diese beträchtliche Höhe nach eigener
Aussage unter Inkaufnahme „sich vergrößernder Kosten" für den Petri-Turm an.[49]

Eine weiterreichende Veränderung in der Haltung Friedrich Wilhelms gegenüber den Schönen Künsten läßt sich erst für die späten 1720er Jahre nachweisen.
Viele der damit angesprochenen Maßnahmen stehen in unmittelbaren Zusammenhang mit dem im Januar 1728 geschlossenen Freundschaftsvertrag zwischen
Friedrich Wilhelm I. und dem sächsisch-polnischen Kurfürst-König August dem
Starken, dessen Einfluß die Forschung nach wie vor erhebliche Bedeutung bei-
mißt. Tatsächlich bedingte der sächsische Staatsbesuch im Mai 1728 eine Reihe
von Anordnungen, deren Zielsetzung von den bis dahin vorherrschenden Gepflogenheiten merklich abweicht. Diese Sicht vermitteln auch die Aufzeichnungen
auswärtiger Gesandter, die über die Vorbereitungen zu diesem Ereignis mit Er-
staunen berichten: „Alle Königliche Gebäude, als das Post=Hauß, die Königliche
Mühlen und andere solche Häuser [werden] gesäubert und angestrichen [...] und
müßen auch Privati ihre Häuser abputzen lassen."[50] Darüber hinaus war die
nächtliche Illumination prominenter Bauwerke vorgesehen, für die der König
zwischen 200 und 500 Taler je Gebäude anweisen ließ.[51] Auf dem von Boutiquen
und dem Wachhaus des Corps de Garde geräumten Molkenmarkt kam die Statue
Friedrichs III. von Andreas Schlüter zur Aufstellung, wobei die Sockelfiguren
wegen des engen Zeitrahmens nur aus Gips bestanden und einen bronzefarbenen
Anstrich erhielten.[52] Trotz aller Bemühungen haftete den provisorischen Aufwer-
tungen etwas Notdürftiges an, das dem kunstliebenden Sachsenkönig sicher ins
Auge gestochen ist.

Die Oberflächlichkeit dieser Korrekturen dürfte der neue Festsaal im Stadtschloß aufgewogen haben, den Friedrich Wilhelm I. eigens für den Empfang
August des Starken während fünf Monaten hatte herrichten und glanzvoll aus-
statten lassen. Die an den Namen des Alabastersaals anknüpfende „sal[l]e
blanche" bildete den Abschluß der von Schlüter und Eosander von Göthe im
zweiten Obergeschoß geschaffenen Paradekammern, die der König zwar nicht
mehr bewohnte, jedoch sehr wohl für zeremonielle Anlässe nutzte.[53] Lage und
Größe des Saals sind durch einen dem Umkreis C.H. Horsts zugeschriebenen
Grundriß aus den Jahren um 1730/40 bekannt. Zwei detailliert ausgearbeitete,
aquarellierte Federzeichnungen überliefern den Aufriß der südlichen Stirn- und der

48 *Richard Wolff* (Hg.), Vom Berliner Hofe zur Zeit Friedrich Wilhelms I. Berichte des
    Braunschweiger Gesandten in Berlin 1728–1733. Berlin 1914, 219.
49 *Ralph Paschke*, Einstürzende Turmbauten, in: *Bärbel Hamacher* (Hg.), pinxit/sculpsit/fecit:
    Festschrift für Bruno Bushart. München 1994, 274–290.
50 *Wolff* (Hg.), Vom Berliner Hofe (wie Anm. 48), 6.
51 Ebd., 8.
52 *Heinz Ladendorf*, Der Bildhauer und Baumeister Andreas Schlüter. Berlin 1935, Anmer-
    kungen zu Kapitel I, 126.
53 GStA PK, I. HA Rep. 36, Hofverwaltung, Nr. 2950/2; *Albert Geyer*, Geschichte des Schlosses
    zu Berlin, Bd. 2: Vom Königsschloß zum Schloß des Kaisers (1698-1918), bearb. v. *Sepp-
    Gustav Gröschel*. Berlin 1992, 133; *Wolfgang Neugebauer*, Residenz – Verwaltung – Reprä-
    sentation. Das Berliner Schloß und seine historischen Funktionen vom 15. bis 20. Jahrhundert.
    Potsdam 1999, 38.

östlichen Längswand.[54] Sie verweisen auf die Platzierung von jeweils acht „Schildereyen" zwischen den Fenstern, unter ihnen die „Portraits vom Chur Fürst Friedrich Wilhelm und Gemahlinnen, vom Hochseel. König und der Hochseel. Königinn [...], dann beyden jetzigen Königlichen Majestäten und dem Chur Printzen von Sachsen mit deßen Gemahlinn, alle in Lebens Größe".[55] Diese wurden von den sechzehn Marmorstatuen römischer Kaiser und brandenburgischer Kurfürsten des Bildhauers Bartholomäus Eggers flankiert, die Friedrich Wilhelm aus dem Alabastersaal hatte translozieren lassen. Höhepunkt und Blickfang bildeten jedoch die Silberarbeiten, die bereits damals in größerem Umfang Aufstellung fanden. Wilhelmine von Bayreuth berichtet rückblickend, ihr Vater habe, nachdem ihm Augusts Hausschatz im Januar 1728 in Dresden vorgeführt worden sei, diesen überbieten wollen. „Und da er nicht so viele und seltene Edelsteine sammeln konnte, verfiel er auf den Gedanken, einen ebensolchen Aufwand mit Silberzeug zu treiben, um etwas zu haben, was kein Monarch in Europa noch gesehen hatte".[56] Friedrich Wilhelm konnte für die zeitnahe Ausstattung des Weißen Saals auf die umfangreiche Silbersammlung zurückgreifen, die er bereits 1713 aus den verschiedenen Schlössern seines Vaters in der Hauptresidenz Berlin hatte zusammenführen lassen.[57] Schon vorher hatte Silber eine höfische Funktion im Auftreten Friedrich Wilhelms eingenommen, doch scheint die angefachte Konkurrenz zu August dem Starken der unmittelbare Auslöser für weitere Anstrengungen auf diesem Sektor gewesen zu sein. Allein in den Jahren zwischen 1730 und 1733 beliefen sich die Ausgaben für Neubestellungen von Silbergerät und silbernen Möbeln in den Augsburger Goldschmiedestätten auf 650.719 Taler.[58] Der Weiße Saal diente in all diesen Jahren als bevorzugter architektonischer Rahmen, da die Beschaffenheit seiner Raumschale eigens für die Präsentation von Silber entworfen worden war. Im Oktober 1731 wurde dort anläßlich der bevorstehenden

54   Die Originale der lavierten Aufrißzeichnungen sind seit 1945 verschollen. Erhalten haben sich zwei Graphitblätter, die möglicherweise Vorstudien zu den Detailentwürfen darstellen. Der Grundriß benennt erstmals den „Neuen Großen Saal" als „Sal[l]e blanche"; *Wolff* (Hg.), Vom Berliner Hofe (wie Anm. 48), 9. Zeichnungen in: *Guido Hinterkeuser*, Das Berliner Schloß. Der Umbau durch Andreas Schlüter. Berlin 2003, 392–393 (Kat.–Nrn. 208–212).

55   *Wolff* (Hg.), Vom Berliner Hofe (wie Anm. 48), 9.

56   Wilhelmine benennt „nach seiner ersten Dresdner Reise" – gemeint ist der Besuch Friedrich Wilhelms I. im Januar 1728 zum Dresdner Karneval – als Zeitpunkt dieser Entscheidung ; zit. in: *Hahn*, Pracht (wie Anm. 45), 91. Hahn erwähnt auch einen Brief Friedrich Wilhelms I. an Leopold von Anhalt-Dessau, der den Wunsch August zu übertreffen, bestätigt. Hahn verweist auf *Otto Krauske*, Vom Hofe Friedrich Wilhelms I., in: Hohenzollern-Jahrbuch 5 (1901), 180.

57   *Burkhardt Göres*, Zur Geschichte der Silberschätze in den preußischen Schlössern, in: *Reinhold Baumstark/Helmut Seling* (Hg.), Silber und Gold. Augsburger Goldschmiedekunst für die Höfe Europas. München 1996, Bd. 1, 68–75, hier: 73. Göres beruft sich auf die Abschrift einer verschollenen Archivalie: „Zusammenstellung der sämtlichen Silber-Geräthe in den Parade-Kammern und Kammern König Friedrich I. im Berliner Schlosse, wie solche wenige Wochen nach dem Tode dieses Königs, auf Befehl Friedrich Wilhelms Majestaet placiert worden sind [...]. 1713"; Archiv (Plankammer) der Stiftung Preußische Schlösser und Gärten Berlin-Brandenburg, Nr. 26.

58   *Paul Seidel*, Der Silber- und Goldschatz der Hohenzollern im Königlichen Schlosse zu Berlin, Berlin o.J., 26–30.

Vermählung Wilhelmines mit dem Markgrafen von Bayreuth ein Riesenbuffet aus mehr als 247 vorhandenen und weiteren neu angefertigten Stücken aufgebaut, „weiln darin keine Tapeten kommen, als roth und weißer Marmor mit Oelfarbe gemahlet, damit die Ornaments von Silber darin desto beßer paradieren können."[59] Diesen Aspekt beschließend, sei auf den 1738/39 in königlichem Auftrag aus massiven Silber geschaffenen Musikerbalkon im Wert von 94.522 Talern hinge- wiesen, der durch seine beeindruckende Monumentalität und spezifische Ikono- graphie dem ungeheuren Stellenwert des Silbers im Herrschaftsstil Friedrich Wilhelms I. bildhaft Ausdruck verlieh.[60]

Über den Eindruck, den die sächsische Baukunst auf Friedrich Wilhelm I. hinterlassen haben mag, liegen uns zwar keine Quellen vor, die – wie im Fall des Silberschatzes – einen ästhetischen Wettstreit belegen könnten. Jedoch verweist der persönliche Kontakt des Königs zu dem sächsischen Hofarchitekten Matthäus Daniel Pöppelmann ein tiefes Interesse an dessen künstlerischem Talent. Bereits wenige Monate nach dem Brand und Einsturz des Petrikirchturms beauftragte Friedrich Wilhelm den Dresdner Baumeister, die neuen Risse Graels zu über- prüfen. Pöppelmann erfüllte nicht nur diese Aufgabe, sondern entwickelte darüber hinaus einen eigenen Entwurf, der sehr zum Ärger Graels dem bereits approbierten Plan vorgezogen wurde. Dem Berliner Rivalen oblag jedoch weiterhin die Baulei- tung, die dieser dazu nutzte, anstelle des Dresdner Plans seinen eigenen Entwurf auszuführen. 1734 stürzte der Turm erneut ein, was zur Aufdeckung des Betrugs und Graels Inhaftierung führte.[61]

Wenn auch kein weiterer direkter Einfluß Pöppelmanns auf das Bauwollen des preußischen Königs auszumachen ist, verweisen doch die Bauprojekte der folgenden Jahre auf ein deutlich gestiegenes Anspruchsniveau und eine an Groß- zügigkeit grenzende Haltung Friedrich Wilhelms I. Im Zusammenhang mit der schwierigen Versöhnung zwischen König und Kronprinz, die in den Berichten ausländischer Gesandter große Aufmerksamkeit erfuhr, wird von einem Brief Friedrich Wilhelms berichtet, der dem Kronprinzen im Fall seiner Übersiedlung nach Berlin einen eigenen Palast in Aussicht stellt. Für diesen solle das „dem Arsenal gegenüber belegene Gouverneur=Haus herunter gerißen imgleichen auch das ohnweit davon stehende gleichfals erhandelte Kleinsorgische Haus ebenfalls abgerißen und daselbst ein prächtig Schloß, deßen Front von eben der etendue, als das Arsenal seyn soll, vor den Cron-Printzen aufgebauet werden".[62] Zu diesem

---

59 „welche in solcher abondance darin rangiret werden, daß dergleichen wol schwehrlich jemahls an einem Orte beysammen wird gesehen worden seyn, und wollen einige den Werth gar auf eine Million schätzen"; *Wolff* (Hg.), Vom Berliner Hofe (wie Anm. 48), Bericht vom 13. Oktober 1731, 265. Zur Trauung selbst, die im Weißen Saal stattfand: Bericht vom 24. November 1731, 273–275.

60 Bereits 1745 wurde der Musikerbalkon mit anderen Silberarbeiten eingeschmolzen und durch eine hölzerne Kopie ersetzt, die dort bis 1945 verblieb; *Göres*, Geschichte (wie Anm. 57), 74, 75, Anm. 52.

61 *Peter Güttler* (Hg.), Berlin und seine Bauten, Teil 6: Sakralbauten. Berlin 1997, 27–29; *Paschke*, Turmbauten (wie Anm. 49), 274–290.

62 *Wolff* (Hg.), Vom Berliner Hofe (wie Anm. 46), 291.

großartigen Neubau in den Dimensionen des Zeughauses ist es nicht gekommen, obgleich sich die Vorstellung hartnäckig hielt und sogar gleichlautend Eingang in die königliche Biographie Faßmanns fand.[63] Realisiert wurde der repräsentative Umbau des Gouverneurshauses, dessen kolossaler Pilasterrisalit mit Attika und Schwebekartusche nicht nur von den veränderten Bauvorstellungen zeugte, sondern auch motivisch ein Vorgriff auf die Palais in der erweiterten Friedrichstadt war. Kurz nach Fertigstellung des Umbaus ließ Friedrich Wilhelm I. die platzähnliche Situation am Beginn der Allee Unter den Linden von seinem Baukondukteur C.H. Horst zeichnen, wobei ein scheinbar gleichwertiges Gegenüber von Zeughaus und Kronprinzenpalais geschickt inszeniert wurde (Abb. 6). Dieses Blatt bildet zusammen mit Dismar Dägens bekannter Darstellung des Rondells (Abb. 7) den Auftakt zu einer Reihe repräsentativer Stadtansichten, welche die jeweils neu realisierten oder auch erst begonnenen Bauprojekte Friedrich Wilhelms I. mit publizistischer Zielsetzung visualisieren.

In der Stadtplanung markieren die Plätze Rondell, Oktogon und Quarré das neue Anspruchsniveau. Ihre Vorbilder sind in der französischen Hauptstadt zu suchen, deren urbanistische Erfindungen – etwa die Place royale als Prototyp eines absolutistischen Staatsplatzes – die Stadtplanung europäischer Residenzstädte seit Jahrzehnten prägten. Das Standbild Ludwigs XIV. schmückte die runde Place des Victoires sowie die achtseitige Place Vendôme im Zentrum neuer Adelsquartiere. In der seit 1721 von Friedrich Wilhelm genutzten Wohnung im Stadtschloß befand sich nach Angabe Friedrich Nicolais „ein sehr großer Plan von Paris", der die Vorstellungen des Königs in diese Richtung gelenkt haben mag.[64] Die zusätzliche Qualität der neuen Plätze als Aufmarsch- und Paradefelder haben sicher zu der hohen Wertschätzung des Königs beigetragen. Die Darstellungen Horsts verweisen jedoch klar auf die vorrangig repräsentative Funktion, die sie neben ihrer militärischen Rolle innehatten. Während Dägen auf dem Rondell Truppen paradieren läßt (Abb. 7), zeigen die Platzräume von Horst stets ein explizit höfisch gekennzeichnetes Personal. Die nach Vollendung des Palastquartiers geschaffene Ansicht des Wilhelmplatzes stellt gemäß seiner Situierung in einem Nobelviertel sechsspännige Equipagen und vornehm gekleidete plaudernd promenierende Figuren zur Schau (Abb. 8).

Für die Gründung des Nobelquartiers kann noch ein weiteres Motiv ins Feld geführt werden, das in der eigenwilligen Hofhaltung des Monarchen begründet liegt. Kurz nach Regierungsantritt hatte Friedrich Wilhelm I. einen Festkalender anordnen lassen, der sich nicht mehr in den königlichen Schlössern, sondern vorrangig in den Wohnstätten seines Gefolges abspielen sollte.

---

63 *David Faßmann*, Leben und Thaten des allerduchlauchtigsten und großmächtigsten König von Preussen Friederici Wilhelmi. Berlin 1735, 61.

64 *Friedrich Nicolai*, Beschreibung der Königlichen Residenzstädte Berlin und Potsdam. 3. Aufl. Berlin 1786, Bd. 2, 869. Von dem Plan abgesehen befanden sich Porträts, Jagdstücke und Landschaftsbilder in der Wohnung. Unklar bleibt, ob sich Nicolais Datierung des Plans „1734" auf das Herausgabedatum des Stichs oder das Jahr seines Erwerbs bezieht.

Abb. 6: C.H. Horst, Platz am Zeughaus, Aquarell auf Bütten, um 1733 (Stiftung Stadtmuseum Berlin)

Abb. 7: Dismar Dägen, Rondell, Öl auf Leinwand (Stadtmuseum Berlin, Original verschollen)

Abb. 8: C.H. Horst, Wilhelmplatz, Aquarell auf Papier, 1736/1737 (Stiftung Stadtmuseum Berlin)

Im Januar 1714 berichtete ein Beobachter: „Man hatt nunmehro angefangen bey den großen des Hofes wöchentlich zweymahl Assemble zu halten, womit der Herr Feld-Marechal Graff von Wartensleben den Anfang gemachet, welchem der Herr Graff von Dohna gefolget; bey beyden hat sich der König eingefunden".[65] Während die neue Königin ins Lusthaus Monbijou zur „cour" einlud, zog der König seinerseits Besuche der Assemblées vor. Die regelmäßigen Bälle überforderten vielfach die Räumlichkeiten der Paläste. Beispielsweise notierte ein Hofbericht anläßlich eines Festes im Palais Grumbkow beifällig, daß „daselbst starck getantzet worden", welches im Palais Finckenstein unterblieben sei, da jenes keinen großen Saal habe bieten können.[66] Aus funktionaler Sicht bestand somit bereits seit 1713 ein stark gestiegenes Bedürfnis nach adäquaten Räumlichkeiten, um das höfische Festprogramm ohne die beklagten Einschränkungen zu bewältigen. Nach einer befriedigenden Lösung wurde jedoch erst gesucht, als der Aspekt einer breiter angelegten Repräsentation über das Medium des Stadtbilds hinzugetreten war.

V. Schluß: Ein gescheitertes Marketing?

Das Palastquartier, das urbanistische Qualitäten und anspruchsvolle Einzelarchitekturen in sich vereinte, stand am Ende einer Entwicklung, die der Herrschaftsstil Friedrich Wilhelms I. seit den späten 1720er Jahren durchlief. Wichtige Impulse für die Hinwendung zu einer nicht mehr allein auf das Militär gerichteten Repräsentationsform empfing der König sicher von der Person Augusts des Starken und

---

65 *Friedländer* (Hg.), Geschriebene Zeitungen (wie Anm. 10), 75.
66 Ebd., 183.

seiner strahlenden Hofhaltung, die ihn während seines Besuches in Dresden 1728 und bei späteren Gelegenheiten stark beeindruckte und nachweislich Folgen für sein eigenes Verhalten zeitigte. Unabdingbare Voraussetzung für ihren fruchtbaren Niederschlag war jedoch die Konsolidierung des Staatshaushaltes, ohne deren Bewältigung der König für keine Maßnahme außerhalb seines Sanierungsprogramms hätte gewonnen werden können. Unterstützend wirkten die räumlichen Bedürfnisse der Hofgesellschaft, die durch die Auslagerung des Festwesens in ihre eigenen Häuser verursacht worden war.

Die künstlerische Aufwertung der Berliner Architektur im Dienst der königlichen Selbstinszenierung wurde von Friedrich Wilhelm zwar spät, dann aber mit hohem Einsatz und klar umrissener Zielsetzung realisiert. Um die städtischen Qualitäten auch überregional bekannt zu machen, ließ der König durch seinen talentierten Baukondukteur C.H. Horst Perspektivansichten zeichnen, die als Vorlagen für eine Kupferstichserie hätten dienen können und dies vermutlich auch sollten. Die realisierten Stichfolgen zu den Palais Marschall, Schulenburg und Vernezobre ebenso wie diejenigen der inmitten der Palais gelegenen Gold- und Silbermanufaktur dokumentieren das Bemühen, eine solche Publikationsform zu etablieren.

Die Bildserien vermochten letztlich nicht – zumal sie nach dem Tod Friedrich Wilhelms I. nicht fortgesetzt wurden – das Bild Berlins als größte „Kaserne" der Welt öffentlichkeitswirksam zu korrigieren. Die Paläste selbst bezogen hingegen nachhaltig Stellung im Berliner Stadtgefüge. Im Lauf der Jahrhunderte von privaten Wohnstätten und Prinzenpalais zu staatlichen Ministerien avanciert, wurden ihre Bilder weltbekannt. Stellte sich so ihre erwünschte Publizität verspätet in vollem Umfang ein, wurde ihre Entstehung dennoch nie mit dem Preußenkönig assoziiert, dem sie ihre Entstehung verdanken.

HYMENAEUS UND FAMA:
DYNASTISCHE UND STADTBÜRGERLICHE REPRÄSENTATION IN DEN HOHENZOLLERNHOCHZEITEN DES 18. JAHRHUNDERTS

Daniel Schönpflug

Anders als das heutige Berlin, das sich nicht nur als Hauptstadt präsentieren, sondern auch als Wirtschaftsstandort, als Erlebnisraum für Touristen und als Image-Lieferant für die Unternehmen und Produkte der Stadt verkaufen muß, stellte sich die Stadt in den Hohenzollernfesten des 18. und 19. Jahrhunderts vornehmlich als ein politischer Raum dar: als Residenz, Zentrum eines Staates, Ort des Herrschers, der Dynastie und des Hofes. Die politische Zentrale Preußens setzte allerdings – ähnlich wie das heutige Stadtmarketing – auf positive und wirkungsmächtige Bilder und Inszenierungen. Diese waren integraler Bestandteil einer gezielt geplanten Selbstdarstellung, einer spezifischen Legitimationsweise und einer Praxis der Machtausübung. Das Spektrum der Hohenzollernfeste war breit und ebenso breit war das Spektrum ihrer politischen Funktionen. Hochzeiten stellten die königliche Familie und Verwandtschaft ins Zentrum der Inszenierung. Die Dynastie – laut Wolfgang Webers Definition eine Form der Familie, die Strategien entwickelt hat, um Macht und Wohlstand über Generationen zu erhalten und zu mehren[1] – wurde als Quelle und Ressource der Herrschaft in Szene gesetzt. Das seit Generationen auf der Dynastie ruhende göttliche Heil, die politische Bedeutung einer neuen familiären Verbindung und des weitreichenden Verwandtschaftsnetzes wurden herausgestellt.

Die Stadt Berlin war in derartigen dynastischen Repräsentationen weniger das Ziel, als vielmehr das Mittel. Sie wurde zur Bühne der Dynastie – so wie dies im Prolog eines Singspiels während der Heirat Friedrich Wilhelms I. im Jahre 1706 versinnbildlicht wurde. Darin „stellete das Theatrum einen Theil der Stadt Berlin vor; und das Königreich Preußen in Gestalt einer Königin kam auf das Theatrum, von 12 Herolden begleitet."[2] Anhand der Hohenzollernschen Hochzeitsfeste soll hier vor allem dargestellt werden, wie die Stadt zur Bühne für die königliche Familie – insbesondere für die Darstellung verwandtschaftlicher Außenbeziehungen und Vernetzung – wurde. Wie wurde die Stadt als Schauplatz einer Inszenierung eingesetzt, deren Bezugsrahmen weit über ihre Mauern hinausging? Wie wurden Familie, Familienbande und Netzwerke vorgestellt und konzeptionalisiert? Daß die Stadt vor allem Bühne und weniger Objekt der Darstellung war, hieß

---

1   *Wolfgang E.J. Weber*, Dynastiesicherung und Staatsbildung. Die Entfaltung des frühmodernen Fürstenstaates, in: Ders. (Hg.), Der Fürst. Ideen und Wirklichkeiten. Köln 1998, 91–136, insbes. 95.

2   Die grosse Preußisch- und Lüneburgische Vermählungs-Freude [...] bey [...] Vermählung [...] Fridrich Wilhelms/Cron-Printzens von Preussen/mit [...] Sophia Dorothea/aus dem Chur-Hause Braunschweig Lüneburg. Berlin 1707, 68.

jedoch nicht, daß Berlin, seine Mauern, Tore, Gebäude, Plätze, Institutionen und Bewohner im Rahmen dieser Feste ausschließlich zum Ruhm der Hohenzollern und ihrer guten Verbindungen auftraten. Berlin behauptete sich in den Inszenierungen von Familie und Verwandtschaft durchaus als ein stadtbürgerlicher Raum, der, wenn auch in sehr ehrerbietiger Weise, sein Eigenleben und sein besonderes Profil darzustellen versuchte. Im Rahmen der hier untersuchten Fragestellung ist insbesondere von Interesse, wie das städtische Bürgertum in den Festen seine Deutung dynastischer Ehe, Familie und Verwandtschaft vortrug.

Weiterhin stellt sich die Frage nach dem Platz der stadtbürgerlichen im Rahmen der dynastischen Repräsentation. Es soll gezeigt werden, daß das Verhältnis beider Repräsentationstypen in den Hohenzollernschen Heiratsfesten vom späten 17. bis zum frühen 19. Jahrhundert weitgehend stabil blieb. Ein „Strukturwandel der Öffentlichkeit"[3] im Habermasschen Sinne läßt sich allenfalls in Ansätzen feststellen; er scheint in den Hohenzollernschen Heiraten weniger deutlich als etwa in den von Thomas Biskup untersuchten fürstlichen Einzügen in Braunschweig.[4] Im hier untersuchten Kontext vollzog sich kein rascher Übergang von einem zum anderen Öffentlichkeitsregime, sondern bestenfalls eine allmähliche Verschiebung der Akzente, bei der eine bestehende Konstellation von dynastischer und städtischer Repräsentation weitgehend erhalten blieb. Diese These korrespondiert mit den Ergebnissen jüngerer Arbeiten über Öffentlichkeiten der Frühen Neuzeit, etwa von Andreas Gestrich oder Esther-Beate Körber, welche die Habermassche Großthese differenziert und relativiert haben.[5]

Um einen Eindruck von dem hier im Mittelpunkt stehenden Ereignistyp zu erzeugen, soll die Gliederung der Analyse weitgehend dem Ablauf einer Hohenzollernhochzeit folgen. Das Fest beginnt mit der Brautfahrt (I.), setzt sich mit dem Einzug der Braut in die Residenz des Bräutigams fort (II.) und erreicht seinen Höhepunkt bei der Einsegnung des Paares im Berliner Schloß (III.). Der Schlußakt, welcher sich über die auf die Trauung folgenden Wochen erstreckt, ist den höfischen Vergnügungen, den „divertissements", vorbehalten (IV.).

3   *Jürgen Habermas*, Strukturwandel der Öffentlichkeit. Untersuchungen zu einer Kategorie der bürgerlichen Gesellschaft. Düsseldorf 1962.
4   *Thomas Biskup*, The transformation of ceremonial: ducal weddings in Brunswick, c. 1760–1800, in: *Karin Friedrich* (Hg.), Festive culture in Germany and Europe from the sixteenth to the twentieth century. Lewiston 2000, 169–186.
5   *Andreas Gestrich*, Absolutismus und Öffentlichkeit. Politische Kommunikation in Deutschland zu Beginn des 18. Jahrhunderts. Göttingen 1994; *Esther-Beate Körber*, Öffentlichkeiten der Frühen Neuzeit: Teilnehmer, Formen, Institutionen und Entscheidungen öffentlicher Kommunikation im Herzogtum Preußen von 1525 bis 1618. Berlin 1998.

I. Zwischen zwei Residenzen: Die Brautfahrt

In keinem anderen Abschnitt der Hochzeitsfeier waren die Inszenierungen von dynastischen Außenbeziehungen so dicht und vielfältig wie während der Brautfahrt.[6] Dies zeigt sich bereits darin, daß hier die Berliner Hauptbühne in eine größere Szenerie von Schauplätzen eingebettet war. Die Brautfahrt war eine Reise von einer Residenz zur anderen. Einerseits stand diese Bewegung im Raum für den Übergang der Braut von einer Familie zur anderen, andererseits aber für die dadurch entstehende verwandtschaftliche und politische Verbindung. Der Weg war auch Ziel. Dazu paßt, daß nicht nur Anfangs- und Endpunkt der Reise durch aufwendige Inszenierungen gekennzeichnet wurden, sondern auch Stationen unterwegs. Jede Festung oder Stadt, in der der Troß der Braut Station machte, bemühte sich um eine aufwendige Gestaltung, sodaß die Reiseroute als eine Kette von dynastischen und städtischen Festlichkeiten sichtbar wurde.

Besonderes Augenmerk wurde von Seiten der Dynastie auf die Gestaltung des Grenzübertrittes gelegt.[7] Die Grenze symbolisierte in diesem Kontext gleichzeitig eine Trennlinie wie eine Kontaktzone zwischen den Herrschaftsräumen zweier Dynastien. Der Grenzübertritt wurde im ersteren Sinne als Übergabe der Braut inszeniert. Es war der Punkt, an dem Vertreter der Herkunftsfamilie die Braut abgeben und Vertreter der neuen Familie die Braut in Empfang nahmen; gleichzeitig wurde hier die Wandlung der Braut von einem Mitglied der einen zu einem Mitglied der anderen Familie symbolisch vorweggenommen. Als Beispiel für diese Vermischung von Abschied, Willkommen und Transformation kann ein Auszug aus einer Beschreibung der Heirat der Sophie Dorothea von Hannover, mit Kronprinz Friedrich Wilhelm, dem späteren Soldatenkaiser dienen: Die Braut überquerte 1706 die durch einen Erdhügel gekennzeichnete lüneburgisch-brandenburgische Grenze bei Brome. Nach dem Abschied vom heimatlichen Gefolge rollte ihre Kutsche allein weiter und verweilte einige Augenblicke im Niemandsland:

> „Wie nun an diesem Orte zwey widrige Actus, nemlich eine Bewillkommnung und ein Abschied/vorgehen solte/also wurden auch die Hertzen derer Gegenwärtigen auf zweyerley Art gerühret: Auf einer Seite erregte die höchst-glückliche Ankunft dieser vortrefflichen Printzessin eine solche Freude, die die Feder in der Kürtze nicht beschreiben kan. Auf der anderen Seite verursachte der vorstehende Abschied in denen Gemüthern eine schmertzliche Veränderung."[8]

6   Zur Brautfahrt allgemein: *Karl-Heinz Spieß*, Unterwegs zu einem fremden Ehemann. Brautfahrt und Ehe in europäischen Fürstenhäusern des Spätmittelalters, in: *Ders./Irene Erfen* (Hg.), Fremdheit und Reisen im Mittelalter. Stuttgart 1997, 17–36; *Doris Ruhe*, Die fremde Frau: Literarische Brautfahrten und zeitgenössisches Eherecht, in: Ebd., 37–51.

7   Zur politischen Symbolik des Grenzübertritts: *Johannes Paulmann*, Pomp und Politik: Monarchenbegegnungen in Europa zwischen Ancien Régime und Erstem Weltkrieg. Paderborn 2000, 219ff.; *Abby Zanger*, Scenes from the Marriage of Louis XIV: Nuptial Fictions and the Making of Absolutist Power. Stanford 1997, 68–97.

8   Vermählungs-Freude (wie Anm. 2), 24.

Übergabe und Transformation sind Inszenierungselemente, welche das Trennende zwischen den beiden Dynastien stärker betonen als ihre guten Beziehungen. Doch der Grenzübertritt bedeutete mehr als Verlust auf der einen und Gewinn auf der anderen Seite; er erzeugte einen Zugewinn auf beiden. Die Braut wurde durch das Überschreiten der Grenze zum Verbindungsstück zwischen den Familien. Das Nacheinander von Trauer und Freude, das auch als plakative emotionale Verbindung beider Familien zur Braut und zueinander gedeutet werden kann, ist eine Versinnbildlichung der bindenden Funktion der Tochter, die zur Ehefrau wird. In Brautfahrten des frühen 19. Jahrhundert wurden die Grenzübertritte häufig noch weitaus plakativer inszeniert. Die preußische Prinzessin Charlotte reiste im Sommer 1817 zu ihrem Gatten, dem späteren Zar Nikolai. Der Grenzübertritt erfolgte in der Nähe der ostpreußischen Stadt Memel. Bevor die Braut unter Tränen den Schlagbaum passierte, hatte schon ihr Bräutigam, der russische Großfürst, seinen Fuß auf preußischen Boden gesetzt und das dort in Parade aufgestellte preußische Dragoner-Regiment mit einem kernigen „Guten Morgen Preußen!"[9] begrüßt. Ein Zeitungsbericht über dasselbe Ereignis beschreibt eine noch weitergehende Verbrüderungsszene:

> „Von beiden Theilen war, durch die Offiziere, das Ueberschreiten der Gränze verboten worden, doch, wie bei Freunden, die sich lange nicht gesehen haben, so auch hier wirkte das magische Band welches die Herzen beider Landesfürsten schon vereint hatte, auf beide Truppen-Abtheilungen, denn in wenig Augenblicken waren die russischen Truppen bei uns und beide Kommandos zu einem verschmolzen. Man sah überall nichts als Händedruck und Herzlichkeit."[10]

Die ineinanderwirkende Symbolik von Willkommen, Abschied, Transformation, freundschaftlicher Grenzüberschreitung, gegenseitiger Respekts- und Freundschaftsbekundung, Emotionalisierung und familiär-staatlicher Bindung bestimmten nicht nur den bedeutungsgeladenen Moment der Grenzüberschreitung, sondern die Brautfahrt insgesamt. Während beim Grenzübertritt die Abgesandten der Dynastie – Vertreter von Familie, Hof und Elitesoldaten – im Mittelpunkt standen, waren es in den Städten entlang der Reiseroute die Bürger, welche die Passage durch ihre aufwendigen Dekorationen und Aufführungen gestalteten und kommentierten. Da sich die stadtbürgerlichen Inszenierungen der Brautfahrt in vielem mit den im nächsten Abschnitt behandelten Einzügen durch das Brandenburger Tor ähneln, soll hier nicht weiter auf diese eingegangen werden. Über den Aufwand, die Inhalte und Motive solcher städtischen Inszenierung informiert Carmen Ziwes Aufsatz über die Brautfahrt Marie-Antoinettes zu Ludwig XVI.[11]

9   Königlich Privilegierte Berlinische Zeitung von Staats und gelehrten Sachen, 3.7.1817, 79. Stück.

10 Erste Beilage zum 80sten Stück der Königlich Privilegierten Berlinischen Zeitung von 1817, 5. Juli.

11 *Carmen Ziwes*, Die Brautfahrt der Marie-Antoinette 1770: Festlichkeiten, Zeremoniell und ständische Rahmenbedingungen am Beispiel der Station Freiburg, in: *Klaus Gerteis* (Hg.), Zum Wandel von Zeremoniell und Gesellschaftsritualen in der Zeit der Aufklärung. Hamburg 1992, 47–68.

II. Durch das Stadttor zum Schloß: der Einzug

Ähnlich wie die Brautfahrt, die gleichzeitig die Einholung durch die Familie des Bräutigams und die Begrüßung durch die Städte auf der Reiseroute darstellte, war auch ihr Ende und Höhepunkt, die Ankunft in Berlin, eine aufeinander abgestimmte Inszenierung von Dynastie und Stadtbürgertum. Der Einzug in Berlin hatte das Schloß und die dort zur Begrüßung bereitstehende Familie des Bräutigams zum Ziel. Auf dem Weg dorthin gab es jedoch eine lange Strecke, die der symbolischen Entfaltung des Stadtbürgertums einen – wenn auch durch die Beamten des Hofes kontrollierten – Raum bot. Diese Form stadtbürgerlicher Beteiligung ist keine Entwicklung des bürgerlichen Zeitalters. Sie fand sich schon bei den ersten quellenmäßig belegten Hohenzollernhochzeiten. Die Bürger beteiligten sich als Zuschauer und als kunstvolle Dekorateure, welche die Strecke vom Stadttor bis zum Schloß durch Ehrenpforten, Blumen, Statuen, Bilder, Girlanden in einen dem Alltag entrückten Raum verwandelten. Darüber hinaus waren bestimmte städtische Gruppen traditionell auch als Mitwirkende des Einzugs beteiligt. So war es das Privileg der Fleischerinnung, in prächtigen Kostümen der Brautkutsche zu Pferde voranzureiten. Alle anderen Gewerke, auch sie feierlich herausgeputzt und zum Teil mit Musikinstrumenten ausgerüstet, folgten dem Troß der Braut. Die historische Festforschung hat auf die politische Bedeutung von Einzügen und Huldigungen als quasi-konstitutionelle Ereignisse hingewiesen, bei denen die bestehenden Herrschafts- und Rechtsverhältnisse akklamiert, in Ausnahmefällen auch neu verhandelt wurden.[12] Entsprechend war der Einzug der Braut eine Huldigung an sie und ihre Familie und eine Akklamation der neuen Bindung.

Gegen Ende des 18. Jahrhunderts und sicher nicht ohne Bezug zur Erneuerung der Semantik öffentlicher Feste durch die Französische Revolution begann sich die stadtbürgerliche Rolle beim Einzug graduell zu verändern. 1793 wird die Begrüßung der einziehenden Braut durch den Bürgermeister in einem Bericht über ein Heirat erwähnt.[13] Dieser akzentuierte die Sichtbarkeit des durch die Stadtmauer und das Stadttor abgegrenzten Raumes und stellte den Magistrat als Autorität in seiner Sphäre dar. Neu war 1793 auch, daß der Bürgermeister sich in geschliffenen Worten direkt an die Braut wandte. Gleichwohl war der Gestus derartiger Begrüßungen höchst untertänig, was durch den Kontrast zwischen der in der goldenen Prachtkutsche thronenden Braut und den am Boden stehenden Bürgermeister akzentuiert wurde.

Im 19. Jahrhundert verstärkte sich die bürgerliche Selbstdarstellung im Rahmen dynastischer Feste weiter. Die Beiträge der Untertanen wurden zahl- und wortreicher, und die soziale Herkunft der aktiv teilnehmenden Gruppen veränderte

---

12 *Lawrence M. Bryant*, The king and the city in the Parisian royal entry ceremony: politics, ritual, and art in the Renaissance, Genf 1986; *André Holenstein*, Die Huldigung der Untertanen. Rechtskultur und Herrschaftsordnung (800–1800). Stuttgart 1991.

13 *Sophie Marie Gräfin von Voss*, 69 Jahre am Preußischen Hofe. Leipzig 1876. Eingehendere Quellenstudien müssen zeigen, inwiefern der Magistrat schon früher eine vergleichbare Rolle gespielt hat.

sich. Bei der Heirat des späteren Wilhelm II. im Jahr 1881 waren neben den traditionell beteiligten Handwerken viele neue Gruppen aus der Stadt jubelnd, marschierend oder musizierend beteiligt: „mit Fahnen und Musikkapellen die Berliner Feuerwehr, der Gesangverein ‚Lucretia‘, der Berliner Ruderclub ‚Neptun‘, der Berliner Turnrath, der Berliner Bezirksverein des deutschen Kellnerbundes, sowie schließlich bis zur Ahorn-Allee die Arbeiter der Fabrik von Becker und Hofbauer, [...] die Mitglieder der Rüdersdorfer Berg-Inspection, die Berliner Turngemeinde und Turnerschaft, der Verein der Berliner Gastwirthe und die Arbeiter aus der Tabak und Cigarrenfabrik ‚Uri‘ das Spalier bildeten." Hinter dem Stadttor waren es vor allem die Studierenden der Berliner Hochschulen, die „im vollen Wichs" ihre Aufwartung machten.[14] Ebensolang wie die Liste der durchgeführten war die Liste der abgelehnten Dekorationen und Aktivitäten; abgelehnt wurde etwa der Antrag eines gewissen Max Jenisch, der sich erbot, zur preußisch-britischen Heirat von 1858 eine Gesellschaft von „100 anständigen jungen Leuten zwischen 18–20 Jahren zu bilden, um die feierliche Einholung des höchsten Paares dadurch noch feierlicher zu machen, daß wir den Wagen vom Brandenburger Thor bis zum königlichen Schloß eigenhändig ziehen."[15]

All diese bürgerlichen Beiträge bewegten sich im Spannungsfeld zwischen der Selbstdarstellung als Untertanen, die in Liebe zu Braut und Familie ersterben, und der Behauptung eigener Sicht- und Hörbarkeit. Zunehmend dokumentierte sich der Wille, durch mündliche oder gedruckte Wortbeiträge und künstlerische Gestaltung die Bedeutung des Festgeschehens zu formen und dabei die Treffsicherheit bürgerlichen Geschmacks und die Qualität bürgerlichen Kunstschaffens unter Beweis zu stellen. Dies wird deutlich, wenn man diejenigen Elemente der Einzugsinszenierung näher betrachtet, welche den Zusammenhang von Verwandtschaft und Außenbeziehungen zum Inhalt haben.

Der Einzug der Braut war ein Begrüßungs- und Akklamationsritual, das in einigen Punkten dem Empfang am Schlagbaum entsprach und die dort angelegten symbolischen Formen aufgriff und variierte. Wiederum wurde eine Grenze, diesmal die Stadtgrenze, überschritten. Wiederum überlagerten sich Willkommen, Freundschaftsbekundungen an Braut und Familie und Metaphern des Bandes. Zu letzteren sind all die Symbole in den Dekorationen zu rechnen, welche Referenzen an die andere Familie enthielten – sei es in Form von Wappen, Statuen, musikalischen Zitaten, Bildern von Familienmitgliedern oder Darstellungen von Szenen aus deren Geschichte. Weiterhin gehörten dazu auch symbolische Anordnungen, die mit der Metapher des Bandes spielten: dies waren traditionell Doppelwappen, die durch Bänder, Ketten oder Girlanden miteinander verbunden sein konnten. Es kamen auch komplexere Anordnungen vor, wie etwa in der englisch-preußischen Heirat von 1791, in der von einem „transparente(n) Gemählde/n [...]", berichtet wird, „in welchen am erstern Tage die Genius von England und von Preußen, auf

---

14   Königlich privilegierte Berlinische Zeitung von Staats- und gelehrten Sachen, 26.2.1881, Nr. 96.

15   Geheimes Staatsarchiv Preußischer Kulturbesitz (im folgenden: GStA PK), HA I, Rep. 100, Hausministerium, Nr. 2287, Bl. 261.

die Wapen dieser beiden Reiche gestüzt, auf dem Altar Hymens ein Opfer brachten, über welchem die Göttin Fama die Namen Friedrich und Friederike ver-
einigte."[16]

Seit dem späten 18. Jahrhundert ist zu beobachten, daß bürgerliche Stimmen
im Rahmen der Feste das Leitmotiv von Verwandtschaft und politischer Bindung
ausführlicher und mit anderen Akzenten behandelten. 1791, in einem in einer
Zeitung veröffentlichten Gedicht an die Prinzessin Wilhelmine, wurde die emotionale Vereinnahmung der Braut durch die Zuneigung der Untertanen zum Thema:
„So weit/der Allsegnende Strahl/auf verwandte Häupter fällt, gehört dem Volke –
stolz auf Dich – gehört der glücklichen Heimat/eine der Perlen, die über die
Rosenwange rollen."[17] Zusätzlich wurde das zunächst bürgerliche Liebesideal
einer individuellen emotionalen Bindung zwischen zwei Menschen auf das
königliche Paar projiziert. Dies öffnete den Weg für die im 19. Jahrhundert
verbreitete neue Konzeptionalisierung des Verhältnisses von Liebe und Bündnis.
In dem Maße wie das Volk sich emotional an die Dynastie und an einen der Ehe-
partner band, wurde auch die amouröse Verknüpfung der Partner zu einer Angelegenheit der Untertanen. Braut und Bräutigam, in inniger Liebe verbunden, wurden eine symbolische Verkörperung für die Verbindung zweier Völker. Darauf
wiesen die Motti der Ehrenpforten bei der preußisch-russischen Vermählung von
1817 hin: „Die Eintracht der Völker heiliget das neu geknüpfte Band"[18] und „Zwei
Völker blicken mit Stolz auf Sie."[19] In einem Bürgergedicht zur gleichen Gelegenheit hieß es: „Denn, sieh, das reinste menschlichste der Bande/Das dient uns zum
sichern Unterpfande."[20] Auch die Symbolik des Grenzübertrittes eigneten sich
bürgerliche Akteure an, wie ein 1817 vom Königsberger Magistrat an die Braut
Charlotte überreichtes Gedicht belegt:

> „Denn hier ist's, wo sich nah die Marken scheiden/des Vaterlandes, das noch sein Dich
> nennt,/und unsers Nachbarvolkes, das vor Freuden,/Dich sein zu nennen hoffend jetzt
> entbrennt./So stehest Du verbindend zwischen beiden,/Und nimmer wird, was Du vereint,
> getrennt."[21]

Die Einzüge waren seit dem Mittelalter der Moment der stadtbürgerlichen Akklamation. In dem Maße, in dem sich städtische Bürgerlichkeit entwickelte, kamen
neue Gruppen und neue Ausdrucksformen zum Tragen. Am Ende des 18. Jahrhunderts verstärkte sich der Wille zur Sicht- und Hörbarkeit des Stadtbürgertums,
und eine neue Aufladung der Fürstenehe als völkerverbindendes Ereignis Begriffes begann sich durchzusetzen. Dabei wurde der untertänige Grundton bürgerlicher Partizipation an Hochzeiten der Dynastie modifiziert, aber nicht beibehalten.

---

16 Berlinische Nachrichten von Staats- und gelehrten Sachen, 1.10.1791, Nr. 118.
17 Ebd.
18 Königlich Privilegierte Berlinische Zeitung von Staats und gelehrten Sachen, 3.7.1817, 79.
    Stück.
19 Ebd.
20 Ebd.
21 Ebd.

III. Hinter den Schloßmauern: die Trauung

Während der Einzug Veränderungen im Symbolprogramm nicht nur erlaubte, sondern „inventio" geradezu forderte, enthielt der Hauptakt, die Trauung, durch die Jahrhunderte die immer gleichen Elemente in der gleichen Reihenfolge und Form. Der Tag begann mit der Ankleidung der Braut und dem Aufsetzen der Brautkrone. Im festlich geordneten Zug begaben sich dann Familie und hohe Gäste, gefolgt von Ministern und hoffähigem Adel in die Staatsgemächer des Schlosses oder die Kapelle, wo die Einsegnung der Ehe stattfand. Darauf folgte eine Festtafel für Familie und Gäste. Im Anschluß wurde der Fackeltanz zelebriert. Es handelte sich dabei um einen von der Rangordnung bestimmten Schreittanz, von Pauken und Trompeten begleitet, in dem die Staatsminister mit Fackeln vorangingen, dann das Brautpaar tanzte und – in der Reihenfolge des Vorrangs – die Gäste mit einbezog. Danach wurden Braut und Bräutigam in ihre jeweiligen Gemächer geführt und im kleinen Kreis entkleidet. Schließlich wurde der Bräutigam zum Zimmer der Braut gerufen, und die Familie zog sich zurück. Der Vermählungstag endete mit dem den Augen jedweder Öffentlichkeit entzogenen Vollzug der Ehe. Durch Einsegnung und Vollzug der Ehe wurde die beim Grenzübertritt und beim Einzug präfigurierte Verbindung eines Paares und zweier Familien, sowie die Aufnahme der Braut in die neue Familie förmlich vollzogen. Die Transformation der Braut wurde hier durch das Aufsetzen der Krone verdeutlicht, die ihre Zugehörigkeit zur königlichen Familie signalisierte.[22] Gleichzeitig war der eigentliche Hochzeitstag auch der Moment, in dem die Selbstdarstellung der Dynastie ihren Höhepunkt erreichte. Der Prunk der Zeremonie kündete vom Erfolg der brandenburgischen Hohenzollern. Die Wiederholung der immergleichen Heiratsrituale unterstrich den Ewigkeitsanspruch ihrer Herrschaft. An diesen erinnerte zusätzlich die in Marmor gehauene Ahnenreihe der Dynastie im Weißen Saal des Stadtschlosses – seit seiner Einrichtung im Jahr 1728 Schauplatz aller Hochzeitsfeste. Fester Bestandteil dieser dynastischen Selbstdarstellung waren auch Lob und Beschwörung der Fruchtbarkeit, welche die neuvermählten Eheleute an ihre Pflichten gegenüber der Dynastie erinnern sollten.

Doch die Inszenierungen am Hochzeitstag gingen über die Selbstdarstellung der dynastischen Legitimität und Kontinuität und auch über weitere Variationen über das Thema von Willkommen, Transformation und bilateraler Bindung zwischen zwei Familien hinaus. Am Heiratstag wurde vielmehr besonderer Wert auf die Darstellung der Breite der Verwandtschaftsbeziehungen gelegt, über welche die Dynastie dank vergangener Vermählungen verfügte. Dies ist eine Entwicklung, die im späten 18. Jahrhundert einsetzte. Noch bei der Heirat des Soldatenkönigs im Jahre 1706 war kein einziger Gast zugegen, der nicht dem Haus oder Hof der Hohenzollern angehörte. Seit dem Ende des 18. Jahrhunderts hingegen gaben sich bei Hochzeitsfesten zahlreiche regierende Häuser ein Stelldichein in Berlin. 1791 fanden sich neben dem englischen und dem niederländischen Bräutigam, die zu dieser Gelegenheit in die Hauptstadt Preußens reisten, auch der

---

22   Zum Umkleiden der Braut: *Zanger*, Scenes (wie Anm. 7), 44ff.

Herzog von Sachsen-Weimar, der Erbprinz von Braunschweig und seine Gattin, der Herzog von Mecklenburg-Strelitz, die Herzogin von Curland, der Erbprinz von Anhalt-Dessau, der Herzog Friedrich von Braunschweig, der Landgraf von Hessen-Darmstadt, der Prinz Friedrich von Orange und Prinz von Baden.[23] Mit allen Häusern, von denen Vertreter zu dieser Heirat geladen waren, hatten die brandenburgischen Hohenzollern direkte verwandtschaftliche Beziehungen, d.h. im letzten Jahrhundert eine oder mehrere Ehen geschlossen. Die Festgemeinde war das Abbild der engeren Verwandtschaftsverhältnisse der Dynastie, die Versammlung eines Heiratskreises. Es war kein Zufall, daß zu dieser Zeit kein Mitglied der österreichischen, französischen, spanischen oder italienischen Herrscherfamilien je auf einer preußischen Heirat erschien.

Die sozio-politischen Funktionen solcher Heiratskreise waren vielfältig. Karl-Heinz Spiess hat auf die ökonomische Bedeutung hingewiesen, die der Verwandtentausch in engem Kreise hatte. Die Mitgiften zirkulierten, und eine Ausgabe für eine Braut konnte durch eine Einnahme durch einen Bräutigam wieder kompensiert werden. Angesichts der stark variierenden Heiratsgüter bei Vermählungen der Hohenzollernfamilie ist es jedoch zweifelhaft, daß diese im Hochadel vorzufindende Logik im selben Maße auch im Kreis der souveränen Häuser vorzufinden ist.[24] Allerdings konnten durch mehrere Ehen gefestigte Verbindungen in dem Fall, daß ein Haus aussterben sollte, Sukzession und Erbe bestimmen. Es ist daher kein Zufall, daß das Haus Hohenzollern mit denjenigen Fürstendynastien, mit denen es am engsten verwandtschaftlich verbunden war, auch Erbverbrüderungen geschlossen hatte. Darüber hinaus hatte ein Heiratskreis auch politische Funktionen, die insbesondere in den Präambeln der Eheverträge explizit thematisiert wurden. Der Begriff „parenté" erscheint hier neben andere Formeln für mentale und politische Bindung wie „amitié", „voisinage" und „confession".

Am Heiratstag war der durch zahlreiche Heiraten gebildete engere Verwandtenverband nicht nur anwesend, sondern er wurde auch bei verschiedenen Gelegenheiten formiert. Am sprechendsten war die Formierung im Fackeltanz. Während die Minster mit den brennenden Fackeln vorwegschritten, eröffnete das Brautpaar den Tanz und holte nach jedem Abschnitt, der getanzt wurde, weitere Gäste in den Tanz hinein. Der Tanz, ein Relikt mittelalterlicher Turnierriten, versinnbildlicht, wie der Verwandtenverband um das neue Paar kreist. Erst viel später, in der Zeit Wilhelms II., wurden die Gästelisten über den Heiratskreis hinaus erweitert. Zusätzlich zum engsten Verwandtenkreis lud man jetzt internationale Monarchen ein, zu denen gute Beziehungen bestanden. So waren 1905, bei der Heirat des Kronprinzen Wilhelm, neben den eng verwandten Prinzen und Prinzessinnen von Rußland, Dänemark, Schweden, Griechenland, Großbritannien, Niederlande, Belgien, Rumänien, auch nicht direkt verwandte wie Franz Ferdinand von Österreich-Este, die Herzogin von Aosta und sogar außereuro-

---

23 GStA PK, BPH Rep., 48 W I Nr. 9.
24 GStA PK, HA I Rep., 100 Nr. 1814.

päische Monarchen wie Prinz und Prinzessin Arisugawa von Japan und Prinz Chow Fa Chakraongse von Siam zugegen.[25]

So unverrückbar wie das Festprogramm am Hochzeitstag war auch die Tatsache, daß in diesem Hauptteil der Veranstaltung bürgerliche Beteiligung völlig undenkbar war. Die in den Repräsentationen durch unmittelbare Anwesenheit erzeugte Öffentlichkeit erhielt also eine klare Grenze. Die Hierarchie zwischen den beiden Sphären diesseits und jenseits der Schloßmauer blieb gewahrt, da Herrscher und Dynastie auch außerhalb des Schlosses agierten, die Stadtbürger jedoch nicht in das symbolische Zentrum der Residenz vordrangen. Dies gilt im Kontext der Feste im gesamten 18. Jahrhundert und selbst noch in den letzten Jahren des Kaiserreichs, als ausgewählte Bürgerliche immerhin als stille Betrachter in die Festräume zugelassen wurden. So plausibel die These vom Strukturwandel der Öffentlichkeit auch ist, sie muß diese statischen Elemente im zentralen Akt der Feiern ebenso berücksichtigten, wie die variablen in den Nebenakten.

IV. Verwandlung des Hofes: die „divertissements"

Während der Einzug die Beziehung zwischen Dynastie und Stadtbürgertum abbildete und die Einsegnung den Schwerpunkt auf die Inszenierung der Familie und des weiteren verwandtschaftlichen Verbandes legte, waren die „divertissements" im besonderen Maße der Repräsentation des Hofes gewidmet. In den Wochen nach der Trauung, in denen viele der Hochzeitsgäste noch anwesend waren, widmete man sich höfischen Vergnügungen; dazu gehörte die Cour, die Festtafel, der Ball, künstlerische Darbietungen wie Oper, Theater, Konzert oder Feuerwerk, sowie Landpartien und Jagd. Die historische Festforschung hat die langfristigen Wandlungen in diesem Teil des höfischen Festes ausgiebig beschrieben und gedeutet.[26] Die Feststellung, daß sich die ursprünglich auf die Verwandlung der Festgemeinschaft und die Präsentation kultureller Leistungsfähigkeit durch gegenwarts- und kontextbezogene „innovatio" ausgelegten Inszenierungen verloren, trifft auch auf die Hohenzollernschen Hochzeiten zu. Auch am Berliner Hof wurden die Vergnügungen im Verlauf des 18. Jahrhunderts immer seltener von Mitgliedern der Königsfamilie und des Hofes dargeboten. Sie wurden zunehmend professionellen Künstlern überlassen, die entweder ohnehin auf der Lohnliste des Königs standen oder für diese Gelegenheit engagiert wurden. Die für den Anlaß geschaffenen Darbietungen wichen mehr und mehr der Darbietung aus dem aktuellen französischen oder italienischen Opern-, Theater-, Ballett- oder

---

25 GStA PK, Rep. 89, Zivilkabinett Nr. 2945.

26 *Richard Alewyn*, Das große Welttheater: Die Epoche des höfischen Festes. München 1985; *Ute Daniel*, The baroque court festival: the example of German courts around 1700, in: *James R. Mulryne* (Hg.), Europa Triumphans. Court and Civic Festivals in Early Modern Europe, Bd. 1. Aldershot 2004, 19–32; *Friedrich* (Hg.), Festive Culture (wie Anm. 4); *Uwe Schulz*, Das Fest: Eine Kulturgeschichte von der Antike bis zur Gegenwart. München 1988; *Sara Smart*, Doppelte Freude der Musen. Court Festivities in Brunswick-Wolfenbüttel 1642–1700. Wiesbaden 1989.

Konzertrepertoire. Gegenwarts- und Familienbezug gingen weitgehend verloren. Allegorische Göttergestalten und Figuren von Stand, welche die Feste der Barockzeit bevölkerten, wichen gegen Ende des 18. Jahrhunderts bürgerlichen Heldinnen und Helden. Diese Veränderungen führten dazu, daß das in den „divertissements" Dargebotene als spezifische politische, soziale oder kulturelle Selbstdarstellung immer weniger aussagekräftig war. Fast scheint es, als habe sich die höfische Gesellschaft zunehmend darauf verlassen, daß die in den Riten gefrorenen und von Fest zu Fest weitergegebenen Formen durch ihre Anciennität für ein verbürgtes Aussagenspektrum standen. Wegen dieses Wandels sind für die Interpretation im Rahmen unserer Fragestellung vor allem die barocken Festinszenierungen von Interesse. Familie, Verwandtschaft und ihre politische Bedeutung waren im Rahmen der „divertissements" um 1700 ein zentrales Thema. In der Endphase des preußischen Barock wurde insbesondere die Friedenswirkung der Ehe angesprochen. Die Komplementärfiguren Mars und Venus finden sich in vielen der überlieferten Barocken Opern und Ballette. Im folgenden sollen zumindest zwei Aufführungen kurz analysiert werden.

1684, in einem Ballett des Hof-Tanzmeisters Louis du Breuil anläßlich der zweiten Heirat des späteren König Friedrich I., tritt Mars auf, um den mächtigen Kurfürsten Friedrich Wilhelm zu sehen, dessen Kriegsglück ihn von Sieg zu Sieg eilen läßt. Mars muß aber feststellen, daß das Land dank dieses Fürsten „jetzo überall [...] sanft in Friedens-Armen lieget."[27] Merkur setzt den Kriegsgott davon in Kenntnis, daß seine Zeit vorüber ist: „Halt Mars, bey Zeit halt ein: Hör mich so dirs blieb't:/Wiß/daß der Held/der uns den Frieden beygefüget/Dir heut von hier zu ziehn/den letzten Abschied giebt."[28] Mars tanzt noch mit einer Gruppe von „Combattanten", zieht sich dann aber gen Himmel zurück. Das Theater wandelt sich in eine liebliche Landschaft, in der Nymphen die Ankunft der Flora und der Venus verkünden:

> „So mach' sich dann des Krieges Greul-Gesichte,/Zum allerletzten Mal von unseren Augen fort/Und der so offt die Ruh der gantzen Welt zernichtte/Wend sich nur imer hin an andre Ort./Komm't reicht eure Liebes-Gaben/Amor, Vergnügen/komm't/entzündt./Dies irrdische Göttin/dies liebreiche Fürsten-Kind/Einem verliebten Printz sein Herz nach Lust zu laben."[29]

Bald steigt Bacchus und schließlich die versammelte Götterschar herab, um ein Fest der Liebe zu feiern. Eine ähnliche Aufführung, bei der 80 Mitglieder des Hofes, darunter auch die jüngeren Marggrafen von Brandenburg, auftraten, wurde anläßlich der preußisch-braunschweigischen Heirat von 1706 gegeben. Das Ballett war „Sieg der Schönheit über die Helden" betitelt. In seinem Verlauf wurde „Mars, nachdem er viel Königreich bezwungen/von der Schönheit der Venus [...]

---

27 *Louis B. du Breuil*, Der Götter Freuden-Fest. Balet, so Ihre Churfürstliche Durchlauchtigkeit von Brandenburg wegen Ihrer Chur-Prinzl. Durchlauchtigkeit Friderichs/Chur-Prinzen zu Brandenburg mit Ihro Hochfürstl. Durchläuchtigkeit Sophia Charlotta, Printzeßin von Braunschweig und Lüneburg Vermählung in Berlin den 6. Novemb. 1684. tantzen lassen. Cölln an der Spree 1684.

28 Ebd.

29 Ebd.

besieget und eingenommen."[30] Dieses allegorische Thema wurde auf den Cron-Prinzen appliziert, der bislang nur seinen „Martialischen Neigungen"[31] nachgegangen sei, jetzt aber von der „ausbündigsten Gestalt"[32] seiner Gemahlin eingenommen und zur Liebe bekehrt worden sei. In den folgenden Aufzügen wird das Leitmotiv variiert und der Sieg der der Amphitrite über Neptun, sowie der Sieg der Daphnis über Apollo tänzerisch und sängerisch dargestellt. Im der „Venus Victrix" geweihten Tempel singen die Götter den Schlußchor:

> „Es mag durch diesen Schönheits-Sieg
> Ein Seegens-voller Liebes-Krieg
> Mit Euch Vermählten sich vermählen!
> Es mag dem theuren Friderich
> An keinen Helden-Enckeln fehlen!
> Es mag Sein Preussen ewiglich
> Viel Helden von dem Friderich
> Viel Fridrichs-Helden ewig zehlen!"[33]

So wurden die allegorischen Götterfiguren des Barockfestes zum Ausdruck eines Denkens, in dem menschliche Beziehungen und politisches Handeln eng miteinander verbunden waren. Während im Ballett von 1684 der Friede ein Ergebnis des Sieges ist und die Liebe lediglich als die Feier des Friedens erscheint, wird in der Inszenierung von 1706 die Überwindung des Krieges durch die Liebe thematisiert. Der Konnex zwischen Liebe, Ehe und Frieden ist in beiden Festen deutlich. Der Heirat wird damit eine klare politische Funktion zugedacht.

Zusammenfassend läßt sich festhalten, daß die verschiedenen Abschnitte der Hohenzollernschen Hochzeitsfeste die Leitmotive von Ehe und verwandtschaftlicher Vernetzung aufgriffen und variierten. In der Brautfahrt, die eine Verbindung zwischen zwei Residenzen herstellte, war es insbesondere der Grenzübertritt, der den Rahmen zu symbolhaften Handlungen Anlaß gab. Hier wurde durch Vertreter der Dynastie die Braut als Bindeglied zwischen den beiden Familien in Szene gesetzt. Im Einzug, der die Brautfahrt abschloß und die letzten Kilometer vor der Ankunft im Schloß zum Festzug werden ließ, war es im 18. Jahrhundert das städtische Bürgertum, das durch Magistrat und städtische Korporationen vertreten wurde, welches durch Akklamation, aber zunehmend auch eigene Deutung der Fürstenehe in Erscheinung trat und damit zur Sichtbarkeit des städtischen Raumes beitrug. Der Trauungstag, der im Kreise der Familie und des Hofes hinter den Mauern des Schlosses begangen wurde, legte den Akzent auf die Versammlung und symbolische Formierung des Familienverbandes. Bei den höfischen „divertissements" schließlich wurde zumindest bis zum Anfang des 18. Jahrhunderts Ehe, Liebe und Verwandtschaft in der Götter- und Heldenallegorie überhöht. Die Inszenierungen, die in den verschiedenen Abschnitten des Festes zutage traten, waren vielfältig, aber keineswegs widersprüchlich. In allen Teilen der Inszenierung wurde die Ehe als eine Institution mit Bindungswirkung vorgestellt. Die

---

30 Vermählungs-Freude (wie Anm. 2), 67f.
31 Ebd., 68.
32 Ebd.
33 Ebd., 71.

Bindung ließ sich dabei auf verschiedenen ineinandergelagerten Ebenen vorstellen: zwischen Braut und Bräutigam, ihren Familien, ihrem weiteren Familienverband, ihren Staaten und schließlich ihren Völkern.

Was den Wandel vom späten 17. zum frühen 19. Jahrhundert anbetrifft, ist deutlich geworden, daß in diesem Zeitraum die Beharrungskräfte mindestens ebenso stark waren wie die Kräfte der Veränderung. Die Statik wird insbesondere deutlich an der die Jahrhunderte überdauernden Inszenierung des Hauptaktes, der Trauung, der auch die zentralen symbolisch-rituellen Aussagen des Geschehens enthielt. An der dreiaktigen Gesamtkonstruktion des Festes wurde ebensowenig gerüttelt. Auch die klare Trennung und Hierarchisierung von dynastischer und stadtbürgerlicher Repräsentation blieb über Jahrhunderte stabil. Die Separierung der Sphären hatte sowohl eine zeitliche Dimension – durch die Verteilung auf unterschiedliche Festtage – als auch eine räumliche – durch den Rückzug hinter die Schloßmauern. Die Hierarchisierung der Sphären wurde dadurch gekennzeichnet, daß die die beiden Repräsentationen trennenden Grenzen nur in einer Richtung durchschritten werden konnten. Der Bürger hatte hinter der Schloßmauer und am Tag des hohen Festes nichts verloren. Erst im späten 19. Jahrhundert wurden mit Billet ausgewählte Bürgerliche als unsichtbare Betrachter in den Festgemächern des Schlosses zugelassen, was aber für den symbolischen Ausschluß keinerlei Konsequenzen hatte.

Diesen stabilen Elementen des Festablaufes steht gradueller Wandel in unterschiedlicher Hinsicht entgegen. Die höfische Repräsentation, welche die „divertissements" bestimmte, war einem Wandel unterworfen, welcher in den bekannten Thesen über das Ende des Barockfestes treffend umrissen ist. Das Fest verlor seine Funktion als Verwandlung des Hofes, als künstlerisch-allegorische Überhöhung desselben und als Kommentar zum aktuellen Anlaß. Damit schwächte sich ein Element der im Fest ruhenden Deutungskompetenz ab. Die symbolischen Kernaussagen dieser Leistungsschau des Hofes blieben – bei diesem vollständigen Abgeben der „innovatio" an zumeist bürgerliche Profis – allerdings erhalten.

Ebenso war der Wandel der stadtbürgerlichen Beteiligung an den Heiraten des Herrscherhauses nicht stark genug, um das Gesamtgefüge der Inszenierung ins Schwanken zu bringen. Zwar änderten sich – entsprechend dem Wandel der städtischen Gesellschaft – die teilnehmenden Gruppen. Zwar wurde die bürgerliche Repräsentation wortreicher und eignete sich umdeutend Motive aus der höfischen Gedankenwelt an – wie die kurzen Ausführungen über den Ehe- und Liebesdiskurs gezeigt haben; das Stadtbürgertum um 1800 vergrößerte seine Sicht- und Hörbarkeit und eroberte sich ein wenig mehr Deutungsspielraum. Dies veränderte aber eher die Form als die zentralen Inhalte eines Festteils, der von jeher die Freude der Untertanen, ihre Anhänglichkeit an die Dynastie, ihre Bestätigung einer neuen Bindung durch Akklamation mit massenhafter Beteiligung aufwendig in Szene gesetzt hatte. Damit sind zentrale Elemente der Habermasschen Vorstellung von bürgerlicher Öffentlichkeit – vor allem Autonomieanspruch und kritischer Impuls – nicht erfüllt. Die bürgerliche Repräsentation erscheint im Kontext der Heiraten vor allem als eine Verlängerung der höfischen.

AUF SAND GEBAUT? DIE „BOOMSTADT" BERLIN IN DER DEUTSCHEN ÖFFENTLICHKEIT UM 1800

Thomas Biskup

Der britische Reisende Neville Wyndham schrieb um 1790 von Berlin: „There is no town in Europe, except Constantinople, which has so large a garrison as that at Berlin."[1] Am Ende des 18. Jahrhunderts steht die Vorstellung von Berlin als einer großen Kaserne in einer jahrzehntealten, auf die Regierungszeit Friedrich Willhelms I. zurückgehenden Tradition von Beschreibungen der Hohenzollernresidenz, die vor allem auf Hof und Militär abheben.[2] Berlin wird hier besucht und wahrgenommen als der Ort, an dem exemplarisch das Phänomen der preußischen Militärmonarchie zu besichtigen ist, die unter Friedrich II. um die Dimension des „aufgeklärten", Kunst und Kultur fördernden Staates erweitert wurde, wie sie in der Inschrift am Opernhaus zusammengefasst ist: „Fridericus Rex Apollini et Musis".

Um 1790 herum jedoch ist Wyndhams zitiertes Urteil bereits ein Anachronismus: Ist insbesondere für britische, französische und italienische Besucher Berlin weiterhin vor allem als Residenz interessant, aus deren Beobachtung sich Informationen über den Zustand von Hof und Staat ziehen lassen,[3] so bildete sich in der deutschen Öffentlichkeit eine neue Wahrnehmung Berlins als einer Großstadt heraus, die auch jenseits von Hof und Militär Beachtung verdiene. In den Jahrzehnten um 1800 wurde Berlin mit seinen ca. 175.000 Einwohnern in einer Reihe mit den europäischen Metropolen London und Paris, Amsterdam, Neapel und Petersburg genannt; und auch wenn sie bevölkerungsmäßig hinter Paris und besonders der Millionenstadt London zurückstanden, bildeten Berlin und Wien im Vergleich selbst zu deutschen Großstädten wie Danzig oder Leipzig eine Klasse für sich.[4] Berlin mit seinem nicht mehr nur von königlichen Institutionen, sondern

---

1   Zit. in: *Frauke Geyken*, Gentlemen in Brandenburg, in: *Iwan-Michelangelo D'Aprile* (Hg.), Europäische Ansichten. Brandenburg-Preußen um 1800 in der Wahrnehmung europäischer Reisender und Zuwanderer. Berlin 2004, 19–33, hier: 31.

2   Das bis in die Gegenwart geschichtsmächtige Bild der militärischen Prägung Berlins im 18. Jahrhundert hat erst die neuere Stadtgeschichte grundlegend korrigiert; *Helga Schultz*, Berlin 1650–1800: Sozialgeschichte einer Residenz. Berlin 1987, 249–319; *Felix Escher*, Die brandenburgisch-preußische Residenz und Hauptstadt Berlin im 17. und 18. Jahrhundert, in: *Wolfgang Ribbe* (Hg.), Geschichte Berlins, Bd. 1: Von der Frühgeschichte bis zur Industrialisierung. München 1988, 343–403.

3   Vgl. *Geyken*, Gentlemen (wie Anm. 1); Zu Mireabeau jüngst: *Iwan-Michelangelo D'Aprile*, Mirabeaus anderes Preußen, in: Ders. (Hg.), Europäische Ansichten (wie Anm. 1), 101–122.

4   Danzig und Leipzig hatten kaum mehr als 50.000 Einwohner; zur Einwohnerzahl Berlins im europäischen Vergleich: *Ilja Mieck*, Von der Reformzeit zur Revolution (1806–1847), in: *Ribbe* (Hg.), Geschichte Berlins (wie Anm. 2), 407–602, hier: 413.

auch von Assoziationen und Salons mit einer regen Debattenkultur geprägten
Kulturleben wurde zu einer Stadt, in der Deutsche das Phänomen der Großstadt in
den Blick nehmen konnten, das in den Jahrzehnten vor 1800 als eigenes Paradigma der europäischen Reiseliteratur und später auch der fiktionalen Literatur
entstand.[5]

Im folgenden soll untersucht werden, wie in der sich in Assoziationen und
einem ausgedehnten Pressewesen konstituierenden bildungsbürgerlichen Öffentlichkeit des späten 18. Jahrhunderts sehr spezifische Images Berlins als besonders
dynamischer Stadt produziert wurden, die sich in der Rückschau mit dem freilich
ahistorischen Begriff der „Boomstadt" umreißen lassen. Dabei wird weniger auf
die von der Literaturgeschichte bereits herausgearbeiteten Bilder der Großstadtliteratur eingegangen; vielmehr sollen argumentationsgeschichtlich die narrativen
Strategien untersucht werden, mit denen in den Jahrzehnten zwischen 1780 und
1806 ein bestimmtes Berlinbild nach außen getragen wurde, das in der Debattenkultur des ausgehenden 18. Jahrhunderts die Position der Berliner Aufklärung
festigen sollte, die sich zur Figur Friedrichs II. „des Großen" bekannte. Die
Debatte um die Berliner Aufklärung setzte bereits vor dessen Tod 1786 ein und
wurde bis in die „Reformzeit" nach der Niederlage Preußens im Krieg gegen das
napoleonische Frankreich 1806 in engem Zusammenhang mit der Diskussion um
Leistungsfähigkeit und Defizite des friderizianischen Staates geführt.[6]

In einem zweiten Schritt sollen diese Texte mit den gleichzeitig entstandenen
Produkten der Berliner Druckgraphik in Beziehung gesetzt werden. „Geschichts-
losigkeit" und „Modernität" Berlins waren bereits in den Jahrzehnten um 1800
entscheidende Elemente von Berlinbildern, die mit der Wahrnehmung
Brandenburg-Preußens insgesamt eng verknüpft waren, hatten sich doch der
Aufstieg der Stadt und der des Staates chronologisch parallel vollzogen. Durch die
Einbettung der von Berliner Schriftstellern generierten Berlinbilder in diesen
Kontext soll in diesem Beitrag gerade die politische Dimension in der von
zwischenstaatlicher Konkurrenz und der Rivalität verschiedener intellektueller
Richtungen wie Zentren geprägten Debattenkultur um 1800 hervorgehoben
werden. Zu fragen ist dabei auch, inwieweit diese offensiv nach außen getragenen
Narrative und Visualisierungen der Herausbildung eigener Identitäten in der Aus-
einandersetzung mit anderen Stadtbildern dienten.

---

5   Dazu v.a. *Ralph-Rainer Wuthenow*, Die Entdeckung der Großstadt in der Literatur des 18.
     Jahrhunderts, in: *Cord Meckseper/Elisabeth Schraut* (Hg.), Die Stadt in der Literatur. Göt-
     tingen 1983, 7–27; *Karl Riha*, Die Beschreibung der „Großen Stadt": Die Entstehung des
     Großstadtmotivs in der deutschen Literatur (ca. 1750–1850). Bad Homburg 1970, 107–122.
6   *Sigrid Habersaat*, Verteidigung der Aufklärung. Friedrich Nicolai in religiösen und politi-
     schen Debatten. 2 Bde. Würzburg 2001. Geschichtsphilosophische Dimensionen betont hinge-
     gen: *Matt Erlin*, Berlin's Forgotten Future. City, History, and Enlightenment in Eighteenth-
     Century Germany. Chapel Hill 2004. Für die Debatten nach 1806 immer noch wichtig: *Rein-
     hold Koser*, Friedrichsfeier vor hundert Jahren, in: Hohenzollern-Jahrbuch 15 (1911), 36–49.

I. „Berlin" in den publizistischen Auseinandersetzungen

Im Berlin des 18. Jahrhunderts trugen weder ein selbstbewußtes eingesessenes Stadtbürgertum noch städtische Institutionen gezielt Stadtbilder nach außen – im Gegensatz zu anderen Metropolen wie Amsterdam oder London, aber auch im Gegensatz zu selbstverwalteten Städten im Reich, insbesondere den Reichsstädten, die großen Wert auf eine kollektive Selbstdarstellung im Rahmen der reichspolitischen Öffentlichkeit legten.[7] Vor den Reformen der Stein-Hardenbergschen Ära wurde der Präsident des Berliner Magistrats vom König ernannt und stand als Polizeidirektor in Personalunion zugleich an der Spitze des wichtigsten Departements; der Berliner Bär stand im Schatten des preußischen Adlers.[8] Städtische Feste oder Patronatsfeiern gab es nicht, und auch bei königlichen Festen trat die Stadt kaum gemeindlich „in corpore", sondern vor allem in ihren korporativen Einzelbestandteilen in Erscheinung. Anders als in katholischen Städten mit ihren Prozessionen, aber auch anders als etwa in London,[9] gab es in Berlin keine Feiertage mit Prozessionen, die der Stadt selbst eine Bühne gegeben hätte. Nur bei den Huldigungen bei Regierungsantritt eines neuen Monarchen (wie 1786 und 1798) trat der Magistrat der Hauptstadt gemeinsam mit den Delegierten der Kurmark in Erscheinung.[10] Auch städtische oder andere für die Stadtgeschichte relevante Jahrestage wurden nicht gefeiert; sie rücken erst im späteren 19. und 20. Jahrhundert an eine zentrale Stelle für die Außendarstellung Berlins.[11] Hier wird wiederum ein Unterschied zu den Reichsstädten, aber auch süddeutschen Landstädten deutlich, die auch vor der Genese der bürgerlichen Festkultur des 19. Jahrhunderts eine ausgeprägte städtische Erinnerungskultur aufwiesen und z.B. die Wiederkehr wichtiger Daten der Reichs- (und damit der eigenen) Geschichte aufwendig feierten, wie etwa die Feiern des Westfälischen Friedens 1748 und 1798.[12]

---

7   Dazu neuerdings: *André Krischer*, Reichsstädte in der Fürstengesellschaft. Politischer Zeichengebrauch in der Frühen Neuzeit. Darmstadt 2006.

8   Das Wappentier Berlins diskutiert *Friedrich Nicolai*, Beschreibung der Königlichen Residenzstädte Berlin und Potsdam. Berlin 1786, Bd. 1, Einleitung, trotzdem ausführlich.

9   In London gab es verschiedene Festtage, wie etwa den Cäcilientag, die von der Stadtgemeinde gefeiert wurden; *Silke Leopold*, Trauerflor und Feuerwerk: Londoner Festmusiken zwischen Restoration und Aufklärung, in: *Paul Hugger* (Hg.), Stadt und Fest: Zu Geschichte und Gegenwart europäischer Festkultur. Stuttgart 1987, 181–197, hier: 188f.

10   *Thomas Biskup*, Eine patriotische Transformation des Stadtraums? Königliches Zeremoniell und nationales Ritual in Berlin um 1800, in: *Claudia Sedlarz* (Hg.), „Die Königsstadt": Berliner urbane Räume um 1800. Hannover 2007 (im Druck).

11   Das Jahr der urkundlichen Ersterwähnung Cöllns (1237), das für die großen Inszenierungen von 1937 und 1987 so bedeutsam werden sollte, wird von Friedrich Nicolai, der aufgrund seiner Verbindungen zum Ministerium einen für die Zeit einmaligen Zugang zu den Archiven hatte, nicht einmal erwähnt; *Nicolai*, Beschreibung (wie Anm. 8), Bd. 1.

12   *Johannes Burkhardt* (Hg.), Das Friedensfest. Augsburg und die Entwicklung einer neuzeitlichen Toleranz-, Friedens- und Festkultur. Berlin 2000; *Claire Gantet*, Peace festivals and the

Dies heißt freilich nicht, daß Berlinbilder allein von der Monarchie bestimmt wurden; Daniel Schönpflug macht deutlich, daß auch die zeremonielle Nutzung der Residenz als Bühne der Dynastie zu stadtbürgerlicher Selbstdarstellung genutzt wurde.[13] Jene schmale Schicht gebildeter Bürger in staatsnahen Berufen wie Beamte und Kleriker, die in der zweiten Hälfte des 18. Jahrhunderts Träger eines ausgeprägten preußischen Patriotismus waren und ein starkes Interesse an regional- und lokalhistorischen Studien besaßen, entwickelten jenseits der Großstadt-Topoi spezifische Bilder von Berlin als der einmaligen Erfolgsgeschichte des Zusammenwirkens von aufgeklärter Regierung und fleißigen Bürgern, die sie zur Stärkung der eigenen Position in die Medien der deutschen Öffentlichkeit hineintrugen.

Wie Alexander Košenina und Ursula Goldenbaum jüngst hervorgehoben haben, war seit Mitte des Jahrhunderts der Ausdruck „die Berliner" – etwa in der kritischen Titulatur des Altonaer Gymnasialdirektors und Schriftstellers Johann Jakob Dusch „die Berliner witzigen Köpfe" – in der deutschen Öffentlichkeit zu einem festen Begriff geworden, der jene Richtung der Aufklärung bezeichnete, die sich zu einer offensiv vertretenen „vernünftigen", also nicht auf konfessioneller Orthodoxie beruhenden Religion bekannte.[14] Die Identifikation bestimmter aufklärerischer Positionen mit Berlin war keine Ausnahme, denn im 18. Jahrhundert war die Wahrnehmung bestimmter Denkhaltungen eng an Orte gekoppelt: Berlin wurde so auf der Landkarte der deutschen Aufklärung eingetragen neben bereits etablierten Zentren wie Zürich, das mit einem von Bodmer und Breitinger verkörperten religiösen Enthusiasmus identifiziert wurde, oder neben Leipzig, das für einen von Wolff und Gottsched geprägten dogmatischen Rationalismus stand; mit Göttingen und Braunschweig kamen weitere Orte hinzu, an denen sich durch eine besondere Verdichtung von Institutionen, Assoziationen und Verlagen „intellektuelle Konglomerate" bildeten, die in der Öffentlichkeit schlagwortartig mit Städtenamen identifiziert wurden. „Berlin" wurde so zur „Parthey", und die Publikation von Nicolais Bericht über seine Deutschlandreise führte Mitte der 1780er Jahre zu einer Polemik, die einen ersten Höhepunkt der Berlindebatte einleitete. Die kommunikativ-publizistische Basis der Berliner Aufklärung bildeten ab den 1780er Jahren insbesondere das Verlagshaus Friedrich Nicolais, die Mittwochsgesellschaft und die *Berlinische Monatsschrift*, zu der mit Johann Joachim Spalding, Friedrich Gedike und Gottlieb Svarez Theologen, Popularphilosophen und an der Ausarbeitung des Allgemeinen Preußischen Landrechts beteiligte Reformjuristen entscheidend beitrugen.

---

culture of memory in early modern South German cities, in: *Karin Friedrich* (Hg.), Festive culture in Germany and Europe from the sixteenth to the twentieth century. Lewiston 2000, 57–71.

13 Dazu der Beitrag von *Daniel Schönpflug* in diesem Band.

14 *Alexander Košenina/Ursula Goldenbaum*, Vorwort der Herausgeber, in: Dies. (Hg.), Berliner Aufklärung: Kulturwissenschaftliche Studien, Bd. 1. Hannover 1999, 7–12.

Nicolai hatte in seiner *Beschreibung einer Reise durch Deutschland* (1784)[15] unter Abqualifizierung der angeblich absichtlich von machthungrigen Ex-Jesuiten in „Aberglauben" gehaltenen katholischen Territorien des Reiches eine sehr protestantisch-norddeutsche Landkarte der deutschen Aufklärung gezeichnet.[16] Seine Implikation, daß Katholizismus und Vernunft letztlich unvereinbar seien, und daß Preußen somit nicht nur machtpolitisch, sondern auch intellektuell dem habsburgisch dominierten Süden des Reiches den Rang auf Dauer abgelaufen habe, hatte erhebliche Reaktionen seitens der Vertreter der katholischen Aufklärung gezeitigt. Nicolais Polemik war auch Anlaß des Verbots seiner *Allgemeinen Deutscher Bibliothek* in der Habsburgermonarchie, die Joseph II. seit Antritt seiner Alleinregierung 1780 zu reformieren suchte – unter Bezug eben auf das erfolgreiche Preußen Friedrichs II. In den polemischen Angriffen auf „Berlin", wie sie von den „Josephinern" Johann Friedel und Joseph Richter vorgetragen wurden, werden somit Empörung über Nicolais antikatholische Ausfälle wie machtpolitische Konkurrenzen sichtbar, flankierten sie doch publizistisch die offensive habsburgische Außenpolitik der 1780er Jahre. Auf preußischer Seite solidarisierten sich mit Nicolai insbesondere die im Umkreis der *Berlinischen Monatsschrift* agierenden Autoren, deren Herausgeber 1785 ein ,Wort über die vielen Anti-Berlinischen Schriften in unseren Tagen' veröffentlichten und sich explizit die Identifikation Berlins mit Nicolais Version von Aufklärung zu eigen machten.[17] Die im Zuge dieser Debatte etablierten Argumentationsmuster wurden auch später sowohl von Aufklärungsgegnern wie Beobachtern des friderizianischen Preußen immer wieder aufgegriffen.

Mit dem Tod Friedrichs II. fiel ein der deutschsprachigen Aufklärung eher gleichgültig gegenüberstehender, ihr aber immerhin einen offenen Kommunikationsraum garantierender Protektor weg, der für seine militärisch-politischen Erfolge auch von auswärtigen Gegnern der Berliner Aufklärer respektiert worden war. Nach 1786 waren Angriffe gegen Nicolai und die *Berlinische Monatsschrift* hingegen auch innerhalb Preußens politisch opportun, kamen sie doch dem unter Friedrich Wilhelm II. und seinen Beratern Wöllner und Bischoffswerder zunehmend christlich-spiritualistisch geprägten Hof durchaus gelegen, der mit dem Religionsedikt von 1788 die geistigen und publizistischen Freiheiten radikal einschränkte.[18] Vertreter der Gegenaufklärung wie Johann Georg Ritter von Zimmermann artikulierten sich nun, insbesondere aber nach Ausbruch der Franzö-

---

15 *Friedrich Nicolai*, Beschreibung einer Reise durch Deutschland und die Schweiz im Jahre 1781. Nebst Bemerkungen über Gelehrsamkeit, Industrie, Religion und Sitte. 2 Bde. Berlin 1783.

16 *Habersaat*, Verteidigung (wie Anm. 6), 44–78.

17 Berlinische Monatsschrift 6 (1785), 311–335.

18 *Dirk Kemper*, Obskurantismus als Mittel der Politik: Johann Christoph von Wöllners Politik der Gegenaufklärung am Vorabend der Französischen Revolution, in: *Christoph Weiß* (Hg.), Von „Obscuranten" und „Eudämonisten": Gegenaufklärerische, konservative und antirevolutionäre Publizisten im späten 18. Jahrhundert. St. Ingbert 1997, 193–220.

sischen Revolution verstärkt, und griffen die vermeintliche, aus vernünftlerischer Areligiosität rührende Morallosigkeit Berlins an. Nach der preußischen Niederlage von 1806 wurde diese Argumentation auch von preußischen Kritikern des spätfriderizianischen Preußen wie dem Publizisten Friedrich von Coelln aufgenommen.

II. „Mit einer fast unbegreiflichen Geschwindigkeit zu einer seltenen Größe": Der Aufstieg Berlins in der Literatur des 18. Jahrhunderts

Deutsche Autoren begannen ab den 1770er Jahren Berlin jenseits der deskriptiven Kategorien Lage und Größe der Stadt, Einwohnerzahl, Handel und Bauweise der Gebäude als Raum einer spezifischen Großstadterfahrung in den Blick zu nehmen, die zunächst auf London oder Paris beschränkt gewesen war, und in der städtebaulicher Blick, Gesellschaftsbeschreibung und politische Analyse eine Einheit eingingen.[19] All diese Großstadtbeschreibungen entwerfen ein Panorama sozialer und moralischer Kontraste, das vom Lärm der Wagen, Tiere und Menschen, der Geschwindigkeit, in der sie sich bewegen, und der Vielzahl und Unübersichtlichkeit der Phänomene gekennzeichnet ist. Der Kopenhagener Buchhändler Karl Heinrich Kröden ist in Berlin vom „Gewühl von Menschen, welches oft bis spät in die Nacht dauert", überwältigt, und seine Berlinerfahrungen sind hierin den Eindrücken Georg Christoph Lichtenbergs in London oder Joachim Heinrich Campes in Paris ähnlich.[20] Tatsächlich waren, wie Thorsten Sadowsky festgestellt hat, die meisten verwendeten Topoi der Großstadtliteratur bereits um 1800 tendenziell austauschbar und die Stadtbilder alles andere als „eindeutig", kehren doch „immer wieder gleiche Beschreibungsmuster und Metaphern in den Texten ebenso [wieder] wie die beliebte Ästhetik der Unmittelbarkeit oder des Planlos-Zufälligen".[21]

Was Berlin jedoch im europäischen Vergleich eine Ausnahmestellung eintrug (abgesehen von St. Petersburg), war die einzigartige Geschwindigkeit, mit der es zu einer Metropole aufgestiegen war: Paris, London, Amsterdam und Neapel waren bereits seit Jahrhunderten ausnehmend große Städte gewesen. Berlins Einwohnerzahl hingegen hatte nach dem 30jährigen Krieg noch kaum mehr als 6.000–7.000 betragen; um 1780 lag sie bereits bei etwa 145.000. Dieses beschleunigte Wachstum faszinierte einheimische wie auswärtige Beobachter: Bereits 1749 hielt der Berliner Theologe Johann Peter Süßmilch zwei Akademievorlesungen über

---

19 *Wuthenow*, Entdeckung (wie Anm. 5), inbes. 10.
20 *Campe* und *Lichtenberg* zit. in: Ebd., 18; *Karl Heinrich Krögen*, Freie Bemerkungen über Berlin, Leipzig, Prag. ND der Ausgabe von 1786. Leipzig/Weimar 1986, 8.
21 Dies betont auch *Tilman Fischer* in seiner Rezension von *Thorsten Sadowsky*, Reisen durch den Mikrokosmos: Berlin und Wien in der bürgerlichen Reiseliteratur um 1800. Hamburg 1998; www.literaturkritik.de, 11. November 2000 [12.01.2005].

Der Königlichen Residentz Berlin schnelles Wachsthum und Erbauung, in denen er über eine Analyse der Begräbnislisten die Zahl der Häuser zu ermitteln und so eine Geschichte der Berliner Bevölkerungsentwicklung der vergangenen 250 Jahre heraus zu schreiben versuchte.[22] Süßmilch wollte zunächst einmal statistisch das Phänomen einer Stadt erfassen, die andere an wirtschaftlicher Bedeutung vormals führende Großstädte an Einwohnerzahl überholte und plötzlich in die erste Reihe der europäischen Städte vorstieß, obwohl sie in einer von der Natur wenig begünstigten Gegend am Rand der großen Handelsströme lag und kein politisches oder gar religiöses Zentrum eines flächen- oder bevölkerungsmäßig großen Landes bildete:

> „In der Zeit, da in [sic] Süden ein Volckreiches Augspurg, Ulm, und andere, durch den ehmaligen Handel erhobene Städte, abnehmen, da in Westen die berühmten Städte, Antwerpen, Gent und andere, aus gleichen Ursachen, an ihren ehmaligen Einwohnern und Reichthümern großen Verlust erleiden, wächset hier gegen Nord-Ost unser Berlin unvermuthet, schnell und mit einer fast unbegreiflichen Geschwindigkeit; zu einer seltenen Größe hervor. Dieser Wachsthum wird um soviel bewundernswürdiger, wenn wir auch nur einen kleinen Blick auf den ehmaligen Zustand und das Alterthum zurück thun. Berlin ist eine der neuesten Städte, nicht nur in Teutschland, sondern sogar in der Marck Brandenburg."[23]

Diese beschleunigte Ausdehnung Berlins wird bei Kritikern der Berliner Aufklärung und des friderizianischen Preußen zur Chiffre für die moralischen wie ökonomischen Defizite, an denen die Stadt wie der preußische Staat insgesamt litten. Friedrich von Coelln verdichtet dies im Bild der Großstadt in der Wüste: Berlin sei eben nicht Zentrum einer prosperierenden Region, sondern erhebe sich mitten aus der Beobachtern geradezu unbesiedelt erscheinenden Mark, der sprichwörtlichen Streusandbüchse: „Berlin liegt [...] in den Sandwüsten Arabiens", schreibt von Coelln 1808, aber Arabien war bereits zuvor als Referenzpunkt genannt worden, so 1781 von dem britischen Arzt John Moore: „Within a few leagues of

---

22 So die Akademievorlesung von 1749 *Johann Peter Süßmilch*, Der Königlichen Residentz Berlin schneller Wachsthum und Erbauung in zweyen Abhandlungen, in: Ders., Die königliche Residenz Berlin und die Mark Brandenburg im 18. Jahrhundert: Schriften und Briefe, hg. v. *Jürgen Wilke*. Berlin 1994, 15–67.

23 Ebd., 23–24; *Horst Möller*, Aufklärung in Preußen: Der Verleger, Publizist und Geschichtsschreiber Friedrich Nicolai. Berlin 1974, 325. Ähnlich betont Nicolai, Berlin habe zu Recht erst in den zurückliegenden Jahrzehnten überregionale Beachtung gefunden: *Nicolai*, Beschreibung (wie Anm. 8), Bd. 1, Vorrede, XLII, Anm.: Berlin sei „fast in allen Beschreibungen der Städte, oder Reisebeschreibungen bis in die Mitte des 17. Jhs., entweder anzuzeigen gar nicht werth gehalten worden [...], oder nicht für beträchtlich gehalten worden [...], wo kaum der Name angezeigt ist, da doch z.B. von Treptow an der Rega, Freyberg, und andern jetzt geringern Städten weit mehr gesagt wird. [...] Im A.M. Grazian ital. Reisebeschreibung durch Deutschland, stehen einige wenige Worte über das damals angefangene Schloß, und daß die Spree dem große[n] Kanale bey Venedig an Breite gleiche, die Häuser an derselben ausgenommen, welche meist hölzern seyen. Sonst sagt er gleichsam Höflichkeits halber, die Stadt sey assai bella secondo il paese."

Brandenburg, [the land] is naked, and sandy as the deserts of Arabia."[24] Der Berlin umgebende und durch die Straßen Berlins wie die Routen nach auswärts wehende Sand als zentraler Topos[25] wird nicht nur benutzt, um über die angeblich ungünstigen natürlichen und kommunikativen Grundlagen für die brandenburgische Landwirtschaft wie den Berliner Handel die fehlende ökonomische Basis der Stadt zu betonen; er steht auch für die Instabilität der Stadt selbst, die, in kürzester Zeit im Sand hochgezogen, nach kurzer Zeit wieder in diesem versinke. Bereits der josephinische Autor Joseph Richter suchte Stadt und Staat als gleichermaßen provisorische Konstruktionen Friedrichs II. zu demaskieren, der Berlin wie Preußen hektisch durch allein auf ihn zugeschnittene Mittel über ihre eigentliche Bedeutung emporgehoben, damit aber auch zum Untergang nach seinem Tod verurteilt habe: Die „Gebäude hatten noch den unbedeutenden Fehler, daß sie nach zwanzig Jahren schon wieder baufällig war [sic!]. Ein Thurm, den der König einst bauen ließ, stürzte ein, eh er noch zur Hälfte aufgeführt war."[26]

Das Bild des Sandes dient auch dazu, die mangelnde moralische Grundlage des Zusammenlebens in der Stadt offenzulegen. Zwar seien die neuen Stadtbezirke Berlins von großzügigen geraden Straßen durchzogen, aber die Omnipräsenz des Sandes mache die möglichen positiven Resultate dieser regulierenden Baupolitik wieder zunichte: Bei trockenem Wind trieben Staubwolken durch die Stadt, die „alle Gegenstände [verdunkeln]",[27] und bei Regen verwandle der Staub die Straßen Berlins in Schlamm, der sich mit Abgüssen zu einer übelriechenden

---

24 Zitiert bei *Geyken*, Gentlemen (wie Anm. 1), 30, Anm. 1. Die Beständigkeit des Sandtopos zeigt seine Nutzung noch 200 Jahre später durch Heiner Müller und Christoph Schlingensief zur Charakterisierung der Berliner Kulturszene: „Berlin, sagt Schlingensief, ist auf Sand errichtet, das hat Heiner Müller schon gesagt, und Sand zieht alles nach unten. Berlin saugt dich aus. Es will Höchstleistungen und vergisst sie sofort." *Peter Kümmel*, Theaterszene: Kampfspiele im Treibsand, Die Zeit, 3.3.2005.

25 „Ein trockener Ostwind [...] durchwühlt die Ebnen und Straßen der Stadt, und verdikt die gantze Atmosphäre mit Kies und Sand. Gantze Wolken von Staub jagen sich kreiselnd durch die Gaßen, hüllen Wagen und Fusgänger ein, und dringen durch die dichtesten Fenster in die Zimmer." Charakteristik von Berlin: Stimme eines Kosmopoliten in der Wüsten. [‚Philadelphia'] 1784, 10.

26 [*Joseph Richter*,] Aus dem Lexikon aller Anstössigkeiten und Prahlereyen. ND der Ausgabe von 1790, Berlin 1982, 14. Die Bemerkung zielt wohl eher auf den Einsturz des halbfertigen „Deutschen Doms" 1781 als auf den Münzturmskandal während der Regierung Friedrichs I.

27 „Oft sieht man aber nichts, denn der kleinste Zephyr erregt einen so unerträglichen Staub, daß man die Augen fest zudrücken muß." [*Friedrich von Coelln*,] Wien und Berlin in Parallele. Nebst Bemerkungen auf der Reise von Berlin nach Wien durch Schlesien über die Felder dse Krieges. Ein Seitenstück zu der Schrift: Vertraute Briefe über die innern Verhältnisse am preußischen Hofe seit dem Tode Friedrichs II. Amsterdam und Köln 1808, 90–91. Zu Coelln vor allem die materialreiche Dissertation von *H. G. Meyer*, Die Reformbestrebungen Friedrich von Cöllns (Phil. Diss. Potsdam 1961). Ähnlich der russische Beamte und Schriftsteller *Immanuel Truhart*, der unter dem Pseudonym Zailonow publizierte, 1806 in seinen Freymüthige[n] Bemerkungen über den preußischen Staat, in: *Georg Holmsten* (Hg.), Berlin in alten und neuen Reisebeschreibungen. Düsseldorf 1989, 86–87.

Masse verbinde.[28] Die Stadt war bekannt für die Vielzahl (staatlich kontrollierter) Bordelle, und Gegner der Berliner Aufklärung setzten die Religionspolitik Friedrichs II., die von den Neologen geförderte Aufklärungstheologie und sexuelle Freizügigkeit in einen unmittelbaren Begründungszusammenhang; so der hannoversche Hofarzt und Schriftsteller Johann Georg Zimmermann, der Nicolai lange freundschaftlich verbunden gewesen war, nach dem Tod Friedrichs II. jedoch eine anti-aufklärerische Kampagne begann, die die Berliner „Aufklärungs-clique", wie er sie nannte, als Kern einer nurmehr als destruktiv gewerteten, da alle sozialen und moralischen Schranken niederreißenden, Aufklärung identifizierte.[29] Die vielbeschriebene „Unreinlichkeit in Berlins Straßen"[30] wird so zum Zeichen der von Gegnern der Berliner Aufklärung betonten moralische Abgründe von Stadt und Staat gleichermaßen. Dieses Bild konnte variabel eingesetzt werden und taucht beim Aufklärungsgegner Zimmermann ebenso auf wie bei den aufklärerisch, aber anti-preußisch gesonnenen österreichischen Schriftstellern Josef Richter und Johann Friedel. Letzterer verglich die Stadt insgesamt mit einer halbseidenen Dame: „Berlin fällt allerdings schön in die Augen; es gleicht einer halbbegüterten Leonischen Dame, die auf der Redoute [...] ihre Naturfehler durch Schminke, durch Künsteleyen des Schneiders und ihrer Kammerzofe zu verbergen und ihren Reitz, wär es auch nur die Spitze ihres kleinen Fingers, dem Auge des Lüsternden mit Vortheil zu zeigen weis."[31]

III. Berliner Narrative

Im Kontext dieser Kritik trugen Berliner Aufklärer ein spezifisches Berlinbild in die Medien, das den Aufstieg der Stadt in das Narrativ einer Erfolgsgeschichte des Zusammenwirkens von aufgeklärter Regierung und fleißigen Bürgern verschiedener konfessioneller Prägung einpaßte. Selbst den „Sandfaktor" suchte Nicolai zu

---

28 *Coelln*, Wien und Berlin (wie Anm. 27), 12.
29 *Johann Georg Zimmermann*, Ueber Friedrich den Grossen und meine Unterredungen mit Ihm kurz vor seinem Tode. Wien/Ofen 1788; Ders., Fragmente über Friedrich den Großen. 3 Bde., Leipzig 1790, insbes. Kap. 31 Über die Berlinische Aufklärungssynagoge und ihre Jesuitenriecherey, das regen Widerspruch auslöste: Schreiben eines Preußen an den Herrn Ritter von Zimmermann in Hannover über das 31ste Capitel seiner Fragmente über Friedrich den Großen, und die Quelle der Zimmermannischen Rechtgläubigkeit. Frankfurt, Leipzig 1790; [*Johann Christoph Schmid*,] Sendschreiben an den Herrn Ritter von Zimmermann seine Schrift über Friedrich den Grossen betreffen. o.J. 1788; [*Ernst Christian Trapp*,] Doctor Luther an den Ritter von Zimmermann. o.O., 1788.
30 *Coelln*, Wien und Berlin (wie Anm. 27), 100.
31 *Johann Friedel*, Briefe aus Wien verschiedenen Inhalts an einen Freund in Berlin. Berlin, Leipzig 1783–1785, Bd. 1, 322–323. Zu Friedel: *Gustav Gugitz*, Johann Friedel: Ein literarisches Porträt aus der josephinischen Aufklärungszeit, in: Jahrbuch der Grillparzer-Gesellschaft 15 (1905), 186–250, zu Richter: *Uwe Otto*, Einleitung, in: [*Joseph Richter*,] Lexikon (wie Anm. 26), 6.

relativieren, um so Zweifel an der dauerhaften Gründung von Stadt und Staat ingesamt zu beseitigen suchte:

> „Fremde stellen sich [die Gegend um Berlin] öfters, als bloß sandig, öde, [...] unfruchtbar und unangenehm vor. Es ist wahr, die Gegend ist meistens, doch nicht allenthalben sandig; z.B. die ganze Gegend vor dem Schlesischen und Kotbusser Thor ist Ein Wald und Wiese, welche dem Auge von der vermeinten Unfruchtbarkeit der Gegend von Berlin keine Idee hinterlassen."[32]

Der Theologe Süßmilch hatte den Aufstieg Berlins noch vage in den Kontext einer Verlagerung göttlicher Gunst gestellt, die den vormals großen Städten des Mittelmeerraumes den Rücken gekehrt und „Wissenschaften und Handlung nunmehr auf die Bewohner der „arme[n], wilde[n] und kältere[n] Gegenden von Europa" gelenkt habe.[33] In den 1780er Jahren war die religiöse Begründung zurückgetreten hinter der von den Berliner Aufklärern in den publizistischen Genres Lokalgeschichtsschreibung, fiktiver Reisebericht und wissenschaftliche Analyse geschriebenen Erfolgsgeschichte einer Stadt, die auf verläßlichen – da vernünftigen – ökonomischen, moralischen und hygienischen Grundlagen ruhe.

Friedrich Nicolai, der in der deutschen Öffentlichkeit als Inkarnation der „morgue berlinoise" galt, spitzt in der dritten Auflage seiner *Beschreibung der Königlichen Residenzstädte Berlin und Potsdam* (1786) die Geschichte Berlins teleologisch zu auf den Weg von einer ärmlichen Frühzeit, in der Berlin demokratisch regiert, aber auch durch Parteienstreit zerrissen worden sei,[34] hin zu einer durch fürstliche „Polizey" materiell wie sittlich gesicherten Gegenwart. Initialzündungen wie Schloßbau, Kolonistenanwerbung, Stadterweiterungen, Verbesserung der inneren Ordnung werden Kurfürsten und Königen zugeschrieben,[35] aber erst die sittliche Konditionierung der Einwohner geradezu als Inbegriff bürgerlicher Werte wie Fleiß und Bescheidenheit habe die Ausfüllung dieses Rahmens ermöglicht: „Aus allem leuchtet hervor, daß viele wohlhabende, aber wenig müßiggängerische Leute in Berlin sind, viele, die nach vollbrachten Geschäften ein anständiges, simples, nicht zu kostbares, nicht zu viel vorheriges Raffinement erforderndes Vergnügen suchen und zu genießen verstehn."[36] So sei

---

32 *Nicolai*, Beschreibung (wie Anm. 8), Bd. 2, 948. *Erlin*, Forgotten Future (wie Anm. 6), Kapitel 3, betont hingegen eher in einem weiteren Kontext den Zusammenhang von historischem Fortschritt und urbaner Entwicklung am Beispiel Nicolais.

33 *Süßmilch*, Wachsthum (wie Anm. 22), 24, 39.

34 „Berlin und Kölln hatten um 1440 viel innerliche Spaltungen", *Nicolai*, Beschreibung (wie Anm. 8), Bd.1, 211. Zu Nicolais Titulatur: *Košenina/Goldenbaum*, Vorwort (wie Anm. 14), 8.

35 Ebd., XLVII. „Kurfürst Friedrich Wilhelm der Große, bewundernswürdig groß im Kriege, und ebenso groß in seinen landesväterlichen unablässigen Bemühungen, sein äußerst verwüstetes und verarmtes Land wieder in Flor zu bringen, und gute Ordnung nebst nützlichem Gewerbe und alle Künste des Friedens darinn einzuführen; war gleich nach dem Antritte seiner Reigerung auch bemühet, seiner so sehr verfallenen Residenz wieder aufzuhelfen."

36 *Friedrich Gedike*, Über Berlin: Briefe "Von einem Fremden" in der Berlinischen Monatsschrift 1783–1785, hg. v. *Harald Scholtz*. Berlin 1987, 154.

die ökonomische Basis des Wachstums, wie sie in Nicolais ausführlicher Auflistung von Handelshäusern und Manufacturen und in Gedikes Charakterisierung
Berlins als Stadt von „Tätigkeit, Industrie, Geldzirkulation, Gewerbe, vorzüglich
viel innere[m] und selbst nicht unbeträchtliche[m] äußere[m] Handel"[37] deutlich
wird, durch monarchische Anstöße und bürgerliche Leistungsbereitschaft gelegt
worden. Die systematische Förderung des Bevölkerungszuwachses durch die
Hohenzollern rückt bei Nicolai dabei an eine zentrale Stelle: Sie habe nicht nur für
den Zustrom von Fremden gesorgt, sondern auch die ökonomische und moralische Grundlage weiteren Wachstums gelegt, waren es doch die „Wirkungen des
Fleißes und der Arbeitsamkeit der französischen und der andern Kolonisten, von
welchen die Industrie sich auf die übrigen Bewohner ausgebreitet habe". Damit
geht Nicolais Stadtgeschichte über die Rechts- und Kriegsgeschichte hinaus und
bezieht, sich in die anthropologisch orientierte Aufklärungshistorie einordnend,
mentalitätsgeschichtliche Faktoren in die Erfolgsgeschichte Berlins ein.[38] Diese
wird jedoch eben nicht auf Innovations- und Organisationsfähigkeit der Stadtbürger selbst, sondern auf das gemeinsame, aber hierarchisch strukturierte Zusammenwirken von Monarchie, Verwaltung, Kolonisten und Eingesessenen zurückgeführt, das selbst noch den „Geist" der Berliner präge, so wie der Geist der
Wiener von Aberglauben und Jesuitenfurcht geprägt sei.

In Friedrich Gedikes *Briefen über Berlin*, die auf dem Höhepunkt der Welle
antiberlinischer Schriften veröffentlicht wurden, wird die offensiv nach außerhalb
Berlins gewendete Richtung dieses Diskurses besonders deutlich: Zwischen 1783
und 1785 veröffentlichte der Berliner Gymnasialdirektor Gedike in loser Folge 28
anonyme, aus einer scheinbaren Fremdperspektive verfaßte Texte in der *Berlinischen Monatsschrift*, mit denen er – so seine Vorrede – den durch den Alltag in
ihrer Stadt „abgestumpft[en]" Blick der Einheimischen durch die unbefangenen
Fremdperspektive wieder neugierig machen will.[39] Allerdings ist diese Zielsetzung genauso Maske wie die Fremdperspektive, lassen sich doch Gedikes
Briefe eher in der umgekehrten Richtung lesen: Es geht Gedike eben nicht darum,
die Aufmerksamkeit der Berliner Einwohner wieder auf ihre Stadt zu lenken
(wozu die *Monatsschrift* auch gar kein geeignetes Medium gewesen wäre),
sondern darum, im „Zentralorgan der preußischen Aufklärung"[40] der deutschen
Öffentlichkeit ein bestimmtes Berlinbild zu vermitteln. Die *Briefe aus Berlin*
identifizieren dabei die Stadt mit einer von religiöser Toleranz, ökonomischer
Effizienz und Loyalität zur Hohenzollerndynastie bestimmten Geisteshaltung, die
sie auch von anderen Aufklärungszentren abhebt. Bereits Süßmilch hatte auf die

---

37 Ebd., 149.
38 *Möller*, Aufklärung (wie Anm. 23), 520–523, betont wohl zu sehr, Nicolai weise den Bürgern
    eine eigenständige Rolle im Entwicklungsprozeß des Staates zu.
39 *Gedike*, Über Berlin (wie Anm. 36), Vorrede. Dazu nun auch *Erlin*, Forgotten Future (wie
    Anm. 6), 45-57, der jedoch nicht auf die berlinspezifische Dimension dieser Debatte eingeht.
40 *Košenina/Goldenbaum*, Vorwort (wie Anm. 14), 7.

Zuwanderungspolitik als Voraussetzung für den Aufstieg Berlins verwiesen, und
auch die Kolonisten selbst, insbesondere die publizistisch sehr aktive Hugenot-
tengemeinde, bedienten sich in ihren Schriften dieses Arguments.[41] Für Gedike
bestätigt das Zusammenwirken von Zuwanderern verschiedener Konfessionen in
Berlin dabei insbesondere, daß Toleranz keinesfalls mit moralischer Gleichgültigkeit zu verwechseln und „echte Religion" keine Frage der Zugehörigkeit zu einer
bestimmten Religionspartei sei, sondern gerade aus der Überwindung der
konfessionellen Gegensätze hervorgehe.[42]

Der Berliner Mediziner und Hygienetheoretiker Christoph Wilhelm von
Hufeland untermauerte in seiner *Makrobiotik, oder die Kunst das menschliche
Leben zu verlängern* (1796)[43] die von Nicolai und Gedike postulierte Erfolgsgeschichte medizinisch-wissenschaftlich, galten doch Großstädte mit der in ihnen
herrschenden Enge wie der vermeintlichen Lockerung moralischer Bande als
schädlich für Körper und Seele: „Wer es also kann, meide den Aufenthalt in
großen Städten; sie sind offne Gräber der Menschheit, und zwar nicht allein im
physischen, sondern auch im moralischen Sinn."[44] Hufeland vermochte nun jedoch
nachzuweisen, daß Berlin frei von den mit starkem Bevölkerungsanstieg üblicher-
weise einhergehenden Gefährdungen von Gesundheit und Leben sei, denn nicht
eine hohe Bevölkerungszahl an sich sei ein Problem, sondern die Bevölkerungs-
dichte: Durch die einzigartig großzügige Anlage der neuen Stadtteile Berlins durch
die Hohenzollern habe der Berliner mehr als doppelt so viel Fläche und (in Hufe-
lands Terminologie) unverbrauchte Luft zur Verfügung hat als der einzelne
Amsterdamer oder Wiener. Zudem erlaube die regelmäßige Anlage Berlins mit
seinen weiten geraden Straßen eine bessere Reinhaltung der Stadt als in verwin-
kelten enggebauten Städten, wo „die Polizey nicht auf Reinigung der Straßen
sieht". Für Hufeland wie bereits für Nicolai und Gedike ist Berlin also eine
Modellstadt, in der die „Polizey" nicht wie etwa im katholischen Wien auf Kosten
ihrer vermeintlich eigentlichen Aufgabe die religiöse Gesinnung der Einwohner
kontrolliert, sondern entlang wissenschaftlicher Kategorien ihr materielles wie
sittliches Wohlergehen sicherzustellen sucht. So erst wird der Raum geschaffen, in
der sich der auch von Hufeland für Berlin diagnostizierte bürgerliche Fleiß ohne

41   Dadurch seit nicht nur die Einwohnerzahl angestiegen, sondern, wichtiger noch, sie brachten
     auch „Handlung und Manufacturen" nach Berlin mit, von denen die Stadt dann weiterhin pro-
     fitierte, *Süßmilch*, Wachsthum (wie Anm. 22), 37. *Jens Häseler*, Franzosen im Dienste des
     Aufstiegs Preußens, in: *Günter Lottes* (Hg.), Vom Kurfürstentum zum „Königreich der
     Landstriche": Brandenburg-Preußen im Zeitalter von Absolutismus und Aufklärung. Berlin
     2004, 175–192, hier: 190.
42   Dies sucht Gedike in mehr als einem Fünftel seiner Briefe über die Diskussion von Proble-
     men wie religiösem Dogmatismus, Schwärmerei, Aufklärung als Produkt moralischer Frei-
     heit, und Judenemanzipation darzulegen. *Gedike*, Über Berlin (wie Anm. 36), 43; 67.
43   *Christoph Wilhelm von Hufeland*, Makrobiotik, oder die Kunst das menschliche Leben zu
     verlängern (1796), 3. Aufl. Berlin 1820.
44   Ebd., 193–194.

Gefährdungen für Leib und Leben entfalten kann; die einzige Gefahr, die dem Berliner droht, ist für Hufeland dementsprechend die „Vielgeschäftigkeit".

IV. Visualisierungen

Das Image Berlins als von der Monarchie vernünftig geplanter und von einer leistungsbereiten Bevölkerung bevölkerten Stadt bestimmt auch die Veduten, mit denen das Thema Berlin seit dem Ende des Siebenjährigen Krieges für ein weiteres bürgerliches Publikum erschlossen wurde, und das bis ins dritte Jahrzehnt des 19. Jahrhunderts hinein.[45] Waren Berliner Stadtansichten vor 1756 vor allem „höfische Auftragswerke"[46] – häufig in Verbindung mit Bauprojekten – gewesen, so begann sich mit den Erfolgen des Malers Johann Georg Rosenberg und der Künstlerfamilien Schleuen und Fechhelm um die Mitte des 18. Jahrhunderts ein nicht-höfischer Kunstmarkt zu etablieren, der mit Veduten in unterschiedlichen Formaten auf die wachsende Nachfrage sich als patriotisch verstehender, an Topographie und Geschichte des städtischen Umfeldes interessierter bürgerlicher Käufer reagierte.[47] Besonders erfolgreich war der Verleger Morino mit seinen Rosenberg-Ansichten, die insbesondere stadtbürgerliches Leben vor der Kulisse der im Laufe des 18. Jahrhunderts von der Monarchie errichteten neuen Prachtbauten in Szene setzen, während das Militär nur am Rande vorkommt. Die Kataloge der Berliner Akademieausstellungen zwischen 1786 und 1806 bestätigen, daß die Bauten des neuen Berlin neben den großformatigen Gemälden auch sämtliche Genres der Druckgraphik bestimmten. Nicht nur bei „patriotischen" Gelegenheiten wie den Regierungswechseln von 1786 und 1797/98 und der königlichen Hochzeit von 1793 dominieren neben dem Stadtschloß Darstellungen der Oper, des noch in der Spätphase Friedrichs II. neugestalteten Gendarmenmarkts, des Brandenburger Tors, der in den 1790er Jahren erbauten Königlichen Münze, aber auch Pläne für die weitere „Verschönerung" Berlins wie die von Heinrich Gentz vorgeschlagene Umgestaltung des Areals zwischen Schloß und Oper.[48]

---

45   So *Ursula Cosmann*, Einleitung, in: Johann Georg Rosenberg, Die Berliner Stiche: Stadtansichten aus der Zeit Friedrichs des Großen. Mit einer Einleitung von Ursula Cosmann und Texten von Peter P. Rohrlach. Berlin 1995.

46   *Thomas Wellmann*, „Das Auge schweift über das Weichbild der Stadt" – Ansichten Berlins in Graphik und Malerei bis zu den Napoleonischen Kriegen. Berlin 1987, 11.

47   *Cosmann*, Einleitung (wie Anm. 45), 8; *Helmut Börsch-Supan*, Die Kunst in Brandenburg-Preußen: Ihre Geschichte von der Renaissance bis zum Biedermeier dargestellt am Kunstbesitz der Berliner Schlösser. Berlin 1980, 160–163.

48   *Helmut Börsch-Supan* (Hg.), Die Kataloge der Berliner Akademie-Ausstellungen 1786–1850. Berlin 1971, Bd. 1: Heinrich Gentz, Verschönerungs-Project der Gegend zwischen den Linden und dem Königl. Schlosse in sieben Blättern (1806/Nr. 447). Besonders bei „patriotischen" Ereignissen werden mit Schloß, Brandenburger Tor und Kgl. Oper Bauten mit hoher

Die unter Friedrich Wilhelm I. und Friedrich II. neugebauten oder modernisierten
Kirchenbauten wurde ebenfalls ins Bild gerückt und bestätigten hier das Image
Berlins als Hauptstadt eines Staates, dessen Zuwanderungspolitik von religiöser
Toleranz wie ökonomischem Interesse geprägt war. Berlin mit seinen besonderen
Kirchen für die französische Gemeinde, der zentral plazierten Hedwigskathedrale
und seinen anderen Kirchen für königlich protegierte Konfessionen bildete die
städtebauliche Manifestation dieser Politik, waren doch die Kirchen für Katho-
liken, Franzosen, Böhmen städtebaulich prägend an die repräsentativsten Plätze
der unter königlicher Aufsicht erbauten neuen Stadtteile gerückt; ein „Alleinstellungsmerkmal" Berlins im Vergleich zu den in der Habsburgermonarchie widerwillig geduldeten, nach außen gar nicht als solche erkennbaren evangelischen
Kirchen wie zu den anderen für „Toleranz" bekannten protestantischen Territorien
wie etwa Braunschweig, Hannover oder Hessen-Kassel, wo Kirchen anderer
Konfessionen unauffällig und weitgehend schmucklos außerhalb der Residenz
erbaut oder an die Randbereiche gedrängt waren. Berlins seit dem 17. Jahrhundert
erbaute Kirchen stellten so die Toleranzpolitik Preußens eindrücklich vor, und ihre
städtebauliche Visualisierung ist zentral bei Nicolai und Gedike, die die staatlich
sanktionierte und als bei der Berliner Bevölkerung tiefverankert beschriebene
Toleranz zum zentralen moralischen wie ökonomischen Gebot erheben.[49]

Erst ab den 1820er Jahren hingegen läßt sich ein Interesse an jenen älteren
Gebäuden Berlins belegen, die auf die Jahrhunderte vor dem systematischen Ausbau der Stadt durch die Hohenzollern zurückgehen.[50] Zwar sind ältere Kirchen und
Gebäude Berlins auch in Fechhelms Veduten dargestellt, als eigenständiges Motiv
ausgestellt wird jedoch weder eine der mittelalterlichen Kirchen Berlins noch das
Alte Rathaus vor 1826; selbst die Marienkirche nicht, obwohl der vom Architekten
des Brandenburger Tors Langhans entworfene gotisierende Turmaufsatz ihr
Äußeres bereits 1789 im Sinne des klassizistisch-gotisierenden Architekturideals
verändert hatte. Erst Jahrzehnte, nachdem Friedrich Gilly mit seiner „Entdeckung"
des ästhetischen Wertes Marienburg in den 1790er Jahren die (norddeutsche
Backstein-)Gotik zu einem zentralen Referenzpunkt auch für Berliner Architekten

---

monarchischer Symbolkraft ausgestellt (so die 1791 von Lütke gezeichnete Oper (1791/Nr.
33c), nach der Daniel Berger 1797 und 1798 einen Stich ausstellte. (1797/ Nr. 17; 1798/ Nr. 6)
Auch das Tor ist nicht primär als städtisches Symbol zu sehen, sondern wurde auch im
preußisch-patriotischen Kontext rezipiert: 1806 wurde ein Holzschnitt des Brandenburger
Tores von F.W. Gubitz zusammen mit einem preußischen Wappen angeboten.

49   Ebd.; *Nicolai*, Beschreibung (wie Anm. 8), Bd. 1, XLIIIff. sowie 252–260.

50   Zwischen 1786 und 1806 wurden 41 Ansichten von Berlin oder einzelner seiner Gebäude in
     den Berliner Akademieausstellungen gezeigt, in den zwanzig Jahren zwischen 1830 und 1850
     hingegen 215. *Börsch-Supan*, Akademie-Kataloge (wie Anm. 48), Bd. 1–2. Diese hohe Zahl
     spiegelt sicherlich die vermehrte Bautätigkeit wieder, da in der Druckgraphik generell neue
     Gebäude in Stichform oder in Gemälden abgebildet wurden, und nach dem Ausbau Berlins zu
     Beginn des 18. Jahrhunderts erst ab den 1820er Jahren wieder vermehrt große Projekte wie die
     Museen in Angriff genommen wurden.

und Maler gemacht hatte, wird auch das ‚alte Berlin' entdeckt – in jenem Moment also, in dem Berlin mit der Industrialisierung über das Raster der rational geplante Residenzstadt hinauswuchs und die spätaufklärerisch-monarchische Identität durch die mit der Entstehung neuer Industrien einhergehenden beunruhigenden sozialen und ökonomischen Krisensymptome erschüttert wurde.[51] Waren für Reichsstädte wie Nürnberg die großen Kirchenbauten des Mittelalters, die Rathäuser und die Stadtbefestigungen über die Phase der fortifikatorischen Nutzung hinaus zentrale Identifikations- und Darstellungsmerkmale, wurden Alt-Berliner Bauensembles um 1800 weder als „mahlerisch" noch als vaterländisch bedeutsam wahrgenommen.[52] Im Gegenteil: Der „Krögel", ein besonders eng gebauter Teil des mittelalterlichen Berlin, der in der zweiten Hälfte des 19. Jahrhunderts in keinem Stadtrundgang fehlen darf,[53] wird in Nicolais Stadtbeschreibung als Zeugnis „von dem ehemaligen schlechten Zustande der Häuser Berlins" angeführt, der jetzt glücklicherweise weitgehend überwunden sei.[54]

Die Überwindung einer von untragbaren hygienischen Verhältnissen, religiösem Eifer und politischem Parteienstreit charakterisierten Vergangenheit ist auch Thema der Akademieausstellung von 1806, bei der der Maler Franz Catel mit einer Serie von fünf „Berlin-Gemälden" auftrat, die Berlin als Ort der brandenburgischen Geschichte und Gegenwart in Beziehung setzen:[55] Eine Episode aus der spätmittelalterlichen Geschichte Berlins – „Die Ermordung des Probstes Nicolaus von Bernau zu Berlin, vor der Thüre der Marienkirche", die die Stadt Berlin in längeren Kirchenbann gestürzt hatte – wurde dabei von Ansichten des verschönerten Gegenwartsberlin flankiert: des Lustgartens, des kurz zuvor fertiggestellten Münzgebäudes von Gentz und des zu Ehren des mit Preußen verbündeten Zaren Alexander gerade umbenannten Alexanderplatzes.[56] Letzteres folgte dem patriotischen Stich, in dem Catel im Jahr zuvor wochenaktuell dem Berliner Publikum die Besiegelung des preußisch-russischen Bündnisses am Sarg Friedrichs Großen durch das Königspaar und Zar Alexander I. präsentiert hatte.[57]

51 Die mittelalterlichen Kirchen werden ab 1824 vermehrt zum Motiv, so die Parochialkirche 1830, die Sophienkirche 1824, die Klosterkirche 1824, der Dom 1818, so das Schloß, das in den 32 Jahren von 1786 bis 1818 nur zweimal, in den folgenden zweiunddreißig Jahren jedoch 25mal dargestellt wurde. *Börsch-Supan*, Akademie-Kataloge (wie Anm. 48), Bd. 1–2.
52 *Hermann Kießling*, Der Goldene Saal und die Fürstenzimmer im Augsburger Rathaus. Berlin 1997; zu Berlin hingegen: *Helmut Engel*, Städtebau und Architektur in Berlin 1800 bis 1830, in: *Ilja Mieck* (Hg.), Paris und Berlin in der Restaurationszeit (1815–1830): Soziokulturelle und ökonomische Strukturen im Vergleich. Sigmaringen 1996, 279–293, hier: 279f.
53 Dazu der Beitrag von *Katja Zelljadt* in diesem Band.
54 *Nicolai*, Beschreibung (wie Anm. 8), Bd. 1, XLIII.
55 *Börsch-Supan*, Akademie-Kataloge (wie Anm. 48), Bd. 1, Nr. 80–83.
56 Prospekt vom Lustgarten zu Berlin; Prospekt vom neuen Münzgebäude; Prospekt vom Alexanderplatz, in: *Börsch-Supan*, Akademie-Kataloge (wie Anm. 48), Bd. 1.
57 Die Berlinische Nachrichten von Staats- und gelehrten Sachen. Im Verlag der Haude- und Spenerschen Buchhandlung, 12.11.1805, Nr. 136, pries an: „Kunst-Anzeige. Kaiser Alexander bei Fridrichs [sic] des Großen Sarge. In der Taht [sic] ein feierlicher Moment, der es ver-

Wie in der Geschichtsschreibung Nicolais wird in Catels Mordepisode eine wirre mittelalterliche Vergangenheit dramatisch kontrastiert mit dem wohlgeordneten, verschönerten, monarchisch dominierten und über die Hohenzollern international vernetzten Berlin. Die historische Episode soll ja nicht etwa einen heroischen Kampf der Berliner für Selbstbestimmung illustrieren; vielmehr zeigt – wie der Text des Akademiekatalogs deutlich macht – das Bild in historischem Gewand, welche Folgen es haben kann, wie jener Probst „aufrührerische Reden [...] gegen den rechtmäßigen Herrn" zu halten. Freilich thematisiert das Bild auch, daß es zwar gut sei, wenn die Bürger „ihrem rechtmäßigen Herrn Treue und Ergebenheit" schwören, daß aber auch die Verteidigung des rechtmäßigen Herrscherhauses nur rechtmäßig vonstatten gehen darf und sich „rasche That", Unordnung, gar Lynchmord, rächen, indem nämlich die Stadt in einen langen Kirchenbann verfiel. Catel visualisiert so in der unruhigen Periode der Französichen Revolution und der napoleonischen Kriege die für die preußischen Eliten um 1800 so charakteristische Haltung aus Loyalität gegenüber dem Königshaus und Stolz auf eine spezifische Form von Rechtsstaatlichkeit, die mit dem 1794 in Kraft getretenen Allgemeinen Landrecht in Gesetzesform gegossen worden war.

Schluß

Zweifel an der Dauerhaftigkeit von Berlins plötzlicher Metropolenrolle, die bereits Süßmilch äußert,[58] werden jedoch auch in den Berliner Erfolgsgeschichten deutlich, und sie spiegeln die Sorge, mit der die Berliner Eliten das Avancement Preußens in die Riege der europäischen Großmächte betrachteten, wider. Gedike fürchtete, daß die Festigung der sittlichen wie materiellen Grundlagen des Zusammenlebens so vieler Menschen nicht mit dem raschen Zustrom von Fremden mithalten könne. Nicht Raummangel ist in Gedikes Sicht das Problem des neuen Berlin, sondern der Faktor Zeit, denn die ungeheure Geschwindigkeit des Wachstums wolle praktisch wie moralisch bewältigt sein. Die Stadtbeschreibung wird auch bei ihm zur Analyse des preußischen Staates, wenn er im Blick auf die unsolide Bauweise der Berliner Häuser feststellt: „Man geht entweder zu unvorsichtig

---

dient durch Pinsel und Grabstichel verewigt zu werden. Preußens Künstler haben ein näheres Anrecht an dies erhabne Sujet, und wem es gelingt, Etwas zu produziren, das des Gegenstandes würdig ist, der kann darauf rechnen, daß das ganze hiesige und auswärtige Publikum sich lebhaft dafür interessiren werde."

58 Süßmilch verwies auf das Schicksal großer Städte wie Tyrus, Karthago und Rom, die von stolzer Höhe herabgestürzt seien; Stadtstaaten, in denen Staat und Stadt in eins gesetzt wurden. Auch in seiner Berlinstudie verband er explizit das Schicksal von Stadt und Staat miteinander, indem er der Hoffnung Ausdruck gab, daß „Berlin, und das Hauß, dessen Königlicher Sitz es ist, noch nicht ihren Wende-Punct, und höchste Stuffe, erreicht" hätten. *Süßmilch*, Wachsthum (wie Anm. 22), 24; 39.

oder zu rasch zu Werke; genug, die neuesten Häuser sind bald wieder baufällig".[59] Mehr noch werde „der Originalität des Nationalcharakters Schaden getan" und „die sonst langsamere, aber dafür festere, im Innern selbst bewirkte Aufklärung zu schnell zur Reife gebracht", was „das ekelhafte Chaos des niedrigen Pöbels, der ohne Vaterland, Glauben, Sitten, Grundsätze ist", hervorbringe.[60] Zu rasches Wachstum gefährde potentiell die Zukunft des Gemeinwesens, da die Stärkung des „Nationalgeistes" und die Förderung der „Aufklärung" als langfristig angelegte Projekte notwendigerweise mit der dramatisch beschleunigten Bevölkerungs-entwicklung nicht Schritt halten könnten. Mit Blick auf den durchaus kritikwür-digen Zustand der preußischen Tugenden wie der Berliner Häuser plädiert Gedike nach den Jahrzehnten beschleunigten Wachstums für eine neue Konzentration auf den umfassenden Ausbau der materiellen und moralischen Infrastruktur.[61]

Eben diese vernachlässigt zu haben, wird nach 1806 zum wesentlichen Kritikpunkt Friedrich von Coellns werden, der mit seiner beißenden Berlinkritik in die Pamphletdebatte eingreift, in der die Ursachen der preußischen Niederlage gegen das napoleonische Frankreich verhandelt werden.[62] Die Bedeutung der „geistigen Kräfte", deren Stärkung in der Folge ein wesentliches Ziel der Stein-Hardenbergschen Reformen wurde, war in Gedikes Berlinschrift jedoch bereits zwei Jahrzehnte zuvor am Ende der friderizianischen Ära hervorgehoben worden.[63] Als Antwort auf die von ihm diagnostizierte Krise verordnete Gedike Berlin ein Aufbauprogramm „öffentliche[r] Werke, die niemand als der Staat er-bauen kann"[64], und widmet der Verbesserung des von ihm als zentraler Hebel zur Festigung des „Nationalgeistes" angesehenen Schulwesens ausführliche Überle-gungen. Hier wird deutlich, daß seine Sorge um die in kurzer Zeit hochgezogene Stadt, die sich die Grundlagen dauerhafter Größe erst noch durch innere Bildung erwerben müsse, auch für den Staat gilt, denn Gedike stellt fest: „Berlin ist ein Emblem der Preußischen Monarchie."[65] Die Berlinbilder, die die preußischen Auf-

---

59 *Gedike*, Über Berlin (wie Anm. 36), 20. Ähnlich *Krögen*, Freie Bemerkungen (wie Anm. 20), 9, der feststellt: „Der König hat dabei [d.h. mit dem Ausbau Berlins auf seine Kosten] gewiß die besten Absichten, allein, so gut sie auch sein mögen, so sind sie nicht vorteilhaft. Man geht mit dem Bau der Gebäude zu unvorsichtig und rasch zu Werke; daher geschieht es, daß sie oft baufällig werden, ehe sie noch ganz fertig sind. [...] Öfters stürzen sie auch von sich selbst ein, und sie müssen von Grund auf neu gebaut werden."

60 *Gedike*, Über Berlin (wie Anm. 36), 5; 15.

61 „Öffentliche Werke, die niemand als der Staat erbauen kann, [...] daran scheint es hier zu fehlen"; Ebd., 20.

62 *Coelln*, Wien und Berlin (wie Anm. 27).

63 So wird Friedrich Wilhelm III. für den Sommer 1807 das Zitat zugeschrieben, der Staat müsse durch geistige Kräfte ersetzen, was er an physischen verloren habe. Zur sog. Reformära: *Bernd Sösemann* (Hg.), Gemeingeist und Bürgersinn: Die preußischen Reformen. Berlin 1993; *Stefan Haas*, Die Kultur der Verwaltung. Die Umsetzung der preußischen Reformen 1800–1848. Frankfurt a.M. 2005, insbes. 59–83.

64 *Gedike*, Über Berlin (wie Anm. 36), 20.

65 Ebd., 9.

klärer nach außen trugen, erscheinen so weniger als plakative Kampagne denn als Versuche, sich im Prozeß der Auseinandersetzung mit der Kritik an Berlin und Preußen auch der Grundlagen des eigenen städtischen und staatlichen Umfeldes zu vergewissern.

BERLIN AUF ALLEN KANÄLEN: ZUR AUSSENDARSTELLUNG EINER RESIDENZ- UND BÜRGERSTADT IM VORMÄRZ

Marc Schalenberg

In der heutigen Erinnerungskultur und im offiziellen Stadtmarketing spielt das Berlin der ersten Hälfte des 19. Jahrhunderts keine übermäßig prominente Rolle – anders als etwa die zweite Hälfte des 18. Jahrhunderts mit den unverwüstlichen Anekdoten um Friedrich den Großen, der Berliner Aufklärung und den jüdischen Salons oder die Zeit seit der zweiten Hälfte des 19. Jahrhunderts, welche Berlin zur selbsterklärten „Weltstadt", zur prototypischen Metropole der Extreme im „Zeitalter der Extreme" wachsen sah. Insgesamt fristet die Zeit des Vormärz in der Selbst- und Außendarstellung heute ein vergleichsweise bescheidenes, geradezu biedermeierliches Dasein.

Dieser Befund überrascht insofern, als einige der wichtigsten, zudem gut frequentierten öffentlichen Repräsentationsbauten wie das Konzerthaus, das Alte Museum, die Neue Wache oder die eine Zeit lang auf Folien aufgemalte Bauakademie selbst dem kursorischen Berlinbesucher unmittelbar vor Augen stehen. Auch finden einzelne Repräsentanten der Epoche in einer breiteren Öffentlichkeit Beachtung – allen voran die früh verschiedene Königin Luise[1], aber auch eine Reihe Künstler und Gelehrter von internationalem Rang: Schinkel und Schadow, Gaertner und Cantian, Schleiermacher und Mendelssohn-Bartholdy, die beiden Tiecks und die beiden Humboldts lenkten bereits zeitgenössisch das Interesse auf eine Stadt, die im deutschen Sprachraum zusehends an Bedeutung gewann und selbst die alte Kaiserstadt Wien als primus inter pares herausforderte.[2]

Wie im folgenden auszuführen sein wird, trat die preußische Haupt- und Residenzstadt Berlin[3] nach dem Frieden von Paris und dem Wiener Kongreß in einem

---

1   *Philipp Demandt*, Luisenkult. Die Unsterblichkeit der Königin von Preußen. Köln/Weimar/ Wien 2003; *Johannes Thiele*, Luise – Königin von Preußen. Das Buch ihres Lebens. München 2003; *Günter de Bruyn*, Preußens Luise. Vom Entstehen und Vergehen einer Legende. Berlin 2001; *Holger Simon*, Die Bildpolitik des preußischen Königshauses im 19. Jahrhundert. Zur Ikonographie der preußischen Königin Luise (1776–1810), in: Wallraf-Richartz-Jahrbuch 60 (1999), 231–262.

2   Dies wurde zuletzt auch verstärkt in wissenschaftlichen Untersuchungen reflektiert, etwa in: *John Edward Toews*, Becoming historical. Cultural reformation and public memory in early nineteenth-century Berlin. Cambridge 2004; *Celia Applegate*, Bach in Berlin. Nation and Culture in Mendelssohn's Revival of the St. Matthew Passion. Ithaca/London 2005; *Matthias Wolfes*, Öffentlichkeit und Bürgergesellschaft. Friedrich Schleiermachers politische Wirksamkeit. Berlin 2004; sowie in zahlreichen biographisch angelegten Forschungen zu maßgeblichen Persönlichkeiten der Zeit.

3   Zum recht komplexen, hier nicht zu vertiefenden Verhältnis von Stadt und Staat in rechts- und verwaltungsgeschichtlicher Hinsicht: *Andreas Kaiser*, Im Spannungsfeld zwischen städtischer Selbstverwaltung und staatlichem Zugriff. Die Stadt Berlin in den ersten Jahren ihrer

zuvor kaum gekannten Maße selbstbewußt auf. Dies äußerte sich in einer regelrechten Imagekampagne, von der ganz verschiedene Objekte und Medien erfaßt wurden. Neben literarischen Stadtbeschreibungen in der Nachfolge Nicolais, die zuerst vorgestellt werden sollen, läßt sich das an den zeitgenössisch populären Panoramen und Dioramen verdeutlichen, an der „Lindenrolle" gleichsam als deren zweidimensionaler Spielart sowie an der Ausgestaltung des städtischen Raums und an der Prospektmalerei auf Erzeugnissen der Königlichen Porzellan-Manufaktur. Sowohl die besprochenen Gegenstände als auch die vorgestellten Gattungen von Gegenständen können in diesem Rahmen lediglich exemplarisch behandelt werden.

Berlin im Buch

Seit den 1820er Jahren kam es zu einer spürbaren Expansion und Diversifizierung der Guiden-Literatur über Berlin. Einer der regesten Autoren war der einer hugenottischen Familie entstammende Wilhelm Mila, der in sehr detailreicher, durchaus kompendienhaft zu nennender Art und Weise Berlin in Geschichte und Gegenwart porträtierte – literarisch sicher ungleich konventioneller als Heinrich Heine.[4] Seine selbstgewisse Behauptung, „daß Berlin jetzt zu den größten, schönsten und blühendsten Hauptstädten nicht bloß von Deutschland, sondern von ganz Europa gehört"[5], zieht sich indes wie ein roter Faden durch diese Gattung, welche die Tradition des Städtelobs noch nicht gänzlich hinter sich gelassen hatte. Natürlich trug dabei zumindest bis 1840 die Zensur in Preußen ihren Teil zu mangelnder Kritiklust bei. So strotzt etwa das Vorwort, das der Verleger und Buchhändler George Gropius dem bei ihm im Jahre 1833 erschienenen Band *Berlin und seine Umgebungen im 19. Jahrhundert* beigab, geradezu vor Devotionsformeln bezüglich der Güte, Gnade und Weitsicht Seiner Majestät des Königs.[6]

In diesem zeitgenössisch rasch und weit verbreiteten Werk aus der Feder Samuel Spikers, des Direktors der Königlichen Bibliothek, wurden die eher sachlich gehaltenen Texte mit Bemerkungen zu den physischen Ausmaßen, der topographischen Einbindung und der jeweiligen Baugeschichte ergänzt durch mehrere Dutzend Zeichnungen der beschriebenen Sehenswürdigkeiten. Auffällig

---

Selbstverwaltung, in: *Ilja Mieck* (Hg.), Paris und Berlin in der Restaurationszeit 1815–1830. Sigmaringen 1996, 61–78; sowie in aller Ausführlichkeit: *Berthold Grzywatz*, Stadt, Bürgertum und Staat im 19. Jahrhundert. Selbstverwaltung, Partizipation und Repräsentation in Berlin und Preußen 1806 bis 1918. Berlin 2003.

4   Zu dessen Berlin-Darstellung der nachfolgende Aufsatz von *Esther Kilchmann*.

5   *Wilhelm Mila*, Berlin oder: Geschichte des Ursprungs, der allmähligen Entwickelung und des jetzigen Zustandes dieser Hauptstadt, in Hinsicht auf Oertlichkeit, Verfassung, wissenschaftliche Kultur, Kunst und Gewerbe, nach den bewährtesten Schriftstellern und eigenen Forschungen. Berlin/Stettin 1829, iii.

6   *Samuel Heinrich Spiker*, Berlin und seine Umgebungen im neunzehnten Jahrhundert (1833). ND Leipzig o.J., v–vi. Das Vorwort selbst datiert auf den 1. Oktober 1832.

sind die unsystematische Gliederung – so gibt es weder eine erkennbare typologische noch topographische Ordnung, und verschiedene Teile ein und desselben Gebäudes werden oft sogar separat behandelt – sowie die dezente, aber doch gezielte Werbung des Verlegers in eigener Sache. Im Abschnitt „Das Decorations-Malerei-Attelier [sic] der Gebr. Gropius", eingefügt zwischen der Rotunde des K. Museums und der Katholischen Kirche, wird der Firmensitz des Verlegers (Abb. 1) von Spiker als modern und paradigmatisch präsentiert:

> „[D]as Gebäude [stand] in der unglaublich kurzen Zeit von acht und zwanzig Tagen fertig da, so wie es itzt auf unserem Bilde erscheint, und die innere Construction des Daches und der Decke des Saales dürfte, bei ihrer eben so großen Einfachheit, als Zweckmässigkeit, kein uninteressantes Studium für den Baukünstler darbieten".[7]

Daneben erfolgt im Text ein expliziter Hinweis auf den Telegraphen der Königlichen Sternwarte im Hintergrund des Bildes, „welcher den Anfang der grossen, bis Cöln und Coblenz sich erstreckenden, westlichen Telegraphen-Linie bildet."[8] Durch ihn erfolgt, en passant, ein Bekenntnis zur ökonomisch-technologischen Modernität wie zur fortschreitenden Integration der neuen preußischen Provinzen, nicht zuletzt aber die Suggestion, wie strategisch günstig das Atelier platziert ist.

Abb. 1: Das Dekorations-Malerei-Atelier der Gebr. Gropius (in: Berlin und seine Umgebungen, wie Anm. 6, 58)

Der Hinweis auf einen Großauftrag des russischen Zaren über 30 große Theaterdekorationen, für deren Installation Carl Gropius selber nach St. Petersburg gereist sei, kann als weiterer, nicht eben uninteressierter Hinweis darauf gelesen werden, wie international gefragt und einsatzfähig das Unternehmen war[9]. Und auch das an anderer Stelle des Buches ausgesprochene euphorische und dezidiert werbende

7   Ebd., 60.
8   Ebd.
9   Ebd.

Lob des noch jungen Königsstädtischen Theaters, „das unstreitig zu den zierlich-
sten und bequemsten gehört, die es in Deutschland, ja vielleicht in Europa,
giebt"[10], erhält einen ganz neuen Aspekt, wenn man erfährt, daß im Atelier der
Gebrüder Gropius aktuell auch für dieses Haus Dekorationen hergestellt wurden.
Die anpreisende Vorstellung der königlich-preußischen Residenzstadt und die
Verfolgung bürgerlich-kommerzieller Interessen schlossen sich – das dürfte an
diesem Beispiel bereits deutlich werden – im Vormärz also keineswegs aus.

Eine der Hauptattraktionen des Spikerschen Werks war die damals noch
keineswegs selbstverständliche Beigabe von Illustrationen. Hierbei handelte es
sich um Zeichnungen von Karl Eduard Biermann, Johann Heinrich Hintze, Eduard
Gaertner und Karl Friedrich Eduard Mauch, welche als Vorlagen für Stahlstiche
dienten, die für den Buchdruck geeignet waren und von diversen englischen
Stechern ausgeführt wurden. Sie knüpfen insofern an die ein halbes Jahrhundert
früher entstandenen Stiche Johann Georg Rosenbergs an, als sie eine bis hin zur
Lichtmodulation „realistische" Darstellungsweise der städtischen Szenerien wählen und diese nie steril als Ehrfurcht einflößende Prunkkulisse schildern, sondern
als belebten, von Akteuren ganz verschiedenen sozialen Rangs genutzten
öffentlichen Raum.

Insgesamt wird die Berliner Bevölkerung als geschäftig und vielgestaltig
präsentiert, bei allem aber als diszipliniert – egal, ob sie ihrer Arbeit nachgeht, sich
dem Gespräch oder aber dem Müßiggang hingibt. Möglichen Streit auf offener
Straße oder anderes indezentes Verhalten sucht man dagegen vergebens. Auch die
„Vollendung" der dargestellten Gebäude wird im doppelten Sinne überbetont. So
erscheinen zum Zeitpunkt der Drucklegung 1833 noch im Bau befindliche
Projekte wie die Friedrichwerdersche Kirche oder das Palais des Prinzen Wilhelm
Unter den Linden im bereits fertigen Zustand, während etwaige Baufälligkeiten
oder Gerüste an existierenden Bauten unterschlagen werden. Die vier genannten
Künstler, allesamt um die 30, waren in einer wirtschaftlich wie politisch durchaus
abhängigen Position, in der sie kaum Interesse daran gehabt haben dürften, sich
die Gunst Gropius' und des mögliche Opposition argwöhnisch beäugenden preußischen Staates zu verscherzen.

Berlin aufgerollt

Ein treffliches Beispiel für die Präsentation der Stadt in Form eines belehrenden
Gebrauchsgegenstandes, der ein offiziöses Bild von Berlin zu etablieren half,
dabei aber durchaus nicht frei von einem kommerziellen Verwertungsinteresse
war, ist die 1820 angefertigte, rasch zu Bekanntheit gekommene, im Laufe des 19.
Jahrhunderts dann freilich durch modernere Medien zunehmend in Vergessenheit
geratene „Lindenrolle" (Abb. 2). Sie bot, wie es in der nüchternen Sprache einer
Zeit hieß, welche Produktwerbung erst im Gewand von offiziell sanktionierten
„Ankündigungen" kannte, ein „Panorama vom Kgl. Schloß bis zum Branden-

10 Ebd., 79.

burger Thore, auf der einen – eben so vom Dom bis dahin auf der andern Seite, jedes Gebäude, die Perspektive der Querstraßen, die Nummern, Abzeichnungen und Benennungen der größeren Gebäude – genau angegeben."[11]. Nur rund 10 cm hoch und aus einer Zinkblechkapsel auf 2 x 3,92 Meter ausziehbar, eröffneten die Lithographien einen minutiös gestalteten Prospekt der Bauten entlang beider Seiten der Berliner Prachtstraße. Die unten abgebildeten Ausschnitte mögen einen Eindruck dieses Werbeträgers vermitteln, der eine ideale und sicher idealisierte Synthese aus selbstbewußter residenzstädtischer Prachtentfaltung, wie sie nach den „Befreiungskriegen" angemessen schien, und der Nutzung und Aneignung dieses Vorzeigeboulevards durch ein nicht minder selbstbewußtes Bürgertum suggeriert.

Abb. 2/Tafel I: Die „Lindenrolle" von 1820 (in: *Verwiebe* (Hg.), Unter den Linden, wie Anm. 16, Katalogteil, 81)

Die Bauten sind proper, neuwertig, makellos, die Bäume jahreszeitindefinit grün und hoch, die Straßenszenen geschäftig-belebt, wobei Personen aller sozialen Schichten vertreten sind: Standespersonen, bürgerliche Spaziergänger, Händler, Gaukler, auch Kinder und Hunde. Das Militär ist Unter den Linden präsent, doch keineswegs dominant; zwei größere Bataillone sind just in ihrem „angestammten Bereich", vor dem Zeughaus und der Neuen Wache, postiert. Ein weiteres verfolgt die Wachablösung vor dem Palais des Königs (dem heutigen Kronprinzenpalais, das Friedrich Wilhelm III. als Stadtresidenz dem Schloß vorzog). Wie wenig dokumentarischer Charakter dem dargestellten, beinahe übervollen Straßenleben beigemessen werden kann, zeigt sich schon daran, daß nur wenige Schritte weiter vor dem Opernhaus offenbar gerade eine Vorstellung beginnt, zeitgleich ein bedeutsamer Trauerzug mit einem von einem Vierspänner gezogenen Sarg und acht folgenden schwarz eingedeckten Kutschen unterwegs ist und diverse Straßenaufführungen im Gange sind.

11 So die Ankündigung in der Haude & Spenerschen Zeitung („Berlinische Nachrichten von Staats- und gelehrten Sachen") vom 18.11.1820; zit. in: Panorama der Strasse Unter den Linden vom Jahre 1820, hg. v. *Winfried Löschburg*. Text Hans-Werner Klünner. Berlin 1991, 7. Dieser Band reproduziert – zwischen zwei Buchdeckeln – die heute schwer konsultierbare Original-„Lindenrolle" in faksimilierter und kolorierter Form.

So ist die Lindenrolle eher als Spektrum der Möglichkeiten zu lesen, wie diese breiteste und repräsentativste Straße der preußischen Kapitale zu verschiedenen Zeiten genutzt wurde. Die Vielfältigkeit selber ist aber sichtlich positiv konnotiert und als „Verkaufsargument" zu betrachten – für die Stadt wie für die Jacobi'sche Kunsthandlung, denn über sie war das in zwei verschiedenen Auflagen (einer aufwändigen, handkolorierten für 9 Thaler und einer schwarz-weißen für 4 Thaler) erschienene Werk zu beziehen. Die Adresse des Geschäfts: Unter den Linden 35.

Berlin rundum

Neben solchen zweidimensionalen Panorama im Kleinformat gab es die begehbaren Panoramen und Dioramen mit ihren im 360°-Winkel umlaufenden Malereien: das zeitgenössisch avancierteste visuelle Medium vor der Erfindung und Verbreitung der Photographie, durch welches der Betrachter, mal lehrreich, mal unterhaltend, effektvoll in eine Illusionswelt entführt wurde, nicht selten auch mit politisch-patriotischen Botschaften.[12] Nach dem Erfolg des 1800 von Johann Adam Breysig am Gendarmenmarkt aufgestellten Panoramas „Ansicht Roms von den Ruinen der Kaiservilla aus" zeigte sein Mitarbeiter, der Maler und Kunstunternehmer Johann Friedrich Tielcker im darauffolgenden Jahr einen Rundumblick über Berlin vom Dom aus. Mehrere Versuche Tielckers, nach 1815 mit einem eigenen Panoramagebäude in Berlin an diesen frühen Erfolg anzuknüpfen, scheiterten aus diversen Gründen[13]. Mehr Erfolg war (dem wie Tielcker aus Braunschweig stammenden) Wilhelm Ernst Gropius beschieden, der 1808 auf dem Opernplatz das von Schinkel gemalte „Panorama von Palermo" präsentierte. Und sein geschäftstüchtiger Sohn Carl Wilhelm Gropius (1793–1870), selber Maler und Kunsthändler und von Spiker im o.g. Werk als „unser talentvoller Mitbürger" gepriesen[14], gründete 1827, wenige Jahre nach Daguerres Prototyp in Paris, im Verbund mit seinen Brüdern George und Ferdinand in der Georgenstraße das erste festinstallierte Diorama in Deutschland, mit Platz für 200 Zuschauer, das bis 1850 in Betrieb blieb.

12 Detailliert aufgearbeitet wurde dies kürzlich anhand des zeitgenössisch größten Schlachtendioramas: der in den 1830er Jahren von William Siborne ausgeführten Darstellung der Schlacht bei Waterloo, die ursprünglich in der Egyptian Hall in Piccadilly und anschließend in mehreren größeren britischen Städten gezeigt wurde, 1846 dann auch in Berlin. In dieser britischen Lesart wurden die preußischen Truppen zu einer quantité négligeable; *Peter Hofschröer*, Wellington's Smallest Victory. The Duke, the Model Maker and the Secret of Waterloo. London 2004.
13 *Birgit Verwiebe*, Erdenstaub und Himmelsdunst – Eduard Gaertners Panoramen, in: Eduard Gaertner 1801–1877 (Ausst.-kat.), hg. v. *Dominik Bartmann*. Berlin 2001, 97–111, hier: 99f.
14 *Spiker*, Berlin (wie Anm. 6), 47.

Abb. 3: Das Diorama von Carl Wilhelm Gropius, mit „Kunst-Saal" im 1. Obergeschoß und dem „Berliner Kabinett" im Erdgeschoß (in: Berlin und seine Umgebungen, wie Anm. 6, 43)

Dort wurden sowohl ferne Städte und Landschaften als auch Berliner Szenerien gezeigt[15], und es avancierte rasch zu einer Attraktion und Institution (vom einfachen Handwerker bis zum König besucht), mit der sich die preußische Kapitale – ähnlich etwa dem zur gleichen Zeit eingeführten Gaslicht auf den städtischen Magistralen – als leistungsfähig, modern und international auf dem Laufenden präsentierte. Zudem war die angeschlossene Buch-, Kunst- und Spielwarenhandlung sehr reichhaltig mit Berlin-Memorabilien bestückt, im Sinne eines „Berlin-Kabinetts" mit Büchern, Plänen, Gemälden und Stichen zur Stadt.

Gropius, der insgesamt 26 Dioramen produzierte, war im Übrigen auch Arbeitgeber, Lehrer und Freund Eduard Gaertners, um die Mitte des 19. Jahrhunderts „unter den Berliner Architekturmalern der brillianteste"[16], den er als Zwanzigjährigen von der KPM abwarb. In seinem ursprünglich wohl für den König gedachten, von diesem aber nicht erworbenen bekannten Panorama vom Dach der Friedrichwerderschen Kirche (Abb. 4) gibt Gaertner auf sechs Tafeln einen Rundumblick über die preußische Kapitale, auf dem die als solche nicht mehr auszumachende Stadtgrenze nahtlos in den Horizont übergeht.

15   So hatten die Besucher zum Beispiel die Auswahl zwischen dem zeitgleich gezeigten Inneren der Kirche von Bacharach, einer Ansicht Genuas und des Gletschers bei Grindelwald; *Bernard Comment*, Das Panorama. Berlin 2000, 59.
16   *Birgit Verwiebe*, Panorama, Diorama und die „Linden", in: Dies. (Hg.), Unter den Linden. Berlins Boulevard in Ansichten von Schinkel, Gaertner und Menzel. Berlin 1997, 41–50, hier: 41.

Abb. 4/Tafel II: Eduard Gaertner, Panorama von Berlin vom Dach der Friedrichwerderschen Kirche, 1834 (in: *Verwiebe* (Hg.), Unter den Linden, wie Anm. 16, Katalogteil, 153)

Neben der Benennung der wichtigeren Sehenswürdigkeiten am Fuße der Tafeln fällt die Vielfalt der gezeigten Personen auf: vom das Dach und die Welt erkundenden Kind bis zum betagteren Gelehrten (wahrscheinlich Alexander von Humboldt), vom in Frack und Zylinder gewandeten Bürger bis hin zum einfacher gekleideten Maler (wohl Gaertner selbst), von einer sinnierend auf die Stadt blickenden jungen Frau bis zu einer sich belehren lassenden älteren Dame. Abwesend sind freilich Militärs, was ebenso auf eine „zivile Gesinnung" schliessen läßt wie die Tatsache, daß das Zeughaus, anders etwa als Schinkels Museum, halb verdeckt gezeigt wird. Auch kommt das königliche Schloß weniger prägnant zum Vorschein als die eben ihrer Vollendung entgegen sehende Bauakademie. Im Unterschied zum eine Generation älteren und dagegen förmlich-steif wirkenden Friedrich August Calau wollte Gaertner, der volksnahe Individualist und genaue Beobachter, offenbar nahelegen, daß Berlin nicht nur eine unüberschaubar große, sondern auch äußerst vielfältige, buchstäblich für jeden, nicht bloß für Standespersonen geeignete Stadt sei. Und die Wahl des Standortes mag man – neben allen „objektiven" Argumenten, die für die wenig zuvor fertig gestellte Friedrichwerdersche Kirche sprachen – auch symbolisch als aktive Stellungnahme für Schinkel und die von ihm vertretene Konzeption einer sowohl ästhetisch als auch politisch-sozial erneuerten Stadt verstehen.

Berlin im Bau

Berliner Architektur und Städtebau, kunstgewerbliche und innenarchitektonische Erzeugnisse, die Geschmacksvorlieben in der preußischen Residenz allgemein wurden im Vormärz in der Tat von niemandem nachhaltiger geprägt als von Karl Friedrich Schinkel; in Schefflers markigen Worten von 1931 liest sich das so:

> „Mit Recht ist Berlin dem Philhellenen aus Neu-Ruppin [sic] dankbar. Ihm und seinen Schülern ist gelungen, was sechs Jahrhunderten vorher nicht gelungen ist: Bürgertum und Fürstentum haben sich in seiner Baukunst durchdrungen, mit Hilfe seiner Architektur und der damit verbundenen Gesinnung ist Berlin erst endgültig zu einer Stadtindividualität geworden. Nach unendlichen Anstrengungen war endlich eine allgemeingültige Form vorhanden. Eine neue Stadt stand jetzt da, frisch geputzt und hell gestrichen, geräumig, mit noch ziemlich leeren Straßen, wirkend vor allem durch charaktervolle Uniformität."[17]

Man mag den korporatistisch-autoritären Implikationen dieser Deutung aus der Zwischenkriegszeit skeptisch gegenüber stehen – zumal Schinkel, wie Tilmann Buddensieg und andere herausgestellt haben, eine barock-absolutistische Uniformität des Stadtbildes eher ein Dorn im Auge waren[18]. Doch verdeutlicht sie nicht zum wenigsten, daß der „Wiedererkennungswert" Berlins seit und mit der Schinkelzeit deutlich angestiegen ist; gerade diesen braucht es, um ein Stadtbild gezielt nach außen zu tragen. Aus den Zeichnungen, wie sie in der *Sammlung architektonischer Entwürfe* festgehalten sind und monarchisch-staatliche Repräsentationsbauten mit bürgerlicher Nutzung kombinieren, spricht Schinkels Anliegen, individuelle Freiheit und Entfaltungsmöglichkeiten mit Respekt vor dem Gemeinwohl und Disziplin zu vereinen.[19]

Neben den Schinkelschen Bauten konnten auf sie bezogene Objekte in den Rang von Erkennungsmerkmalen aufsteigen. An erster Stelle wäre hier die Granitschale vor dem Museum zu nennen, die, ursprünglich für den Innenraum der Rotunde geplant, nach mehrjähriger Bearbeitung Christian Gottlieb Cantians 1831 ihren prominenten Platz im Lustgarten erhielt.[20] Sie vereinte den – etwa beim Maler Johann Erdmann Hummel (Abb. 5) erkennbar nach außen getragenen – Berliner Stolz auf sich, weil mit ihr ein Stein aus der näheren märkischen Umgebung die Grundlage bildete für ein von einem Berliner geschaffenes Meisterwerk der Kunst und der Technik; mehrere Dutzend Helfer waren nötig, um den aus einem 225 Tonnen schweren Block geschöpften Stein zu bergen, zu transportieren und vor Ort zu bearbeiten. Bedenkt man ferner den Aspekt, daß die von Cantians Vater gegründete, in der Ziegelstraße angesiedelte Steinmetzwerkstatt die Sockel für die Figuren auf Schinkels Schloßbrücke anfertigte, so drängen sich, über die

17 *Karl Scheffler*, Berlin. Wandlungen einer Stadt. Berlin 1931, 88.
18 *Tilmann Buddensieg*, Berliner Labyrinth, neu besichtigt. Von Schinkels Unter den Linden bis Fosters Reichstagskuppel. Berlin 1999, 156.
19 So auch die Lesart bei: *Toews*, Becoming historical (wie Anm. 2), 150. Die Zeichnungen jetzt in: *Karl Friedrich Schinkel*, Sammlung architektonischer Entwürfe: sämtliche Texte und Tafeln der Ausgabe Potsdam 1841–1845 (ND) Nördlingen 2005.
20 *Markus Jager*, Der Berliner Lustgarten. Gartenkunst und Stadtgestalt in Preußens Mitte. München/Berlin 2005, 159f.

Anerkennung der kunsthistorischen und ingenieurtechnischen Leistung hinaus, einige Schlußfolgerungen auf.

Abb. 5/Tafel III: Johann Erdmann Hummel, Die Granitschale im Berliner Lustgarten, 1831 (in: *Jager*, Berliner Lustgarten, wie Anm. 20, 164)

Es gab im Vormärz ein ganzes Geflecht von Architekten, Bildhauern, Malern, Kupferstechern, Verwaltungsbeamten, Kommunalpolitikern, Unternehmern und Ingenieuren, die mit der Aus- und Umgestaltung Berlins, neben der Bekundung ihrer unzerbrechlichen Treue zum preußischen Königshaus, ein ganz persönliches Interesse an ihrem beruflichem Fortkommen verbanden. Die beiden zentralen Figuren dieses Netzwerks waren Schinkel und der gleichaltrige, in der Wirtschaftsförderung Berlins so äußerst rege Peter Christian Wilhelm Beuth. In dieser Scharnierzeit zwischen Manufaktur- und Fabrikproduktion, zwischen staatlichen Monopolen und privatwirtschaftlichen Initiativen, die freilich weiterhin sehr eng den Belangen des Staates angepaßt waren, bedurfte es der Verknüpfung ästhetischen und ökonomischen Sachverstands[21], beides unter dem Patronat der Krone, die hier fraglos kulanter agierte als etwa in der Observierung vermeintlich „demagogischer" Umtriebe unter Intellektuellen. Kaum etwas ist für diese „allerhöchst" sanktionierte Freisetzung der wirtschaftlichen Kräfte bezeichnender, als daß Beuth im gleichen Jahr 1821, in dem er den für die Industrialisierung Preußens so wichtigen Verein zur Förderung des Gewerbefleißes und die Technische Schule begründete, auch in den Staatsrat aufgenommen wurde. Für Schinkel, dessen umfassendes künstlerisches Wirken in und für Berlin allbekannt ist, wurde zuletzt

21 An anderen Beispielen als dem preußischen ist dies in eindrücklicher Weise gezeigt worden: *Ingeborg Cleve*, Geschmack, Kunst und Konsum. Kulturpolitik als Wirtschaftspolitik in Frankreich und Württemberg (1805–1845). Göttingen 1996.

seine Position innerhalb der preußischen Bauverwaltung und seine Bedeutung für die wirtschaftliche Entwicklung Preußens herausgestellt.[22] Die von ihm und seinen Mitstreitern auf diversen Tätigkeitsfeldern geteilte Vision eines monarchisch beherrschten, aber bürgerlich belebten und gerade deshalb zukunftsträchtigen Berlins wurde – so das hier vertretene Argument – auf vielen Kanälen gezielt und plausibel nach außen getragen.

Berlin auf Porzellan

Als letztes Beispiel seien die Stadtdarstellungen nach 1815 angeführt, wie sie auf Vasen und Servicen der Königlichen Porzellan-Manufaktur platziert wurden. Dank des erhaltenen *Conto-Buch[s] Seiner Majestät des Königs* ist hier zwischen 1818 und 1850 eine genaue Quantifizierung möglich. So wurden in dem besagten Zeitraum 540 Porzellanstücke mit Berlin-Veduten vom König bestellt (gegenüber 320 mit Motiven aus Potsdam und Umgebung), von denen das Gros verschenkt wurde.[23] Welche Anlässe gab es hierfür? Zuallererst Hochzeiten von Kindern des preußischen Königshauses; so wurden namentlich im Umkreis der Vermählungen von Prinzessin Louise mit Prinz Friedrich der Niederlande (1826), von Prinzessin Elisabeth mit Prinz Carl von Hessen (1836) oder der Hochzeit des bayerischen Kronprinzen (1842) aufwändige Porzellangeschenke getätigt.[24] Auch hochrangige Diplomaten und Feldherren, allen voran der Duke of Wellington als Held von Waterloo, erhielten größere Servicen der KPM, in nicht gar so üppigem Ausmaß auch preußische Staatsmänner und Militärs als Dank für ihre Dienste.

Neben den hergebrachten Formen interdynastischer Gaben und königlicher Gunsterweise öffnete sich die KPM aber zunehmend auch einem breiteren, bürgerlichen Publikum als Käuferschicht, und seit den 1830er Jahren erwuchs ihr in Preußen ernsthafte Konkurrenz aus dem In- und Ausland, was der energische Direktor Frick mit einer Ausweitung des Sortiments beantwortete, gerade auch in den leichter erschwinglichen Bereich hinein. Obwohl die KPM also nicht so dezidiert Staatsbetrieb war wie etwa Sèvres in Frankreich, blieb der preußische König der eindeutige Hauptauftraggeber und -abnehmer der dort hergestellten

---

22 *Reinhart Strecke*, Anfänge und Innovation der preußischen Bauverwaltung: Von David Gilly zu Karl Friedrich Schinkel. Köln u.a. 2000.

23 *Ilse Baer*, Höhepunkte der KPM-Ansichtsmalerei: Carl Daniel Freydanck und Johann Christian August Walter unter der Direktion Frick (1832–1848), in: Carl Daniel Freydanck 1811–1887. Ein Vedutenmaler der Königlichen Porzellan-Maufaktur Berlin (Ausst.-kat.), hg. v. *Marlise Hoff* u.a. Berlin 1987, 41–60, hier: 59 (Fn. 39). Eine andere bekannte Förderung „eigener" Waren unternahm das Königshaus mit der Abnahme von Produkten der 1804 an der Invalidenstraße angesiedelten, faktisch als Manufaktur funktionierenden Königlichen Eisengießerei; vgl. Stiftung Stadtmuseum Berlin (Hg.), Die Königliche Eisen-Giesserei zu Berlin 1804–1874. Die Sammlung Preußischer Eisenkunstguß in der Stiftung Stadtmuseum Berlin. Berlin 2004.

24 *Winfried Baer/Ilse Baer*, „…auf Allerhöchsten Befehl…" Königsgeschenke aus der Königlichen Porzellan-Manufaktur Berlin. Berlin 1983, 13f.

Porzellangüter. Bei den Motiven und deren Umsetzung hatten der sonst in Kunstfragen eher indifferente Friedrich Wilhelm III. und sein künstlerisch ambitionierter ältester Sohn ziemlich präzise Vorstellungen. Favorisierte letzterer, als erklärter Liebhaber stimmungsvoller Landschaften, vor allem Darstellungen der Park- und Naturlandschaft um Potsdam sowie von Hohenzollernschlössern in Schlesien und im Rheinland, so galt für seinen Vater: „Die Thematik der Prospektmalerei [unter Friedrich Wilhelm III.] beinhaltete als besonderes Anliegen die Verschönerung Berlins durch öffentliche Bauten, die das Bild der Stadt nachhaltig prägten und Berlin damals das Image einer modernen Metropole verliehen."[25] So entstand im Ergebnis zumal in den gut zwei Jahrzehnten nach 1816/17 eine quantitativ wie qualitativ beachtliche und in sich sehr vielfältige, stilistisch noch stark antikisierend und vom französischen Empire geprägte Porzellanproduktion, die Berlin und seinen König – meist waren dies die beiden Hauptmotive – von ihren vorteilhaftesten Seiten zeigten.

Neben diesen staatlichen Großaufträgen wie Prunkvasen und Arrangements für große Gesellschaften trugen aber auch kleinere Kaffeeservicen, Tellerserien (mit den zeitgenössisch populären achteckigen Konfekttellern), Schalen in verschiedenen Größen, Porzellaneier, sogenannte Cabinett- oder Freundschaftstassen, ganze Tischplatten aus Porzellan und vor allem Vasen in allen Ausführungen ein Bild der Residenzstadt Berlin nach außen, für das ähnliche Motive gewählt wurden und dem eine hohe Verbreitung garantiert war. Besonders interessant und aufschlußreich für die Innovationsbemühungen der KPM scheint die Tatsache, daß sie relativ frühzeitig die Veränderung der Wahrnehmungsformen durch das Panorama aufzugreifen sucht.

Medientechnisch könnte man dies als eine Fortentwicklung der illustrierten Stadtpläne des 18. Jahrhunderts lesen, auf denen um die zumeist noch gesüdete kartographische Darstellung des Straßenverlaufs herum gleichfalls die wichtigeren sakralen und profanen Repräsentationsbauten der Stadt bildlich präsentiert wurden. Eine andere technologische Neuerung, auf welche die KPM auf Einsatz Fricks hin rasch reagierte, waren die 1827 in Paris erfundenen „Lithophanien", transparente Bildplatten aus sehr feinem Porzellan. Auch auf ihnen kamen zahlreiche Berlin- und Potsdam-Veduten zum Einsatz, und zwar unter Aufnahme der Stiche, die dem eingangs erwähnten Werk Samuel Spikers entnommen wurden[26]: ein weiteres Indiz für das über Berufs- und Mediengrenzen hinweg funktionierende Netzwerk von „Berlin-Verkäufern".

---

25 *Ilse Baer*, Höhepunkte (wie Anm. 23), hier: 50.
26 *Winfried Baer*, Die Vedutenmalerei der KPM seit 1786, in: Carl Daniel Freydanck 1811–1887 (wie Anm. 23), 22–40, hier: 37.

Abb 6: Panoramatischplatte von Ernst Sager (Stillleben) und C.D. Freydanck (Gebäude), 1830, mit Darstellungen von 12 bekannten und vorwiegend neueren Repräsentationsbauten aus Berlin und Umgebung (in: *Hoff* u.a.(Hg.), Carl Daniel Freydanck, wie Anm. 23, 33)

Berlin-Botschaften

Wollte man ein Resümee versuchen, so sticht das auf allen der hier kurz vorge-stellten Kanäle auffindbare Bemühen ins Auge, Berlin als prosperierende, ansehn-liche, „wohlgeordnete", aber eben zivile Stadt zu präsentieren – wohl nicht zuletzt in Entgegnung auf den Topos der hochgeknöpften „Kaserne", wie er namentlich in Reisebeschreibungen des 18. Jahrhunderts (und darüber hinaus) von auswärtigen Besuchern geprägt worden war.[27] Die Bautätigkeit in der Hauptstadt, zumal bei den vorderhand „unökonomischen" neuen Repräsentationsbauten, kann als aktive staatliche Wirtschaftsförderung gelesen werden[28] – und die durchaus „modern" anmutende mediale Verbreitung des neuen Stadtbildes nicht weniger. Daß sich die bürgerliche Gesellschaft in den monarchisch-höfisch-militärischen Kontext

---

27 Hierzu auch der Beitrag von *Thomas Biskup* in diesem Band.
28 *Paul Clauswitz*, Die Städteordnung von 1808 und die Stadt Berlin (1908). ND Leipzig 1986, 253f.

harmonisch und zum gegenseitigen Vorteil integrieren ließe, ist die Hoffnung und die Botschaft, die aus den hier vorgestellten Objekten spricht. Auch das offensive Bekenntnis zur „neuen", zur zeitgemäßen und pluralistischen Stadt ist klar erkennbar in den Berlin-Darstellungen im Vormärz, und zwar bei so gut wie allen an der „Image-Produktion" Beteiligten.

Sicher umfaßten diese nicht die gesamte Berliner Bevölkerung, sondern vielmehr eine buchstäblich staatstragende Deutungs- und Entscheidungselite aus Angehörigen des Hofes, höheren Beamten, Künstlern und Unternehmern, insofern die Grenzen von Staat und Bürgergesellschaft überwindend. Nicht alle Gebäude werden dem dargestellten Zustand entsprochen haben, auch nicht das Treiben auf den Straßen, Plätzen, Brücken und Wasserwegen. Doch bestand unter den spezifischen Bedingungen der Restaurationszeit über soziale und professionelle Grenzen hinweg ganz offenkundig ein verstärktes Interesse, Berlin als das nach außen zu tragen, wozu es allererst gemacht werden sollte: zu einem legitimen, ambitionierten, ernst zu nehmenden Mitspieler im Konzert der großen europäischen Hauptstädte.

DIE DOPPELBÖDIGKEIT DES BIEDERMEIERLICHEN STADTBILDES: HEINRICH HEINES *BRIEFE AUS BERLIN*

Esther Kilchmann

> „Ich muß jetzt davon sprechen, was die Leute singen und sagen bei uns an der Spree. Was sie klingeln und was sie züngeln, was sie kichern und was sie klatschen."
> Heinrich Heine, *Briefe aus Berlin*

Eine Baustelle; das ist Berlin auch, als Heinrich Heine 1821 von Göttingen in die Hauptstadt des wenige Jahre zuvor vergrößerten Preußen zieht, um dort für zwei Jahre seine Studien fortzusetzen. So errichtet Schinkel das neue Berlin; die Neue Wache wird 1818 fertiggestellt, das Schauspielhaus am Gendarmenmarkt 1821, Schloßbrücke und Museum befinden sich im Bau. Intellektuell ist die Stadt von Ungleichzeitigkeiten und einem Nebeneinander von Gegensätzen gezeichnet: Der rigiden preußischen Zensurpolitik nebst ausgebautem Spitzelwesen steht eine rege Theater-, Musik- und Salonszene gegenüber.[1] Auch Heine verkehrt in den Salons von Rahel Varnhagen und Elise von Hohenhausen und tritt 1822 dem kurz zuvor in Berlin gegründeten Verein für Kultur und Wissenschaft des Judentums bei. In diesem Kommunikationsnetz entstehen seine *Briefe aus Berlin*: fiktiv-erzählende Stadtberichte mit Nachrichten aus Gesellschafts-, Theater und Musikgeschehen für eine westdeutsche Provinzzeitung, die gleichzeitig ein Experimentierfeld mit verschiedenen Formen des Kommentars unter den Bedingungen der Zensur darstellen. Die drei Briefe[2] erscheinen anonym zwischen 8. Februar und 19. Juli 1822 im *Kunst- und Wissenschaftsblatt* des *Rheinisch-Westfälischen Anzeigers* und sind somit an eine Leserschaft adressiert, die – wie Heine selbst – erst vor kurzer Zeit preußisch geworden war.[3] Die in dieser Zeit weit verbreiteten Korrespondenzen

---

1   Dazu: *Barry Bergdoll*, Karl Friedrich Schinkel: an Architecture for Prussia. New York 1994; *Theodore Ziolkowski*, Berlin. Aufstieg einer Kulturmetropole um 1810. Stuttgart 2002.

2   Anfänglich waren fünf Briefe geplant, Heine stellte das Schreiben aber im Winter 1822 bereits nach dem dritten ein, wofür als Grund Ärger über weitgehende Zensur, aber auch Interesseverlust nach der Rückkehr von seiner Reise durch das preußische Polen im Spätsommer 1822 angenommen werden kann. 1827 löst Heine aus den *Briefen* drei zusammenhängende Stücke heraus und fügt sie seinem Buch *Le Grand* an. Zuvor Zensuriertes wird dabei teilweise durch explizit politische Äußerungen ersetzt, ob diese aus der Urfassung stammen oder für die spätere Publikation neu geschrieben wurden, ist nicht klar. Zu Text- und Entstehungsgeschichte: *Heinrich Heine*, Sämtliche Schriften, hg. v. *Klaus Briegleb*, Bd. 2. 2. Aufl. München 1985, 659ff; sowie: *Heinrich Heine*, Briefe aus Berlin. Entstehung und Aufnahme. Historisch-kritische Gesamtausgabe der Werke, hg. v. *Manfred Windfuhr*, Bd. 6. Hamburg 1973 (im folgenden: HKA), 361ff.

3   Das Rheinland kam im Zuge der Wiener Friedensschlüsse von 1814/15 zu Preußen. Heine kommentiert dieses Ereignis in den *Geständnissen*: „Bei dieser Gelegenheit wurde ich ein

aus der Hauptstadt für die Provinz dürften hier also auch zum Ziel haben, diese Hauptstadt den neuen Untertanen vorzustellen; kritische und wenig preußen-begeisterte Untertanen sind es in diesem Falle, an die sich Heines ironische *Briefe aus Berlin* richten. Als wichtigste rheinländisch-preußische Zeitung wird der *Anzeiger* aber zum Teil auch in Berlin gelesen, und Heines *Briefe* werden am Schreibort durchaus wahrgenommen, wie ein Tagebucheintrag Varnhagen von Enses zeigt, der am 20. Februar 1822 „sehr dreiste Korrespondenznachrichten aus Berlin"[4] vermerkt. Die *Briefe* können als früheste Texte eines Stils enger Ver-knüpfung von Stadt- und Zeitkritik gelten, der später in Heines *Englischen Fragmenten* und *Französischen Zuständen* wiederaufzufinden sein wird. Jost Hermand hat als einer der ersten 1969 nachdrücklich auf den politischen und künstlerischen Gehalt der *Briefe* hingewiesen und diese sogar „als eine der ersten Grundsatzerklärungen Heines überhaupt" apostrophiert, in denen der Verfasser „für ein unmittelbares Eingreifen des Künstlers in alle wichtigen Fragen des Tages ein[tritt]."[5]

Zur politischen Deutung der Großstadt entwickelt Heine hier eine Strategie des Flanierens, das die Kritikpunkte in den Straßen der Residenzstadt, im zeitge-nössisch sich – ganz buchstäblich – im Aufbau befindlichen Stadtbild selbst aufzufinden vermag: So geht der im ersten Brief vorgenommene Stadtrundgang von einer Berlintour entlang repräsentativer Gebäude und Monumente aus und zeichnet dabei ein Stadtbild, das zeitgleich auch auf den in Mode kommenden Panoramen, Vasen und Stichen breit vermarktet wird.[6] Indem Heine diesen Blick auf Berlin in seiner fiktionalen Stadttour über Lange Brücke, Lustgarten und Linden ausführlich in Szene setzt, scheint er, wie Seeba bemerkt hat, in den *Briefen* das berühmte Panorama von 1820 geradezu nachzufahren.[7] Auf diesen Wegen wendet sich der Ich-Erzähler in den *Briefen*, wie zu zeigen sein wird, aber immer wieder von den durch die Architektur der Stadt festgelegten und sozusagen offiziellen Blicken ab und lenkt die Aufmerksamkeit – meist in bissiger Neben-einanderstellung mit den erhabenen Monumenten – auf Phänomene am Rande der

Preuße". *Heinrich Heine*, Geständnisse. Sämtliche Schriften, hg. v. *Klaus Briegleb*, Bd. 6/1. 2. Aufl. München 1985, 457.

4   Zit. in: *Heine*, HKA (wie Anm. 2), 366.

5   *Jost Hermand*, Heines *Briefe aus Berlin*: Politische Tendenz und feuilletonistische Form, in: *Helmut Kreuzer* (Hg.), Gestaltungsgeschichte und Gesellschaftsgeschichte: Literatur-, kunst- und musikwissenschaftliche Studien. Stuttgart 1969, 284–305. Zu Heine als „politischem Interpret der Großstadt": *Anthony Phelan*, Heines Metropolen: Berlin – London – Paris, in: *Ingo Breuer/Arpad A. Sölter* (Hg.), Der fremde Blick: Perspektiven interkultureller Kom-munikation und Hermeneutik. Ergebnisse der DAAD-Tagung in London 17.–19. Juni 1996. Bozen 1997, 169–190.

6   Dazu in diesem Band der Aufsatz von *Marc Schalenberg*.

7   *Hinrich C. Seeba*, "Keine Systematie". Heine in Berlin and the Origin of the Urban Gaze, in: *Jost Hermand/Robert C. Holub* (Hg.), Heinrich Heine's contested identities. Politics, religion, and nationalism in nineteenth-century Germany. Frankfurt a.M. 1999, 89–108, hier: 101.

Prachtstraßen. Heines Fuß- und Schreibwege durch das vormärzliche Berlin korrespondieren dabei in so auffälliger Weise mit Walter Benjamins rund ein Jahrhundert später entwickelten Überlegungen zum Flaneur, daß es sich, wiewohl Benjamin keinen expliziten Bezug auf Heines *Berliner Briefe* genommen hat, anbietet, Heines Berliner Spaziergänge mit Benjamin wiederzulesen.[8] Flaneur ist nach Benjamin jener, der beim Stadtspaziergang „die großen Reminiszenzen, de[n] historischen Schauer"[9] den anderen überläßt und selbst stattdessen Spuren vergessener Bewegungen in Pflaster und Mauern der Städte zu erahnen versucht, wie den Standplatz eines Zusatzpferdes, oder den Ort eines Überfalls: „Im Asphalt, über den er [der Flaneur; E.K.] hingeht, wecken seine Schritte eine erstaunliche Resonanz. Das Gaslicht, das auf die Fliesen herunterstrahlt, wirft ein zweideutiges Licht auf diesen doppelten Boden."[10] Wo aber Benjamins Flaneur die „Straße in eine entschwundene Zeit"[11] leitet, richtet der Ich-Erzähler in Heines *Briefen aus Berlin* seinen Blick auf eine – freilich nicht weniger „abschüssig[e]"[12] – unmittelbare Gegenwart. Dabei wird die Beobachtung des städtischen Raumes, wie Hinrich Seeba es formuliert hat, zu einer politischen Lektion.[13] Versucht wird auf diese Weise, gerade die gegenwärtigen flüchtigen Spuren von Emotionen und alltäglichen Ereignissen dem von Seiten des preußischen Staates im Verband mit Teilen des Berliner Bürgertums aufbereiteten und zur aktuellen Außendarstellung wie Überlieferung eines bestimmten Bildes von Berlin einzuschreiben. Ironischerweise wird dieser Versuch, zum Vergessen Bestimmtes im Stadtbild aufzuheben, Heines *Briefe* selbst, rasch und nachhaltig vergessen, so daß bis vor kurzem weder in literarischen Stadtgeschichten noch Heine-Literatur mit ihnen gearbeitet wurde.[14] Wenn sich die vorliegende Lektüre nun auf einen Spaziergang durch den dichten, bissig zwischen den Baisers der Bäckerei Josty und den Mitgliedern der Königlichen Familie springenden, spielend zwischen Musikkritik, Universität und Mittagsmenü, Maskenbällen und Nationalbegeisterung wechselnden Text begeben will, so geschieht dies mit dem Plan, auf diese Weise Blicke auf die Rückseite des biedermeierlichen „Stadtmarketings" zu ermöglichen.

---

8 Stattdessen bezieht sich Benjamin im *Passagenwerk* auf den ebenfalls 1822 erschienenen Text *Des Vetters Eckfenster* von E.T.A. Hoffmann. Zu dieser Konstellation: Ebd., 92f.

9 *Walter Benjamin*, Das Passagenwerk. M: Der Flaneur. Gesammelte Schriften, hg. v. *Rolf Tiedemann*, Bd. V/1. Frankfurt a.M. 1982, 524.

10 Ebd.

11 Ebd.

12 „Den Flanierenden leitet die Straße in eine entschwundene Zeit. Ihm ist eine jede abschüssig." Ebd.

13 „Heine not only preceded the others [i.e. Theoretiker des Flaneurs, E.K.] by a full century, but also superseded them in his determination to turn the urban spectacle into a political lesson"; *Seeba*, Heine (wie Anm. 7), 92.

14 Eine frühe Ausnahme: *Jost Hermand*, Heines *Briefe* (wie Anm. 5), der auch frühere, zum größten Teil sehr abfällige Äußerungen zu den *Briefen* zusammenstellt.

I. Stadttour mit Unterbrechungen

Unsystematische Blicke auf die Stadt sind es, die bei Heine im Gegensatz zu den geplanten Berlin-Darstellungen der Zeit zu haben sind. Das sprunghafte Vorgehen des Schreibens korrespondiert dabei den Wegen des Flaneurs, die nicht die offiziellen der Stadtbeschreibungen und „historischen Ereignisse" nachverfolgen, sondern stattdessen eine eigenwillige Anordnung bewirken, welche die offizielle permanent unterläuft: „Ich habe längst bemerkt, daß über die Rangordnung, womit ich Ihnen die hiesigen Begebnisse melde, bloß meine Laune entscheidet, und nicht die Anciennität."[15] Auf diese Weise wird kein einheitliches Bild der Hauptstadt nach außen getragen, sondern vielmehr vielfältige Leserinteressen adressiert und die Großstadt als Raum entworfen, in dem für alle etwas zu finden ist:

> „Den einen interessierts, wenn ich erzähle: daß Jagor die Zahl genialer Erfindungen kürzlich durch sein Trüffeleis vermehrt hat; den andern interessiert die Nachricht, daß Spontini beim letzten Ordensfest Rock und Hosen trug von grünem Sammet mit goldenen Sternchen. Nur verlangen Sie von mir keine Systematie; das ist der Würgengel aller Korrespondenz. Ich spreche heute von den Redouten und den Kirchen, morgen von Savigny und den Possenreißern, die in seltsamen Aufzügen durch die Stadt ziehen."[16]

Dabei ist es der doppelte Boden der Gegenwart, wie sich im Anschluß an Benjamin formulieren läßt, den der Flaneur auf seinen Wegen durch Berlin im Blick behält. Leitmotivisch eingeführt wird diese Doppelbödigkeit der Stadt und der sie konstituierenden Zeichen zu Beginn des ersten Briefes, in dem der Erzähler auf bereits erwähntem Stadtspaziergang einem auswärtigen Begleiter die Hauptstadt zeigt: „Folgen Sie mir nur ein paar Schritte, und wir sind schon auf einem sehr interessanten Platze. Wir stehen auf der Langen Brücke. Sie wundern sich: ‚die ist aber nicht sehr lang?' Es ist Ironie mein Lieber."[17] Indem der offizielle Name eines öffentlichen Bauwerks selbst als Ironie bezeichnet wird, gelingt es zu Beginn, einen generellen Zweifel am Wahrheitsgehalt von Benennungen zu streuen. Dabei wird der subversive Gehalt im öffentlichen Sprachgebrauch selbst aufgespürt und nicht etwa vom Erzähler kommentierend hinzugefügt. Deutlicher wird dies kurz nach dem Passieren der „Langen Brücke" beim Erreiches des Exerzierplatzes „Lustgarten": „Wir können durch das Schloß gehen und sind augenblicklich im Lustgarten. ‚Wo aber ist der Garten?' fragen Sie. Ach Gott! merken Sie denn nicht, das ist wieder die Ironie."[18] In dieser Rhetorik, in der die Namen öffentlicher Plätze selbst als Ironie erscheinen, dürften auch spätere Wiedergaben von lobenden Aussagen über preußisches Militär wie Angehörige des Königshauses zu lesen sein. So bleibt etwa bei der Aussage „es ist mir immer ein

---

15 *Heinrich Heine*, Briefe aus Berlin. Sämtliche Schriften, hg. v. *Klaus Briegleb*, Bd. 2. 2. Aufl. München 1985, 54.

16 Ebd., 10.

17 Ebd.

18 Ebd., 11.

freudiger Anblick, wenn ich im Lustgarten die preußischen Offiziere zusammen-
stehen sehe"[19] der Verdacht, daß das „freudig" dem so bezeichneten Sachverhalt
ebensowenig entspricht wie der „Lustgarten" dem seinen. „Ich werde alles bei
seinem Namen nennen"[20] ist so gelesen auch ein poetologisches Programm im
politischen Kampf „mit den Mitteln des Sprachgebrauchs und der literarischen
Existenz."[21]

Die *Briefe* üben dabei Kritik und versuchen gleichzeitig die Zensur zu unterlaufen, indem sie auf sprachlicher Ebene Ambivalentes im öffentlichen Diskurs
selbst herausarbeiten und dabei sozusagen aus der Materialität der Sprache den
Zweifel am Ausgesagten heraustreiben.[22] Auch hier handelt es sich um einen
doppelten Boden, den die *Briefe* wie in der Stadt auch in der Sprache zu öffnen
verstehen: „Der Kerl gehört nicht zu den Leuten, die das Pulver erfunden haben,
sondern zu denen, die es gebrauchen, d.h. er ist Militär. – "[23] In diesem poetolo-
gischen Verfahren gezielter Umwendung einzelner Wörter zeigt sich in Heines
Auseinandersetzung mit Preußen immer wieder, „welche symbolische ‚Gegen-
gewalt', welche ‚Symbolkraft' die witzige, auf den gemeinsamen ‚Kern der Sache'
gebrachte Thematisierung eines staatlichen Gesellschaftsverhältnisses [...] hat,
wenn dies mit den stilistischen Maßnahmen eines Poeten geschieht, dessen
staatsoppositionelle Energien ihn in seiner Sprache umtreiben."[24] Heines
(Ab)arbeit in den *Briefen* am gerade in Konstitution begriffenen Berlin kann so
gesehen als ein Lesen und Umsetzen von Zeichen im Text der Stadt begriffen
werden.

Neben dem Wenden von Benennungen gehört zu diesem literarischen Kritik-
verfahren in den *Briefen* auch das gezielte Spiel mit Auslassungen. So wird zu
Beginn des ersten Briefes überlegt, was es denn für die Leser im Rheinland und in
Westfalen überhaupt aus der Residenz zu berichten gibt: „An Notizen fehlt es
nicht, und es ist nur die Aufgabe: Was soll ich *nicht* schreiben? d.h., was weiß das
Publikum schon längst [...] und was darf es nicht wissen?"[25] womit zugleich die
Aufmerksamkeit des Lesenden auf die Lücken und Sprünge, kurz: das Nichtge-
schriebene im Text der Stadt gelenkt wird, denn hier wäre ja zu finden, was nicht
gewußt werden darf. Die Gebäude und Monumente repräsentieren also nicht nur
das offizielle Berlin, sondern sie geben dem Erzähler auch Anlaß, Bestimmtes
anzusprechen, das dann aber ausgelassen wird. So heißt es etwa im zweiten Brief:

---

19 Ebd., 12.
20 Ebd., 23.
21 *Klaus Briegleb*, Opfer Heine? Versuche über die Schriftzüge der Revolution. Frankfurt a.M.
    1986, 45.
22 Was natürlich nicht heißt, daß die Briefe nicht zensuriert wurden. So ist v.a. im dritten Brief,
    wie Heine in einem Brief schreibt, „auf unverzeihliche Weise geschnitten worden"; zit. in:
    Heine, HKA (wie Anm. 2), 364.
23 *Heine*, Briefe (wie Anm. 15), 16.
24 *Briegleb*, Opfer (wie Anm. 21), 52.
25 *Heine*, Briefe (wie Anm. 15), 9. Kursiv im Original.

> „Ich habe hier Gelegenheit, von zwei Neuigkeiten zu sprechen: erstens von der neuen
> Börsenhalle, die nach dem Vorbilde der Hamburger eingerichtet ist [...] und zweitens von dem
> alten, neu aufgewärmten Projekte der Judenbekehrung. Aber ich übergehe beides, da ich in der
> neuen Halle noch nicht war, und die Juden ein gar zu trauriger Gegenstand sind."[26]

Die Stadt bietet dabei ebenso wie die Benennungen immer auch (Leer)Raum, der
die Stein gewordenen *grands récits* zu unterlaufen vermag: Zuweilen markieren
auch Gedankenstriche, die gleichsam als vorweggenommene Zensurstriche gelesen werden können, diese Auslassungen in dem Geplauder über die Stadt, so etwa
in der Erzählung über Duelle unter Studenten: „Febus, ebenfalls ein Jude, hat die
Flucht ergriffen, und – Aber ich sehe, Sie hören schon nicht mehr, was ich erzähle,
und staunen die Linden an."[27] Der Besucher wird von der „marketable
perspective"[28] von dem abgelenkt, was diese Perspektive durchkreuzen könnte.
Die *Briefe* erinnern so daran, daß der normierte Blick auf die Stadt – hier die
Linden – immer schon anderes getilgt haben muß, auch wenn dieses andere nur als
Leerstelle, als Nichtwissen, übermittelt werden kann. Diese gezielt eingebauten
Leerstellen unterbrechen die Stadttour immer wieder und machen so darauf
aufmerksam, daß vieles verdeckt werden muß, um einen reibungslosen und in sich
geschlossenen Blick auf die Stadt herstellen zu können. Verkleiden und Maskieren
ist nicht nur in den ausführlichen Berichten von Maskenbällen im zweiten Brief
ein zentrales Thema der *Briefe*. Auch in der Beschreibung der königlichen Gebäude und des Monarchen selbst wird auf das Motiv der Verkleidung angespielt und
so darauf hingewiesen, daß der bürgerliche Habitus des preußisch-berlinerischen
„Selbstmarketings" nur eine Maskierung der absolutistischen Macht sein könnte,
von der es sich nicht täuschen zu lassen gilt:

> „Das königliche Palais ist das schlichteste und unbedeutendste von allen diesen Gebäuden.
> Unser König wohnt hier. Einfach und bürgerlich. Hut ab! da fährt der König selbst vorbei.
> [...] Das Haupt bedeckt eine gewöhnliche Offiziersmütze, und die Glieder umhüllt ein grauer
> Regenmantel. Aber das Auge des Eingeweihten sieht den Purpur unter diesem Mantel und das
> Diadem unter dieser Mütze."[29]

II. Tote Häuser und Berliner

Neben den sprachlichen (Um)Wendungen finden sich in Heines *Briefen* die
gängigen Berlin-Topoi der Zeit wie jene der ungeordneten Menschenmenge und
der Berliner Geschichtslosigkeit, die auch andere Reisebeschreibungen und
Zeitungskorrespondenzen aus der preußischen Hauptstadt prägen. Heines *Briefe*
sind so in einer Tradition durchaus kritischer Berlin-Literatur zu sehen, die viel-

---

26 Ebd., 36.
27 Ebd., 15.
28 *Seeba*, Heine (wie Anm. 7), 100.
29 Heine, Briefe (wie Anm 15), 13f.

fach über Flugschriften und Gelegenheitsdrucke verbreitet wurde und so nur am Rande in die Literaturgeschichte eingegangen ist, für Heine aber durchaus als präsent angenommen werden darf.[30] Latente Kritik an der Herrschaft über die Beschreibung der Stadt ist hierin ebenso zu finden wie das utopische Bild der Menschenmenge in den Straßen der Großstadt, die nicht mehr nach Ständen zugeordnet werden kann. In Variante gehört letzteres auch zur aufgeklärten Selbstdarstellung, die die Stadt als Erfolgsgeschichte des Zusammenwirkens aufgeklärter Regierung und Bürger präsentiert – zu finden ist dieses Bild dann beispielsweise auf den bereits erwähnten populären Berlin-Panoramen, in denen vor den Kulissen der Stadt die Bürger promenieren. Heine knüpft an diese Darstellungstradition an, schlägt aber gleichzeitig – mit der Französischen Revolution im Rücken – in dieser Stadtlandschaft der Restauration systematisch revolutionäre Wegabweichungen ein.

Anhand von Susanne Ledanffs Untersuchung läßt sich verfolgen, wie die *Briefe* „einerseits bereits damals konventionelle Berlinbeschreibungen vorführen, aber andererseits fast wörtlich die späteren radikalen Berlin-Images der Moderne antizipieren"[31] und so die biedermeierliche Gegenwart als Spannungsfeld zwischen Vergangenheit und Zukunft entwerfen; die *Briefe aus Berlin* ließen sich so gesehen am Übergang frühneuzeitlicher Beschreibungen und späterer Metropolendiskurse verorten. Entscheidend ist dabei, daß Heine das Überkommene in eine spezifisch politische Zielrichtung weiterschreibt: Die Beschreibung der Menschenmassen mit den sich in ihr verwischenden Standesunterschieden wird zur Kritik und Bedrohung des spätabsolutistischen Preußen in Szene gesetzt; so etwa, wenn der Ich-Erzähler mit seinem Begleiter die Statue des Großen Kurfürsten auf der Langen Brücke betrachten will und dabei „von allen Seiten gestoßen [wird]. Auf dieser Brücke ist ein ewiges Menschengedränge."[32] Die Masse der Großstadt verunmöglicht hier eine ruhige Bewunderung des Monarchen und lenkt auch von den religiösen Markenzeichen der Stadt ab: „Doch laßt uns draus bleiben [...] Betrachten Sie lieber gleich rechts, neben dem Dom, die vielbewegte Menschenmasse"[33] wird entschieden, als sich kurz nach dem Großen Kurfürsten die Möglichkeit eines Dombesuches bietet.

Neben der Menschenmenge wird von Heine der Topos der Geschichts- bzw. Traditionslosigkeit der Stadt aufgegriffen und bei der ersten Erwähnung bereits als Zitat gekennzeichnet: „Finden Sie nicht, obschon die Stadt neu, schön und regelmäßig gebaut ist, so macht sie doch einen etwas nüchternen Eindruck. Die

---

30 Wie Thorsten Sadowsky gezeigt hat, ist ein Großteil der Stadtdiskurse des 19. Jahrhunderts bereits vorher verbreitet: *Thorsten Sadowsky*, Reisen durch den Mikrokosmos: Berlin und Wien in der bürgerlichen Reiseliteratur um 1800. Hamburg 1998.

31 *Susanne Ledanff*, „Berlin ist gar keine Stadt". Der Ursprung eines Topos. Heines *Briefe aus Berlin*, in: Heine-Jahrbuch 38 (1999), 1–28, hier: 3.

32 *Heine*, Briefe (wie Anm. 15), 11.

33 Ebd., 12.

Frau von Staël bemerkt sehr scharfsinnig: ‚Berlin, cette ville toute moderne [...] on n'y aperçoit point l'empreinte de l'histoire du pays, ni du caractère des habitants.'"[34] Daß in Berlin kein Abdruck des „Charakters der Bewohner" aufzufinden sei, wird von Heine zwar aufgenommen, gleichzeitig aber versucht, dies als Effekt einer von monarchischer Seite zur ungestörten Selbstrepräsentation hochgezogenen Stadtkulisse kenntlich zu machen. In der Folge wird dann gegen diesen uniformen Blick von „oben" angegangen, indem der Stadt flüchtige Emotions- und Lebensspuren ihrer Bewohner eingeschrieben werden. So werden etwa die Erläuterungen zur Singakademie plötzlich mit den Worten unterbrochen: „Doch betrachten Sie die kleine Brünette, die Ihnen so vielverheißend zulächelt."[35] Links liegen gelassen werden auf dem Stadtspaziergang Repräsentationen und Repräsentanten des herrschaftlichen Berlins: „Betrachten Sie die schönen Gebäude, die auf beiden Seiten der Linden stehn. Hier wohnt die vornehmste Welt Berlins. Laßt uns eilen."[36] Die Fokussierung auf verschiedene Passanten, Kaffeehäuser und Geschäfte statt der einheitlichen Repräsentation des Stadtbildes kann sowohl als Versuch gelten, Blicke auf die Rückseite einer interessengeleitete Produktion von Stadtbildern freizulegen als auch eine alternative Codierung Berlins für gegenläufige politisch-gesellschaftliche Konzepte vorzunehmen. Deutlich wird dies im Kontext einer späteren Berlinbeschreibung Heines, in der das Bild vom architektonisch gleichgezogenen Berlin ohne Lebensspuren zugespitzt wird:

> „Berlin ist gar keine Stadt, sondern Berlin gibt bloß den Ort dazu her, wo sich eine Menge Menschen, und zwar darunter viele Menschen von Geist, versammeln, denen der Ort ganz gleichgültig ist; diese bilden das geistige Berlin. Der durchreisende Fremde sieht nur die langgestreckten, uniformen Häuser, die langen, breiten Straßen, die nach der Schnur und meistens nach dem Eigenwillen eines Einzelnen gebaut sind, und keine Kunde geben von der Denkweise der Menge. [...] Es sind wahrlich mehrere Flaschen Poesie dazu nötig, wenn man in Berlin etwas anderes sehen will als tote Häuser und Berliner. Hier ist es schwer, Geister zu sehen. Die Stadt enthält so wenig Altertümlichkeit, und ist so neu; und doch ist dieses Neue schon so alt, so welk und abgestorben. Denn sie ist größtenteils, wie gesagt, nicht aus der Gesinnung der Masse, sondern Einzelner entstanden."[37]

Die toten Steine der Häuser stehen hier in deutlichem Gegensatz zum zu Beginn der *Briefe* adressierten Westfalen, wo der Verfasser die Gegend „noch lebendig vor mir" stehen sieht und Zuflüsterungen von Blättern und Zurufe alter Steine hört, die im Gegensatz zur steinernen Häuserlandschaft Berlins ein geheimes Wissen um die Geschichte des Ortes bewahren.[38] Die Figur der sprechenden

---

34   Ebd., 19.
35   Ebd., 16.
36   Ebd., 18.
37   *Heinrich Heine*, Reisebilder. Reise von München nach Genua. Sämtliche Schriften, hg. v. *Klaus Briegleb*, Bd. 2. 2. Aufl. München 1985, 317f.
38   „Die schönen Täler um Hagen [...] die Altertümer in Soest, selbst die Paderborner Heide, alles steht noch lebendig vor mir. Ich höre noch immer, wie die alten Eichewälder mich umrauschen, wie jedes Blatt mir zuflüstert: Hier wohnten die alten Sachsen [...] Ich höre noch

Steine taucht auch in einer Variante zum Erzählfragment *Florentinische Nächte* auf.[39] Hier sind es die Steine von Florenz, die dem Flaneur erzählen, was von der offiziellen Geschichte verschwiegen wird. In der Nacht sprechen diese „Reste der Vergangenheit" von den „näheren Umständen jener alten Geschichten, auf deren Schauplatz sie sich befinden, und wovon uns die schriftlichen Urkunden nur das Allgemeine berichten."[40] Dieses Stadtbild nun steht in auffälligem Gegensatz zu Heines Berlin: Zwar gibt es im Anschluß an die oben zitierte Stelle auch im Berlin der *Reisebilder* eine Szene, in der spät nachts Leben in die Häuser kommt. Dies ist nun aber gefährlich für den Flaneur, da sich die am Tag so feindlich gegenüberstehenden Häuser nun „versöhnt in die Arme stürzen wollten, so daß ich armer Mensch, der in der Mitte der Straße ging, zerquetscht zu werden fürchtete."[41] Das Eigenleben, das diese Gebäude als Zeugnisse einer Geschichte „von oben" ohne Berücksichtigung der Bewohner entwickeln, ist folgerichtig für den einzelnen zerstörerisch. Und während in Florenz „die verschollenen Schatten [...] gleichsam wieder aus dem Boden hervortauchen"[42], ist es in Berlin „schwer, Geister zu sehen"[43]; die Kulisse der Häuser dokumentiert nur „den Eigenwillen eines Einzelnen" – jenen des Herrschenden – und nicht die Spuren vergessener Geschichten.

Nicht die Häuser sprechen in Berlin „leidenschaftlich" zum Flaneur, wohl aber die Gesichter der Menschen, und der Ich-Erzähler in den *Briefen* weiß auf seinen Spaziergängen „nichts Ergötzlicheres [...], als unbemerkt zuzuschauen, wie sich die Berlinerinnen freuen, wie diese gefühlvolle [sic] Busen vor Entzücken stürmisch wallen, und wie diese naiven Seelen himmelhoch aufjauchzen: ‚Neh, des ist schehne!'"[44] Auf diesem Wege ist aus der Stadt vielleicht doch mehr und anderes als ausschließlich der Wille des Erbauers zu erfahren. Und so könnten die Briefe in ihrem Bestreben, verschiedene und widersprüchliche Gesten und Emotionen ebenso wie Auslassungen in ihrem Bild von Berlin aufzubewahren, auch als Versuch verstanden werden, die Geister der Stadt durch alle Vorsichtsmaßnahmen hindurch doch sichtbar zu machen; ein solches Gespenst gilt es etwa während des Stadtspaziergangs zu entdecken: „Ja, das sind die berühmten Linden, wovon Sie so viel gehört haben. Mich durchschauerts, wenn ich denke, auf dieser Stelle hat vielleicht Lessing gestanden, unter diesen Bäumen war der Lieblingsspaziergang so vieler großer Männer, die in Berlin gelebt; hier ging der große Fritz, hier wandelte – Er!"[45]

---

immer, wie ein uralter Stein mir zuruft: Wandrer, steh, hier hat Armin den Varus geschlagen!" *Heine*, Briefe (wie Anm. 15), 10.

39 *Sigrid Weigel*, Literatur als Voraussetzung der Kulturgeschichte. München 2004, 278.

40 *Heinrich Heine*, Varianten zu *Florentinische Nächte*. Sämtliche Schriften, hg. v. *Klaus Briegleb*, Bd. 1. 2. Aufl. München 1985, 868.

41 *Heine*, Reisebilder (wie Anm. 37), 317.

42 *Heine*, Varianten (wie Anm. 40), 868.

43 *Heine*, Reisebilder (wie Anm. 37), 317.

44 *Heine*, Briefe (wie Anm. 15), 45.

45 Ebd., 15.

Wie Susanne Ledanff bemerkt hat, ist das Er doppelbödig und kann nach dem
„großen Fritz" auch Napoleon meinen.[46] Dieser Gedankenstrich ist indes nicht die
einzige Leerstelle, in der in den *Briefen* in literarischem Verfahren – mittels
„mehrerer Flaschen Poesie" sozusagen – im Stadt- und Textbild Platz für die
Revolution freigehalten wird; einmal wahrgenommen, durchspukt ihr Geist, wie
besonders anhand des dritten Briefes deutlich werden wird, das gesamte biedermeierliche Berlin.

III. Spuren für die Revolution

Auch wenn von Heine ursprünglich noch zwei weitere Briefe aus Berlin geplant
waren, bildet der dritte Brief insofern einen stilistischen Abschlußpunkt der
Korrespondenz, als in ihm die gezielte Abwendung des Blickes von den für alle
sichtbaren Inszenierungen des Stadtraums seine Zuspitzung erfährt und die politischen Implikationen dieses Schreibverfahrens klar zu Tage treten. Datiert auf den
7. Juni 1822, handelt dieser letzte Brief von der eben in Berlin stattgefundenen
Hochzeit der Prinzessin Alexandrine mit dem Erbgroßherzog von Mecklenburg-
Schwerin – ein Bericht mit dem Rücken zum „eigentlichen" Ereignis: Nicht vom
Geschehen der eigentlichen Hochzeit und deren Inszenierung des Stadtraumes ist
bei Heine zu lesen, sondern von den zuschauenden Gesichtern in der Menge. Eine
umgedrehte und somit buchstäblich revolutionäre Blickrichtung auf die Stadt,
wenn die Hohenzollernfeste als wirkungsmächtige Inszenierungen „Berlins" als
politischer Raum und gezielte Selbstdarstellung der Hohenzollerndynastie begriffen werden.[47] Die in den *Briefen* betriebene Umcodierung des Stadtraumes wird
also gerade an einer solchen festlich inszenierten „Praxis der Machtausübung"[48]
am deutlichsten. Mit seinem Blick auf die Ereignisse setzt sich Heine im dritten
Brief denn auch ausdrücklich von den Berichten in anderen Zeitungen ab:

> „Die ausführliche Beschreibung der Hochzeitsfeierlichkeiten selbst lasen Sie gewiß schon in
> der Voßischen oder Haude- und Spenerschen Zeitung und was ich darüber zu sagen habe,
> wird also sehr wenig sein. Es hat aber auch noch einen andern wichtigen Grund, warum ich
> sehr wenig darüber sage, und das ist: weil ich wirklich wenig davon gesehen. [...] Ich bin kein
> Adeliger, kein hoher Staatsbeamter und kein Offizier: folglich bin ich nicht kurfähig und
> konnte den Vermählungsfeierlichkeiten auf dem Schloße selbst nicht beiwohnen."[49]

Der Brief über die Vermählungsfeierlichkeiten läßt sich so als Bericht über die
vom Fest Ausgeschlossenen lesen, vor deren Augen die politische Inszenierung

---

46 *Ledanff*, Ursprung (wie Anm. 31), 18.
47 Dazu den Aufsatz von *Daniel Schönpflug* in diesem Band.
48 Ebd. Allgemeiner dazu: *Thomas Biskup*, Eine patriotische Transformation des Stadtraums?
    Königliches Zeremoniell und nationales Ritual in Berlin um 1800, in: *Claudia Sedlarz* (Hg.),
    „Die Königsstadt": Berliner urbane Räume um 1800. Hannover 2007 [im Druck].
49 *Heine*, Briefe (wie Anm. 15), 48.

der Stadt als Raum der Macht stattfindet. Statt aber diesen Blick nachzuvollziehen, richtet ihn Heine auf die ebenfalls nicht „Kurfähigen": „Zwei hübsche Berlinerinnen, die neben mir standen, bewunderten mit Enthusiasmus die schönen Diamanten, und Goldstickereien, und Blumen, und Gaze, und Atlasse, und lange Schleppen und Frisuren. Ich hingegen bewunderte noch mehr die schönen Augen dieser schönen Bewunderinnen."[50]

Indem auf diese Weise die Zuschauenden ins Zentrum gerückt werden, wird die Annahme des festgesetzten Platzes am Rande solcher Feste, der den Bürgern der Stadt (und nicht den hübschen Bewunderinnen, wohl noch weniger den von Heine an anderer Stelle erwähnten „Schachteln" und „Putzmacherinnen") zugewiesen wurde, verweigert. Vorgesehen ist bei diesen Festen, daß die Bürger die herrschaftliche Inszenierung des Stadtraums konfirmieren und „ihre Anhänglichkeit an die Dynastie, ihre Bestätigung einer neuen Bindung durch Akklamation mit massenhafter Beteiligung aufwendig in Szene setzen."[51] Eine Aktivität, die von Seiten der Bürger stets in der Spannung zwischen „Selbstdarstellung als Untertanen und Behauptung eigener Sicht- und Hörbarkeit"[52] steht. Mittels Heines umgedrehter Perspektive wird nun diese Spannung am Rand in die Szenerie der Hochzeit selbst eingelesen und bringt dort ein revolutionäres Potential hervor. Die in Verehrung vereinte Anordnung der Untertanen wird zum „furchtbare[n] Menschengewühl auf dem Schloßhofe"[53], das von der eigentlichen Feier ausgesperrt ist, erinnert aber auch unversehens an die Massen der Französischen Revolution.[54] Die Zuschauerinnen und Zuschauer bewundern die Kleidung der Geladenen und schließlich auch das Paar selbst: „Sie fuhren in der achtspännigen goldnen Kutsche mit großen Glasfenstern, und wurden von einer gewaltigen Menschenmenge bestaunt."[55] Die Präsentation des Paares liest sich hier wie zuvor im Text jene der Süßigkeiten in den Schaufenstern der Confiserien und öffnet somit in ihrer Ähnlichkeit zu den Konsumartikeln genau die Spannung zwischen Sehen und Haben, auf die Seeba als eine der Kontrastkonstellationen in Heines Briefen verwiesen hat, die „the uncanny potential for social revolt and political revolution"[56] in sich tragen. Sichtbar wird dieses Potential der Masse zur

---

50   Ebd., 50.
51   *Schönpflug* (wie Anm. 47).
52   Ebd., 6.
53   *Heine*, Briefe (wie Anm. 15), 49.
54   Zum Zusammenhang preußischer Festkultur nach 1789 und den Revolutionsfesten in Frankreich: *Biskup*, Transformation (wie Anm. 48).
55   *Heine*, Briefe (wie Anm. 15), 52.
56   *Seeba*, Heine (wie Anm. 7), 93. Ledanff spricht davon, daß Heine die Verehrung der Berliner für ihre Königsfamilie „zukunftsträchtig (um-)zu deuten" weiß „im Sinn einer aufziehenden überpersönlichen städtischen Kommunikations- und Konsumkultur, die das Kollektiv zum wahren Bedeutungsgeber macht und ihre Objekte zum Gesprächsstoff und Spektakel." Dabei werde „auch die königliche Familie konsumiert"; *Ledanff*, Ursprung (wie Anm. 31), 14. Sie übersieht hier m.E., daß der Konsum nicht nur gleichmachend ist, sondern ebenso sehr – wie

Revolution vor allem in der, der Präsentation in der Kutsche vorangehenden, Beschreibung der Menschenmenge auf dem Schloßhof, die in Heines Text anstelle eines Berichtes über die hinter verschlossenen Türen stattfindende Trauung und somit im Mittelpunkt des Schreibens von den Hochzeitsfeierlichkeiten steht. Mitten in der Bewunderung des Hofes, deren Beschreibung der oben untersuchten Gegen-Blickrichtung in die zuschauenden Gesichter folgt, gerät ein in der Menge stehender „Kammermusicus" von der Kommentierung Anwesender nahtlos „in seine alten Revolutionsgeschichten, und schwatzte von nichts als Guillotinen, Laternen, Septembrisieren".[57] Ins Zentrum des Festes wird so die Erinnerung an die Französische Revolution eingeschmuggelt und dem Erzähler gelingt es nur knapp, den Kammermusicus am Weiterreden mit unausgesprochenen Folgen zu hindern. Daraufhin beschließt der Erzähler, zum Lustgarten weiterzugehen, wo in dem Augenblick, in dem das Brautpaar die Ringe wechselt, Kanonen losgeschossen werden sollen:

> „Ich wischte mir den Angstschweiß aus dem Gesicht, als ich den Kerl vom Halse hatte [...] und begab mich nach dem Lustgarten. Da standen wirklich zwölf Kanonen aufgepflanzt [...] An einem Fenster des Schlosses stand ein Offizier, der den Kanonieren im Lustgarten das Zeichen zum Abfeuern geben sollte. Hier hatte sich eine Menge Menschen versammelt. Auf ihren Gesichtern waren ganz eigne, fast sich widersprechende Gedanken zu lesen."[58]

Die Menschenmenge nimmt hier den Platz ein, der ihr in der Stadtinszenierung zugewiesen und auch im nächsten Satz mit einem bekannten Gemeinplatz umschrieben wird: „Es ist einer der schönsten Züge im Charakter der Berliner, daß sie den König und das königliche Haus ganz unbeschreiblich lieben."[59] Die dazu im Widerspruch stehenden „widersprechende[n] Gedanken" markieren aber auch hier – und wieder in engem Zusammenhang mit dem „Lustgarten" – Ambivalenz. Nicht benannt werden kann, was genau denn die „widersprechende[n] Gedanken" der Menschenmenge sind angesichts der Kanonen, dieser unmißverständlichen Einschreibung der Macht in den festlich verkleideten Stadtraum. Die Gefühle der Berliner seien zweideutig, weil sie ihre geliebte Prinzessin verlören, heißt es, und direkt angeschlossen an diesen Satz ist ein Gedankenstrich, der von diesen schreibbaren (im Gegensatz zu etwaigen weiteren nicht schreibbaren) Gedanken der Menge direkt wieder zu den Kanonen zurückführt: „Da donnerten plötzlich die Kanonen, die Damen zuckten zusammen, die Glocken läuteten, Staub- und Dampfwolken erhoben sich, die Jungen schrieen, die Leute trabten nach Hause,

---

früher im Text in Anlehnung an Seeba hervorgehoben wurde – als Schere zwischen Sehen und Haben ein revolutionäres Gewaltpotential öffnet.

57 *Heine*, Briefe (wie Anm. 15), 51.
58 Ebd.
59 Ebd., 51. Im Zusammenhang damit auch die Aussage der Vossischen Zeitung Loyalität der Berliner anläßlich der Doppelhochzeit der Prinzessinnen Luise und Friederike von Mecklenburg-Strelitz mit den preußischen Prinzen Friedrich Wilhelm und Ludwig 1793: „Alle Berliner [lieben] unseren guten König"; zit. in: *Biskup*, Transformation (wie Anm. 48).

und die Sonne ging blutrot unter hinter Monbijou."[60] Was nicht geschrieben werden darf, kann im Text der Stadt inszeniert werden, und bei dieser Wendung ist anzunehmen, daß Heine hier wie zuvor den städtischen Raum auf seine Weise zur Gegendarstellung des offiziellen Stadt- und Hochzeitsmarketings nutzt: „Heine keeps us guessing as to what the unwritten implications are, clearly assigning the casual city walk the place of the potentially risky answer. Only as a critical ‚flâneur', who reads the city as a text, will Heine inscribe the urban space with the answer the public is not supposed to know."[61] – „Is not *yet* supposed to know" ließe sich hier präzisieren im Hinblick darauf, daß in Deutschland zur Schreibzeit der *Briefe* – über zwei Jahrzehnte vor der Revolution von 1848 und auch vor den der Julirevolution von 1830 folgenden Unruhen – noch gar nicht mit Kanonen in eine Menschenmenge geschossen worden war. So birgt das Bild aus heutiger Perspektive das unheimliche Moment einer Spur aus der Zukunft.

So läßt sich zum Schluß noch einmal zugespitzt zusammenfassen, was die *Briefe* auszeichnet: Über die Nebeneinanderstellung biedermeierlicher Außendarstellung und divergenter Flaneur-Eindrücke werden politisch-gesellschaftliche Spannungen offengelegt. Damit zeichnet Heine, wie in Anlehnung an Phelan formuliert werden könnte, dem Berliner Stadtraum mittels seines Schreibverfahrens eine Ungleichzeitigkeit ein und codiert ihn so für ein den biedermeierlichen Repräsentationsabsichten gegenläufiges politisches Projekt um.[62] Der zitierte Topos von der Geschichtslosigkeit Berlin wird dabei so genutzt, daß „Berlin" als Leerfläche, als Experimentierfeld für Neues kenntlich wird. Die Spuren, die dabei im doppelten Boden der Berliner Gegenwart aufgezeichnet werden, sind Warnung vor der staatlichen Gewalt und vor deren zukünftiger Bedrohung durch die Masse zugleich; diese Ambivalenz ist es, die das Bild von der hinter Monbijou blutrot untergehenden Sonne birgt.

---

60   *Heine*, Briefe (wie Anm. 15), 52.
61   *Seeba*, Heine (wie Anm. 7), 99.
62   „Es bleibt, um einen Begriff von Ernst Bloch zu verwenden, eine Ungleichzeitigkeit in der Modernität Berlins eingezeichnet; Heines Ziel ist es, diese Ungleichzeitigkeit durch sein emblematisches Schreibverfahren zu entziffern, und dadurch Fremdes, ob nun in der Form von unheimatlichem Preußentum, von politischer Rückständigkeit, oder von zukunftsträchtigen Tendenzen in Wirtschaft und Handel, für sein eigenes politisches Projekt anzueignen"; *Phelan*, Metropolen (wie Anm. 5), 173.

2. REPRÄSENTATION UND EIGENSINN IN DER METROPOLE

MARKENPOLITIK IM 19. JAHRHUNDERT:
DIE BERLINER MUSEUMSINSEL ALS PUBLIC RELATION-IDEE

Tilmann von Stockhausen

Wenn heute über das Museum diskutiert wird, erscheint das, was noch vor weni-
gen Jahren gültig war, längst als antiquiert und überholt. Nur mit der traditionellen
Definition von Museumsarbeit läßt sich kein Museum mehr führen. Marketing,
Corporate Design, Fundraising, Merchandising sind heute Schlagworte der
Debatte. Wie unendlich verstaubt erscheint da im Kontext der heutigen Debatte
das Museum des 19. Jahrhunderts. In unseren gegenwärtigen Vorstellungen ist das
Museum des 19. Jahrhunderts eine kulturelle Einrichtung, die einer kleinen
Bildungselite aus Adligen, Hofbeamten und kulturell interessierten Bürgerlichen
vorbehalten schien.

In Folge der Veränderungsprozesse des 19. Jahrhunderts setzten sich an den
deutschen Museen Fachwissenschaftler gegen Hofbeamte und Hofschranzen
durch. War es an den Königlichen Museen in Berlin noch Anfang des 19. Jahrhunderts üblich, altgedienten Diplomaten und Hofbeamten den Posten des
Generaldirektors der Museen zuzuweisen, konnten sich eine Ebene tiefer, auf den
Direktionsposten der einzelnen Sammlungen von Anbeginn der Museen – also seit
der Gründung des Alten Museums 1830 – Fachwissenschaftler durchsetzen.[1] Dies
war ein Novum in der deutschen Museumsentwicklung; in den älteren Häusern in
Dresden oder München blieben diese Positionen bis zum Ende des 19. Jahrhunderts fest in der Hand von Restauratoren, die damals in der Regel bildende
Künstler waren.

Wenn die moderne Kommunikation Schlagworte in den Raum stellt, die dem
Museumsbeamten des 19. Jahrhunderts unbekannt waren, heißt dieses noch lange
nicht, daß kommunikative Grundprinzipien und Konzepte den frühen Museums-
vätern gänzlich fremd gewesen sind. Das Museum des späten 19. Jahrhunderts war
ohne Zweifel ein Erfolgsmodell, populär beim Publikum und von hohem
gesellschaftlichen Rang. Dieser Transformationsprozeß zum besucherorientierten
Museum beginnt in Berlin schon sehr früh. Während die Konzeption des Alten
Museums einen streng wissenschaftlich-didaktischen Charakter hatte, entfaltete
sich im 1847 fertiggestellten Neuen Museum schon ein wirkungsvolles kalei-
doskopartiges Spektrum von verschiedenen kulturellen Einflüssen. Exponate
mischten sich mit der inszenierten exotischen Welt, die die Architekturkulisse
entfaltete. In der Gemäldegalerie des Alten Museums waren die Gemälde dagegen
in 37 nahezu gleichgroßen Kabinetten untergebracht, die jeweils durch ein Seiten-

---

1 *Walter Hochreiter*, Vom Musentempel zum Lernort: Zur Sozialgeschichte deutscher Museen,
1800–1914. Darmstadt 1994, 47–50; *Tilmann von Stockhausen*, Die Berliner Gemäldegalerie
und ihre Erwerbungspolitik. Berlin 2000, 48–52.

fenster belichtet wurden, wie sich an dem Grundriß der Gemäldegalerie aus dem
Jahre 1830 veranschaulichen läßt. Da zu dieser Zeit die wandfüllende barocke
Hängung noch üblich war, entstand ein Eindruck, der einem Betrachter heutiger
Perspektive vermitteln würde, er durchschreite ein Depot. Wie monoton der
Rundgang durch die erste Gemäldegalerie war, ist leider nicht durch bildliche
Quellen überliefert, sondern nur durch zeitgenössische Berichte: Schon 1832 hieß
es in einem kritischen Bericht: „Wenn auch nur eine kleine Anzahl von Beschau-
ern in einem solchen Behälter sich befindet, so müssen sie dos-à-dos stehend sich
gegenseitig belästigen und stoßen."[2] Karl Friedrich Schinkel sah die kleinen
Kabinette hingegen als eine positive Errungenschaft:

> „Zuvörderst wird man nicht durch eine zu große Masse von Kunstwerken, welche man in den
> meisten anderen Bildergalerien auf einmal übersieht, zerstreut und im Genuß des Einzelnen
> gestört, sondern kann sich im kleineren behaglicheren Raume der ruhigen Betrachtung besser
> hingeben."[3]

Eine entscheidende Rolle in der Popularisierung des Museums spielte Julius
Meyer (1830–1893), der Vorgänger Wilhelm von Bodes (1845–1929). Während
sich sein Amtsvorgänger Gustav Friedrich Waagen (1794–1868) bis zuletzt gegen
eine Veränderung gewehrt hat, ließ Meyer die Gemäldegalerie komplett umbauen.
Aus den kleinen Kabinetten wurden repräsentative Säle mit Oberlichtern, in denen
eine wertende Hängung realisiert werden konnte. Während zuvor oftmals nur ein
bis zwei Gemälde eines Künstlers gezeigt wurden, so konnten nunmehr Schwerpunkte gebildet und die als Höhepunkte der kunstgeschichtlichen Entwicklung
betrachteten Meisterwerke entsprechend hervorgehoben werden. Diese inszenato-
rische Neuorientierung verlangte aber auch einen veränderten Bestand. In der
Erwerbungspolitik wurde nach 1870 versucht, von wichtigen Künstlern wie
Rembrandt oder Rubens zusätzliche Werke anzukaufen, um ganze Säle mit
Werken dieser Künstler präsentieren zu können.

In der Galerie entstanden jetzt repräsentative Säle mit Oberlicht und Mittel-
bänken, in denen besonders bedeutende Werke hervorgehoben wurden, so z.B. der
1883 vollendete Rubenssaal. Auf einem zeitgenössischen Kupferstich ist dieser
Saal dargestellt. Eindrücklich läßt sich erkennen, daß die zahlreichen Besucher
nicht nur in akademischer Betrachtung versinken, sondern das Sehen und
Gesehenwerden ebenfalls beim Museumsbesuch eine große Rolle spielte. Allein
dieser Wechsel vom kleinen Kabinett zum repräsentativen Saal macht eine voll-
kommene Veränderung der Museumskonzeptionen deutlich. Der Umbau der
Galerie markierte den weiteren Schritt einer Entwicklung, die mit der Entscheidung für den Bau des Neuen Museums seinen Anfang nahm. Das trotz aller
äußeren Größe in seinem Inneren bescheidene Alte Museum konnte die absolutistischen Neigungen Friedrich Wilhelm IV. nicht befriedigen: Dem Romantiker

---

2   Des Herrn Directors Dr. Waagen Bilder-Taufe und Aufstellung der Gemälde im königlichen
     Museum zu Berlin. Leipzig 1832, 7.
3   *Karl Friedrich Schinkel*, Sammlung architectonischer Entwürfe, Heft 6. Berlin 1825.

auf dem Thron ist die Entscheidung zu verdanken, hinter dem Alten Museum
weitere Museen zu bauen. Am 10. Dezember 1840 erteilte Friedrich Wilhelm IV.
den Befehl, „die ganze Spree-Insel hinter dem Museum zu einer Freistätte für
Kunst und Wissenschaft umzuschaffen."[4] Der sich über viele Jahre hinziehende
Bau des Neuen Museums führte zu einer schwierigen Situation für das Alte
Museum, da kaum noch Gelder zur Verfügung standen; die von Anbeginn
propagierte Erweiterung der Bestände stagnierte. Gleichzeitig wurde mit dem Bau
des Neuen Museums eine Entwicklung eingeleitet, die erst mit der Vollendung des
Pergamonmuseums seine Vollendung erlebte und bis heute zu einem Erfolgs-
modell der Museumsgeschichte geworden ist: die Museumsinsel. Daß der preußische Staat sich nicht mit dem klassischen Kunstmuseum mit Bildungscharakter
zufrieden gab, ist der politischen Entwicklung geschuldet. Während nach der
Eröffnung des Alten Museums im Jahre 1830 niemand daran dachte, das neue
Kunstmuseum als Konkurrenz zur Alten Pinakothek in München oder der Dresdner Galerie zu sehen, sondern man sich mit einem streng wissenschaftlichen
Konzept davon absetzen wollte, sieht dies nach der Reichsgründung vollkommen
anders aus. Der Erwerbungsetat der Gemäldegalerie wird fast verzehnfacht, mit
umfassenden Mitteln gelingt es, auf dem Kunstmarkt bedeutende Kunstwerke
anzukaufen, wie beispielsweise das für 350.000 Mark angekaufte Dürer-Porträt
des Hieronymus Holzschuher aus der Galerie in Pommersfelden.

Nach der Reichsgründung verfolgten die Königlichen Museen Preußens einen
expansiven Kurs, der dem neuen Machtbewußtsein des deutschen Staates ent-
sprach. Was preußisch blieb, sollte nun aber auch zur kulturellen Identifikation für
ein zusammengefügtes Land dienen. Orientierungsmaßstab für die Berliner
Museen waren nun nicht mehr München, Dresden oder Kassel, sondern Paris und
London, dort die neugegründeten Museen wie die National Gallery und das
Victoria&Albert Museum, die einen ähnlich expansiven Kurs in der Erwerbungspolitik verfolgten. In Berlin wurde das Ensemble von Neuem und Altem Museum
seit 1867 von der hochaufragenden Nationalgalerie ergänzt, die endlich zur Heim-
stätte deutscher und zeitgenössischer Kunst werden konnte, ihren Ursprung aber in
der privaten Stiftung des Konsuls Wagner genommen hatte. Architektonisch bot
sich nunmehr ein Agglomerat verschiedener Stile. Im Vordergrund das streng
klassizistische Alte Museum von Karl Friedrich Schinkel, dahinter das äußerlich
noch in der Tradition des Klassizismus stehende Neue Museum Friedrich August
Stülers und schließlich der monumentale, alles überragende tempelartige Bau der
Nationalgalerie. Schon dieses Dreigespann löste Assoziationen aus, die Parallelen
zur Akropolis oder anderen burgartigen Tempelanlagen herstellte. Noch lange
nicht war damit die komplette Halbinsel zwischen Spree und Kupfergraben ver-
einnahmt. An der Seite des Kupfergrabens brachte der Packhof immer noch all-

---

4   Zit. in: *Hartmut Dorgerloh*, Museale Inszenierung und Bildprogramm im Neuen Museum, in:
    Berlins Museen. Geschichte und Zukunft, hg. v. Zentralinstitut für Kunstgeschichte München.
    München/Berlin 1994, 77.

tägliche Betriebsamkeit in die Nähe der Museen, allerdings abgeschirmt durch die Museumsbauten, die in ihrer architektonischen Ausrichtung immer auf das Stadtschloß bezogen waren. Daß zunächst nicht daran gedacht war, die gesamte Halbinsel mit Museumsbauten zu umspannen, macht eine städtebaulich sich einschneidend auswirkende Entscheidung deutlich. Die Stadtbahn zerteilte seit 1880 die Museumsinsel und ließ hinter dem Neuen Museum nur noch Platz für den Vorläuferbau des heutigen Pergamonmuseums, der nach der Überführung des Pergamonaltars errichtet worden war. Die als Hochbahn angelegte Bahntrasse durchschneidet bis heute die Museumsinsel. Pläne, die Bahn durch einen hoch aufragenden Museumsbau quasi hindurchfahren zu lassen und im Innern einen eigenen Bahnhof für die Museumsinsel zu errichten, wurden von dem Planer der Stadtbahn, August Orth, schon 1875 entwickelt.[5] In dem dann 1883 ausgelobten Architekturwettbewerb stand diese Idee aber nicht mehr im Vordergrund, da es zunächst nur darum ging, einen Neubau für die Antiken und die Pergamonfunde auf dem Bauplatz zwischen Stadtbahn und Neuem Museum zu errichten, die Pläne für ein Renaissancemuseum wurden nach dem Bau der Stadtbahn erst einmal verschoben. Gegen den sofortigen Neubau eines Renaissancemuseums auf der Nordspitze der Museumsinsel sprach vor allem, daß man nicht wenige Jahre nach dem Umbau der Gemäldegalerie den Plan für einen Neubau durchsetzen könne.[6]

Die Idee eines Renaissancemuseums wurde in erster Linie von Wilhelm von Bode forciert, da die Gemäldegalerie im Alten Museum nur über unzureichend Platz verfügte und zudem den neuen Schwerpunkt der Erwerbungspolitik, Renaissancekunst aller Gattungen von der Skulptur bis zum Kunstgewerbe anzukaufen, nach einer musealen Realisierung verlangte. Mit dem Bau des Kaiser-Friedrich-Museums, dem heutigen Bodemuseum an der Nordspitze fand die Idee, die gesamte Insel zwischen Kupfergraben und Spree der Kunst zu widmen, ihren Abschluß. Mit diesem Bau realisierte Bode sein Renaissancemuseum, auch wenn das Kaiser-Friedrich-Museum schließlich keinesfalls ein reines Renaissancemuseum war, aber wie kein Bau zuvor die verschiedenen Gattungen in dem von Bode entwickelten integrativen Konzept zu einer Einheit verknüpfte. Durch die Stadtbahn wurde jedoch die Museumsinsel zerschnitten, das Kaiser-Friedrich-Museum war nur über die beiden Brücken an Spree und Kupfergraben erreichbar. Erst mit der Vollendung des neuen Pergamonmuseums 1922 konnte eine Verbindung geschaffen werden, zwischen den beiden Museumsbauten wurde eine Brücke

5   Dazu: *Wilhelm von Bode*, Mein Leben, Bd. 2. Berlin 1930, 15; *Ludwig Pallat*, Richard
     Schöne: Generaldirektor der Königlichen Museen zu Berlin. Ein Beitrag zur Geschichte der
     preußischen Kunstverwaltung 1872–1905. Berlin 1959, 164; und v.a. ausführlich: *Stephan
     Waetzoldt*, Pläne und Wettbewerbe für Bauten auf der Berliner Museumsinsel, 1873–1896.
     Berlin 1993, bes. 8–9, 12–13, 25–26, 42–49, 75–76, 137–138, 147–149 mit den Abb. 4–6
     (Entwürfe von August Orth).
6   Protokoll der Direktorenkonferenz von Julius Dielitz vom 4.11.1880; Geheimes Staatsarchiv
     Preußischer Kulturbesitz (im folgenden: GStA PK), I. HA. Rep. 76Ve, Sekt. 15, I.20, Bd. 1,
     fol. 52–57.

über die Bahngleise angelegt. Da im Nordflügel des Pergamonmuseums die sogenannte deutsche Kunst untergebracht wurde, war diese Verbindung auch notwendig. Wer Gemäldegalerie und Skulpturensammlung im Bodemuseum erleben wollte, mußte diese Schule im Nordflügel des Pergamonmuseums besuchen.

Diese Verschränkung der zunächst verbindungslos auf der Museumsinsel angelegten Museumsbauten macht ein Grundproblem der Konzeption deutlich. Die Einzelmuseen stehen zwar räumlich in engem Kontext, trotzdem lassen sich die Inhalte kaum verschieben und sind an die bauliche Hülle gebunden. Verbindungsgänge sind zunächst nur Angebote an die Besucher, trockenen Fußes von einem Museumsbau zum nächsten zu gelangen; sie schaffen allerdings kaum inhaltliche Berührungspunkte. Die erste Verbindungsbrücke, errichtet zwischen Neuem und Alten Museums, störte sogar den ursprünglichen Rundgang im Obergeschoß des Alten Museums. Trotz aller räumlicher Nähe und Konzentration auf einer schmalen Halbinsel blieben die Museumsgebäude Solitäre in eigenem Stil, eigenem Charakter und eigenem Konzept. Wie andere Sammlungen königlichen oder fürstlichen Ursprungs zeichnet sich bei den Berliner Museen ein weites Spektrum ab, das sich durch die expansive Erwerbungspolitik gerade in der zweiten Hälfte des 19. Jahrhunderts in ihrem Charakter und ihrer Vielfältigkeit sehr dynamisch entwickelt hat. Andere dynastische Sammlungen bleiben weitgehend statisch, hier ist vor allem das Beispiel Dresden zu nennen, wo die Sammlungen bis heute wie an kaum einem anderen Ort in der Welt ihren fürstlichen Charakter bewahrt haben. In Dresden sind die ehemals fürstlichen Sammlungen seit den 1920er Jahren wie in Berlin als staatlicher Museumsverbund organisiert, der die einzelnen musealen Einrichtungen in einer Struktur zusammenfaßt, die sich weitestgehend auf das 18. Jahrhundert zurückführen läßt. Auch in Berlin sind die aus den königlichen Kunstsammlungen heraus gegründeten Museen zu einem großen Teil aus fürstlichen Beständen gespeist, aber eben nur zu einem Teil. Erst wurden sie nach streng wissenschaftlichen Grundsätzen erweitert, schließlich aber durch den expansiven Kurs preußischer Kunstpolitik zu dynamisch wachsenden Einrichtungen mit stark repräsentativem Charakter entwickelt.

Die vielen Bausteine des Verbundes sind aus heutiger Perspektive Marken, die zu einer Dachmarke zählen, nämlich den Berliner Museen. Die einzelnen Marken dieses Museums, Antikensammlung, Gemäldegalerie, Ägyptische Sammlung, Kupferstichkabinett, Skulpturensammlung fanden Anerkennung und erreichten mit unterschiedlichem Erfolg Popularität und Ansehen bei den Besuchern. Meist assoziierten Besucher jedoch Gebäude mit Inhalten, man besuchte das Alte Museum mit der Gemäldegalerie oder eben das Pergamonmuseum. Wie alle Museumsstrukturen fürstlichen Ursprungs mußten auch die Berliner mit den komplexen Strukturen kämpfen, die den Besuchern schwer vermittelbar sind. Allerdings hatten die Berliner Museumsverantwortlichen eine alles umspannende Klammer, die alles zusammenhielt und die den Verbund nach außen als Einheit präsentierte, obwohl es in dessen Inneren zu ständigen Verschiebungen und Veränderungen kam; die Gründung des sogenannten Renaissancemuseums ist hier nur ein Beispiel. Und diese Klammer ist die geographische Lage, die Insel, die alles zusammenfaßt, ob Renaissancemuseum oder Gemäldegalerie. Die geographische Einheit war aus marketingstrategischen Gesichtspunkten die ideale Lösung für alle strukturellen Probleme und hielt die ansonsten heterogene Ansammlung von Museen zusammen.

Trotzdem blieben die einzelnen Häuser Solitäre, allein schon aus ihrer jeweils spezifischen Formgebung und ihrer jeweiligen Entstehungsgeschichte. Auslagerungen und Veränderungen haben in keinem Fall zum Erfolg geführt, die Gemäldegalerie ist selbst in ihren repräsentativen und ausstellungstechnisch als optimal einzustufenden Räumlichkeiten am Kulturforum bis heute eine ökonomische Enttäuschung, auch wenn es sicherlich an gezieltem Standortmarketing gefehlt hat. Die nun eingeleitete Rückkehr auf die Museumsinsel erscheint als ein Akt der Hilflosigkeit. Es ist Bauplanern und Marketingexperten nicht gelungen, dem Standort Kulturforum Leben einzuhauchen, obwohl auch hier die Gruppierung verschiedener Museumsbauten um einen Platz in attraktiver Citylage eigentlich Erfolge versprochen hätte. Probleme bereitet hier vor allem ohne Zweifel die wenig gelungene, alles nivellierende Architektur des Verbindungsbaus, der Gemäldegalerie, Kupferstichkabinett und Kunstgewerbemuseum umklammern soll. Ein Problem ist aber auch der Name: „Kulturforum". Das könnte der Name einer ernsten Diskussionssendung im Deutschlandfunk sein, aber kein lebendiger Platz mit erstklassigen Museumsbauten. Was Friedrich Wilhelm IV. 1841 vorbereitet hat und der Volksmund im Fall der Museumsinsel geboren hat, hätte kein Marketingstratege sich besser ausdenken können.

Interessanterweise war den Museumsplanern des 19. Jahrhunderts die Attraktivität der geographischen Klammer Museumsinsel durchaus bewußt. Die organisatorische Einheit waren die Königlichen Museen zu Berlin, zu denen die einzelnen Museen zählten. Marketingstrategisch waren es jedoch das Alte Museum, das Neue Museum, die Nationalgalerie und das Pergamonmuseum, die alle auf der Museumsinsel angesiedelt waren. Wirtschaftliche Grundsätze waren für die Museumsbeamten des 19. Jahrhunderts Selbstverständlichkeiten, so beispielsweise ein gemeinsames Corporate Design. Es bestand kein Zweifel, daß alle Publikationen in einer einheitlichen Gestaltung erscheinen und klar und eindeutig als offizielle Publikationen der Museen zu erkennen waren. Mit dem Antreten Richard Schönes (1840–1922) als Generaldirektor der Königlichen Museen im Jahre 1880 erlebten die Museen einen Reformprozeß, der bis heute zu als vorbildlich geltenden Strukturen führte. Im Jahre 1880 erschien beispielsweise das erste *Jahrbuch der Preußischen Kunstsammlungen*, das die wissenschaftlichen Debatten und die zunehmend kritische Zuschreibungsdiskussion reflektieren sollte. Gleichzeitig wurden die Jahresberichte der Museumsdirektoren nun in vierteljährlichen Abständen veröffentlicht, um über Neuerwerbungen und Veränderungen in der Aufstellung zu informieren. Das wissenschaftliche Forum des *Jahrbuchs* reagierte somit auf die zunehmende Beschäftigung auswärtiger Wissenschaftler mit den Sammlungen der Museen. Gleichzeitig erwartete die Öffentlichkeit auch eine

Rechtfertigung über die Verwendung der Gelder aus dem Erwerbungsetats. Bis zu diesem Zeitpunkt hatten die Museen praktisch keine öffentliche Rechtfertigung über ihr Tun abgegeben.

Richard Schöne initiierte neben den Jahrbüchern auch noch andere Publikationen der Museen, die nach seinem Wunsch ein möglichst einheitliches Erscheinungs-bild aufweisen sollten. So erschien 1880 die erste Auflage des knapp gehaltenen Gesamtführers der Museen,[7] der bei einem günstigen Preis von 50 Pfennigen auch breiten Besucherkreisen ein kurzes Handbuch für den Museumsbesuch bieten sollte. Um die Öffentlichkeit mit besseren Informationen zu den Museen zu versorgen, beschloß die Direktorenkonferenz nach einer Eingabe Friedrich Lippmanns im Jahre 1881, die Presse durch wöchentliche Berichte zu einer wohlwollenderen Berichterstattung anzuregen. Hiermit war sozusagen erstmals ein Pressereferat an den Museen begründet worden, das allerdings ein Assistent zunächst nur nebenamtlich führte.[8] Darüber hinaus wurde schon im Etat 1882/83 eine Stelle für einen Künstler im Range eines Direktorial-Assistenten geschaffen, der für die künstlerische Gestaltung der Veröffentlichungen der Museen verantwortlich sein sollte. Zur Begründung hieß es im Etat:

„Zur Gründung der Stelle eines technischen Beirats für Publikationen 6.000 Mark. Im Interesse der Verbreitung und Nutzbarmachung der Kunstschätze ist die Gewinnung einer sachverständigen Kraft dringend wünschenswert, um bei der Leitung, Überwachung und Förderung der Publikationen mitzuwirken."[9]

Für diese Aufgabe wurde der Wiener Kupferstecher Louis Jacoby eingestellt.[10] In der oben zitierten Begründung zur Einrichtung der Stelle eines technischen Beirats wurde der Begriff „Nutzbarmachung" verwendet. Die „Nutzbarmachung" der Sammlung wurde hier nicht nur als bildungspolitischer Aspekt, sondern durchaus auch im ökonomischen Sinne begriffen. Der Verkauf der Museumspublikationen war nicht nur erfolgreich, sondern gleichzeitig wurden die Publikationen als ein Produkt angesehen, mit dem die Museen nach außen treten und für ihre Institutionen werben konnten. Man versuchte sich abzugrenzen gegenüber zahlreichen unabhängigen Handbüchern, die den Besuchern auf der Straße von fliegenden Händlern angeboten wurden. Gerade der starke Druck von außen motivierte die Museumsleitung auf Vorschlag Bodes 1890, zahlreiche populäre Handbücher auf den Markt zu bringen. Trotz Bedenken einiger Museumskollegen vertrat er in dieser Debatte entschieden die Ansicht, es sei auch Aufgabe des Museums, neben

7   Führer durch die Königlichen Museen, hg. v. Königliche Museen zu Berlin. Berlin 1880.
8   GStA PK, Rep. 76Ve, Sekt.15, I. 20, Bd. 1, fol. 79–80v., Protokoll der Direktorenkonferenz von Julius Dielitz vom 6.12.1881.
9   GStA PK, I. HA. Rep. 169 C4, Nr. 8.a, Bd. 21: Etat des Kgl. Staatsministeriums der geistlichen p. Angelegenheiten 1882/83, Bemerkung zu Kapitel 122, 1.
10 GStA PK, I. HA., Rep. 89, Nr. 20447 (Abschrift), fol. 111–114: Brief Gustav von Goßler (Königliches Staatsministerium der geistlichen Angelegenheiten) und Carl Hermann Bitter (Königliches Staatsministerium der Finanzen) an Wilhelm I. vom 24.4.1882 und Erlaß vom 26.4.1882.

den Ansprüchen der Wissenschaft das Informationsbedürfnis breiterer Kreise zu
befriedigen. Es wurden ein einheitliches Konzept und der Einheitspreis von 1,50
Mark für alle Bände einer solchen Reihe beschlossen,[11] und schon 1891 erschien
von Wilhelm Bode der erste Band zur italienischen Plastik.[12] Zwei Jahre später
folgte der dritte Band von Friedrich Lippmann über den Kupferstich,[13] ebenfalls
im damaligen Verlag der Berliner Museen, dem Verlag W. Spemann.

Mit der Erfindung der Photographie meldeten sich auch bald Interessenten mit
dem Wunsch, von einzelnen Gemälden photographische Ablichtungen zu machen.
Das Photographieren erforderte jedoch weit größeren Aufwand als das Kopieren.
Das Gemälde mußte von der Wand genommen, ins Licht gerückt werden und
möglichst aufrecht stehen. Aus diesen Gründen war es undenkbar, so freizügig
Lizenzen zum Photographieren zu vergeben, wie die Erlaubnis zum Kopieren.
Kunstverlage witterten schnell ein großes Geschäft. Die Gemäldegalerie zeigte
sich reserviert, gerade auch weil sie bei den anfragenden Interessenten kommer-
zielle Interessen vermutete. Eine erste repräsentative Bilanz zog die Photo-
graphische Gesellschaft mit einem 1878 erschienenen Folio-Band mit insgesamt
39 Photographien.[14] Interessant ist bei diesem Photoband, daß nicht das gängige
Kriterium „Meisterschaft" die Auswahl bestimmte, sondern die Popularität des
Bildes beim Publikum ausschlaggebend war; so tauchen auch Photographien vom
Bildnis eines Mailänder Meisters vom Ende des 16. Jahrhunderts mit dem Antlitz
Christi, der Kopf eines Mädchens von Jan Greuze und das Bildnis Friedrich des
Großen von 1739 von Antoine Pesne auf. Photographien von Gemälden wurden
durch die Photographische Gesellschaft auch einzeln verkauft, die im Alten
Museum nach 1882 sogar in dem kleinen Durchgangsraum zum Neuen Museum
kurzfristig über einen eigenen Verkaufsstand verfügten.[15] Anträge anderer Photo-
Unternehmer, vor allem Edgar Hanfstaengls und Adolphe Brauns, wurden von der
Berliner Gemäldegalerie zunächst abgewiesen.[16]

11   Bode machte den Vorschlag in der Direktorenkonferenz vom 3.12.1889, debattiert wurde in
     der Sitzung am 7.1.1890; Protokolle der Direktorenkonferenz vom 3.12.1889 und vom
     7.1.1890, GStA PK, I. HA. Rep. 76Ve, Sekt. 15, I. 20, Bd. 1, fol. 264–266 und fol. 267–270.

12   *Wilhelm Bode*, Die italienische Plastik (Handbücher der Königlichen Museen zu Berlin, 1).
     Berlin 1891.

13   *Friedrich Lippmann*, Der Kupferstich (Handbücher der Königlichen Museen zu Berlin, Bd. 3).
     Berlin 1893.

14   Die Königliche Gemälde-Gallerie zu Berlin. Berlin 1878.

15   Quartalsbericht der Gemäldegalerie von Julius Meyer vom 3.1.1882 (74.82), Zentralarchiv der
     Staatlichen Museen (im folgenden: ZSM), I/GG 5 o.P.

16   Vgl. u.a. Brief Edgar Hanfstaengl an die Generalverwaltung vom 1.12.1882 (Eingangsdatum)
     (2572.82); Generalverwaltung an Edgar Hanfstaengl vom 14.12.1882 (ad 2572.82); Ad. Braun
     & Co, Photographische Kunst-Anstalt, an die Generalverwaltung vom 21.1.1884 (210.84),
     Richard Schöne an Ad. Braun Photographische Kunst-Anstalt, vom 21.1.1885 (ad 210.43);
     alle Dokumente in: ZSM, I/GG 5 o.P.

Jedoch schon Ende 1884 wurde der Photographischen Gesellschaft der zunächst bestehende Alleinvertretungsanspruch wieder entzogen, da sich die Berliner Galerie zwischen den verschiedenen Verfahren und Anbietern nicht entscheiden konnte und zunächst das Marktgeschehen beobachten wollte.[17] Vor allem wollte man jedoch verhindern, daß Publikationen aus anderen Verlagen dem geplanten Galeriewerk mit gestochenen Abbildungen Konkurrenz machten.[18] Von bescheidenen Anfängen ausgehend, entwickelten sich die Publikationen des Museums bis zur Eröffnung des Kaiser-Friedrich-Museums zu einer vielfältigen Angebotspalette, die in ihrer Differenzierung auch heutigen Angeboten entspricht. Während der erste Katalog der Gemäldegalerie aus dem Jahre 1830 noch Führer und Katalog in einem war, wurde nach der Reichsgründung ein bis heute übliches System verschiedener Publikationen entwickelt. Für die verschiedenen Interessenten wurden kunsthistorische Führer, wissenschaftliche Kataloge, ein repräsentatives Galeriewerk, Handbücher und Abbildungsmaterial angeboten. Alle Publikationen entsprachen dem Corporate Design und transportierten die Museen auf der Museumsinsel als organische Einheit.

Ohne daß die Museumsinsel tatsächlich als Public-Relation-Idee geboren worden wäre, so war den Museumsmitarbeitern des 19. Jahrhunderts doch bewußt, wie man mit dieser günstigen geographischen Disposition marketingstrategisch umgehen konnte und mußte. Was vielen Museumsmitarbeitern bis heute nicht plausibel ist, war im 19. Jahrhundert selbstverständliche Maxime des Handelns: klares und eindeutiges Corporate Design für alle Druckprodukte, zielgruppenorientierte Produkte für die verschiedenen Besucher und eine klare Produktstruktur, die zu einem hohen Bekanntheitsgrad führt. Die Museumsinsel zählt ohne Frage zu den erfolgreichsten Produkten und ist bis heute eine wirkungsvolle Einheit für die dort angesiedelten Museen. Ob eine unterirdische Promenade zwischen den Museen der Museumsinsel diesen bestehenden Zusammenhalt verbessern kann, bleibt abzuwarten. Die Museumsinsel als geographische Einheit wird mittlerweile von außen neidisch betrachtet; so soll für die Staatlichen Museen Kassel mit Hilfe eines Masterplans eine Lösung für die als disparat wahrgenommenen Museen gefunden werden, die vielleicht genauso eingängig und erfolgreich sein kann wie die Marke „Museumsinsel."

---

17   Brief Generalverwaltung an die Photographische Gesellschaft vom 17.5.1883 (1164.83); Photographische Gesellschaft an die Generalverwaltung vom 16.12.1884 (3002.84) und Generalverwaltung an die Photographische Gesellschaft vom 21.1.1885 (3002.84), ZSM, I/GG 5, unpag.
18   Aktennotiz Julius Meyer vom 28.9.1886 (ad 1795.86), ZSM, I/GG 5 o.P.

ALT-BERLIN IN THE KAISERREICH: HISTORY
AS OBJECT OF CONSUMPTION AND MARKETING CONCEPT

Katja Zelljadt

Today we think of Alt-Berlin as Imperial Berlin, a time of Kaiser and Kutschen, of Weltstadt and Wertheim, of metropolis and Mietskasernen. But the concept of Alt-Berlin did not originate in recent years; as early as 1910, the art critic Max Osborn had declared Alt-Berlin en vogue:

> „Langsam und ganz heimlich ist eine neue Liebe zu Berlin herangereift. Jahrelang war es Mode, die Hauptstadt mit ästhetischer Nichtachtung zu strafen; mehr als sie es je verdiente. Dann kam die große historische Welle, [...] ‚Alt-Berlin' wurde Trumpf, und es erwachte eine vordem ungeahnte Zärtlichkeit für die spärlichen Zeugen und Denkmäler verklungener Zeiten."[1]

Osborn was a keen observer of his cultural surroundings. Alt-Berlin had indeed become popular during the late 19th century: in novels, dramas, in the names of restaurants and stores, in guidebooks, as a moniker for all things urban and historical. The concept of Old Berlin, however, was a construction, a notion created by specific historically-interested members of Berlin's Wilhelmine middle class. Alt-Berlin functioned as a kind of „lieu de mémoire", to invoke Pierre Nora's notion; it became a vessel into which various and successive groups of people poured different and subjective meanings.[2] Deciphering how and why Alt-Berlin was constructed in myriad ways reveals a great deal about the underlying concerns and considerations of Wilhelmine society.[3]

In the late 19th century, Berlin was a city with an historical inferiority complex. Not yet the decadent modernist Mecca it was to become in the next thirty years and deemed young by European standards for its relatively recent founding in 1237, it felt decidedly second-rate in historical terms. Although hard-working Berliners could relish the fact that, within so few generations, they had pounded together a world-class city out of Brandenburg's sandy soil, they were also a bit ashamed to have such an American-style „Chicago an der Spree"[4], a metropolis without the longevity and traditions of other late 19th-century European capitals. Berliners were concerned that a city without a sufficiently long history might not be considered a European equal, a true metropolis. Journalist Julius Rodenberg gave voice to these misgivings in 1886:

---

1   *Max Osborn*, Ein Berliner Bilderarchiv, in: Der Tag, 13.7.1910.
2   *Pierre Nora* (Hg.), Realms of Memory: Rethinking the French Past. New York 1996.
3   This method of analysis owes much, of course, to: *Eric Hobsbawm/Terence Ranger* (Hg.), The Invention of Tradition. Cambridge 1983.
4   For more on the Berlin-Chicago comparison: *Dietmar Jazbinsek/Ralf Thies*, Embleme der Moderne. Berlin und Chicago in Stadttexten der Jahrhundertwende. Papers, Wissenschaftszentrum für Sozialforschung, FS II 99–501. Berlin 1999.

„Ist doch dieses ganze Berlin, mit Allem, was dazu gehört, kaum mehr als sechshundert Jahre alt. London war bereits ein Speicher für die Güter des Continents, ein Platz, wo die fremden Kaufleute verkehrten, und Paris ein Sitz der Studien, eine berühmte Universität, die Stadt der feinen Sitte, des guten Geschmacks und der Mode, tonangebend für die mittelalterliche Welt; zu Wien in der Hofburg, das Rauschen der Donau begleitet vom Gesange der Nibelungen, saßen schon die Fürsten des Hauses Österreich, als von Berlin noch so gut wie keine Spur war auf Erden. So jung ist Berlin, wenn man es an dem Alter der beiden europäischen Städte mißt, denen es sich dem Rang und der Reihe nach jetzt anschließt, und es mit der dritten vergleicht, die es hinter sich gelassen hat."[5]

Rodenberg chose his words and his descriptions very carefully. In his enumeration he highlighted a dominant element for each European capital: trade in London, education in Paris, and a powerful dynasty in Vienna. However, the qualities that had made each of the other cities great in the past were the very same qualities that distinguished Berlin in the present. Whereas Berlin had all but eclipsed the other cities in trade, education, and the strength of its monarch by the late 19th century, it did not have a history on which to build an urban mythology or the appropriate origins from which to launch its teleological rise to greatness. Thus, Alt-Berlin was created by amateur historians belonging to historical associations such as the Verein für die Geschichte Berlins, or those who helped to found the Märkisches Museum, Berlin's preeminent cultural historical institution. They met, collected, presented, wrote, put on stage, and in general brought to life Alt-Berlin as their conception and expectation of the city's history, in part as a social activity, in part in an effort to sell Berlin to a new tourist industry.

This paper introduces three of the various realms in which Alt-Berlin appeared during the Imperial period: theater, exhibits, and photography. It evaluates the meanings presented by Alt-Berlin within these realms and demonstrates how the „lieu de mémoire" of Alt-Berlin – in essence the history of Berlin – became both a consumer good and an effective means of marketing the city.

Theater

Drama was an increasingly accepted and popular form of public engagement and entertainment during the course of the 19th century. The few royally-controlled theaters of 1800 gave way to hundreds of privately-owned and operated venues: massive opera houses, beer garden stages, and back-alley tenement cabarets. In varying degrees of sophistication and specialization, each of these spots engaged with the past in its productions, making plays an important vehicle for the dissemination of history before World War I. In tandem, after the extension of Gewerbefreiheit in 1869, theater also became an effective money-making venture. Alt-Berlin was the title of quite a few of Berlin's countless theatrical productions during this time, productions in two distinct genres: historical melodrama and local farces. While historical melodrama – an English term coined to describe what in German is referred to alternatively as vaterländisches Schauspiel or

5   *Julius Rodenberg*, Bilder aus dem Berliner Leben, 2. Aufl. Berlin 1886, 185.

dramatisches Genrebild – was a serious piece of theater meant to stir up feelings of local patriotism and moral rectitude, the Lokalposse was a bawdy, often nonsensical piece of fluff that traded in stereotypes and double-entendres. Both types of theater, however, made use of Alt-Berlin as a place of the past to confront larger and smaller problems of the 19th-century present.

An example of the historical melodrama, Carl Görlitz' play *Das alte Berlin* was first shown at the Ostend Theater in 1880.[6] Görlitz set his drama in the Old Berlin of 1539, a time of religious and economic upheaval for the city. *Das alte Berlin* tells a few interlocking stories: of illicit cross-class love between a precocious merchant's daughter and the son of a forest warden; of the doomed affection between Veilchen (a Jewish girl) and a handsome young courtier of Kurfürst Joachim; of Veilchen's father, the moneylender Lippold, and his rise to prominence as royal financial advisor; and finally of Kurfürst Joachim's reluctant support for Luther's teachings. The themes of *Das alte Berlin* are predictable: anxiety and reactionary behavior in the face of die neue Zeit (especially on the part of over-bearing Catholic female figures), praise for Berlin's citizenry for its industriousness, and finally glorification of Kurfürst Joachim, who appears at the end of the play as a royal deus ex machina to resolve all conflicts by marrying off hitherto star-crossed lovers and declaring his love for Berlin as a city. It is not difficult to decipher the parallels the author intended to create to the Germany of the Kaiserreich – that Berlin's contemporary greatness was due in equal parts to its work ethic and its monarch and that newcomers needed to be integrated. Görlitz was using history to teach audiences about the present, using historical theater as a marketing device for city pride.

In 1895, Wilhelm Wendlandt wrote and published his own *Alt-Berlin*, subtitled a *Vaterländisches Schauspiel in drei Aufzügen*.[7] The work was first performed at the Königliches Schauspielhaus in May 1895 to „uncommonly lively cheers of a sold-out audience" and the author was reportedly required to take nine curtain calls.[8] Wendlandt set his Old Berlin circa 1448. By this time, historically, Kurfürst Friedrich II's power was firmly established in Berlin, and he had begun to build the city palace. However, there were still challengers to his power as ruler, among them every-pesky members of the City Council and the proud mayor, Berend Riecke. Wendlandt's plot centered on the powerful urban oligarchy in its travails with the Kurfürst and his primary supporters, the guilds. In this Old Berlin, there is another ill fated (at first) love relationship: the mayor's upstart son Joachim falls for the lovely daughter of the Kurfürst's noble vassal. Capitalizing

6 *Das alte Berlin* by Görlitz is located exclusively as a hand-written manuscript in the Landesarchiv Berlin. Since plays of this kind were produced locally and gained little external notoriety, they were either never officially published, or copies have gone missing. The Landesarchiv has a large cache of plays in manuscript form from the surviving Berlin police theatrical censorship records. Carl Görlitz, *Das alte Berlin*; Landesarchiv Berlin, A Pr. Br. Rep. 030–02, Theaterzensur Nr. A 69.

7 *Wilhelm Wendlandt*, Alt-Berlin. Vaterländisches Schauspiel in drei Aufzügen. Berlin 1895.

8 *Hans Brendicke*, „Alt-Berlin" von W. Wendlandt, in: Mitteilungen des Vereins für die Geschichte Berlins 6 (1895), 65.

dramatically on the witchcraft scares thought to be endemic to that era, the author causes the mayor to sentence the lovely daughter to death, believing her a witch for so „entrancing" his son. In the end, guildsmen and Kurfürst manage to make a shaky peace with the city councilors, the daughter is pardoned and marries the son of the mayor, thus ushering the city onto its ever-upward trajectory.

This play emphasized one aspect of Berlin's history often disregarded later in the historical record: the Slavic group known as the Wends. The Wends continuously inhabited the area around what would become Berlin from the early Middle Ages. In other dramas and works of popular history, the Wends played a significant role as conquered and converted people in the legendary conquest of Brandenburg by Albrecht the Bear, but were forgotten more often than not after 1150. Members of the Verein für die Geschichte Berlins and other historically interested city-dwelling tourists scoured Brandenburg's countryside on weekends to dig up remains of the Wends, seeking to find this part of Alt-Berlin. It is not surprising, then, that the Wends figured prominently in Wendlandt's Old Berlin. For him, they stood for a kind of independent underclass, not bound by the courtly or urban conventions of 1448; they were relatively wild, almost „noble savages" or a primitive ethnographic tribe. This attitude coincided not only with the Historical Society's excavation outings, but also with an interest in local folklore and anthropology practiced at the time. Wendlandt showed a historical Berlin „native clan" on the stage. The author's Wends lived in fishing shacks in the so-called Krögel, a medieval part of town immediately recognizable to audiences as both the oldest part of modern Berlin and its most socially blighted area. The „ärmliche Einrichtung"[9] of the Wend apartment alluded to in the play's stage directions reflected not only the 15th-century Wendish poor, but betray a 19th-century consciousness of the working class, a group that continued to occupy the same Krögel neighborhood. As the section on photography will demonstrate below, this neighborhood became a place of pilgrimage for all Alt-Berlin tourists around the turn of the century.

In 1891, Oskar Wagner created his version of Alt-Berlin for the American-Sommer-Theater. Wagner's play in the farcical Lokalposse genre has almost no discernable historical plot and relies heavily on a double romance between a young couple and their servants, as well as humorous situations ensuing from a court case read before a deaf judge. The author did not even indicate in what period this Old Berlin is supposed to have occurred. Instead, he set up an antago-nism between pre- and post-industrial life by introducing one young male prota-gonist as a shepherd from the suburbs, the other a „Jungfabrikant".[10] In inimitable Posse fashion, both vie for the love of the female heroine. Although the shepherd gets the girl in the end, slapstick scenes of the judicial bureaucracy and references to Berlin's bustling economy dominate the play. The projections onto the past offered by Wagner's Alt-Berlin remained resolutely grounded in the urban –

9   *Wendlandt*, Alt-Berlin (wie Anm. 7), 94.
10   Oscar Wagner's *Alt Berlin. Singspiel in 2 Akten* also only survives in manuscript form: Landesarchiv Berlin, A Pr. Br. Rep. 030–02, Theaterzensur Nr. 552.

Berlin needed, after all, to prove its mettle as a city. It was only just escaping a reputation as provincial.

These are only a few examples of many other historical melodramas and local farces bearing the title and illuminating the theme of Alt-Berlin.[11] The most significant issue expressed in each of these plays – in whatever era they had been set and in whatever genre they were written – was the difficulty in coping with modern times, the problems of „die neue Zeit.“ Authors of historically-minded plays went out of their way to portray pivotal moments of transformation in Berlin's past: the conflict between proto-German and Slavic tribes, the rise to power of the Hohenzollern dynasty in Brandenburg, or the Reformation. These times were meant to parallel the „neue Zeit“ faced by turn-of-the-century Berliners, namely contending with a new national order, understanding new social structures, new forms of transportation, mechanization – in short the legacy of industrialization. The dramatists chose to convey this shift between old and new in an organic form: generational conflict. Almost every play referred to the parent-child struggle, a rebellion in which change was loathsome at first, yet is finally accepted as the „normal“ evolutionary shift of power from father to son. The playwrights' explanation of modern times served to put 19th-century economic and political upheavals into perspective, to make them a part of the course of human life.[12] Another theme was the standard tavern scene in most of the plays. In the historical melodramas the scene made possible a form of proto-democracy, with all classes and social groups sitting together drinking „delicious Bernau beer“; in the farces, the scene at the tavern was an excuse for a song and often for a ribald onstage melée. The exigencies of theatrical sets notwithstanding, the tavern was a good alternative to City Hall and provided an element of the street. Beer halls, of course, remained popular meeting points throughout the 19th and 20th centuries.

During this period, historically-minded theater operated on and between two levels: education and entertainment. The Kaiser had officially declared theater an educational tool for himself and his administration: „Theater [sollte] sein [...] gleich der Schule und der Universität. [...] Ebenso soll das Theater beitragen zur Bildung des Geistes und des Charakters und zur Veredelung der sittlichen An-

---

11 Other plays are: *Karl Mielitz*, Alt-Berlin. Schauspiel in fünf Akten. Altenburg 1892; *Dr. Alfred Semerau* (Hg.), Alt-Berlin. Skizzen aus dem Berliner Volksleben von Adolf Glasbrenner (Ad. Brennglas). Leipzig 1910; *Friedrich Tietz*, Die gute alte Zeit, oder: Das alte Berlin. Schwank (komisches Lebensbild) aus der ersten Hälfte des vorigen Jahrhunderts Berlin o.J.; *Wendlandt*, Alt-Berlin (wie Anm. 7); as well as: *Eduard Jacobsohn/Friedrich Wilken*, Alt- und Neu-Berlin oder Das lachende Berlin. Berlin 1886; *Leon Treptow/Eduard Jacobsohn*, section „Alt-Berlin“ from the unpublished musical *Das flotte Berlin. Gesangsposse in 3 Akten*; Landesarchiv Berlin, A. Pr. Br. Rep. 030–02, Theaterzensur Nr. 92.

12 Although not discussed here, memoirs and novels with the theme Alt-Berlin placed a similar emphasis on human life cycles. In *Das alte Berlin*, published in 1912, author Agathe Nalli-Rutenberg depicts Old Berlin as the place of her childhood, the time before her innocence was lost in the onset of adulthood and its problems. In some senses, these connections of Alt-Berlin to „the ages of man“ anthropomorphize the city, perhaps in an attempt to understand the nature of urbanization and industrialization in a more empathetic manner, as a part of the human life cycle.

schauungen. Das Theater ist auch eine Meiner Waffen."[13] And, of course, on the other hand, there were the multitudes of beer garden theater emporiums that had entertainment in mind, but spent little time worrying about Bildung. Theater navigated these waters well, particularly in its variety. Historical melodramas provided the past in what authors believed was its most authentic form and Lokal-possen presented the spirit of the folk past in comic costumes. Whether educa-tionnal or entertainment, Alt-Berlin on stage marketed the past to Berliners and out-of-town tourists alike.

Exhibit

> „Am entgegengesetzten Ende: Alt-Berlin! Was soll man davon nach dem ersten Eindruck sagen? Es ist eine Stadt! Eine ganze, kleine Stadt, aus künstlich-schäbigen Ziegeln errichtet, mit allen den Türmen und Kirchen und Rathäusern und Kneipen und Laubengängen und Gärten einer versunkenen Zeit. [...] Es ist etwas schlechthin Wunderbares. Ein Meisterwerk moderner Bau- und Imitationskunst."[14]

This was Alfred Kerr's enthusiastic description of Alt-Berlin, attached to the Treptower Gewerbeausstellung of 1896 as Sonderausstellung. The Industrial Ex-hibition as a whole was one of the defining events to occur in the city during the 1890s and served in many ways to create and cement Berlin's identity as a Weltstadt. In a sense it was a city marketing stratagem par excellence, as were many of the larger exhibitions and World's Fairs of the 19th century. They existed in order to sell products and promote local and national industry.[15]

Alt-Berlin started as the brainchild of Industrial Exhibition backers, promi-nent Berlin businessmen and bankers Fritz Kühnemann, Maximilian Goldberger, and Bernhard Felisch. After extensive negotiations (unfortunately unrecorded or lost), the Berlin Historical Society agreed to take on a financial and creative „pro-tecttorate" of the exhibit, forming an Alt-Berlin GmbH.[16] This group consisted of members of the Society's board and Karl Hoffacker, the architect chosen to build Old Berlin. The GmbH was a separate entity from general exhibition management and was allowed to make independent decisions. The team mounted all aspects of Old Berlin from its inception as an idea in 1894 to its demolition in the late fall of 1896. The area on which the exhibit was constructed measured some 30.000

---

13 Zit. in: *Victor Laverrenz*, Ein bürgerliches Schauspielhaus im Westen Berlins. Denkschrift. Leipzig 1898, 6.

14 *Alfred Kerr*, Wo liegt Berlin? Briefe aus der Reichshauptstadt, 1895–1900. Berlin 1997, 152.

15 For more on World's Fairs: *Eckhardt Fuchs*, Nationale Repräsentation, kulturelle Identität und imperiale Hegemonie auf den Weltausstellungen – Einleitende Bemerkungen, in: Comparativ 9, Heft 5/6 (1999), 8–14; *Brigitte Schroeder-Gudehus/Anne Rasmussen*, Les fastes du progrès: Le guide des Expositions universelles, 1851–1992. Paris 1992; *Michael Wilson*, Consuming History: The Nation, the Past and the Commodity at the L'Exposition Universelle de 1900, in: American Journal of Semiotics 8/4 (1991), 131–153.

16 *Maximilian Rapsilber*, Alt-Berlin, in: Berlin und seine Arbeit: Amtlicher Bericht der Berliner Gewerbe Ausstellung 1896, zugleich eine Darstellung des gegenwärtigen Standes unserer gewerblichen Entwicklung. Berlin 1898, 863.

square meters, and the total cost of production exceeded 300.000 Marks. 120 separate buildings made up the ensemble of Old Berlin, more than 70 „merchant-tenants" were housed in these constructions. 1.780.000 individual tickets and 3.800 subscriber tickets (good for more than one entry) were sold during the five months Old Berlin was open to the public. On some Sundays and holidays in May 1896, reports registered as many as 45.000 visitors per day.[17] These numbers, staggering even by today's historic-site standards, demonstrate the significance and popularity of this site of historical recreation in fin-de-siècle Berlin.

During the late spring and summer of 1896, Alt-Berlin presented a vision of what the city might have looked like in 1650 to almost two million visitors, making it Berlin's largest public historical attraction during the period before World War I. Hoffacker, the architect of Alt-Berlin, modeled his historical city on similar venues at other Industrial Exhibitions, for example Old Vienna at Chicago's Columbian Exposition three years earlier in 1893.[18] In Chicago, Hoffacker learned how effectively to cloak his entertainment extravaganza with the necessary historical façades. For Alt-Berlin at the Gewerbeausstellung, his work drew heavily on Brandenburg's signature medieval and renaissance forms, the Backsteingotik of the region.[19] Hoffacker was only one of the architects to resurrect the brick Gothic style in the late 19th century; others were more famous, including Ludwig Hoffmann, architect of the cultural-historical Märkisches Museum some years later. Brick Gothic became part of a new Heimatstil, which claimed authenticity as a rediscovery of lost traditions and was closely allied with the incipient Heimatkunde and heritage preservation movements of the 1890s.[20]

Alt-Berlin at the Gewerbeausstellung centered around five significant architecttural elements, three of which had been destroyed in the centuries between 1650 and 1896: the Spandauer Tor, the St. Georgentor and the „neighborhood" of houses surrounding it, the Heiliggeistkirche, the old Rathaus with its Renaissance Gerichtslaube, and the Marktplatz. Planners aimed at rehabilitating these „landmarks of the past" as markers for Berlin. In 1896, the Berlin Historical Society was already playing an important role in the preservation of buildings in Berlin's historic city center and the Alt-Berlin acted as a type of „warning advertisement" to the local and international community not to lose Berlin's and Brandenburg's architectural splendors. Beyond the call for greater attention to preservation, these buildings reflected certain symbolic choices. Each structure in Alt-Berlin signaled a larger historical theme. In his extensive catalogue of the Old Berlin exhibit, popular art critic and historian Maximilian Rapsilber went to great lengths to remind his readers of the precise architectural features and historic meaning of

---

17 Ebd.
18 Glimpses of the World's Fair: A Selection of Gems of the White City seen through a Camera. Chicago 1893.
19 *Maiken Umbach*, The Vernacular International: Heimat, Modernism and the Global Market in Early Twentieth-Century Germany, in: National Identities 4/1 (2002), 45–68.
20 Markus Jager, Nachwort, in: *Fritz Gottlob*, Formenlehre der Norddeutschen Backsteingotik (Leipzig 1907), hg. v. *Markus Jager*. Kiel 1999, 130.

each building. These stories of Berlin were not without underlying patriotic and ideological significance. While Spandau and St. George's gates evoked memories of the Hohenzollern rise to power in the early 15ᵗʰ century under Friedrich VI, city hall and Gerichtslaube underscored the strength of Berlin's free citizens, its Bürger. Thus, each individual element acted as the embodiment of larger themes (monarchial might, industriousness and sense of justice among citizens); together they presented an architectural mini-lexicon of Berlin history.

However, Alt-Berlin hardly resembled the actual historical Berlin of 1650. Contrary to the vision Hoffacker lovingly reconstructed, Berlin had not presented an attractive or inspiring picture. From 1618 to 1648, the city had been badly shaken by the Thirty Years' War and ravaged by competing armies. The plague raged and houses stood empty or were inhabited by destitute people. As critic Richard George noted: „Das historische Berlin von 1640–1650 war daher nicht geeignet [...] aufs neue zu erstehen. Es hätte dem Auge wenig Erfreuliches geboten; es wäre ein Bild des Jammers, des Elends und des Schmutzes geworden."[21] The realities of the city's situation in 1650 could only be alluded to in the literature describing the exhibit, certainly not in celebratory exhibit architecture. It would have been inappropriate to show Berlin's gritty historical realities. Instead, Hoffacker conjured up a fantasy medieval mélange of brick Gothic and narrow neighborhood streets, elements that stressed the main thrust of the exhibit's veneration of monarchy and industry. In making constant references to and heaping praise on the 17th-century Grosser Kurfürst Frederick William, Alt-Berlin indirectly honored the feats of his descendent, the Industrial Exhibition's protector Kaiser Wilhelm II. The overwhelming industriousness of Berlin's citizens could be shown to pull the city as phoenix out of the ashes of the Thirty Years' War.

Abb. 1: Alt-Berlin, 1896 (Stiftung Stadtmuseum Berlin, Fotografische Sammlung)

---

21 *Richard George*, Die Ausstellung Alt-Berlin, in: Der Bär: Illustrierte Wochenschrift für vaterländische Geschichte 22 (1896), 294.

The most effective methods encouraging visitors to examine Berlin's history were
as modern as the electric lights that illuminated the faux-17th-century façades of
Alt-Berlin. Capitalizing on the thirst for consumer culture and entertainment, Alt-
Berlin GmbH endeavored to create a theme park of the past through clever
advertising and canny business decisions. Organizers staged a series of pageants
and festivals, an orchestra of 30 musicians on original instruments was engaged to
play in Alt-Berlin three times a day, and organized „traditional" games, such as
jousting tournaments or bear baiting, attracted audiences.[22] However popular
historical enactments were, though, eat and drink were the primary moneymakers
for Alt-Berlin. The *Vossische Zeitung* attested to this as follows:

> „Langsam schieben sich die Leute hintereinander her, kritischen Ernst im Gesichte. Hier fällt
> ein Blick auf das alte gothische Patrizierhaus [...] ein anderer betrachtet im Vorübergehen die
> ausgelegten Glaswaaren der böhmischen Händler, die meisten streben den Stätten zu, wo man
> einen kühlen Tropfen schänkt."[23]

Abb. 2: Souvenir Glass
(**www.ebay.com**)

Abb. 3: Souvenir Ashtray, 1896 (Collection of Heimat-
museum Treptow)

---

22   For more on festivals and culture as part of historical consciousness in a national context:
     Dieter Düding/Peter Friedemann/Paul Münch (Hg.), Öffentliche Festkultur: Politische Feste
     in Deutschland von der Aufklärung bis zum Ersten Weltkrieg. Reinbek 1988; *Karin Friedrich*
     (Hg.), Festive Culture in Germany and Europe from the Sixteenth to the Twentieth Century.
     Lewiston 2000; *Wolfgang Hardtwig*, Nationsbildung und politische Mentalität. Denkmal und
     Fest im Kaiserreich, in: Ders., Geschichtskultur und Wissenschaft. München 1990.
23   Alt-Berliner Vergnügen, in: Vorwärts, 31.5.1896, 1.

For many, Alt-Berlin was at its best near the crossroads dubbed Nasses Viereck[24], where beer and wine were served at the so-called Bauernmuseum, which marketed its establishment as a place to pursue intensive Lokalgeschichte.[25] Thus, Old Berlin became not just an event, but also its own brand. A local cut-rate clothing company, the Goldene Hundertzehn, capitalized on the „Alt-Berlin moment" provided by the exhibit with a catchy advertising jingle: „Hört man, wo man will, jetzt hin –/Ueberall tönt's ‚Alt-Berlin'/[...] Wir verschönern allzeit kühn/Alt-Berlin und Jung-Berlin!"[26] Consumers could also leave the exhibit having purchased their own personal souvenirs – an Alt-Berlin ashtray or beer glass – the ultimate symbols of commodification and marketing.

Photography

In the late 19th century, Berlin's urban topography was changing at a rapid rate. Comparable to the development of Paris under Baron Haussmann, city government officials like Berlin's Stadtbaurat James Hobrecht[27] were intent on improving poor sanitation and hygiene conditions, particularly in the poorer neighborhoods. A large swath of the city's messy and crowded historic core – Alt-Berlin – was deemed a potential health hazard. The medieval tangle of alleys and courtyards gave way to wider streets and the latest sewage systems in progressive turn-of-the-century Berlin.[28] Although many members of the Verein für die Geschichte Berlins and administrators of the Märkisches Museum were forward-thinking reformers (their day jobs were in city government), believing that the demolitions would lead to a healthier Berlin, these same men simultaneously recognized the need to preserve and document disappearing buildings and vanishing streetscapes. This was not only a bureaucratic necessity, but in some senses a moral imperative as well. Alt-Berlin defined not only a place and an architectural style, but also a way of life that threatened to die out. One of the founders of the Verein für die Geschichte Berlins gave voice to this ambivalence:

> „Die wunderbare Entwicklung unserer Stadt in den letzten Jahrzehnten [...] ha[t] auch eine schonungslose Umgestaltung, eine stetige innere Umwandlung und Zersetzung herbeigeführt und den alten Gemeinsinn, welcher die Commune in beschränkteren Verhältnissen bleibt, vielfach gelockert. [...Der Verein] setz[t] sich ferner vor, die altberlinischen Denkmäler, welche der Strom einer industriösen Zeit zu entführen drohe, nach Kräften zu conserviren [sic]."[29]

24 Nasses Viereck, in: Vossische Zeitung, 5.6.1896.
25 Das Bauern-Museum, in: Officielle Ausstellungs-Nachrichten, Juli 1896.
26 Goldene Hundertzehn [Anzeige], in: Vossische Zeitung, 10.5.1896, 4.
27 *Klaus Strohmeyer*, James Hobrecht und die Modernisierung der Stadt. Potsdam 2000.
28 Generally: *Brian Ladd*, Urban Planning and Civic Order in Germany, 1860–1914. Cambridge, Mass. 1990; *Juan Rodriguez-Lores/Gerhard Fehl* (Hg.), Städtebaureform 1865–1900: Von Licht, Luft und Ordnung in der Stadt der Gründerzeit. Hamburg 1985.
29 From a report on the speeches of Karl Theodor Seydel and Dr. Julius Beer at the foundational meeting; Vereinsreporter, Gründung eines Vereins für die Geschichte Berlins, in: Haude und Spenersche Zeitung, 31.1.1865.

To preserve the memory of these buildings, members of the Society and the Märkisches Museum set up a loosely-defined historical preservation commission. This movement had its roots in the early 1860s architectural preservation of the Gerichtslaube,[30] and continued in 1874 with the foundation of the Märkisches Museum as a place in which to save the detritus of progress. Urban demolition even benefited the museum's collections, stocking them with examples and broadening their scope. Although not able to preserve entire buildings or streetscapes, the museum could collect smaller markers of Alt-Berlin, often those that were brought to light in the course of municipal construction projects or the building of the Stadtbahn system. To this end, the museum even issued an *Instruktion für die beim Chausseebau beschäftigten Beamten in Beziehung auf die in der Erde sich findenden Alterthümer heidenischer Vorzeit*.[31] In some ways, this radical demolition in Berlin might have been a way to counteract the city's inferiority complex (albeit extremely violently): by demolishing history Berlin could prove there was a history to destroy in the first place. Many photographs of demolitions in Berlin, for example the famous scenes of the Domsprengung taken by F.A. Schwartz in 1893, look eerily similar to various other 19th-century pictures taken at archaeological excavations in Greece, Egypt, or the Middle East.

Abb. 4: F.A. Schwartz, Blasting the Cathedral, 1893 (Stiftung Stadtmuseum Berlin, Fotografische Sammlung)

---

30 For more information on the Gerichtslaube: *Richard George* (Hg.), Hie gut Brandenburg alleweg! Berlin 1900; *Günter Stahn*, Das Nikolaiviertel am Marx-Engels-Forum. Ursprung, Gründungsort und Stadtkern Berlins, 2. Aufl. Berlin 1985.
31 *Ernst Friedel*, Eintheilungs-Plan der Kulturgeschichtlichen Abtheilung. Berlin 1893, 15–26.

In a subtle way, Berlin can be seen as a continuation of these empires, or styling itself as their heir, or in dialogue with those civilizations.[32] Members of the Verein für die Geschichte Berlins and friends of the Märkisches Museum used the same progressive/retrospective approach in their efforts to „salvage" soon-to-be demolished Berlin architectural relics. The modern medium of photography proved to be the ideal way to hold onto a physical past that was being rapidly torn down. Buildings were saved by „flattening" them into two dimensions onto photographic paper at the same time as they were flattened into the ground on the streets.

The Märkisches Museum collaborated closely with contemporary photographers throughout the last quarter of the 19th century to document these demolitions. The municipal government also participated in this project. To aid in the undertaking, the city paper, the *Kommunalblatt*, published the locations and days of building demolition in advance and the magistracy provided the Märkisches Museum with a budget of 1500 marks a year to purchase photographs.[33]

F.A. Schwartz, also a member of the Verein für die Geschichte Berlins, was the most prominent photographer to participate in this project. He had marketed his services as early as 1866, in a letter to the Berlin magistracy.[34] Over the next twenty years, the Märkisches Museum bought hundreds, if not thousands, of photographs of Alt-Berlin (and some of Neu-Berlin as well!) from F.A. Schwartz. They are documented individually in the inventory records of the museum. Schwartz himself seems to have earned a healthy amount of money in this way, so much so that it remains unclear whether he even needed to pursue other avenues in his photography studio.[35] Other photographers whose Alt-Berlin work was bought by the museum were Georg Bartels and Hermann Rückwardt, both of whom made a good living selling these „death masks" of Berlin's architectural heritage.

Alt-Berlin photographs came in various types. Some were „malerisch" – a type that paid homage to decay as sublime visual and emotional moment, much in the vein of mid-century Romanticism. Malerisch qualities[36] were crucial because they evoked a different and untainted past, one in which humans lived much more alongside nature; malerisch emphasized the theme of peace, quiet, and contemplation. In contrast to the bustling city in action, naturalistic metaphors abounded

32 For attitudes about classical archaeology versus prehistoric studies in Germany during this period, see: *Suzanne Marchand*, Down from Olympus: Archaeology and Philhellenism in Germany, 1750–1970. Princeton, NJ 1996.

33 *Ernst Friedel*, Das Märkische Provinzial-Museum der Stadtgemeinde Berlin von 1874 bis 1899. Festschrift zum fünfundzwanzigjährigen Bestehen mit Genehmigung der städtischen Behörden herausgegeben von der Museums-Direktion. Berlin 1901, 19–20. For Schwartz in general: *Laurenz Demps* (Hg.), Berlin: Photographien von F. Albert Schwartz. Berlin 1991.

34 Landesarchiv Berlin, A Rep 001–02, Nr. 3304, fol. 48, 48a.

35 *Harald Brost/Laurenz Demps*, Berlin wird Weltstadt. Mit 277 Photographien von F. Albert Schwartz, Hof-Photograph. Berlin 1981; *Demps* (Hg.), Berlin: Photographien von F. Albert Schwartz (wie Anm. 33); *Jost Hansen* (Hg.), F. Albert Schwartz: Brücken in Berlin 1880–1891, Edition Photothek XVII. Berlin 1991.

36 „Malerisch" was also a word of considerable currency in art historical circles at the time, e.g. the chapter on „Der malerische Stil" in: *Heinrich Wölfflin*, Renaissance und Barock: eine Untersuchung über Wesen und Entstehung des Barockstils in Italien. München 1888.

in these malerisch photographs, evoking a recreated past and depicting a place upon which hectic fast-paced modern life had not yet encroached. They have a wistful quality that transcends their documentary origins and betray an aesthetic sensibility associated more with landscape photography and painting than with the precision of modern technology. From 1910 to 1914, the Märkisches Museum helped to finance a series of photographic albums called *Das malerische Berlin*.[37] The first of these, titled *Alt-Berlin*, contained twelve nostalgic photographs of vanishing medieval streets.

Abb. 5: Street in the Krögel, ca. 1910 (in: Das malerische Berlin. Bilder und Blicke: Alt-Berlin. Berlin 1911)

Alt-Berlin as the emotional center of a picturesque bygone world echoed similar photographic projects of this kind in other European and American cities, projects which hoped to capture between book covers the „vanishing city" or „lost architecture."[38]

---

37 Märkisches Museum, Das malerische Berlin. Bilder und Blicke, Bd. 1. Berlin 1911. An excellent analysis of this work in: *Miriam Paeslack*, Fotografie Berlin 1871–1914. Eine Untersuchung zum Darstellungswandel, den Medieneigenschaften, den Akteuren und Rezipienten von Stadtfotografien im Prozeß der Großstadtbildung (Phil. Diss. Freiburg, 2003).

38 There is an astounding number of cities with comparable nostalgic documentation movements: Paris with Marville, Boston and the early efforts of the Society for the Preservation of New England Antiquities, to name a few. For Paris: *Marie de Thézy*, Charles Marville: Paris Disparu. Paris 1997.

Abb. 6: F.A. Schwartz, Windmill in Fidicin Street, 1890 (in: *Laurenz Demps/Werner Klünner* (Hg.), Berlin: Photographien von F. Albert Schwartz 1856–1896. Berlin 1991, 99)

A second type of photograph was intended as a completely factual architectural representation. Often these photographs did not even include people in or near the buildings. They functioned solely as artifacts. F.A. Schwartz and the other photographers who worked for the Märkisches Museum believed they were creating an index of historic houses, to be added to the museum's collections of historic pottery, historic ecclesiastical paraphernalia, etc.

Photographers participated in the pursuit of a popularized form of Wissenschaft.[39] Like their Naturforscher peers, they drew on scientific principles and studied, taxonomized, and systematized.[40] Similar to the efforts to preserve endangered and extinct species, these photographers recreated Alt-Berlin in the Sammelkästen and inventories of the Märkisches Museum as it ceased to exist on the streets of the city itself. The museum hoped to collaborate with a well-known expert on his ambitious Photogrammetrie project, in which he attempted to make exact to-scale photographic replicas (called Meßbilder) of every Germany architectural monument.[41]

---

39   For the ways in which science spread throughout society during this period: *Andreas Daum*, Wissenschaftspopularisierung im 19. Jahrhundert: Bürgerliche Kultur, naturwissenschaftliche Bildung und die deutsche Öffentlichkeit, 1848–1914. München 1998.

40   On the importance of classification and systematization for museums: *Susan Stewart*, Objects of Desire, in: Dies., On Longing: Narratives of the Miniature, the Gigantic, the Souvenir, the Collection. Baltimore 1984.

41   *Albrecht Grimm* (Hg.), 120 Jahre Photogrammetrie in Deutschland. Das Tagebuch von Albrecht Meydenbauer, dem Nestor des Messbild-Verfahrens, veröffentlicht aus Anlaß des Jubiläums 1858/1978. München 1977; *Professor Dr. A. Meydenbauer*, Das Denkmäler-Archiv. Ein Rückblick zum zwanzigjährigen Bestehen der Königlichen Messbild-Anstalt in Berlin. Berlin 1905.

Abb. 7: Heinrich Zille, Krögel courtyard, ca. 1910 (in: *Matthias Flügge* (Hg.), Heinrich Zille. Das alte Berlin. Photographien 1890–1910. München 2004, Abb. 16).

The third type of Alt-Berlin photograph had a more overtly political function. Artists like Heinrich Zille and Willy Römer took pictures of Old Berlin as documents of poor living conditions in Berlin's most crowded areas, most notably a medieval alleyway called the Krögel.[42] Not quite as stark as photographs taken by Jacob Riis in New York, these photographs combined malerisch nostalgic representations with a dose of social activism.[43] Alt-Berlin in this case meant a Berlin antiquated in the treatment of its citizens, an old way of life desperately in need of rejuvenation. Whether as indicator of malerisch nostalgia, scientific index, or socially motivated reform project, photographs of Alt-Berlin displayed advanced technology combined with historic theme. Not only technology prevailed, however – a new „modern" commercial ethos did as well. Photographs could easily be reproduced and sold as simple prints or as postcards; pictures of the past became commodities in the present. In the early years of the 20th century, the Märkisches Museum and various publishers of tourist guides sold photographs of Alt-Berlin as individual postcards or in picture-book sets. Photographs of Alt-Berlin became the cornerstone of Berlin's incipient historical tourism industry.

42 On Heinrich Zille as a photographer: *Enno Kaufhold*, Heinrich Zille – Photograph der Moderne. München 1995; on Willy Römer: *Diethart Kerbs* (Hg.), Auf den Straßen von Berlin. Der Fotograf Willy Römer 1887–1979. Bönen 2004; on the „Krögel" as a theme: *Susanne Gänshirt-Heinemann*, Der Krögel: eine Gasse im alten Berlin. Berlin 2000.

43 Thomas Annan performed a similar function in Glasgow; *Heather F.C. Lyall*, Vanishing Glasgow: Through the Lens of George Washington Wilson, T&R Annan and Sons, William Graham, Oscar Marzaroli and others. Aberdeen 1991; *William Young* (Hg.), The Old Closes and Streets of Glasgow. Engraved by Annan from Photographs taken for the City of Glasgow Improvement Trust. Glasgow 1900.

Alt-Berlin as theater, exhibit, photography – what role does the representation of history play in all of these? To what end did the trope of Alt-Berlin exist? Almost all of Alt-Berlin's various incarnations during the Kaiserreich portray a Berlin „before the fall", not exactly in a state of nature, yet nevertheless somehow untouched by the ugliness and problems of industrial society and modernity. The city's past became a kind of Golden Age – whether of monarchial dominance, citizens' diligence, religious tolerance, provincial comfort, pre-industrial inno-cence – against which jaded fin-de-siècle Berliners could measure the progress of their own society.[44] As a myth of origin in its many iterations, Alt-Berlin was absolutely necessary in the creation of „Neu-Berlin"; the two existed as an in-escapable duality in the pursuit of „retrospective modernization".

Pierre Nora agrees in an early explication of how a „lieu de mémoire" functions. He contends that „memory crystallizes [...] at the turning point where consciousness of a break with the past is bound up with the sense that memory has been torn."[45] He continues, „the moment of ,lieu de mémoire' occurs at the same time that an immense and intimate fund of memory disappears, surviving only as a reconstituted object [...], ,lieux de mémoire' are fundamentally remains."[46] For a time and place like Berlin circa 1900, when the past was being ripped up from the street with pickaxes or knocked over with wrecking balls, when the future was omnipresent and progress was king, Alt-Berlin needed to be created to serve as a counterpoint. Following Nora's sense, namely that a sense of the past exists most intensely and necessarily at times of rupture and transitional periods when society is moving forward, Berlin in the Kaiserreich presents a particularly apt case study of a „lieu de mémoire".

Yet Nora, as do many other scholars of cultural history examining 19th-century Europe, regards „lieux de mémoire" as markers of a national memory cul-ture.[47] For these scholars, the realms of memory are touchstones at which people came to understand and accept nationalism as it was taking shape. Scholars have documented this process with particular fervor in Germany, where according to them, the young nation constructed its collective memory at every turn.[48] But

---

44 Cultural critic Dean MacCannell theorizes the necessity of a past Golden Age as follows: „Every society necessarily has another society inside itself and beside itself: its past epochs and eras [...] Modern society [...] is especially vulnerable to overthrow from within through nostalgia, sentimentality and other tendencies to regress to a previous state, a „Golden Age" which retrospectively always appears to have been more orderly or normal"; *Dean MacCannell*, The Tourist: A New Theory of the Leisure Class. New York 1976, 82.

45 *Pierre Nora*, Between Memory and History: Les lieux de mémoire, in: Representations 26 (1989), 7–25, hier: 7.

46 Ebd., 12.

47 *Benedict Anderson*, Imagined Communities: Reflections on the Origin and Spread of Nationalism. London 1983; *Alon Confino*, The Nation as a Local Metaphor: Württemberg, Imperial Germany and National Memory, 1871–1918. Chapel Hill, NC 1997; *Hardtwig*, Nationsbildung und politische Mentalität (wie Anm. 22); *Rudy Koshar*, From Monuments to Traces: Artifacts of German Memory, 1870–1990. Berkeley 2000; *Brent Edwin Maner*, The Search for a Buried Nation: Prehistoric Archaeology in Central Europe, 1750–1945 (Phil. Diss., University of Illinois, 2001).

48 *Etienne François/Hagen Schulze* (Hg.), Deutsche Erinnerungsorte. 3 Bde. München 2001.

„lieux de mémoire" also function – and perhaps function even more essentially – within their regional and local contexts. Alt-Berlin was a point of reference not primarily for a nation, but for a city. While Berlin surely desired a „primus inter pares" status in its German urban class, it was more interested in measuring itself internationally, against other great fin-de-siècle metropolitan areas. This is not to say that national memory culture did not exist or that it did not play an important role in the cultural life of Germany during the Imperial period, but that the national memory culture was interspersed with, added to, mitigated by, and in some cases even undermined by local and regional memory cultures. Alt-Berlin stands as an example for this.

Epilogue

Today, Berlin again trades with its past and has become a destination for historical tourism. However, the hundreds of thousands of people who come each year no longer primarily wish to see medieval Alt-Berlin as it is rather shabbily presented in the reconstructed Nikolaiviertel, nor are they truly enticed to the city solely by baroque buildings or Frederick the Great's Reiterstandbild. They come to see newer, more disturbing, but historically significant places: the Topographie des Terrors, the voids of the Jewish Museum, the Stasi prison in Hohenschönhausen. But for us today these sites are not part of Alt-Berlin. They are part of broken Berlin. Our Alt-Berlin today, in contrast, is the place of Jahrhundertwende cafés around Potsdamer Platz, of Stadtbahn construction, of Heinrich Zille; when we refer to Alt-Berlin in the 21st century, we mean the Berlin of the Kaiserreich. This is by no means an accident: like our fin-de-siècle counterparts, we have reinterpreted what Alt-Berlin means for us in terms of our own political, social, and historical realities. Much in the same way that Wilhelmine amateur historians looked to Old Berlin as a touchstone for the Golden Age preceding urbanization and industrialization, we situate Alt-Berlin in our own Golden Age. In our minds, Alt-Berlin as Wilhelmine Berlin is a place that prefigures the modernist decadence of the 1920s, the horrors of World War II and the wrenching realities of a city cut apart in the middle. Our Old Berlin escapes the terrible 20th century; it is a time and place of relative innocence in the face of the much more serious historical times we now know would await us. Therefore, Alt-Berlin has lost any tangible political-historical or local patriotic significance for us; instead, it has become a symbol of consumption in all its forms and a moniker for old-timey honky-tonk. Now, Alt-Berlin has been reduced to those favorite modern common denominators – eating and drinking and shopping.

Abb. 8–11: Current Alt-Berlin images (taken by the author 2002–2005)

MASS CULTURE AND THE REPRESENTATION
OF WILHELMINE BERLIN

Peter Fritzsche

Already in the two decades before World War I, boosters marketed Berlin as a world city. Municipal officials and Reich administrators worked hard to put Berlin on the circuit of world fairs, Olympic Games, and international congresses.[1] The building boom of the post-unification years had transformed the city, creating imposing corridors of commercial activity along Friedrichstraße and Leipziger Straße, show-casing the imperial splendor of Unter den Linden, upgrading the Berliner Dom, and expanding the Museumsinsel. With its department stores, busy intersections, and neon lights, Potsdamer Platz served as a byword for the modern and up-to-date. As Baedeker guides and Pharus street maps made clear, there was indeed a great deal to see in Berlin. And tourists came: over one-million tourists arrived to see the sights in 1906, for example. Berlin could boast almost as many overnight guests as Paris. Not only did tourists come to see Berlin, but tourism shaped the look of Berlin: advertisements, taxi stands, hotels, and restaurants sharpened the city's profile. Then as now, Berlin was a flashy brand name, although the Paris of the Third Republic received three times as many of the coveted foreign visitors as did the Berlin of the Second Empire.[2] Berlin attempted to transform itself into a cosmopolitan „Weltstadt", but it came out looking more modestly as „Reichshauptstadt".

However, the emphasis on tourists and how they saw Berlin obscures a more fundamental shift in how the city was used by its own inhabitants. After all, Berliners were the primary consumers of images of Berlin. „Selling Berlin" at the turn of the twentieth century was inextricably linked to questions about how to represent the city and its four million citizens. The questions were both political and aesthetic. The campaign in the first decade of the twentieth century to reform Prussia's three-class suffrage system introduced onto the urban stage new metropolitans, confident and capable Berliners who moved through the city and were calibreted to its networks of circulation and attuned to its spectatorial pleasures. Mass-circulation newspapers, that is the dailies that most Berliners read, repeatedly praised the comportment of large urban crowds. Democratic capacity was linked to much larger patterns of consumption, lifestyle, and individuality of which the newspapers were an inextricable part.

---

1   The 1916 summer Olympic games were scheduled to take place in Berlin before the war required their cancellation.
2   Berliner Lokalanzeiger, 13.8.1909, Nr. 537.

But the campaign for recognition was not simply political. It implied a new way of seeing city inhabitants. After the turn of the century, the sociologist Georg Simmel, painters Heinrich Zille, Ludwig Meidner, and Ernst Ludwig Kirchner, and poets gathered around Jakob van Hoddis and Georg Heym came to describe Berlin as a brand new place shaped by the accidental surprises, unsettled flux, and the weird juxtapositions of metropolitan life. To talk about the city was thus increasingly to confront its indeterminacies and illegibilities and, as a consequence, to challenge long-held epistemological assumptions. Nineteenth-century naturalism, which had painted the city in dark and fateful colors, and supposed its inhabitants to be monochromatically impoverished and undifferentiated product of their urban milieu, made way for more curious and playful approaches which portrayed people as full-bodied, complex individuals. In other words, to write a book or to summarize a statement about Berlin – to sell Berlin to readers and consumers and to the police chief, the mayor, and the Kaiser himself – was to engage in the politics of representation. Historians too have colluded in these politics. Urban Berlin has conventionally been portrayed in brown and grey colors, with the dramatic emphasis on poverty and disenfranchisement. As a result, scholars have largely missed the democratic potentials that contemporaries themselves described and proposed on the streets of the city. This returns us to the larger question of the political nature of Kaiserreich itself which Thomas Nipperdey opened up against Hans-Ulrich Wehler more than thirty years ago.[3] The propsed compatability of urban form and democratic government also challenged contemporary authorities who, over the course of the nineteenth century, had become convinced that the modern city had become so shiftless and impoverished as to be ungovernable.[4]

The new, more meticulous and expressive, ways the city might be seen were previewed at the exhibit on „Deutsche Städte" held in Dresden in 1903. There, Georg Simmel gave his famous account of the blasé attitude of the modern city dweller. While he lamented the moral disorientation that modern people felt in the face of the confounding shocks of the metropolis, he also praised the intellectual virtuosity they had acquired. Because it cloaked individuals in anonymity, he argued in his address on „The Metropolis and Mental Life", city life made possible the cultivation of the personality. By drawing attention to both the outward calibration of city people and their inward freedom, Simmel exposed the individual differentiation of collective life. Far from debasing or homogenizing them, „the

---

3   *Hans-Ulrich Wehler*, Das deutsche Kaiserreich 1871–1918. Göttingen 1973; *Thomas Nipperdey*, Wehler's „Kaiserreich": Eine kritische Auseinandersetzung, in: Geschichte und Gesellschaft 1 (1975), 539–560; Ders., Deutsche Geschichte 1866–1918. 2 Bde. München 1990–1992.

4   On this question: *Frederic C. Howe*, The City. The Hope of Democracy. New York 1905; *Delos F. Wilcox*, The American City. A Problem in Democracy. New York 1909; *Harvey Zorbaugh*, Gold Coast and Slum. A Sociological Study of Chicago's Near North Side. Chicago 1929.

city [...] intellectualized men [and women] by demanding more and more consciousness, more alertness and inference, more balance and tolerance for the unexpected, more processing of the immediate environment."[5] What Simmel reported on was that movement through the city enhanced the capacities of people in the city.

Also featured in Dresden was a less well-known, but, at the time, quite celebrated installation on „Popular Illnesses and the Means for Combatting Them" organized by Karl August Lingner, the manufacturer of Odol mouthwash. At the center of the exhibit was a ten-foot-tall statue of Hercules whose purpose was to „demonstrate the earnestness of the matter of hygiene." Less than a decade later, Lingner's more elaborate installation, „Der Mensch", stood at the center of the 1911 International Hygiene Exhibition, also in Dresden, which was attended by an extraordinary five-million visitors. By then, Lingner had plainly tapped into a huge and unanticipated interest in cultivating the body. His revamped exhibit catered to lifestyle, something more and more people quite consciously sought to possess and cultivate. Even ordinary metropolitans enjoyed sufficient discretion to worry about personal hygiene, to buy Odol mouthwash, and to parrot Odol's celebrated advertising tags, „Was denn, [...] Sie haben wirklich kein Odol" or, better yet, „Wahre Küsse gibt es nur mit Odol". That Odol was prominently advertised at the turn of the century in mass-circulation newspapers and on street-side placards, quickly becoming one of the first and most widely recognized brand names in Germany, indicates that city people not only worked to improve their own personal lives but eagerly ventured out into a world of consumption and fashion. What the urbane sociologist hypothesized, the mouthwash manufacturer demonstrated. City people had adjusted to the strenuous conditions of big-city life. They were attuned to the messages and stimulations of the metropolis, they relished the spectacle of the mediatized city, they bought consumer items, and they cultivated their own personal lives. To approach city people in this manner was one way to sell Berlin, and for the product to be successful it had to be packaged in an increasingly accessible, unbounded, and ultimately democratic form.

To be sure, the evidence of poverty and helplessness was there for all to see. Housing remained inadequate to the needs of the rapidly growing population, and the tenements that extended over the metropolitan terrain offered quite spartan homes; most Berliners lived in two-room apartments. Nonetheless, the overwhelmingly working-class population of Berlin busily consumed the city and, in so doing, opened up the new public spaces of mass culture and laid claims to a more democratic politics. The city of work was increasingly intertwined with the city of spectacle. Approximately two million Berliners used streetcars, subways, and the

---

5   *Philip Fisher*, City Matters. City Minds, in: *Jerome Buckley* (Hg.), The Worlds of Victorian Fiction. Cambridge 1975, 371–389, hier: 386–387; *Georg Simmel*, The Metropolis and Mental Life, in: *Kurt Wolff* (Hg.), The Sociology of Georg Simmel. New York 1950, 409–424, hier: 413–414.

interurban railway, the S-Bahn, every single day.[6] At the busiest time of the day, around half past seven in the morning, streetcars passed the main sub-urban intersections every twenty seconds.[7] „Four standard speeds existed for the man of the crowd", recalled Walter Kiaulehn: „pedestrians five, streetcars four-teen, omnibuses sixteen, and subways twenty-five kilometers per hour".[8] Outfitted with these new gears, Berliners – both men and women – entered the city center more frequently and they circulated around it much faster. They cut a dense network of pedestrian thoroughfares across the city. Moving through the metro-polis had become part of the regular experience of the city. Undoubtedly, most Berliners would have instantly recognized the witty distinction between the subway and the S-Bahn. „When I rush down the stairs to the subway, my train has just left", wrote one observer, but „if I leisurely walk up the steps to the elevated, my train is still there."[9] These small missteps indicate the larger pattern of syn-chronization. As a result, as Georg Simmel pointed out, more and more city people carried pocket watches, which allowed them to time their arrivals and departures with precision. Hundreds of daily rendezvous beneath the „Normaluhren" on the Spittelmarkt, Potsdamer Platz, and in front of Bahnhof Zoo testified to the „synchronized experience" of the city as well.[10]

Berliners came to consider this calibration a necessary social skill and a distinctive political virtue. Setting the scene on the subway or on Potsdamer Platz, newspapers regularly advised their readers on how to comport themselves among strangers, when to step aside and show flexibility, how to spot dangers and colli-sions, and how to move quickly in large crowds. New urban protocols outfitted city people with signals, brakes, and gears. Once these were learned, individuals could slip into the crowd without resistance. „Tempted by the warm vapors of humanity", the journalist Max Osborn moved expertly in the mass: „A broad stream picks me up and takes me along. I am simply being pushed and don't even think of pushing back. I don't want to. I want to be carried along. I want to lose my individual responses and become a part of he mass into which I have fallen." Moving with rather than against the mass heightened the enjoyment of the city because passing sights appeared as though viewed through a colorful, ever-changing kaleidoscope. At the same time, the shortlived pleasures of browsing the

6   The Berliner Tageblatt, 12.2.1907, Nr. 77, reported that the biggest single day for 1906 was Sunday, 17th June with 1.188.773 riders; the smallest, Friday, 20th July, with 716.756. According to the Berliner Morgenpost, 3.3.1904, Nr. 53, 1.6 million commuters used all types of public transportation each day in 1903; a figure which certainly reached 2 million by 1914.

7   Brandenburgisches Landeshauptarchiv Potsdam, Rep. 30, C, Tit. 1202/20559/89: Report of Große Berliner Straßenbahn to Polizei-Präsident, 31.1.1911.

8   *Walter Kiaulehn*, Berlin. Schicksal eine Weltstadt. München 1958, 23.

9   *Arthur Eloesser*, An der Stadtbahn (1918), in: Ders., Die Straße meiner Jugend. Berliner Skizzen. Berlin 1919 (ND: Berlin 1987), 98.

10   *Paul Gurk*, Berlin. Berlin 1934, 100; also: *David Harvey*, The Urban Experience. Baltimore 1989, 173.

city regulated the flow of sightseers and made the city available to all. In the crowd, „everyone can only nip and taste, no one is allowed to push forward."[11]

The city worked best when its people subordinated themselves to streams of masses and flows of traffic. Berlin's workers had learned these lessons long ago, Osborn claimed. „In the economic and political struggles of the day, they learned the importance of the mass and its laws [...] they learned to subordinate themselves, to be considerate and patient, and to keep their cool. This was already plain to see years ago during [Wilhelm] Liebknecht's funeral", he explained. „And we've seen the unbelievable discipline of the electoral-reform demonstrations [...] the ability to calmly wait for the Stadtbahn or along the streets of the working-class quarters or in summer beer gardens or at the coat-check of the people's theaters or at political demonstrations."[12] Here, everyday urban routines established a connection between mass consumption, democratic forms, and political rights. Unfortunately, Berlin's middle classes only reluctantly observed urban protocols. As a result, there was still considerable friction, which supposedly kept the city from running smoothly. „You can see remnants of the primitive wildness with which the individualism of the so-called educated classes reacts to events," Osborn commented, „you can still see the bestial behavior of ‚refined' audiences after the end of a concert [...] and in the elbow matches at Westend streetcar stops." In the long run, however, „the teeming metropolis will cultivate even our bourgeoisie. Already the subway has been successfully training passengers", he added. Thanks to the calibration that streetcars and subways required, a well-functioning mass culture was emerging.

It is clear that the well-regarded organization and discipline of the Social Democrats was transposed onto the city as a whole, while the functionality of the city, in turn, provided an argument for the benefits of Social Democracy. Not only did the political demonstrations of Berlin workers cultivate individual dexterity in collective life but the calm deportment of working-class crowds laid the basis for their claims to political equality. In large gatherings on the Wannsee, in Lunapark, or at huge open-air spectacles such as the one that met the arrival of the Zeppelin, Berliners combined entertainment and discipline on a mass scale. On Zeppelin Day, Sunday, 29 August 1909, the *Morgenpost,* Berlin's largest newspaper, urged the masses on Tempelhof to watch the Zeppelin flyover to show that they were politically mature and thus deserving of the electoral clout already enjoyed by rural Prussians. Even in „the highest ecstasy of enthusiasm" the masses were urged to maintain „dignified cool-headedness."[13] Thanks to the „strict and wonderful discipline which our workers have learned on the political battlefield", editors had

---

11 *Max Osborn*, Gedränge. Die Pein und Wonne des Großstädters, in: BZ am Mittag, 7.2. 1911, Nr. 32.
12 Ders., Paul Singers letzte Fahrt, in: Berliner Morgenpost, 6.2.1911, Nr. 37. Liebknecht died on 7th August 1900.
13 Berliner Morgenpost, 27.8.1909, Nr. 220: Berlin in Erwartung Zeppelins.

no doubt that Berliners would pass muster. The Berliner's management of space served as a powerful argument for political enfranchisement. Although Thomas Lindenberger is quite right to note that in the decade before World War I city people no longer marched as frequently with partisan purpose and increasingly gathered around spectacles such as the Zeppelin, cultural integration which he takes as depoliticization, a kind of curbside anticipation of the Social Democratic Reichstag vote for the imperial government's war credits a few years later, the pleasures of looking and the delights of browsing the city had important political implications.[14] In the streets, Berliners constituted a democratic culture that deserved appropriate political form.

Consuming the city also laid claims to power. Although the rhythm of work demanded that city people follow onerous daily schedules, it was by no means a straightjacket. At week's end, the majority of prewar Berliners could afford the diversions of the big city and, as a result, streetcar traffic was busiest on Sundays and holidays; the weekend was not an invention of the Weimar Republic. On Sunday, June 17th, 1906, for example, a record 1.2 million passengers, about one in three Berliners, and more than the number of tourists who came from out of town that entire year, took a seat on the „Große Berliner" (the metropolitan street-car company). A total of 3 million streetcar tickets were sold over the long Easter weekend in 1907, and an astonishing 6 million over Pfingsten in 1911. Most Berliners heeded the call „Hinaus ins Freie" – „Go Outdoors" – and Berlin chansons, „Rixdorfer", „Der Tempelhofer", „Rimmel, Rammel, Rummelsburg", commemorated long weekends spent on the outskirts of the city. Berliners left their neighborhood and stepped out onto a city-wide stage. Popular streetcar desti-nations such as the outdoor swimming pool on the Wannsee, which opened in 1907, and Lunapark, the popular amusement park on the Halensee, which opened in 1910, became as much a part of the city as the Tiergarten or the more expensive zoo. Shopping, browsing, travelling, carousing, Berliners used the city, trans-formed it into a place where strangers might meet – which is Richard Sennett's excellent definition of a city – and thereby created a physical setting for mass culture.[15] As the Odol manufacturer had surmised, cities invited the cultivation of lifestyle.

And Berliners demanded free and untrammelled access. Their case was energetically stated by the mass-circulation press empires of Mosse and Ullstein whose newspapers served as daily guides to the city. Berliners clamored for better mass-transport service, succeeded in limiting entrance fees to the Wannsee-bad – the destination of as many as two-hundred thousand people on summer weekends – and overturned municipal laws that required shop windows to be cur-

---

14 *Thomas Lindenberger*, Straßenpolitik. Zur Sozialgeschichte der öffentlichen Ordnung in Berlin 1900–1914. Bonn 1995.
15 *Richard Sennett*, The Fall of Public Man. Cambridge 1976, 39; 47; *Peter Fritzsche*, Reading Berlin 1900. Cambridge 1996.

tained off on Sundays, the one day when workers could browse city sights.[16] They repeatedly denounced regulations designed to enforce public order and to limit public access that were proposed by the police. Again and again, the imperial authority of Unter den Linden was challenged by the popular claims of Friedrich-straße.

For the new chief of police, Traugott von Jagow, who assumed office in 1909, electric lighting in Friedrichstadt was too bright and street noise too loud. If the street regulations he drafted were put into effect, Berlin's editors satirized, police would have to confiscate the bells on Bolle's milk trucks, proscribe newspaper vendors from calling out the evening edition in anything but a whisper, and require officers and soldiers to parade on tiptoe. What „would happen to a city in which one could throw nothing out of the windows, neither dust nor noise?" the *Berliner Tageblatt* asked, a question which revealed a remarkable conception of the metropolis as a colorful, confusing, contradictory place that frustrated regulation from above and for just this reason was fun.[17]

Streets belonged to citizens and would therefore be littered with their dusty, noisy, and often political business. The police chief not only attempted to prohibit Social Democratic suffrage marches but justified his prohibition with the broad contention that „the exclusive function of the streets is to serve traffic." In „blood-red" notices posted on Litfaßsäulen throughout Berlin in February 1910 he sternly warned all streetbound „curiosity-seekers" that the streets were for traffic, not spectators. He thereby shifted the terms of the political debate from questions of public order, which had concentrated on the Social Democrats, to the right of all citizens to wander the streets. „Citizens build the streets, but have no right to them, on the contrary, the police determines who may use them", concluded the *Berliner Illustrirte* incredulously.[18] It was precisely the rights of „curiosity-seekers" to take a walk that newspapers defended most energetically, walks which in fact indicated that most of Jagow's proclamations had been ripped down by passersby just a few hours after they had been posted.[19] Metropolitan newspapers spoke out loudly in the name of the city of browsers, decrying police cordons and other imperial obstacles, defending the disorder of the boulevard, and even pleading for the legitimacy and charm of casual „Straßenbekanntschaften", the street acquaintances

16 See Berliner Tageblatt, 30.5.1900, Nr. 267: Lappenparade; BZ am Mittag, 13.3.1906, Nr. 61: Schaufenster und Sonntagsheiligung. More generally: *Fritzsche*, Reading Berlin (wie Anm. 15).

17 Berliner Tageblatt, 17.11.1912, Nr. 588: Das lautlose Berlin. See also *Arthur Eloesser*, Die Blumen des Herrn von Jagow (1913), in: Ders., Straße (wie Anm. 9), 57–61.

18 Berliner Illustrirte Zeitung, 6.3.1910, Nr. 10: Das Recht auf die Straße. The proclamation read: „Bekanntmachung. Es wird das Recht auf die Straße verkündet. Die Straße dient lediglich dem Verkehr. Bei Widerstand gegen die Staatsgewalt erfolgt Waffengebrauch. Ich warne Neugierige. Berlin, den 13. Februar 1910. Der Polizei-Präsident. von Jagow."

19 Berliner Tageblatt, 14.2.1910, Nr. 81: Die Massenkundgebungen. See also the front-page editorial in Berliner Morgenpost, 13.2.1910, Nr. 43; and BZ am Mittag, 14.2.1910, Nr. 37: Berlin auf die Straße.

that father had warned against.[20] Metropolitans repeatedly engaged the authorities and offered a vision of the spectacular metropolis in place of the imperial capital, a place in which city people turned out as consumers, spectators, and strangers, and encountered the city as a warehouse of possibility and pleasure. The business of selling the city as a market place could not undo inequalities in the relations of production but it enhanced the political claims of Berlins by recognizing city people as consumers.

Although not synchronized with national politics, Berliners forged a democratic culture based on their occupation and use of urban space. Precisely as citizens and consumers of the city, they made the case for their own political entitlement and enfranchisement. They demonstrated repeatedly that public order was not incompatible with mass culture and they pursued their own individual choices within the parameters of that culture. Indeed, it was precisely the spectacle of difference and variety that enhanced the pleasures of using the city: newspapers took readers by the hand to show them the different characters on streetcars and in the Tiergarten, to introduce them to the different zones of the city from Potsdamer Platz to Hausvogteiplatz to Alexanderplatz to Gesundbrunnen in the proletarian north, and they drew attention to the distinctive rhythm of work and play and day and night in ways that Walter Ruttmann would pull together in his film *Symphonie einer Großstadt* twenty years later.

What the daily reports on the city added up to was a dramatic challenge to the conventions of Naturalism which had portrayed urban space in dark and undifferentiated brushstrokes. Mass-circulation newspapers such as the *Morgenpost*, *BZ am Mittag*, and even the more „kaisertreu" *Lokal-Anzeiger* provided an ideal media scaled to the size and variability of the city. To report on what Gunther Barth has described as „the greatest news story of the nineteenth century – modern city life" – the press put greater emphasis on local news, honed new ways of looking at Berlin, and in so doing sold vastly more newspapers which in turn became one of the essential ingredients of the city, littering as they did cafe, streetcars, and the pages of Döblin's novel *Berlin Alexanderplatz*.[21] The media's documentation of the city represented city people with empathetic attention to the ordinary details of their lives and thereby implicitly strengthened the case for representing city people in an empathetic democratic manner as individuals and not as types.

---

20 *Fritzsche*, Reading Berlin (wie Anm. 15), 156–158.
21 *Gunther Barth*, City People. The Rise of Modern City Culture in Nineteenth-Century America. New York 1980, 59.

After the turn of the twentieth century, advertisements, penny novels, lurid expo-
ses, and newspapers themselves all appealed because they introduced precisely
drawn, though hardly definitive urban portraits. But here I want to take just one
example of this literary enfranchisement, in which people are regarded as sympathetic individuals rather than approached as to their social type: the city-wide
reporting on murder of nine-year-old Lucie Berlin in June 1904 in Berlin's Ackerstraße. Ackerstraße, which featured Meyer's Hof, with its one-thousand inhabitants and six interior courtyards the largest Berlin tenement, had long been the
byword for urban depravity: „a murder? where?", we hear the policeman on the
telephone, „Ackerstraße 210.“[22] Lucie's death seemed no different: a violent crime
in which impoverished parents, immoral prostitutes and their dangerous pimps
mixed amidst delabidated, over-crowded living conditions would seem to confirm
prevailing opinions on urban destitution. But the sensational circumstances of the
crime invited a closer look and ultimately justified a new way of looking
altogether. A few weeks after Lucie Berlin's murder, the journalist Hans Ostwald
urged Berliners to see the murder site, the tenement building at Ackerstraße 130:
„Geht nur mal hin", he wrote: „Go there for yourselves. See what a real tenement
and courtyard like look. Don't just examine some sort of reproduction", a
precirculated image made up of old cliches and faulty assumptions.[23] The point
was to leave the newspaper offices downtown and to travel to neighborhoods
uptown, to quit Unter den Linden and Friedrichstraße and to inspect Ackerstraße,
to go into inner courtyards and up tenement staircases, to dismiss the cast of types
and and throw out the study of physiognomies that social scientists had proposed,
and to meet the inhabitants firsthand and listen to their stories. This was the case-
study method that the intensive reportage of Lucie Berlin's murder in fact came to
embrace, it became the credo of metropolitan journalists. „Geh nur mal hin" was
also exactly the method of the Chicago School of Sociology, which was well
aware of Hans Ostwald's urban reportage, although it was never embraced by its
German counterparts.[24]

Reports on the murder itself and then subsequently the trial of the indicted
murderer, Theodor Berger, was followed avidly by newspaper readers. As such,
Berliners watched themselves, which is a central pleasure provided by the modern
mass media. Readers followed the *Berliner Volks-Zeitung* into the courtyard at

---

22 Berliner Polizei, in: *Hans Ostwald* (Hg.), Großstadt-Dokumente, Bd. 34. Berlin o.J., 48.
23 *Hans Ostwald*, Lucie Berlin, in: Das neue Magazin, 02.07.1904, Nr. 73 (1), 12. In general:
    Peter Fritzsche, Talk of the Town: The Murder of Lucie Berlin and the Production of Local
    Knowledge, in: *Peter Becker/Richard Wenzel* (Hg.), Criminals and Their Scientists: The
    History of Criminology in International Perspective. Cambridge 2005, 377–400.
24 On the links between Ostwald and the Chicago School of Sociology, see *Dietmar Jazbinsek/
    Ralf Thies*, Berlin/Chicago 1914: Die Berliner Großstadt-Dokumente und ihre Rezeption
    durch die Gründergeneration der Chicago School of Sociology. Papers, Wissenschaftszentrum
    für Sozialforschung, FS II 98–501. Berlin 1998; *Carla Cappetti*, Writing Chicago.
    Modernism, Ethnography, and the Novel. New York 1993.

Ackerstraße 130 and up the stairs: „A badly scuffed wooden stairway in the low-ceilinged entrance of the side building leads up to the second-floor apartments" of the Berlin family and Liebetruth, a prostitute whose lover had allegedly committed the murder. „Five doors open up onto a narrow hallway, on the left is the one to Liebetruth's rooms. From here its just a couple of steps to the Berlin's apartment." – „Next to the front door, before going into the kitchen", the newspaper poked its nose into Liebetruth's modest rooms, „is a bed draped with a little blanket embroidered with the words ‚Sleep Well.'"[25] Other readers shared lunch with the Berlin family. At noon on the day of the murder, Lucie's mother testified, she had directed Lucie to meet her father as he walked home for lunch. Just at that moment, though, Friedrich Berlin entered the door and Lucie and her parents sat down to eat: „Lucie ate a meat chop and potatoes – but not the cucumber salad", her mother remembered precisely. Suddenly the characters of working-class Berlin came to life, and, with new attention to detail and dialogue, newspapers reported that Ackerstraße's inhabitants did not conform to easy stereotypes about pimps and prostitutes.

„Geh nur mal hin" to Ackerstraße 130 produced new kinds of knowledge about the city. While the murder of Lucie Berlin in June 1904 exerted a horrified fascination, it also served to represent that city in fundamentally new ways. As an investigative reportorial style interested in case studies rather than melodrama made clear, the city was not easily divided into zones of depravity and civilization and its inhabitants into criminals and citizens. Neither Berger and his circle of friends – nor Lucie Berlin's parents, for that matter – could be set apart as distinct racial or physiognomical types. Whether on Unter den Linden, where the murderer drank a beer, or on Ackerstraße, where he killed the young girl, the inhabitants of Ackerstraße 130 belonged to wider and intersecting social circles that could not be easily typologized. Far from leading viewers to see general characteristics, the urban tours to Ackerstraße and other improbable Berlin destinations became more and more digressive and took note of precise details, singular occasions, and chance encounters. They did not construct an authoritative map to the city, but fashioned an impressionistic surface to reveal juxtapostions, transitions, and surprises.

„Geh nur mal hin" did not nail down city matters, it alerted readers to detail and fluctuation. As a result, the city became more unknowable and more astonishing to readers for whom Berlin appeared as a fantastic, dreadful garden of possibility. The media represented the city as a place where strangers were apt to meet, where streets held out surprises, and where individual differences consistently overruled gross generalizations. The literary politics of representation thereby filled in the lives of working-class Berliners, making them recognizable, sympathetic parts of city life and enfranchising them as equal citizens. The spectacle of Berlin, from the Zepplin on the Tempelhofer Wiese, to the bright lights on

25   Berliner Volks-Zeitung, 13.12.1904, Nr. 583.

Potsdamer Platz, to the journeys along the Ackerstraße, nourished the democratic potential of Berliners and provided the outlines of new political arrangements not usually associated with the Kaiserreich.

When newspapers sold copies they also sold Berlin and they sold Berlin first as a place of spectatorial pleasure. This implied the political accomodation of curbside crowds and the aesthetic differentiation of the city people who made up those crowds. While spectacle had political liabilities of its own, including an aesthetization of poverty and an inattention to class, it also promoted access and empathy. In this way, consumption and circulation strengthened the general claims of citizenship. As Simmel and Lingner had suggested, mass culture and individual lifestyle were compatible.

What happened to these democratic capacities? I think it is the same thing that happened to German humor and German cabaret during the Weimar Republic.[26] The political divisions that emerged after the war and the revolution were too deep to sustain the shared culture of urban spectacle. To be sure, city people still went to the movies, to the Wannsee, and to Lunapark, but there was also an unmistakable retreat into neighborhoods, into the Kiez, and there was much more suspicion of strangers as dangerous criminals or political enemies. The widespread assumption that mass culture postdated the Wilhelmine and defined the Weimar era should be questioned. There is reason to think that the common vocabularies that bound together city people before the war fell apart in its aftermath since it was not the pleasures of seeing but the moral attributes of what was seen in the years of revolution, inflation, and the Great Depression that became more important.[27] Moreover, the images of mass culture and city life were choreographed in a much more authoritarian, state-centered manner. The colorful, confusing spectacle of the prewar city gave way to a totally reconstructed landscape dominated by huge cities, busy thoroughfares, and disciplined, serried masses all enlarged on a vertiginous scale by the huge magnifying lense of Americanization in ways that Fritz Lang's film, *Metropolis*, made familiar. Much of this was already evident in the war. The Weimar-era city remained a imaginary source of new found power, but it was technocratic rather than democratic, militaristic not playful, and it ultimately severed the close connections between city life, consumption, and citizenship that had been made in the years around 1900.

26 *Peter Jelavich*, Berlin Cabaret. Cambridge 1993.
27 *Peter Fritzsche*, Vagabond in the Fugitive City: Hans Ostwald, Industrial Berlin, and the Großstadt-Dokumente, in: Journal of Contemporary History 29 (1994), 385–402.

DIE BERLINER SCHNAUZE IM ERSTEN WELTKRIEG [1]

Jan Rüger

Berlin war während des Ersten Weltkriegs nicht nur das politische Nervenzentrum des Kaiserreichs, sondern auch ein zentraler kultureller Schauplatz. In den Kinos, Theatern und Variétés der Reichshauptstadt wurde der Krieg mit den Mitteln der großstädtischen Massenkultur aufgeführt.[2] Dabei ging es nicht zuletzt darum, Vorstellungen von Berlin und den Berlinern unter dem Eindruck von Mobilisierung und urbanem Kriegsalltag neu zu bestimmen.[3] Die „Berliner Schnauze", ein Klischee, in dem sich Berliner Identität nach außen wie nach innen projizieren ließ, spielte dabei eine herausragende Rolle. Wie dieses Klischee neubewertet und wie „Berlin" durch Humor, Lachen und Vergnügung während des Krieges konstruiert wurde, soll in diesem Kapitel untersucht werden.

Wie in anderen Großstädten waren Vorstellungen von der Urbanität und dem städtischen Charakter Berlins deutlich geprägt von den kommerziellen Unterhaltungsbetrieben der Jahrhundertwende: Kinos, Singspielhallen, Volkstheater, Variétés. Unterhaltungsbezirke, wie sie im Londoner West End oder in Berlin um die Friedrichstraße herum entstanden, bezeichneten und kommentierten die metropolitane Modernität dieser Städte.[4] Der Ausbruch des Krieges stellte nun eben diese urbane Vergnügung in Frage: „Ernsthaftigkeit" wurde zum wichtigsten Kriterium. In den offiziellen Verlautbarungen der ersten Kriegsmonate wurde der Krieg als „ernste Zeit" beschrieben und die „Ernsthaftigkeit" der Stadt beschworen. Dieses Gebot des Ernstes stand im deutlichen Widerspruch zu der leichtherzigen, spaßhaften und frivolen Vergnügung, die Berlins Unterhaltungsbetriebe traditionell boten. Im August 1914 ließ der Polizei-Präsident von Berlin den Inhabern von Singspielhallen, Kabaretts, Kaffees, Casinos, und Theatern eine Mitteilung zugehen, die über das Wolffsche Telegraphen-Bureau auch an die Berliner Bevölke-

---

1   Die Recherchen zu diesem Beitrag wurden durch ein Stipendium des Leverhulme Trust, London, ermöglicht. Für Anregungen und Hinweise bin ich Peter Fritzsche und den Teilnehmern des „Capital Cities at War"-Projektes unter der Leitung von Jay Winter und Jean-Louis Robert zu Dank verpflichtet.

2   *Martin Baumeister*, Kriegstheater: Großstadt, Front und Massenkultur 1914–1918. Essen 2005.

3   Zum Begriff der Mobilisierung: *John Horne*, Introduction: mobilizing for „total war", 1914–1918, in: Ders. (Hg.), State, Society and Mobilization in Europe During the First World War. Cambridge 1997, 1–17; *Jeffrey Verhey*, The spirit of 1914: Militarism, Myth and Mobilization in Germany. Cambridge 2000.

4   *Peter Jelavich*, Berlin Cabaret. Cambridge, Mass. 1993, Kap. 4; *Joachim Schlör*, Nights in the Big City: Paris, Berlin, London, 1840–1930. London 1998, 92–110; *Peter Fritzsche*, Reading Berlin 1900. Cambridge, Mass. 1996, Kap. 4; *Kaspar Maase*, Grenzenloses Vergnügen. Der Aufstieg der Massenkultur 1850–1970. Frankfurt a.M. 1997, 16–114.

rung gerichtet war: „Mit Rücksicht auf die gegenwärtigen Kriegszeiten muß erwartet werden, daß nur Aufführungen stattfinden, die dem Ernst der Zeit und dem patriotischen Empfinden der Bevölkerung entsprechen."[5]

Vorangegangen waren Diskussionen zwischen dem Polizei-Präsidium, dem Königlichen Konsistorium der Provinz Brandenburg, Abteilung Berlin, und dem Oberkommando in den Marken. Deren Tenor war es gewesen, daß solche Aufführungen und Darstellungen zu vermeiden seien, die „mit dem Ernst der Zeit in schneidendem Widerspruch stehen".[6] Beamte und Journalisten nahmen in ihren Aufrufen zur Ernsthaftigkeit der ersten Kriegsmonate eine bemerkenswerte Verschränkung von Außen- und Innensicht vor. Berliner Zeitungen faßten die in der ausländischen Presse beschriebenen „Berliner Stimmungsbilder" zusammen. Im September 1914 berichtete das *Berliner Tageblatt* unter der Überschrift „Das Gesicht von Berlin" aus Dänemark, wie dort die Stimmung in Berlin gewertet würde. Indem es dänische Blätter zitierte, spiegelte das *Tageblatt* die Außen- auf die Innensicht Berlins zurück. Es lobte Berlin durch die dänische Presse als „geduldige und feierliche Stadt", ein Bild von Berlin, das mit den offiziellen Vorstellungen von Ernst und Sittlichkeit zusammenfiel. Berlin sei nicht mehr auf „stürmisches Vergnügen" und „absprechenden Witz" aus, sondern ernst und geduldig. Das „so oft gelästerte Asphaltpublikum" der Stadt, „die große bunte Bevölkerung der Hauptstadt" habe im Spiegel der dänischen Presse „den Befähigungsnachweis für große und ernste Stunden erbracht".[7]

Solche Rückspiegelungen des Bildes vom ernsten Berlin trugen zu der Diskreditierung des Humors und Lachens bei, die während der ersten Kriegsmonate zu verzeichnen war. *Das Organ der Variétéwelt*, das Fachblatt und offizielle Organ des Internationalen Variété-Theater-Direktoren-Verbandes (Sitz in Berlin), mußte am 7. Oktober 1914 einräumen, daß „die Zeitungen gegen die Variétés verschiedentlich Stellung genommen haben, und auch ein Teil des Publikums der Ansicht huldigt, die Künste der „Zehnten Muse" entsprächen nicht „dem Ernst der Zeit".[8] Drei Wochen später erklärte *Das Organ*:

> „Es ist im Ernste der Zeit begründet, daß ein großer Teil des deutschen Volkes jetzt keinen Sinn für Unterhaltung hat. Dazu kommt, daß verschiedenlich von behördliche Verfügungen erlassen worden sind, welche verlangen, daß ‚die Variététheater dem Ernste der Zeit Rechnung tragen'. Die Auslegung derartiger Verfügungen ist natürlich sehr schwer und wird

---

5   Landesarchiv (im folgenden: LA) Berlin, A Pr. Br. Rep. 30 Tit. 74, Th 16: Verfügungen aus Anlaß der Mobilmachung 1914.

6   Ebd.

7   Berliner Tageblatt, 23.9.1914, 1. Beiblatt (Abend): Das Gesicht von Berlin. Zur Verschränkung von Innen- und Außensicht in der amtlichen Propaganda, insbesondere wie sie durch die Abteilung IIIb der Obersten Heeresleitung betrieben wurde: *David Welch*, Germany, Propaganda and Total War, 1914–1918. London 1998, Kap. 2 sowie das Themenheft *German military intelligence in the First World War* [=Journal of Intelligence History 5 (2005)], darin besonders: *Florian Altenhöner*, Total war – total control? German military intelligence on the home front, 1914–1918.

8   Das Organ der Variétéwelt, 10.10.1914, Nr. 307.

an verschiedenen Orten ganz verschiedentlich gehandhabt. Manche Behörden verbieten das Auftreten jeder irgendwie humoristisch gearteten Nummer, aller Tanzakte usw., sodaß die Zusammenstellung zugkräftiger Programme schon nahezu unüberwindliche Schwierigkeiten bietet."[9]

Die Stellungnahme der Berliner Behörden gegen die Vergnügung in „ernster Zeit" wurde begleitet von Leitartikeln, Leserbriefen und Predigten, die in der urbanen Unterhaltung gleichsam den inneren Feind ausmachen wollten. Professoren, Pastoren, und andere moralische Instanzen, unter ihnen nicht zuletzt der Kaiser, sahen einen gefährlichen Sittenverfall im Straßen- und Nachtleben und in Berlins Variétés und Singspielhallen. Wilhelm II. wandte sich wiederholt an den Berliner Bürgermeister Wermuth und an den Polizeipräsidenten von Jagow: es müsse mehr gegen die urbane Unmoral unternommen werden. Im September 1914 schrieb er an Wermuth, „das unpassende Treiben in Cafés auf dem Kurfürstendamm und Umgegend" müsse eingestellt werden. Es sei tief kränkend für „die vielen anwesenden Verwundeten, für Witwen und durch Verluste betroffene Eltern". Berlin müsse sich im klaren sein, „daß dieser Krieg eine Prüfung Gottes für unser Volk ist, welche es mit sittlichem Ernst und demütig zu ertragen hat". Statt sich in „Cafés und Kneipen aller Art" zu amüsieren, sollten die Berliner „in den Kirchen für meine vorm Feinde stehenden tapferen Regimenter heiß für ihren Sieg beten". Auch die „hauptstädtische Presse, insbesondere die Witzblätter" möge „ihre losen Reden und Spöttereien" einstellen und sich „der Zurückhaltung befleißigen, die den jetzigen Zeiten entsprechen würde". „Ich hoffe", so schloß der Kaiser, „meine Hauptstadt wird vorbildlich darin wirken für alle Städte unseres Vaterlandes. Heilig ist unsere Sache! Heilig soll sie geführt werden!"[10] Im Juli 1916 telegraphierte der Kaiser aus dem Großen Hauptquartier an den Berliner Polizeipräsidenten, das unmoralische Nacht- und Vergnügungsleben in Berlin habe „meine feldgrauen die muede oder wund vom kampf kommen oder geheilt wieder hinausziehen tief verletzt". Jagow habe dafür zu sorgen, daß die Stadt den nötigen Ernst zeige: „berlin soll auch aeußerlich zeigen, daß es sich der schweren zeit wuerdig beweisen will".[11]

Der religiöse Ernst, mit dem der Krieg an der Heimatfront in Berlin zu führen sei, zeichnete nicht nur des Kaisers Interventionen aus. Eine Vielzahl von Predigten, die die Debatte um die Moralität des Humors in „ernsten Zeiten" begleiteten, folgte diesem Muster. Noch im März 1918 predigte Professor Paul Fischer vor Soldaten gegen das „falsche Lachen":

„Wir suchen ein besseres Lachen, nicht das gedankenlose, das auf der Oberfläche hinläuft und den Dingen nicht auf den Grund sehen mag; nicht das unzüchtige, das am Gemeinen seine Freude hat und das Edle nicht leiden kann. Wir suchen ein Lachen, das Verstand hat und

---

9   Das Organ der Variétéwelt, 31.10.1914, Nr. 310.
10 LA Berlin, A Pr. Br. Rep. 30 Tit. 94, Nr. 11361, Fol. 8–9: Wilhelm II. an Bürgermeister Wermuth, 22.9.1914.
11 LA Berlin, A Pr. Br. Rep. 30 Tit. 94, Nr. 11361, fol. 301–302: Wilhelm II. an von Jagow, 16.7.1916.

Lebenskraft und Kampfesfreudigkeit und Leidensmut zu schaffen vermag, das alles Trübe und Dunkle, alles Schlechte und Niedrige, alles Weichliche und Wehleidige aus der Seele wegbläst und sie füllt mit rechter Freude, mit hohem Sinn, mit lebendiger Hoffnung."[12]

Zum Zeitpunkt dieser Predigt, März 1918, hatte der moralische Einwand gegen „oberflächliches Lachen" und urbane Unterhaltung in Berlin allerdings viel seiner Wirkungskraft verloren. Schon im Winter 1914/15 läßt sich eine Neubewertung der Vergnügung erkennen. Sie wurde durch die Unterhaltungsindustrie der Stadt vorbereitet, die argumentierte, daß Humor und Lachen keineswegs mit dem Krieg im Widerspruch stünden. Im Gegenteil, die Vergnügung sei ein Beweis des Durchhaltewillens und der Kriegsmoral. Das *Organ der Variétéwelt* schrieb am 7. Oktober 1914: „Und es ist schön, daß es so viel zu lachen gibt. Der Humor ist unauslöschlich"; und es schloß: „diese dauernde Fröhlichkeit, die in all unseren Reihen herrscht, erweist wiederum das Kerngesunde unseres militärischen Geistes".[13] *Der Kinematograph*, das Handelsblatt der Kinobesitzer und Filmvertreiber, schrieb zwei Monate nach Kriegsausbruch: „Daß Humor in diesen ernsthaften Zeiten ein möglichst breiter Raum eingeräumt sein muß, versteht sich von selbst. Es wäre durchaus verfehlt, nur Filmstücke ernsten Inhalts vorzuführen".[14] Bereits im Winter 1914/1915 öffneten eine Reihe von Singspielhallen, Salon-Variétés und Konzertcafés wieder, die bei Kriegsausbruch geschlosen hatten. Theater- und Variétédirektoren registrierten eine zunehmende Nachfrage nach Unterhaltung und boten Künstlern wie Carl Braun neue Engagements an. Auch die Kinos der Reichshauptstadt verzeichneten einen robusten Zuwachs an Besuchern.[15] Scharen von Fronturlaubern kamen nach Berlin, um sich zu amüsieren. Gleichzeitig beobachteten die Behörden, daß die Presse im Ausland die Einschränkungen des Berliner Nachtlebens nicht als Zeichen der Moral und der Stärke, sondern der Schwäche und des Ausnahmezustandes auslegte.[16]

Nimmt man diese Entwicklungen zusammen, so wird der Kontext deutlich, in dem die städtische Vergügung eine neue Deutung erhielt und in dem sie nicht mehr als im Widerspruch zum Krieg erschien.[17] Humor wurde jetzt speziell in Berlin als patriotisch, gesund und kriegsunterstützend gewertet. Martin Baumeister hat am Beispiel Otto Reutters, des vielleicht berühmtesten Variétéschauspielers

---

12 *Paul Wurster* (Hg.), Soldatenpredigten fürs Feld, Heft 155: Das rechte Lachen. Predigt auf den Sonntag Okuli, 3. März 1918. Stuttgart, 1918.

13 Das Organ der Variétéwelt, 7.10.1914, Nr. 308, 2.

14 Kinematograph, 30.9.1914, Nr. 405: Das Programm in Kriegszeiten.

15 Mit Ausnahme eines kurzen Rückgangs während des Jahres 1916 stieg die Zahl der Kinobesucher während der Kriegsjahre durchgehend; *Gary D. Stark*, Cinema, Society, and the State: Policing the Film Industry in Imperial Germany, in: *Ders./Bede Karl Lackner* (Hg.), Essays on Culture and Society in Modern Germany. Arlington. Texas 1982, 122–166; *David Welch*, Cinema and Society in Imperial Germany 1905–1918, in: German History 8 (1990), 28–45.

16 LA Berlin, A Pr. Br. Rep. 30 Tit. 94, Nr. 11361, fol. 374: Polizeibezirksamt Berlin-Mitte an von Jagow, 25.7.1916.

17 Karl Valentin beobachtete eine ähnliche Neubewertung des Humors in München gegen Ende des Jahres 1914; *Robert E. Sackett*, Popular entertainment, Class, and Politics in Munich, 1900–1923. Cambridge, Mass. 1982, 75.

der Stadt, der regelmäßig im Palasttheater auftrat, gezeigt, wie die offizielle Rhetorik in Berlin solche Orte der Vergnügung zunehmend als Quelle des „echten Lachens" stilisierte. Reutters Auftritte waren ein „Heimatfront-Theater", in dem Humor und Lachen, durchaus auch über die eigene Situation, Erleichterung versprachen. Reutter ventilierte Unzufriedenheit, etwa über Mangel an Lebensmitteln, schwächte diese Unzufriedenheit aber ab durch das Lachen darüber und durch die Verschiebung von Verantwortung auf Fremde, Feinde und Minoritäten. Die Nation erschien so als Gemeinschaft der Opfer, die sich gegen die Drohung von außen nicht nur mit Entschlossenheit, sondern auch mit Humor und Vergnügung wehrte.[18]

Diese Umdeutung des Lachens in Zeiten des Krieges war an sich bemerkenswert – in Berlin ging sie aber wesentlich weiter. Sie war direkt gekoppelt an Vorstellungen davon, was Berliner Identität ausmachte, wobei das Klischee der „Berliner Schnauze" eine zentrale Rolle spielte. So entdeckte das offizielle Berlin den Humor als etwas, das die Stadt ausmachte und das die Berliner an der Front auszeichnete. Die „Berliner Schnauze", traditionell als Ausdruck der Kritik und Respektlosigkeit den Behörden gegenüber verstanden, wurde zur Quelle des Durchhaltewillens. Als Kronprinz Wilhelm im Mai 1917 in einem Telegrammwechsel mit dem Berliner Oberbürgermeister die Leistung der Berliner Soldaten öffentlichkeitswirksam lobte, griff er auf gute Laune und humorvolle Schlagfertigkeit als typisch Berlinerische Eigenschaften zurück:

> „Habe soeben meine tapferen Regimenter 64 und 24, die gestern aus der Stellung kamen, besichtigt. Von den etwa 400 Mann, mit denen ich persönlich gesprochen habe, war der größte Teil aus Berlin und Umgebung. Trotz größter Anstregungen, schwersten, wochenlangen Feuers und erheblicher Verluste war die Haltung dieser Berliner Jungens glänzend, ihre gute Laune und Schlagfertigkeit hatten sie in keiner Weise eingebüßt. Mit solchen Truppen kann man den Teufel aus der Hölle holen."[19]

Adolf Wermuth, Berlins Oberbürgermeister, antwortete dem Kronprinzen, die Stadt sei stolz auf ihre „tapferen Jungens", und erklärte diese Berliner Tapferkeit, indem er das Klischee der „Berliner Schnauze" bemühte. Die Stadt sei „kraft- und pflichtbewußt", denn „mit seiner Väter Erbteil, dem gesunden Humor im Tornister, läßt sich dieser Schlag nicht unterkriegen, draußen wie drinnen, trotz aller Nöte".[20] Was den Berliner an der Front wie zuhause auszeichnete, darin stimmten Kronprinz und Oberbürgermeister in ihrem an Redaktionen und Presseagenturen abgegebenen Telegrammwechsel überein, war der „gesunde Humor".

---

18 *Baumeister*, Kriegstheater (wie Anm. 2), 147–171; Ders., War Enacted: Popular Theater and Collective Identities in Berlin, 1914–1918, in: *Marcus Funck/Roger Chickering* (Hg.), Endangered cities: Military Power and Urban Societies in the Era of the World Wars. Boston/Leiden 2004, 111–126.

19 Berliner Tageblatt, 7.5.1917: Die tapferen Berliner.

20 Ebd.

Anhand zweier weiterer Beispiele läßt sich zeigen, wie der Berliner Humor als Quelle des Selbstbildes der Stadt und der Kriegsmoral stilisiert wurde. Das erste Beispiel, die *Berliner Witzparade*, kam als Sonderausgabe in der Reihe „Tornister-Humor" des Berliner Verlags der lustigen Blätter heraus. Dies waren kleinformatige, schmale Bücher, die leicht in das Marschgepäck paßten und hauptsächlich der Unterhaltung der Frontsoldaten dienten. Die *Berliner Witzparade*, Band 43 dieser Reihe, versprach *Urberliner Humor gesammelt von Hans Ostwald*.[21] Auf der farbigen Titelseite der *Berliner Witzparade* waren verschiedene Berufe zu sehen, mit etwas Fantasie als typisch Berlinerische auszumachen, unter ihnen ein Zeitungsjunge und ein Clown. Im Anzeigenteil war – offensichtlich ernstgemeinte – Werbung für Scherzartikel abgedruckt, darunter Juck- und Niespulver sowie ein Produkt names „der blutige Finger", ein künstlich blutiger Finger, mit dem man seine Nachbarn erschrecken konnte. „Der Berliner Witz ist eine Marke für sich. Er ist kräftig, durchschlagend, dabei leicht verdaulich", verkündete das Vorwort.[22] Von Goethes Zeit bis in die Gegenwart hinein hätten Besucher Berlins den besonderen Humor seiner Einwohner bemerkt und beschrieben, teils in Bewunderung, teils in Ablehnung. Was den Berliner traditionell ausmache, sei daß er selbst in harten und ernsten Zeiten seine „Schnauze" nicht verliere. „Hautsache bleibt: ‚Man lacht!'", hieß es.[23]

In sieben Kapiteln bot die *Berliner Witzparade* Szenen und Schwänke, die als typisch berlinerisch ausgegeben wurden, darunter Kapitel zu „Berliner Kavalieren", zur „Großstadtjugend" und zum Thema „Hoher Herr Jerichtshof!". Andere Abschnitte waren überschrieben mit: „Mang uns mang!", „Uff'n Sonntag in's Jriene!" und „Wat man so sagt/Berliner Sprüche".[24] Besonderes Merkmal der meisten Witze war es, daß sie die Unzufriedenheit über die eigenen Situation kombinierten mit dem Lachen über andere und, seltener, über sich selbst. Die *Witzparade* fragte dezidiert: „Wat is Berlin?" und gab als Antwort: daß es trotzdem lacht. Die „Berliner Schnauze" fungierte also gleichzeitig als Quelle des Selbstbildes und des Durchhaltewillens. Darüber hinaus bot sie eine Identifikationsbrücke zwischen Front und Heimat. Während sich der Berliner an der Front in der *Witzparade* die Stadt vor Augen halten konnte, wurde den Berlinern zuhause suggeriert, daß die Soldaten an der Front mit ihnen lachten – und davon abhingen,

---

21 Ostwald hatte sich in den Jahren vor dem Krieg als Spezialist für das Studium des Berliner Alltagsleben etabliert: *Hans Ostwald* (Hg.), Großstadt-Dokumente, 50 Bde. Leipzig 1905–1908; Ders., Berlin und die Berlinerin. Eine Kultur- und Sittengeschichte. Berlin 1911. Nach dem Krieg erschienen von ihm: Kultur- und Sittengeschichte Berlins. Berlin 1924; Der Urberliner in Witz, Humor und Anekdote. Berlin 1928; und als bekanntestes Werk: Sittengeschichte der Inflation. Ein Kulturdokument aus den Jahren des Marktsturzes. Berlin 1931. Dazu: *Peter Fritzsche*, Vagabond in the Fugitive City: Hans Ostwald, Imperial Berlin and the Grossstadt-Dokumente, in: Journal of Contemporary History 29 (1994), 385–402.

22 Berliner Witzparade. Urberliner Humor gesammelt von *Hans Ostwald*. Berlin 1917, 3. Siehe auch: *Hans Schipper/Franz Schipper*, Urberliner Humor im Feld und daheim. Erlauscht von *Georg Mühlen-Schulte*. Berlin 1916.

23 Berliner Witzparade (wie Anm. 22), 3.

24 Ebd., 7.

daß die „Berliner Schnauze" weiter aufrecht gehalten werde. Stadt und Front waren in dieser Darstellung vereint durch die besondere Sorte Humor.

Das zweite Beispiel der kriegsdienlichen Stilisierung der „Berliner Schnauze" zielte mehr auf das bildungsbürgerliche Publikum ab. *Hundert Jahre Berliner Humor. Ein heiteres Stück Kulturgeschichte von den Freiheitskriegen bis zum Weltkrieg* erschien 1916, die zweite Auflage 1918. Der Herausgeber der Anthologie, der Literaturwissenschaftler Gustav Manz, war ein durch einschlägige Monographien ausgewiesener Humorspezialist. Er erklärte im Vorwort, das Buch habe „sich die Aufgabe gestellt, in geschichtlicher Anordnung von den Tagen der Freiheitskriege bis in die Stürme des gegenwärtigen Weltkrieges am Humor der Berliner festzustellen, daß dieser Spreeanwohner sich nie und nimmer vom Schicksal hat unterkriegen lassen."[25] Gleichzeitig solle das Buch einen „Abglanz des reichshauptstädtischen Daseins" bieten.[26] Beides, die Selbststilisierung der Stadt und der Nachweis des Durchhaltewillens waren wiederum in der Tradition der „Berliner Schnauze" zu finden. Als Nachweis bot das Buch einen „humoristischen Jahrhundertreigen".[27] Diese ausführliche Anthologie des Berliner Witzes reichte von Friedrich dem Großen über Goethe und Heinrich Heine in die Gegenwart des Jahres 1916. Der letzte Abschnitt des Buches war der „Berliner Schnauze" im Weltkrieg gewidmet. Die von Manz darin zitierten Anekdoten und Witzgeschichten thematisierten durchaus die Spannung zwischen Front und Berliner Heimat sowie die kriegsbedingten Entbehrungen und Konfrontationen – sie relativierten diese aber gleichzeitig humoristisch. Und sie beschwörten geradezu das Klischee der „Berliner Schnauze" als Quelle des propagandistisch erwünschten Durchhaltewillens und der Identifikation mit Berlin. So beispielsweise in dem Witzgedicht „Berliner Jungen", in dem ein Frontsoldat aus der Reichshauptstadt blutüberströmt von seinem Feldwebel aufgefunden wird:

> „Müller! Potz Wetter! Das sitzt ja, Mann!
> Backe vom Ohr bis zur Nasenspitze
> Uffgerissen! Donner un Blitze!"
> Der aber: „Ja, ick fiel pardauze!
> Doch ha'm se die Berliner Schnauze
> Mit een' Schuß nich kaput jekriegt!"[28]

Was beide Beispiele, die *Berliner Witzparade* und *Hundert Jahre Berliner Humor* gemeinsam hatten war, daß sie Humor als zentrales Berliner Charakteristikum stilisierten, als Tradition, auf die sich der Berliner in Zeiten des Krieges verlassen konnte. Lachen, Unterhaltung und Vergnügung erschienen hier nicht mehr, wie noch zu Beginn des Krieges, als im kategorischen Widerspruch zur „ernsten Zeit" des Krieges. Die „Berliner Schnauze" war nunmehr weniger gegen die heimische

25 *Gustav Manz* (Hg.), Hundert Jahre Berliner Humor. Ein heiteres Stück Kulturgeschichte von den Freiheitskriegen bis zum Weltkrieg. Berlin 1916, 4.
26 Ebd., 4.
27 Ebd., 3.
28 Ebd., 249: Berliner Jungen.

Obrigkeit oder Vertreter der Oberschicht gerichtet,[29] sondern die natürliche Berliner Reaktion auf einen von außen angezettelten Krieg. Sie bot eine Identifikationsbrücke zwischen Front und Heimatfront, ein verbindendes Klischee, das die Bewahrung Berliner Eigenart und Vorstellungen von Vorkriegsnormalität kultivierte. Die „Berliner Schnauze" war damit eine der zentralen rhetorischen Figuren, mit denen die Stadt der Realität des Krieges begegnete. Sie ermöglichte eine nostalgische Erzählstrategie, in der die Zeit vor 1914 in die Erfahrung des Krieges hineingeholt werden konnte und die diese Erfahrung vermitteln half. Der Berliner Humor demonstrierte nach außen wie nach innen, daß trotz aller Umwälzung und trotz des zunehmend totalen Charakters des Krieges die Verbindung mit älteren Vorstellungen von der eigenen Identität und dem Charakter der Stadt nicht verloren gegangen war.

Diese Neuerzählung der „Berliner Schnauze" war nicht einfach das Produkt amtlicher Propaganda. Verschiedene Akteure und Institutionen betrieben aus unterschiedlichen Interessen heraus die Umwertung der „Berliner Schnauze". Die Mobilisierung für den Krieg war nur eine davon.[30] Auch wäre es falsch, von einem konfliktfreien Prozeß auszugehen, in dem „oben" und „unten" sich auf einen gemeinsamen Sprachgebrauch verständigen. Humor ließ sich nur schwer regulieren; das Lachen während des Krieges blieb mehrdeutig.[31] Mehr noch, offizielle Strategien, wie sie in Berlin verfolgt wurden, um den Humor für den Krieg zu mobilisieren, konnten Folgen haben, die „von oben" weder beabsichtigt noch erwünscht waren. So öffnete die Neubewertung des Lachens in Berlin, die teilweise durch die Behörden betrieben wurde, Freiräume, in denen Formen der Unterhaltung und des Lachens gediehen, die ursprünglich tabuisiert worden waren.

Als Beispiel hierfür bietet sich der Fall des Unterhaltungskünstlers Carl Braun an, mit bürgerlichem Namen Carl Höbner, der sich durch die Geschichte Berlins während des Ersten Weltkriegs zieht. Das Berliner Polizei-Präsidium wurde auf Braun erstmals am 12. Oktober 1914 aufmerksam, als das Oberkommando in den Marken den Polizeipräsidenten von Jagow darauf hinwies, daß im Eispalast in der

---

29 Zur Geschichte des „Berliner Witzes" vor dem Krieg: *Mary Lee Townsend*, Humour and the Public Sphere in Nineteenth-Century Germany, in: *Jan Bremmer/Herman Roodenburg* (Hg.), A Cultural History of Humour. Cambridge 1997, 201–221; *Michael Schmitt*, Der rauhe Ton der kleinen Leute: „Große Stadt" und „Berliner Witz" im Werk Adolf Glaßbrenners zwischen 1832 und 1841. Frankfurt a.M. 1989.

30 *Baumeister*, Kriegstheater (wie Anm. 2), 12.

31 Das läßt sich auch am Beispiel der nicht-amtlichen Schützengrabenzeitungen sehen; *Anne Lipp*, Meinungslenkung im Krieg: Kriegserfahrungen deutscher Soldaten und ihre Deutung 1914–1918. Göttingen 2003, 29–39. In der Forschung wird diese Mehrdeutigkeit überwiegend vernachlässigt. Zwei Lesarten dominieren: erstens das Lachen über den Feind als Form der Propaganda und Mobilisierung; zweitens Humor als Ventil für Spannungen, das letztlich der Systemstabilisierung diente; *Jean-Yves Le Naour*, Laughter and Tears in the Great War: the Need for Laughter/the Guilt of Humour, in: Journal of European Studies 31 (2001), 265–275, hier: 268; *Pierre Purseigle*, Mirroring societies at war: pictorial humour in the British and French popular press during the First World War, ebd., 289–328, hier: 304; *Eberhard Demm*, Der Erste Weltkrieg in der internationalen Karikatur. Hannover 1988, 5.

Lutherstraße ein Verwandlungskünstler als Kaiser Franz Joseph und als König von Italien auftrete. „Er knüpft an jeden einen Kommentar, der recht bedenklich sein soll", notierte von Jagow.[32] Der zur Observierung abgestellte Beamte berichtete am selben Abend, daß ein Verwandlungskünstler names Braun dort tatsächlich aufgetreten sei. Braun sei außer Kaiser Franz Joseph und König von Italien auch als Präsident Wilson, Graf Zeppelin, Fürst Bismarck, General Emmich, General-oberst Hindenburg und Graf Haeseler erschienen.[33] Nachdem der observierende Beamte Braun bereits am 13. Oktober darauf hingewiesen hatte, daß die Darstel-lung solcher Persönlichkeiten während des Krieges verboten sei, erstattete das Polizeirevier Charlottenburg am 15. Oktober Strafanzeige gegen Braun. Eine Woche später vermerkte das Polizeirevier 6, daß Braun alias Höbner nun im Café Nordpalast auftrete. Braun habe wiederum eine Reihe von hohen Politikern und Militärs dargestellt. Im Gegensatz zu früheren Auftritten verzichtete er jetzt jedoch auf Kommentare. „Vor und während der Vorstellung wird nicht dazu gesprochen", schrieb ein Beamter.[34] Obwohl also jetzt rein pantomimisch, war die „Vorfüh-rung" unter anderen von Zeppelin, Bismarck, Hindenburg und Haeseler uner-wünscht. Braun verlegte sich infolgedessen auf die Darstellung von Komponisten, darunter Verdi, Wagner, Brahms, Mozart und Beethoven. Dem Betreiber des Nordpalastes muß die Aufmerksamkeit der Berliner Polizei und die wiederholte Anwesenheit von Polizisten in seinem Etablissement aber eingeschüchtert haben. Er kündigte Brauns Vertrag, bevor dieser ein neues Engagement als Pantomime solcher Komponisten im Dezember beginnen konnte. Braun, erbost und der Aus-sicht auf Verdienst beraubt, schrieb an den Leiter der Abteilung VIII des Polizei-präsidiums, zuständig für die Theaterzensur, und bat um eine Genehmigung, nicht ohne darauf hinzuweisen, daß er Berliner Bürger sei.[35]

Bemerkenswert an dem weiteren Verlauf des Falles ist nicht, daß das Polizei-Präsidium vierzehn Tage später dem Betreiber des Nordpalast versicherte, daß Braun sehr wohl als Verdi, Mozart oder Beethoven auftreten dürfe, was wohl abzusehen gewesen war;[36] sondern vielmehr, daß die Behörde einen Monat nach Brauns Eingabe eine Genehmigung erteilte, die in krassem Widerspruch zum ursprünglichen Verbot und der Strafanzeige stand. Auf eine Anfrage des Betrei-bers des Café Nordpalast hin und in Rücksprache mit dem Oberkommando geneh-migte die Abteilung VIII am 17. Dezember schriftlich zukünftige Auftritte Brauns, auch wenn dieser darin hohe und höchste Persönlichkeiten darstellte. Im Wortlaut:

---

32   LA Berlin, A Pr. Br. Rep. 30 Tit. 74, Th 63: Gesprächsnotiz von Jagow, 12.10.1914.
33   LA Berlin, A Pr. Br. Rep. 30 Tit. 74, Th 63: 1. P. R. Ch., 13.10.1914. Brauns Auftritt muß im Nebensaal des Eispalast stattgefunden haben, dem Eispalast-Casino, in dem hauptsächlich Künstlerabende und kleinere Variétéauftritte stattfanden. Der Hauptsaal, aus dem die Besitzer 1913 die Eisfläche hatten entfernen lassen, war seitdem meist unbenutzt geblieben; *Wolfgang Jansen*, Das Varieté. Berlin 1990, 203–206.
34   LA Berlin, A Pr. Br. Rep. 30 Tit. 74, Th 63: 62. Pol. Rev., 28.10.1914.
35   LA Berlin, A Pr. Br. Rep. 30 Tit. 74, Th 63: Carl Braun an Abteilung VIII, Polizeipräsidium Berlin, 12.11.1914. Mit gleichem Datum an General von Kessel, Oberkommando der Marken.
36   LA Berlin, A Pr. Br. Rep. 30 Tit. 74, Th 63: Aktenvermerk, Abteilung VIII, 27.11.1914.

„Folgende Personen sind zur mimischen Darstellung genehmigt.
Napoleon I, Kaiser Franz Joseph, Fürst Bismarck, Prinz Ludwig II v. Bayern, Kronprinz
Rupprecht v. Bayern, General von Emmich, Graf Häseler, Generalfeldmarschall v. Hinden-
burg.
Nicht zugelassen:
Der alte Fritz".[37]

Innerhalb von zwei Monaten hatte die Berliner Polizeibehörde also das ursprüng-
liche Verbot widerrufen. Die Regel, die die Behörde nunmehr aufstellte, war, daß
außer dem preußischen Könighaus die Herrscher aller Länder und auch deutsche
Fürsten im Variété dargestellt werden durften, ebenso Heerführer und Politiker.
Nur die Hohenzollern durften nicht aufgeführt werden. Entscheidend für die
Genehmigung war, daß Brauns Auftritte ausschließlich pantomimisch waren.
Kommentare mußten unterbleiben, die Stimme der von ihm dargestellten Persönlichkeiten durfte er nicht nachmachen. Diese im Dezember 1914 erteilte Genehmi-
gung blieb für den Verlauf des Krieges bestehen und galt auch für andere Cafés
und Variétés. So schrieb der Inhaber des Café Winterfeldt am 5. März 1916 an den
Polizeipräsidenten:

„Herr Carl Braun ist im Kaffe [sic] Winterfeldt Postdamerstr 68 als mimischer Kapellmeister
engagiert, und coupiert [sic] im Dirigieren nachfolgende Komponisten: Rich. Wagner, Franz
Lieszt [sic], Verdi, Offenbach, [...]. In seinem zweiten Auftreten, Musikalisch Illustrierte Por-
trait-Studien, zeigt Herr Braun die Köpfe folgender Persönlichkeiten: Zeppelin, König Ludwig
von Baiern [sic], Kronprinz Ruprecht von Baiern [sic], Bismarck, Tirpitz, Weddingen, König
von Bulgarien, Graf Häseler, v. Mackensen, v. Hindenburg und Kaiser Franz Josef".[38]

Mit Zustimmung des Oberkommandos in den Marken genehmigte das Präsidium
den Auftritt und vermerkte, daß „Darbietungen in ähnlichem Rahmen für Café
Nordpalast [...] während der Kriegszeit zugelassen worden" seien.[39] Die Genehmi-
gung erfolgte „unter der Voraussetzung, das nur die in dem Antrag aufgeführten
Personen dargestellt werden und hierbei Ansprachen und Vorträge unterbleiben".
Das Revier 68 wurde angewiesen Kontrollen durchzuführen. Noch zum Ende des
Krieges hin war diese Regelung wirksam, auch für andere Künstler und Etablis-
sements.[40]
    Soweit der Fall, wie er sich aus den Akten des Polizei-Präsidiums rekon-
struieren läßt. Zwei Fragen drängen sich auf. Erstens, wie sind die Auftritte des
Carl Braun zu bewerten: als Parodie und Kritik, oder als harmlose Unterhaltung?
Zweitens, wie erklärt sich der bemerkenswerte Schwenk von Verbot und Strafan-
zeige hin zu einer umfangreichen Genehmigung, die einschloß, daß preußische
Feldherren und bayerische Monarchen von Verwandlungskünstlern im Variété

37   LA Berlin, A Pr. Br. Rep. 30 Tit. 74, Th 63: Genehmigung, Abteilung VIII, 17.12.1914.
38   LA Berlin, A Pr. Br. Rep. 30 Tit. 74, Th 63: Inhaber des Café Winterfeldt, Gustav Gottschalk,
     an Polizeipräsidenten, Abt. VIII, 5.3.1916.
39   LA Berlin, A Pr. Br. Rep. 30 Tit. 74, Th 63: Aktenvermerk, Polizei-Präsidium, Abt. VIII,
     6.3.1916.
40   LA Berlin, A Pr. Br. Rep. 30 Tit. 74, Th 63: Polizei-Präsidium, Abt. VIII, an Rose-Theater,
     Berlin, Gr. Fankfurter Str. 132, 20.6.1918.

vorgeführt werden durften? Eine Antwort auf die erste Frage ist zunächst in dem ungewöhnlichen Genre zu suchen, in dem Carl Brauns Auftritte zu verorten sind. In seinen Briefen an verschiedene Behörden bezeichnete Carl Braun sich selbst als „Mimiker", also als „Nachahmer", jener „größten Männern der Gegenwart und Vergangenheit", unter denen sich Hindenburg und Bismarck, Ludwig II. und Kaiser Franz Joseph befanden.[41] Die mimische Darstellung solcher Persönlichkeiten war natürlich nicht Brauns Erfindung und auch nicht ein Produkt der „Berliner Schnauze", sondern ein gängiges Genre der Variétés und Kabaretts in Deutschland und Europa. Hohe und höchste Persönlichkeiten wurden im „lebenden Bild" dargestellt, „coupiert" oder „mimisch vorgeführt". Karl Valentin, der von 1915 an in Münchner Variétés als Mimiker auftrat, parodierte dieses Genre in seinem Vortrag „Hochgeehrter Zuschauerraum!". Wesentliches Merkmal dieses Genres, das macht Valentin deutlich, war es, daß die Grenze zwischen Nachahmung und Parodie fließend war. Die Absicht des Künstlers war es zunächst, die jeweiligen Persönlichkeiten so darzustellen, daß das Publikum sie erkennen konnte. Die Bewunderung des Publikums für diese Verwandlung konnte, mußte aber nicht übergehen in das Lachen über diese Figur.[42]

Daß Carl Braun nach seinen ersten Auftritten bewußt auf Worte verzichtete, steigerte diese Ambivalenz noch. Nicht nur konnte ihm dadurch keine klare Intention, ob kritisch oder nicht, nachgewiesen werden.[43] Auch das Publikum war in seiner Lesart der Vorführung weniger festgelegt. Gerade darin lag der Reiz der Braunschen Auftritte. Politiker, Heeresführer und Monarchen konnten überspitzt, auch clownhaft repräsentiert, in der nächsten Wendung aber durchaus positiv dargestellt werden. Dadurch, daß Braun sich des Kommentars enthielt, überließ er die Interpretation und Wertung dem Publikum. Seine Auftritte spielten mit der Komik, die durch den ungewohnten Kontext entstand, in dem er Staatsmänner und Heereslenker auftreten ließ. Braun zeigte diese „größten Männer" in Situationen, die alles andere als großartig waren, nämlich die Salon-Variétés und Kleinkunstbühnen Berlins: Bismarck und Hindenburg traten zwischen die Tische der nächtlichen Besucher von Casinos und Salons und dirigierten gegebenenfalls das Café-Orchester. Diese Komik und die Fallhöhe zwischen der Bühne der europäischen

41 LA Berlin, A Pr. Br. Rep. 30 Tit. 74, Th 63: Carl Braun an Abteilung VIII, Polizeipräsidium Berlin, 12.11.1914. Ebd.: Carl Braun an General von Kessel, Oberkommando der Marken, 12.11.1914.

42 *Wolfgang Till* (Hg.), Karl Valentin: Volks-Sänger? Dadaist? München 1982, 70–71; *Wilhelm Hausenstein*, Die Masken des Komikers Karl Valentin. München 1976. Zu Valentins Kritik an Militär und Autoritäten: *Sackett*, Popular entertainment (wie Anm. 17), 61–63.

43 Textbücher für Auftritte im Kabarett und Theater mußten bei der Abteilung VIII des Polizeipräsidiums abgegeben werden. Braun konnte sein pantomimisches Auftreten zwar beschreiben, ohne gesprochenen Text war deren Bedenklichkeit aber schwer zu beurteilen, es bedurfte hierzu letztlich des Besuches seiner Vorstellungen. Zur Zensurpraxis in Berlin während des Krieges: *Baumeister*, Kriegstheater (wie Anm. 2), 30–33; *Gary Stark*, All Quiet on the Home Front: Popular Entertainments, Censorship and Civilian Morale in Germany, 1914–1918, in: *Frans Coetzee/Marilyn Shevin-Coetzee* (Hg.), Authority, Identity and the Social History of the Great War. Providence 1995, 57–80.

Politik und des nächtlichen Variétés ließ sich durchaus als Parodie oder „lebende Karikatur" (Valentin) lesen.

Solche Auftritte konnten aber gleichzeitig auch als Ausdruck der Bewunderung und Zustimmung interpretiert werden. Artisten wie Braun oder Valentin boten zunächst einen Moment der Illusion und führten die Kunstfertigkeit des Mimikers vor, der das Publikum überzeugen mußte, daß dies das „lebendige Abbild" einer bekannten Persönlichkeit war. Dieser Wiedererkennungseffekt konnte durchaus im Vordergrund stehen, was durch die vergleichweise schnelle Abfolge von Auftritten verstärkt wurde. Die Art und Weise, wie Journalisten und Kritiker dieses Genre bewerteten und interpretierten, zeigt ebenfalls, daß die mimische Darstellung „größter Männer" nicht notwendigerweise immer als Satire oder Kritik gelesen wurde. In der Prese wurden Auftritte von Mimikern – im Gegensatz zum regelrechten Kabarett – oft als politisch eher harmlos aufgefaßt. In der Tat, manche „Darstellung hoher Persönlichkeiten" konnte patriotisch und das Lachen über die vorgeführte Figur zustimmend wirken.[44] Brauns Auftritte blieben also zutiefst ambivalent. Diese Ambivalenz war im Genre angelegt und, das darf man dem Künstler Braun unterstellen, durchaus gewollt. Die Tatsache, daß er in frühen Auftritten Kommentare abgegeben hatte, die Polizei und Militärbehörden für bedenklich gehalten hatten, unterstreicht das.

Die Frage nach intendierter und rezipierter Kritik führt letztlich aber nicht besonders weit, eben weil die Offenheit der Interpretation, die Ambivalenz der Lesart Teil des Genres und seines Reizes waren. Wichtiger für die Verortung des Beispiels von Carl Braun erscheint die eingangs untersuchte Debatte über die Moralität des Lachens, die in Berlin mit dem Ausbruch des Krieges entbrannte. Denn ob Brauns Aufführungen Ausdruck der parodistischen Kritik waren oder nicht, wesentliches Merkmal der „mimischen Nummer", wie Valentin dieses Genre nannte, war, daß sie Vergnügung, Unterhaltung und Lachen bot. Die Art und Weise, wie die Etablissements, in denen Braun auftrat, für solche Vorstellungen warben, unterstrich das. Das Eispalast-Casino, das Café Winterfeldt und der Nordpalast versprachen ihren Besuchern vor allem Unterhaltung und Musik. In der *BZ am Mittag* inserierten sie unter der Rubrik „Vergnügungsanzeigen", im *Tageblatt* unter „Theater, Konzerte, Vergnügungen". Die veränderte offizielle Haltung dem Lachen und der Vergnügung gegenüber und die Entdeckung der Berliner Schnauze als Quelle (lokal)patriotischen Durchhaltewillens macht den Fall von Carl Braun verständlicher. Während unmittelbar zu Kriegsausbruch die Stadt auf Ernsthaftigkeit festgelegt werden sollte, wichen zivile und militärische Behörden schon zum Jahresende 1914 von diesen Kurs ab. Die Genehmigung der Auftritte Brauns im Dezember 1914 fällt in die Phase der Umdeutung des Verhältnisses von Lachen und Krieg, die sich im Laufe des Krieges zunehmend durchsetzte.[45]

---

44 Das Organ der Variétéwelt, 10.10.1914, 5.
45 Zur grundlegenden Veränderung in der Kriegsstimmung hin zu Ernüchterung und Desillusionierung, die mit dieser Neubewertung Hand in Hand ging: *Volker Ullrich*, Kriegsalltag. Zur inneren Revolutionierung der Wilhelminischen Gesellschaft, in: *Wolfgang Michalka* (Hg.), Der Erste Weltkrieg: Wirkung, Wahrnehmung, Analyse. München 1994, 603–621.

Diese Neubewertung des Berliner Humors deutet auf eine gewisse Resistenz, die sich während des Krieges in der Reichshauptstadt gegen den Zugriff auf und die übermäßige Regulierung des Nacht- und Vergnügungslebens entwickelte. Hierbei spielte es eine wichtige Rolle, daß Vorstellungen von Berlins Charakter und Identität vor Ausbruch des Krieges eng mit Amüsement und Unterhaltung verbunden gewesen waren. Jenen Moralisten, die (wie der Kaiser) so vehement gegen das Nachtleben der Stadt wetterten, griffen letztlich das Selbstbild vieler Berliner an. Der *Kladderadatsch* faßte das in einer Karikatur, als er die Sperrstunde, die General von Kessel verordnet hatte, als „Licht aus" für Berlin interpretierte: ein übergroßer Nachttopf (oder eben Kessel) war über das pulsierende Nachtleben Berlins gestülpt.[46] Berlins Straßen- und Nachtleben ließ sich letztlich nicht auf eine Weise regulieren oder „säubern", die der Rhetorik der „Ernsthaftigkeit" oder der „moralischen Pflicht" entsprochen hätte. Im Gegenteil, umso länger der Krieg sich hinzog, um so wichtiger wurden Unterhaltung und Vergnügung als tägliche Quellen einer Normalität, die in den meisten Bereichen des urbanen Lebens gerade so traumatisch fehlte. Der Präsident von Berlin-Mitte reflektierte über diesen Umstand im Sommer 1916, als er an von Jagow schrieb, daß zu viel Kontrolle und Einflußnahme eine nachteilige Wirkung auf die Berliner haben würde:

> „Zu bedenken ist auch, daß eine Umwandlung Berlins in eine völlig stille Stadt sowohl auf die Stimmung der hiesigen Bevölkerung ihre Rückwirkung üben muß, wie sie sich auch durch Berichte der Neutralen in das Ausland verpflanzen wird. Ich bitte Bezug nehmen zu dürfen auf den anliegenden Artikel der Frankfurter Zeitung, der zeigt, wie das Vergnügungsleben Berlins im Auslande als ein Zeichen deutscher Stärke und deutschen Vertrauens angesehen wird".[47]

Einmal mehr waren hier Vorstellungen vom Charakter der Stadt untrennbar mit der antizipierten Wirkung nach außen verbunden. Das Publikum, für das der Eindruck einer „völlig stillen" oder „ernsten" Stadt vermieden werden sollte, war gleichzeitig die Berliner Bevölkerung und die Presse des Auslands. Wie prominent diese Verschränkung von Außen- und Innensicht in der Konstruktion Berliner Kriegsidentität war, belegte auch der im Zitat erwähnte Artikel. Unter der Überschrift „Französische Wahrheiten über Deutschland" hatte die *Frankfurter Zeitung* darin berichtet, wie in Frankreich die Lage Berlins gesehen würde. Dabei hatte sie betont, daß französische Journalisten die Theater- und Vergnügungsanzeigen in Berliner Zeitungen auswerten würden, um auf die Stimmung in Berlin zu schließen. Es sei eine „originelle und beinahe unfehlbare Art, die Seele eines Landes aus dem Anzeigenteil seiner Zeitungen zu erforschen, weil sie sich da am

---

46 Kladderadatsch, 21.3.1915: Berlin bei Nacht.
47 LA Berlin, A Pr. Br. Rep. 30 Tit. 94, Nr. 11361, fol. 374: Polizeibezirksamt Berlin-Mitte an Polizeipräsidenten von Jagow, 25.7.1916. Hier ist durchaus ein Eingehen auf die urbane Massenkultur zu erkennen – im Gegensatz zu Gunther Mais Einschätzung, daß während des Krieges „kein Lernprozeß im Umgang mit der anonymen Massenkultur, den urbanen Lebensformen" stattgefunden habe; *Gunther Mai*, „Verteidigungskrieg" und „Volksgemeinschaft". Staatliche Selbstbehauptung und soziale Befreiung in Deutschland in der Zeit des Ersten Weltkriegs, in: *Michalka*, Der Erste Weltkrieg (wie Anm. 45), 583–602, hier: 596.

natürlichsten gibt". So habe unter anderem *La Grande Revue* ihre Leser über die Berliner Theater- und Variétéspielpläne unterrichtet. Unter Hinweis auf das vielfältige Unterhaltungsangebot habe sie ihre Leser ermahnt, nicht zu glauben, „Berlin streue sich Asche aufs Haupt und zerfließe in Tränen".[48] Die französische Presse, so die *Frankfurter Zeitung*, habe auf diese Weise einsehen müssen, daß die Stimmung in Berlin ungetrübt sei.

Es war in solchen eigentümlichen Verschränkungen von Außen- und Innensicht, daß Journalisten und Beamte Vorstellungen von Berlin konturierten. Dieses Spiel mit Berlin-Ansichten, die deutsche Zeitungen als Darstellungen der ausländischen Presse auf das Berliner Publikum zurückspiegelten, unterstreicht wie wenig sich die Außen- von der Innendarstellung der Stadt unterscheiden ließ. Berlin mußte auch während des Krieges fortlaufend neu erzählt werden. Diese „kulturelle Produktion" der Stadt fand auf einer Bühne statt, die ebenso nach innen wie nach außen gerichtet war. Die im Krieg neu erfundene „Berliner Schnauze" fungierte in beide Richtungen als nostalgischer Beweis der Normalität und als kriegsdienliches Klischee, das Vorstellungen vom Selbstverständnis der Stadt mit der Demonstration Berliner Durchhaltewillens verband. Dabei entzog sich aber, wie das Beispiel des Carl Braun deutlich macht, die Erzählung der Stadt durch Lachen und Unterhaltung immer wieder dem vermeintlichen Machtmonopol von Zensur und Propaganda. Die Beziehung zwischen Lachen und Krieg sowie das durch diese Beziehung bestimmte Bild von Berlin war Veränderungen unterworfen, die diffus wirkten und durch Behörden beeinflußt, aber nicht kontrolliert werden konnten. „Berlin" wurde im Kriegstheater der Großstadt zwischen verschiedenen Akteuren, darunter Polizeibeamte und Unterhaltungskünstler, fortwährend neu verhandelt und aufgeführt.

---

48 Frankfurter Zeitung, 17.7.1916, Abendblatt: Französische Wahrheiten über Deutschland. Dazu auch im gleichen Blatt: Berliner Notizen.

BERLIN UND SEIN FREMDENVERKEHR:
IMAGEPRODUKTION IN DEN 1920ER JAHREN

Daniel Kiecol

> „But all cities are ideas, ultimately. They create themselves, and the rest
> of the world apprehends them or ignores them as it chooses."
> Jonathan Franzen, *The Twenty-seventh City* (1988)

I. Von der Residenz zur Metropole

Berlin war zwischen 1918 und 1933 auf der Suche nach einer neuen Identität.
Spätestens seit der Reichsgründung 1871 und der Wandlung von der preußischen
Residenz zur Hauptstadt eines Deutschen Reiches befand sich die Stadt auf dem
Weg zur Metropole, die ihren Platz im Konzert der Hauptstädte erst noch finden
mußte. Lange Zeit orientierten sich die an der Imageproduktion beteiligten Akteu-
re (und dies war bis zum Ersten Weltkrieg namentlich der Kaiser) hierbei an Paris.
Der nicht zuletzt ästhetisch definierte Weltstadt-Anspruch der französischen
Metropole mußte in der Hauptstadt des aufstrebenden und kolonial expandie-
renden Deutschen Reiches als natürliches Modell erscheinen, wenn es darum ging,
eine Form für die notwendige Vergrößerung und Ausdehnung der aus allen
Nähten platzenden Spreestadt zu finden. Der immense Zustrom von Menschen aus
den Ostgebieten und der Ausbau zum wichtigsten Industriestandort des Reiches
machten es unumgänglich, sich Gedanken über Fragen zu machen, für die es in
Deutschland kaum eine Tradition gab: Urbanität, Internationalität, Modernität.
Wie der Brockhaus von 1906 vermerkt, lebten zu Beginn des 20. Jahrhunderts nur
40% geborene Berliner in der Stadt. In den Jahren zwischen 1871 und 1905 stieg
die Bevölkerungszahl von 826.341 auf 2.040.148 an und hatte damit um die Jahrhundertwende mehr Einwohner als die Städte Hamburg, München und Dresden
zusammen – und das wohlgemerkt zu einer Zeit, als der bevölkerungsreichste
Vorort Charlottenburg noch nicht einmal eingemeindet war.

Die kaiserlichen Versuche, die ästhetischen Kategorien der klassischen
Metropole nach Berlin zu übertragen, erschienen schon damals hoffnungslos ana-
chronistisch. Als Beispiel mag die Siegesallee mit den Statuen der Hohenzollern-
könige dienen, die bei niemandem so recht Gnade zu finden schienen.[1] Auch die

---

[1] *Gerhard Masur*, Das kaiserliche Berlin. Berlin 1971, 216: „Die Siegesallee machte Berlin
    aber nicht zur schönsten Stadt, sondern zum Gespött der Welt"; *Eugène Beyens*, Deux années
    à Berlin, Bd. 1. Paris 1931, 44; auch bei: *Jules Huret*, Berlin. Berlin 1997 (dt. Erstausgabe
    München 1909), 18, der von den „grimmen Hohenzollern" sprach. Interessanterweise stießen
    die Statuen selbst in deutschnationalen Kreisen auf wenig Gegenliebe; Führer durch Berlin
    und Potsdam. Berlin 1927, 25. Die einzigen mir bekannten Ausnahmen bildeten: *Olga Frey*,
    Großstadtluft und Meereslust. Eine Reise nach Berlin und an die Ostsee 1900, hg. v. *Walter*

Neugestaltung der Prachtallee Unter den Linden löste einen regelrechten Kultur-
kampf aus, bei dem es im Kern um die Deutungsmacht darüber ging, in welche
Richtung sich Berlin in den kommenden Jahrzehnten städtebaulich bewegen
würde. Immer aber, und darauf verweisen fast alle Texte aus dieser Zeit, ging es
um viel mehr als bloß städtebauliche Aspekte. Ähnlich wie in anderen Metropolen zeugte der Umgang mit dem eigenen städtebaulichen und architektonischen
Erbe von einer viel umfassenderen Haltung zu Fragen, die weit ins Soziologische
und Politische hineinreichten. So war Berlin die Hauptstadt eines traditionell
großstadtfeindlichen Landes, in dem eine zu selbstbewußte und modernistische
Metropole mit schärfsten Angriffen aus der Provinz rechnen mußte. Das Bild
Berlins als Hort des Sozialismus und der Revolution tat hierzu ein übriges.

Ein Thema, das sehr eng mit der Berliner Urbanität auf dem Weg ins 20.
Jahrhundert zusammenhängt, ist das des Fremdenverkehrs, um das es in diesem
Beitrag in erster Linie gehen wird. Zunächst werde ich mich dabei mit den Voraussetzungen für die Entwicklung eines Berliner Fremdenverkehrs beschäftigen.
Sodann sollen die hinter dieser Tätigkeit liegenden Konzepte beleuchtet werden,
also die Frage, womit und wie für Berlin geworben wurde. In einem kontrastie-
renden Einschub soll dann der Pariser Fremdenverkehr dieser Zeit in den Blick
genommen werden, um die Unterschiede und Besonderheiten der Berliner Entwicklung besser herausarbeiten zu können.

II. Der Berliner Fremdenverkehr in den 1920er Jahren

„Die überall einsetzende Werbetätigkeit im In- und Auslande, die schwierige Aufklärungsarbeit durch die Presse des In- und Auslandes blieben nicht ohne Erfolg. Es gelang, einen
großen Teil der falschen über Deutschland, insbesondere über Berlin, herrschenden An-
schauungen im Auslande zu zerstreuen, und wir können heute mit Befriedigung feststellen,
daß die Zahl der Fremden, die nach Deutschland kommen, fortlaufend zunimmt."[2]

Ähnlich wie es in anderen Großstädten der Fall war, blieb der Fremdenverkehr
Berlins vor dem Ersten Weltkrieg zunächst der privaten Initiative einzelner, insbesondere von Unternehmern und ihren Interessengruppen überlassen. Die Berliner Gewerbeausstellung von 1896, aber auch noch die Reiseausstellung im Jahr
1911 können hierfür als Beispiele gelten. Städtisches Engagement war zu dieser
Zeit kaum festzustellen. Dennoch verweisen bereits beide Ereignisse auf einen
Punkt, der die späteren, kommunalen Aktivitäten auf dem Gebiet des Fremdenverkehrs entscheidend prägen sollte, nämlich die immer stärkere Hinwendung zum
Ausland als Zielgebiet der Fremdenwerbung. Die Rolle eines Pioniers bei der

---

        Leimgruber. Zürich 1997, 113; sowie *J.F. Dickie*, In the Kaiser's Capital. New York 1910,
        24f., der die Statuen als „lesson in history" bewunderte; allerdings ist das Buch Wilhelm II.
        gewidmet und zeugt auch sonst von einer recht kritiklosen Haltung gegenüber der kaiserlichen
        Familie.
2   *Sylvester Kolanowski*, Orientierung des Fremdenverkehrs, in: *Hans Brennert/Erwin Stein*
        (Hg.), Probleme der neuen Stadt Berlin. Darstellungen der Zukunftsaufgaben einer Viermillio-
        nenstadt. Berlin 1926, 406.

Ausbildung der Berliner Fremdenverkehrsinfrastruktur kam der Centralstelle für den Fremdenverkehr Groß-Berlins (CFv) zu. Bereits vor dem Ersten Weltkrieg gegründet, umfaßte ihre Arbeit ein weites Spektrum an Tätigkeiten. Vor allem setzte sich die CFv für eine Verbesserung des städtischen Erscheinungsbildes ein. Ihre Anregungen umfaßten dabei vor allem die Verschönerung alter Fassaden sowie die Forderung nach mehr Blumenschmuck in Gärten und auf Balkonen. Zu diesem Zweck reichte die CFv mehrere Eingaben beim Berliner Magistrat ein.[3] Befördert wurde die Gründung dieser Institution nicht zuletzt durch den Umstand, daß Berlin zu dieser Zeit die einzige deutsche Großstadt war, die noch nicht über eine der Fremdenverkehrswerbung gewidmete Organisation verfügte.[4]

Nach dem Krieg setzte sich die CFv insbesondere für die Interessen der Berliner Hotels ein, indem sie etwa 1922 gemeinsam mit dem Berliner Hotelverein gegen die Pläne einer Verfünffachung der Beherbergungssteuer durch das Reichsverkehrsministerium eintrat.[5] Schon vor dem Krieg war die CFv der geplanten Einführung einer allgemeinen „Lustbarkeitssteuer" entgegengetreten.[6] Immer wieder wurde auf die wachsende Bedeutung des „Ausländerverkehrs" für die Wirtschaft Berlins hingewiesen. Es wurde damit gerechnet, daß eine verstärkte Werbetätigkeit und die Beseitigung von Übelständen wie dem Bettelwesen, dem wilden Straßenhandel oder dem „Plakatunwesen" der Stadt zu einer erheblichen Steigerung des Ausländerverkehrs verhelfen würde und ihr damit eine jährliche Mehreinnahme von bis zu 1,5 Milliarden Mark verschaffen könnte.[7] Neben der Lobbytätigkeit im Sinne der größeren Hotels unterhielt die CFv allerdings auch noch die Anlaufstelle für die Vermittlung einfacherer Zimmer in Pensionen und Gasthäusern. Diese Unterkunftsstelle der Centralstelle (Udece) kann zugleich als Zeichen für den sich abzeichnenden Übergang der Berliner Fremdenverkehrsförderung von privater zu städtischer Hand dienen. Denn immer mehr waren diese Aktivitäten auf öffentliche Hilfe angewiesen, etwa durch das Wohnungsamt, von dem man eine möglichst zügige Meldung freistehender Wohnungen zur Vermittlung an auswärtige Gäste erwartete.

So war es mehr als folgerichtig, daß die Centralstelle 1922 von der Behrenstraße in die Dessauer Straße zog und im gleichen Haus Quartier nahm, in dem auch das Verkehrsamt der Stadt seinen Sitz hatte. Trotz wiederholter Beteuerungen der Eigenständigkeit, mit der die Centralstelle für die Belange des Berliner Fremdenverkehrs eintreten wollte, weist schon der Umstand, daß sie wiederholt die volle Übernahme ihrer Personalkosten durch die Stadt einforderte, darauf hin, daß hier keine langfristige Lösung der Kompetenzfrage gefunden war. Die Probleme, die sich durch die Selbständigkeit der CFv ergaben, einschließlich der

3   Vgl. Hebung des Berliner Fremdenverkehrs, in: Berliner Tageblatt vom 22.3.1911, Abendausgabe.
4   *Gustav Böß*, Einleitung zu dem Sammelband: Fremdenverkehr, hg. v. Industrie- und Handelskammer zu Berlin. Berlin 1929, 7–24, hier: 8.
5   Landesarchiv Berlin (hiernach: LA), Rep. 01–02, 3000; nur wenig später wurde der Plan fallen gelassen.
6   Vgl. „Hebung des Berliner Fremdenverkehrs" (wie Anm. 3).
7   Bericht zur Jahreshauptversammlung der CFv vom 19.5.1922; LA, Rep. 01–02, 3000.

Forderungen an die Stadt nach größeren materiellen Zuwendungen, ohne daß die Stadt die letzte Kontrolle über die Arbeit der Einrichtung hatte, mögen dazu geführt haben, daß die Gründung rein städtischer Dienstleister für den wachsenden Fremdenverkehr der Reichshauptstadt ins Auge gefaßt wurde. Die Zeit der „kaiserlichen Verschönerungsvereine"[8] war vorbei.

Der erste Schritt hierzu war die Gründung der Gemeinnützigen Messe- und Ausstellungsgesellschaft mbH im Jahr 1923. Schließlich war die Centralstelle in diesen Jahren auch in der Frage des schrittweisen Ausbaus der Berliner Messetätigkeit an ihre Grenzen gestoßen. Wiederholt hatte sie gegen eine ihrer Meinung nach einseitige Unterstützung der Leipziger Messe seitens des Ausstellungs- und Messeamts der Deutschen Industrie protestiert, ohne damit auf positive Resonanz zu stoßen.[9] Es war klar geworden, daß ein möglichst starkes Auftreten Berlins gegenüber den Interessen anderer Messestädte von einem professionell geführten, allein auf alle Messeangelegenheiten ausgerichteten Amt abhing, das in noch engerem Zusammenhang mit der Stadt stand. Dieses wurde mit dem neuen Messeamt erreicht, ausführendes Organ der Gemeinnützigen Berliner Messe- und Ausstellungsgesellschaft mbH. Das Kapital der Gesellschaft war zu 99,3% in den Händen der Stadt, die auch im Aufsichtsrat die Mehrheit besaß.[10] Vor allem das Engagement des Oberbürgermeisters Böß, der dem Aufsichtsrat vorstand, sorgte dafür, daß sich die Realisierung der Pläne für den kontinuierlichen Ausbau der Berliner Messe zumeist nicht nur unter voller Rückendeckung der Stadt vollzog, sondern die Stadt überhaupt einen außerordentlich großen Einfluß hatte.

Das gleiche galt für das zwei Jahre später gegründete Fremdenverkehrsbüro der Stadt Berlin.[11] Gerade diese Einrichtung ist in engem Kontext zu sehen mit der Gründung einiger wichtiger Verkehrsorganisationen auf Reichsebene. Dazu gehörten das Mitteleuropäische Reisebüro (MER), die Reichsbahnzentrale für den Deutschen Reiseverkehr (RDV; bis 1928 Reichszentrale für deutsche Verkehrswerbung), schließlich der Reichsausschuß für Fremdenverkehr.[12] Das Fremdenverkehrsbüro war sowohl Auskunftsstelle für Berlinreisende, als auch mit der Berliner Verkehrswerbung betraut. Zudem fungierte es als Bindeglied zwischen der Stadt und der Reichsarbeitsgemeinschaft für Deutsche Verkehrsförderung.[13] Die neue Sicht des Fremdenverkehrs als Devisenbringer und Ausgleich für die hohen Reparationsforderungen der Alliierten, die sich seit dem Ende des Krieges

---

8   *Christine Keitz*, Grundzüge einer Sozialgeschichte des Tourismus, in: *Peter J. Brenner* (Hg.), Reisekultur in Deutschland: Von der Weimarer Republik zum „Dritten Reich". Tübingen 1997, 67.

9   Vgl. etwa das Schreiben der CFv an das Ausstellungs- und Messeamt der Deutschen Industrie vom 17.11.1922 sowie ein Brief an Böß mit der Bitte um Unterstützung in der Messeangelegenheit vom 1. Dezember; LA, Rep. 01–02/ Nr. 3000.

10   *Adolf Schick*, Der Aufbau der Berliner Fachmessen, in: Berlin. Sonderheft der Zeitschrift *Kultur*. Berlin 1925, 53.

11   Seinen Hauptsitz hatte das Büro in der Friedrich-Ebert-Straße.

12   *Christine Keitz*, Reisen als Leitbild, Die Entstehung des modernen Massentourismus in Deutschland. München 1997, 57.

13   Berlin wirbt! Metropolenwerbung zwischen Verkehrsreklame und Stadtmarketing 1920–1995 (Ausst.kat.). Berlin 1995, 11f.

herausgebildet hatte, fand sich also nicht nur im großen, also auf Reichsebene, sondern auch auf kommunaler Ebene.[14]

Die eminente Bedeutung des Messe- und Ausstellungswesens für das Engagement der Stadt Berlin auf dem Gebiet des Fremdenverkehrs läßt sich vor allem an der 1927 erfolgten Angliederung des Fremdenverkehrsbüros an das Messe- und Ausstellungsamt ablesen.[15] Mit dem aus dieser Fusion hervorgegangenen Messe-, Ausstellungs- und Fremdenverkehrsamt der Stadt Berlin ist die Ausbildung des Berliner Fremdenverkehrs in den zwanziger Jahren in seine entscheidende Phase getreten.[16] Festzuhalten ist hierbei, daß sich diese Zusammenlegung auf mehrere Faktoren gründete. Das entscheidende Motiv war sicherlich die Erhöhung der Effektivität der Berlin-Werbung durch eine konsequente Ausnutzung der Erfahrung, die das Messe- und Ausstellungsamt und ihr Direktor Adolf Schick vorweisen konnten.[17] Die Erfahrung mit der organisatorischen Trennung zwischen Messeamt und dem Fremdenverkehrsamt hatte gezeigt, daß die angestrebte Steigerung des Besucheraufkommens noch nicht erreicht wurde, ein Umstand, der vor allem der „Buntscheckigkeit"[18] der Fremdenverkehrspolitik in Berlin angelastet wurde. In diesem Sinne wurde eine weitere Vereinheitlichung der zuständigen Ämter allgemein als nützlich und erforderlich angesehen. Die Akten des Berliner Landesarchivs lassen aber auch erkennen, wie ein anhaltendes Kompetenzgerangel innerhalb der und zwischen den verschiedenen Ämtern eine solche Zusammenlegung als dienlich erscheinen ließ.

Am 1. Juli 1927 nahm das Ausstellungs-, Messe- und Fremdenverkehrsamt der Stadt Berlin (AMFA) seine Arbeit auf. Zu den vielfältigen Aufgaben des AMFA gehörte es unter anderem, dem Oberbürgermeister Zahlen und Material zur neuesten Entwicklung des Berliner Fremdenverkehrs zu liefern. Als Beispiel hierfür sei ein Vortrag genannt, den Böß zur Eröffnung des Fremdenverkehrskurses an der Berliner Handelshochschule hielt. Schon drei Monate vor dem geplanten Auftritt von Böß bat sein Magistratsrat den zuständigen Leiter der Abteilung Fremdenverkehr beim AMFA, Bodo Ronnefeld, um die neuesten Statistiken, die dieser nach längerem Briefwechsel übersandte.[19] Bei der Vorbereitung der Druckfassung seiner Rede, die zudem als Einleitung des Sammelbandes *Fremdenverkehr*[20] diente, war das AMFA ebenfalls behilflich.

Ein weiterer Schwerpunkt des AMFA lag im Kampf gegen die Messestadt Leipzig. Gab es bereits unmittelbar nach dem Krieg die ersten Auseinandersetzungen um eine angebliche Bevorzugung des traditionsreichen sächsischen

---

14 *Sylvester Kolanowski*, Orientierung des Fremdenverkehrs (wie Anm. 2), 406–409.
15 LA, Rep. 01–02/ Nr. 50.
16 Das wachsende Bewußtsein der wirtschaftlichen Bedeutung des Fremdenverkehrs für Berlin läßt sich daran ablesen, daß seit 1928 die Zahlen zum Reiseverkehr und zum Beherbergungswesen erstmals gesondert im Jahresbericht der IHK ausgewiesen wurden; Jahresbericht der Industrie- und Handelskammer zu Berlin für 1928, 143f.
17 Berlin wirbt! (wie Anm. 13), 12.
18 *Karl Emmanuel Schmidt*, Fremdenverkehrsprobleme. Kritische Betrachtungen. Berlin 1924, 7.
19 LA, Rep. 01–02/ Nr. 3077.
20 *Gustav Böß*, Einleitung (wie Anm. 4).

Messestandortes, dauerte dieser Streit auch in den folgenden Jahren an. Seinen Höhepunkt erreichte er 1927, als der Direktor des AMFA etwa 90% seiner Eröffnungsrede zur Funkausstellung mit Angriffen gegen Leipzig füllte.[21]

Das Argument der wirtschaftlichen Bedeutung des Fremdenverkehrs wurde während der gesamten zwanziger Jahre von verschiedenen Seiten wiederholt, meist mit deutlichen Hinweisen auf den Vorsprung Frankreichs in dieser Hinsicht. Gustav Böß rechnete noch 1929 vor, daß von den rund 2,5 Milliarden Goldmark, die die amerikanischen Touristen nach offizieller US-amerikanischer Statistik 1926 in Europa ausgegeben hätten, lediglich 85 Millionen in Deutschland geblieben wären, was noch größere, vor allem nationale Anstrengungen erforderlich mache.[22] Ein immer größeres Augenmerk des Berliner Fremdenverkehrs richtete sich deshalb auf die ausländischen, insbesondere aber die US-amerikanischen Besucher der Stadt. Deshalb drang Gustav Böß etwa darauf, der „Auslandspresse" für die Aufführungen der 1929 ausgetragenen Berliner Festspiele mehr Karten als ursprünglich geplant zukommen zu lassen.[23]

Festzuhalten bleibt, wie sehr die gesamte Berlinwerbung dieser Zeit auf die Anziehungskraft der Messen berechnet war, und folgerichtig wurden sie nach einigen Jahren zum festen Bestandteil eines jeden Reiseführers.[24] Allgemein wurde erkannt, daß Berlin nur dann eine Chance auf dem umkämpften deutschen Messemarkt haben könne, wenn es sich auf die Ausrichtung von Fachmessen verlegte.[25] Es wurden die Automobilausstellung (1921), die Internationale Funkausstellung (1925) und die Grüne Woche (1926) ins Leben gerufen. 1926 fanden in den Hallen am Funkturm bereits 14 kleinere und größere Fachmessen statt.[26] Dabei fällt besonders auf, wieweit man auch bei der Auswahl der Messen auf die konsequente Förderung neuer Industrien und Technologien setzte. Dafür spricht schon die Ausrichtung der Kino- und Photoausstellung (KIPHO) im Jahr 1925 und die der Internationalen Luftfahrt-Ausstellung 1929.[27]

Bereits damals wurden die Anstrengungen der Stadtverwaltung zur Schaffung einer wettbewerbsfähigen Messe auch in Verbindung gebracht mit allgemeineren Überlegungen zum Wesen der Metropole. So in einem Artikel des Journalisten und Reiseschriftstellers Alfons Paquets, der den Zusammenhang meines Erachtens am besten auf den Punkt bringt:

> „Jede Stadt ist schon eine Ausstellung mit ihrer Fülle der Dinge, die der Atmosphärebildung dienen und deren Reflexe auch in das der Sichtbarkeit entzogene private Leben hineinwirken.

---

21 LA, Rep. 01–02/ Nr.52.

22 *Gustav Böß*, Berlin von Heute. Stadtverwaltung und Wirtschaft. Berlin 1929, 95.

23 Brief von Böß an Intendant Tiedjen vom Juni 1929; LA, Rep. 01–02/ Nr.476.

24 Z.B. bei: *Gustav Häussler*, Auf nach Berlin (Reihe „Mit Rucksack und Nagelschuh"). Berlin 1932, 25.

25 *Oscar Heimann*, Berlin als Messestadt, in: Berlin. Sondernummer der Zeitschrift *Kultur*. Berlin 1925, 111–112.

26 *Hasso Spode/Matthias Gutbier*, Berlin-Reise als Berlin-Geschichte, in: Die Reise nach Berlin, hg. v. Berliner Festspiele GmbH im Auftrag des Senats von Berlin. Berlin 1987, 38.

27 Jeder einmal in Berlin. Ein Arbeitsbericht, hg. v. Ausstellungs-, Messe- und Fremdenverkehrsamt der Stadt Berlin. Berlin 1929, 3.

In höherem Maße ist aber jede Weltstadt eine Sehenswürdigkeit. Sie kann ohne eine Häufung von Vorgängen der planmäßigen Sichtbarmachung nicht bestehen, die entweder dazu dienen, Fachwissen zu vertiefen oder die Produktion zu entlasten und daneben noch Sehenswürdigkeitsrente zu erzeugen. Wir sehen an einer Reihe von geglückten und mißglückten Unternehmungen, welcher Typus der Ausstellung am meisten Erfolg und Wirkung hat. Jedenfalls aber bedürfen werdende Weltstädte, abgesehen von ihren alltäglichen, gesteigerten Ausstellungsformen, des Ausstellungswesens auch für sich selbst als Experimentiermittel, um sich über ihre eigenen Aufgaben klar zu werden und den Gedanken der Stadtplanung, der Landesplanung in die Massen zu tragen."[28]

III. Elemente der Außendarstellung Berlins

„Um so schöner aber ist die Stadt als Arbeitswesen, als arbeitendes Gebilde."[29]

Im folgenden soll es um das hinter all den bereits angesprochenen Werbeaktivitäten stehende Konzept gehen, mit dem die städtischen Institutionen meinten, den Berliner Fremdenverkehr befördern zu können. Hierbei ging es in erster Linie um das Image der gut funktionierenden Stadt, wohlorganisiert und – wie man heute sagen würde – serviceorientiert. Es versteht sich von selbst, daß es bei vielen der im Folgenden aufgezählten Elemente der Außendarstellung um keine bewußt produzierten oder gar inszenierten Phänomene ging. Und doch fiele es schwer, sie zu trennen von denen, die einzig zum Zwecke der Fremdenverkehrswerbung geschaffen wurden. Vielmehr ist festzustellen, in welch geschickter Weise auf vorhandene Strukturen und neue, erst im Entstehen begriffene Besonderheiten des Berliner Alltagslebens und Stadtbildes zurückgegriffen wurde. Sehr viele sowohl der programmatischen Schriften (Artikel, Reden, Sammelbände), aber auch die ämterinterne Korrespondenz lassen darauf schließen, daß mit einem hohen Maß an Pragmatismus versucht wurde, mit dem Berlin zu werben, wie es sich tatsächlich präsentierte, und nicht mit dem, wie es erst zu erschaffen war.

Fast scheint es dabei, als hätte sich bereits vor dem Weltkrieg ein allgemeiner Konsens gebildet, daß der ehemals gehegte Wunsch, sich in Anlage und Ausgestaltung Paris anzunähern, ebenso fruchtlos wie kontraproduktiv sei. Doch wenn nicht auf das einst übermächtige Ideal Paris, worauf sollte sonst Bezug genommen werden? Die Antwort war so revolutionär wie naheliegend. Es konnte auf schon vorhandene Bilder zurückgegriffen werden. Das „Modernitäts- und Neuheitsrenommee"[30] Berlins etwa war ein Erbe des 19. Jahrhunderts. Der Bau von Wasserleitungen, Stadtbahnen und Abwässerkanälen, mit dem Berlin seit der Gründerzeit diesen Ruf begründet und gefestigt hatte, bildete gleichzeitig die Grundlage für die enge Verbindung der Stadt zur Modernität. Berlin galt nicht nur seinen Einwohnern als die Stadt der Zukunft. Neben diesen kommunalen Leistun-

---

28 *Alfons Paquet*, City und Provinz, in: Neue Rundschau 40 (1929), 626.
29 *August Endell*, Die Schönheit der Großstadt (1912). Berlin 1984, 20.
30 *Gottfried Korff*, „Die Stadt aber ist der Mensch...", in: Berlin, Berlin. Die Ausstellung zur Geschichte der Stadt. Berlin 1987, 651.

gen der Kaiserzeit war es insbesondere die Industriearbeit, die zu solchen Erwartungen Anlaß gab. Die großen Investitionen in damalige Zukunftstechnologien wie der Elektro-, Maschinenbau- und Chemieindustrie machten Berlin nicht nur zum größten Industriestandort Deutschlands, sondern schufen zugleich die Basis für die Erwartung, daß sich dieser Trend im 20. Jahrhundert unvermindert fortsetzen würde.

Eine besondere Bedeutung für das Image Berlins kam dem immer wiederkehrenden Vergleich mit Amerika zu. Zu Recht weist Gottfried Korff darauf hin, daß Amerika Berlin zu dieser Zeit die „Folie für seine Selbstdeutungen" gab.[31] Der Blick über den Atlantik zeigte der deutschen Hauptstadt in einer Zeit der intensiven Selbstanalyse mögliche Wege zu einer neuen Identität: „geprägt durch Innovationsbereitschaft, Ordnung und Chaos ausbalancierend, Bewegungen und Neuerungen folgend, die wenig von Traditionen gelenkt und gebändigt waren, eine Vielzahl von Kulturstilen vereinigend, im Habitus bestimmt durch die Zuwanderergruppen."[32] Doch läßt sich das Berliner Selbstbild der zwanziger Jahre nicht nur beschreiben als bewußte Hinwendung zur Metropole eines neuen, amerikanischen Typs, sondern auch als Abwendung von der Metropole alten Typs, als die Paris angesehen wurde. Man glaubte sich von Paris emanzipiert.

Bereits der Architekt und Kunsttheoretiker August Endell stellte fest, daß das moderne Berlin seine ihm entsprechende Form nur in engem Bezug zur Arbeit finden könne.[33] Bei ihm stand der Gedanke im Vordergrund, daß die Arbeit, die Organisation, das Ineinandergreifen vieler verschiedener Lebensprozesse das Wesen der Metropole ausmachten. Würde dies einem sensiblen und der Moderne aufgeschlossenen Menschen schon ausreichen, um die dahinterliegende Schönheit zu erkennen und zu schätzen, müsse für den einfachen Bürger eine neue Ästhetik entwickelt werden, die die Schönheit der Arbeit widerzuspiegeln vermöge. Dazu käme die „Schönheit der menschlichen Ordnungen",[34] die sich nirgends so erfahren lasse wie in der Großstadt. Sowohl die sich immer weiter verfeinernden Arbeitsprozesse als auch die Beziehungen der Stadtbewohner zueinander, zudem der gesamte städtische Verkehr, bildeten für Endell ein harmonisches Ganzes, dessen immanente Schönheit einer künstlerischen Darstellung weiterhin harre. Ebenso aber warte es auf eine angemessene architektonische Gestaltung.[35]

Die Ansichten Endells spielen in unserem Zusammenhang aus mehreren Gründen eine wichtige Rolle: Zum einen war sein Plädoyer für die moderne Metropole in einer Zeit der allgemeinen Großstadtfeindlichkeit eine noch selten, vielleicht noch gar nicht gehörte Stimme. Als diese wurde sie auch empfunden, und sein schmales Bändchen gewann erheblichen Einfluß auf den Metropolendiskurs der Jahre nach dem Ersten Weltkrieg. Zudem aber war er derjenige, der wohl als erster formulierte, was die Großstadtkritiker im Laufe der zwanziger

---

31 Ebd., 658.
32 Ebd.
33 *Endell*, Schönheit (wie Anm. 29), 20.
34 Ebd., 22
35 Ähnlich bei: *Lisbeth Stern*, Einige Worte über städtische Cultur, in: Socialistische Monatshefte 9 (1903), 609–612, hier: 609.

Jahre immer weiter in die Defensive drängen sollte; ohne nur den Versuch zu unternehmen, die von jenen aufgestellten Charakterisierungen der Großstadt als laut, aggressiv und künstlich abzustreiten, wandte er sich stattdessen nur gegen die daraus geschlossenen Anwürfe. Er beschrieb die „Poesie" der städtischen Geräusche und forderte einen neuen Blick, der es ermögliche, die „Stadt als Natur" wahrzunehmen.[36]

Es ist nicht zu verkennen, daß es einen Zusammenhang gab zwischen derlei theoretischen Überlegungen zum Wesen der Metropole, ihren Vorzügen und Besonderheiten, und der kommunalen Politik. Insbesondere in der Person Martin Wagners, der als Stadtbaurat ab 1926 das Gesicht der Hauptstadt entscheidend mitprägte, zeigte sich diese Verbindung zwischen hohem programmatischem Anspruch und leidenschaftlicher Umsetzung gewonnener Einsichten und Ideen. Die Ablehnung jeder romantischen Verklärung und jedes Rückfalls in preußische Monarchieseligkeit führte bei ihm, im Verbund mit einer – auch von anderen Architekten wie Mendelsohn gehegten – Begeisterung für die amerikanischen Großstädte, zu einer Hinwendung zum wirtschaftlichen Potential und der bewußten Zurschaustellung des modernen Getriebes der Großstadt.

Auch in Bezug auf den Fremdenverkehr wurde die Betonung der wirtschaftlichen Bedeutung Berlins immer mehr zum bewußt eingesetzten Werbeträger. „Welche Möglichkeiten ergeben sich hierbei aber auch für die Berliner Messen und die Behandlung des Fremdenverkehrs. [...] Das republikanische Berlin ist auch in kultureller Hinsicht vor ganz neue Pflichten gestellt, nachdem Glanz und Initiative des Hofes, um den Kunst und Wissenschaft sich sammelten, geschwunden sind, nachdem andererseits aber alle Aussicht besteht, daß Berlin ein immer wichtigerer Treffpunkt und Durchreiseplatz werden wird. In nicht geringem Umfang fallen Berlin hier die neuen Aufgaben zu, zu repräsentieren, zu zeigen, was deutsche Kultur, was deutsche Wirtschaft vermag."[37] Sieht man einmal von der sicherlich anfechtbaren These ab, daß sich im Kaiserreich die Kultur und die Wissenschaft um den Hof versammelten, so vermittelt dieses Zitat doch einen Eindruck von der Bedeutung, die um die Mitte der zwanziger Jahre vor allem dem Ausbau der Berliner Messe zugeschrieben wurde. Zum einen hatten sicherlich viele Berliner Kaufleute und Industrielle das Gefühl, daß der wirtschaftliche Aufstieg der deutschen Hauptstadt sich im Aufbau eines modernen Messegeländes niederschlagen müßte; zum anderen erkannte der Berliner Fremdenverkehr schon sehr früh die Chancen, die ein solches Projekt für den Tourismus bot.
Bestimmte programmatische Texte der Berliner Stadtverwaltung zum Fremdenverkehr lassen dabei noch eine Unsicherheit erkennen, inwieweit man sich auf die einseitige Propagierung der Modernität und des Fortschritts verlassen sollte. Nur allzu häufig erscheinen sie deshalb als Ansammlung verschiedenster Elemente Berliner Lebens: „Wir haben für den Besuch Berlins geworben mit einer Fülle

---

36 *Endell*, Schönheit (wie Anm. 29), 23.
37 *Otto Simon*, Berliner Verkehrswirtschaft. Berliner Häfen – Berliner Unbegreiflichkeiten, Berlin o.J. [1926], 15. Auf die Einbußen des Berliner Fremdenverkehrs durch den Wegfall des Hofes verwies auch Adolf Schick in seiner Rede „Berliner Ausstellungen, Messen und Fremdenverkehrswerbung"; LA, Rep. 01–02/ Nr. 50.

neuartiger Werbeschriften, die dem Deutschen und Ausländer Berlin als Weltstadt der Ordnung und Schönheit, als Stadt der Arbeit, als aktivste Stadt des Kontinents, als europäisches Wirtschafts- und Verkehrszentrum, als große Sportstadt und vor allem als Stadt der Musik und des Theaters und als Metropole mit der schönsten Umgebung näherbringen sollte."[38] Auch wenn diese Zeilen schnell den Eindruck von Beliebigkeit entstehen lassen, ist bei näherer Betrachtung die prinzipielle Betonung des modernen, arbeitenden Berlin zu erkennen.

Neben dem Konzept der Arbeit und dem Begriff der „Stadt als Maschine" spielte in dieser Zeit auch die Werbung eine immer wichtigere Rolle für das Selbstbild wie für die Außenwirkung der Stadt Berlin. Der Reklame, wie sie damals ja meist noch genannt wurde, kam dabei eine doppelte Funktion zu: Zum einen war sie das natürliche Medium, welches das angesprochene Image transportierte und nach außen trug; zum anderen war die Werbung gleichzeitig selbst ein entscheidendes Element des Moderne-Diskurses dieser Zeit. Außerdem verstärkte die Werbung einmal mehr die Verbindung des Images Berlins mit den zu dieser Zeit gängigen Amerika-Bildern.

Mehr und mehr erhielt die Reklame als Bestandteil einer neuen, urbanen Kultur den Stellenwert eines bewußten ästhetischen Ausdrucks der Arbeit und der Wirtschaft.[39] Berlin als „Weltstadt der Arbeit in der Menschheit Dienst"[40] war in den Augen vieler prädestiniert und verpflichtet, eine Führungsrolle bei der Ausbildung dieser neuen Ästhetik zu übernehmen: „Das Zeug zur Weltstadt hat Berlin. Der Rohstoff ist sogar sehr gut. Ihn zuzubereiten und auf die Tafel zu stellen, erfordert das Spielenlassen aller Kräfte einer gepflegten Werbung: Phantasie und Charme, Disziplin und Geschmack, Eleganz und vieles anderes, vorab aber immer Leidenschaft zur Sache."[41]

Wenn weiter oben von einem Konsens über die künftige Ausgestaltung Berlins gesprochen wurde, sollte dies nicht bedeuten, daß es keinerlei Feindschaft gegen die zeitgenössischen Entwicklungen in Kultur, Stadtbild und Lebenswirklichkeit gegeben hätte. Im Gegenteil: Von linker, doch vor allem von konservativer Seite hatte die Stadtverwaltung in ihrem Bemühen um Modernisierung und „Metropolisierung" der Stadt mit erbitterter Feindschaft umzugehen. Die Darstellung des Spektrums dieser Angriffe – insbesondere, wenn man die Vorboten der nationalsozialistischen Anwürfe gegen Berlin als Hort des Bolschewismus, des „internationalen Judentums" und des „Amerikanismus" hinzunimmt – würde den Rahmen dieses Aufsatzes sprengen. Doch bleibt festzuhalten, daß sich im Gegensatz zu Paris die fortschrittlichen Kräfte innerhalb und auch außerhalb der Stadtverwaltung wenigstens für eine gewisse historische Periode durchsetzen konnten

38 Aus einer Ansprache des Direktors des AMFA, Adolf Schick im Verein der Berliner Presse vom 26.9.1928; LA, Rep. 01–02/ Nr. 50.

39 *Fritz von Napolski*, Kultur und Reklame, in: Schweizerische Rundschau 25 (1925/26), 556.

40 *Friedrich Flierl/Ulrich von Uechtritz*, Berlin. Eine entwicklungsgeschichtliche Darstellung, hg. und überreicht aus Anlaß des 25. Welt-Reklamekongresses. Berlin 1929, 32.

41 *Otto Ernst Sutter*, Berlin als Fremdenstadt, in: *Martin Wagner* (Hg.), Das neue Berlin. Großstadtprobleme. Berlin 1929, 89–94, hier: 94.

und in sehr kurzer Zeit aus Berlin eine Metropole machten, auf die das Diktum vom „Experimentierfeld der Moderne"[42] durchaus angewendet werden kann.

IV. Die klassische Metropole und die moderne Weltstadt

„Il s'agit de protéger intelligemment le fragile équilibre des impondérables qui constituent la subtile richesse que les étrangers de goût viennent chercher à Paris. Il y a chez nous une certaine atmosphère de tact et de bon ton qu'il serait criminel d'empoisonner. Or, le sans gêne et la mauvaise éducation de beaucoup de nos visiteurs lui font courir en ce moment d'assez sérieux dangers."[43]

Mehrfach bereits wurde auf die immer wiederkehrende Bezugnahme des Berliner Großstadtdiskurses auf Paris als natürliche Folie eingegangen, an der man sich der eigenen Modernität und „Weltstadttauglichkeit" versicherte. Auch wenn in den 1920er Jahren immer mehr die amerikanischen Großstädte die Vorbildfunktion einnahmen, die ehedem allein von Paris und London ausgefüllt wurde, so gab es doch ein Gebiet, auf dem Paris die Führungsrolle kaum streitig zu machen war: der Fremdenverkehr.

Wollte man den wesentlichen Unterschied zwischen den Voraussetzungen von Paris und Berlin in bezug auf die Förderung ihres Fremdenverkehrs mit einfachen Worten auf den Punkt bringen, ließe sich sagen, daß Paris einer besonderen Werbung nicht bedurfte. Das Renommee der Stadt als „Hauptstadt des 19. Jahrhunderts", die globale Bekanntheit, die Weltausstellungen, der Eiffelturm und die zahlreichen, bereits zu Beginn des letzten Jahrhunderts existierenden Assoziationen und Klischees, von der Stadt der Liebe, über die Stadt der Kunst, Kultur, Wissenschaft, des politischen Fortschritts und die fast vollständige Gleichsetzung der Hauptstadt mit Frankreich selbst, dem Land der Aufklärung und ersten bürgerlichen Revolution, machten aus Paris einen marketingtechnischen Selbstläufer. Doch war dies nicht alles. Denn neben all diesen Bildern und Topoi war es nicht zuletzt das Phänomen des Tourismus selbst, das aufs engste mit Paris verbunden war. Paris war die erste Weltstadt, in die Touristen reisten, um eben eine Weltstadt zu besuchen, ihr Flair und ihr Getriebe zu erleben.

Der frühe Beginn des Städtetourismus in Paris, nämlich bereits im frühen 19. Jahrhundert (und damit zur gleichen Zeit, als der Begriff des Touristen überhaupt geprägt wurde), sorgte, vereinfacht ausgedrückt dafür, daß sich dieser Tourismus bis zu diesem Zeitpunkt bereits sehr ausdifferenziert hat. Begegnete man den Touristen in der Stadt lange Zeit mit Gleichgültigkeit (von Seiten der Pariser) oder zum Teil harscher Kritik (von Seiten anderer Touristen), so sorgten die demokratisierenden Tendenzen des Tourismus dafür, daß zu Beginn des 20. Jahrhunderts der durchschnittliche Tourist als Person im Grunde unerwünscht war. Dieser war schon lange nicht mehr der zahlungskräftige (und gebildete) englische Adlige,

---

42 Ein bereits zeitgenössischer Terminus, der bis heute zu den wichtigsten Berlin-Topoi gehört, etwa bei: *Jochen Boberg* u.a. (Hg.), Exerzierfeld der Moderne. Industriekultur in Berlin im 19. Jahrhundert. München 1984.

43 L'Illustration, 28.8.1926, 210.

sondern eher der bildungshungrige, weniger zahlungskräftige (und ungebildete) Amerikaner auf der Suche nach den europäischen Wurzeln und auf kurzer Durchreise auf dem Weg nach Italien. Die daraus erwachsenen Ressentiments lassen sich vielleicht am besten durch ein Ereignis illustrieren, das im Jahr 1926 für Aufregung sorgte: Im Sommer des Jahres war es in der Folge einiger Zeitungsmeldungen über amerikanische Touristen, die in Pariser Bars ihre Zigarren mit für sie fast wertlosen Franc-Scheinen ansteckten, zu spontanen Demonstrationen gekommen, in deren Verlauf auch Reisebusse mit Steinen beworfen wurden.[44] Die daraus resultierenden diplomatischen Spannungen konnten erst durch eine persönliche Entschuldigung von Präsident Coolidge entschärft werden.

Obwohl die wirtschaftlichen Vorteile des Paristourismus in den Jahren nach dem Ersten Weltkrieg für Frankreich wohl noch schwerer ins Gewicht fielen, sollte sich das Bild der ausländischen Gäste also erheblich ins Negative wenden. Einiges spricht dafür, daß sich die wachsende Antipathie gegen die vielen „Durchschnittstouristen", die in den 1920er Jahren Paris bevölkerten, mit der wirtschaftlich motivierten Absicht verband, möglichst zahlungskräftige und damit gleichzeitig „kultivierte" Besucher zu gewinnen. Es wurde ein stetiges Absinken des Niveaus des touristischen Angebots befürchtet, welches die erwünschte, gehobene Klientel abschrecken könnte. Nicht mehr die bloße Quantität war gefragt, um Qualität sollte es fortan gehen. Hierbei spielte nicht zuletzt die politische, kulturelle wie wirtschaftliche Konkurrenzsituation zu Berlin eine Rolle. Zum einen war es der Wunsch, dem Image der Verderbtheit und Dekadenz zu begegnen, das, obwohl vor allem in Großbritannien seit vielen Jahrzehnten gehegt, zu Kriegszeiten von deutscher Seite propagandistisch gezielt gegen Paris eingesetzt wurde. Zu dieser eher defensiven Haltung aber trat ein zutiefst auch anti-modernistischer und damit anti-amerikanischer Affekt, der sich in der immer stärker zu vernehmenden Gleichsetzung Berlins mit den „kulturlosen" amerikanischen Großstädten wie Chicago und New York City Luft machte.

Vergleicht man nun also die zahlreichen oben dargestellten Aktivitäten der mit der Fremdenverkehrswerbung betrauten städtischen und privaten Organisationen Berlins, so kann es nicht überraschen, daß es kaum wirkliche Entsprechungen dieser Initiativen in Paris gab. Ähnlich wie in Berlin entsprang die Pariser Fremdenverkehrsförderung zunächst privater Initiative. Doch in viel stärkerem Maße als in der deutschen Hauptstadt spielte in Paris der konservierende Impetus, die Bewahrung des „esprit parisien", eine Rolle bei der Werbung neuer Gäste. Dies gilt vor allem für die größte und bekannteste Organisation, die „Amis de Paris". Als wichtigste Aufgabe sahen es die Mitglieder dieser Institution an, sich um das äußere Erscheinungsbild der Stadt zu kümmern. Dazu gehörte der Kampf gegen die „wilden Plakatierungen", das Verteilen von Werbezetteln, aber auch gegen den weiteren Ausbau des Nahverkehrs. Wenn es sich hierbei auch noch um keinen direkt mit dem Fremdenverkehr in Zusammenhang stehenden Verein ging, so sah man die Arbeit selbst durchaus als im Dienste der Stadt und

---

44 *Foster Rhea Dulles*, Americans Abroad. Two Centuries of European Travel. Ann Arbor, Mich. 1964, 156.

ihrer Besucher stehend an. Immer ging es ihnen um die viel beschworene „beauté de Paris" (und damit um das wichtigste Kapital der Touristenstadt Paris) die als bedroht angesehen wurde.

Die Gründung des „Syndicat d'initiative de Paris" (S.I.P.), also der offiziellen Pariser Fremdenverkehrsinitiative, im Jahre 1919 war eine Reaktion auf die seit langem zu vernehmende Forderung nach einer intensiveren, konzentrierten Fremdenverkehrsarbeit für die Stadt Paris. Zwar verfügten die „Amis de Paris" bereits seit ihrer Gründung über ein spezielles Unterkomitee, das sich „Syndicat d'initiative nannte",[45] doch war man sich jederzeit bewußt, daß dieser Ausschuß weder materiell noch personell in der Lage wäre, all die Aufgaben zu erfüllen, die eigenständigen Syndicats in der Provinz schon seit längerem übernahmen. So mutet es rückblickend auch seltsam an, wenn der Präsident der „Amis de Paris", Georges Benoît-Levy, auf eine entsprechende Anregung noch 1913 entgegnen mußte, daß die Notwendigkeit eines Fremdenverkehrsvereins von vielen Parisern erkannt und empfunden werde, daß bisher allerdings alle Versuche einer solchen Gründung an der mangelnden Unterstützung seitens der Hoteliers sowie anderer Interessengruppen scheiterten.[46]

Die besondere Rolle, die Paris als Hauptstadt Frankreichs spielte, spiegelte sich auch im Bereich der Fremdenverkehrswerbung wider. So gingen alle Bemühungen auf dem Gebiet der Pariswerbung im Ausland nicht von einer städtischen, sondern nationalen Organisation, nämlich dem „Office National du Tourisme" aus. Vor allem im Bereich der Touristeninformation war es diese Einrichtung, die 1930 mit der Gründung des „Maison du Tourisme" den wichtigsten Beitrag leistete zur Versorgung der Reisenden mit Informationen und Ratschlägen für ihren Aufenthalt in der Hauptstadt.[47] Hierzu trug natürlich auch der Umstand bei, daß Paris in viel stärkerem Maße als Berlin als Ausgangspunkt für Reisen durch die Provinz genutzt wurde, als dies in Berlin der Fall war. In besonderem Maße galt dies für den so genannten Schlachtfeldtourismus vieler Briten und Amerikaner nach dem Ersten Weltkrieg, als man die Orte der großen Schlachten in Lothringen und die Gräber gefallener Angehöriger besuchte. Und doch weist vieles darauf hin, daß es auch die Rolle der Stadt als unumschränktes kulturelles, politisches und gesellschaftliches Zentrum Frankreis war, die eine eigenständigere Fremdenverkehrsarbeit in Paris verhinderte (oder auch einfach unnötig erscheinen ließ).

Vergleicht man nun sowohl die Akteure wie auch die Ausrichtung der städtischen Fremdenverkehrsinitiativen Berlins und Paris miteinander, so läßt sich zum Schluß kommen, daß das Fehlen einer großstädtischen Tradition in Deutschland bis in diesen Bereich und bis weit ins 20. Jahrhundert hineingewirkt hat. Auf preußischer oder Reichsebene scheint es weder den Versuch, noch überhaupt das Interesse gegeben zu haben, Berlins Fremdenverkehr in welcher Weise auch immer zu fördern. Während Paris als Aushängeschild der französischen Nation

---

45 Zu entnehmen ist dies: Les Amis de Paris 1 (April 1911), 1.
46 Les Amis de Paris (Februar 1918), 519; die Antwort des Präsidenten bezog sich auf einen Artikel von Paul Mielle in der Zeitschrift Pyrenées et Océan.
47 L'Illustration, 22.3.1930, 391.

wie aller mit ihr verbundenen Werte nicht nur in hohem Maß symbolisch aufgeladen war, sondern auch dementsprechend instrumentalisiert und verwertet wurde, blieb es im Fall Berlins der Stadt selbst überlassen, für den Zustrom von Touristen zu sorgen. In der Ausrichtung verschiedener, auf neue Technologien fokussierter Messen fand sich ein idealer Schmelztiegel, in dem sich die Interessen einer immer internationaler agierenden Wirtschaft mit denen der Stadtverwaltung verbinden ließen. Hinzu kam ein zeitgemäßer und dem vorhandenen Image der Stadt angemessener Einsatz von Sport- und Werbeevents wie der Veranstaltung „Berlin im Licht" 1928, die das Bild der Stadt auch international entstaubten und mit vielen Elementen der kulturellen wie technischen Moderne verknüpften. Die schrittweise Zusammenlegung vormals privater Initiativen mit den sich konstituierenden städtischen Ämtern sorgte für eine effektive wie effiziente Steuerung aller Fremdenverkehrsaktivitäten und verhalf der Stadt bis zum Beginn der 1930er Jahre zu einem stetig wachsenden Touristenaufkommen. Zu den Akteuren gehörten hierbei keineswegs nur Einzelpersonen aus den Reihen der mit wirtschaftlichen Angelegenheiten befaßten Ämter, sondern auch ganze Interessenverbände und Lobbygruppen. Die Arbeitsgemeinschaft „Berlin im Licht" etwa, Veranstalterin des genannten Events, wurde gebildet aus Vertretern der Stadtverwaltung, des Vereins Berliner Kaufleute und Industrieller und des Einzelhandels. Die Ausschreibung zur Suche nach einem geeigneten Erkennungslied vereinte die renommiertesten Komponisten jener Zeit und fand schließlich Kurt Weills Beitrag am gelungensten.

Abschließend läßt sich somit festhalten, daß es die Berliner Stadtverwaltung durchaus verstand, den Freiraum zu nutzen, der ihr von Seiten des Landes wie des Staates eingeräumt wurde. Erst die noch immer vorhandene Skepsis gegenüber (oder gar Angst vor?) einem starken und selbstbewußten Berlin, die nicht nur im übrigen Deutschland, sondern auch in der Wirtschaft und Politik vorherrschte, ermöglichte die weitgehend eigenständige Fremdenverkehrsarbeit der Stadtverwaltung. Schwieriger gestaltet sich ein Vergleich der von den Berliner und Pariser Akteuren bei der Fremdenverkehrswerbung angestrebten Images. Denn während es in Paris einen breiten Konsens gab, der auf eine Stärkung und Untermauerung vorhandener Parisbilder hinauslief (Gleichsetzung Paris-Frankreich; Betonung des kulturellen Erbes; Aufklärung; republikanische Idee; ästhetisches Verständnis der Stadt, Ablehnung jedes Funktionalismus), befand sich Berlin in der Zeit vom Ende des 19. Jahrhunderts bis in die 1930er hinein in einer Phase tiefer Verunsicherung und Neubewertung, die einen einfachen Konsens faktisch unmöglich machte. Angesichts einer noch immer virulenten Berlinfeindschaft nationalkonservativer Eliten und einer neuen, nationalsozialistisch geprägten Verteufelung Berlins als Einfalltor von amerikanischen und bolschewistischen Werten, lag die einzige Option bei der Schaffung neuer Images für die Stadt in einer möglichst neutralen und entpolitisierten Betonung der Modernität und Leistungsfähigkeit Berlins. So etwa erklärt sich nicht nur der Ausbau Berlins zum Zentrum des deutschen Sports, sondern auch der für die Zeit typische Hang zur Superlative, also der Betonung der reinen Größe und des Status der Stadt in der Reihe der großen Weltstädte.

KRIEGSERINNERUNG UND TOURISMUS IM BERLIN DER ZWISCHENKRIEGSZEIT

Christian Saehrendt

Im Ersten Weltkrieg fielen etwa zwei Millionen deutsche Soldaten, vier Millionen wurden verwundet, ganze Jahrgänge dezimiert. Waren die steigenden Verluste im Laufe des Krieges noch mit der Aussicht auf den Sieg als notwendige Opfer gerechtfertigt worden, entstand nach der Niederlage das Dilemma, dem Tod vieler Soldaten und dem Leiden der ca. 800.000 Invaliden und Hinterbliebenen einen „Sinn" zu verleihen. Zahlreiche Untersuchungen haben sich in den letzten Jahren mit den vielfältigen kulturellen Erscheinungen befaßt, die dieses einschneidende Ereignis zu verarbeiten suchten. Welche Rolle spielte die deutsche Hauptstadt in der Kriegserinnerung? Bildete sich hier in der Zwischenkriegszeit eine Erinnerungs- und Denkmalslandschaft heraus, die überregionale oder nationale Ausstrahlungskraft entwickeln konnte? Gab es ein deutsches Pendant zum Schlachtfeldtourismus in Lothringen und Flandern, zu den stark besuchten Grabmälern des Unbekannten Soldaten in Paris und London? Welche Versuche wurden unternommen, die Weltkriegserinnerung in der Hauptstadt sichtbar zu machen, und inwieweit wurde die Berliner Denkmalslandschaft als Reiseziel oder Attraktion vermarktet?

„Jeder einmal in Berlin": Die Anfänge des Stadtmarketings

Nach den turbulenten Anfangsjahren der Weimarer Republik stabilisierte sich die Wirtschaft Mitte der 1920er Jahre. Diese relative Erholung fand in der gesteigerten Mobilität der Bürger ihren Ausdruck. Hinzu kamen die technischen Fortschritte im Verkehrswesen: Immer mehr Automobile befuhren die Straßen, Fern- und Nahverkehrsbahnstrecken wurden elektrisiert und ausgebaut. Der Tourismus wurde als Wirtschaftsfaktor für die Metropole wiederentdeckt. Ab Mitte der 1920er Jahre kamen etwa 110.000 Touristen, Geschäftsreisende und Arbeitsmigranten monatlich nach Berlin.[1] 80–90% der Fremden kamen aus dem Reich, bei den Übrigen dominierten österreichische, polnische und tschechische Staatsbürger, darunter viele Angehörige der deutschen Minderheiten. Aus dem westlichen Ausland kamen nur wenige hundert Besucher. 1924 gründete die Stadt Berlin in Absprache mit der deutschen Reisebürobranche ein Städtisches Fremdenverkehrsbüro, nachdem ausländische Pressevertreter angeregt hatten, eine internationale Auskunftsstelle für Paß-, Steuer- und Unterkunftsfragen einzu-

---

1   Die Gasthofspolizei wertete die Meldebücher der Hotels, Pensionen, Sanatorien und Privatquartiere aus.

richten.[2] Dieses Büro sollte „würdige Werbung für die Reichshauptstadt" machen, eine freundliche Stimmung im Ausland erzeugen, den Fremdenverkehr beleben und kultivieren.[3] Dazu wurden diverse Werbebroschüren und Bücher produziert, sowie Pressearbeit für ausländische Zeitungen forciert.[4] Bald wurde das Büro zum städtischen Messe-, Ausstellungs- und Fremdenverkehrsamt ausgebaut.[5]

Um das Bewußtsein für die Bedeutung des Tourismus für alle Zweige der Berliner Wirtschaft zu stärken, gründete die Berliner Industrie- und Handelskammer 1929 ein Forschungsinstitut für den Fremdenverkehr, das regelmäßig Statistiken erstellen, öffentliche Vorlesungen abhalten und auch kulturelle Attraktionen (Museen, Denkmäler und Ausstellungen) als touristische Ziele untersuchen sollte. Ein Vortragszyklus „Fremdenverkehr" mit angesehenen Referenten aus Politik und Wirtschaft an der Handelshochschule fügte sich 1928 in diese Öffentlichkeitsarbeit ein. Der bekannte Kunstkritiker Max Osborn sprach dabei über „Kunstleben und Fremdenverkehr". Wie viele der damaligen Berlinbesucher im heutigen Sinne „reine" Touristen waren, die primär Kultur und Unterhaltung suchten, geht aus den Statistiken nicht hervor; eine intensive qualitative Besucherforschung gab es damals noch nicht. Trotz verstärkter Werbung stiegen die monatlichen Besucherzahlen in der Hauptstadt nur zögerlich – der Höhepunkt wurde im Juli 1929 mit ca. 140.000 erreicht, um infolge der Wirtschaftskrise rasch abzufallen. Im Juli 1932 kamen nur noch ca. 70.000 Fremde nach Berlin.[6]

Polit-Tourismus

Berlin war als Reichshauptstadt die zentrale Bühne für politische Veranstaltungen. Neben den zahlreichen Lobbyisten und Abgeordneten der Parteien und Verbände gab es einen spezifischen Polit-Tourismus der Massenbewegungen und paramilitärischer Verbände. Sie suchten mit regelmäßigen Sternfahrten, Pfingsttreffen, „Deutschen Tagen" oder „Republikanischen Tagen" Macht und Einfluß zu demonstrieren. Provinziell verankerte Wehrorganisationen wie der Stahlhelm oder der Jungdeutsche Orden, und etwas später die NSDAP versuchten mit Aufmärschen die verhaßte Hauptstadt der Republik zu erobern. So feierte das *Bundesblatt des Deutschen-Offizier-Bundes* den Stahlhelmtag 1927 in biologistischer

---

2   Berliner Wirtschaftsberichte. Wöchentliche Mitteilungen des Statistischen Amtes der Stadt Berlin, Nr. 1, 1924 (erster Jahrgang), 1.

3   Berliner Wirtschaftsberichte. Wöchentliche Mitteilungen des Statistischen Amtes der Stadt Berlin, Nr. 19, 1925, 217f.

4   Jeder einmal in Berlin. Werbung für Berlin. Ein Arbeitsbericht des Ausstellungs-, Messe- und Fremdenverkehrsamtes der Stadt Berlin. Berlin 1929.

5   Ausstellungs-, Messe- und Fremdenverkehrsamt der Stadt Berlin, Königin-Elisabeth-Str. 22, Charlottenburg 9. Direktor war Adolf Schick, Aufsichtsratsvorsitzender Oberbürgermeister Gustav Böß, sein Stellvertreter Stadtrat Czeminski, Dezernent für das Ausstellungs- und Messewesen der Stadt. Im Amt gab es u.a. eine Bauabteilung und eine Werbeabteilung. Weiteres zur Organisation des Berliner Tourismus im Beitrag von *Daniel Kiecol*.

6   Berliner Wirtschaftsberichte. 1927, Nr. 2, 27f; 1928, Nr. 2, 15; vgl. auch die Jahrgänge 1929 bis 1933.

Diktion: „130.000 Männer in friedlicher Absicht, aber in stahlharter Entschlossenheit besetzten die Stadt, um dem roten Berlin das unauslöschliche Merkmal einer
gewaltigen vaterländischen Demonstration einzubrennen […]. Möge der Samen,
den der Stahlhelm in die zerwühlten Furchen des roten Berliner Menschenackers
gestreut hat, aufgehen."[7] Die Märsche wurden mit wechselhaftem Erfolg durchgeführt. Provokant marschierte die nationale Rechte durch die Arbeiterviertel, und
traf dort erwartungsgemäß auf Widerstand. Kommunisten und Republikaner führten ihrerseits Treffen und Märsche durch, zu denen reichsweit mobilisiert wurde.
Die Demonstrationstechnik und -taktik war bei allen Parteien relativ ähnlich.

Abb. 1: Nationalistische Studenten demonstrieren am Tag des Friedens von Versailles im Lustgarten 1928 (Bildarchiv Preußischer Kulturbesitz [im folgenden: BPK])

Der genehmigte Demonstrationszug befand sich auf dem Fahrdamm, geordnet in
Kolonnen und Zweier-, Dreier- und Viererreihen. Die Reihen hatten oft reichlich
Abstand, um auch bei geringer Beteiligung die Fahrbahnbreite auszufüllen.
Musikkapellen und Fahnenabordnungen befanden sich im Zug. Je nach Sicher-
heitslage wurde der Zug durch begleitende Polizisten oder geschlossenes Spalier
von den Bürgersteigen abgeschirmt. Auf den Bürgersteigen befanden sich in bun-
ter Mischung Passanten, Polizisten in Zivil, Gegendemonstranten und Unterstüt-
zer der Demonstration „in zivil", von den Nationalsozialisten „Watte" genannt,
die die Aufgabe hatten, Angriffe auf die Demonstration frühzeitig zu erkennen
und zu verhindern. Diese als Passanten verkleideten Parteigänger konnten aber
auch die Aufgabe haben, vom Bürgersteig aus Druck auf das Polizeispalier auszu-
üben, damit dieses von zwei Seiten bedrängt und ggf. abgedrängt werden konnte,

7   Bundesblatt des Deutschen-Offiziersbundes 15.5.1927, 582.

so ein Polizeibericht über „Bemerkenswerte Parolen und Agitationsmethoden der KPD" von 1931.[8] Die Polizei mußte in regelmäßigen Abständen die Züge „abkämmen", um die Situation übersichtlich zu halten. Die engen Straßen der Innenstadt waren in dieser Hinsicht besonders schwieriges Terrain.[9]

Militärische Feiern

Berlin war als große Garnisonstadt und politisches Zentrum der Nation auch nach 1918 Schauplatz militärischer Feierlichkeiten, denen zahlreiche Veteranen beiwohnten. In der Hauptstadt gab es in der Zwischenkriegszeit 125 allgemeine Kriegervereine, 374 nach Truppenteilen und Waffengattungen benannte Kriegervereine und 226 Offiziersvereine.[10] Bei den Regimentsfeiern und Festtagen einzelner Truppeneinheiten reisten die Teilnehmer aus dem ganzen Reichsgebiet an. Oft war eine Denkmalsenthüllung Mittelpunkt der Aktivitäten. Geburtstage, Dienstjubiläen und Begräbnisse hoher Militärs sowie die Gedenktage der Reichsgründung, der Unterzeichnung des Versailler Vertrags und der Schlacht von Langemarck boten das ganze Jahr hindurch Anlässe für militärische Feierlichkeiten. Weitere Anlässe für Treffen und Aufmärsche der Kriegervereine und der „vaterländischen Verbände" waren der Sedanstag, Kaisergeburtstag, Hindenburggeburtstag, Totensonntag und Volkstrauertag.

In den ersten Jahren der Republik, besonders unter dem Eindruck des Kapp-Putsches und des Rathenau-Mordes wurden die Wiedersehens-Treffen der Angehörigen Berliner Truppenteile in der republikanischen Öffentlichkeit kritisch gesehen. Im September 1920 demonstrierte die SPD in Berlin gegen die Sedantagfeiern, im Juni 1922 agitierte die KPD in Berlin gegen Regimentsfeiern. Anfang der 1920er Jahre beschwerten sich die Kriegervereine beim Reichsinnenminister über mangelnden Polizeischutz gegen diese Störungen aus der Arbeiterbewegung. In einem Aufruf zu einer „Massenversammlung gegen die reaktionäre Gefahr" schrieb die *Rote Fahne* am 13. Juni 1922 über die „seit Wochen stattfindenden Regimentsfeiern, die nichts weiter sind als Kontrollversammlungen aller militärisch bewaffneter Reaktionäre. Jede dieser Regimentsfeiern ist eine freche Provokation der Arbeiterschaft. Gedenktage, die für jeden Arbeiter nur Gedenktage des Schreckens und des Grauens sind. Tage, an denen das Völkermorden Berge von Leichen türmte, sind der willkommene Anlaß für die Reaktion, große Paraden abzuhalten und ihre Macht zu demonstrieren."[11]

Nach dem Zusammenbruch des Kapp-Lüttwitz-Putsches im Frühjahr 1920 und nach der Ermordung Rathenaus war es der starken Empörung der republikanischen Öffentlichkeit geschuldet, daß monarchistische Vereine nur noch in geschlossenen Räumen auftreten konnten und öffentliche Regimentsfeiern zeit-

---

8   Denkschrift (68 S.) von Reg.-Ass. Schnitzler vom 19.6.1931, in: Landesarchiv Berlin (im folgenden: LAB) A Pr. Br. Rep. 30, Tit. 90, Nr. 7562, Akten des Polizeipräsidiums zu Berlin.

9   *Wilhelm Hartenstein*, Polizeitaktische Schriften. Folge 1, Berlin 1932/33, 13.

10   Jahrbuch der Vereine und Verbände Groß-Berlins. Berlin 1930, 228–250.

11   Rote Fahne 13.6.1922.

weilig verboten wurden. So beklagte die Zeitschrift *Die Tradition* das militär-feindliche öffentliche Klima bei den Trauerfeierlichkeiten für Rathenau in Berlin, es habe einen Demonstrationszug gegeben, „der als Abzeichen eine große Stroh-puppe in Offiziersuniform, deren Gesicht ein Schweinskopf ersetzte, mit sich führte." Nach der Trauerfeier hätten sich die Teilnehmer damit beschäftigt, „harmlose Spaziergänger, die Ordensbändchen im Knopfloch oder Hakenkreuz am Rock trugen, entsetzlich zu verprügeln".[12]

Die Verordnung zum Schutz der Republik wurde am 18. Juli 1922 als Gesetz im Reichstag bestätigt; sie erlaubte das Verbot von republikfeindlichen Vereini-gungen und Versammlungen.[13] Die *Rote Fahne* kritisierte die Verordnung als unzureichend: „Nicht einmal die Regimentsfeiern und Truppenparaden müssen nach der Verordnung unbedingt verboten werden. Es ist in das freie Ermessen der Landesbehörden gestellt, ob sie gestattet oder unterdrückt werden sollen. Bayern, das Bollwerk deutsch-nationaler Verschwörung wird keinen Finger rühren zur Beseitigung dieser Regimentstage."[14] Zu den Aufgaben der nach 1919 neu organi-sierten Politischen Polizei, die ihre Tätigkeit als präventiv darstellte, gehörte auch die Überwachung der paramilitärischen Vereine. Hier war das Deutsche Reich zur Zusammenarbeit mit der Interalliierten Militärkontrolle verpflichtet.[15]

Abb. 2: Reichsbanner-Führer Otto Hörsing nimmt eine Parade ab, Mitte der 1920er Jahre (BPK)

12 Die Tradition. Wochenschrift der Vereinigten Vaterländischen Verbände, Berlin 15.7.1922, Nr. 14, 286ff.
13 Die Weltbühne fragte am 3.8.1922: „Warum erst jetzt das Verbot der Regimentsfeiern?"; 1922 Bd. II, Nr. 32, 131; vgl. auch: *Hagen Schulze*, Weimar. Deutschland 1917–1933. Berlin 1982, 244.
14 Rote Fahne 26.6.1922.
15 Die Aufgaben der Politischen Polizei, in: Kriminalistische Monatshefte, Februar 1928, 38ff.

Erst mit der Stabilisierung der Republik entspannte sich die Lage, obwohl die politischen Lager unversöhnlich blieben. Nun versuchte auch die Sozialdemokratie mit ihrer Veteranen- und Schutzorganisation dem *Reichsbanner*, das Gefallenengedenken der rechten Deutungshoheit zu entreißen. Im Gründungsaufruf hieß es, man wolle die „Gegner der Republik niederkämpfen, mit denselben Mitteln, mit denen sie die Republik angreifen."[16]

Die Kriegsgefallenenehrungen am Volkstrauertag oder Totensonntag wollte das Reichsbanner als möglichst große Demonstrationen durchführen, die eindrucksvoll beweisen sollten, „daß in unserem Lager Massen von Kriegsteilnehmern und Angehörigen von Kriegsopfern sind." Die Redner sollten stets die „vaterländische Haltung der republikanischen und demokratischen Organisationen und ihrer Mitglieder im Weltkrieg" hervorheben. Bei Aufmärschen wurde empfohlen, uniformierte Reichsbanner-Mitglieder in der ersten Staffel, Kriegsverletzte in der zweiten, schwarzgekleidete Kriegerwitwen und Waisen in der dritten und erneut uniformierte Reichsbanner-Mitglieder in der vierten Staffel laufen zu lassen.[17] Ausdrücklich wurden die Reichsbannermitglieder, die zu zentralen Verstaltungen nach Berlin mobilisiert wurden, davor gewarnt, durch Alkoholkonsum und Bordellbesuche dem Ansehen der Organisation zu schaden.

Die Idee des „Unbekannten Soldaten" breitete sich seit 1920 von London und Paris aus und ergriff schließlich auch auf das republikanische Lager in Deutschland über. Regelmäßig berichtete die Reichsbanner-Presse auch über große Denkmalsbauten der ehemaligen Kriegsgegner, so über das Betonmonument über dem „Tranchée des bajonettes" bei Verdun,[18] über das Beinhaus von Douaumont[19] oder über das englische Tor-Monument in Ypern.[20]

Politische Konflikte um Denkmals-Standorte

Nachdem die Erregung über den Kapp-Lüttwitz-Putsch nachgelassen hatte, erlebten Regimentsfeiern im Laufe der 1920er Jahre eine immer stärkere Konjunktur. Die persönliche Erinnerung an den Krieg und die realistische Darstellung der Ereignisse in Bild und Wort wurde nun von idealistischen und heroischen Konstruktionen überformt. Zunehmend dominierten Jugendliche und „Etappenkrieger" das Geschehen der Kriegsfeste, wie die *Weltbühne* anmerkte: Gegen das

---

16   Gründungsaufruf und Bundessatzung in: Das Reichsbanner. Zeitung des Reichsbanners Schwarz-Rot-Gold. Bund der republikanischen Kriegsteilnehmer e.V. Magdeburg, Nr. 1, 1924, 1f.

17   Rundschreiben des Reichsbannergaus Oberbayern-Schwaben an alle Ortsvereine 13.10.1932, in: Bundesarchiv Berlin-Lichterfelde Ry 12/II/113/3 Bl. 99.

18   Illustrierte Reichsbanner Zeitung Nr. 18, 30.4.1927, S. 292f. Hermann Schützinger berichtete im Rahmen seines Schlachtfeldtourismus-Reportes über das Monument, das über einem verschütteten Graben errichtet worden war, aus dem nur noch die Bajonettspitzen der französischen Soldaten herausragten.

19   Illustrierte Reichsbanner Zeitung Nr. 42, 8.10.1927, 673.

20   Illustrierte Reichsbanner Zeitung Nr. 35, 27.8.1927, 561.

„Geschrei der Desperados, der dummen Jungens, der alten Generäle und General-
stäbler" wirkten die Stimmen der wirklichen Kriegsteilnehmer so schwach, „weil
viereinhalb Jahre Frontkrieg den Menschen in seinen Nerven bis zum letzten so
zerstört haben."[21] Tatsächlich hatten die „vaterländischen" Wehrorganisationen
ihr Aufnahmekriterium „Fronterfahrung" stark aufgeweicht und organisierten
auch Jugendliche in großer Zahl.

Abb. 3: Marsch des Rot-Front-Kämpfer-Bundes durch Berlin-Mitte über die Museumsinsel, Mitte
der 1920er Jahre (BPK)

Im Laufe der 1920er Jahre überzogen zahllose Kriegerdenkmäler Land und Stadt,
die überwiegend von Kriegervereinen und Traditionsverbänden finanziert wurden.
Generell läßt sich im Vergleich mit den französischen Verhältnissen sagen, daß in
Deutschland die Denkmalsinitiativen meistens von den Kriegervereinen, in Frankreich von den Gemeinden ausgingen. In den Denkmalsauschüssen der Vereine
waren oft schon Entwürfe beschlossen und Modelle präsentiert worden. Mit den
Gemeinden wurde dann über einen geeigneten Standort und Zuschüsse verhandelt. Je kleiner die Gemeinden waren, desto leichter waren die Verhandlungen.
Die politische Wirkungslosigkeit offizieller Gremien in diesem Prozeß ist
auffällig: Weder die Reichsregierung konnte ästhetisch-politische Richtlinien
durchsetzen, noch die regionalen Landesberatungsstellen für Kriegerehrungen
Durchschlagskraft entwickeln. Die Gemeinden konnten oft nur ihr Veto gegen

---

21　*Walter von Hollander*, Krieg und Kriegsteilnehmer, in: Die Weltbühne Bd. II (1925), Nr. 28,
　　52ff.

besonders aggressive und revanchistische Entwürfe bekunden, ohne Alternativen anzubieten. Dies führte dazu, daß in Deutschland überwiegend die Soldaten ihren gefallenen Kameraden Denkmäler setzten, während in Frankreich die Bürger ihre gefallenen Mitbürger ehrten.

Im Laufe der 1920er hatten die Veteranenvereine der Berliner Garnisonen genug Mittel gesammelt, um ihre Denkmäler bauen zu lassen. Zwischen 1922 und 1931 entstanden zahlreiche Monumente im Berliner Stadtraum. Seit 1893 existierte in Berlin eine Kommission, die einen Ankaufsetat für Kunstwerke verwaltete, mit denen die Hauptstadt verschönert werden sollte, darunter befanden sich vor allem Skulpturen für Parks, Plätze und Brunnenanlagen. 1925 entstand für Großberlin eine Satzung der Zentralverwaltung für das Kunst- und Bildungswesen. Zu ihren Aufgaben gehörten das Aufstellen von Kunstwerken auf öffentlichen Plätzen und Straßen und die „Festsetzung von Bestimmungen, nach denen von den Bezirken die öffentlichen Kunstdenkmäler einschließlich der Gedenktafeln berühmter Persönlichkeiten zu unterhalten sind."[22] Zur ausführenden Kunstdeputation zählten je fünf Magistratsmitglieder, darunter der Oberbürgermeister, 17 Stadtverordnete, neun Bürgerdeputierte und zwei Bezirksamtsmitglieder, die auf Vorschlag der Bezirksämter vom Oberbürgermeister ernannt wurden.[23] In der Deputation waren neben dem Oberbürgermeister Stadtbauräte, Stadtbaumeister und Künstler vertreten. Der jährliche Etat stieg von 200.000 RM (1924) auf 400.000 RM (1929), um dann wieder auf 200.000 RM (1932) zu sinken.[24] Anfang der 1930er wuchs die Kritik am umständlichen Entscheidungsverfahren der vielköpfigen Deputation.[25]

Während die Kriegervereine möglichst zentrale, repräsentative Lagen für ihre Denkmäler forderten, war die Stadt- und Bezirksverwaltung, oft von den Arbeiterparteien dominiert, an dezenteren Standorten wie Friedhöfen und Kirchen interessiert. Daher entstanden viele Kriegerdenkmäler im Zusammenhang mit der militärischen Infrastruktur, was heute z. T. nicht mehr erkennbar ist, da die Kasernen abgerissen wurden oder zivil genutzt werden. Das Gefallenengedenken blieb überwiegend in der Hand der Traditionsvereine, die Denkmäler waren dezentral über die Stadt, vornehmlich ihre südwestlichen Bezirke, verteilt. Die Kriegervereine und Veteranenverbände der aufgelösten oder verkleinerten Truppenteile wurden mit einer Stadtbevölkerung und Verwaltung konfrontiert, die vielfach von der Arbeiterbewegung geprägt war und soziale wie pazifistische Ideen vertrat. Die Zentrale Deputation für das Kunst- und Bildungswesen bestand jedoch darauf,

---

22 Satzung für das Kunst- und Bildungswesen der Stadt Berlin. Berlin 1925, § 2, in: Zentralarchiv Staatliche Museen Preußischer Kulturbesitz Berlin (im folgenden: ZA SMPK) I/NG 527, Bl. 615.

23 Satzung für das Kunst- und Bildungswesen der Stadt Berlin, Berlin 1925, § 4. In: ZA SMPK I/NG 527, Bl. 615.

24 Bericht von Stadtbaurat Garbe über die Arbeit der Deputation, Berlin 7.5.1931. ZA SMPK I/NG 526, Bl. 611ff.

25 Vgl. das Schreiben des Oberbürgermeisters Sahm an Ludwig Justi, 18.5.1931. In: ZA SMPK I/NG 526, Bl. 610.

alle Anträge für Denkmäler zu entscheiden. Die Bezirke hätten dazu kein Recht und müßten die Anträge weiterleiten.[26]

Als die Angehörigen der ehemaligen Kraftfahrtruppe einen Platz für ihr Denkmal suchten, mußten sie zunächst die Kunstdeputation des Bezirks Wilmersdorf gewinnen und danach an die Kunstdeputation von Groß-Berlin herantreten, die als letzte Instanz ihr Gutachten und ihre Genehmigung abgeben muß. Die Veteranen der Kraftfahrtruppen waren sich der politischen Widerstände gegen ihr Projekt bewußt: „Bei der politischen Einstellung dieser 32-köpfigen Deputation ist eine Zustimmung zu der Aufstellung des Denkmals in Berlin durchaus nicht sicher. Ein großer Teil des Magistrats und der Stadtverordneten soll auf dem Standpunkt stehen, daß Einzeldenkmäler in Berlin nicht mehr aufgestellt werden sollen."[27] Tatsächlich wurde für das Denkmal, das in der Nähe verkehrsreicher Plätze und Straßen aufgestellt werden sollte, zunächst der Fehrbelliner Platz, dann ein Standort an der Heerstraße und an der Avus in Aussicht genommen, ohne Erfolg.[28] Das Denkmal wurde nach Potsdam abgedrängt, am Rande der Stadt, an der Straße nach Michendorf, fand es 1931 einen Platz.

Einzelne Denkmäler

Unter den zahlreichen Kriegerdenkmälern, die in der Weimarer Republik in der Reichshauptstadt entstanden, ragt Franz Dorrenbachs Ehrenmal des Königin-Augusta-Garde-Grenadier-Regiments Nr. 4 auf dem Neuköllner Neuen Garnisonfriedhof heraus. Die Einweihung des Denkmals am 11. Oktober 1925[29] geriet zu einer Massenveranstaltung, die einen politischen Skandal auslöste. Nach dem üblichen Ablauf von Regimentsfeiern war ein ganzes Wochenende für die Feierlichkeiten vorgesehen, die Teilnehmer kamen aus dem ganzen Reichsgebiet. Das Programm begann am 10. Oktober um 10 Uhr mit Kranzniederlegungen am Grab der Königin und Kaiserin Augusta im Mausoleum Charlottenburg und am Denkmal Unter den Linden. Der festliche Begrüßungsabend fand in der Kreuzberger Bockbrauerei Fidicinstraße statt. Am nächsten Morgen versammelte man sich auf dem Kasernenhof Friesenstraße zum Feldgottesdienst, es folgten die Denkmalweihe als Höhepunkt der zweitägigen Feierlichkeiten auf dem Garnisonfriedhof,

26 Notiz Prof. Amersdorffer, Preuß. Akademie der Künste, nach Anfrage beim Oberbürgermeister, 18.1.1927. Stiftung Archiv der Preußischen Akademie der Künste (im folgenden: SAdK Pr AdK) Nr. 0808, Bl. 2.

27 Bericht über die Mitgliederversammlung, Punkt 7. Bericht der Denkmalskommission. Nachrichtenblatt f. d. ehem. Angehörigen der Kraftfahrtruppen, Berlin 1.6.1927, Nr. 87, 45. Einweihung des Denkmals am 7.6.1931, Baukosten: 38.000 Mark.

28 Brief des Architekten Fritz Ebhardt an den Bürgermeister von Wilmersdorf 11.11.1924 wegen eines Platzes bei der Avus bzw. am Reichskanzlerplatz; LAB, A Rep. 37 08, Nr. 339, Bl. 28.

29 Ein Spendenaufruf „für den Denkmalsschutz" wurde veröffentlicht in: Militärwochenblatt 18.6.1925, 1506. Offenbar war damit eine zu bezahlende Bewachung der Denkmalbaustelle vor Beschädigungen gemeint.

danach erneut Essen in der Bockbrauerei, am Abend schließlich der Festkommers in der Neuen Welt in Hasenheide. Zapfenstreich war für 11:45h vorgesehen.

Abb. 4: Ehrenmal des Königin-Augusta-Garde-Grenadier-Regiments Nr. 4 (Foto: Saehrendt 2003)

Für dieses erhebliche Quantum an Emotion, Seelsorge, Bier und Eintopf waren lediglich zwei Reichsmark zu entrichten.[30] Beim Feldgottesdienst hatte der General a.D. Sixt von Arnim mitgeteilt: „Ich habe die hohe Ehre, daß seine Majestät der Kaiser und König mich beauftragt haben, das Denkmal des Regiments Augusta und seiner Reserveregimenter 55 und 202 einzuweihen." Der General sprach von „unwandelbarer Treue zum Kaiser" und begrüßte „den erlauchten Sproß des Kaiserhauses" Prinz Oskar von Preußen, dann erst Vertreter der Reichswehr, zivile Behörden und die Veteranen.[31] Neben der Traditionskompanie der Augustaner waren sämtliche Kriegervereine Berlins, Marschformationen des Stahlhelm, des Jungdeutschen Ordens und zahlreiche Veteranen zur Denkmalweihe eingetroffen, insgesamt mehrere Tausend Personen. Der erst im April ins Amt gelangte Reichspräsident trat in der Uniform des Generalfeldmarschalls auf, zuvor waren die Flaggen des Reichspräsidenten von seinem Dienstfahrzeug entfernt worden. Hindenburg schritt die Ehrenkompanie ab und legte als Zweiter, also nach dem abwesenden Kaiser, einen Kranz nieder. Sowohl die Rede von Arnims als auch das Verhalten Hindenburgs führte zu scharfen Reaktionen in der

---

30 Programm in: Militärwochenblatt 4.10.1925, 459.
31 Berliner Tageblatt 12.10.1925. Für diese Rede gab es keine „offizielle" schriftliche Aufzeichnung. Von Arnim bestritt den zitierten Wortlaut in der Neuen Preußischen Kreuzzeitung vom 15.10.1925.

demokratischen Presse, die, wie die *Vossische Zeitung*, die Feier als monarchistische „unerhörte Provokation der verfassungstreuen Mehrheit des deutschen Volkes" verstand, während die deutschnationalen Blätter den Vorfall als „Privatfeier" verharmlosten.[32]

Welche Wirkung hatten die im Stadtraum verstreuten Denkmäler auf Einheimische und Besucher? Eine geschlossene Monumentalität konnten sie sicher nicht ausstrahlen. Eine zeitgenössische Publikation beklagt diese Marginalisierung der Denkmäler, selbst der Neue Garnisonfriedhof in Neukölln, der als Ehrenfriedhof für die Weltkriegsgefallenen zahlreiche Regimentsdenkmäler beherbergte, wurde in der Öffentlichkeit kaum wahrgenommen. Ein Blick in die Reiseführer der 1920er Jahre zeigt, daß nur einige Friedhöfe und Kirchen, wie z.B. der Invalidenfriedhof und die Evangelische Garnisonkirche regelmäßig als Sehenswürdigkeiten erwähnt werden.[33] Allein in der Baedeker-Ausgabe von 1927 schlägt sich die Zahl der Denkmalsneubauten der vergangenen Jahre nieder. Hier werden 12 Weltkriegsdenkmäler erwähnt, darunter das Gefallenendenkmal der Berliner Universität, das Eisenbahnerdenkmal und das Augustanerdenkmal auf dem Neuen Garnisonfriedhof.[34] In den folgenden Ausgaben werden die Denkmäler jedoch nicht mehr aufgeführt.

Abb. 5: Ehrenmal des Kaiser-Franz-Garde-Grenadier-Regiments Nr. 2 in Berlin-Kreuzberg (Foto: Saehrendt 2003)

32 Vossische Zeitung 13./14.10.1925.
33 Griebens. Berlin und Umgebung, Berlin 1922; 1923; 1929; Baedeker für Berlin und Umgebung. Leipzig 1921.
34 Baedeker für Berlin und Umgebung. Leipzig 1927.

Reichsehrenmal Neue Wache

Am 3. August 1924, bei der Trauerfeier für die Kriegsopfer am 10. Jahrestag des Kriegsausbruchs, schlug die Reichsregierung den Bau eines nationalen Ehrenmals für die deutschen Gefallenen vor und startete einen öffentlichen Sammlungs-aufruf.[35] Die folgenden Jahre brachten eine intensive und umfangreiche öffentliche Diskussion; doch am Ende scheiterte das Vorhaben eines integrativen Nationaldenkmals. Umstritten war vor allem der Standort. Die „Vaterländischen Verbände" lehnten die „rote" Großstadt ab, während die Regierung und viele Militärs selbstverständlich auf einem hauptstädtischen, zentralen Standort beharr-ten.[36] Der Stahlhelm präsentierte im Sommer 1926 einen Vorschlag für ein Reichsehrenmal in Thüringen, das mitten in einem ummauerten, „als ewiges Naturschutzgebiet zu erklärenden Waldgelände" anzulegen sei. In einer offenen Gruft sollte ein Sarkophag zu sehen sein, bedeckt von der Figur eines schlafenden Kriegers in Stahlhelm und mit Gewehr.[37] Zeitweilig bewarben sich mehr als 150 Orte für das Denkmal. Die *Weltbühne* spottete: „bebrillte Glatzen und gedrillte Knaben/ die neuen Heldensinn gefunden haben/ [...] in Konferenzen, Reden ohne Zahl/ belügen sich geifernd um die Wette/ von wegen und zu Gunsten einer Stätte/ die jeder gern in seinem Garten hätte/ teils Hain, teils Stein, genannt: Reichsehrenmal/ [...] und sie begründen, unbeschwert von Reue/ mit Euren Opfern künftige und neue/ Gemetzel, Krieg mit Gas und Tank."[38]

Am 12. Februar 1926 traf sich Reichspräsident Hindenburg mit Vertretern der Veteranenverbände Stahlhelm, Kyffhäuser, Reichsbanner und des Reichsbundes jüdischer Frontsoldaten. Um einen Kompromiß der Verbände zu erzielen, ließ Hindenburg seine Präferenz für Berlin fallen und stimmte zu, einen Ehrenhain in natürlicher und verkehrsmäßig zentraler Lage in Deutschland zu errichten. Damit waren noch etwa 80 Orte im Gespräch, die Reichskunstwart Redslob in einer drei-monatigen Reise durch Mitteldeutschland besichtigte. Die Feindseligkeit des Stahlhelms machte gemeinsame Ortsbesichtigungen mit dem Reichsbanner unmöglich. Schließlich wurde das thüringische Bad Berka erste Wahl, gefolgt von dem Plan, auf den Rheininseln bei Lorch ein Ehrenmal in Verbindung mit einer Rheinbrücke zu errichten.[39] Eine rasche Lösung schien jedoch nicht in Sicht. Daher nahm der preußische Ministerpräsident Braun die Sache selbst in die Hand. In einem Schreiben an den Reichskanzler und die Kabinettsmitglieder wies er darauf hin, daß auch Hindenburg für einen Berliner Standort sei. Die Unversöhn-lichkeit der Veteranenverbände ließ stets gewalttätige Zusammenstöße an einem abgelegenen Ehrenmal erwarten. Daher seien Vorschläge, die Schinkelsche Neue

---

35   Rede Eberts vom 3.8.1924 vor dem Reichstagsgebäude, in: Berliner Tageblatt 3.8.1924.
36   Berliner Tageblatt 14.2.1926; Berliner Lokal Anzeiger 28.2.1926.
37   Der Stahlhelm Juli 1926; vgl. auch Stahlhelmjahrbuch 1926. Magdeburg 1925, 104f:
     „Heiliges Gebiet".
38   *Hermann Krelaus*, in: Die Weltbühne, Bd. II (1926), Nr. 32, 210.
39   Berliner Tageblatt 17.7.1926, Berliner Lokal Anzeiger 11.7.1926.

Abb. 6: Entwurf für ein Reichsehrenmal am Pariser Platz von F.W. Krohn, „Architekt und künstlerischer Beirat für Filminnen- und -außenbauten und Theaterausstattung (Geheimes Staatsarchiv Preußischer Kulturbesitz; Brandenburger Tor)

Abb. 7: Provisorisches Ehrenmal des Reichsbanners am Brandenburger Tor, errichtet anläßlich der Verfassungsfeier 1929 (BPK)

Wache zu einem Ehrenmal auszubauen, wieder aktuell. Mit geringen Kosten
könne hier eine gut besuchte Einrichtung geschaffen werden.[40] Preußen ging in
dieser Frage nun einen eigenen Weg, und es zeigte sich, daß die Vaterländischen
Verbände schon bald ihr eigenes Ehrenmal, das Tannenberg-Denkmal, ohne jüdi-
sche und sozialdemokratische Beteiligung einweihten, aber nach dem Coup ver-
langten, das Tannenberg-Denkmal möge nun zum Reichsehrenmal erklärt werden,
alle anderen Pläne könnten ruhen.[41] In den folgenden Jahren wurden immer wieder genauere Pläne für ein Ehrenmal Unter den Linden entwickelt.[42] Aufsehen
erregte das Reichsbanner, das am Verfassungstag, dem 11. August 1929, auf dem
Pariser Platz ein provisorisches Monument als Ehrenmal für die Opfer des Krieges, für die Toten der Republik und für die Opfer des Reichsbanners aufstellen
ließ: ein hohes Holzgerüst, welches mit Stoffen in den Farben Schwarz-Rot-Gold
bespannt war.[43]

   Während in London und Paris Ehrenmäler längst an repräsentativer Stelle
ständen, sei dies aufgrund der „grotesken Parteizerrissenheit" in Deutschland
noch nicht geschehen. Allein das Reichsbanner hätte es vorgemacht, wie ein
Reichsehrenmal am Pariser Platz wirken würde, klagte das *Militärwochenblatt*.[44]
Die preußische Regierung hatte 1929 beschlossen, nunmehr in Zusammenarbeit
mit dem Reich für die Neue Wache einen Wettbewerb auszuschreiben. Das
Wachgebäude für das königliche Schloß hatte im Krieg auch als Hauptzentrale
des Militärtelegraphen gedient, von hier waren die Befehle zur Mobilmachung
und Demobilisierung ausgegangen. Seitdem war es funktionslos geworden, hatte
zeitweilig die Technische Nothilfe und Sanitätsstationen beherbergt, 1929 fand
eine Ausstellung der Deutschen Kriegsgräberfürsorge dort statt. Bereits Anfang

---

40 Der Preußische Ministerpräsident St. Nr. I 9884 an den Reichskanzler, sämtliche Staatsse-
    kretäre und an das Reichskabinett, 20.7.1926, in: Geheimes Staatsarchiv Preußischer Kultur-
    besitz I. HA, Rep. 77, Tit. 1215, Nr. 3c, Bd. 1.
41 Eingabe des Tannenberg-Nationaldenkmal-Vereins an das Reichsinnenministerium, 10.12.
    1928, in: GStA PK, I. HA, Rep. 77, Tit. 1215, Nr. 3c, Bd. 1. Im April gründeten Vertreter der
    Regierung und der Frontkämpferverbände eine „Stiftung Reichsehrenmal", der allgemeine
    Ideenwettbewerb brachte ca. 2.000 Entwürfe, die z.T. in den Landesausstellungsparks am
    Lehrter Bahnhof ausgestellt wurden, insgesamt 40 Arbeiten wurden prämiert. Nachdem
    Hitler am 2.10.1935 Tannenberg zum Reichsehrenmal erklärt hatte, löste sich die Stiftung
    auf.
42 So der Entwurf für ein Reichsehrenmal am Pariser Platz, mit viel Raum für die „Aufstellung
    der Korporationen und Vereine an Volkstrauertagen" von F.W.Krohn; Architekt und künstle-
    rischer Beirat für Filminnen- und -außenbauten und Theaterausstattung an den Preuß. Innen-
    minister, 15.3.1928, in: GStA PK, I. HA, Rep. 77, Tit. 1215, Nr. 3c, Bd. 1.
43 Der Gauvorstand des Gaues Berlin-Brandenburg an das Pol.-Präs. Berlin, 7.8.1929, in: Akten
    des Polizei-Präsidiums Berlin, LAB, A Pr. Br. Rep 30, Tit. 89–90, Nr. 7531. Die Verfas-
    sungsfeier selbst habe „würdigsten Verlauf genommen. In Berlin marschierte das Reichs-
    banner mit 150.000 Mann zu einer glänzenden Demonstration auf"; in: Sozialdemokratische
    Parteikorrespondenz, 9/1929, 495.
44 Militärwochenblatt 4.10.1929, 481f.

1925 wurden erste Vorschläge für den Umbau zum Ehrenmal publiziert.[45] Den engeren Ideenwettbewerb mit der Auflage, das Äußere des Schinkelschen Bauwerks so wenig wie möglich zu verändern, entschied Heinrich Tessenow für sich, u.a. gegen Mies van der Rohe (zweiter Platz), Hans Poelzig (dritter Platz), Peter Behrens, Erich Blunck und Hans Grube. Die Umgestaltung zur „Gedächtnisstätte für die Gefallenen" – die Bezeichnung „Ehrenmal" mußte vermieden werden – lag in den Händen des Preußischen Finanzministeriums. Die Reichswehr übernahm die Hälfte der Kosten und stellte das Grundstück zur Verfügung. Im Juli 1930 begann der Umbau. Tessenow setzte einen altarförmigen Kubus aus schwarzem schwedischem Granit in den Abmessungen von 141cm x 141cm x 167cm unter ein kreisrundes Oberlicht, das durch einen 1,80m breiten Bronzering eingefaßt war. Auf dem Kubus lag ein silbrig-golden glänzender Eichenlaubkranz des Bildhauers Ludwig Gies.

Die Einladungen zur Einweihungsfeier am 2. Juni 1931 wurden in der Absicht verschickt, ein breites Spektrum anzusprechen, um die Gedenkstätte als integratives Symbol republikanischen Kriegergedenkens darzustellen. Die Einweihung, an der auch das Reichsbanner und der Reichsbund Jüdischer Frontsoldaten teilnahmen, wurde von weiten Teilen des monarchistischen Spektrums, der alten Generalität und des Stahlhelms boykottiert. Anwesend waren schließlich Reichspräsident Hindenburg, Reichskanzler Brüning, Reichswehrminister Groener, Reichsinnenminister Wirth, die Chefs von Heer und Marine v. Hammerstein und Raeder, Ministerpräsident Braun, der Führer des Kyffhäuserbundes v. Horn und der Vorsitzende des Reichsverbandes deutscher Offiziere, von Hutier. Mit der Einrichtung der Gedenkstätte bekam die Hauptstadt nun doch noch ein schlichtes, zentrales Denkmal, das in den Reiseführern erwähnt und in den folgenden Jahren von vielen Berlinbesuchern angesteuert wurde. Zumal auch in der Umgebung der Wache weitere Bauten und Denkmäler militärhistorischer Relevanz standen: Im Kastanienwäldchen und im Gartenhof der Universität standen weitere, figürliche Kriegerdenkmäler, links und rechts der Wache befanden sich Statuen preußischer Generäle, nebenan lag das Zeughaus als zentrales Militärmuseum Preußens, so daß man hier von einem ganzen Denkmalskomplex militärhistorischer Provenienz sprechen kann.

Die Neue Wache wurde nach 1933 in kaum veränderter Form in den nationalsozialistischen Gefallenenkult integriert. Ein hölzernes Hochkreuz wurde an der Rückwand des Innenraums angebracht, die zivilen Polizisten vor dem Gebäude durch Soldaten ersetzt.[46] Die Gedenkstätte galt in der Weimarer Republik wie auch im „Dritten Reich" als Attraktion. So gehörte die Neue Wache beispielsweise neben dem Olympiagelände zu den Berliner Sehenswürdigkeiten, die 1941 einer vom Reichsministerium für Volksaufklärung und Propaganda eingeladenen französischen Künstlerdelegation gezeigt werden sollten.[47]

---

45 So etwa die Idee Prof. Frieda Schottmüllers in den leeren Raum mittig einen Sarkophag und vor der Rückwand eine sog. Vespergruppe zu plazieren, erwähnt im Militärwochenblatt 11.1. 1925, 776.
46 Die Neue Wache als Ehrenmal für die Gefallenen des Weltkriegs. Berlin 1936.
47 BArch R 55, 21003 Bl. 209.

Ausstellungen

Während des Ersten Weltkriegs hatte es in Deutschland zahlreiche Kriegsausstellungen gegeben, bei denen die technischen und operativen Leistungen des Heeres gewürdigt wurden. Waffen der eigenen Armee, Beutewaffen und Beutefahnen waren zu sehen, begehbare Schützengräben und Unterstände wurden für das Publikum nachgebaut. So bauten Rekruten des Berliner Garde-Pionier-Ersatz-Bataillons bei der großen Kriegsausstellung 1916 im Zeughaus Schützengräben mit Unterständen, Minen- und Horchpostengängen, Wolfsgruben, Drahthindernissen und Ausfallstufen für Sturmangriffe, um den Berlinern ein anschauliches Bild von der Front zu vermitteln.[48] In den ersten Nachkriegsjahren hatte diese Art von Ausstellungen natürlich keine Konjunktur. Im Zeughaus, dem zentralen Berliner Militärmuseum, hinterließen die von den Alliierten eingezogenen oder zerstörten Waffen und Ausstellungsobjekte leere Sockel.

Radikale Pazifisten und Kommunisten versuchten mit Antikriegsausstellungen den Schrecken des Krieges und die Skrupellosigkeit seiner Profiteure anzuprangern. Sie kombinierten dabei moderne künstlerische Mittel: Montage- und Collagetechniken und Envirements mit traditionellen Museumsmethoden, kontrastierten Sarkasmus mit den Schreckensbildern der Zerstörung. Doch blieben Einrichtungen wie Ernst Friedrichs winziges Antikriegsmuseum in der Berliner Innenstadt oder die Wanderausstellungen des Rot-Front-Kämpfer-Bundes ohne große Resonanz, sie wurden nur im linken politischen Spektrum angenommen, von der nationalistischen Rechten und von Militärkreisen jedoch aufmerksam registriert und skandalisiert.

Parallel zu den heroischen Tendenzen im Kriegerdenkmalsbau, tauchten Ende der 1920er Jahre auch jene Erlebnisausstellungen wieder auf, die den Krieg mit Hilfe neuester Ausstellungstechnik verklärten. Ausstellungsmacher nationalkonservativer oder nationalsozialistischer Provenienz schufen mit Hilfe von Modellbauern Schlachtfeldpanoramen, die von Miniatursoldaten und verschiedenfarbigen Glühlämpchen bevölkert waren. So sahen Anfang der 1930er Jahre in nur drei Wochen 20.000 Besucher die Wanderausstellung „Tannenberg-Elektrik". Ähnlich spektakulär war die „Gedenkausstellung Weltkrieg 1914/18", bei der Anfang 1933 am Potsdamer Platz vier „Riesengeländereliefs" der Westfront präsentiert wurden. Neben den naturgetreuen Schlachtfeldnachbildungen von „Verdun 1914/ 16", „Somme 1915" und „Arras-Cambrai 1918" waren Kriegsmalerei, Photographien, Kriegsandenken und historische Dioramen zu sehen.[49]

48 Katalog: Deutsche Kriegsausstellungen 1916, Berlin 1916. Veranstaltet vom Zentralkomitee der deutschen Vereine vom Roten Kreuz, unterstützt vom preußischen Kriegsministerium. Zu sehen waren Waffen, Geschütze, Flugzeuge, Uniformen sowie Photographien, Graphiken und Kriegsliteratur.
49 Gedenkausstellung Weltkrieg 1914/18, Februar–März 1933, Potsdamer Platz 3.

Fazit

In der Weimarer Republik entstand in Berlin keine monumentale, zentral gelegene Kriegergedenkstätte, die zum nationalen Pilgerort hätte avancieren können. Der Pluralismus politischer Verbände und administrativer Ebenen führte stattdessen zu einer kleinteiligen, vielgestaltigen Denkmalslandschaft. Die über den Stadtraum verteilten Kriegerdenkmäler und –friedhöfe gingen zwischen den zahlreichen kulturellen Attraktionen und Baudenkmälern der Reichshauptstadt unter und wurden nur von zielbewußten Besuchern wahrgenommen. Das Vakuum, das der ergebnislose Streit um ein Reichsehrenmal hinterlassen hatte, wurde Ende der 1920er Jahre von der modern und schlicht gestalteten Gedenkstätte Neue Wache ausgefüllt. Berlin hatte damit eine zentrale Gedenkstätte, die auch häufig besucht wurden. Das eigentliche Reichsehrenmal, eine gigantische Trutzburg, befand sich jedoch im ostpreußischen Tannenberg. Im Gegensatz zu Tannenberg ist ein spezifischer Kriegserinnerungstourismus unter den Berlinbesuchern kaum oder nur schwerlich festzustellen, sofern sie nicht ehemalige Militärangehörige waren. Erst die Nationalsozialisten gingen daran, die Berliner Architektur mit Bauten und Denkmälern zu prägen, die die Stadt zu einem Erinnerungsort an vergangene Kriege machen sollten.

DIE INSZENIERUNG DER „REICHSHAUPTSTADT BERLIN" IM NATIONALSOZIALISMUS

Robert Graf

„Mit dieser Stadt Berlin ist nichts anzufangen." (Adolf Hitler, 1933)

I. Einleitung

Nach der administrativen Schaffung von „Groß-Berlin" im Jahre 1920 schien absehbar, daß die Stadt – den zeitgenössischen Vorstellungen und Erwartungen an die Zukunft entsprechend – weiter wachsen und die stürmische Entwicklung, die mit der Reichsgründung 1871 begonnen hatte, ihren Fortgang nehmen würde: Berlin als spät dazugekommener „Paria" unter den europäischen Großstädten, seit den 1880er Jahren überstürzt gewachsen und zu Beginn der 1920er Jahre mit über 3,8 Mio. Einwohnern überfüllt, rangierte nun hinter London und Paris an dritter Stelle der bevölkerungsreichsten Städte Europas. Gleichzeitig hatte sich die Stadt zum bedeutendsten Industriestandort des Kontinents entwickelt und war wichtigster europäischer Verkehrsknotenpunkt. In dieser Zeit erlebte Berlin außerdem eine beispiellose kulturelle Blütezeit; Film, Theater, Musik aus Berlin wurden weltweit beachtet. Die Stadt war dabei, eine vermeintlich unumkehrbare Entwicklung zur Weltmetropole zu einzuschlagen, und ihrem veränderungswütigen Charakter entsprechend auch ihr Weichbild, ihr urbanes Erscheinungsbild, grundlegend umzuformen. Die Weltwirtschaftskrise Ende der 1920er Jahre, die Instabilität der Republik, das Anwachsen der extremen Parteien, schließlich die Errichtung der Nazidiktatur und die Entfesselung des Zweiten Weltkrieges zerstörten die Möglichkeiten auf eine kontinuierliche Weiterentwicklung der Stadt.

II. Die „Reichshauptstadt"

Nach der Machtübernahme der Nationalsozialisten kommt es unter der Leitung des neu geschaffenen Reichsministeriums für Volksaufklärung und Propaganda (RMVP) zunächst zu Veränderungen in der Bezeichnung vieler deutscher Städte, zu verbindlichen Begriffsprägungen wie „Nürnberg – Stadt der Reichsparteitage", „München – Hauptstadt der Bewegung", „Reichshauptstadt Berlin". Mit dieser ideologisierten Funktionsbezeichnung ließ sich für Berlin sprachlich das herstellen, was der neue Reichskanzler Adolf Hitler, verhinderter Künstler, verhinderter

Architekt, an der Stadt schmerzlich vermißte: eine Aura der „Würde".[1] Auch deshalb findet im April 1933 das erste Treffen zwischen dem neuen Kanzler und Vertretern der Berliner Baubehörden statt, wobei die Notwendigkeit von Umbau- und Neubaumaßnahmen angesprochen wird: „Berlin als Reichshauptstadt eines 65 Millionen-Volkes muß städtebaulich und kulturell auf solche Höhe gebracht werden, daß es mit allen anderen Hauptstädten der Welt konkurrieren kann."[2] Mit dieser Aussage bekräftigt Hitler nicht nur seine Entschlossenheit, Berlin mit einer Reihe monumentaler Bauten auszustatten, sondern es zeigt sich hier auch der verächtliche Blick auf die Stadt, in der Hitler wie viele Zeitgenossen „eine systemlose Zusammenfassung [...] oder Aneinanderreihung von Geschäfts- und Wohnhäusern" erblickt.[3] Die radikale „bauliche Neuordnung" Berlins ist damit bereits ins Visier genommen.[4] Im nun so genannten „Dritten Reich" wird Berlin dem nationalsozialistischen „Neugestaltungswillen" besonders ausgesetzt sein.

Ein einheitliches nationalsozialistisches städtebauliches oder architektonisches Programm gab es vor 1933 freilich nicht: Die Nationalsozialisten vertraten einerseits ein Konglomerat von traditionalistischen Vorstellungen zu Architektur und Städtebau, andererseits entstanden schließlich in der NS-Zeit – trotz einer ideologischen Diffamierung der Moderne als „entartet" – nicht nur im Industriesektor Bauten, die, wenngleich vergröbert und monumentalisiert, dennoch das Signum der Moderne trugen.[5] Generell war die Darstellung und Inszenierung von

---

1   Hitler verabscheute insbesondere den modernen Erweiterungsbau des Reichskanzlerpalais (Architekt Eduard Jobst Siedler, 1928–31) und bezeichnete das Gebäude 1933 als „Hauptrepräsentanz eines Seifenkonzerns"; *Albert Speer*, Erinnerungen. Frankfurt a.M. 1969, 49.

2   Hitler im April 1933, zit. in: *Lars Olof Larsson*, Die Neugestaltung der Reichshauptstadt. Stuttgart 1978, 22.

3   Ebd.

4   Die Notwendigkeit einer durchgreifenden Veränderung der Infrastruktur und insbesondere der Wohnraumsituation der Hauptstadt war seit Anfang des Jahrhunderts als vordringlich erkannt worden. Die zahlreichen Vorschläge und Planungen der Jahre ab 1914, mit denen die durch das nahezu unkontrollierte Wachstum Berlins zwischen ca. 1860 und 1900 entstandenen Probleme gelöst werden sollten, wurden aber entweder gar nicht oder nur ansatzweise verwirklicht: Der städtebauliche Aufschwung, der seit 1927 langsam einsetzte, und in dessen Zuge viele Glanzstücke der modernen Architektur in Deutschland errichtet worden sind, endete 1931 mit dem aufgrund der schweren Wirtschaftskrise verhängten totalen Baustopp. Die Maßnahmen, die nach 1933 unter der neuen Regierung durchgeführt werden, bewegen sich zunächst in einem Rahmen, der durch die z. T. extreme Stadtfeindlichkeit großer Teile der Anhängerschaft der NSDAP mitbestimmt ist: „Draußen im Grünen", am Rand der Stadt, werden einzelne „Kleinsiedlungen für deutsche Arbeiter" errichtet. Das anfangs von völkisch-reaktionären Vorstellungen bestimmte nationalsozialistische Bild der Stadt (und vor allem Berlins) – der „Moloch Stadt" als Konzentration alles „Undeutschen"– wandelt sich bis 1935 zunehmend. Zu den Stadtvorstellungen der Völkischen und der Nationalsozialisten: *Jost Hermand*, Der alte Traum vom Neuen Reich. Völkische Utopien und Nationalsozialismus. Frankfurt a.M. 1988, 133 ff.

5   So beispielsweise der propagandistisch wichtige Bau des Reichsluftfahrtministeriums. Das Gebäude wurde 1935 an der Wilhelm-/Ecke Leipziger Straße in Berlin nach Plänen von Ernst Sagebiel, dem ehemaligen Büroleiter des großen Modernisten Erich Mendelsohn (1933 emigriert), auch als Monument der deutschen „Wiederwehrbarmachung" errichtet. Vor allem mit seiner Innengestaltung ließ sich von den Nationalsozialisten eine „modernistische Propa-

Macht und Autorität des nationalsozialistischen Staates ein wichtiges Charakteristikum der massigen, strengen Bauten, die ab 1933 emporwuchsen, was durch gezielte Verwendung von architektonischen Herrschafts- und Würdeformen (Fassadenhierarchisierung, Verwendung von Pilaster, Gesims, Portikus, Treppe, Raumflucht usw.) erreicht wurde.

Dabei war die NSDAP in ihrer Anfangszeit in den zwanziger Jahren zu den stark großstadtfeindlichen politischen Gruppierungen zu rechnen. So war in den einschlägigen Veröffentlichungen immer wieder zu lesen, Berlin sei ein Ort der „Verrohung der Sitten und der Rassenvermischung", sei eine „Brutstätte für Bolschewismus und Internationalismus", „halb barbarisch, seelenlos, international".[6] Städtisches Leben und urbane Kultur wurden in den NS-Publikationen wüst geschmäht; Berlin war den Nazis „Sündenbabel" und „Parasit am deutschen Wirtschaftskörper", Berlin war chaotisch und ungeordnet, feindlich, Berlin war „rot".

III. NS-Feiern und Großveranstaltungen im öffentlichen Raum

Die Bilder über Berlin werden nach dem 30. Januar 1933 verstärkt auch im Rahmen einer ausufernden nationalsozialistischen Architekturpropaganda produziert, die Image-Konstruktion funktioniert hier über die propagandistisch überhöhte Darstellung intensiver Bautätigkeit – und in der ersten Zeit vor allem über zahllose Ankündigungen und Versprechen, beispielsweise zum Wohnungsbau. So wird Berlin in den folgenden Jahren zuerst in den Medien (Rundfunk, Film, Printmedien) auf unterschiedliche Weise wieder und wieder als „würdige Repräsentantin des Reiches" inszeniert; als eine Stadt, die dabei sei, sich eine „neue Gestalt" zu geben. Die nach der „Machtergreifung" zunehmend propagierte Umgestaltung – man möchte fast sagen „Aufrüstung" – Berlins läßt sich als ein Prozeß der sukzessiven Markierung, Umdeutung, Inbesitznahme und Transformation des städtischen Raumes lesen. Ein zentraler Aspekt in diesem Prozeß sind die Massenspektakel und Großfeierlichkeiten, die raumgreifenden Veranstaltungen des Nationalsozialismus in der Stadt, wodurch die Stadt temporär in einen „Fest"-Raum verwandelt wird.

Bei diesen Großveranstaltungen war das „Volk" nicht nur Zuschauer, sondern vor allem in den ersten Jahren der NS-Diktatur oft Teilnehmer und auch Darsteller: die Feierlichkeiten zum 1. Mai in den Jahren bis 1936 bestanden unter anderem aus riesigen Aufmärschen und Aufstellungen auf dem zentralen Festplatz, dem Tempelhofer Feld. Auf dem am 1. Mai 1933 stattfindenden Sternmarsch, der sich über das gesamte Stadtgebiet ausdehnte, waren die Teilnehmer nach ihrer Berufs- und Betriebszugehörigkeit in einzelnen Marschsäulen geordnet. Bereits durch ihre Kleidung, die das Alltägliche im Außeralltäglichen betonte (Arbeits-

---

ganda" betreiben. Siehe auch: *Elke Dittrich*, Ernst Sagebiel. Leben und Werk 1892–1970. Berlin 2005 (Diss. TU Braunschweig 2003).

6   Zit. in: *Klaus Strohmeyer*, Berlin in Bewegung. Literarischer Spaziergang 1: Die Berliner; Literarischer Spaziergang 2: Die Stadt, beide Reinbek bei Hamburg 1987.

kleidung an einem arbeitsfreien Feiertag), konstituierten sie sich als Darsteller; die aufmarschierenden Berliner Bäcker z.B. verwiesen auf die Gesamtheit aller deutschen Bäcker, die Gesamtheit der Teilnehmer verwies auf das gesamte deutsche Volk. Ebenso waren die am Straßenrand zuschauenden Menschenmassen einerseits Beobachter der an dem Sternmarsch Beteiligten, andererseits waren sie aber auch integraler Bestandteil und konstituierten durch ihre Präsenz das „Massenereignis" als solches. Aufgrund ihrer strukturellen Ähnlichkeiten mit Theatervorstellungen lassen sich die nationalsozialistischen Massenspektakel als theatrale Aufführungen begreifen.[7] Auf diesen Veranstaltungen wurde das Publikum aber auch nach den neuesten Erkenntnissen der Werbepsychologie „bearbeitet", wie Joseph Goebbels formulierte.[8] Denn um die unzähligen „Proklamationen", „Verkündungen" und „Führer-Parolen" am wirkungsvollsten zu transportieren, bedurfte es neben Redegewalt und rhetorischen Fähigkeiten bestimmter Rahmungen: Neben den ephemeren oder steinernen architektonischen Elementen, mit denen sich Feier-Räume definieren und umgrenzen ließen, sind damit auch die nichtmateriellen, gleichsam auratischen Elemente[9] gemeint, denen das Publikum ausgesetzt wurde: die atmosphärischen Räume, die auf den Großveranstaltungen der Nationalsozialisten mit Hilfe einer Vielzahl theatraler Mittel kreiert wurden, waren für ihre Wirksamkeit von größter Bedeutung.[10]

Dabei war das öffentliche Auftreten der NSDAP stets auf die Produktion symbolischer Handlungen, größtmöglicher Effekte, starker emotionaler Wirkungen gerichtet. Diese Konzentration auf Effekt und Emotionalisierung des Publikums machte offenbar einen großen Teil des Erfolges der Partei aus. Mit zahllosen Aktionen hatte die NSDAP ab Mitte der 20er Jahre zunehmend ihre Präsenz auf den Straßen Berlins erkämpft und behauptet, indem es ihr gelang, mit spektakulären Aktionen aller Art eine andauernde Aufmerksamkeit des Publikums – der potenziellen Wähler – zu erreichen und aufrechtzuerhalten. Zu dem oft gewalt-

7   *Erika Fischer-Lichte/Jens Roselt*, Attraktion des Augenblicks – Aufführung, Performance, performativ und Performativität als theaterwissenschaftliche Begriffe, in: *Dies./Christoph Wulf* (Hg.), Theorien des Performativen. Paragrana 10/1 (2001), 239.

8   Auch die Propagandisten der NSDAP bedienten sich der seit den 20er Jahren rasch institutionalisierten Wissenschaft der „angewandten Psychologie" oder „Psychotechnik". Zu Struktur und Organisation des RMVP immer noch grundlegend: *Otto Thomae*, Die Propaganda-Maschinerie. Bildende Kunst und Öffentlichkeitsarbeit im Dritten Reich. Berlin (West) 1978. Goebbels notierte: „Wir wollen die Menschen so lange bearbeiten, bis sie uns verfallen sind"; *Ralf Georg Reuth* (Hg.), Joseph Goebbels Tagebücher 1924–1945, Bd. 2: 1930–1934. München 1992, 763.

9   In der Kulturwissenschaft wird erst in den letzten Jahren verschiedentlich versucht, „Atmosphäre" als ästhetisches Kriterium zu etablieren. Unter Rekurs auf Walter Benjamins Verwendung des Begriffs der „Aura" (*Walter Benjamin*, Das Kunstwerk im Zeitalter seiner technischen Reproduzierbarkeit, in: Ders., Gesammelte Schriften, Bd. I, 2. Frankfurt a.M. 1974, 440ff.) und die Leibphilosophie von Hermann Schmitz (beispielsweise *Hermann Schmitz*, Der Gefühlsraum (System der Philosophie, Bd. III, 2). Bonn 1969) hat Gernot Böhme zwei grundlegende Arbeiten verfaßt: *Gernot Böhme*, Atmosphäre. Essays zur neuen Ästhetik. Frankfurt a.M. 1997; Ders., Anmutungen. Über das Atmosphärische. Ostfildern 1998.

10 Dem bewußten Konstatieren von Zeichen und dem Beimessen von Bedeutung geht die leibliche Empfindung des Atmosphärischen voran.

betonten öffentlichen Auftreten der Partei gehörte auch die „Markierung" von Orten mit bestimmter politischer Bedeutung mittels eigener Aktionen; dies konnten Demonstrationen, Aufmärsche, Straßenschlachten usw. sein. Dies geschah bevorzugt an Orten der Stadt, die ihrerseits symbolischen Charakter aufwiesen.[11]

Der primäre Zweck einer Großveranstaltung war es, das Publikum einzuschwören. Ob es sich im konkreten Fall um den vermeintlichen „Aufbau- und Friedenswillen", den Hass auf „Alljuda" oder schließlich um den „totalen Krieg"[12] handelte, stets galt es, das Publikum „einzustimmen", eine Befindlichkeit beim Publikum zu erzeugen, im Feier-Raum eine besondere Aura entstehen zu lassen, kurz, eine besondere Wirkung zu erzeugen. Stets wurde das zentrale NS-Ideologem der die alten Klassenschranken überwindenden „Volksgemeinschaft" mitinszeniert und so für die Massen erlebbar gemacht: Die Propagierung und Errichtung dieser „Volksgemeinschaft", der imaginierten Vereinigung der deutschen „Volksgenossen" zu einem „einig Volk von Brüdern"[13], war den Machthabern ein wichtiges und notwendiges (propagandistisches) Ziel auf dem Weg des inneren Macht-Ausbaus und schließlich der territorialen Expansion. Goebbels notierte 1933: „Man kann ein Volk mit dem Bajonett beherrschen, wir aber wollen es gewinnen".[14] Es ließe sich also behaupten, daß die Massenbasis, derer die Nationalsozialisten zur Durchsetzung ihrer Ziele bedurften, zum Großteil durch solche auf den Großveranstaltungen erzeugten Atmosphären und ihrer medialen Weiterverbreitung errungen, vor allem aber gefestigt und erhalten wurde.

Im Nationalsozialismus wurde die Stadt in umfassendem Sinne als „Bühne" verstanden: Berlin wurde von den nationalsozialistischen Propagandisten als ästhetischer Schauraum, politischer Wirkungsraum und als medialer Raum erkannt, funktionalisiert und gezielt eingesetzt. In diesem Rahmen wurden, raumgreifend über die gesamte Stadt verteilt, zuerst ephemere, dann dauerhafte architektonische Rahmungen für die NS-Feiern produziert, bis schließlich zentrale Bereiche Berlins in eine bleibende Bühne für die verschiedenen Spektakel und Großinszenierungen des Nationalsozialismus umgeformt werden sollten. Dieser Prozeß der Transformation läßt sich wie folgt gliedern:

11 Ein Beispiel ist die Besetzung des Bülowplatzes (heute Rosa-Luxemburg-Platz), dem Standort der KPD-Zentrale (sog. Liebknecht-Haus, heute Bundeszentrale der PDS), durch ein „Großaufgebot" von uniformierten SA-Männern. Der für die deutschen Kommunisten wichtige Ort sollte – auch durch spätere exzessive Legendenbildung um den angeblich von KPD-Angehörigen ermordeten „Barden der Bewegung" Horst Wessel – zu einem symbolischen Ort für die NSDAP umgedeutet werden. Diese spezielle Entwicklung kulminierte schließlich 1933 in der Umbenennung des Bülowplatzes in Horst-Wessel-Platz.

12 Nach seiner berühmt-berüchtigten Rede am 18. Februar 1943 im Berliner Sportpalast („Wollt ihr den totalen Krieg?") soll Goebbels gesagt haben: „Wenn ich den Leuten gesagt hätte, springt aus dem dritten Stock des Columbiahauses [am Potsdamer Platz; erbaut von Erich Mendelsohn; R.G.], – sie hätten es auch getan.", zit. in: *Helmut Heiber* (Hg.), Goebbels Reden 1932–1945. Düsseldorf 1972, 208.

13 Hitler am 15. September 1935 in Nürnberg, zit. in: Zentralverlag der NSDAP, Die Reden Hitlers auf dem Parteitag der Freiheit. München 1935, 63.

14 Zit. in: *Reuth* (Hg.), Joseph Goebbels Tagebücher, Bd. 2 (wie Anm. 8), 767.

1. Inszenierung des Übergangs: Transformation der Stadt in einen Feier-Raum durch Groß-Inszenierungen im städtischen Raum, 1933 – 1935;
2. Versteinerung: Umgestaltung zum Fest- und Herrschaftsraum durch die „Petrifikation" wichtiger Plätze im Zentrum der Stadt; gleichzeitige Erschaffung großformatiger Architektur-Ensembles („Reichssportfeld", „Weltflughafen Tempelhof") ab 1935;
3. Neugestaltung: Um- und Ausgestaltung Berlins zum dauerhaften Herrschafts-Raum als Endstufe und Zusammenführung der vorherigen Stränge unter Integration aller bisher erprobten Mittel (von Fahnen bis hin zum „Lichtdom") in einer Gesamtkonzeption, mit dem Ziel der Erschaffung „ewiger" Bauten ab 1937.

Ziel dieses Prozesses war nicht nur die anvisierte völlige Umformung der Stadt, sondern letztlich das dauerhafte Gewinnen der Zustimmung der Bevölkerung für die nationalsozialistische Politik.

Inszenierung des Übergangs

Als Staats- und Regierungspartei konnte die NSDAP nach dem 30. Januar 1933 den Stadtraum nun ohne Behinderungen nutzen um sich darzustellen und für sich zu werben. Schon am Abend nach der Ernennung Hitlers zum Reichskanzler marschierten uniformierte SA-Mitglieder und Anhänger anderer Rechtsparteien in einem Fackelzug symbolträchtig durch das Brandenburger Tor zur Reichskanzlei in der Wilhelmstraße – und noch heute gelten die Aufnahmen eines Monate später entstandenen Propagandafilms, für den der Fackelzug des 30. Januar nachgestellt und verbessert wurde, als Dokumentationen des historischen „event".[15]

Vor allem zwischen 1933 und 1935/36 waren viele der architektonischen Eingriffe in den Stadtraum ephemerer Natur. Um im Stadtbild bestimmte Orte herauszuheben, Plätze einzurahmen, Straßen zu schmücken, wurde ein ganzes Arsenal von „Stadtschmuck" kreiert. Dazu gehörte etwa das Schmücken der Stadt mit einem „Meer von Flaggen, Fahnen und Wimpeln"[16], das Einrahmen von Plätzen mit riesigen „Fahnenwänden"[17], aber auch florale und architektonische Schmuckelemente sowie ephemere Architekturen waren Teil dieses Schmucks,

---

15 Der im Auftrag des Propaganda-Ministeriums nachgestellte Zug wurde aber nicht gleichsam historisch korrigiert und von einem Vorbeimarsch der Rechtsparteien zum begeistert aufgenommenen Advent des „Dritten Reiches" umgedeutet. Auch wirkungstechnisch ist das nachgestellte Ereignis in vielen Punkten bedeutend verändert worden: Die Marschierenden waren wesentlich stärker zu Blöcken formiert und durch verschiedene Lichtquellen wirkungsvoll illuminiert. Das Brandenburger Tor und die umliegenden Gebäude wurden ebenfalls einer „dramatischen", wirkungssteigernden Beleuchtung unterworfen: Von dem historischen Ereignis wurde so eine Medienversion angefertigt, die dieses nicht nur überhöhte, sondern auch gleichsam verdrängte.

16 Zit. nach: *Hans Weidner*, Berlin im Festschmuck. Vom 15. Jahrhundert bis zur Gegenwart. Berlin 1940, 138.

17 Ebd., 146.

der nach Beendigung der jeweiligen Festivität wieder entfernt wurde. Ein Sonderfall ephemeren „Stadtschmucks" war die in ihrer Wirkung kaum zu überbietende Lichtarchitektur, wie z.B. die zwischen 1936 und 1939 mit Flakscheinwerfern der Wehrmacht geschaffenen, kilometerhohen Räume aus Licht, die so genannten Lichtdome, die den eigentlichen, utopischen, den „kathedralen" Raum des Nationalsozialismus erschaffen sollten.

Die Maifeiertage 1933, 1934, 1935

Mit den groß angelegten Feierlichkeiten zum 1. Mai 1933 fand in Berlin die erste nationalsozialistische Großveranstaltung nach der Machtergreifung statt: eine Veranstaltung, die von den Organisatoren im „Reichsministerium für Volksaufklärung und Propaganda" dezidiert als Prototyp für die zukünftige Gestaltung nationalsozialistischer Feiern entworfen wurde. Mit der Erhebung des traditionellen „internationalen Kampftages der Arbeiterklasse" zum deutschen Nationalfeiertag sollte nicht nur der „sozialistische" Anstrich der neuen Machthaber belegt, sondern schließlich auch die politische Hegemonie über die in der Weimarer Republik tief zersplitterte Arbeiterschaft errungen werden. In der Reihe festlicher Inszenierungen des ersten Jahres der nationalsozialistischen Herrschaft nimmt die reichsweite Feier des „Tages der Nationalen Arbeit" am 1. Mai 1933 einen entscheidenden Platz ein. Hier manifestierte sich zum ersten Mal in großem Maßstab die Fähigkeit, aber auch Motivation der nationalsozialistischen Propandisten, gewaltige, Menschenmassen dynamisierende und emotionalisierende „Erlebnisräume" zu kreieren.

Der Gesamtkomplex der Feierlichkeiten zum 1. Mai 1933 sowie auch in den beiden Folgejahren erweist sich aufgrund verschiedener Faktoren als eine „Inszenierung des Übergangs": Der Wechsel zur autoritären Staats- und Gesellschaftsform wurde als ein „Bewegungsspektakel" aufgeführt, bei welchem dem Publikum eine aktive körperliche Teilnahme ermöglicht wurde, so daß dieser Übergang nicht nur „dargestellt", sondern von Hunderttausenden einerseits körperlich und sinnlich erfahren und andererseits auch aktiv mitvollzogen werden konnte. Den Teilnehmern wurde ermöglicht, während der Aufführungen selbst die „Volksgemeinschaft" – durch eigene performative Handlungsvollzüge – herzustellen. Es ging also nicht nur um die erfolgreiche Darstellung und Vorführung der „Volksgemeinschaft" von Seiten der Machthaber, sondern um ihre gemeinsame aktive Hervorbringung. Das Erleben und Erfahren sowie das gemeinschaftliche Ausagieren der „Volksgemeinschaft" kann denn auch als zentrales Thema fast sämtlicher nationalsozialistischer Aufführungen bezeichnet werden.

Unterstützend wirkte dabei die Multimedialität der Veranstaltung: Der „Tag der Nationalen Arbeit" fand nicht allein auf den Feierplätzen statt (mehrere Stadtteile wurden durch festliche Veranstaltungen, die den ganzen Tag andauerten, sukzessive in den theatralen Ablauf eingebunden). Die Vor- und Nachbearbeitung des Ereignisses in allen verfügbaren Massenmedien, die häufig simultane Vermittlung einzelner Veranstaltungspunkte während ihrer Aufführung im Rundfunk (Live-Reportagen), muß als grundlegender, konstitutiver Bestandteil der Inszenierung angesehen werden. Durch die umfassende Medialisierung der Veranstaltungen, ihrer Vermittlung durch Funk, Bild und Film wurde eine gewaltige Potenzierung der Reichweite und Wirkung dieser Darbietungen erreicht.

Abb. 1: Das Tempelhofer Feld am 1.Mai 1934 während des „Massenaufmarsches": Der Festablauf bietet offensichtlich genügend Raum für informelles Handeln (in: Neue Gesellschaft für Bildende Kunst (Hg.), Inszenierung der Macht, wie Anm. 23, 31)

Die Veranstaltung gliederte sich in folgende Teilbereiche: Morgens Beginn im Lustgarten mit Kurzauftritten Hitlers und Hindenburgs – paralleler Sternmarsch zum „Aufstellungsort" Tempelhofer Feld – stundenlange Aufstellung des „arbeitenden deutschen Volkes" in Arbeitskleidung in dort durch Markierungen angezeigte Raster[18] – Flugschau, musikalische Darbietungen etc. – bei Einbruch der Dunkelheit Ansprache des Propagandaministers Goebbels – als Abschluß und dramaturgischer Höhepunkt schließlich die Rede Hitlers. Es ist eine für heutige Betrachter der Feier des „Tages der Deutschen Arbeit" erstaunliche (und in der Literatur bisher nicht beschriebene) Tatsache, daß weder das Design der von Albert Speer ganz offensichtlich auf ihren „szenischen Wert" (G. Böhme) hin entworfenen Festanlage auf dem Tempelhofer Feld noch die Verfasstheit der dort

---

18 Beim Vorgang des Aufstellens der Masse ging es wesentlich um die von jedem Individuum persönlich zu vollziehende körperliche Einreihung in das Ganze. Hier wurde ein Erlebnisraum geschaffen, der auf die einzelnen Teilnehmer offenbar eine identitätsstiftende Wirkung ausübte. Durch das Zusammenspiel von Bewegung (Sternmarsch und Aufstellung) und Statik (der fertig assemblierten, in gewissem Sinne architektonisierten Masse) wurde außerdem die Zielsetzung des Regimes für den Teilnehmer/Darsteller „am eigenen Leib" erfahrbar. In ihrer Körperlichkeit verweist die Menge auf die gesamte „Volksgemeinschaft", sie repräsentiert diese und verkörpert sie außerdem auch realiter nach außen (für die anwesenden Betrachter, für die anderen Marschteilnehmer und in der medialen Rezeption) und nach innen (für den Marschierenden selbst).

assemblierten Menschenmasse dem Bild nationalsozialistischer Großveranstaltungen entspricht, das in der Literatur bisher dominiert. So gibt es starke Elemente der Freiwilligkeit im Festverlauf. Die auf dem Tempelhofer Feld aufgezeichneten Raster werden zwar vor allem am Vormittag „benutzt", auf erhaltenen Bilddokumenten vom Nachmittag und vom Abend ist dann aber eine „Organische Masse" in Bewegung sichtbar statt choreographierter Blöcke. Auch die photographischen Aufnahmen der Veranstaltung zeigen eine Menschenmenge, die wenig einheitlich und nicht in sich geordnet ist: „Das Tempelhofer Feld in Berlin am 1. Mai 1933: Ein einziges wogendes Menschenmeer."[19] In der Literatur fällt auf, daß trotz begleitender, das Gegenteil vermittelnder Abbildungen stets die Starre der Massenformierung betont wird, die in der Formierung visualisierten Ordnungsprinzipien des Nationalsozialismus, das Statuarische der Speerschen Bühnenkonstruktion. Die Präsenz der starken, Dynamik konnotierenden Gestaltungselemente der ersten nationalsozialistischen Maifeier werden offenbar schlichtweg übersehen. Den Teilnehmern blieb viel Raum für informelles, „privates" Verhalten (Abb. 1). Generell auch kann man der Feierarchitektur auf dem Tempelhofer Feld ein „revolutionäres" Design nicht absprechen: Die Tribünenanlage ähnelt durchaus einem „Piscator-Gerüst"[20], die riesenhaften Fahnentücher hinter der Tribüne blähen sich im Wind (Abb. 2). Der Reichskanzler trägt bei seinem Auftritt revolutionären Habitus zur Schau: mit seiner SA-Uniform präsentiert sich Hitler gleichzeitig als „deutscher Revolutionär", als „Sozialist" und als „Volkskanzler".[21]

Abb. 2: 1. Mai 1933. Das Tempelhofer Feld am Abend. Die Tribüne während der Rede Hitlers (in: NGBK (Hg.), Inszenierung der Macht, wie Anm. 23, 34)

19   Berliner Illustrirte, Sonderheft 1. Mai 1933. Berlin o.J.
20   Der von den Nazis verfemte kommunistische Avantgarde-Regisseur Erwin Piscator (1893–1960) benutzte in seinen berühmten Inszenierungen in Berlin sogenannte Spielgerüste.
21   Diese drei Bezeichnungen finden sich in Berliner Illustrirte, Sonderheft 1. Mai 1933 (wie Anm. 19).

Daß es sich hierbei um Absicht handelt, und nicht um ein dilettantisches Zufalls-
ergebnis, wird auch im Vergleich mit dem Reichsparteitag im selben Jahr deutlich, wo eine formierte (und uniformierte) Masse vor einer ausgesprochen statua-
rischen Tribünenanlage paradierte, aber auch im Vergleich mit anderen, früheren
NS-Veranstaltungen: schon vor 1933 ist die Fähigkeit der Nationalsozialisten
offensichtlich, riesige Menschenmassen perfekt zu choreographieren. Der Mangel
an Formierung während der Feierlichkeiten des 1. Mai 1933 ist mit dem anderen
Ziel der Inszenierung zu erklären; nicht die Macht und Stärke der Partei, sondern
die sich konstituierende „Volksgemeinschaft" soll hier – von den Teilnehmern
selbst – dargestellt werden. Und interessanterweise verschwinden diese relativ
offenen Elemente nach 1935, mit der Konsolidierung der NS-Herrschaft, aus dem
Feiergeschehen: Die Maifeierlichkeiten der Jahre 1936 bis 1939 zeigen ein
anderes, wesentlich statischeres Bild.

In den ersten Jahren des Nationalsozialismus entstand so eine massenwirk-
same, neuartige theatrale Praxis jenseits institutionalisierter Formen des Theaters,
die Zusammenhänge zwischen Feiergestaltung, Reklametechniken, Bühnenraum-
gestaltung und Städtebau freilegt. Der im Lauf von wenigen Jahren geschaffene
Feierstil des nationalsozialistischen Deutschland stellte in seiner Ausprägung,
seiner konsequenten Nutzung der damals avanciertesten Medien und der daraus
resultierenden Effektivität (immer im Hinblick auf das Ziel des „Gewinnens" der
Menschen für den NS) etwas genuin Neues dar. In den Feiern, Umzügen und
Großveranstaltungen der ersten Jahre hatte man der Stadtbevölkerung ermöglicht,
schrittweise ihre neue Rolle als emotionalisierte „Volksgemeinschaft" gleichsam
einzuüben, bis es dann – verstärkt ab 1936 – darum ging, diese „Volksgemeinschaft" immer mehr als Siege feierndes Kriegsvolk auch nach außen darzustellen.

Umgestaltung zum dauerhaften Fest- und Herrschaftsraum: Versteinerung

Das Verlangen nach stets eindrucksvolleren Rahmungen der nationalsozialistischen Feierlichkeiten äußerte sich in fortlaufenden Veränderungen des architektonischen, strukturellen und funktionellen Stadtgefüges. Der Prozeß der Transformation zum dauerhaften Fest- und Herrschaftsraum beginnt in Berlin 1935 mit der
Umgestaltung der zentralen Stadtplätze. Dabei werden die Plätze in ihrer meist aus
dem 19. Jh. stammenden Ausformung grundlegend modifiziert. Bei dem für die
Nationalsozialisten und ihre Veranstaltungen so wichtigen Lustgarten vor
Schinkels Altem Museum werden das Reiterstandbild und die berühmte Granit-
schale von Cantian entfernt[22], der Platz erhält eine Totalpflasterung aus hellem
Granit. Der Gendarmenmarkt, wie der Lustgarten vor einem Hauptwerk des
Architekten Schinkel situiert, und der Wilhelmplatz, zwischen Reichskanzlei und
RMVP gelegen, erhielten ebenfalls eine neue Pflasterung. Sie wurden ihrer Rasen-

---

22 Daß damit auch „bürgerliche" Konnotationen der Berliner Geschichte getilgt wurden, zeigt
    der Beitrag von *Marc Schalenberg* in diesem Band.

Ornamente, Blumenrabatte und Sitzbänke beraubt, zugunsten einer Neupflaste-
rung mit steinernem Bodenbelag. Durch diese „Petrifikation" der wichtigen, ehemals bürgerlich benutzbaren Stadtplätze entstanden nicht nur Aufmarschplätze,
sondern aus der Alltäglichkeit herausgehobene „Feststätten des politischen
Lebens" mit erstaunlichen Konsequenzen sowohl für die Benutzbarkeit im Alltag
als auch für die Atmosphäre des Ortes: Eine Sakralisierung des öffentlichen
Raumes durch Erschaffung einer weihevollen Atmosphäre war die Folge;[23] man
konnte den Lustgarten jetzt besichtigen, aber nicht mehr als Bürger oder Besucher
der Stadt benutzen.

Eine weitere Phase der systematischen Modifikation des Stadtkörpers ist im
sogenannten „Dauerfestschmuck" zu sehen, mit dem – erstmals anläßlich des
Besuches des italienischen „Duce" Benito Mussolini 1937 – die gesamte Strecke
der Ost-West-Achse bis zur Schloßbrücke ausgestattet wurde: große, den Eindruck
von Massivität und Schwere vermittelnden architektonische Elemente, deren
Gestaltung maßgeblich von Hitler mitbestimmt wird (Design Benno v. Arent). Das
scheinbar Massive, Schwere, Steinerne bestand in Wirklichkeit nur aus
Holzplatten, der goldene Schmuck aus Pappmaché; es war eine Simulation. Dieser
Stadtschmuck erinnerte nicht nur in seiner Funktion, sondern auch in seiner
Machart an Film- und Bühnenbauten: Er war wie diese beschaffen und erfüllte
denselben Zweck. Die im Stadtraum aufgestellten Pylonen waren theatrale Konstruktionen mit theatraler Wirkung, welche zudem durch eine ausgeklügelte
Lichtgestaltung in den Nächten unterstützt bzw. ergänzt wurde. Das Licht dient
hier nicht mehr nur allein der Illumination von Architektur, es wird selbst zum
konstitutiven Bestandteil derselben und läßt diese scheinbar von innen heraus
erstrahlen. Die (räumliche) Trennung von Licht bzw. Lichtquelle und Architektur
ist hiermit aufgehoben (Abb. 3).

Das Aufstellen dieser architektonischen Schmuckelemente stellt ebenfalls
einen massiven Eingriff in den Stadtraum dar, der hier (wie auch früher schon)
bewußt eine deutliche (Wahrnehmungs-)Veränderung des (atmosphärischen) Raumes mit sich bringt und damit im Kern stets wieder auf die Manipulation des
Einzelnen gerichtet war. Die den Stadtraum in strenger Reihung gliedernden weiß-
goldenen Architekturelemente verwandeln den alltäglichen Stadtraum vollständig
in einen heroischen Feier-Raum. Die strenge Form der Pfeiler betont das Gewaltige und Mächtige; mit ihrer gleichmäßigen Aufstellung wird die intendierte strenge
Gliederung und Rhythmisierung des als „chaotisch, amorph" empfundenen Stadtraumes erreicht.[24] Die alte preußische Prachtstraße erhält durch die in starkem
Maße den Eindruck „steinerner Dauerhaftigkeit" erweckenden Architekturelemente eine Atmosphäre monumentaler Größe. Es war intendiert, die Elemente bei

---

23   Vor allem im Feiervollzug wird hier der Schinkelbezug deutlich, wie auch bei Gendarmen-
      markt und Wilhelmplatz. Mann kann von einem Schinkel-Boom sprechen, den die National-
      sozialisten betrieben: Schinkel galt als „letzter großer Baumeister vor langen Zeiten des
      Verfalls"; *Josef Schmid*, Karl Friedrich Schinkel – Der Vorläufer neuer deutscher Baugesin-
      nung. Leipzig 1943, zit. in: *Kurt Winkler*, Schinkel-Mythen, in: NGBK (Hg.), Inszenierung
      der Macht. Ästhetische Faszination im Faschismus. Berlin (West) 1987, 225–242, hier: 232.

24   So *Gerdy Troost*, Das Bauen im Neuen Reich. Bayreuth 1937, 10.

Vollendung der Gesamt-Umbaupläne für Berlin in entsprechend dauerhaftem
Material (Granit, Marmor, Bronze) auszuführen.

Abb. 3: Der „heroische Stadtraum": Lichtgestaltung Unter den Linden anläßlich des Staatsbe-
suches von Mussolini 1937 (http://www.dhm.de/datenbank/bildarchiv.html)

Aufschlußreich bei den nationalsozialistischen Umgestaltungsbestrebungen ist die
deutliche Kongruenz zwischen Feierstil, Feier-Verlauf und architektonischer
Veränderung der Stadt. Alle in den Feiern der Jahre 1933 bis 1936 genutzten, im
Festvollzug markierten Orte sind nach einer Phase der ephemeren
architektonischen Eingriffe sukzessive dauerhaft verändert worden; oder es war
geplant, sie zukünftig zu verändern, so bei Lustgarten, Unter den Linden, Charlot-
tenburger Chaussee (Ost-West-Achse), Wilhelmplatz, Gendarmenmarkt. Auch das
von 1933 bis 1935 als Feier-Ort genutzte Tempelhofer Feld hätte mit einem nach
nationalsozialistischen Vorstellungen fertig gestellten „Weltflughafen Tempelhof" des Architekten Sagebiel eine weitere Fest-Architektur bekommen: auf
dem Dach des fast 2 km langen Gebäudes sollten Tribünen für Zehntausende
installiert werden, so daß die Bevölkerung den auf dem Feld geplanten großen
Flug- und „Heeres-Schauen" hätte beiwohnen können.

Um- und Ausgestaltung Berlins zum dauerhaften Herrschafts- und Feier-Raum

Mit dem wirtschaftlichen Aufschwung Deutschlands bis 1936 konkretisierten sich
die Umbauplanungen, bis schließlich 1937 neue, nur Hitler unterstellte Baubehörden geschaffen wurden. Im „Gesetz zur Neugestaltung deutscher Städte" wurde festgelegt, daß die Baumaßnahmen in den „Führerstädten" Berlin, Nürnberg,
Hamburg und München ihren Anfang nehmen sollen (im Lauf der kommenden
Jahre, angefacht durch die Siegeseuphorie 1940/41, wurden schließlich insgesamt

53 Städte in das „Neugestaltungsprogramm" aufgenommen). In Berlin wurden die Umgestaltungsbestrebungen in einer neu geschaffenen zentralen Behörde, der „Generalbauinspektion der Reichshauptstadt" institutionalisiert. Während die baulichen Eingriffe in den Berliner Stadtraum bisher räumlich auf verschiedene Orte der Stadt verteilt gewesen waren, wurde die im Festablauf von Beginn an sichtbar antizipierte Tendenz zur stadträumlichen Zusammenführung nun bestimmend für die „Neugestaltung": es wurde eine umfassende Synthese angestrebt, in der alle Einzelheiten einem Generalplan untergeordnet sind. Das Projekt der „Neugestaltung der Reichshauptstadt" baute auf der Vorstellung eines gigantischen Achsenkreuzes als „Rückgrat" der städtischen Topographie auf, „Nord-Süd-" und „Ost-West-Achse" sollten den Stadtraum symmetrisch gliedern:

> „Berlin hat nach dem Willen des Führers Aufgabe und Beruf, Auszug und Inbegriff des Reiches zu sein, Abbild und Vorbild großdeutschen Lebens, nicht eine riesenhafte Menschenanhäufung in der Mark Brandenburg, sondern die berufene und ihrer Berufung wür-dige Hauptstadt Großdeutschlands. Diese Ausgestaltung Berlins zu einer wirklichen und wahren Hauptstadt des Reiches kommt einer grundlegenden Neugestaltung gleich."[25]

Diese „Ausgestaltung" wurde zwar in der Propaganda als „eine überlegene Gesamtplanung von bewunderungswürdiger Großartigkeit"[26] gepriesen, den pathetischen offiziellen Verlautbarungen war aber wenig Konkretes zu entnehmen: Das wahre Ausmaß der vorgesehenen „Neugestaltung" blieb den „Volksgenossen" bemerkenswerterweise bis zuletzt verborgen – trotz einer großen Anzahl von Publikationen, in denen Pläne, Zeichnungen und Modelle einzelner vorgesehener Bauwerke immer wieder abgebildet wurden. Zu offensichtlich wäre gewesen, was diese „Neuplanung" mit sich gebracht hätte: den Abriß ganzer Stadtteile, die großflächiger Vernichtung von Wohnraum.[27]

Die Oberleitung der Gesamtplanung lag bei Albert Speer, der mittlerweile, nach Erschaffung der Festarchitektur für die ersten Maifeiern, die Erntedankfeiern, die Nürnberger Reichsparteitage und projektierter Bauten wie etwa dem gigantischen „Deutschen Stadion" für Nürnberg, zum „Stararchitekten" des Dritten Reiches aufgestiegen war. Seit dem 30. Januar 1937 offiziell „Generalbauinspektor für die Reichshauptstadt", war Speer als Chef der Behörde zukünftig in allen Baufragen Berlins federführend,[28] wodurch die Kompetenzen der städtischen Baubehörden extrem eingeschränkt wurden. Die geplante „Neuanlage im Herzen der Stadt" (A. Speer) sah die Erschaffung riesiger Plätze und die Errichtung gewaltiger Bauten vor allem entlang der projektierten Nord-Süd-Achse vor, einhergehend mit einer radikalen Veränderung der städtischen Infrastruktur. Projektiert wurden gigantische Bauwerke, kultische Zentralbauten des National-

---

25   Reichshauptstadt Berlin, Berlin 1943, 247, zit. in: *Klaus Strohmeyer* (Hg.), Berlin in Bewegung. Literarischer Spaziergang 2: Die Stadt. Reinbek bei Hamburg 1987, 30.
26   Ebd.
27   Siehe auch *Hans J. Reichhardt/Wolfgang Schäche* (Hg.), Von Berlin nach Germania. Über die Zerstörung der „Reichshauptstadt" durch Albert Speers Neugestaltung. Berlin 1984.
28   Welchen Rang man der „GBI" zumaß, wird auch durch den Vorgang erhellt, daß ihr die Akademie der Künste ihr angestammtes Gebäude am Pariser Platz 4, unweit des Brandenburger Tores, innerhalb zweier Monate überlassen mußte.

sozialismus, eine Architektur der dauernden affektiven Überwältigung: Die geplanten Bauten wie die annähernd 300 Meter hohe Kuppelhalle im Spreebogen („Große Halle") oder der gigantische Triumphbogen („Großer Bogen") sind Schaubauten, Stimmungsarchitektur; Gebäude, deren Hauptzweck die Emotionalisierung der Betrachter und Benutzer ist (Abb. 4).

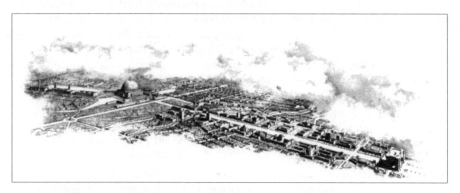

Abb. 4: Die Stadt als Bühne: Zeichnung der Nord-Süd-Achse mit „Großem Bogen" (rechts) und „Großer Halle" (links). Neben der Kuppelhalle: das verzwergte Reichstagsgebäude (in: *Albert Speer*, Architektur. Arbeiten 1933-1942. Frankfurt/Main 1978, 108–109)

Die Entsprechung von Menschen-Masse und Architektur ist zum bestimmenden ästhetischen Merkmal der Aufführungen des Nationalsozialismus geworden. Die nationalsozialistischen Bauten sind gerade deshalb im wesentlichen als Schaubauten und Stimmungsarchitektur zu verstehen, deren äußeres (und inneres) Erscheinungsbild primär auf ihre Wirkung beim Betrachter ausgerichtet war. Dabei stehen Feiern und Feierstil des Nationalsozialismus und die Neugestaltungsplanungen in einem ursächlichen Zusammenhang:

> „Gestalt und Ausdruck dieser Bauten und Feierräume sind ohne Vorgang in unserer Geschichte. Denn der einmalige Inhalt bestimmt die Gesamtform. Sie ist entwickelt aus der Gestaltung der ersten Kundgebungen der Partei unter freiem Himmel! Fahnentücher, Masten, Tribünen, Lichtkegel der Scheinwerfer waren die ersten baulichen Mittel. [...] Aus ihnen erwächst die Neugestaltung der deutschen Städte."[29]

Erst mit der Vollendung der „Neugestaltung der Reichshauptstadt" hätte die Transformation der Stadt zur Bühne ihren krönenden Abschluß und megalomanen Höhepunkt finden sollen.

IV. „Germania"

Erscheint die Architektur, die bis 1939 in Deutschland unter dem Nationalsozialismus entstanden ist, trotz ihrer Monumentalität und ihres raumbeherrschenden

---

29 *Rudolf Wolters*, Neue Deutsche Baukunst, hg. v. *Albert Speer*. 1940, 11.

Gestus, in ihrer Maßstäblichkeit noch in einer Relation zu den Menschen, bedeuteten die Neugestaltungspläne einen gewaltigen quantitativen Sprung: Seit 1936 wurden Bauwerke geplant, mit denen Siege in noch nicht geführten Kriegen verherrlicht und den – noch – Lebenden bereits Krypten geschaffen werden sollten; im Frieden wurde eine megalomane Architektur dezidiert als Herrschaftsanspruch und Aussage über eine gewalttätige Zukunft formuliert. In dieser Architekturplanung artikulierte sich die Gewißheit des kommenden Krieges und der Traum von der Kontinental- und Weltherrschaft. Der Plan zur architektonischen Umgestaltung nahm dieses Ergebnis vorweg und benötigte es gleichzeitig: Die gewaltigen finanziellen Mittel, die zur Erbauung notwendig waren, noch mehr aber die ungeheure Anzahl von benötigten Arbeitskräften hätten von einem „Deutschland in den Grenzen von 1937" nicht aufgebracht werden können. Der Zusammenhang zwischen der projektierten Architektur und äußerster Gewalt wird auch in der Behandlung deutlich, die Berlin durch die „Neugestaltung" zugedacht wird. Der Ausbau der Stadt zum gewaltigen Machtzentrum setzt die großflächige Zerstörung des gewachsenen Stadtraumes voraus: Teilabrisse ganzer Stadtviertel wären mit einer rigiden Neustrukturierung der Funktionen der Stadt einhergegangen. Zudem – auch dies ein typisches Ingredienz vieler nationalsozialistischer Planungen – sollen die Pläne zwar innerhalb kürzester Zeit verwirklicht werden, aber dem Anspruch auf „Ewigkeit" genügen: „Weil wir an die Ewigkeit dieses Reiches glauben, sollen auch diese Werke ewige sein, [...] nicht gedacht sein für das Jahr 1940, auch nicht für das Jahr 2000, sondern sie sollen hineinragen gleich den Domen unserer Vergangenheit in die Jahrtausende der Zukunft."[30]

In der Gigantomanie der „Neugestaltungsplanung" wie auch in der Form der projektierten Architektur, den gigantischen Kuben mit ihren unzähligen Säulen und Stützpfeilern, Architraven, Gesimsen und Fensterblöcken, tritt der absolute Herrschaftsanspruch des Nationalsozialismus überdeutlich zutage. In der Planung äußerte sich auch die extreme Fokussierung auf den Aspekt der Wirkkraft als alleiniges Kriterium einer ästhetischen Bewertung. Diese Haltung führte dazu, daß der Großteil der an der „Achse" geplanten Bauten – abgesehen von den riesenhaften zentralen Bauwerken Nord- und Süd-Bahnhof, Große Halle, Führerpalais, Reichsmarschallamt, Soldatenhalle, Triumphbogen, – ohne konkrete Funktionszuschreibungen blieb. Diese volkswirtschaftliche und raumtechnische Zwecklosigkeit wird von den Planern und in Publikationen unverblümt öffentlich ausgesprochen, wenn in euphorischen Tönen gelobt wird, daß man nun „zum erstenmal wieder Gemeinschaftsbauten, die völlig von jeder Zweckbestimmung des Alltags losgelöst sind, [errichtet]. [...] Stein gewordene Verkörperung eines Glaubens"[31]. Der Zweck und die Funktion, der wahre „Gebrauchswert" der „Nord-Süd-Achse" liegt allein in ihrer ausstrahlenden Wirkkraft.[32] „Die Bauten des neuen Reiches

---

30   So Hitler auf dem Reichsparteitag am 7.9.1937, zit. in: *Sabine Behrenbeck*, Festarchitektur im Dritten Reich, in: *Bazon Brock/Achim Preiß* (Hg.), Kunst auf Befehl? Dreiunddreißig bis Fünfundvierzig. München 1990, 34.

31   *Troost*, Bauen (wie Anm. 24), 10.

32   Dies und die Definition dieser Architektur als „Baukunst" legitimierte auch den ungeheuren Aufwand, der betrieben werden sollte – so war geplant, auch um dem eigenen ideologischen

[werden; R.G.] zu Fanalen. Als ordnendes Prinzip setzen sie sich durch, machen das Unheil ihrer Umgebung schmerzhaft fühlbar und werden in immer stärkerem Maße deren Umgestaltung nach sich ziehen."[33]

In diesem Sinne offenbart sich die „Nord-Süd-Achse" und damit die Neugestaltungsplanung schließlich als Projekt der Vollendung und Apotheose der nationalsozialistischen Feierarchitektur: Dasselbe Prinzip, das den Zuschnitt der Feierarchitektur im Jahre 1933 bestimmt hatte, die Schaffung eines atmosphärischen Raumes mit „noch nie dagewesenen" Effekten, ist ebenfalls konstitutiv für die Ausprägung der Neugestaltungsmaßnahmen. Die Entwicklung von der temporären Stadtschmückung, von den wehenden Fahnen und der anfangs noch ephemeren Feierarchitektur über die Holz-, Pappmaché- und Aluminiumkonstruktionen des monumental ausgeformten (vorläufigen) „Dauerfestschmucks" hin zu den projektierten, nun wirklich massiven, mit Granit und Marmor verkleideten überdimensionalen Architekturen aus Stahl und Beton zeigt auch das Bestreben, die im Laufe der Zeit erprobten Methoden und Mittel nun zu ungekannter Perfektion zu treiben. Diese „perfektionierte" Feierarchitektur, die die Grundzüge ihrer Gestalt (die Axialität der Anlagen, ihre Symmetrie, die Gerichtetheit auf einen herausgehobenen Fixpunkt) behält, ist das Ergebnis einer jahrelangen Ausdifferenzierung der theatralen Mittel. Dieser neue Stadtraum wäre kein real benutzbarer Stadtraum mehr im herkömmlichen Sinne, sondern ein großdimensionierter Feier-Raum, nur von der formierten Masse zu benutzen, in einem bestimmten, von der Verfaßtheit der Architektur präformierten „performativen Korsett".

Nach der für 1950 vorgesehenen Fertigstellung der Neugestaltungspläne sollte Berlin in „Welthauptstadt Germania" umbenannt werden. Die Ausstattung des Berliner Stadtraumes mit zunehmend größeren, monumentalisierten Schmuck-Architekturen, die Umformung der gesamten Stadt in eine Bühne für die Aufführungen des Nationalsozialismus fand allerdings mit der Teilfertigstellung der „Ost-West-Achse" (heute der Straßenzug vom Brandenburger Tor bis zum Theodor-Heuss-Platz) 1939 ihr Ende. Die restlichen Umbaupläne – „Friedensplanungen", wie sie bald genannt wurden – konnten nicht mehr realisiert werden. Die übrigen Bauten, die im Zusammenhang mit den Neugestaltungsplänen 1939 im Bau waren (Haus des Deutschen Fremdenverkehrs, Wehrtechnische Fakultät), wurden mit Ausnahme des späteren Ernst-Reuter-Hauses entweder nicht fertig gestellt oder im Krieg zerstört. Die einzigen Feierlichkeiten, die noch durchgeführt wurden, waren Trauerfeiern für die immer größer werdende Zahl von Bombenopfern. Die Feiern, die Suggestion von Gemeinschaft, die Ekstase der Massen, hatten ihr Ziel, das mit der „Ausrichtung" der „Volksgemeinschaft" auch immer in der Vorbereitung des Krieges gelegen hatte, dennoch erreicht: Die „Volksgemeinschaft" kapitulierte erst, als auch ihre „Führer" kapitulierten.

Anspruch der Traditionsverbundenheit zu genügen, ein Großteil der Fassadenbearbeitung in traditioneller, vorindustrieller Handarbeit durchführen zu lassen (durch die zudem der industrielle Kern dieser Architektur, Stahl und Beton, verdeckt würde). Diese „Mehrarbeit" wurde als „sozialistische Tat" gesehen.

33   *Troost*, Bauen (wie Anm. 24), 52.

3. PROFILIERUNGEN
IN DER GETEILTEN STADT

MIT DEM BAEDEKER NACH OST-BERLIN?
BAUSTELLEN-TOURISMUS IM KALTEN KRIEG (1945–1970)

Stephanie Warnke

Im kollektiven Bildgedächtnis repräsentiert die Mauer den Kalten Krieg in Deutschland; die Erinnerung an dieses „politische Bauwerk" ist vor allem mit Bildern der „Frontstadt Berlin" verknüpft.[1] Die Mauer bedeutete für Millionen von Menschen die Verhinderung von Reisen; für diejenigen, die überhaupt reisen konnten, war eine Fahrt nach Berlin während der Spaltung Deutschlands oft mit Angst verbunden. Der Fall der Mauer 1989 hatte neben seiner enormen politischen und gesellschaftlichen Dimension auch eine touristische: Er brachte einen bis heute anhaltenden Aufschwung für den Berlin-Tourismus.[2] Während der 1990er Jahre konnte man in der vom Umbruch geprägten Stadt das Ende des Kalten Krieges hautnah miterleben und sich dieses Kapitel der Berliner Geschichte in Form von „echten" Mauerüberresten als Souvenir aneignen. Der Stadt gelang es, ihre Großbaustellen – wie am Potsdamer Platz – touristisch zu nutzen. Das erneute Reisen vieler in das wieder zur Hauptstadt gewordene Berlin wurde damit zum Zeichen des Endes einer Epoche – und das Erleben von „Geschichte" zum Motiv der Reise.

Aber auch während des Kalten Krieges war Berlin ein Reiseziel, trotz und wegen der paradoxen Situation der Doppelstadt. Reiseanlässe konnten besondere Ereignisse wie Ausstellungen, Messen, Kongresse, die Filmfestspiele, Konzerte oder andere Großveranstaltungen sein; dazu kamen beruflich und geschäftlich motivierte Reisen, politische Besuche, politisch motivierte Bildungsreisen und schließlich touristische „Vergnügungsreisen". Private Gäste waren häufig ehemalige Berliner, die ihrer alten Heimatstadt einen Besuch abstatteten. Das Wiedersehen unmittelbar nach dem Krieg war für sie oft schmerzhaft – berühmt ist die Beschreibung des Trümmerelends durch den Schriftsteller Alfred Döblin.[3] In der darauffolgenden Phase des Wiederaufbaus wurden der Städtebau in und das Reisen nach Berlin auf beiden Seiten der Sektorengrenze zu Waffen im Wettbewerb

---

1   *Edgar Wolfrum*, Die Mauer, in: *Etienne François/Hagen Schulze* (Hg.), Deutsche Erinnerungsorte I. München 2001, 552–568; *Thomas Flemming*, Die Berliner Mauer. Geschichte eines politischen Bauwerks. Berlin-Brandenburg 1999.

2   Die offizielle Berliner Statistik gibt für das Jahr 2004 knapp sechs Millionen Besucher in den „Beherbergungsgaststätten" der Stadt an; davon waren 1,6 Millionen ausländische Besucher. Dies ist im internationalen Vergleich zwar niedrig, unter den deutschen Großstädten aber (immerhin wieder) führend. Die Zahl aller Gäste liegt höher, da Privatbesuche und Tagesgäste nicht mitgezählt werden können; vgl. die Angaben des Statistischen Landesamtes Berlin 2005; www.statistik-berlin.de/statistiken/Tourismus/1310.htm [31.07.2005].

3   *Alfred Döblin*, Autobiographische Schriften. Freiburg 1980. Mehr zu Döblins Rückkehr nach Berlin im Beitrag von *David Midgley* in diesem Band.

der Systeme. In Reiseführern, Bildbänden und Werbebroschüren wurden Bilder der geteilten Stadt oder der jeweiligen Stadthälfte entworfen, die je nach Intention der Publikation zwischen dem Eindruck der krassen Ausnahmesituation oder der Darstellung von Normalität schwankten. Der jeweils unterschiedlich zusammengestellte Kanon derjenigen Gebäude und Sehenswürdigkeiten, die ein Besucher gesehen haben sollte, traf zugleich eine Aussage über das mittransportierte Geschichts- und Gesellschaftsbild. Die jeweiligen Leistungen im Wiederaufbau wurden auch in der Presse zum Gradmesser von Fortschrittlichkeit bzw. Rückständigkeit. Die hier angesprochenen Publikationen entstanden teils aus ökonomischen, teils aus politisch-propagandistischen Beweggründen; sie konnten Ausdruck besonderen verlegerischen, künstlerischen oder anders motivierten Interesses an der Stadt, ihrer Architektur oder ihrer Geschichte sein. Im Folgenden werden vor dem Hintergrund einer Skizze des Berlin-Tourismus nach dem Zweiten Weltkrieg bis hinein in die 1970er Jahre einige dieser Publikationen aus Ost und West besonders im Hinblick auf das darin vermittelte städtebauliche Berlin-Bild und das damit verbundene Geschichts- und Gesellschaftsbild im Kalten Krieg analysiert und verglichen. Im Zentrum der Fragestellung steht der Stellenwert des Wiederaufbaus für den Berlin-Tourismus und die unterschiedliche Bewertung von Neubauten, Abrissen und Rekonstruktionen.

I. Hinein in die Trümmer? Der schwierige Beginn

Unmittelbar nach Kriegsende war die Lage in Berlin katastrophal; die Stadt war als wichtigstes strategisches und symbolisches Ziel der alliierten Truppen besonders stark zerstört worden. Tausende von zurückkehrenden Soldaten, Flüchtlingen und Vertriebenen passierten die Stadt, und die Bevölkerung mußte mehrere Hungerwinter überstehen. Aber bereits im Dezember 1946 gab der Betreiber des „Zimmervermittlungsdienstes Berlin", Gustav Schrodek, einen kleinen *Reiseführer durch Berlin* heraus, der, eingeleitet von einem Grußwort des Magistrats, „Adressen und nüchterne Tatsachen" bekannt gab, wie zum Beispiel die Anschriften der ausländischen Militärmissionen, der Parteileitungen und der Dienststellen des Magistrats.[4] Letzterer gründete im gleichen Jahr ein „Zentrales Reiseamt", dessen Büros Unter den Linden untergebracht waren.[5] In der Publikation komme „der Wille zum tatkräftigen Wiederaufbau Berlins zum Ausdruck und dem Besucher Berlins wird ein Einblick in die weitverzweigte Organisation des Berliner

---

4   Vgl. *Gustav Schrodek*, Zimmervermittlungsdienst Berlin (Hg.), Reiseführer durch Berlin. Berlin [Dezember] 1946. Das Umschlagbild zeigt eine Graphik des Brandenburger Tores und das Wappen von Berlin mit dem Bären.

5   Als Überblick über die Entwicklung der Berlin-Werbung und ihrer Institutionen nach dem Zweiten Weltkrieg vgl. die Einführung in: Berlin wirbt! Metropolenwerbung zwischen Verkehrsreklame und Stadtmarketing. 1920–1995. Ausstellung im Kunstforum der Grundkredit-Bank vom 4. August bis 3. September 1995, hg. v. Institut für Kommunikationsgeschichte und angewandte Kulturwissenschaften der Freien Universität Berlin. Berlin 1995, 8–48.

Verwaltungs- und Verkehrslebens gegeben."[6] Mit dem Vorwort des Magistrats stellte dieses kleine Heft einerseits einen frühen Ausdruck von Aufbau-Propaganda dar; andererseits war es kurz nach den ersten freien Wahlen zur Berliner Stadtverordnetenversammlung im Oktober 1946 auch ein Zeichen des Aufbruchs und des Kampfes gegen die chaotischen Verhältnisse in der Stadt. Der „Zimmervermittlungsdienst Berlin" hatte zu diesem Zeitpunkt immerhin drei Filialen: im britischen Sektor am Bahnhof Zoologischer Garten, im russischen am Stettiner Fernbahnhof (dem späteren Nordbahnhof) und im amerikanischen Sektor am Anhalter Bahnhof.[7]

Die ersten „Touristen" nach dem Krieg waren Mitglieder oder Angehörige der alliierten Truppen, die auch bis in die fünfziger Jahre hinein die meisten großen Hotels der Stadt beschlagnahmt hielten.[8] Im Mai 1946 landeten die ersten zivilen Fluggäste auf dem amerikanischen Flughafen Tempelhof; der erste Linienflug nach dem Krieg verband einmal wöchentlich Berlin und Frankfurt am Main.[9] Einer der ersten Geschäftsreisenden, der nach dem Krieg nach Berlin kam und bereits an die Zukunft des Berliner Fremdenverkehrs dachte, war 1947 Karl Baedeker aus Leipzig, der beim Verkehrsdezernat für einen neuen Berlin-Baedeker warb. Die spätere Verkehrsdirektorin von West-Berlin, Ilse Wolff, erinnerte sich 1987 an den Besuch:

> „An touristische Berlin-Reisen zu denken, daran erinnerte 1947 als erster ein alter Herr im Gehrock mit Glocke, sprich Hut, Spazierstock mit schönem silbernen Griff, dazu die kleine Reisetasche, gerade angereist aus Leipzig. Karl Baedeker war es, der zu uns kam, um über den Berliner Fremdenverkehr zu sprechen. Höchst ungelegen, denn in unserer Transportzentrale waren wir voll mit Bahn- und Schiffstransporten für Kohle und Kartoffeln beschäftigt. [...] Die Stellungnahme Ernst Reuters [zu diesem Zeitpunkt Chef des Verkehrsdezernates; S.W.] war eindeutig: Ohne Zweifel würde gerade für Berlin der Fremdenverkehr besonders wichtig werden, aber noch sei Geduld erforderlich. Und dann folgte die Bemerkung: Rechtzeitig Vorschläge überlegen."[10]

Die Ereignisse der Jahre 1948 und 1949 – Blockade, Luftbrücke und Spaltung des Berliner Magistrats – sollten diese Gedanken an einen neuen Berlin-Tourismus weiter aufschieben.[11] Für West-Berlin wurde nach der Gründung der Bundesrepublik und der Entscheidung für Bonn als Regierungssitz das Ziel formuliert, die Stadt mit der materiellen Unterstützung des Bundes zur Stätte von Wissenschaft und Kunst zu machen; eine wichtige Rolle als Anziehungspunkt für Geschäfts-

---

6   Ebd., 1.
7   Ebd., 9.
8   Vgl. Trümmertourismus: „Berlin lebt – Berlin ruft!" in: Berlin wirbt! (wie Anm. 5), 22–25.
9   *Joachim Wachtel*, ...gebucht nach Berlin. Sieben Jahrzehnte ziviler Luftverkehr, in: Die Reise nach Berlin, hg. v. Berliner Festspiele GmbH, Berlin 1987, 143–169, hier: 162. Deutsche durften erst ab 1948 wieder fliegen.
10 *Ilse Wolff*, Die Reise nach Berlin. Erinnerungen an die Wegstrecke nach 1945, in: Ebd., 313–317, hier: 313.
11 Der erste *Berlin-Baedeker* nach dem Krieg erschien 1954; Berlin. Reisehandbuch von Karl Baedeker, 22. Auflage. Hamburg 1954.

leute spielte außerdem der Ausbau der Berliner Messe ab 1950.[12] In der amtlichen Statistik von 1950 für West-Berlin hieß es allerdings noch: „Gegenwärtig handelt es sich fast ausschließlich um Dienst- und Geschäftsreiseverkehr; der vor dem Kriege für Berlin so bedeutsame Bildungs- und Vergnügungsreiseverkehr fällt zur Zeit ganz aus."[13] Immerhin hatte die Luftbrücke zu einer erhöhten Aufmerksamkeit für Berlin geführt und die Sympathien des westlichen Auslands für die Berliner Bevölkerung gesteigert, die bis dahin eher als feindlich wahrgenommen worden war. Von den 565.000 Übernachtungen, die 1951 in West-Berlin gemeldet wurden, bezog sich etwa ein Fünftel auf ausländische Besucher.[14] Trotz der unsicheren politischen Lage begann die professionelle Tourismuswerbung nun wieder damit, Gäste in die Stadt zu locken, wenn auch zunächst mit mäßigem Erfolg. Die Bundesbürger reisten in den fünfziger Jahren zwar noch nicht vorrangig ins Ausland, aber wer sich eine Reise leisten konnte, suchte die unzerstörte Idylle, wollte „hinaus aus den Trümmern", mit denen ja besonders das Nachkriegsbild Berlins verknüpft war.[15] Höchstens Künstler und Intellektuelle wurden von der besonderen Aufbruchstimmung und den Zerstörungen als potentiellem Freiraum für den ersehnten Neuanfang angezogen.

Ost-Berlin wurde dagegen in seiner neuen Rolle als Hauptstadt der DDR vor allem zum Reiseziel für Delegationen, Schulklassen, Pioniergruppen und Teilnehmer sportlicher Großveranstaltungen – aber natürlich auch für Privatpersonen. Nach der Abriegelung der „Interzonengrenze" ab 1952 wurde Berlin mit seinen durchlässigen Sektorengrenzen in den 1950er Jahren zum Nadelöhr für Flüchtlinge und zum Treffpunkt für Verwandte und Freunde aus Ost- und Westdeutschland. Die städtischen Institutionen Ost-Berlins waren auf allen Ebenen von den Strukturen des zentralistischen Staates durchdrungen. Besonders deutlich wird dies an der Organisation des Wiederaufbaus ab 1950: Der Wiederaufbau Ost-Berlins wurde zur Gemeinschaftsaufgabe von Staat und Magistrat erklärt, die bisherige Magistratsabteilung für Bau- und Wohnungswesen in eine Abteilung für Aufbau umgewandelt. Spätestens mit der Verkündung des „Nationalen Aufbauprogramms Berlin" 1952 im Rahmen der Errichtung der bald landesweit bekann-

---

12 Auf dem Gelände ist das „Marshallhaus" von Bruno Grimmek erhalten, das nach dem Vater des European Recovery Program (ERP) benannt ist. Zur Konsumgeschichte Berlins als „Schaufenster" des jeweiligen politischen Systems im Kalten Krieg auch der Beitrag von *Alexander Sedlmaier* in diesem Band.

13 Im Oktober und November 1949 wurden in West-Berlin nur 600 bis 700 ausländische Reisende gemeldet; vgl. Berlin in Zahlen 1950, hg. v. Hauptamt für Statistik und Wahlen von Groß-Berlin. Berlin-Wilmersdorf 1950, 149.

14 Statistisches Jahrbuch Berlin 1952, hg. v. Statistischen Landesamt Berlin, Berlin 1952, 211.

15 Vgl. *Christian Peters*, Reisen in die „heile Welt", in: Endlich Urlaub! Die Deutschen reisen. Begleitbuch zur Ausstellung im Haus der Geschichte der Bundesrepublik Deutschland, Bonn, 6. Juni bis 13. Oktober 1996, hg. v. Haus der Geschichte der Bundesrepublik Deutschland, Köln 1996, 51–58. Ein weiteres Indiz für diese Flucht vor den Trümmerlandschaften ist der allgemeine Mißerfolg des gleichnamigen Filmgenres, der „Trümmerfilme", beim deutschen Kinopublikum. Das zugegebenermaßen depressive, aber filmgeschichtlich bedeutende Werk von Roberto Rossellini, *Deutschland im Jahre Null* von 1947, das in den Berliner Trümmern gedreht wurde, wurde in Deutschland völlig abgelehnt.

ten Stalinallee wurde der städtische Wiederaufbau zum nationalen Projekt.[16] Auch im Ostteil der Stadt professionalisierte sich im Laufe der fünfziger Jahre die Tourismuswerbung. 1958, pünktlich zum Beginn des Ausbaus des westlichen Teils der Stalinallee bis zum Alexanderplatz, gründete der Magistrat von Ost-Berlin die „Berlin-Werbung Berolina", die als Informationsbüro für Touristen diente, Theaterkarten vermittelte und Werbematerialien herausbrachte.[17]

Für beide Seiten gilt, daß die Werbung für die Stadt parallel von unterschiedlichen Institutionen und Abteilungen der Verwaltung betrieben wurde. Während West-Berlin seine Existenzberechtigung permanent unter Beweis stellen und moralisch einklagen mußte, sollte Ost-Berlin auf allen Ebenen Beispiel und Vorbild des sozialistischen Aufbaus sein. Die Doppelstadt wurde zu einer Propagandamaschine. In West-Berlin waren das Presse- und Informationsamt, das unmittelbar der Senatskanzlei des Regierenden Bürgermeisters zugeordnet war, das Verkehrsamt, aber auch die Landeszentrale für politische Bildungsarbeit (ab 1958) und das Informationszentrum Berlin (ab 1961) besonders für die „Öffentlichkeitsarbeit" zuständig, aber auch die Senatsverwaltung für Bau- und Wohnungswesen betrieben intensiv Werbung für den West-Berliner Wiederaufbau. In Ost-Berlin publizierten neben der Berlin-Werbung auch der „Kulturbund zur demokratischen Erneuerung Deutschlands", aus dem der Schriftstellerverband der DDR hervorging, die Abteilung für Volksbildung des Magistrats oder das „Komitee für Touristik und Wandern" Informationsbroschüren. Das „Nationale Komitee für den Neuaufbau der deutschen Hauptstadt Berlin beim Nationalrat" gab reichhaltig mit Fotografien illustrierte Informationsbroschüren über die Stalinallee heraus; in der Deutschen Sporthalle an dieser Straße, die zu den III. Weltfestspielen der Jugend und Studenten im August 1951 in kürzester Zeit errichtet worden war, befand sich seit 1953 eine ständige Bauausstellung.[18]

Luftaufnahmen Berlins aus den frühen fünfziger Jahren zeigen kaum Neubauten, dafür eine große Zahl leerer Flächen. Die ersten Nachkriegsjahre bedeuteten für den Berliner Wiederaufbau vor allem Instandsetzen und Aufräumen, viele teilweise zerstörte Häuser wurden abgerissen. Der berühmteste und heute nicht mehr nur bei Preußenfans verpönte Abriß war die Sprengung der Reste des Berliner Stadtschlosses in Ost-Berlin auf Weisung Walter Ulbrichts – im September 1950 erregte das Ereignis aber nur wenig öffentliches Interesse.[19] Die ersten sichtbaren

---

16   *Herbert Nicolaus/Alexander Obeth*, Die Stalinallee. Geschichte einer deutschen Strasse. Berlin 1997.

17   1968 wurde die Berlin-Werbung in „Berlin-Information" umbenannt. Bis zum Mauerbau befand sich ein Büro der Berlin-Werbung unmittelbar am Brandenburger Tor; die Zentrale war im Berolina-Haus am Alexanderplatz untergebracht.

18   Vgl. Unsere Stalinallee, hg. vom Nationalen Komitee für den Neuaufbau der deutschen Hauptstadt Berlin, 1954. Der pompöse Bau nach einem Entwurf von Richard Paulick mußte 1968 baupolizeilich geschlossen werden und wurde 1971 abgerissen.

19   Wolf Jobst Siedler schildert das Ereignis und interpretiert das Desinteresse der Bevölkerung im zweiten Teil seiner Autobiographie: „Ich stand hinter der Absperrung, als drei Jahre nach meiner Rückkehr Ende Dezember zum Schluß das Hauptportal Eosander von Götes mit der Schloßkuppel Stülers gesprengt wurde, die Staubwolken hüllten uns alle ein. Aber nur wenige hundert Zuschauer verfolgten das Geschehen; ich habe nicht in Erinnerung, daß es zu

Neubauten waren Denkmäler und Sportanlagen: Die zwei sowjetischen Ehrenmale wurden 1945 und 1949 eingeweiht, das Walter-Ulbricht-Stadion mit 70.000 Plätzen 1950. Darauf folgten Sporthalle und Wohnbauten an der Stalinallee. Zu diesem Zeitpunkt gab es in West-Berlin noch keine großen Neubauprojekte. Flugreisende, die in Tempelhof ankamen, sahen ab dem Sommer 1951 als erstes das Luftbrücken-Mahnmal. Der Fotograf Willy Pragher erinnert sich an sein Wiedersehen mit Berlin 1957: „Die Augen suchten all das, was es nicht mehr gab, was nicht mehr stand, hier war doch ..., und dort lag doch ..., und über diese Kreuzung bin ich doch immer mit der 95 zur Schule gefahren, und ... und ... Gleich am Anfang die ‚Hungerharke‘, Mahnmal für die Luftbrücke."[20]

Die Mahnmale der Alliierten durften in keinem Reiseführer fehlen und stellten häufig den Anfangspunkt von offiziellen Berlin-Besuchen dar.[21] Ost-Berliner Stadtrundfahrten führten obligatorisch zur großen Anlage des sowjetischen Ehrenmals in Treptow. Seine pathetische Beschreibung in Berlin-Führern der DDR im Ton der frühen 1950er Jahre blieb, obwohl andere Abschnitte sprachlich modernisiert wurden, bis in die 1970er Jahre hinein unverändert:

> „Edeltannen fassen den Vorhof ein, in dessen Mitte die erschütternde Plastik einer trauernden Mutter steht. [...] Über der Kuppel die Bronzefigur des jungen Soldaten: ernst, voll gesammelter Ruhe und Kraft das Gesicht, das Schwert gesenkt, doch bereit, den Frieden für immer zu verteidigen; zu Füßen das zerschmetterte Hakenkreuz, auf dem Arm ein gerettetes Kind."[22]

In West-Berliner Publikationen war der Abschnitt zum Luftbrückendenkmal in der englischen Übersetzung meist etwas länger als in der deutschen Version, und auch bei den Bauten, die mit Hilfe amerikanischer Spenden errichtet wurden, wie dem Henry-Ford-Bau der Freien Universität (1952–1954) oder der Kongreßhalle im Tiergarten (1957), wurde mit Dankbarkeit auf die Spender hingewiesen.[23] Die Alliierten schrieben sich so als erste in das Berliner Stadtbild ein.

Mißfallenskundgebungen gekommen wäre. [...] Eher war Stumpfheit Ausdruck der allgemeinen Empfindungslosigkeit"; *Wolf Jobst Siedler*, Wir waren noch einmal davongekommen. Erinnerungen. München 2004, 48.

20   *Willy Pragher*, Die Reise nach Berlin. Ick hab' mein'n Koffer wieder mitjebracht, in: Die Reise nach Berlin, 303–310, hier: 310. Die Legende, daß die Berliner Bevölkerung alle „Sehenswürdigkeiten" mit einem ironischen Spitznamen versehe, hält sich ungebrochen bis in die Gegenwart. Mehrfach wieder aufgelegt wurde die Sammlung: *Peter Cürlis/Rolf Opprower*, Im Spitznamen des Volkes. Berliner Bauten – mit Spreewasser getauft. München 1963.

21   Vgl. als ein Beispiel von vielen: 27. Februar 1969. Der Besuch von Präsident Richard M. Nixon (dt./engl.), hg. v. Presse- und Informationsamt des Landes Berlin. Berlin 1969. Nixon landete in Tempelhof und flog vom Flughafen Tegel wieder ab. Über den berühmten Besuch John F. Kennedys 1963 inzwischen die bereichernde Monographie: *Andreas W. Daum*, Kennedy in Berlin. Politik, Kultur und Emotionen im Kalten Krieg. Paderborn 2003.

22   *Annemarie Lange*, Führer durch Berlin. Reisehandbuch für die Hauptstadt der Deutschen Demokratischen Republik. Berlin 1963, 260. Die Stadtrundfahrt des Deutschen Reisebüros hatte die Stationen Stadtzentrum, Sowjetisches Ehrenmal Treptow, Sozialistenfriedhof in Friedrichsfelde sowie Führung im Pergamonmuseum; Ebd., 127.

23   Vgl. Treffpunkt Berlin. Führer mit Stadtplan und Übersichtskarte der Sehenswürdigkeiten, Berlin 1960, und die englische Übersetzung: Come and see Berlin. A sightseeing guide with maps of Berlin. Berlin/West 1961/62.

Es war dann eindeutig die junge DDR, die den Bereich des Wohnungsbaus mit der Stalinallee ab Anfang der 1950er Jahre zuerst ins Zentrum der öffentlichen Aufmerksamkeit rückte und als Werbung für den Aufbau des neuen Staates und seiner Hauptstadt verwendete. Die restaurative Worthälfte „Wieder-" fiel dabei weg, denn hier sollte etwas qualitativ Neues aufgebaut werden. Die westlichen Polemiken gegen den stalinistischen „Zuckerbäckerstil" waren zahlreich; die West-Berliner Presse zeichnete sich durch besonders unsachliche Attacken aus. *Der Tag*, ein von Mitgliedern der CDU gegründetes Richtungsblatt mit britischer Lizenz, bezeichnete im März 1953 die beiden am Frankfurter Tor geplanten Kuppeltürme des Architekten Hermann Henselmann, die deutlich als Zitat der Kirchen am Gendarmenmarkt gestaltet sind, als „raffinierte Irreführung" und wies warnend auf ihren „östlichen Charakter" und die „fremdländischen Stilelemente" hin.[24] Im Juni 1953 führten die miserable Versorgungslage und die Erhöhung der Arbeitsnormen zum Aufstand in Ost-Berlin und der DDR; für Ulbrichts Aufbau-Propaganda war es ein herber Rückschlag, daß die Proteste ausgerechnet bei den Bauarbeitern an der Stalinallee ihren Anfang nahmen. Die Krise führte aber auch für das zarte Pflänzchen des West-Berliner Tourismus zu einem Rückschlag.

Der Tod Stalins leitete die Wende in der Baupolitik der DDR hin zur Industrialisierung des Bauens und zu einer funktionalistischen Gestaltung ein; der erste Abschnitt der Stalinallee wurde schnell historisiert. In der Phase der Umorientierung des ostdeutschen Städtebaus gelang West-Berlin mit der Internationalen Bauausstellung (Interbau) im Sommer 1957 städtebaulich und touristisch der Durchbruch. Die Interbau war der erste große Touristenmagnet; aber nicht nur Ortsfremde, sondern auch viele Berliner informierten sich im neu aufgebauten Hansaviertel über die „Stadt von morgen". Während die große Zahl eigens angereister Besucher durch das internationale Aufgebot an Stararchitekten angezogen wurde, zeigte sich die Berliner Bevölkerung bei der Besichtigung hauptsächlich an der modernen Ausstattung der Wohnungen interessiert, und Schüler benutzten die Gelegenheit zum Fahrstuhlfahren. Eine Kleinbahn durchquerte das Ausstellungsgelände, man konnte die Gondel eines Schaukrans besteigen oder mit einem Sessellift fahren.[25] Das Hansaviertel war bis in die 1970er Jahre hinein eine Sehenswürdigkeit nicht nur für Architekturtouristen; im kleinen Berlin-Baedeker von 1968 ist, bei insgesamt wenig Karten, noch der detaillierte Plan des Hansaviertels abgedruckt.[26]

---

24 Kommentar mit der Überschrift „Genosse Henselmann" zum Artikel Stalinallee – die größte Mietskaserne. 20 Millionen Ziegelsteine für seelenlosen Protz – Badezimmer ohne Außenfenster, in: Der Tag, 6.3.1953.

25 Zur Baugeschichte des Hansaviertels: *Gabi Dolff-Bonekämper*, Das Hansaviertel. Internationale Nachkriegsmoderne in Berlin. Berlin 1999. 1957 besuchten fast 17 Prozent mehr Menschen West-Berlin als im Jahr zuvor, bei den Ausländern betrug die Steigerung sogar 30 Prozent; *Erika Weth*, Der Fremdenverkehr in Berlin (West) 1950 bis 1971, in: Berliner Statistik 7 (1972), 255–262, hier: 258.

26 Berlin. Reisehandbuch von Karl Baedeker. Kleine Ausgabe. Freiburg 1968, 42.

Einen verhältnismäßig großen Teil der ausländischen Besucher in Berlin machten in den fünfziger Jahren die Schweizer aus.[27] Die besondere Ursache dieser Affinität ist hier nicht zu klären – die an moderner Architektur Interessierten reisten auch zur Interbau, für die ihr Landsmann Le Corbusier eine Unité d'Habitation im Bezirk Charlottenburg errichtet hatte. Sicher ist, daß das besondere Interesse der Schweizer an Berlin dazu führte, daß Hans Scholz, Bestsellerautor und späterer Feuilletonchef des West-Berliner *Tagesspiegel,* 1961 für den Zürcher Diogenes-Verlag ein kleines Berlin-Porträt mit dem Titel *Berlin für Anfänger* in einer größeren Reihe von Städte- und Länderporträts verfaßte. Dieser Text bietet, mit seinen karikaturhaften Illustrationen und durch sein Erscheinungsjahr – das Manuskript wurde wenige Tage nach dem Beginn des Mauerbaus abgeschlossen – einen aufschlußreichen, subjektiven Zwischenbericht von der städtebaulichen Entwicklung Berlins seit dem Kriegsende. Vom Autor eines der erfolgreichsten Berlin-Romane der fünfziger Jahre geschrieben, kann man ihm eine gewisse Konsensfähigkeit in der eigenen Stadt zusprechen.[28]

Nach Scholz' „Besuchsanleitung" ist das bauliche Wahrzeichen Berlins im Jahr 1961 aus West-Berliner Perspektive die Gedächtniskirche.[29] Wichtiger noch als das Gebäude, d.h. als die Ruine und nicht der gerade im Entstehen begriffene Neubau, ist aber die dazugehörige Straße, der Kurfürstendamm. „Die repräsentative Straße ist aber mehr denn je gerade der Kurfürstendamm geworden, repräsentativ für die heiter lebensbejahende Seite der Stadt."[30] Nach dem Zweiten Weltkrieg Gebautes wird von Scholz zwar aufgezählt, bleibt aber unbewertet, während Bauten der 1920er und 1930er Jahre durchaus als Sehenswürdigkeiten gehandelt und ein Besuch z.B. des Olympiastadions aus den 1930er Jahren unbedingt empfohlen wird. Mehr Beachtung wird dem Ernst-Reuter-Platz geschenkt, der 1953 nach dem populären Berliner Bürgermeister benannt und seit 1956 zum Kreisverkehr mit modernen Bürohochhäusern umgestaltet wurde. Dem Platz wird die Rolle des Propheten für die Zukunft Berlins zugewiesen:

27 In ihrem statistischen Überblick über den West-Berliner Fremdenverkehr in den fünfziger und sechziger Jahren äußerte Erika Weth die Vermutung, die Berlin-Reisen der Schweizer hingen wohl mit ihren „caritativen Aufgaben nach dem Kriege" zusammen. Tatsächlich erreicht die Besucherzahl der Schweizer 1957 ihren Höhepunkt für die 1950er Jahre und fällt danach wieder ab; *Erika Weth*, Der Fremdenverkehr (wie Anm. 25), hier: 256; 260.

28 In dem Roman: *Hans Scholz*, Am grünen Stand der Spree. So gut wie ein Roman, Hamburg 1955, ist West-Berlin der Ort der Rahmenhandlung, des Wiedersehens einer Gruppe von Freunden, die in einer Nacht ihre Kriegserlebnisse austauschen. Daß die Herrenrunde gemeinsam bessere Zeiten erlebt hat, klingt im Titel des Buches an, der einem alten Berliner Schlager entnommen ist. Das Buch ist ein Paradebeispiel für stereotype Kriegserzählungen und letztlich das Scheitern einer wirklichen Verarbeitung des Erlebten in den fünfziger Jahren; das Nachkriegs-Berlin spielt kaum eine Rolle.

29 Hierzu auch: *Stephanie Warnke*, Der Kalte Krieg der Stadtwahrzeichen. Architektur und Medien in Berlin 1950–1970, in: *Vittorio Magnago Lampugnani/Matthias Noell* (Hg.), Stadtformen. Die Architektur der Stadt zwischen Imagination und Konstruktion. Zürich 2005, 158–171.

30 *Hans Scholz und Neu*, Berlin für Anfänger. Ein Lehrgang in 20 Lektionen. Mit vielen Zeichnungen von Neu. Zürich 1961, 42.

„Der Platz, einer der größten Europas, gibt ein hoffnungsvolles Bild eines vollständigen siebten Berlins vorweg: großzügig, heiter – läßt 41 Fontänen springen – belebt ohne Gedränge, pathetisch ohne Schwulst, nüchtern ohne Härte, liebenswürdig ohne Süßlichkeit, eine legitime Fortsetzung des Schinkelstiles mit den Mitteln des 20. Jahrhunderts."[31]

Diese Einschätzung muß architekturhistorisch überraschen und gibt einen ernüchternden Einblick in das Niveau des Nachkriegsfeuilletons in West-Berlin. Ordnet man sie aber in den Diskurs über das rechtmäßige städtebauliche Erbe in Berlin im Wettbewerb der Systeme ein, erscheint sie weit weniger absurd. So fehlt jetzt nur noch die entsprechende Abwertung der Ost-Berliner Architektur, die prompt auf der nächsten Seite folgt: „Ost-Berlin, gehalten, sowjetischen Bauvorbildern nachzustreben, kann nur begrenzt am Aufbau dieses siebenten Berlin teilnehmen. [...]. Die ‚preußische' und die sowjetische Bauweise differieren von Grund auf. Denn der reine Schinkelstil – literarisch entspricht Fontanestil – verkörpert das Moltke-Wort ‚Mehr sein als scheinen'."[32]

Abb. 1 und 2 (aus: *Hans Scholz und Neu*, Berlin für Anfänger. Ein Lehrgang in 20 Lektionen. Mit vielen Zeichnungen von Neu. Zürich 1961, 82/83)

31 Ebd., 59. Der Platz galt mindestens bis weit in die 1960er Jahre hinein als „schönster" und „modernster" Platz der Stadt.
32 Ebd., 60.

Diese Bezeichnung der Architektur des Sozialistischen Realismus als „nicht preußisch", aber auch das völlige Ausblenden anderer Ost-Berliner Neubauten – der
Bau des neuen Abschnitts der Stalinallee war bereits in vollem Gange – kommt
auch in der letzten Illustration des Bändchens zum Ausdruck, in der Ost-Berlin
mit einer alten Mietskaserne und West-Berlin mit modernen Neubauten symbolisiert wird und somit der Unterschied auf die Zuweisung „alt" bzw. „neu" zugespitzt und reduziert wird (Abb. 1, 2).[33]

II. Die Mauer und andere Sehenswürdigkeiten

Die Mauer, von der Propaganda der DDR als „antifaschistischer Schutzwall"
bezeichnet, sollte in Wirklichkeit den nicht abreißenden Flüchtlingsstrom aus der
DDR in den Westen unterbrechen. Damit wurden Besuche von DDR-Bürgern im
Westteil der Stadt zum seltenen Privileg für Prominente oder besonders partei-
treue Bürger; West-Berliner konnten bis zum ersten Passierscheinabkommen zu
Weihnachten 1963 überhaupt nicht nach Ost-Berlin einreisen. Die potentiellen
Berlin-Reisenden aus dem westlichen Ausland oder aus der Bundesrepublik hatten
Angst vor einer Eskalation der politischen Lage; das Flugzeug wurde zum
bevorzugten Reisemittel, die Flugpreise durch Subventionen der Bundesregierung
reguliert. Trotz der ersten Funkausstellung nach dem Krieg und der Eröffnung der
neuen Deutschen Oper im Rahmen der Berliner Festwochen 1961 in West-Berlin
blieben die Besucher zunächst aus. Andererseits wurde die Mauer selbst schnell zu
einer Touristenattraktion, die man sich von West-Berliner Seite aus ansehen
konnte.[34] Rainer Hildebrandt, der Gründer des Mauermuseums am Checkpoint
Charlie, eröffnete bereits im Oktober 1962 eine Ausstellung in einer Wohnung in
der Bernauer Straße, die durch die Mauer der Länge nach zwischen Ost und West
geteilt wurde. Wegen des starken Besuchs wurde bereits im Jahr darauf
umgezogen; am 14. Juni 1963, noch vor dem Besuch des amerikanischen
Präsidenten John F. Kennedy in West-Berlin, öffnete das Museum am Checkpoint
Charlie. Durch ein Fenster konnte man den Grenzübergang beobachten.

Das unangefochtene Wahrzeichen des alten Berlin, das Brandenburger Tor,
wurde durch den Mauerbau zu einem Politikum: Im Westen war es Symbol der
Empörung über die Teilung, in Ost-Berlin wurde es propagandistisch für die For-
derung nach der Aufgabe West-Berlins durch die Alliierten eingesetzt. Wenn das
Tor nicht gerade durch Fahnen verhangen war, konnte man von Osten auf die
Sperranlagen, von den Rampen im Westen auf die Grenzposten am Pariser Platz
blicken. In Berlin-Reiseführern aus der DDR wurde nicht auf die Abbildung des
Tores verzichtet; Fotografien zeigen es meist im Rücken einer Richtung Osten

---

33 Ebd., 82–83.
34 Auch auf Ost-Berliner Seite besuchten Gruppen unter politischer Anleitung der SED den
    „antifaschistischen Schutzwall".

schlendernden, entspannten Touristengruppe, die zugleich die Absperrungen am Pariser Platz verdeckt (Abb. 3).[35]

Abb. 3: Fotografie von Passanten vor der Absperrung am Pariser Platz (aus: *Annemarie Lange*, Berlin, Hauptstadt der DDR. Brockhaus-Stadtführer. Leipzig 1969, 160; Foto: R. Vetter).

Bei der Lektüre westlicher Berlin-Reiseführer aus den 1960er Jahren erstaunt zunächst, daß auch nach dem Mauerbau neutral bis positiv über Ost-Berliner Neubauten geschrieben wurde. Dies mochte vor allem eine praktische Ursache haben: Da man beim Grenzübergang sehr genau kontrolliert wurde und auf gar keinen Fall DDR-feindliche Publikationen mit sich führen durfte, wurde Kritik vermieden. Es wurde aber auch gelobt – oder wenigstens anerkennend die Modernität des Ostteils der Stadt zur Kenntnis genommen. Der Berlin-Baedeker von 1968 unterschied im Hinblick auf die Bauten an der 1961 in Karl-Marx-Allee umgetauften Stalinallee zwischen der „eintönigen Monumentalität" des ersten Abschnitts aus der Zeit des Stalinismus und den ab 1958/59 entstandenen „frei nebeneinandergereihten Wohnzeilen in Plattenbauweise, die sich von ihren westlichen Vorbildern nicht unterscheiden."[36] Der Hinweis auf die „westlichen Vorbilder" bringt einerseits westliches Überlegenheitsgefühl zum Ausdruck, da die DDR sie scheinbar nur vom Westen übernommen habe, andererseits wird der sozialistische Staat hier im Bereich des Wohnungsbaus als gleichwertiger Konkurrent anerkannt. Eine solche Wahrnehmung stieße heute in weiten Kreisen auf Unverständnis.[37] Im Abschnitt zu West-Berlin ist bemerkenswert, daß die Illustra-

35 *Annemarie Lange*, Berlin, Hauptstadt der DDR. Brockhaus-Stadtführer. Leipzig 1969, 160.
36 Baedeker, Berlin (wie Anm. 26), 116/117.
37 Plattenbauten werden in der Medienöffentlichkeit heute gerade als Charakteristikum des DDR-Städtebaus wahrgenommen; dies hängt auch mit dem quantitativen Sprung an Bauten in den 1970er Jahren unter Honecker zusammen.

tionen, kleine Skizzen am Rand des Textes, fast nur Neubauten hervorheben, obwohl im Text auch viele alte Gebäude wie der Reichstag oder das Schloß Bellevue behandelt werden. Im Baedeker bekommt Berlin 1968 somit ein durch und durch modernes Gesicht.[38]

Ein umfassender Reiseführer ostdeutscher Provenienz für Ost-Berlin erschien 1963 im Verlag Das Neue Berlin. Autorin war Annemarie Lange, die vier Jahre zuvor ihre umfangreiche Geschichte Berlins von der Reichsgründung bis in die 1890er Jahre im selben Verlag veröffentlicht hatte. Damit war die Führung durch Ost-Berlin in die Hände einer Kennerin der Geschichte des Berlins besonders der Jahrhundertwende gelegt. Der historische Blickwinkel zeigt sich im Stadtführer auch darin, daß der geschichtliche Abriß den im engeren Sinn touristischen Abschnitten vorangestellt ist. Im Sinne der marxistischen Auffassung von Geschichte als einer Geschichte von Klassenkämpfen wird die Berliner Stadtgeschichte fast ausschließlich als Geschichte der Arbeiterbewegung dargestellt, mit der Revolution von 1918 und dem antifaschistischen Widerstand als wichtigsten Etappen.[39] Die Ankunft Ulbrichts als Erlöser aus dem sowjetischen Exil 1945 bekommt in Langes Darstellung eine schicksalhafte Färbung: „Noch war die Schlacht in Berlin im Gange, da landete bereits Walter Ulbricht mit einer Gruppe vom Nationalkomitee Freies Deutschland, im Flugzeug aus der Emigration herbeigeeilt, in der Hauptstadt."[40] Berlin war so wieder einmal Schauplatz deutscher Geschichte, seine Geschichte Nationalgeschichte mit lokalen Einfärbungen.

Stadtplanung und Wohnungsbau Ost-Berlins werden von Lange detailliert geschildert und in die Geschichte Berlins als Ort der Arbeiterbewegung integriert: „Heldenhaftes" habe die Berliner Bevölkerung beim Wiederaufbau geleistet, der mit der Stalinallee im Friedrichshain in einem traditionellen Arbeiterbezirk begonnen habe.[41] Trotz der langen Abschnitte zu den Berliner Neubauvierteln gibt es keine Gewichtung der Darstellung zugunsten von alt oder neu: Der hohe Stellenwert des historischen Stadtkerns wird betont und besonders mit den Rekonstruktionen der Gebäude entlang der alten Prachtstraße Unter den Linden belegt.[42] Die Straße teilte sich in der Wahrnehmung der 1960er Jahre auf in den „historischen" östlichen Abschnitt (von der Museumsinsel bis zur Friedrichstrasse) und den „neuen" Abschnitt (von der Friedrichstraße bis zum Brandenburger Tor). Noch eine andere Straße hatte sich mittlerweile in zwei Abschnitte geteilt: Die inzwischen in Karl-Marx-Allee umbenannte ehemalige Stalinallee wurde durch den letzten Bauabschnitt im neuen Stil zu einem Abbild des sozialistischen Fortschritts. Die empfohlene Besichtigung begann im „alten" Abschnitt, denn: „Von

---

38 Der Abschnitt zu Ost-Berlin erschien ein Jahr später als separates Bändchen: Ostberlin. Kurzer Stadtführer von Karl Baedeker. Freiburg 1969.

39 Mit dem gleichen Geschichtsbild erschien bereits 1956: Berlin. Ein Führer durch seine fortschrittlichen Traditionen, hg. vom Kulturbund zur demokratischen Erneuerung Deutschlands, Bezirksleitung Berlin, Berlin 1956.

40 *Lange*, Führer durch Berlin (wie Anm. 22), 34.

41 Ebd., 50.

42 Nur zwei Beispiele: Der Wiederaufbau der Humboldt-Universität erfolgte in zwei Abschnitten 1947–1954 und 1958–1962, die Staatsoper wurde 1955 wiedereröffnet; Ebd., 57.

hier aus haben wir gleichzeitig den besten Blick auf den jüngsten Bauabschnitt mit seinen freistehenden Hochhäusern und schmucken Ladenpavillons." Die Architektur des Stalinismus diente hier bestenfalls noch als Kontrastfolie.[43]

Der Stellenwert des Pergamonmuseums als Hauptanziehungspunkt für Touristen blieb in Ost-Berlin unumstritten. Mit dem Bezirk Mitte war der DDR die Hauptlast der Denkmalpflege zugefallen; die unzulängliche Erfüllung dieser Aufgabe wurde im Westen oft kritisiert und besonders in Publikationen des West-Berliner Senats wiederholt angeprangert. Die gebetsmühlenartige Wiederholung des Vorwurfes des Schloß-Abrisses verhinderte hier aus propagandistischen Beweggründen eine angemessene Würdigung der Leistungen des Ost-Berliner Wiederaufbaus von Baudenkmälern, wie sie zum Beispiel im Baedeker erfolgte.[44] 1964 begannen die *Informationen über Berlin* des Presse- und Informationsamtes von West-Berlin mit dem Hinweis auf das vom Westen restaurierte Schloß Charlottenburg und das abgerissene Stadtschloß, das „historisch bedeutendste Bauwerk Berlins": „Einige der altvertrauten Wahrzeichen werden Sie jedoch vergeblich suchen: wo beispielsweise einst das berühmte Berliner Stadtschloß stand, dehnt sich heute die öde Fläche des ‚Marx-Engels-Platzes'."[45] Sich nach großflächigen Abrissen der Bebauung aus der Kaiserzeit und der Entscheidung gegen einen Wiederaufbau der alten Gedächtniskirche der Denkmalpflege zu rühmen, wirft ein deutliches Licht auf die selektive Wahrnehmung auch des West-Berliner Senats.

Ein wichtiges Segment der West-Berliner „Öffentlichkeitsarbeit" waren die Berlin-Fahrten von Schulklassen aus der Bundesrepublik, die vom Ministerium für gesamtdeutsche Fragen der Bundesregierung und vom West-Berliner Senat subventioniert wurden. Der Zuschuß zur Reise war an bestimmte Pflichtbesuche gebunden: Eine Stadtrundfahrt sowie je ein Vortrag über Berlin und über die „Zone" mußten absolviert werden; das Besuchsprogramm wurde vom Berliner Senator für Volksbildung (bis 1963) ausgearbeitet oder bestätigt und die politische Lage Berlins sollte darin besonders hervortreten; außerdem hatten Kontakte mit amtlichen oder halbamtlichen Stellen Ost-Berlins zu unterbleiben: „Besuche von Museen, Theatern, Lichtspieltheatern und kabarettistischen Veranstaltungen [in Ost-Berlin, S.W.] sind in angemessenem Umfange gestattet."[46] Ein Lehrer aus Tübingen, der mit seiner Klasse Potsdam besuchen wollte, wurde von den zuständigen Beamten gewarnt: „Bedenken Sie bitte: Sie werden dort in Potsdam nicht nur Unerfreuliches sehen! [...] Haben Sie sich auch überlegt, welche Wirkung das auf ihre Schüler haben könnte?"[47] Zu dem Besuch erhielten die Schüler die

43 *Lange*, Führer durch Berlin (wie Anm. 22), 181.
44 „Die westliche Hälfte der Linden hat durch Neubauten ein modernes Gepräge bekommen, der östlich der Friedrichstraße gelegene Abschnitt wurde unter Wahrung seines historischen Charakters wiederhergestellt"; Baedeker, Berlin (wie Anm. 26), 92.
45 Informationen über Berlin, hg. v. Presse- und Informationsamt des Landes Berlin. Berlin 1964, 9.
46 *Hartmut von Hentig*, Berliner Gespräche. Beobachtungen aus Anlaß einer Studienfahrt im März 1961, in: Merkur 165 (1961), 1055–1070, hier: 1060.
47 Ebd., hier: 1061.

Publikation *Mein Berlin Tagebuch* mit einem Grußwort des Regierenden Bürgermeisters, einem Überblick über die Sehenswürdigkeiten und die Geschichte der Stadt sowie Platz für Notizen. Von ca. 70 Seiten behandelten zwei, mit je einem vor- und nachgestellten Foto der Mauer, Ost-Berlin (Abb. 4). In der Ausgabe von 1964 beginnt dieser Abschnitt so: „Ein Besuch Ostberlins führt in eine andere Welt. Es gibt leider nur noch Spuren des alten Berlins, Zeugnisse einer langen Bautradition, die durch berühmte Namen (Schlüter, Schinkel u.a.) gekennzeichnet wird."[48]

Diese einseitige propagandistische Haltung der West-Berliner Behörden, die eine kritische Auseinandersetzung mit dem anderen Gesellschaftssystem und dem dortigen Wiederaufbau besonders für junge Leute unmöglich machte, wurde schon von Zeitgenossen wie dem Lehrer aus Süddeutschland kritisiert. Das zunehmende Ignorieren der östlichen Seite wurde auch 1967 in der West-Berliner Zeitschrift *Deutsche Fragen* bemängelt: „Einige Prospekte enthalten noch Hinweise auf Ost-Berliner Sehenswürdigkeiten (Museen, Oper, Theater), typisch aber sind Texte, die die kommunistisch regierte Hälfte Berlins einfach ignorieren." Die West-Berliner Touristikwerbung trage dazu bei, „die westliche Hälfte der Stadt im Bewußtsein der Weltöffentlichkeit als Definitivum" zu verankern.[49] In diesem Punkt imitierte der Westen den Osten.

Das neue Image West-Berlins als Stadt mit einem besonders lebendigen Nachtleben ohne Sperrstunde und einem breiten kulturellen Angebot hatte sich längst durchgesetzt. Ein anderer Lehrer klagte bereits 1963 in seinem Bericht über eine Berlin-Fahrt in den *Frankfurter Heften* über das Desinteresse seiner Schüler an der Kultur, Geschichte und politischen Situation Berlins. Er führte eine anonyme Umfrage darüber durch, was die Schüler mit ihrer Freizeit in der Stadt angefangen hatten; das Resultat war deprimierend: Niemand hatte das Schloß Charlottenburg besucht; zwei waren auf die Siegessäule gestiegen, einer war zufällig auf das Reichstagsgebäude gestoßen. Bummeln auf dem Kurfürstendamm war die beliebteste Beschäftigung; einige hatte der „U-Bahn-Rausch" erfasst. Die Jugendlichen besuchten im Durchschnitt sieben bis acht Lokale und tranken in vier Tagen 15 Glas Bier oder Berliner Weiße. Der Lehrer faßte zusammen:

> „Kulturgüter und ‚sight-seeing' sind also nicht gefragt. Keine Spur von der hungrigen Ehrfurcht dessen, der geschichtsbewußt geschichtsträchtigen Boden betritt. Was die Erwachsenen zur Sehenswürdigkeit gemacht haben, läßt meine Primaner kalt. Aber die Größe Berlins – das ‚große Leben', wie einer sagte – mit dem Kitzel, der aus dem Wissen um die benachbarte Ärmlichkeit des Lebens ‚drüben' kommt, sie wirkten so faszinierend, daß sie nächstes Jahr wieder nach Berlin fahren möchten."[50]

---

48 Mein Berlin Tagebuch, hg. v. Presse- und Informationsamt des Landes Berlin. Berlin 1964, 44.
49 *Martin Pfeideler*, Die östliche Seite ignorieren?, in: Deutsche Fragen 13/8 (1967), 158–159.
50 *Horst Rumpf*, Berlin-Fahrt mit Primanern, in: Frankfurter Hefte 18/11 (1963), 758–763.

Abb. 4: Fotografie der Mauer am Brandenburger Tor (aus: Mein Berlin Tagebuch, hg. v. Presse-
und Informationsamt des Landes Berlin. Berlin 1964, 44)

III. Zusammenfassung und Ausblick

In den ersten beiden Nachkriegsjahrzehnten war die Bedeutung des Wiederaufbaus für den Berlin-Tourismus enorm; eine ‚Traditionslinie' führt aus dem
Kalten Krieg zum bis heute anhaltenden Berliner Baustellentourismus. Der Wiederaufbau der Stadt wurde in Ost und West von verschiedenen Institutionen zu
Werbezwecken benutzt und zog Besucher in die Stadt; die Neubaugebiete waren
immer ein wichtiger Bestandteil im Angebot der Stadtrundfahrten und Besichtigungen. Die Wahrnehmung des Städtebaus konzentrierte sich um die Themen der
besseren Denkmalpflege, der größeren Modernität, und der Quantität von
Gebautem und war von zentraler Bedeutung für die Selbstdarstellung der Berliner
Behörden. Ost-Berlin vermarktete seine Geschichte und die historischen Bauten
mindestens ebenso stark wie die Neubauten. Das Ausblenden der anderen Stadthälfte wurde in West-Berlin nach dem Mauerbau forciert. Die Leistungen der Ost-
Berliner Denkmalpflege wurden hier ignoriert; die Wendung der DDR zum indus-
trialisierten Bauen fand etwas leichter Anerkennung. Das Image West-Berlins war
bereits Anfang der 1960er Jahre – besonders bei jungen Leuten – von seinen

Konsum- und Vergnügungsangeboten geprägt. Der Blick über die Mauer mußte von Besuchern und Autoren „von draußen" geleistet werden.[51]

Als die Regierung der DDR ab 1964 den Aufbau des Berliner Stadtzentrums und des Alexanderplatzes vorantrieb, hielt die West-Berliner Presse eine Realisierung der hochgesteckten Ziele nicht für möglich. Die Ost-Berliner Medien berichteten dagegen unaufhörlich über jeden Fortschritt der Bauarbeiten.[52] Die Eröffnung des Fernsehturms am Alexanderplatz pünktlich zum 20. Jahrestag der DDR belehrte die Skeptiker eines Besseren; das neue Stadtwahrzeichen Ost-Berlins wurde schnell zu einem touristischen Anziehungspunkt. Nach dem Transitabkommen zwischen der Bundesrepublik und der DDR 1971 normalisierte sich auch der Reiseverkehr nach Berlin; der Flugverkehr ging zugunsten des Autoverkehrs zurück. In den siebziger Jahren veröffentlichten endlich auch West-Berliner Tageszeitungen Tips für Besuche und Besichtigungen in Ost-Berlin. Das staatliche Reisebüro der DDR, das mit seinen hohen Preisen vor allem privilegierte DDR-Bürger und ausländische Touristen ansprach, gab in seiner Statistik erstmals 1974 für das Vorjahr an, 174 Personen eine Reise in die Hauptstadt mit einer durch-schnittlichen Aufenthaltsdauer von 3,9 Tagen ver-mittelt zu haben.[53]

In den 1970er Jahren ging das Interesse an den Großbaustellen des Wieder-aufbaus aus den fünfziger und sechziger Jahren stark zurück. In der westlichen Hemisphäre hatte sich die vehemente Kritik am Städtebau der Nachkriegszeit bereits herumgesprochen, bis zur doppelten 750-Jahr-Feier Berlins 1987 war sie auch in der DDR aufgegriffen worden. Ausgerechnet der erste Bauabschnitt der Stalinallee wurde im Zuge der Diskussion um die Postmoderne durch den italieni-schen Architekten Aldo Rossi als erstes rehabilitiert; die Nachkriegsmoderne kämpft noch heute um eine angemessene Position in der Architekturgeschichte.[54] In den 1990er Jahren hatte das Berliner Stadtmarketing Schwierigkeiten, ausge-hend von den neuen politischen und kulturellen Voraussetzungen ein tragfähiges Konzept für die zukünftige Berlin-Werbung zu finden.[55] Diese institutionellen und ideologischen Probleme waren genauso wie der erneut einsetzende Baustellen-tourismus eine Folge des Kalten Krieges.

---

51 So auch der Titel des Jahresberichts des Berliner Senats von 1957: Besuch von draußen, hg. v. Presse- und Informationsamt des Landes Berlin. Berlin 1957.

52 Hierzu: *Peter Müller*, Symbolsuche. Die Ost-Berliner Zentrumsplanung zwischen Repräsen-tation und Agitation, Berlin 2004.

53 Statistisches Jahrbuch der Deutschen Demokratischen Republik. Berlin 1974, 394.

54 Dazu das Projekt des Schinkel-Zentrums der Technischen Universität Berlin „Gefährdete Nachkriegsmoderne – Bestandsaufnahme, Bewertung, Erhaltung, Sanierung sowie Um-nutzung und Umbau herausragender Bauten und Siedlungen der 1950er–1970er Jahre"; www.schinkelzentrum.tu-berlin.de/projekte/arch/a_50er.html [21.12.05].

55 Vgl. Wieder ein „Neues Berlin": Stadtmarketing auf der Suche nach Leitbildern und Iden-tität, in: Berlin wirbt! (wie Anm. 5), 44–47.

BERLIN ALS DOPPELTES „SCHAUFENSTER" IM KALTEN KRIEG

Alexander Sedlmaier

„Und während sie, die Christen, fruchtbares Land besitzen und an Wein und Öl ertragreiche Provinzen, voll auch von anderen Reichtümern, bleibt ihnen, den Heiden, Land, das stets vor Kälte gefriert, in dem sie irrtümlich Götter vermuten, die nun von der ganzen Erde vertrieben sind. Es muß ihnen auch oft die Macht der christlichen Welt vorgeführt werden, im Vergleich mit welcher jene, die noch im alten falschen Glauben fortfahren, wenige sind."
Daniel, Bischof von Winchester, an Bonifatius (ca. 725)[1]

Anläßlich der Abschaffung der Lebensmittelkarten in der DDR, die von der sowjetischen Führung als Diskreditierung des Sozialismus empfunden worden waren, schrieb Ulbricht im Mai 1958 an Chruschtschow:

> „Eine besondere Komplikation besteht bei diesen Maßnahmen darin, daß wir unsere Entscheidung nicht von den inneren Möglichkeiten und Bedingungen unserer Republik treffen können. Wir müssen die Wirkung unserer Maßnahmen nach Westdeutschland und Westberlin und insbesondere auf die dortige Arbeiterklasse sorgfältig berücksichtigen und nach diesen Erfordernissen die Bedingungen festlegen."[2]

Wenige Tage vorher hatte er bei den ökonomischen Beratungen des RGW in Moskau die verbündeten Delegationen wissen lassen: „Die ursprüngliche Konzeption, die DDR als Schaufenster des sozialistischen Lagers gegenüber dem Westen zu machen, konnte bisher nicht durchgeführt werden." Hier klingt an, wie sehr die Kremlführung die DDR als ganze als sozialistisches Schaufenster betrachtet wissen wollte und wie defensiv motiviert die auf dem V. Parteitag der SED verkündeten konsumtiven Versprechen waren, welche wiederum eine Konsequenz der ökonomischen Hauptaufgabe darstellten, „die Volkswirtschaft innerhalb weniger Jahre so zu entwickeln, daß die Überlegenheit der sozialistischen Gesellschaftsordnung gegenüber der kapitalistischen umfassend bewiesen wird."[3] Der SED-Führung war bei dem Kurs, den sie nun zwischen Überholpolitik und westdeutschem Magnetismus einschlug, nicht wohl zumute. In der UdSSR mag man den westlichen Einfluß unterschätzt haben, in Ost-Berlin war er nicht von der Hand zu weisen, war Alltagserfahrung. Hier stießen die beiden Systeme auf-

---

1   *Dorothy Whitelock* (Hg.), English Historical Documents, Bd. 1. London 1955, 733 [Übers. A.S.]. Für weiterführende Anregungen und konstruktive Kritik an früheren Versionen dieses Beitrags danke ich Tom Pickles, Angela Borgwardt, Stephanie Warnke und Robert Gerwarth.
2   Zit. in: *Michael Lemke*, Die Berlinkrise 1958 bis 1963. Interessen und Handlungsspielräume der SED im Ost-West-Konflikt. Berlin 1995, 51.
3   Ebd., 54–55. Vgl. jetzt auch: Ders. (Hg.), Schaufenster der Systemkonkurrenz. Die Region Berlin-Brandenburg im Kalten Krieg. Köln 2006. Der Band enthält keinen Beitrag zur Konsumgeschichte, aber einen Aufsatz von *Harald Engler* zur vergleichenden Wirtschaftsgeschichte (Ebd., 129–144).

einander, so daß in der Viersektorenstadt die Schaufensterkonzeptionen, die nicht nur in Moskau, sondern, wie im folgenden deutlich wird, ganz analog auch in Washington ihren Ausgang nahmen, ihre vornehmliche Konkretisierung erfuhren. Die Überlegenheit und Alternativlosigkeit des jeweiligen Gesellschaftssystems sollte an seinem exponierten Teil nachgewiesen werden. Stadtbilder wurden unter den Bedingungen und für den Markt der Systemkonkurrenz produziert. Konsumiert werden sollten sie von den Bevölkerungen und Öffentlichkeiten sowohl im eigenen als auch im feindlichen Lager. Städtebaulich ging dies einher mit einer ideologisch bedingten Akzentuierung der Zentren, mit Schwerpunkten am Alexanderplatz und am Breitscheidplatz. Die Halbstädte sollten – um eine Anleihe bei der zeitgenössischen Sprache der Betriebswirtschaft zu machen – „den Warenkreis und Leistungsbereich" der Systeme „in ansprechender, auf den Konsumenten abgestimmter Form"[4] zeigen.

Ein Schaufenster wird dann als unzureichend empfunden, wenn die Auslage der Konkurrenz attraktiver erscheint. Der simple Umstand, der beide Lager beschäftigte, war der, daß Bürger der DDR in die Schaufenster West-Berliner Warenhäuser und Einkaufsstraßen blicken konnten. So waren sie in der Lage, die Resultate des westdeutschen „Wirtschaftswunders" – das ja, wie Jonathan Wiesen gezeigt hat, nicht zuletzt ein Produkt westdeutscher Werbung und Wirtschaftskommunikation war – mit der eigenen Version der ökonomischen Wiederbelebung der Nachkriegszeit zu vergleichen.[5] Denn Berlins Westsektoren waren sowohl von der politischen Konzeption der dort Einfluß übenden Mächte als auch von der populären Wahnehmung zum Schaufenster des Westens stilisiert worden. Dieses Schaufenster schien zu leisten, was von ihm erwartet wurde: zum Betreten des jenseits der Auslage sich befindenden Geschäftsraums zu animieren. Dies geschah im extremen Fall in Gestalt der Republikflucht oder beschränkte sich auf mit kulturellen und materiellen Konsumakten verbundene Besuche. West-Berlin war für die DDR-Führung ein Störfaktor, der nicht nur den sozialistischen Schaufenstern den Schneid abkaufte, sondern sich aktiv anschickte, ihre Existenzberechtigung in Frage zu stellen. John F. Kennedy überhöhte diesen Anspruch rhetorisch, wenn er in seiner Ansprache zur Berlin-Krise knapp drei Wochen vor dem Mauerbau sagte: „[Berlin] is more than a showcase of liberty, a symbol, an island of freedom in a Communist sea. It is even more than a link with the Free World, a beacon of hope behind the Iron Curtain, an escape hatch for refugees."[6]

4   Schaufenster, in: Brockhaus Enzyklopädie, 17. Aufl., Bd. 16. Wiesbaden 1973, 577.

5   *David F. Crew*, Consuming Germany in the Cold War: Consumption and National Identity in East and West Germany, 1949–1989, in: Ders. (Hg.), Consuming Germany in the Cold War. Oxford 2003, 1–20, hier: 3; *S. Jonathan Wiesen*, Miracles for Sale: Consumer Displays and Advertising in Postwar West Germany, in: Ebd., 151–178.

6   John F. Kennedy, Radio- und Fernsehansprache vom 25.7.1961, dokumentiert in: www.jfklibrary.org/Historical+Resources/Archives/Reference+Desk/Speeches/JFK/003POF0 3BerlinCrisis07251961.htm. Siehe auch: *Diethelm Prowe*, Brennpunkt des Kalten Krieges: Berlin in den deutsch-amerikanischen Beziehungen, in: *Detlef Junker* (Hg.), Die USA und Deutschland im Zeitalter des Kalten Krieges, Bd. 1: 1945–1968. Stuttgart/München 2001, 249–259.

Die Berliner Mauer sollte all dies verhindern, mußte der östlichen Seite aber auch vor Augen führen, daß ihre Schaufensterkonzeption gescheitert oder doch in hohem Maß problematisch geworden war. In Verdrehung der Tatsachen wurde der Mauerbau – wie bereits 1953 die verschobene Aufhebung der Rationierung – dem drohenden Ausverkauf der DDR durch West-Berliner angelastet.[7] Das Schaufenster war noch intakt, aber es mußte von nun an eine andere Funktion übernehmen: im In- und Ausland über das Hintertreffen, in das die DDR geraten war, und in letzter Konsequenz über ihre innere Situation hinwegzutäuschen.

Angesichts dieser politischen Überformung des Wirtschaftslebens im Kalten Krieg wird sich der vorliegende Beitrag einer politischen Konsumgeschichte bedienen, um die diskursive Inszenierung von Konsum deutlich zu machen. Die oberste Ebene der Akteure von Stadtmarketing und Außendarstellung Berlins bildeten die politischen Auftraggeber in Moskau, Washington, Bonn und Berlin. Zunächst waren berlinspezifische Aktivitäten Teil umfassenderer Offensiven im Kalten Krieg. Beispielsweise leitete General Lucius D. Clay, ehemaliger Militärgouverneur der amerikanischen Besatzungszone und Held der Luftbrücke, unter dem Schlagwort „Crusade for Freedom" eine großangelegte Finanzierungskampagne für den in München ansässigen Sender Radio Free Europe, der auf europäischer Ebene gemeinsam mit AFN und Radio Luxemburg Ähnliches verfolgte wie der RIAS in Berlin im innerdeutschen Systemwettbewerb. Ein Verkaufsschlager der „Crusade" war eine Miniaturreplik der Liberty Bell von Philadelphia. Die Abschlußveranstaltung der ersten Runde der Kampagne fand am 24.Oktober 1950 zu den Klängen der im Schöneberger Rathaus installierten Nachbildung mit 400.000 Teilnehmern statt.[8]

Auf der lokalen Ebene hatte schon wenige Tage nach der Beendigung der Blockade der West-Berliner Magistrat mit einem Budget von 30.000 DM unter der Leitung von Ilse Wolff die Fremdenverkehrswerbung in die Hand genommen. Auf den Broschüren des Verkehrsamts prangten Überschriften wie „Berlin. Treffpunkt der Welt". Die deutsch und englisch gehaltenen Druckschriften betonten den unbegrenzten Konsum und die unzensierten Medien zwischen Kurfürstendamm und Funkturm: „‚Shopping' ist nicht ganz mit unserem biederen ‚Einkaufen' zu übersetzen. Das eine unterscheidet sich vom anderen wie Schokoladenflip vom kalten Kakao. In den Berliner Kaufhäusern KaDeWe, Karstadt oder Kaufhaus am Zoo kann man beides." Es wurde gerade hervorgehoben, daß man aus einem ganz bestimmten Grund in Berlin billig einkaufen könne:

> „Vom shopping her gesehen, ist es freilich nur eine Dreisektorenstadt. [...] Berliner und Gäste haben festgestellt, daß man eine Menge Geld sparen kann, wenn man im britischen Moabit, im amerikanischen Neukölln oder im französischen Gesundbrunnen einkauft; an jenen Nahtstellen zum russischen Sektor, wo die Ostbewohner sich mit den westlichen Herrlichkeiten eindecken. [...] Die zweite Stufe der Einkaufsmöglichkeiten erklimmt man in Steglitz. Hier

---

7   *Annette Kaminsky*, Illustrierte Konsumgeschichte der DDR. Erfurt 1999, 96.
8   *Walter L. Hixson*, Parting the Curtain: Propaganda, Culture, and the Cold War, 1945–1961. Basingstoke/London 1997, 60; *Rhodri Jeffrys-Jones*, The CIA and American Democracy. New Haven, Conn. 1989, 89–92.

sind die Schaufenster schon eleganter in der Aufmachung. Jedoch das shopping-Zentrum par excellence ist der Kurfürstendamm selbst [...]."[9]

Über letzteren heißt es dann im schwarzweiß gezeichneten Vergleich mit der Friedrichstraße: „Schon an den Schaufenstern entlang zu streunen ist für Fremde und Berliner eine Lustbarkeit. [...] Kosmetik und Mode werfen in die Schaukästen dieser Stadt ihre Verlockungen, daß die Mädchen und Frauen seufzend ihre zierlichen Nasen an das Glas drücken."[10] Eine Broschüre widmete dem Kurfürstendamm eine bebilderte Doppelseite:

Abb. 1: Kurfürstendamm/Joachimsthaler Straße, um 1950 (in: Berlin, wie Anm. 9, 8f.)

Bemerkenswert sind die Ruinen in den oberen Etagen, die den in die Schaufenster Blickenden nicht ins Auge fielen. Im dazugehörigen Text klingt bei der Beschreibung des Modehauses Leineweber an, wie utopisch und fern der Wirklichkeit die Schaufensterkonzeption zu diesem Zeitpunkt noch war: „Zwischen seinen hellen und weiten Vitrinen-Schaufenstern fühlt man sich wie in einem anderen Land: dort ist jeder gut angezogen, dort geht er in schönen Kleidern voller Lebensfreude und Wohlgefallen spazieren."[11] Hier wurde offenbar von anderen Dimensionen der Wirklichkeit abgelenkt. Die Gegenseite aber lasse ihre Konsumorte am Potsdamer Platz verfallen: „Das von Messel erbaute Kaufhaus Wertheim, mit der nach italienischen Vorbildern gestalteten Vorhalle eine der schönsten Profanbauten Berlins, ist heute immer noch eine Ruine, deren Wiederaufbau den Behörden und Parteidienststellen offenbar nicht lohnenswert erscheint." Schräg gegenüber im Columbushaus würden „von Moskaus Gnaden rationierte Waren zu stark überhöhten Preisen verkauft, genauer: staatlich konzessionierte Schwarzmarktgeschäfte gemacht".[12]

Auf der Werbepublikation der Deutschen Industrieausstellung von 1952 stand es dann wieder ganz explizit: „Schaufenster der Welt". Messen und Ausstellungen bildeten ein wichtiges Element der Schaufensterdekoration:

---

9   Berlin. Treffpunkt der Welt, hg. v. Magistrat von Großberlin, Verkehrsamt Berlin, Berlin [um 1950; die administrative Spaltung vollzog sich erst mit dem Inkrafttreten der Verfassung am 1. Oktober dieses Jahres, die Senat und Abgeordnetenhaus West-Berlins schuf], 22.
10   Ebd., 38.
11   Ebd., 8–11.
12   Ebd., 56.

„Sie sind das östlichste Schaufenster der westlichen Welt, vor dem Millionen hungriger Augen immer von neuem auf die Repräsentationen des westlichen Lebens warten, eines Lebens ohne Propagandalügen. ‚Grüne Woche', ‚Internationaler Autosalon' [...] und alle anderen Berliner Ausstellungen am Funkturm sind der allen sichtbare Beweis der imponierenden westlichen Anstrengungen zum besseren Leben."[13]

Bundeskanzler Adenauer betonte in seinem Geleitwort zur Industrieausstellung die „Generallinie der Aufwärtsentwicklung des Lebensstandards in Westdeutschland". Der Bundesminister für Wirtschaft, Ludwig Erhard, führte das Leitwort der Ausstellung ein: „Lebensstandard der freien Welt", der in zahlreichen Beiträgen quantitativ wie qualitativ belegt wurde. Der Bundesminister für gesamtdeutsche Fragen, Jakob Kaiser schrieb: „Die Ausstellungen Berlins sind mehr als eine rein wirtschaftliche Angelegenheit. Sie sind der Ruf der Freiheit in die umgebende Zone der Unfreiheit." In einer Anzeige wurde aufgerufen: „Eine nationale Aufgabe: Gebt Aufträge nach Berlin!"[14] Ähnlich hieß es auf einem Umschlagentwurf von 1950: „... vom Brautschleier bis zur Turbine: Kauft immer mehr aus Berlin". Damit wurde an das Urbild der Nachkriegswerbung für die zerstörte Stadt angeknüpft: Die Zuverlässigkeit der Berliner Wirtschaft war schon vom Großberliner Magistrat unter den Schlagworten „Berlin lebt – Berlin liefert" betont worden.[15] Für West-Berlin war der Austausch von Waren, Informationen und Personen von existentieller Bedeutung. Diesen Austausch zu befördern und die bedrohliche Insellage herabzuspielen, war die wesentliche Funktion der Werbung für West-Berlin. Fremdenverkehrs-, Image- und Wirtschaftswerbung waren hier aufs engste miteinander verzahnt. Das Schaufenster sollte als integraler Bestandteil des Geschäfts erscheinen, nicht als entfernte verwaiste Vitrine.[16]

Dieses Konzept wurde durch die wiederkehrenden Berlin-Krisen in Frage gestellt. Die Westalliierten verpflichteten die Bundesrepublik, ökonomische Maßnahmen zur Unterstützung Berlins zu ergreifen. Zu den Zuwendungen im Rahmen des European Recovery Program kamen die großzügigen Steuervergünstigungen und Subventionen des Berlin-Hilfegesetzes. 1959 – unter dem Eindruck des Chruschtschow-Ultimatums, das den Vier-Mächte-Status der Stadt in Frage stellte – wurde dieses legislative Hilfspaket noch um höchst lukrative Abschreibungsvergünstigungen ergänzt. Investitionsgüter konnten nun nach drei Jahren zu 75 % abgeschrieben werden.[17] Dies hatte zur Folge, daß der Mauerbau vom 13. August 1961 mittel- und langfristig den Handel in West-Berlin kaum beeinträchtigte. Nach einer kurzen Phase der Rezession wurde die durch die Berlin-Hilfe gehobene Kaufkraft der Berliner Konsumenten öffentlichkeitswirksam deutlich. Der Einzel-

---

13 Ebd., 40–41.
14 Schaufenster der Welt. Deutsche Industrieausstellung Berlin 1952. Berlin 1952, 5; 7; 13; 20; 41.
15 *Erhard Schütz/Klaus Siebenhaar* (Hg.), Berlin wirbt! Metropolenwerbung zwischen Verkehrsreklame und Stadtmarketing 1920–1995. Berlin 1995, 24.
16 Ebd., 25–27.
17 *Joachim Nawrocki*, Berliner Wirtschaft: Wachstum auf begrenztem Raum, in: *Dieter Baumeister* (Hg.), Berlin-Fibel. Berichte zur Lage der Stadt. Berlin 1983, 92.

handelsumsatz in West-Berlin stieg von 4,4 Milliarden DM im Jahr 1959 auf 5,5 Milliarden im zweiten Jahr nach dem Mauerbau.[18]

Vor dem Mauerbau hatte die besondere Situation Berlins für einen beträchtlichen Strom amerikanischer Konsumgüter in die DDR gesorgt – von Nylonstrümpfen über Jeans und Lederjacken bis zu Unterhaltungsmusik. Western und Gangsterfilme waren das Angebot der sogenannten Grenzkinos, die sich besonders an jugendliche ostdeutsche Besucher wandten. Die amerikanische Besatzungsmacht drängte darauf, diesen Lichtspielhäusern Steuervergünstigungen einzuräumen, so daß die ersehnten Besucher trotz des ungünstigen Wechselkurses zu ermäßigten Preisen einkehren konnten. Der Senat von West-Berlin unterstützte im Februar 1951 zehn Kinos, 1954 gar 23. Das Büro des amerikanischen Hochkommissars war auch maßgeblich an der Gründung der Internationalen Filmfestspiele im Jahr 1951 beteiligt. Internationale Filme und ihre Stars – sowie die zuvor gezeigten Wochenschauen – wurden somit in ein kulturelles Schaufenster gestellt, das ein amerikanischer Beamter als „necessary counterweight" zu den Weltjugendfestspielen empfand, welche die FDJ im selben Sommer veranstaltete. Zu diesem Anlaß finanzierten der Hochkommissar und die West-Berliner Regierung Freilichtkinovorführungen am Potsdamer Platz, die eindeutig auf osteuropäische Jugendliche zielten. Bei den Filmfestspielen selbst tauchte das Office of the U.S. High Commissioner for Germany in einer politisch gewollten Verdrehung der Tatsachen nicht auf der Sponsorenliste auf, die Stars aus Hollywood wurden freilich in der Presse und auf glamourösen Empfängen gefeiert.[19]

Der Aufstand in der DDR am 17. Juni 1953 schien die amerikanische Strategie der psychologischen Kriegführung zu bestätigen und hob sie auf eine neue Ebene. Statt eines militärischen Eingreifens beschloß die Eisenhower-Administration – nach dem Motto „keeping the pot simmering" – im Juli 15 Millionen Dollar Nahrungsmittelhilfe für Berlin. Die „Eisenhower Pakete" bildeten eine Schaufensterauslage, die hunderttausende Ostdeutsche in die Westsektoren lockte. Dies veranlaßte den Kreml und seine deutschen Verbündeten zur Einschränkung der Reisefreiheit von Ost-Berlinern. Das Konkurrenzprogramm zu dem „Ami-Köder" mit Lebensmittellieferungen aus der Sowjetunion blieb jedoch erfolglos. Im Frühherbst desselben Jahres stieß das amerikanische Hilfsprogramm an seine wohlkalkulierte Grenze. Hochkommissar James B. Conant drahtete nach Washington: „profit from Berlin distribution is about to turn into loss", das übergeordnete Ziel sei gefährdet, nämlich den Zugang für Ostdeutsche nach West-Berlin aufrechtzuerhalten.[20] Prompt nahm John Foster Dulles Anfang Oktober diese Auslage aus dem Schaufenster. Das hinderte die USA freilich nicht daran, bis 1958 insgesamt

18 *Kurt Leo Shell*, Bedrohung und Bewährung. Führung und Bevölkerung in der Berlin-Krise. Köln 1965, 422.

19 *Uta G. Poiger*, Jazz, Rock, and Rebels: Cold War Politics and American Culture in a Divided Germany. Berkeley, Cal. 2000, 54–55.

20 *Hixson*, Parting the Curtain (wie Anm. 8), 73; *Christian F. Ostermann*, „Keeping the Pot Simmering": The United States and the East German Uprising of 1953, in: German Studies Review 19 (1996), 61–89.

30 Millionen Dollar in den innerdeutschen Waren- und Kulturaustausch zu investieren.

Ost-Berliner Jugendliche konnten, wenn sie sich an West-Berliner Jugendorganisationen wandten, die Fahrtkosten erstattet und obendrein ein Tagegeld bekommen.[21] Auch in den Kinos ging der Wettkampf der Systeme weiter: Die Ost-Berliner Behörden hatten mit einer verstärkten Einfuhr westeuropäischer Filme reagiert, und der amerikanische „Mord und Totschlag" war Gegenstand eines Jugendschutzdiskurses geworden. Im Westen bemühte man sich deshalb um die qualitative Verbesserung des Angebots.[22] 1956/57 schätzten Ost-Berliner Behörden, daß täglich etwa 26.000 Besucher aus der DDR, in der großen Mehrheit Jugendliche, in West-Berlin ins Kino gingen.[23] Seit September 1958 ermöglichten die stillschweigenden Zuschüsse des Senators für Volksbildung unter dem Titel „Maßnahmen zur Förderung des Gesamtberliner Kulturlebens" Ost-Berlinern den Erwerb von Eintrittskarten für Filme mit den Prädikaten „wertvoll" oder „besonders wertvoll" zum Kurs von eins zu eins. Nun waren es nicht mehr nur die Grenzkinos in den Arbeiterbezirken, sondern auch die Kinos am Kurfürstendamm, so daß die begehrten Besucher auf ihrem Weg auch einige Blicke in bestimmte Schaufenster werfen konnten. Für die ersten zwei Monate des Programms vermeldete der Senat 1,27 Millionen ostdeutsche Besucher. Auf der Gegenseite kam man auf eine Zahl von 7 Millionen West-Berlin-Besuchen pro Jahr und sah in der die sozialistische Jugend bedrohenden Konsumkultur verstärkt und nicht ganz zu Unrecht das Werk amerikanischer Agenten. Eltern, Schulen und FDJ sollten die „Opfer" von den Westausflügen abbringen.[24] Uta Poiger hat gezeigt, wie bis etwa 1955 noch ein gewisser Konsens zwischen den west- und ostdeutschen Behörden in einer kulturkonservativen, skeptischen Haltung gegenüber den Erzeugnissen der amerikanischen Massenkultur geherrscht hatte.[25] Im Westen wurde diese Einstellung aber zunehmend abgelöst, da gerade der Kulturkonsum zur effektiven Waffe im Kalten Krieg geworden war, was mit einer demonstrativen Depolitisierung des Konsums in der westlichen Rhetorik einherging. West-Berlin wurde zur hoch subventionierten Kulturstadt, was sich etwa in den auf Internationalität setzenden, 1951 mit Bundesmitteln gegründeten Berliner Festwochen (ab 1967 Berliner Festspiele GmbH) niederschlug, denen in Ost-Berlin erst fünf Jahre später die Berliner Festtage entgegengesetzt wurden, die sich mit Brechts Berliner Ensemble und dem Friedrichstadt-Palast nicht zu verstecken brauchten.[26]

Im Ostteil der Stadt war man zunächst gegenüber dem vermeintlich kapitalistischen Phänomen Werbung auf Distanz gegangen und hatte den Neologismus „Stadtbilderklärung" geschaffen. So organisierte das Delegationsbüro der Nationalen Front schon 1952 Rundgänge und -fahrten durch die Stalinallee, auf denen die angeblich objektiv ablesbare Überlegenheit des sozialistischen Lagers gegenüber

21 *Poiger*, Jazz (wie Anm. 19), 131.
22 Ebd., 68–69.
23 Ebd., 85.
24 Ebd., 134–135.
25 Ebd., 130.
26 *Wolfgang Ribbe/Jürgen Schmädeke*, Kleine Berlin-Geschichte. Berlin 1988, 216–221.

dem kapitalistischen West-Berlin erklärt wurde. Die Stadt selbst sollte zum Objekt der Werbung für die Gesellschaft werden, die hinter ihrem Aufbau stand.[27]

Im Gefolge des nach 1953 widerwillig eingeschlagenen „Neuen Kurses" konzentrierte sich die DDR auf das Vorantreiben ihrer Konsumgüterwirtschaft. Die Frage, wie sich dies werbetechnisch niederschlagen sollte, wuchs sich zum Politikum aus: War die alte Methode des Stapelschaufensters – der schlichten Aufhäufung der Verfügbarkeit suggerierenden Waren – zur agitatorischen Umsetzung des „reicher und schöner" gewordenen Lebens vorzuziehen, oder war jüngeren Gebrauchswerbern zu folgen, die in erster Linie ästhetische Anforderungen an das Schaufenster stellten? Der Werbeleiter des HO-Warenhauses am Alexanderplatz (später Centrum) war von der alten Schule:

> „Wir Gebrauchswerber waren in der Vergangenheit viel zu sehr gezwungen, unsere Schaufenster mehr mit Dekorationselementen zu füllen als mit Waren [...] In zunehmenden Maße können wir aber jene Zeit als überwunden betrachten und unserer Bevölkerung immer mehr die Erfolge ihrer Arbeit in unseren Schaufenstern sichtbar machen. Sie hat das Recht auf eine gute Versorgung mit Waren des täglichen Bedarfs, und wir haben die Pflicht, sie ihnen reichhaltig zu zeigen."[28]

Durchgesetzt hat sich das Nebeneinander von drei Gestaltungsformen: Stapelfenster für Waren des Massenbedarfs, Sonderfenster mit ästhetischer Gestaltung für saisonal auftretende Waren sowie Schaufenster mit vorrangig politischer oder gesellschaftlicher Thematik. Begleitet blieb dies von dem größeren metaphorischen Schaufenster, das sich beispielsweise in der Ankündigung niederschlug, Ost-Berlin in ein Modezentrum zu verwandeln. Die nun regelmäßig durchgeführten Modenschauen hatten zweifelsohne die Funktion eines ästhetischen Schaufensters des Sozialismus und dessen internationaler Wettbewerbsfähigkeit, sie hatten aber auch einen entscheidenden Haken: Sie bildeten einen krassen Kontrast zur Realität des Warenangebots in den realen Schaufenstern des Einzelhandels.[29] Anläßlich der Berliner Modewoche 1961 erging eine Order an die Handelsvertreter, Waren in Lagerräumen zu horten, um mit diesem Material eine imposante Ausstellung sicherzustellen. Bereits 1962 wurden die Modewochen wieder abgeschafft, da das Regime die Ungeduld der Konsumenten nicht noch zusätzlich anheizen wollte. Nun wurden die Exquisit-Läden eingeführt, die gleichzeitig als Schaufenster der Leistungsfähigkeit und als reale Verkaufsstätten fungieren

---

27 *Schütz/Siebenhaar* (Hg.), Berlin wirbt (wie Anm. 15), 28–30; Frohe Ferientage in Berlin, hg. v. Magistrat von Groß-Berlin. Berlin 1954, 14.

28 *A. Becker*, Stapelschaufenster und psychologische Wirkung, in: Neue Werbung 2/1 (1955), 32–33; *G. Bojny*, Die Aufgaben der Werbeabteilung unter den neuen ökonomischen Verhältnissen, in: Neue Werbung 2/2 (1955), 1–2; zit. in: *Rainer Gries*, Produkte als Medien. Kulturgeschichte der Produktkommunikation in der Bundesrepublik und der DDR. Leipzig 2003, 222. Dazu auch: *Katherine Pence*, Schaufenster des sozialistischen Konsums: Texte der ostdeutschen „consumer culture", in: *Alf Lüdtke/Peter Becker* (Hg.), Akten. Eingaben. Schaufenster. Die DDR und ihre Texte. Berlin 1997, 91–118.

29 *Judd Stitziel*, On the Seam between Socialism and Capitalism. East German Fashion Shows, in: *Crew* (Hg.), Consuming Germany (wie Anm. 5), 51–85, hier: 69.

konnten und somit die alte Diskrepanz zu überwinden schienen. Dies geschah in mehrfacher Hinsicht zu einem hohen Preis.[30]

Bereits seit Ende 1957 hatte sich eine Hinwendung zu einer expliziten Stadtwerbung vollzogen. Der Magistrat gründete die Berlin-Werbung Berolina zu einem Zeitpunkt, zu dem, wie wir eingangs sahen, sich bereits abzeichnete, wie sehr das sozialistische Schaufensterkonzept in die Defensive geraten war. Die Werbung sollte nun einerseits den Überholkurs beflügeln, andererseits die Zweifel in der eigenen Bevölkerung lindern und „in den Berlinern den Glauben an eine glückliche, sozialistische Zukunft [...] festigen sowie den in- und ausländischen Berlin-Besuchern ein überzeugendes Bild von der Stärke und Überlegenheit der Arbeiter- und Bauernmacht"[31] vermitteln.

Nach dem Mauerbau erfuhr das „Schaufenster des Ostens" eine entscheidende Umdeutung und Neudekoration. Die offizielle Parteilinie wollte das Paradigma der Konkurrenz im Bereich von Produktion und Konsumtion nicht mehr gelten lassen. Die Errichtung des „Schutzwalls" wurde als Sieg über eine verderbliche Kultur inszeniert. Die Presse berichtete, wie in den staatlichen Jugendclubs aus ehemaligen „Texashosen" tragenden „Grenzgängern" respektable junge Männer in Anzügen wurden.[32] Nun tauchten die vielfältigen kulturellen Möglichkeiten der Hauptstadt verstärkt in den durch den anhaltenden Systemwettbewerb geprägten Werbemaßnahmen auf. Dies zeigte sich zum Beispiel in dem von der Berolina herausgegebenen touristischen Veranstaltungskalender *Wohin in Berlin.*[33]

Andererseits setzte in den 1960er Jahren die systematische Bevorzugung der „Grenzstadt zum Imperialismus" in der Dekoration und vor allem in der Belieferung mit Mangelwaren ein. Bis zum Ende der DDR reisten Millionen Menschen aus den Bezirken in die Hauptstadt, um hier einzukaufen. In einer Eingabe vom April 1989 aus dem Kreis Döbeln im Bezirk Leipzig heißt es: „Wo bekommen wir nun Schonbezüge nach unserem Geschmack und Radkappen her? Sollen wir erst nach Berlin fahren? Wenn wir vom Dorf wegen jeder Kleinigkeit nach Berlin fahren sollen, reicht unser 18tägiger Jahresurlaub einfach nicht zu."[34] In der Hauptstadt wartete man durchschnittlich 132 Monate auf ein bestelltes Auto; dies lag zwei Jahre unter dem analogen Wert für die Bezirke. Ohnehin erhielt Berlin relativ zur Bevölkerungszahl die doppelte Anzahl Personenkraftwagen zur Verfügung gestellt wie der Rest der Republik.[35] Wieder wird der charakteristische Doppeleffekt der DDR-Konsumkultur deutlich: Einerseits wirkte Berlin als stabilisierendes Versorgungszentrum, auf das aus der ganzen Republik zurückge-

---

30   Ebd., 73.

31   Zit. in: *Schütz/Siebenhaar* (Hg.), Berlin wirbt (wie Anm. 15), 30.

32   Am Tag darauf ohne Texashose, in: Neues Deutschland, 22.8.1961, zit. in: *Poiger*, Jazz (wie Anm. 19), 209.

33   *Schütz/Siebenhaar* (Hg.), Berlin wirbt (wie Anm. 15), 33–34. Zu Berlin-Reiseführern im Kalten Krieg siehe den Beitrag von *Stephanie Warnke* in diesem Band.

34   Anton S. an das Prismakollektiv, 14.4.1989, zit. in: *Ina Merkel*, „... in Hoyerswerda leben jedenfalls keine so kleinen viereckigen Menschen". Briefe an das Fernsehen der DDR, in: *Lüdtke/Becker* (Hg.), Akten (wie Anm. 28), 306.

35   *Kaminsky*, Illustrierte Konsumgeschichte der DDR (wie Anm. 7), 95–96.

griffen wurde; andererseits speisten die vergleichsweise vollen Berliner Schaufenster den destabilisierenden Mangeldiskurs.[36]

Ein Aushängeschild in diesem Zusammenhang war das größte und prestigeträchtigste Warenhaus der DDR am Alexanderplatz. Bereits 1955 entfaltete der Werbechef des Renommierbetriebs einen weitreichenden Anspruch:

> „Wir dreißig Kollegen von der Werbeabteilung des HO-Warenhauses [...] wollen bei unserer Werbearbeit für die 2.000 Mitschaffenden unseres Hauses sprechen; das große Haus an Berlins bekanntestem und dereinst schönsten Platz will sprechen für ganz Berlin, und überall in jedem Waren- oder Kaufhaus, in jedem Laden und Betrieb der Deutschen Demokratischen Republik wollen wir Werbefachleute zeigen, wie schön unser Leben geworden ist und noch weiterhin werden kann, um was es geht und was uns beseelt."[37]

Der 1971 im Rahmen der Neugestaltung des Alexanderplatzes eröffnete Neubau des Warenhauses, das nun Centrum hieß, verstärkte diesen Anspruch noch. Er wurde zum Symbol für die Öffnung der DDR gegenüber dem Konsum in der Ära Honecker, und seine Schaufenster waren in doppeltem Sinn Front. Wie sehr es dabei schon um die Erfüllung von westlich geprägten Konsummodellen ging, zeigt bereits die Architektur. Die vorgehängte Netzfassade aus Aluminium, die einen in den oberen Stockwerken fensterlosen Betonbau umhüllte, kopierte eindeutig bundesrepublikanische Vorbilder. Diese Art der Gestaltung war, weil sie leicht und auch über mehrere Straßenblöcke hinweg wiederzuerkennen war, zum inoffiziellen Markenzeichen der Horten-Warenhäuser in Westdeutschland geworden. Der führende Ost-Berliner Wirtschaftskolumnist antwortete auf eine Beschwerde über die Fensterlosigkeit des Baus, dieser entspreche „in seiner Bauweise der internationalen Tendenz, die durch fensterlose Warenhäuser gekennzeichnet" sei. Der Architekt hob selbst hervor, daß die Fassade dem Gebäude einen „typischen Charakter" verleihe.[38] An der anhaltenden Politisierung der Ost-Berliner Schaufenster änderte dies nichts. So erscheinen im Jahr 1973 im Centrum-Warenhaus hinter den ausgestellten Waren und Objekten Photos aus der Sowjetunion und in fast Brechtscher Verfremdung der Slogan: „Unser Schaufenster weist die Kunden auf den 50. Jahrestag der Gründung der UdSSR hin."[39] Fern des Zentrums wurden die Schaufenster in Ost-Berlin und der DDR oft vernachlässigt: Vergilbte und verstaubte Schriftzüge und teilweise zusammengebrochene Konservenpyramiden waren an der Tagesordnung.[40]

In der Stadtwerbung hatte es 1967/68 mit der Gründung der Sozialistischen Gemeinschaftswerbung in Berlin einen organisatorischen Einschnitt gegeben: Aus der Berolina war die Berlin-Information geworden, die eine Rückkehr zur offensiven Sozialismuspropaganda vollzog. Außerdem wurde die Stadtwerbung in das System der Auslandsinformation der DDR integriert, was dem Streben nach inter-

---

36 *Gries*, Produkte als Medien (wie Anm. 28), 224. Gries hebt nur letzteren Effekt hervor.

37 *J. Meuder*, Fahrt in den Frieden – oder ..., in: Neue Werbung 2/6 (1955), 1, zit. in: *Gries*, Produkte als Medien (wie Anm. 28), 223–224.

38 Warum ein Warenhaus ohne Fenster?, in: Berliner Zeitung, 11.3.1971; *Günter Kunert*, Warenhaus „Centrum" in Berlin, in: Deutsche Architektur 22 (1971), 465–475.

39 Abbildung in: Centrum-Echo 16 (1973), 1. Januar-Ausgabe, 3.

40 Dazu: *Gries*, Produkte als Medien (wie Anm. 28), 224–225.

nationaler Anerkennung im Zeichen der Überwindung der Hallstein-Doktrin ent-sprach. „Weltniveau" wurde zum werbetechnischen Zauberwort. Aber auch hier konnte die Werbeästhetik ihre Botschaft oft nur im Nachvollziehen westlicher Ge-staltungsideen transportieren: So spiegelten sich auf dem West-Berliner Plakat „Berlin. Weil's nahe liegt" Gedächtniskirche mit Kurfürstendamm in einer runden Sonnenbrille (Abb. 2).

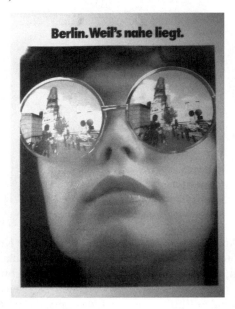

Abb. 2/Tafel IV: West-Berliner Werbeplakat (in: Berlin wirbt, wie Anm. 15, 92)

Im kurz darauf erschienenen „Berlin Hauptstadt der DDR" reflektieren die Augen-gläser ganz analog das Rote Rathaus mit Fernsehturm (Abb. 3).[41] Andererseits wurde immer wieder auf „Talmiglanz und Nepp kapitalistischer Großstädte" geschimpft.[42]

---

41 *Schütz/Siebenhaar* (Hg.), Berlin wirbt (wie Anm. 15), 38; 92; 102.
42 Sozialismus – eine sichere Sache und gut für die Menschen, in: Berlin Journal. Informationen für die Hauptstadt, hg. v. Berlin-Information. Berlin 1974, 64.

Abb. 3/Tafel V: Ost-Berliner Werbeplakat (in: Berlin wirbt, wie Anm. 15, 102)

Seit dem Besuchsabkommen von 1972 wurden Ost-Berliner Kulturveranstaltungen auch explizit so konzipiert, daß sie zum Anziehungspunkt der West-Berliner Bevölkerung wurden. Die Volkswirtschaft mit reiner Binnenwährung konnte sich der Lukrativität der nun zwangsläufig kursierenden Devisen nicht entziehen. Es kam zur flächendeckenden Einführung der Intershops, die in der Regel auch nicht mehr kontrolliert wurden. Einzelne Berliner Intershops entwickelten sich zu kleinen Warenhäusern mit Abteilungen für Kleidung, Heimelektronik und Ersatzteile.[43] Dies trieb die interne Dialektik der deutsch-deutschen Konsumbeziehungen auf die Spitze, führte aber in gewisser Weise die Logik fort, die bereits mit den Exquisit-Läden eingeschlagen worden war: ein Ventil für die sich aufstauende Unzufriedenheit der eigenen Konsumenten zu bilden. Diesmal war der Preis noch höher: die konsumistische Bewußtseinsspaltung. Eine Abgrenzungspolitik gegenüber dem Zustrom westlicher Produkte war nun kaum noch möglich.

Hingegen hatte die West-Berliner Stadtwerbung seit dem Mauerbau einen omnipräsenten Abgrenzungsfaktor, der stets mitgedacht werden muß, wenn beispielsweise unter dem Slogan „Berlin – durchgehend geöffnet" die unbegrenzten Möglichkeiten des Amüsements in West-Berlin beworben wurden.[44] „Shoppen und bummeln" wurden nun zu dem kulturellen Angebot gleichwertigen Anziehungspunkten. Verstärkt wurden Geschäftsleute in das Stadtmarketing einbezogen. Mitte der 60er Jahre wurden die sogenannten „Bummelpässe" mit Konsum-

43 *Stefan Wolle*, Die heile Welt der Diktatur. Alltag und Herrschaft in der DDR 1971–1989. Bonn 1999, 76.
44 *Schütz/Siebenhaar* (Hg.), Berlin wirbt (wie Anm. 15), 31.

gutscheinen eingeführt. In den 70er Jahren gab das Verkehrsamt das Periodikum *Shopping in Berlin City* heraus. Das Presse- und Informationsamt präsentierte Berlin als „eine Stadt zum Leben": eine Metropole der „Weltstadt-, Kunst-, Weekend-, Pop- und Shopping-Cocktails."[45]

Abb. 4: „Eine Stadt zum Leben" (in: Berlin wirbt, wie Anm. 15, 36)

Der Topos des vom „antifaschistischen Schutzwall" umgebenen Kultur-, Einkaufs- und Freizeitparadieses verlieh dem Westteil ein Alleinstellungsmerkmal, das ihn des mühsamen Vergleichs mit anderen Metropolen zunächst enthob. Das Schaufenster wurde implizit. Die Kommerzialisierung der Stadtvermarktung war aber gleichzeitig eine Ideologisierung gen Osten – ein Übergang vom expliziten zum impliziten „Kalten Konsumkrieg". Zwar erfolgte eine vordergründige Abkoppelung der Stadtwerbung vom direkten Movens des Kalten Kriegs, und gerade deren merkantile Spielart entfaltete in den 80er Jahren eine erhebliche Eigendynamik, aber der Mangel an kommerzieller Vielfalt im Ostteil der Stadt blieb ein allgegenwärtiger Wahrnehmungshintergrund, der nur viel seltener als in früheren Dekaden explizit gemacht wurde.

Eine besondere Rolle spielte dabei das bereits 1907 gegründete Kaufhaus des Westens. Der Name schien seit der Wiedereröffnung im Jahr 1950 ein politisches Programm zu repräsentieren. Das Warenhaus mit den „20 Riesenschaufenstern"[46] wurde als Schaufenster gen Osten inszeniert und wahrgenommen, als „Konsum-

45 Ebd., 36.
46 Berlin: Treffpunkt der Welt (wie Anm. 9), 11.

Oase der westlichen Welt inmitten der sozialistischen Wüste", und avancierte zu einer der großen Touristenattraktionen West-Berlins. Die Lokalpresse feierte diesen „Konsumpalast, den der Besucher aus dem Westen mit höchstem Respekt betrachtet und den [sic] aus dem Osten erst einmal ‚erschlägt'"[47]. Das Verb mag den Kontext dieser Spielart des Kalten Krieges verdeutlichen. Anläßlich des 75-jährigen Bestehens des Hauses im September 1982 hieß es in der *Berliner Morgenpost*:

> „Das größte Kaufhaus des Kontinents begeht seinen 75. Geburtstag. [...] Für die Berliner soll es ein künstlerischer Renner ohnegleichen werden: 16 Theater mit über 200 Schauspielern werden sich im ausgeräumten Lichthof im Parterre und auf Sonderflächen in 5 Etagen präsentieren. [...] Die gesamte Schaufensterfront am Tauentzien und einige Schaufenster in der Ansbacher Straße sind den Theatern zur Verfügung gestellt worden."[48]

1958, wenige Monate nach dem Inkrafttreten der Römischen Verträge, schlug sich dieses Ereignis laut *Berliner Morgenpost* im KaDeWe wie folgt nieder:

> „Die Berlinerin hat nun 14 Tage Zeit zu lernen, sich wie eine Pariserin zu kleiden oder den Frühstückstisch genauso kunstvoll wie eine Belgierin zu decken. Ein großer rosa Luftballon mit einem aufgemalten grünen ‚E' schwebt über dem Parkplatz des Kaufhauses, und über den Auslagen der 38 Abteilungen flattern die Fahnen der einzelnen Staaten."[49]

Schon bei der Wiedereröffnung im Juli 1950 war die Inszenierung des Warenhauses symbolisch wie räumlich weit in den Stadtraum vorgedrungen: „Morgen wird der ‚braune Geselle' [gemeint ist der Berliner Bär] in einer Größe von 5 Metern hinter der bis zum zweiten Stockwerk reichenden Schaufensterscheibe an der Ecke Tauentzienstraße-Passauer Straße nach Kunden Ausschau halten, die schon von weitem durch einen über dem KaDeWe schwebenden Fesselballon angelockt werden sollen."[50] Daß es sich hierbei um einen ideologischen Schlagabtausch handelte, wird vollends in der Ost-Berliner Presse deutlich. Unter der Überschrift „Pleiteschlager KaDeWe" heißt es dort:

> „Mit großem Trara verkündete die Westberliner Presse die Eröffnung des Kaufhauses des Westens in der Tauentzienstraße. [...] Gewiß herrschte bei der Eröffnung ein gewisser Andrang – die Neugier zog, aber schon nach wenigen Tagen sieht es erheblich anders aus. [...] Im Erfrischungsraum bleiben die Stühle leer. Die Serviererinnen stehen gelangweilt in der Ecke und stürzen sich auf jeden Gast, der sich vielleicht eine Tasse Kaffee leisten kann. [...] Wie erfreulich ist im Vergleich hierzu ein Gang durch das HO-Kaufhaus am Alexanderplatz! Man drängt sich an den Verkaufstischen, man drängt sich an den Kassen. Unter den Käufern sind viele Westberliner, und sie machen auch kein Geheimnis daraus, daß sie hier billiger kaufen als im Westen."[51]

47 Der 80jährige Konsumpalast, der östliche Besucher „erschlägt", in: Welt am Sonntag, 29.3.1978.

48 Jubelfeier zum 75. Geburtstag mit über 200 Schauspielern: KaDeWe wird zehn Tage lang öffentlicher Musentempel, in: Berliner Morgenpost, 28.9.1982.

49 Europa im Warenhaus, in: Berliner Morgenpost, 15.4.1958.

50 Das Rätsel um den Bären gelöst: KaDeWe eröffnet morgen, in: Die Welt, 2.7.1950.

51 Pleiteschlager KaDeWe [Ausschnitt aus einer nicht identifizierten Ost-Berliner Zeitung]; Archiv des KaDeWe.

Das KaDeWe setzte seine luxuriöse Lebensmittelabteilung, die es als größte des europäischen Kontinents pries, an die Spitze seiner Selbstinszenierung. Nahrungsmittel spielten nicht nur in der unmittelbaren Nachkriegszeit eine zentrale Rolle im alltäglichen Systemvergleich. West-Berlin blickte mit Stolz auf eine wachsende Zahl von Restaurants und Cafés, von denen der 1958 eröffnete Neubau des Café Kranzler die dem KaDeWe analoge Rolle eines Aushängeschilds West-Berliner Flanierkultur einnahm. Zu dem Inszenierungsschwerpunkt um Tauentzienstraße und Kurfürstendamm gesellte sich zwischen 1963 und 1965 das Europa-Center, bei dessen Eröffnung Bundesbürger mit Flug-Pauschalreisen zu einem kurzen Berlin-Besuch angeregt werden sollten. Die *Bild-Zeitung* trompetete: „Neue ‚Luftbrücke' nach Berlin!"[52] Das Bürohochhaus mit angegliedertem Einkaufszentrum war von New Yorker Vorbildern inspiriert und nur durch ein den steuerpolitischen Sonderstatus West-Berlins geschickt ausnutzendes Darlehenspaket finanzierbar. Als Symbol des Wirtschaftswunders erfuhr es in Presse und Öffentlichkeit nahezu einstimmigen Beifall. Diese Einhelligkeit wurde aufgebrochen, als das Europa-Center 1967 erstmalig Schauplatz einer politischen Demonstration wurde.[53]

Spätestens im Zuge der 68er-Bewegung und ihrer Ausläufer konkurrierten alternative Deutungsmodelle, was Berlin sein und wofür es stehen sollte, mit dem vom Kalten Krieg geprägten Schaufensterkonzept. Das Problem der systemkritischen Linken lag gerade in der Überwindung der bipolaren doppelten Schaufensterstruktur. Die Titelfigur in Peter Schneiders Erzählung *Lenz*, ein junger, in West-Berlin lebender Mann, deutet seine persönliche Aufgabe als Mitarbeit an der Verwirklichung einer sozialistischen Utopie. Er sinniert vor den Schaufenstern in einer der Einkaufsstraßen der Stadt über den Warenfluß: Es gab „immer noch Leute, die auf das neue VW-Modell mit derselben Ungeduld warteten wie er und seine Freunde auf politische Neuigkeiten. Es kam ihm vor, als hätten sich die Schaufenster in den letzten zwei Jahren leeren müssen [...]."[54] In diesem Zusammenhang sollte es nicht als zufällig gelten, daß nunmehr im Verlauf von Protestdemonstrationen immer wieder innerstädtische Schaufenster eingeworfen wurden. Die vielfältige Subkultur brachte alternative Stadtbilder hervor, beispielsweise in der Stadtillustrierten *zitty*, dem von ihr herausgegebenen Reiseführer *Anders Reisen* oder in der Persiflage des Weltstadt-Cocktail-Plakats (Abb. 5).[55]

Doch selbst der Kreuzberger Punk hielt nach der Beilegung der Hausbesetzerkonflikte Einzug in die offizielle Tourismuswerbung. Dieser Domestizierungsakt der lange verpönten Alternativkultur ist Ausdruck der gegenseitigen Durchdringung von Gegenkultur und Werbekultur. Die Vielfalt des spektakulären Erlebens

52 Flug-Pauschalreisen zum Europa-Center, in: Bild, 10.2.1965.

53 Zum Europa-Center im Kontext des Kalten Kriegs: *Alexander Sedlmaier*, Berlin's „Europa-Center" (1963–65): Americanization, Consumerism, and the Uses of the International Style, in: Bulletin of the German Historical Institute 36 (2005), Supplement 2, From Manhattan to Mainhattan: Architecture and Style as Transatlantic Dialogue 1920–1970, 87–99; auch verfügbar unter: www.ghi-dc.org/bulletin38_supp2/87.pdf.

54 *Peter Schneider*, Lenz. Berlin 1973, 31.

55 *Schütz/Siebenhaar* (Hg.), Berlin wirbt (wie Anm. 15), 36–37; Anders Reisen: Berlin. Ein Reisebuch in den Alltag, hg. v. zitty. Berlin 1980.

wurde nun hervorgehoben – Ost-Berlin inklusive. Das zunehmend multikulturelle Berlinbild von Subkultur und Vergnügen provozierte aber auch die Kritik, daß es sich dabei nur um eine von der Bundesrepublik finanzierte Spielwiese handle.

Dem sollte die Anzeigenkampagne „Initiativen aus Berlin" des Presse- und Informationsamtes entgegenwirken, die Berlin als maßgeblichen und ideenreichen Wirtschaftsstandort präsentierte.[56] Ohnehin waren kulturelle Großereignisse zum touristischen Wirtschaftsfaktor geworden.[57]

Abb. 5: Alternative Cocktails (in: Berlin wirbt, wie Anm. 15, 37)

Mit der Ausreisewelle von DDR-Bürgern im Sommer 1989 schien die westliche Schaufensterstrategie aufgegangen zu sein. In der Zeitung *Centrum-Echo*, dem Organ der Leitungen der Betriebsparteiorganisationen der SED in den Berliner Centrum Warenhäusern, wurde im September 1989 genau dieser Punkt in defensiver Absicht hervorgehoben: „Diese Menschen gehen in eine Zukunft, die für jeden einzelnen sehr ungewiß ist. Sie verlassen ihre Heimat für ein volles Schaufenster ohne soziale Sicherheit."[58] Die Ambivalenz der kapitalismuskritischen westdeutschen Linken zeigte sich nach dem 9. November in verächtlichen Bemerkungen, daß es den auf den Kurfürstendamm strömenden DDR-Bürgen weniger um das Ideal der Freiheit ginge als um Bananen und Begrüßungsgeld, diese letzte und krönende Auslage im West-Berliner Schaufenster.[59] Die solchen Überlegungen zugrunde liegende Szenerie spielte sich unter anderem natürlich im

---

56   Ebd. 40.
57   Zur 750-Jahr-Feier (1987) siehe den Beitrag von *Hendrik Tieben* in diesem Band.
58   *Berina Funke*, Heimat ist mehr als meine Familie, in: Centrum-Echo 32 (1989), 3. September-Ausgabe, 3.
59   Dazu: *Poiger*, Jazz (wie Anm. 19), 222; *Charles S. Maier*, Dissolution: The Crisis of Communism and the End of East Germany. Princeton 1997, 146–167.

KaDeWe ab. Wieder sei auf die Wortwahl in der Berichterstattung verwiesen: „Ein Haus als Institution – Symbol westlicher Lebensart und des Lebensgenusses einer Überflußgesellschaft – nimmt heute auch sein DDR-Publikum gefangen." In einem Artikel über ein Interview mit KaDeWe-Direktor Wilhelm Stratmann ist vom „Belagerungszustand" im November 1989 die Rede:

> „‚Wir haben Kaffee ausgeschenkt, Milch für die Kinder, die Bananen zum Einkaufspreis ab-gegeben [...]. Das Haus stand [...] spätestens seit Berlins Zeiten als Ost-West-Stadt für das westliche Lebensmodell'. Ein Kaufhaus, ‚diese bunte, weitläufige Kulisse' (Stratmann), als tägliche Muster-Messe im Kampf der Systeme. [...] Schon vor der Wende wußte offenbar die Spitze der SED-Hierarchie, wer diesen Wettlauf bereits gewonnen hatte: ‚Es gab durchaus re-gelmäßig Bestellungen von drüben. Sie liefen über Dritte. Ein Lieferwagen von uns fuhr regelmäßig durch die Mauer – verplombt', erinnert sich Hausherr Stratmann an Zeiten, die kein Jahr zurückliegen. [...] ‚Wir haben die Vereinigung sozusagen schon vorwegge-nommen'."[60]

Die Akteure des Stadtmarketing waren im geteilten Berlin also nicht nur die poli-tischen Auftraggeber mit ihren Organisationsstrukturen auf internationaler, natio-naler wie lokaler Ebene, sondern auch die Handels- und Wirtschaftseinrichtungen in beiden Lagern des Kalten Kriegs, in letzter Konsequenz aber alle, die sich am Diskurs der Schaufenstermetapher beteiligten. Der Markt dieser Stadtbilder war die politische, wirtschaftliche und kulturelle Systemkonkurrenz, in der Menschen und deren Sympathien wie Käufer gewonnen werden sollten. Auf beiden Seiten wurde gehörig in die Schaufenster investiert: Hilfegesetz, Subventionen und bevorzugte Belieferung sorgten dafür, daß im Berliner Einzelhandel deutlich mehr umgesetzt und verdient wurde, als aufgrund der durch die Teilung hervor-gerufenen wirtschaftlichen Beeinträchtigung zu erwarten gewesen wäre. Die Gelder, die Richtung Berlin flossen, waren Voraussetzung für die Glaubwürdigkeit der werbend inszenierten Bilder. Die Objekte, in denen diese Stadtbilder verdichtet wurden, waren oft kommerzieller Natur, wobei über den Untersuchungszeitraum hinweg die Reichweite des Konsums sich stetig ausweitete: vom Materiellen hin zu den weichen Konsumfaktoren der Kultur-, Freizeit- und Erlebniswerte. Die Objekte repräsentierten den Erfolg des jeweiligen Systems, wobei diejenigen Eigenschaften und Funktionen nach außen gekehrt wurden, die der jeweiligen politischen Interpretation dieses Erfolgs zupaß kamen. Der Bezug von Images und Objekten war in dem Maße willkürlich, wie Konsum diskursiv vermittelt wurde: Somit wurden die Grenzen des außendarstellerisch Machbaren kommunikativ aus-gehandelt. Die dabei dominierende Zeitschicht war die Gegenwart, in der sich die Überlegenheit erweisen sollte. Die Vergangenheit wurde weitgehend ausge-blendet: Die Frontstadt und das Schaufenster der Systeme ließen die bedrohliche Hauptstadt Preußens und des nationalsozialistischen Deutschlands weitgehend vergessen. Der Bezug auf Traditionen der Vergangenheit und auf Visionen der

---

60   Für die Berliner mehr als nur ein Ort zum Einkaufen, in: Die Welt, 7.8.1990.

Zukunft oder Utopien erschien – außer in der Frühzeit des Kalten Kriegs – eher als Eingeständnis der Schwäche im momentanen Wettkampf.[61]

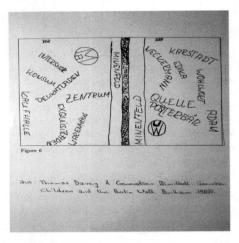

Abb. 6: Kinderzeichnung, ca. 1985 (in: Thomas Davey. A Generation Divided. German Children and the Berlin Wall. Durham 1987)

Die Schaufenstermetapher wurde auf allen Ebenen verwendet. Konsumorte waren während der deutschen Teilung entscheidende Orientierungspunkte in den „mental maps" der Zeitgenossen (Abb. 6). Auf dieser Grundlage wurde gezeigt, welche Bandbreite dieser Diskurs hatte, wie sehr er auf Gegenseitigkeit beruhte, wie sehr er beide Gesellschaften durchdrang und – ähnlich wie im eingangs angeführten Zitat aus der Zeit der Germanenmission – auf einen scheinbar materiell vermittelten weltanschaulichen Fundamentalgegensatz zu reduzieren drohte.

---

61   Es ließe sich eine inhaltliche Anknüpfung an die Inszenierung Berlins als „Schaufenster der Moderne" in den zwanziger Jahren konstruieren, eine solche wurde aber von den Stadtwerbern im Kalten Krieg nicht reflektiert.

„HAUPTSTADT DER DDR", „ZUKÜNFTIGE BUNDESHAUPTSTADT", „EUROPÄISCHE STADT", „STADT DER AVANTGARDE" – BERLINBILDER IM UMFELD DES 750-JÄHRIGEN STADTJUBILÄUMS 1987

Hendrik Tieben

Noch vor der deutschen Wiedervereinigung kam es in den 1980er Jahren in Ost- und West-Berlin zu wichtigen Veränderungen der physischen Gestalt Berlins, die durch die mediale Präsenz der Ereignisse nach 1989 Jahre weitgehend aus dem öffentlichen Bewußtsein verdrängt wurden: In den 80er Jahren begann die „kritische Rekonstruktion" der Stadt. Diese Rückbeziehung auf ein „historisches Berlin" wurde als Aufnahme der bürgerlichen Tradition der Stadt aufgefaßt. Bei genauerer Betrachtung dieser Phase zeigt sich, daß es innerhalb dieses bis heute andauernden Trends wichtige Unterschiede gab, an welches „historische Berlin" angeknüpft werden sollte und was man unter der „bürgerlichen Tradition" der Stadt verstand. Nach dem Vier-Mächte-Abkommen von 1971 hatten sich die beiden deutschen Regierungen und der West-Berliner Senat in der Situation der Teilung eingerichtet. Zunächst wurden noch einzelne Großprojekte fertig gestellt, wie das ICC (1969–1976), das Kudamm-Eck (1969–1972), das Kudamm-Karree (1970–1973) und das Kurfürstendamm-Center (1970–1971), die – wie Alexander Sedlmaier in seinem Beitrag zu diesem Band darlegt – West-Berlin als „Schaufenster des Westens" präsentierten. Im Osten entstanden dagegen noch wichtige staatliche Repräsentationsbauten, so der Palast der Republik (1973–1976).

Doch Mitte der 1970er Jahre lief diese Strategie der – auch in dem Beitrag von Stephanie Warnke behandelten – großen Konkurrenzprojekte in Ost und West aus, und die schwierige wirtschaftliche Situation nach dem Schock der Ölkrise sowie zunehmende Proteste gegen die Wohnsituation in den innerstädtischen Wohnvierteln West-Berlins sprachen dagegen, sie fortzusetzen. Nun begann eine neue Ausrichtung der Planung. Im Westen wurden Projekte entwickelt, um die „gemordete" Stadt zu rekonstruieren, und im Osten lief der Wiederaufbau des historischen Zentrums wieder an.[1] In erster Linie wurde dabei in Wohnungsbauprojekte investiert. Dazu kamen einzelne Bauten für Wissenschaft und Kultur wie z.B. James Stirlings Wissenschaftszentrum in West-Berlin und der Wiederaufbau von Schinkels Schauspielhaus in Ost-Berlin. Ab Mitte der 80er Jahre zeigte sich erneut eine Akzentverschiebung. Durch die neue sowjetische Politik unter Michail Gorbatschow wurde das auf dem Vier-Mächte-Abkommen ausgehandelte Verhältnis zwischen den beiden deutschen Staaten in Frage gestellt. Der seit 1982 amtierende Bundeskanzler Helmut Kohl wies nun erneut auf die Rolle Berlins als

---

1   *Wolf Jobst Siedler*, Die gemordete Stadt. Abgesang auf Putte und Straße, Platz und Baum. Berlin 1964.

deutsche Hauptstadt hin, auch wenn zu diesem Zeitpunkt noch nicht abzusehen war, wann und wie es zu einer Überwindung der Teilung kommen würde. Nun veränderte sich die Ausrichtung der „kritischen Rekonstruktion" und zielte auf die Konstruktion einer deutschen und europäischen Identität ab. Bilder Berlins als „Schaufenster des Westens" und als „Hauptstadt der DDR" wurden in der zweiten Hälfte der 80er Jahre ergänzt um Bilder Berlins als zukünftige Bundeshauptstadt und als „europäische Stadt".

Zur Untersuchung dieser Veränderungen bietet sich die 750-Jahr-Feier Berlins im Jahr 1987 besonders an, da zu diesem Anlaß in Ost und West intensiv am Image der Stadt gearbeitet wurde. Hier lassen sich die unterschiedlichen Akteure, die von ihnen geprägten Berlinbilder und deren Zielgruppen gut erfassen. Das Jubiläum aktivierte Akteure auf verschiedenen politischen Ebenen. Von Bonn aus plazierte Bundeskanzler Kohl das Stadtjubiläum im Kontext der 200-Jahr-Feier der amerikanischen Unabhängigkeit von 1976 und der 200-Jahr-Feier der Französischen Revolution, die für 1989 geplant war, deren Vorarbeiten Mitte der 80er Jahre aber schon weit fortgeschritten waren. In der DDR ließ Staats- und Parteichef Erich Honecker Berlin zur 750-Jahr-Feier als „Hauptstadt der DDR" inszenieren. Parallel nahmen der West-Berliner Senat sowie verschiedene Bürger- und Protestbewegungen (vor allem die sich seit Ende der 1970 Jahre herausbildende Berliner Hausbesetzerszene) das Jubiläum zum Anlaß, auf das Image der Stadt einzuwirken. Dazu kamen Fachleute wie Stadt- und Verkehrsplaner, Architekten, Künstler, Kuratoren und Filmregisseure. Dabei hatten einzelne Personen einen prägenden Einfluß, z.B. die Architekten Josef Paul Kleihues, Günter Stahn und Aldo Rossi, sowie der Regisseur Wim Wenders, der mit seinem Film *Himmel über Berlin* West- und Ost-Berlin und den zwischen ihnen liegenden Grenz-bereich im Jahr 1986–1987 porträtierte. Die Bandbreite der Maßnahmen, mit denen an der Stadt gearbeitet wurde, umfaßte die Neu- und Umgestaltung von Straßen, Plätzen und Parks sowie den Neu- und Wiederaufbau von Einzelbauten und ganzen Stadtteilen. Außerdem wurden die Berliner U- und S-Bahn saniert und westlich der Mauer ein Streckenstück einer Magnetbahn errichtet.

Im Folgenden werden vier Architektur- und Städtebauprojekte herausgegriffen, die im Umfeld der 750-Jahr-Feier entstanden. Die gewählte architekturhistorische Perspektive klammert wichtige andere Aspekte im Zusammenhang mit dem Stadtjubiläum aus: die Rolle der Presse sowie der temporären Ausstellungen, Festumzügen, politischen Kundgebungen und Protestaktionen.[2] Die vier im Weiteren untersuchten Projekte sind die Internationale Bauausstellung Berlin (IBA), der Wiederaufbau des Nikolaiviertels, der „Skulpturenboulevard" auf dem Kurfürstendamm und das 1987 gegründete und als Architekturwettbewerb ausgeschriebene Deutsche Historische Museum. Anhand dieser zum Teil über ein

---

2 In vielen Museen Berlins wurden Sonderausstellungen zum Stadtfest organisiert, z.B. die Ausstellung „Berlin, Berlin" im Martin-Gropius-Bau, „Stadtbilder. Berlin in der Malerei vom 17. Jahrhundert bis zur Gegenwart" im Berlin Museum und die Ausstellung „750 Jahre Architektur und Städtebau in Berlin" in der Neuen Nationalgalerie, dazu kamen zahlreiche weitere Veranstaltungen, wie die Ausstellungen der „Geschichtswerkstatt" in einzelnen Stadtteilen Berlins.

ganzes Jahrzehnt entwickelten Projekte lassen sich die Veränderungen der Schwerpunkte der einzelnen Initiativen im Laufe der 1980er Jahre nachzeichnen.

Die Idee zu einer zweiten Internationalen Bauausstellung nach der Berliner Interbau (1957) wurde 1975 in einem Arbeitsprogramm des damaligen Berliner Senatsbaudirektors Hans Christian Müller erwähnt. Ein Jahr später schlug er vor, den Fertigstellungstermin der Bauausstellung auf das Jubiläumsjahr 1987 zu legen. 1978 wurde entsprechend der Senatsvorlage zur Internationalen Bauausstellung Berlin der Termin auf 1984 festgelegt. Dort sah man das Jubiläumsjahr als passenden Zeitpunkt, um weitere Fragen der Stadtentwicklung anzugehen. 1979 wurde die Bauausstellung Berlin GmbH gegründet, die in der Folge eigenständig die Planung und Durchführung der IBA übernahm. Da sich die Realisierung immer mehr verzögerte, wurde 1982 vom Berliner Abgeordnetenhaus der Vorschlag angenommen, das Ende der Bauausstellung auf das Jahr des Stadtjubiläums zu legen.[3] Die Existenz der IBA läßt sich deshalb nicht mit der 750-Jahr-Feier erklären, aber das Jubiläum wurde als gute Gelegenheit gesehen, die Ergebnisse der Ausstellung einem großen Publikum zu präsentieren. Am 15. Mai 1987 wurde die IBA zusammen mit zwei begleitenden Ausstellungen eröffnet, der zentralen Informationsausstellung in den ehemaligen Geschäftshäusern „Der Merkur" und „Handelsstätte Lindenhaus", und der Ausstellung „750 Jahre Architektur und Städtebau in Berlin" in der Neuen Nationalgalerie.[4] Aufgrund ihres Umfangs und der von ihr formulierten Themen des „Wohnens in der Innenstadt" und der „kritischen Rekonstruktion" war es die IBA, die in den 80er Jahren die Gestalt West-Berlins am stärksten prägte.

In der DDR war das wichtigste Projekt zum Stadtjubiläum der Wiederaufbau des Nikolaiviertels. Dieses Projekt nahm unmittelbar die Hauptthemen der IBA auf. 1979 fand der Wettbewerb für die Gestaltung des Nikolaiviertels statt, den der Architekt Günter Stahn gewann.[5] Sein Projekt wurde bis 1987 realisiert. Die Aufgabe des Wettbewerbs bestand darin, jenes Viertel aufzubauen, an dem nach Aussage der Organisatoren die Stadt vor 750 Jahren ihren Ursprung genommen hatte. Günter Stahn wählte gerade solche Gebäude für den Wiederaufbau aus, mit denen er die Entwicklung der Stadt von ihrer Gründung bis zum Jubiläumsjahr erläutern konnte. Entsprechend der wichtigen Rolle des Projektes für das DDR-Regime verknüpfte er die Geschichte Berlins mit der deutschen Geschichte. Zusätzlich konstruierte ein Relief des Bildhauers Gerhard Thieme an den Platzarkaden nördlich der von Stahn aufgebauten Gerichtslaube die Zusammenhänge zwischen dem konkreten Ort, der Stadt und der deutschen Nation.[6] In West-Berlin wurden

3   *Joseph Paul Kleihues*, Vorwort, in: *Vittorio Magnago Lampugnani* (Hg.), Modelle für eine Stadt. Berlin 1984, 5.

4   *Günter Schlusche*, Die Internationale Bauausstellung Berlin: Eine Bilanz. Planung und Durchführung 1979–1987 und Einfluß auf die Berliner Stadtentwicklung. Berlin 1997, 183–186.

5   *Günter Stahn*, Das Nikolaiviertel am Marx-Engels-Forum: Ursprung, Gründungsort und Stadtkern Berlins. Berlin 1985.

6   „Dieses Relief zur Geschichte Berlins vermittelt bedeutsame historische Begebenheiten mit plastischer Anschaulichkeit, präziser historischer Bestimmtheit und hoher künstlerischer Qualität. Im Mittelpunkt stehen der Kampf progressiver Kräfte, spiegeln sich die Siege und

Mitte der 1980er Jahre aus Anlaß des Jubiläums der „Skulpturenboulevard" und das Projekt des Deutschen Historischen Museums konzipiert. 1987 weihte Bundeskanzler Kohl zusammen mit dem Regierenden Bürgermeister Eberhard Diepgen eine Stiftungstafel auf dem vorgesehenen Grundstück des Museums ein und übergab es damit symbolisch der Stadt.

I. Kritische Rekonstruktion der Stadt

Alle vier Projekte wurden für die Innenstadt Berlins entwickelt. Die damals bereits in Fachkreisen intensiv diskutierte Frage, inwieweit der Begriff „Stadt" noch geeignet sei, eine sich immer stärker auflösende urbane Landschaft zu beschreiben, beantworteten die Organisatoren der IBA, indem sie die weitere Relevanz der traditionellen Stadtvorstellung unterstrichen. Dagegen hatte der Architekt Oswald Mathias Ungers in seinen Vorüberlegungen zur IBA eine offenere Interpretation der Stadt vorgeschlagen, die von weitgehend unabhängigen Stadtfragmenten ausging.[7] Die IBA und das Nikolaiviertel unterschieden sich deutlich von den Stadtplanungen der vorhergehenden Jahre. Diese Wende war von wichtigen Texten vorbereitet worden, z.B. dem 1966 erschienenen Buch *L'architettura della città* des Mailänder Architekten Aldo Rossi.[8] In ihm beschrieb Rossi die Stadt als „kollektives Gedächtnis" und argumentierte, daß die Permanenz der Geographie, des Stadtgrundrisses, der Monumente und Typen den Städten ihre Individualität geben.[9] Die Überlegungen Rossis wurden von Josef Paul Kleihues und seinem wissenschaftlichen Berater Vittorio Magnago Lampugnani zur Grundlage der IBA gemacht und bildeten die theoretische Basis des von Kleihues geprägten Begriffs der „kritischen Rekonstruktion".[10] Rossi selbst erhielt im Rahmen der IBA zu Beginn der 1980er Jahre die Möglichkeit, zwei Bauten zu realisieren, mit denen er

zeitweiligen Rückschläge wider. In simultanen Bildzusammenhängen stehen figurative Massenszenen, Porträts bedeutender Persönlichkeiten, symbolhafte Elemente und stilisierte Stadtbilder der jeweiligen Epoche der Stadtentwicklung. Auf zwölf Relieftafeln, die aus dem gleichen Betonwerkstein wie die Baukörper selbst gefertigt werden und damit ein hohes Maß an Integration von Bau- und Bildkunst vermitteln, wird der geschichtliche Ablauf in seiner Dialektik einprägsam vermittelt. Aus dieser Wechselwirkung leitet sich die kompositorische Verknüpfung der Einzelaussagen sinnfällig ab"; *Stahn*, Nikolaiviertel am Marx-Engels-Forum (wie Anm. 5), 50.

7   *Oswald Mathias Ungers*, Cities within the City, in: Lotus International 19 (1978), 82–97.

8   *Aldo Rossi*, L'architettura della città. Padua 1966.

9   *Hendrik Tieben*, Aldo Rossis Auseinandersetzung mit Geschichte, Erinnerung und Identität am Beispiel des Projekts des Deutschen Historischen Museums (Diss. ETH Zürich 2005).

10   „Eine theoretische Fundierung der Elemente und Charakteristika der historischen Stadt lieferte nur zwei Jahre später der italienische Architekt Aldo Rossi in *L'architettura della città*. Die erste dezidierte Rückbesinnung auf Blockbildung und Straßenraum in Berlin habe ich selbst 1967 mit meinem Plan das Ruhwaldgelände angestrebt. Das Konzept wurde aber selbst zu dieser Zeit noch als Provokation gegen die etablierte Routine des ‚modernen Städtebaus' angesehen, als die sie allerdings auch gemeint war"; *Joseph Paul Kleihues*, Die IBA vor dem Hintergrund der Berliner Architektur- und Stadtplanung des 20. Jahrhunderts, in: *Lampugnani* (Hg.), Modelle (wie Anm. 3), 24–36, hier: 34.

die Kerngedanken seines Buches umsetzte. Die hohe Säule seines Gebäudes an der Ecke Koch- und Wilhelmstraße markierte die Rückkehr zur Blockrandbebauung und zum Stadtgrundriß Berlins (Abb.2). Entsprechend der Vorstellung einer „kritischen Rekonstruktion" interpretierte er die Blockbebauung neu und ließ im Innenhof einen großen Garten anlegen, der durch große – nicht realisierte – Öffnungen von der Straße wahrnehmbar und zugänglich sein sollte.

Abb. 1/Tafel VI: Rückkehr zum Berliner Block: Aldo Rossis Haus an der Ecke Koch- und Wilhelmstraße, Berlin, 1981–1988 (in: *Alberto Ferlenga* (Hg.), Aldo Rossi: Das Gesamtwerk. Köln 2001, 102)

Günter Stahn in Ost-Berlin faßte den Wiederaufbau des Nikolaiviertels ebenfalls als eine Art kritischer Rekonstruktion auf, auch wenn er diesen Begriff erst nach der Wende im Jahr 1991 benutzte.[11] In seiner Publikation des Projektes von 1985 schrieb er:

> „Auf Grund der veränderten sozialpolitischen und ökonomischen Bedingungen konnte es nicht Ziel sein, das mittelalterliche Berlin zu rekonstruieren im Sinne einer Traditionspflege mit zwiespältiger Sehnsucht nach der Wiederkehr einer scheinbar widerspruchsfreien harmonischen Vergangenheit. Von Bedeutung ist vielmehr die Erhaltung und Pflege der architektonischen Zeugnisse, die vom Kunstsinn und Fleiß vieler Generationen, ihrer humanistischen Ideen und geschichtlichen Leistungen zeugen und die zum gesellschaftlichen Fortschritt beigetragen haben. Weder eine Restaurierung des alten Zustandes noch eine radikale bauliche Neufassung dieses Gebietes kamen in Frage."[12]

11   „Eine kritische und rationale Rekonstruktion der Stadt im Dialog zwischen Tradition und Gegenwart, das Verständnis für die Stellenwerte der einzelnen Bauaufgaben und eine sich daraus ableitende ‚Grammatik' der Baugestaltung bestimmen Vielfalt und Differenzierung des Stadtkörpers"; *Günter Stahn*, Das Nikolaiviertel. Berlin 1991, 16.

12   *Stahn*, Nikolaiviertel am Marx-Engels-Forum (wie Anm. 5), 9.

II. Vernachlässigte Stadtteile rücken ins Bewußtsein zurück

Wenn auch alle Beteiligten mit ihren Projekten versuchten, innerstädtische Bereiche aufzuwerten, so suchten sie sich jeweils Stadtteile aus, die ihren Intentionen
entsprachen. Die Bauausstellung Berlin GmbH konzentrierte sich vor allem auf die
durch Krieg, Mauerbau, mißglückte Sanierungsversuche und Vernachlässigung in
Mitleidenschaft gezogenen Wohnviertel des 19. Jahrhunderts. Sie wandte sich
größtenteils den Bereichen Südliches Tiergarten-Viertel, Südliche Friedrichstadt,
Luisenstadt und Kreuzberg zu (Abb. 2).

Abb. 2/Tafel VII: Städtebaulicher Plan für Berlin 1984 (in: *Josef P. Kleihues/Heinrich Klotz* (Hg.),
Internationale Bauausstellung Berlin 1987. Beispiele einer neuen Architektur. Frankfurt a.M. 1986)

Zusätzliche IBA-Projekte entstanden auch für weniger problematische Bereiche
wie Berlin-Tegel und den Prager Platz. Weitgehend ausgespart blieben die Bereiche des Spreebogens und des West-Berliner Zentrums. Während die Planung der
IBA bereits in vollem Gange war, begann der Neue Berliner Kunstverein 1985 auf
Initiative des Berliner Senators für Kulturelle Angelegenheiten Volker Hassemer
mit der Organisation des „Skulpturenboulevards" zur Aufwertung des Zentrums
von West-Berlin.[13] Die dortigen Straßen hatten durch die als Innenwelten organi-
sierten, zu Beginn des Beitrags aufgezählten Einkaufszentren an Qualität verloren.
Ende der 1970er Jahre war der Kurfürstendamm von der Berliner und über-
regionalen Presse zum „Bummelboulevard" und zur „Bouletten-Meile" degradiert

---

13 *Barbara Straka* (Hg.), Skulpturenboulevard Kurfürstendamm-Tauentzien: Kunst im öffent-
    lichen Raum [Ausst.kat.]. 2 Bde. Berlin 1987.

worden.[14] Ein noch negativeres Bild der Situation in West-Berlin, bestehend aus sterilen Einkaufszentren und isoliert liegenden Großsiedlungen, zeichnete 1980–1981 Ulrich Edel im Film *Christiane F. – Wir Kinder vom Bahnhof Zoo*. Der „Skulpturenboulevard" war ein Versuch, den Imageverlust des „Ku'damm" wieder auszugleichen, in dem man ihn zur „längsten Galerie der Welt" machte.[15]

Die DDR-Regierung setzte zum Jubiläum auf die Ausgestaltung des historischen und politischen Zentrums. Über das Nikolaiviertel hinaus ließ sie noch weitere Einzelbauten rekonstruieren. 1984 verkündete Erich Honecker auf der XV. Bezirksdelegiertenkonferenz der SED den Wiederaufbau der Friedrichstraße zur Vollendung der Ausgestaltung des historischen Stadtzentrums.[16] Dieses Vorhaben konnte die DDR Regierung nicht mehr umsetzen, aber es wurde unmittelbar nach der Wende wieder aufgegriffen.

Für das Projekt des Deutschen Historischen Museums schließlich wählte Bundeskanzler Kohl das Grundstück gegenüber dem Reichstag, einen Ort in direkter Nachbarschaft zur Mauer, für den Albert Speer das neue Regierungszentrum des Deutschen Reichs geplant hatte und das seit 1945 nur noch eine weite Brache war. Nach einem städtebaulichen Wettbewerb im Jahr 1986 wurde das Grundstück des Museums leicht nach Norden verschoben. Mit dem Programm – der Übersicht über eine (gesamt-)deutsche Geschichte – und dem Standort beim Reichstagsgebäude sollte das Projekt auf eine mögliche Rolle Berlins als Hauptstadt eines wiedervereinigten Deutschlands hindeuten. Bei Enthüllung der Stiftungstafel am 28. Oktober 1987 machte Kohl dies programmatisch explizit:

> „Dieser Standort, hier im Spreebogen, im zentralen Bereich Berlins, ist in historischer wie in städtebaulicher Sicht alles andere als eine Randlage. [...] So ist er heute ein Symbol für die Zusammengehörigkeit der Berliner diesseits und jenseits der Mauer. Heute blickt Berlin auf siebenhundertfünfzig Jahre Geschichte zurück. Ich bin sicher, daß die Stadt eine lange und große Geschichte vor sich hat. Mit der Teilung unserer alten Hauptstadt ist das letzte Wort der Geschichte gewiß nicht gesprochen." [17]

III. Zielgruppen

Den verschiedenen Motiven der Akteure entsprechend unterschieden sich auch die Zielgruppen der vier Projekte. Die Hauptadressaten der IBA waren die bisherigen und neuen Bewohner der ausgewählten Stadtteile. Die Ausstellung war in die Bereiche „behutsame Stadterneuerung" und „Neubauten" gegliedert. Im Bereich „behutsame Stadterneuerung" nahe der Mauer gehörten viele Bewohner unteren Einkommensschichten an, darunter eine hohe Zahl von nach 1961 aus der Türkei als Arbeitskräfte Angeworbenen; durch den Mauerbau hatten die Arbeitnehmer aus Ost-Berlin nicht mehr ihre Arbeitsplätze im Westen erreichen können. Mit der

---

14   Ebd. Dieses Problem wird in nahezu allen Beiträgen dieser Publikation diskutiert.
15   Ebd., 26.
16   *Lampugnani* (Hg.), Modelle (wie Anm. 3), 264.
17   Zit. in: *Christoph Stölzl* (Hg.), Deutsches Historisches Museum. Ideen – Kontroversen – Perspektiven. Frankfurt a.M. 1988, 648f.

Sanierung von Wohnhäusern und der Schaffung von Schulen und Kindertagesstätten sollte die Lage der hier wohnenden Familien verbessert werden (Abb.
3). Die Großsiedlungen der 60er und 70er Jahre (Gropius-Stadt und Märkisches
Viertel) waren dagegen vor allem für Familien aus Westdeutschland errichtet
worden, die man mit „großen Wohnungen im Grünen" nach Berlin holen wollte.
Die Strategie der „behutsamen Stadterneuerung" sah vor, die alte Bausubstanz zu
erhalten und die Verdrängung der Bewohner zu verhindern. Für diese Ziele wurde
mit den Bewohnern eng zusammen gearbeitet und Selbsthilfemaßnahmen geför-
dert. Dieser Ansatz war eine Reaktion auf die bisherige Praxis, in diesen
Bereichen der Stadt, in denen die Hauseigentümer ihre Häuser verkommen ließen
und Sanierung Abriß bedeutete. Gegen diese Praxis hatte sich ein immer stärkerer
Protest formiert und es war zu ersten Hausbesetzungen gekommen.

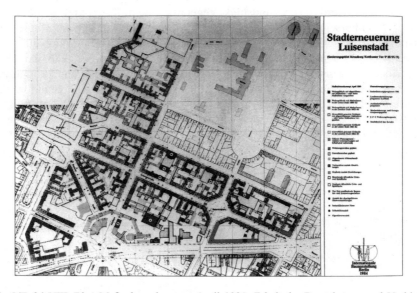

Abb. 3/Tafel VIII: Plan Maßnahmenkonzept April 1981: Erhalt der Bausubstanz und Verbleiben
des Bewohner, Sanierungsgebiet Kreuzberg/Kottbusser Tor (in: *Kleihues/ Klotz* (Hg.), Internationale Bauausstellung Berlin 1987, wie Abb. 2)

Die zweite Zielgruppe der IBA – insbesondere in den „Neubaugebieten" – war die
internationale Architektenschaft. An den Universitäten Harvard und Cornell sowie
dem Mailänder Polytechnikum wurden Workshops zu den Themen und Standorten
der IBA durchgeführt. Durch ein System von Wettbewerben erhielten viele bekannte Architekten aus dem In- und Ausland die Möglichkeit, Projekte in Berlin zu
realisieren und einem großen Publikum zu präsentieren. Dafür war das Konzept
der IBA hilfreich, das zwar strikte Vorgaben zur städtebaulichen Ausrichtung der
Projekte machte, aber eine individuelle Ausprägung begrüßte. Für die beteiligten
Architekten ergaben sich aus der IBA wichtige Kontakte. Diejenigen, die sich an
die Vorgaben der Organisatoren hielten, hatten nach 1989 beim Ausbau Berlins

zur Bundeshauptstadt günstige Ausgangsbedingungen. Die von berühmten Architekten entworfenen Bauten und die weit getragene Diskussion erhöhten die Attraktivität der Stadt. Fortwährend aktualisierte Architekturführer leiteten das internationale Fachpublikum zu den verschiedenen Baustellen. Im Jubiläumsjahr 1987 besuchten 150.000 Besucher die verschiedenen Ausstellungsveranstaltungen der IBA.[18] Auch wenn der Publikumserfolg der Ausstellung den Organisatoren durchaus willkommen war, war ihr Programm der Konzentration auf sozialen Wohnungsbau nicht auf eine touristische Vermarktung ausgelegt. Die IBA war kein Produkt des freien Marktes, sondern mußte durch hohe Subventionen vom Senat und Bund realisiert werden.

Das Berlinbild, das durch die IBA geprägt wurde, war nicht mehr das des „Schaufenster des Westens, sondern das einer sozialverträglicheren kontinental-europäischen Version des Kapitalismus. Im Gegensatz zum Nikolaiviertel und zum Deutschen Historischen Museum ging die IBA nicht auf die Initiative einer Regierung, sondern einzelner Senatsangehöriger und Architekten zurück, die der damals etablierten Planungspraxis kritisch gegenüber standen. Bis 1984 war von der Bundesregierung unter Kanzler Helmut Schmidt finanzielle Unterstützung für die IBA bewilligt worden, die von der Regierung Kohl aber nicht verlängert wurde. Damit endete die Finanzhilfe des Bundes deutlich vor dem Stadtjubiläum. Dies legt nahe, daß für die neue Bundesregierung zur 750-Jahr-Feier nicht mehr die Themen der IBA („behutsame Stadterneuerung" und sozialer Wohnungsbau in der Innenstadt), sondern das Projekt des Deutschen Historischen Museums im Mittelpunkt des Interesses stand, das wie die gleichzeitigen „Grands Projets" François Mitterrands auf die Reformulierung nationaler Identität ausgerichtet war.

Auch der Wiederaufbau des Nikolaiviertels hatte nicht nur eine Zielgruppe. Für die Regierung der DDR war dieses Projekt eine Möglichkeit, den eigenen Bürgern sowie den westlichen Touristen die Leistungsfähigkeit auf dem Gebiet des Städtebaus zu präsentieren. Dort konnte sie publikumswirksam demonstrieren, wie sie den Engpaß auf dem Wohnungsmarkt anging, den Plattenbau weiter-entwickelte und gleichzeitig an das kulturelle Erbe der Vergangenheit anknüpfte. Zuvor waren in der DDR neue Wohnungen eher außerhalb der bestehenden Städte oder anstelle einer früheren Bebauung entstanden. Die Beschränkung der Bauproduktion auf eine weitgehend unflexible Fertigteilherstellung machte das Bauen in einem historischen Kontext mit all seinen Unregelmäßigkeiten schwierig und unwirtschaftlich. Was den historischen Baubestand anging, so hatte man zwar schon in den 50er und 1960er Jahren einzelne historische Monumente restauriert, aber gleichzeitig kulturgeschichtlich wertvolle Bauten wie Schinkels Bauakademie und das Berliner Stadtschloß abgerissen; vor allem aber hatte sich der Zustand der historischen Wohnviertel in den Innenstädten verschlechtert. Günter Stahns Wiederaufbauprojekt bot nun vieles, auf das man in der DDR sonst verzichten mußte: In den sorgsam wieder aufgebauten und neuen Häusern gab es ein dichtes Angebot an Gaststätten, Restaurants und Läden sowie abwechslungsreiche und kleinteilige Straßen- und Platzräume (Abb. 4–5). Außerdem waren hier

---

18 *Schlusche*, Die Internationale Bauausstellung Berlin (wie Anm. 4), 183–186.

700 neue Wohnungen entstanden. Damit hatte Stahn in der Mitte Berlins das Hauptthema der IBA „Wohnen in der Innenstadt" umgesetzt.[19] Ähnliche Lagen kamen im Westen wegen der hohen Bodenpreise fast ausschließlich nur für kommerzielle Nutzungen in Frage. Die IBA hatte zwar günstige Wohnungen in der Innenstadt realisiert, aber diese waren in Vierteln entstanden, die wegen ihrer Nähe zur Mauer vorher stark an Wert verloren hatten.

Das Nikolaiviertel war in der DDR ein Sonderfall, denn nicht weit entfernt verfielen z.B. am Prenzlauerberg ganze Stadtviertel. Der Wiederaufbau des Nikolaiviertels war unmittelbar in die Inszenierung Ost-Berlins als „Hauptstadt der DDR" eingebunden. Stahn selbst wies auf die von ihm geplanten Sichtachsen zum Roten Rathaus, Fernsehturm, Palast der Republik und zum neuen Hotel am Marx-Engels-Forum hin.[20] Von hier aus gelangte man in nur wenigen Minuten Fußwegs

▲ Handelseinrichtungen

Abb. 4: Kleinteiligkeit der Wohn- und Handelseinheiten im wiederaufgebauten Nikolaiviertel (in: *Stahn*, Nikolaiviertel am Marx-Engels-Forum, wie Anm. 5)

19 „Diesen Kernbereich der Stadt wieder zu einer bevorzugten Wohnlage werden zu lassen spiegelt zugleich das gesellschaftliche Anliegen wider, die aufgewendeten Investitionen vor allem hinsichtlich der sozialen Wirkungen auf das Leben in dieser Stadt bestmöglich zu nutzen"; *Stahn*, Das Nikolaiviertel am Marx-Engels-Forum (wie Anm. 5), 73.
20 Ebd., 63f.

Abb. 5: Das rekonstruierte Nikolaiviertel   Abb. 6: Das Nikolaiviertel während der Baumaß-
arbeiten 1984 (beide Abb. in: *Stahn*, Nikolai-
viertel am Marx-Engels-Forum, wie Anm. 5)

zu den wichtigsten Baudenkmälern Berlins, von denen einzelne zum Stadtjubi-
läum rekonstruiert worden waren, z.B. Karl Friedrich Schinkels Schauspielhaus
und seine Friedrichwerdersche Kirche, in der zum Stadtjubiläum ein Schinkel-
Museum eröffnet wurde. Viele dieser Projekte der DDR-Regierung waren auf den
West-Tourismus ausgelegt. Dies wird deutlich, wenn man den Wiederaufbau des
Nikolaiviertels mit seinen Restaurants und Läden in Verbindung zu den anderen
Projekten zur 750-Jahr-Feier setzt, z.B. dem 1984 in Angriff genommen Wiederaufbau der Friedrichstraße, der ehemals wichtigsten Geschäftsstraße des historischen Zentrums, dem neuen Friedrichstadtpalast und dem zum Stadtjubiläum
eröffneten „Grand Hotel" an der Ecke Friedrichstraße/Unter den Linden, das an
die Tradition der Berliner Luxushotels aus dem Kaiserreich anknüpfen sollte. Mit
der Rekonstruktion des historischen Zentrums versuchte die DDR-Regierung
damit sowohl westliche Devisen anzuziehen als auch die Identifikation der Einwohner mit dem Regime zu fördern. Im Unterschied zu anderen Propaganda-
projekten verbesserte Stahns Nikolaiviertel durch seine sorgsam gestalteten Stras-
senräume und vielen Wohnungen tatsächlich die Lebensqualität im Stadtzentrum
und zeigte alternative Strategien auf, wie mit Fertigteilbauten an eine historische
Bebauung angesetzt werden konnte (Abb. 6). Auch wenn die Geschichtskon-
struktion seines Projektes der offiziellen Parteilinie folgte, kritisierte er in seinem
1985 erschienenen Buch zum Nikolaiviertel die an „massenhafte Wiederholung
gleicher Lösungen gebundene gähnende Eintönigkeit"[21] in den ostdeutschen Plat-
tenbausiedlungen und stellte ihnen seinen Entwurf gegenüber.

21   „Dazu kommen historische Adaptionen, die Giebel, Gaupen, Arkaden und Erker, die mit den
      heute möglichen Mitteln des industriellen Bauens – den vorgefertigten Betonaußenwand-

Im Zentrum von West-Berlin versuchten der Berliner Senat und der Neue Berliner Kunstverein mit der Präsentation zeitgenössischer Kunst im öffentlichen Raum an ein anderes Berlin anzuknüpfen: ein Berlin als „Stadt der kulturellen Avantgarde". Ihre Zielgruppe war eine „pluralistisch-demokratische Gesellschaft", die offen für Beiträge zeitgenössischer Künstler war, auch wenn diese kritische Positionen vertraten.[22] Mit einer anderen Nuance als bei Günter Stahn, der die gemeinschaftliche Abstimmung einzelner Entscheidungen vor Augen hatte, wurde hier die Fähigkeit einer demokratischen Gesellschaft angesprochen, das Nebeneinander unterschiedlicher Meinungen zuzulassen.

Die IBA nahm in dieser Beziehung eine ambivalente Position ein, denn einerseits förderte sie in einer neuen Größenordnung die internationale Diskussion von Fachleuten zum Städtebau und ermöglichte den Architekten, individuelle Gebäude zu errichten, andererseits mußten sich die Beteiligten an eine Reihe von Vorgaben halten. In den Gebieten der „behutsamen Stadterneuerung" wurde ein enger Dialog zu den Bewohnern gesucht. In den „Neubaugebieten" war die Planung vor allem eine Sache von Fachgremien, auch wenn der Stand der einzelnen Projekte immer wieder öffentlich präsentiert wurde. Das Bild der IBA als demokratischer Planungsprozeß wurde auch von den eigenen Veröffentlichungen vermittelt. Für jedes Projekt in den „Neubaugebieten" wurden die „Demonstrationsziele" genannt, und in den Bereichen der „Stadterneuerung" verwiesen Texte und Bilder auf die öffentlichen Diskussionen zwischen Organisatoren und Bewohnern.[23] Die Publikation, die Christoph Stölzl ein Jahr nach der Gründung des Museums zum Deutschen Historischen Museum herausgab, bezog in ähnlicher Weise Teile der öffentlichen Kontroverse um das Museum ein und betonte damit deren demokratischen Entstehungsprozeß.[24]

IV. Konstruktion unterschiedlicher Kontinuitätslinien

Josef Paul Kleihues verstand die „kritische Rekonstruktion" als einen Rückbezug auf den Stadtgrundriß und die ehemaligen Stadträume Berlins, wie sie bis zu Krieg und Wiederaufbau existiert hatten. Eine Auswahl von Bezugspunkten lieferte er selbst zur Eröffnung der IBA mit seiner Ausstellung „750 Jahre Architektur und Städtebau in Berlin". In den ausgewählten Vierteln der „Neubaugebiete" beschrän-

---

platten – den Häusern wieder eine ursprünglich wirkende Hülle geben. Sie reagieren auf spezifische, räumliche und funktionelle Situationen ohne falsche Restaurierungstendenzen, aber mit einer der Situation respektvoll verbundenen Haltung. Aus dem Wissen um die Architektur vergangener Zeiten suchen sie Rechenschaft abzulegen, wie geartet die Baugedanken waren, welcher Sinn ihnen zugrunde liegt und wie wir beim innerstädtischen Bauen die an eine massenhafte Wiederholung gleicher Lösungen gebundene gähnende Eintönigkeit vermeiden können, die zum Verlust der Individualität des Stadtbildes führt"; Ebd., 57.

22 *Straka* (Hg.), Skulpturenboulevard (wie Anm. 13), 9.

23 Internationale Bauausstellung Berlin 1987: Projektübersicht. Aktualisierte und erweiterte Ausgabe, hg. v. Senatsverwaltung für Bau- und Wohnungswesen. Berlin 1991.

24 *Stölzl* (Hg.), Deutsches Historisches Museum (wie Anm. 17).

kte sich die Bauausstellung Berlin GmbH jedoch in erster Linie auf die Wieder-
herstellung der durch den Krieg zerstörten Blockbebauung des 19. und frühen 20.
Jahrhunderts. Allerdings wurden die neu entstehenden Wohnungen auf gegen-
wärtige Lebensweisen abgestimmt, ökologische Aspekte einbezogen, und mit
Kindertagesstätten wurde auf veränderte Rollenverteilung in den Familien reagiert.

Günter Stahn bezog sich beim Nikolaiviertel nicht auf eine bestimmte Phase
der Geschichte, sondern wählte Bauten aus verschiedenen Zeiten, um die Stadtentwicklung von der Gründung bis zur Gegenwart darstellen zu können. Dabei
vermittelte er das Nebeneinander unterschiedlicher Maßstäbe und Stile. Dies und
die reiche Ausschmückung der Straßenräume mit vertraut wirkenden Skulpturen,
Laternen und Straßenschildern gaben dem Viertel eine „nostalgische" Atmosphäre, nicht unähnlich der von Katja Zelljadt beschriebenen Ausstellungsstadt
„Alt-Berlin" von 1896 sowie den Stadtrepliken in den heutigen Themenparks. Und
wie in „Alt-Berlin" wurden im Nikolaiviertel die Restaurants und Gaststätten zu
den Hauptattraktionen der Besucher (Abb. 5). Ein wichtiger Unterschied war allerdings, daß Stahn entsprechend der dialektischen Geschichtsvorstellung des Marx-
ismus eine historische Entwicklung darzustellen versuchte und die Gegenwart aus
der Vergangenheit herzuleiten versuchte, während in Alt-Berlin oder zeitgenössischen Themenparks eine homogene und statische Vergangenheit der Gegenwart
gegenübersteht.

Beim „Skulpturenboulevard" beließen es die Organisatoren nicht bei einer
Erinnerung an die später nach 1989 viel beschworene Avantgarde der 20er Jahre,
sondern ermutigten die eingeladenen Künstler, sich mit der Gegenwart auseinan-
derzusetzen. Senator Hassemer setzte sich mit diesem Projekt auch von der
Thematisierung der deutschen Identität im geplanten Deutschen Historischen
Museum ab. In der Publikation zum „Skulpturenboulevard" führte er das beteilig-
te Künstlerehepaar Kienholz sowie Georg Rickey als Beispiele dafür an, „daß
Berlin Künstler vieler Nationalitäten an sich bindet und ihr Werk Bestandteil der
kulturellen Identität der Stadt ist."[25] Hier knüpften die einzelnen Künstler an
Themen der jüngsten Geschichte an. So erinnerte Olaf Metzler mit seiner Skulptur
13.4.1981 an eine Demonstration auf dem Kurfürstendamm, zu der es nach einer
Falschmeldung einer Boulevardzeitung über den Tod eines hungerstreikenden
Terroristen gekommen war (Abb. 7).[26]

Im Deutschen Historischen Museum sollte die Geschichte Deutschlands und
seiner europäischen Nachbarstaaten vom Jahr 1250 bis in die Gegenwart ausgestellt werden.[27] Als Reaktion auf die Kontroverse um das Konzept des Museums in
seiner Gründungsphase wurde ein Bereich für Wechselausstellungen integriert, in
dem aktuelle Themen der Zeitgeschichte gezeigt und diskutiert werden sollten.
Durch die Entscheidung für das Wettbewerbsprojekt des italienischen Architekten

---

25 *Straka* (Hg.), Skulpturenboulevard (wie Anm. 13), 8.
26 Ebd., 146–167.
27 *Moritz Mälzer*, Ausstellungsstück Nation. Die Debatte um die Gründung des Deutschen
    Historischen Museums in Berlin. Bonn 2005.

Abb. 7/Tafel IX: Olaf Metzlers Skulptur „13.4.1981", Joachimstaler Platz am Kurfürstendamm, 1985–1987 (in: *Straka* (Hg.), Skulpturenboulevard, wie Anm. 13, 165)

Aldo Rossi ließ sich das Image des Museumsprojekts insofern aufbessern, da es dadurch eine europäische Note erhielt.[28] Dies kam Christoph Stölzl entgegen, dem während der Wettbewerbsphase bestimmten ersten Museumsdirektor, der die Ausrichtung auf eine nationale Geschichte stärker hin zu einer europäischen öffnen wollte. Hier kam ihm auch Rossis Idee entgegen, für das Bild des Museums eine Stadt zu wählen, denn als Basis einer gemeinsamen europäischen Identität wurde seit den 80er Jahren die gemeinsame europäische Stadtkultur angeführt. In Rossis Museumsprojekt tauchten Formen auf, die an eine mittelalterliche Stadt, eine gotische Kathedrale und an Bauten der Klassik, der Industrialisierung und Moderne erinnerten (Abb. 8). Auch die visuelle Ausgestaltung seines Entwurfes nimmt in ihrer Blattaufteilung mit dem von architektonischen Bezugspunkten gerahmten Museumsgebäude Bezug auf historische Stadtdarstellungen. Anders als bei Günter Stahns Nikolaiviertel waren die Formen bei Rossi jedoch so ausgebildet, daß sie bei genauerer Betrachtung immer wieder andere Erinnerungen evozieren konnten und sich damit einer eindeutigen historischen Zuordnung entzogen. Dort, wo Rossi bekannte Vorbilder aufgriff, z.B. Schinkels Altes Museum, veränderte er diese im Hinblick auf die aktuelle Situation und Aufgabe. Durch die Ambivalenz der Formen des Projekts konnte es positive wie negative Assoziationen evozieren, so daß unmittelbar nach dem Wettbewerbsentscheid 1988 eine heftige Kontroverse zur Architektur des Museums entbrannte.

28   Zu Aldo Rossis Museumsprojekt: *Kristin Feireiss* (Hg.), Aldo Rossi. Deutsches Historisches Museum 1989. Berlin 1989; *Alberto Ferlenga*, Aldo Rossi. Deutsches Historisches Museum. Berlin, Stuttgart 1991; *Tieben*, Aldo Rossis Auseinandersetzung (wie Anm. 9).

Abb. 8: Aldo Rossis Entwurf für das Deutsche Historische Museum auf dem Grundstück des heutigen Bundeskanzleramts. Wettbewerbszeichnung, 1988 (in: *Ferlenga*, Aldo Rossi. Deutsches Historisches Museum, wie Anm. 28)

Letztendlich waren es jedoch nicht die vielen Kritiker, die das Projekt stoppten, sondern sein Initiator Helmut Kohl, der nach der Wiedervereinigung vorschlug, auf dem vorgesehenen Grundstück das neue Bundeskanzleramt zu errichten. Das Deutsche Historische Museum übernahm die Sammlung und das Gebäude des Museums für deutsche Geschichte in Ost-Berlin, und Kohl beauftragte den Architekten I.M. Pei ohne einen weiteren Wettbewerb mit der Erweiterung des bestehenden Museums durch einen Anbau. Damit wählte er denselben Architekten, den auch der französische Präsident Mitterand mit dem Umbau des Louvre beauftragt hatte, und der zuvor auf der Washingtoner Mall in Nachbarschaft zum *Capitol* die *National Gallery* mit einem vielbeachteten Neubau erweitert hatte.

Fazit

Die vorangegangen Betrachtungen zeigen, daß sich im Berlin der 1980er Jahre verschiedene Vorstellungen zum Image der Stadt überlagerten und im Laufe des Jahrzehnts veränderten. Innerhalb des allgemeinen Trends – der Anknüpfung an die historische Stadt und der „kritische Rekonstruktion" – zeigten sich wichtige Unterschiede. In der DDR spielten bei der Rekonstruktion des „historischen Zentrums" die Förderung des West-Tourismus und die Konstruktion einer historisch legitimierten Identität eine entscheidende Rolle. Im Westen hingegen zielte die Rekonstruktion zunächst auf eine Verbesserung der Lage der innerstädtischen Wohngebiete ab. Dieser Ansatz war eine Reaktion auf die Versäumnisse während des Ausbaus West-Berlins in den Jahrzehnten zuvor. In der zweiten Hälfte der 80er Jahre begann sich die deutsche Bundesregierung mit dem Deutschen Historischen Museum in Berlin zu engagieren. Dies stellte erst den Anfang einer Reihe von Museums- und Denkmalprojekten dar, die nach 1989 folgen sollten. Im Hinblick auf mögliche Herausforderungen der Zukunft – die noch sehr fragliche deutschen Wiedervereinigung und der europäische Integrationsprozeß – begann man über die Rolle Berlins als zukünftige „Bundeshauptstadt" und als „europäische Stadt" nachzudenken und erste Projekte zu entwickeln. Diesen regierungsoffiziellen Konstruktionsversuche wurden in West-Berlin auch vor 1989 bereits vom Berliner Senat entwickelte, jedoch auch bürgerschaftlich getragene Entwürfe gegenübergestellt, die alternative Traditionslinien aufnahmen, wie jene Berlins als „Stadt der kulturellen Avantgarde".

BILD-STÖRUNGEN:
„BERLIN, HAUPTSTADT DER DDR" ALS ORT STAATLICHER REPRÄSENTATION UND KRITISCHER GEGENBILDER

Angela Borgwardt

„Berlin ist mehr ein Weltteil als eine Stadt." (Jean Paul, 1800)[1]

I. Hauptstadt, Zentrum der Macht

Der deutsche Dichter Jean Paul formulierte diese Vorstellung bereits im Jahr 1800, doch sie hat bis heute nichts von ihrer Gültigkeit verloren. Nachdem Berlin im 18. Jahrhundert vom märkischen Provinzort zur preußischen Hauptstadt aufgestiegen war, etablierte sich die Stadt als europäische Metropole mit großer politischer und kultureller Bedeutung, die weit über die Grenzen des Landes ausstrahlte. In der zweiten Hälfte des 20. Jahrhunderts erfuhr die internationale Dimension der Stadt eine besondere Ausprägung: Nun war das geteilte Berlin Symbol für das geteilte Deutschland und Brennpunkt des globalen Konflikts der politischen Machtblöcke in Ost und West.

Nach Staatsgründung der DDR wurde der sowjetisch besetzte Sektor Berlins zur Hauptstadt des sozialistischen deutschen Staates erklärt. Entsprechend dem zentralistisch-hierarchischen Aufbau der SED-Diktatur erfolgte der Ausbau der Hauptstadt zum politischen Zentrum, in dem die Macht des Staates realen und symbolischen Ausdruck finden sollte: Hier hatten die wichtigsten staatlichen Institutionen ihren Sitz, hier tagten die höchsten Partei- und Staatsorgane und hier wurden alle wegweisenden politischen Entscheidungen öffentlich verkündet. Ost-Berlin[2] war der Ort staatlicher Repräsentation, an dem sich die SED-Führung öffentlich inszenierte, ihre Macht demonstrierte und die Legitimation ihrer Herrschaft ins Bild setzte. Die Mitte der Stadt wurde baulich umgestaltet, mit großen, öffentlichen Plätzen, breiten Hauptmagistralen und monumentalen, repräsentativen Gebäuden. Das Zentrum sollte zur Bühne für die staatlich gesteuerten Kundgebungen, offiziellen Feiern und Militärparaden werden. Symbolisch bedeutsam war die Sprengung des kriegsbeschädigten Stadtschlosses der Hohenzollern: Diese bildstarke Aktion markierte den historischen Neuanfang und stand für den ideolo-

---

1   Brief Jean Pauls an Emilie von Berlepsch in Edinburg, 1. August 1800, in: *Jean Pauls Sämtliche Werke*. Historisch-kritische Ausgabe, Abteilung III: Briefe, hg. v. Deutsche Akademie der Wissenschaften zu Berlin. Berlin 1959, 358.

2   In der Bundesrepublik Deutschland wurde der Ostteil der Stadt „Ost-Berlin" genannt, in der DDR lautete der offizielle Ausdruck seit 1977 „Berlin, Hauptstadt der DDR". Im folgenden werden die geographischen Bezeichnungen Ost-Berlin und West-Berlin verwendet.

gischen Bruch der DDR mit den Institutionen der Vergangenheit. Die umfassende Neugestaltung Ost-Berlins folgte dem Ziel einer zentralisierten Staatsmacht, sämtliche Bereiche der Gesellschaft steuern und kontrollieren zu wollen: „Berlin, Hauptstadt der DDR" sollte die Stärke und ungebrochene Macht der SED-Herrschaft widerspiegeln.[3]

Der Anspruch der SED-Führung auf absolutes Machtmonopol beinhaltete auch den Willen, über die Symbole und Bilder ihrer Herrschaft allein zu bestimmen. Die Hauptstadt stand dabei im Fokus, da sie als Herz- und Schaustück des neuen Staates den Erfolg des sozialistischen Gesellschaftsmodells unmittelbar repräsentierte: Im Zentrum der Macht sollte das politische und kulturelle Selbstbewußtsein des neuen deutschen Staates nach innen und außen deutlich sichtbar werden. Deshalb inszenierte die SED-Führung in Ost-Berlin die Stabilität des DDR-Sozialismus und die Legitimität ihrer Herrschaft in aufwendigen Bildern, die direkt herrschaftsstützende Funktionen übernahmen und den politischen Interessen der Staatsmacht zu dienen hatten. Dabei zielte sie nicht nur auf die Gestaltung des ‚realen', gebauten Stadtbildes, sondern auch auf eine Definitions- und Interpretationshoheit über die ideellen Stadt-Bilder und symbolischen Zuschreibungen. Da die offiziell konstruierten Bilder der Hauptstadt einheitlich erscheinen und widerspruchsfrei bleiben sollten, mußten alle abweichenden Bilder unterdrückt werden. In einer autoritären Diktatur wie der DDR gewann jede ‚Bild-Störung' eine eminent politische Dimension, da sie die staatliche Selbstdarstellung konterkarierte und als Hinweis auf eine brüchige Herrschafts- und Legitimationsbasis der Staatsmacht interpretiert werden konnte.

II. Dominanz der offiziellen Bilder (1950er und 1960er Jahre)

In den 1950er Jahren etablierte die DDR-Führung die Strukturen des sozialistischen Gesellschaftssystems nach sowjetischem Modell. Der von SED-Generalsekretär Walter Ulbricht proklamierte „Aufbau des Sozialismus" schloß den Ausbau Ost-Berlins zur Hauptstadt ein. In der anderen Stadthälfte entstand zur gleichen Zeit mit Unterstützung der westlichen Alliierten ein freiheitlich-demokratisches System mit kapitalistischer Marktwirtschaft. Im Kalten Krieg wurde die geteilte Stadt zum Kristallisationspunkt der politischen Systemauseinandersetzung zwischen Ost und West: In Berlin standen sich die gegensätzlichen Gesellschaftsmodelle Sozialismus und Kapitalismus in direkter Konfrontation gegenüber. Dabei spielte das „Schaufenster-Konzept" in beiden Stadthälften eine wichtige Rolle: Das jeweilige Gesellschaftssystem wurde mit politischer Propaganda modellhaft ausgestellt, wobei die konkurrierenden „Schaufensterauslagen"

---

3   Zur Rolle Ost-Berlins als Hauptstadt der DDR: *Werner Süß/Ralf Rytlewski* (Hg.), Berlin. Die Hauptstadt. Vergangenheit und Zukunft einer europäischen Metropole. Bonn 1999. Insbesondere: *Gerhard Wettig*, Berlin vor den Herausforderungen des Kalten Krieges 1945–1989, in: Ebd., 157–186; *Jürgen Rostock*, Ost-Berlin als Hauptstadt der DDR, in: Ebd., 259–294.

nach außen attraktiv und nach innen integrativ wirken sollten.[4] West-Berlin war zwar nicht Hauptstadt der Bundesrepublik, aufgrund seiner Insel-Lage aber ein äußerst wirkungsvolles Schaufenster des Kapitalismus, das dem andern deutschen Staat die Freiheiten einer offenen Gesellschaft und die Konsumangebote der kapitalistischen Warenwelt unmittelbar vor Augen führen konnte. Ein zentrales Bild war die „Frontstadt" West-Berlin, die als „Insel der Freiheit" und „Bollwerk gegen den Kommunismus" mit aller Kraft zu verteidigen war. Dagegen konstruierte die DDR-Führung ein Bild von Ost-Berlin, das als Zentrum des neuen, besseren Deutschlands die sozialistische Gesellschaft mustergültig verkörpern sollte. Die moralische Legitimation leitete die Staatsmacht aus dem ideologischen Konzept des Antifaschismus ab, das die DDR im Unterschied zur Bundesrepublik als faschismusfeindliche Ordnung interpretierte.

In den 1950er Jahren dominierten die offiziellen „Propaganda-Bilder" von Ost-Berlin, die jedoch durch wichtige historische Ereignisse und Entwicklungen kontrastiert wurden. Von großer Bedeutung war der Arbeiteraufstand am 17. Juni 1953, als aufgebrachte Arbeiter auf den Straßen der Hauptstadt gegen die Politik der SED demonstrierten. Die Unruhen breiteten sich im ganzen Land aus, wurden dann aber durch das Eingreifen der sowjetischen Armee gewaltsam beendet. Die Ereignisse hatten aller Welt klar vor Augen geführt, daß sich die SED nicht auf eine breite Loyalitätsbasis in der Bevölkerung stützen konnte. Auch die anwachsenden Flüchtlingsströme von DDR-Bürgern in den Westen, die von Ost- nach West-Berlin besonders stark waren, störten die offiziell propagierten Bilder eines erfolgreichen Sozialismus erheblich. Die SED-Führung reagierte 1961 mit radikaler Abschottung durch den Bau der Mauer, die von nun an das Bild Berlins entscheidend prägte: Im Westen wurde sie zum Symbol für eine freiheitsberaubende, menschenrechtsverletzende Diktatur und zum Sinnbild der politischen Teilung Deutschlands. Dagegen war sie aus Sicht der SED-Führung eine notwendige Maßnahme („antifaschistischer Schutzwall"), die die DDR vor einer sich ausweitenden Massenflucht und damit vor dem Zusammenbruch gerettet hatte.

Nach dem Mauerbau strebte die DDR-Führung nach wirtschaftlicher Konsolidierung und einer besseren Bindung der Bevölkerung an die sozialistische Gesellschaft. Ost-Berlin wurde zur repräsentativen sozialistischen Metropole ausgebaut, was mit einer weiteren Zentralisierung der Staatsmacht und einer privilegierten Versorgung der Ost-Berliner Bevölkerung einherging. Die Hauptstadt sollte als Vorbild für den Gesamtstaat bzw. die DDR-Entwicklung fungieren und zugleich das Modell eines modernen sozialistischen Industriestaates sein. Damit sich die Vorstellung einer sozialistischen Moderne auch räumlich manifestierte, wurde die historische Stadtmitte städtebaulich und architektonisch neu gestaltet.[5] Die Fläche des im Zweiten Weltkrieg weitgehend zerstörten Alexanderplatzes wurde vergrößert, um Raum für die staatlich inszenierten Großveran-

---

4 Zum Schaufenster-Konzept im Kalten Krieg: *Alexander Sedlmaiers* Beitrag in diesem Band.
5 *Peter Müller*, Symbolsuche. Die Ost-Berliner Zentrumsplanung zwischen Repräsentation und Agitation. Berlin 2004.

staltungen zu schaffen. Am Alexanderplatz entstanden auch einige moderne repräsentative Bauten, wie das 13-geschossige „Haus des Lehrers" und der Berliner Fernsehturm, der zu einem städtischen Wahrzeichen avancierte.

Die DDR-Führung konnte in den 1960er Jahren ihre Macht nur mit Hilfe einer rigorosen Unterdrückungspolitik stabilisieren und ausbauen: Unter der Führung Walter Ulbrichts dominierte ein offen repressiver Umgang der Staatsmacht mit oppositionellen Bestrebungen und Kritikern, die mit Verhaftungen rechnen mußten oder zur Ausreise gezwungen wurden. Nur vereinzelt konnten – vor allem im kulturellen Bereich – kritische Stimmen an die Öffentlichkeit dringen, die punktuell daran erinnerten, daß es neben der offiziellen Hauptstadt noch ein anderes Berlin gab. Eine wichtige Rolle spielten dabei reformsozialistische Schriftsteller, die die Zensur im Inland umgingen, indem sie ihre in der DDR verbotenen Texte unerlaubt in westlichen Verlagen und Medien publizierten und auf diese Weise gemäßigte Kritik am DDR-Sozialismus und der SED-Politik öffentlich machen konnten. Laut offizieller DDR-Ideologie hatten die Kulturschaffenden aber die Aufgabe, den Aufbau des Sozialismus nach den Vorgaben der Partei zu unterstützen und die SED-Politik zu legitimieren. Deshalb reagierte die Staatsmacht auf alle abweichenden Bestrebungen mit massiven Repressionen, was sich auf dem 11. ZK-Plenum im Dezember 1965 deutlich zeigte: Kritische Kulturschaffende, die sich nicht den Parteivorgaben unterwerfen wollten, wurden öffentlich angeprangert, diszipliniert und hart bestraft.[6] Die Hauptstadt erschien nun wieder als Zentrum einer ungebrochenen, starken Macht, die ihren Herrschaftsanspruch kraftvoll behauptete und konsequent durchsetzte – allerdings hatte sie sich auch als diktatorische Macht erwiesen, die nur mit Unterdrückung, Zwang und Einschüchterung herrschen kann. Die beim Fluchtversuch an der Berliner Mauer Erschossenen waren ein weiterer nachdrücklicher Beleg für den menschenverachtenden Umgang der DDR-Staatsmacht mit ihren Bürgern. Eine Änderung dieses negativen Außenbildes begann erst mit dem Machtwechsel an der Parteispitze, als Walter Ulbricht 1971 von Erich Honecker abgelöst wurde.

III. Zunehmende „Bild-Störungen": Alternative Bildproduktion der Gegenkultur (1970er und 1980er Jahre)

Unter Honecker vollzog die SED-Führung eine politische Umorientierung: Sie verkündete einen Liberalisierungskurs, leitete begrenzte Reformen in Politik, Wirtschaft und Kultur ein und zeigte die herrschaftssichernden Repressionen weniger offen.[7] Honecker strebte nach internationaler Anerkennung des Landes,

---

6   *Günter Agde*, Kahlschlag – Das 11. Plenum des ZK der SED 1965. Studien und Dokumente. Berlin 1991. Auf dem 11. Plenum wurden zum Beispiel der Liedermacher Wolf Biermann und der Schriftsteller Stefan Heym von einflussreichen Parteifunktionären heftig attackiert. Zu Biermanns und Heyms Einfluß auf das Berlin-Bild: Kap. III.1 und III.2 in diesem Beitrag.

7   *Manfred Jäger*, Kultur und Politik in der DDR 1945–1990. Köln 1994, 139–162.

die eine positive Außenwahrnehmung erforderlich machte: Die DDR sollte nicht mehr als Unrechtsstaat oder Unterdrückungsregime erscheinen, sondern im Bild eines demokratischen und wirtschaftlich stabilen Landes, das sich auf die (freiwillige) Loyalität seiner Bürger stützen kann. Deshalb richtete die SED-Führung ihre Politik nun verstärkt darauf aus, ein positives Bild des sozialistischen deutschen Staates zu konstruieren: Die Macht der Partei sollte nach außen durch eine Erhöhung der Reputation und nach innen durch eine verbesserte Legitimation stabilisiert werden.

Im Zuge internationaler Entspannung wurde im deutsch-deutschen Verhältnis durch die ‚neue Ostpolitik' eine pragmatische Verhandlungs- und Vertragspolitik zum beiderseitigen Vorteil möglich, die zunehmend von Kooperation geprägt war.[8] Dagegen trat die bislang dominierende konfrontative Politik und das Feindbilddenken des Kalten Krieges in den Hintergrund. Durch das Ende der außenpolitischen Isolierung veränderte sich auch die Bedeutung Ost-Berlins: Der Brennpunkt des Kalten Krieges entwickelte sich zur diplomatisch anerkannten „Hauptstadt der DDR", in der sich zahlreiche ausländische Botschaften und Vertretungen ansiedelten (1974 eröffnete auch die Bundesrepublik ihre „Ständige Vertretung"). Ost-Berlin übernahm eine Schlüsselfunktion in der internationalen Entspannungspolitik und bei der Annäherung zwischen Ost und West. In den 1970er Jahren veränderte sich auch der Umgang mit politischen Gegnern im Innern des Landes. Demonstrative Machtgebärden und offene Repressionen wären in einer Zeit beginnender Entspannungspolitik taktisch unklug gewesen. Im starken Bemühen um eine positive Außenwirkung verfolgte die DDR-Führung deshalb eine (möglichst unsichtbare) Unterdrückungspolitik, die auf erheblich subtileren Methoden der Manipulation und Repression basierte als zuvor. Zu den wichtigsten Maßnahmen gehörte der Ausbau des Staatssicherheitsapparats sowie die Entschärfung von Unzufriedenheitspotentialen in der Bevölkerung durch verbesserte Versorgungsleistungen und Konsumangebote.

Honecker forcierte den Hauptstadtanspruch: In Ost-Berlin wurden staatliche Macht- und Repräsentationsfunktionen weiter konzentriert, ein umfassendes staatliches Wohnungsbauprogramm begonnen und die Infrastruktur ausgebaut. Eine gezielte Ansiedlungspolitik diente dazu, staatsnahe Eliten aus dem ganzen Land nach Ost-Berlin zu ziehen, um den wachsenden Personalbedarf einer sich ausbreitenden Bürokratie zu decken. In der Mitte der Stadt entstanden Monumentalbauten, in denen sich das Streben nach Modernität und einer eigenen Staatsidentität ausdrückte. An der Stelle der gesprengten Hohenzollern-Residenz erstand der „Palast der Republik", in dem die DDR-Volkskammer ihren Sitz nahm. Der neu gestaltete Alexanderplatz wurde zum zentralen Ort für offizielle Kundgebungen und staatliche Großveranstaltungen, wie die X. Weltjugendspiele 1973 und die 750-Jahr-Feier Berlins 1987. Im Zentrum der Macht inszenierte die

---

8   In der ersten Hälfte der siebziger Jahre machte die internationale Entspannungspolitik große Fortschritte: Grundlagenvertrag zwischen der Bundesrepublik und DDR (1972), UNO-Mitgliedschaft (1974), Unterzeichnung der Helsinki-Schlußakte (1975).

DDR-Führung ihre Vorstellung einer modernen Metropole und feierte sich als eigenständige „sozialistische Nation". Während große Teile des Landes mit ökonomischen, städtebaulichen und infrastrukturellen Problemen zu kämpfen hatten, wurden Ressourcen in Ost-Berlin konzentriert, um die Hauptstadt als glänzendes Aushängeschild der DDR präsentieren zu können. Trotz der real immer schlechter werdenden volkswirtschaftlichen Entwicklung in den 1970er und 1980er Jahren gelang es der SED-Führung unter Honecker, nach innen und außen eine relative (politische und ökonomische) Stabilität des Staates zu suggerieren.

Die Möglichkeiten und Grenzen der von Honecker verkündeten Liberalisierung wurden auf dem Gebiet der Kulturpolitik offensichtlich: Der Führungsanspruch der Partei blieb unangetastet, doch es fand eine Abkehr von Ulbrichts offen repressiver Kulturpolitik statt, die auf starker Bevormundung, offener Repression und Zensur basiert hatte. So war Anfang der 1970er Jahre auf kulturellem Gebiet eine begrenzte Erweiterung der künstlerischen Freiräume festzustellen: Einige bisher verbotene Bücher konnten erscheinen und die Zensur wurde weniger rigide gehandhabt. Gleichzeitig verschärfte die SED-Führung die geheimdienstliche Bekämpfung des Kulturbereichs.[9] Staatssicherheitschef Erich Mielke verfolgte die Strategie, kritische Kulturschaffende möglichst unauffällig zu bekämpfen und mit geheimdienstlichen Methoden „zersetzend zu wirken, sie unglaubhaft zu machen und zu isolieren, Mißtrauen zu erzeugen, um sie am feindlich-negativen Wirken zu hindern."[10] Drohten die oppositionellen Tendenzen aber außer Kontrolle zu geraten oder wurde der Machtanspruch der SED direkt in Frage gestellt, griff die Staatsmacht wieder auf Methoden offener Repression zurück, wie die Ausbürgerung des Liedermachers Wolf Biermann im Herbst 1976 zeigte.

Trotz der massiven geheimdienstlichen Bekämpfung konnten sich im Kulturbereich Tendenzen der Opposition und Verweigerung herausbilden. So war in den 1970er Jahren eine breitere kritische Literaturströmung entstanden, die Probleme im DDR-Alltag oder Mängel des DDR-Sozialismus in Bezug auf die frühen politischen Verheißungen thematisierte und auch Funktionen einer fehlenden demokratischen Öffentlichkeit übernahm.[11] Reformsozialistische Schriftsteller wie Christa Wolf und Stefan Heym hielten zwar am politischen Ideal des Sozialismus fest, übten jedoch Kritik an der SED-Politik und an der konkreten Ausprägung des Sozialismus in der DDR. Als prominente Schriftsteller verfügten sie mit ihrem besonderen Zugang zur westlichen Öffentlichkeit und durch die Schutzwirkung internationaler Aufmerksamkeit über wichtige Potentiale, nonkonform zu handeln, Kritik zu artikulieren und den offiziellen Bildern eigene Sichtweisen konkur-

---

9   *Joachim Walther*, Sicherungsbereich Literatur. Schriftsteller und Staatssicherheit in der Deutschen Demokratischen Republik. Berlin 1996, 84.
10 Referat des Genossen Minister auf der Dienstkonferenz vom 13.7.1972, zit. in: Ebd.
11 *Werner Rossade*, Literatur als politische Institution, in: *Ralf Rytlewski* (Hg.): Politik und Gesellschaft in sozialistischen Ländern. Opladen 1989, 246–269.

rierend entgegenzusetzen.[12] Die Kritik der reformsozialistischen Schriftsteller kollidierte mit den offiziellen Verlautbarungen, entlarvte die beschönigende Selbstdarstellung der SED-Politik und offenbarte die Kluft zwischen verkündeter Ideologie und konkreten Lebenserfahrungen. In den 1980er Jahren kam weiteres kritisches Potential hinzu: Friedens-, Umwelt- und Menschenrechtsgruppen, Dritte-Welt- und Frauengruppen forderten eine umfassende Demokratisierung der DDR-Gesellschaft über Reformen, die auf mehr Bürgerrechte und politische Partizipation zielten.[13] Wichtigster Aktionsraum war die Evangelische Kirche, die nonkonformen Auffassungen ein Dach bieten konnte. Weiteres gesellschafts-kritisches Potential entwickelte sich seit den 1970er Jahren auch an den Universitäten und im alternativen Künstlermilieu. Die Hauptstadt der DDR wurde zum Brückenkopf für Protestgruppen in Ost und West und ermöglichte über die Mauer hinweg vielfältige Beziehungen, wie zwischen Ost-Berliner Oppositionellen zu (in West-Berlin lebenden) DDR-Emigranten, zur westdeutschen Friedensbewegung oder zu den Grünen.

Ost-Berlin entwickelte sich zunehmend zum Ort der Gegenkultur und Gegen-öffentlichkeit. Die Hauptstadt wurde zum Anziehungspunkt für Oppositionelle, Kritiker und Unangepaßte aus dem ganzen Land, die gegen die Machtansprüche der SED opponierten und alternative Bilder kommunizierten, die die offizielle Darstellung kontrastierten und relativierten. Dieses ‚andere Berlin' prägte die Außenwahrnehmung der Stadt in den 1970er und 1980er Jahren ganz entscheidend, die immer mehr als Stadt der Gegensätze erschien: als Zentrum der Macht und Ort des Widerständigen, als Bühne staatlicher Herrschaftsrepräsentation und Kristallisationspunkt unabhängiger Bestrebungen. Die offizielle Bildproduktion der Staatsmacht erhielt zunehmend Konkurrenz durch alternative Stadt-Bilder, die in die internationale Öffentlichkeit transportiert wurden und auch die DDR-Gesellschaft erreichten. Drei Fallbeispiele sollen diese Entwicklung exemplarisch verdeutlichen.

III.1. Stadt im Untergrund: Der Biermann-Konflikt

Wolf Biermann, Poet und Liedermacher, war in den 1960er Jahren zu einer zentralen Führungsfigur der reformsozialistischen Kritik am SED-Staat geworden.[14] Biermanns wachsende Kritik am DDR-Sozialismus und der SED-Politik führte zu immer mehr Schwierigkeiten mit der Staatsmacht, die schließlich

---

12 Zu den Konflikten zwischen kritischen Schriftstellern und Staatsmacht in der DDR: *Angela Borgwardt*, Im Umgang mit der Macht. Herrschaft und Selbstbehauptung in einem autoritären politischen System. Wiesbaden 2003.

13 *Ulrike Poppe/Rainer Eckert/Ilko-Sascha Kowalczuk* (Hg.), Zwischen Selbstbehauptung und Anpassung. Formen des Widerstandes und der Opposition in der DDR. Berlin 1995, 301–334.

14 Die andere zentrale Führungsfigur war der systemkritische Naturwissenschaftler Robert Havemann, der den DDR-Sozialismus aus der Perspektive eines demokratischen Sozialismus kritisierte.

in einem offenen Konflikt eskalierten. Auf dem 11. Plenum des ZK der SED im Dezember 1965 wurde er von hohen Parteifunktionären scharf angegriffen, als gefährlicher „Staatsfeind" gekennzeichnet und mit einem absoluten Auftritts-, Veröffentlichungs- und Ausreiseverbot belegt. Um trotz des faktischen Berufsverbots weiter arbeiten und wirken zu können, konzentrierte sich Biermann in den kommenden Jahren zur Verbreitung seiner kritischen Texte und Lieder auf den informell-privaten und halböffentlichen Rahmen innerhalb der DDR sowie auf die westliche Öffentlichkeit, die er über Schmuggelwege erreichte. Ost-Berlin wurde nun zu einem Ort subversiver Aktivitäten. In Biermanns Zwei-Zimmer-Wohnung in der Chausseestraße trafen sich Freunde und politisch Gleichgesinnte zu seinen Konzerten. Hier zeichnete er auch seine kritischen Lieder und Gedichte auf, die heimlich vervielfältigt wurden und illegal als Tonbandkopien und Handabschriften im Untergrund kursierten. Das verbotene Text- und Tonmaterial verbreitete sich über private Netzwerke in der gesamten DDR, wurde aber auch von Ost-Berlin über die Grenze nach West-Berlin geschmuggelt und gelangte von dort in die Bundesrepublik und ins internationale Ausland: So konnte Biermann trotz Veröffentlichungsverbotes in der DDR kontinuierlich Bücher und Schallplatten publizieren.[15] Die Grenze zwischen Ost und West war über die Mauer punktuell durchlässig: Ost-Berlin konnte somit zum Stützpunkt kritischer Gedanken werden, die den Weg in die ganze Welt fanden.

Die Staatsmacht hatte sehr genau erkannt, daß der Liedermacher in der Hauptstadt vorteilhafte Bedingungen für seine ,staatsfeindlichen' Aktivitäten vorfand. Deshalb dachten führende Parteifunktionäre schon 1966 darüber nach, Biermann aus Berlin in die Provinz auszuweisen, um ihn sozial zu isolieren, zu disziplinieren und besser unter Kontrolle zu haben.[16] Durch eine Ausweisung aus Berlin hätte man den Kritiker von seinen Freunden und Unterstützern trennen und ihn dem direkten Kontakt mit westlichen Besuchern und Journalisten entziehen können. Die SED-Führung verzichtete jedoch letztlich auf diese Maßnahme, da sie starke negative Reaktionen der Öffentlichkeit und mögliche Solidaritätsbewegungen im Land befürchtete. Stattdessen entschied sie sich für eine Verschärfung der geheimdienstlichen Überwachung Biermanns. Die Kontrolle des Liedermachers blieb jedoch schwierig, da seine überraschenden, ungenehmigten Auftritte kaum zu verhindern waren. Mit großer Sorge registrierten die Parteifunktionäre die

---

15 So erhielt der West-Berliner Verleger Klaus Wagenbach einige der von ihm verlegten Biermann-Texte über den Lyriker F.C. Delius, der im Westteil der Stadt lebte und das verbotene Material am Körper über die Berliner Grenze schmuggelte. Dazu: *Daniel Haufler*, „Das Volkseigentum wird streng bewacht". Klaus Wagenbachs Ost-West-Projekte, in: *Mark Lehmstedt/Siegfried Lokatis* (Hg.), Das Loch in der Mauer. Der innerdeutsche Literaturaustausch. Wiesbaden 1997, 166–184, hier: 182.

16 Aktennotiz von Bruno Haid, Leiter der Hauptverwaltung Verlage und Buchhandel, vom 10.5.1966 über sein Gespräch mit Wolf Biermann am 3.5.1966; Stiftung Archiv der Parteien und Massenorganisationen der DDR, Bundesarchiv Berlin (im folgenden: SAPMO-BA), DY 30/IV A2/2.024/70, Bl. 122 (120–122). Kurt Hager an Erich Honecker, 27.6.1966, in: SAPMO-BA, DY 30/IV A2/2.024/70, Bl. 125.

Möglichkeit einer oppositionellen Gruppenbildung, da Biermann im künstlerisch-intellektuellen Milieu Ost-Berlins ein soziales Netzwerk aufbaute, das ihm einen gewissen gesellschaftlichen Rückhalt sicherte, ihm Auftrittsmöglichkeiten bot und ihn vor Isolation bewahrte: „Biermann unterhält enge Beziehungen zu einigen bildenden Künstlern, zu Schauspielern und zu wissenschaftlichen Mitarbeitern der Akademie der Künste. In letzter Zeit mehren sich auch die Signale, daß Biermann Kontakt mit Schülern erweiterter Oberschulen sucht."[17] Der Versuch der Staatsmacht, den Kritiker durch rigorosen Ausschluß aus der DDR-Öffentlichkeit in die Wirkungslosigkeit abzudrängen, war somit gescheitert, da er informelle Unterstützung aus der Kulturszene erhielt: „Dabei gibt es immer wieder Versuche, Biermann Foren für sein öffentliches Auftreten gegen uns zu verschaffen."[18] Der Liedermacher hatte sich außerhalb der institutionellen Strukturen Handlungsräume schaffen können, wobei ihm die Hauptstadt geeignete Voraussetzungen bot: Oppositionelle hatten hier vielfältige Organisations- und Vernetzungsmöglichkeiten, und es existierte ein künstlerisch-intellektuelles Milieu, in dem die notwendigen Kontakte geknüpft werden konnten. Die flexible, zufällige Zusammensetzung der urbanen Netzwerke erschwerte zudem die staatlichen Kontrollmöglichkeiten.[19]

Um sich des unbequemen Liedermachers zu entledigen, entschied sich die Staatsmacht schließlich für die drastische Maßnahme einer Ausbürgerung: Nach einem offiziell genehmigten Konzert in Köln im November 1976 wurde Biermann die Wiedereinreise in die DDR verweigert und die Staatsbürgerschaft entzogen. Zwölf prominente Schriftsteller und Intellektuelle der DDR appellierten in einem Offenen Brief an die SED-Führung, den Beschluß zurückzunehmen.[20] Als sich der Petition in den folgenden Tagen über hundert Kulturschaffende im ganzen Land anschlossen, ergriff die Staatsmacht massive Gegenmaßnahmen, verhängte Haftstrafen und veranlaßte Verbandsausschlüsse. Zahlreiche Schriftsteller und Künstler gingen in den Westen oder wurden abgeschoben.[21] Die Folge war eine gravierende Schwächung der DDR-Kulturszene, von der Ost-Berlin besonders stark betroffen war.

---

17 Information der Bezirksleitung Berlin an das ZK der SED über einige ideologische Erscheinungen im künstlerischen Bereich, 19.11.1965, in: SAPMO-BA, DY 30/IV 2/1/335, Bl. 46f.

18 „Bei der Eröffnung der Ausstellung von Tucholke in den Räumen der Verkaufsgenossenschaft bildender Künstler am Strausberger Platz tauchte er unverhofft auf und sang einige seiner gegen uns gerichteten Lieder. Auch bei der Eröffnung der Ausstellung von Gertrud Classen im Klub der Kulturschaffenden war Biermann zugegen, ohne jedoch aufzutreten. Kürzlich versuchte er, im Kreiskulturhaus Prenzlauer Berg unangemeldet aufzutreten. Hier wurde er von einigen Genossen kurzerhand des Hauses verwiesen"; Ebd.

19 Dazu detaillierter: *Borgwardt*, Umgang mit der Macht (wie Anm. 12), 436–457.

20 Zu den Unterzeichnern gehörten die Schriftsteller Volker Braun, Sarah Kirsch, Christa Wolf, Stefan Heym, Jurek Becker. Der Text erschien nur in den westlichen Medien, die diesen Protest in der Regel als Beginn einer größeren Oppositionsbewegung interpretierten.

21 *Roland Berbig/Arne Born* u.a. (Hg.), In Sachen Biermann. Protokolle, Berichte und Briefe zu den Folgen einer Ausbürgerung. Berlin 1994.

III.2. Westmedien als Bild-Vermittler: Der „Fall Collin"

Der reformsozialistische Schriftsteller Stefan Heym hatte bereits in den 1960er Jahren in seinen öffentlichen Auftritten und Büchern den DDR-Sozialismus und die Politik der SED immer wieder kritisiert. Deshalb wurde er auf dem 11. Plenum des ZK der SED 1965 von führenden Parteifunktionären öffentlich angegriffen, anschließend mit Zensur, Verboten und Repressionen in seiner Arbeit umfassend behindert und geheimdienstlich bekämpft. Mitte der 1970er Jahre war der in Ost-Berlin lebende Schriftsteller für die Staatsmacht zu einem „feindlichen Stützpunkt" im Land geworden, der mit Methoden der Staatssicherheit intensiv bekämpft werden mußte.[22] Etwa zur Zeit der Biermann-Ausbürgerung hatte Heym seinen Roman Collin beendet, in dem er die Konflikte eines Schriftstellers mit der Staatsmacht unter den zerstörerischen Bedingungen einer Diktatur thematisierte.[23] Heym wagte sich in Collin an Tabu-Themen, indem er kaum verhüllte Kritik an der Repressionspolitik Ulbrichts und den inhumanen Methoden der Staatssicherheit übte und die DDR der 1950er Jahre als Unrechtsstaat charakterisierte. Der Roman erhielt erwartungsgemäß keine Druckgenehmigung in der DDR; Heym ließ ihn deshalb 1979 im westdeutschen Bertelsmann-Verlag publizieren. Vor dem Erscheinungstermin des Buches nutzte er die Medien der Bundesrepublik, die in der Hauptstadt präsent waren, um sich durch öffentliche Aufmerksamkeit vor möglichen Folgen zu schützen: In einem ARD-Interview wies er auf die Notwendigkeit der Vergangenheitsbewältigung hin und betonte vehement, daß das Buch kein „Anti-DDR-Buch" sei.[24] Die unerlaubte Veröffentlichung des Romans berührte neben seiner inhaltlichen Brisanz ein Thema, das für die SED-Führung zunehmend zum Problem wurde: die verbreitete Praxis einiger kritischer DDR-Autoren, ihre Werke im Westen unter Umgehung staatlicher Genehmigungsinstanzen zu publizieren und damit Publikationsverbote und Zensur im Inland zu unterlaufen.[25] Durch Publikationen im Westen konnten die kritischen Schriftsteller wiederum ihre internationale Prominenz erhöhen, die sie bis zu einem gewissen Grad unter den Schutz der Weltöffentlichkeit stellten.

Im ‚Fall Collin' entschied sich die SED-Führung für eine exemplarische Bestrafung des Autors zur Abschreckung aller im Westen publizierenden Schriftsteller. 1979 wurde gegen Heym ein Strafverfahren wegen Devisenvergehens

---

22 *Joachim Walther*, Sicherungsbereich Literatur. Schriftsteller und Staatssicherheit in der Deutschen Demokratischen Republik. Berlin 1996, 183.
23 *Stefan Heym*, Collin. München 1979.
24 „Über Collin". Interview mit dem ARD-Korrespondenten Fritz Pleitgen, 23.1.1979, in: *Peter Mallwitz* (Hg.), Wege und Umwege. Streitbare Schriften aus fünf Jahrzehnten. München 1980, aktualisierte Neuausgabe 1985, 434f.
25 Seit 1961 gab es die Verordnung, daß jeder DDR-Autor vor Vertragsabschluß mit ausländischen Verlagen über die Veröffentlichung von Texten eine staatliche Genehmigung des Büros für Urheberrechte einzuholen hatte. Dazu: *Simone Barck/Martina Langermann/Siegfried Lokatis*, „Jedes Buch ein Abenteuer". Zensur-System und literarische Öffentlichkeiten in der DDR bis Ende der 60er Jahre. Berlin 1997, 212f.

eingeleitet, das ihn als Kriminellen moralisch diskreditieren sollte. Acht DDR-Schriftsteller solidarisierten sich in einem Offenen Brief mit dem angeklagten Heym und kritisierten fehlende Meinungsfreiheit und staatliche Zensur. Durch die Bekanntmachung des Briefes im westdeutschen Fernsehen hatte der Konflikt internationale Aufmerksamkeit gewonnen.[26] In einem ARD-Bericht konnte das westdeutsche (und teilweise auch ostdeutsche) Fernsehpublikum verfolgen, wie Heym zum Verhör durch den Staatsanwalt geführt wurde. Der Schriftsteller wehrte sich über eine Erklärung im ZDF: „Sie reden von Devisen, es geht aber um das Wort. Es geht um die Freiheit der Literatur, auch in diesem Lande, auch im Sozialismus."[27] Das Interview löste international großes Aufsehen aus; die SED-Führung reagierte mit exemplarischen Sanktionen gegen die westlichen Medien.[28] Heym wurde in einem Gerichtsverfahren des Devisenvergehens für schuldig befunden und zu einer Geldstrafe von 9000 Mark (Ost) verurteilt. Kurz danach wurde er zusammen mit der Mehrheit der Unterzeichner des Solidaritätsbriefes unter dem Vorwurf der partei- und staatsfeindlichen Tätigkeit aus dem Berliner Schriftstellerverband ausgeschlossen.[29] Um den Abschreckungseffekt zukünftig zu erhöhen, wurde eine Gesetzesverschärfung beschlossen, die bei unerlaubten West-veröffentlichungen härtere Strafen – von hohen Geldstrafen bis zu mehrjährigem Freiheitsentzug – ermöglichte.[30]

Die Staatsmacht konnte die Westveröffentlichungspraxis auch in den folgenden Jahren nicht wirksam unterbinden, da ihr starker Wunsch nach positiver Außenwirkung ihre Handlungsoptionen bei der Bekämpfung dieser verbotenen Praxis erheblich einschränkte. Deshalb vermied sie weiterhin harte Strafen bei Westveröffentlichungen prominenter Autoren und intensivierte stattdessen die geheimdienstliche Bekämpfung der Kritiker. Allerdings hing das Strafmaß entscheidend vom Faktor ‚öffentliche Aufmerksamkeit' ab – mit paradoxen Folgen: So erhielten unbekannte Sympathisanten für die Verbreitung von verbo-tenen Biermann-Liedern mehrjährige Haftstrafen, während der Verfasser der inkriminierten Lieder ungehindert (wenn auch illegal) im Westen veröffentlichen und die Tantiemen legal in die DDR transferieren konnte.

Der ‚Fall Collin' zeigt den großen Einfluß der internationalen Öffentlichkeit auf die Herrschaftsausübung der SED-Führung und die zentrale Rolle der west-

---

26 Über den Protestbrief vom 16.5.1979 wurde am 22.5. in der ARD-Tagesschau berichtet; Stif-tung Akademie der Künste, Archiv des Schriftstellerverbands, Berlin, Nr. 1255.

27 *Stefan Heym*, „Es geht um das Wort": Erklärung für das ZDF, 12. Mai 1979, in: *Mallwitz* (Hg.), Wege und Umwege (wie Anm. 24), 440.

28 Nach der Sendung wurde dem verantwortlichen ZDF-Korrespondenten die Akkreditierung in Ost-Berlin entzogen.

29 Beschluß der Mitgliederversammlung des Bezirksverbandes Berlin des SV der DDR vom 7. Juni 1979, veröffentlicht im Neuen Deutschland, 9./10. Juni 1979, in: *Peter Lübbe* (Hg.), Dokumente zur Kunst-, Literatur- und Kulturpolitik der SED, Bd. III, 1975–1980. Stuttgart 1984, 718f.

30 Die Volkskammer verabschiedete am 28. Juni 1979 diese Strafverschärfung im 3. Strafrechts-änderungs-Gesetz, das im Volksmund den Namen „Lex Heym" erhielt.

lichen Massenmedien bei der Produktion und Kommunikation von Hauptstadt-Bildern.[31] Die Stimmen des ‚kritischen Berlin' brauchte die westliche Öffentlichkeit unverzichtbar als Medium, um sich wirksam artikulieren zu können.

III.3. Gegenöffentlichkeit in urbanen Nischen: Der Prenzlauer Berg

In den 1980er Jahren bildete sich eine kritische Gegen-Kultur heraus, die sich in einem Stadtbezirk der Hauptstadt konzentrierte: Der Prenzlauer Berg wurde zu einem Ort der Unangepaßten, zu einem magnetisch wirkenden Zentrum einer künstlerischen und intellektuellen Gegenöffentlichkeit, in dem sich unterschiedliche Kunstströmungen und Formen des Aussteigertums sammelten. Nachdem die Mehrheit der bisher dort wohnenden Arbeiter in Neubaugebiete am Stadtrand gezogen waren, wurden die verwahrlosten Wohnhäuser in den 1970er Jahren meist illegal von Künstlern, Studenten, Wissenschaftlern, Aussteigern und jungen Leuten bezogen. Die DDR-Bürokratie konnte diese Entwicklung nicht kontrollieren, so daß dort eine relativ große urbane Subkultur entstand, mit selbstverwalteten Galerien, Lesereihen und Diskussionen, alternativen Theateraufführungen und unabhängigen Zeitschriften.[32]

Die Treffen fanden meist in Privatwohnungen statt, die zu zentralen Orten der städtischen Gegenöffentlichkeit wurden. Die Prenzlauer Berg-Szene war gekennzeichnet durch Selbstständigkeit und Kreativität sowie den Wunsch nach Selbstbestimmung und Selbstverwaltung; sie bildete keine homogene Gegenbewegung mit einem alternativen politischen Programm, sondern war eine Ansammlung verschiedener Gruppen und Projekte, die vor allem durch eine radikale Distanz- und Verweigerungshaltung gegenüber staatlicher Bevormundung verbunden waren.[33] Die Staatsmacht versuchte, die autonomen Bestrebungen mit geheimdienstlichen Methoden möglichst unauffällig zu bekämpfen und politisch unwirksam zu machen, so daß das subkulturelle Milieu relativ stark mit MfS-Spitzeln unterwandert war.[34] So zeigte die Prenzlauer Berg-Szene eine extreme Ambivalenz: einerseits Legende einer staatsfernen, autonomen Gegenöffentlichkeit in der Hauptstadt mit selbst erkämpften Freiräumen, andererseits Ort intensiver staatlicher Überwachung und Beeinflussung. Mitten im Zentrum der Diktatur hatte sich in bewußter Verweigerung gegenüber staatlichen Eingriffen und Parteivor-

---

31 Das West-Fernsehen ARD und ZDF war im größten Teil der DDR zu empfangen und erfreute sich bei der Bevölkerung großer Beliebtheit. Der Konsum von West-TV war zwar verboten, doch da die SED-Führung diese Praxis nicht verhindern konnte, sah sie sich zur Tolerierung gezwungen.

32 *Wolfgang Kil*, Prenzlauer Berg. Ein Bezirk zwischen Legende und Alltag. Berlin 1986.

33 *Claudia Petzold/Paul Kaiser*, Boheme und Diktatur in der DDR. Gruppen, Konflikte, Quartiere 1970 bis 1989. Ausst.kat. Berlin 1997; Eigenart und Eigensinn. Alternative Kulturszene in der DDR (1980–1990), hg. v. Forschungsstelle Osteuropa. Bremen 1993.

34 *Peter Böthig/Klaus Michael* (Hg.), MachtSpiele. Literatur und Staatssicherheit im Fokus Prenzlauer Berg. Leipzig 1993.

schriften eine alternative, staatsferne Gegenkultur herausgebildet, deren Werke nicht nur eine illegale Nischenexistenz führten, sondern auch den Weg in den Westen fanden und die Vorstellungen von der Hauptstadt entscheidend prägten.

IV. Bühne und Akteure der Friedlichen Revolution von 1989

Während die Sowjetunion unter Gorbatschows Führung in der zweiten Hälfte der 1980er Jahre ein umfassendes Reformprogramm zur Demokratisierung und Liberalisierung durchführte (perestrojka und glasnost), hielt die SED-Führung unter Honecker an einer dogmatischen Politiklinie fest. Nach außen zeigte sie sich als verläßlicher Partner einer Entspannungspolitik, im Innern verweigerte sie sich jedoch jeglichen Reformen. In den achtziger Jahren wurde ein umfassendes Legitimationsdefizit der SED-Herrschaft offenbar; große Teile der Bevölkerung litten unter den Restriktionen und Repressionen und schenkten den offiziellen Verlautbarungen der SED keinen Glauben mehr.[35] Mit dem Voranschreiten des Systemwandels in der Sowjetunion und anderen osteuropäischen Staaten verstärkten sich auch in der DDR-Bevölkerung die Forderungen nach Reformen. Im Frühjahr 1989 wurde durch die politische Öffnung in Polen und Ungarn die Systemgrenze nach Westen überwindbar: Tausende DDR-Bürger flohen über ausländische Botschaften aus der DDR. Gleichzeitig demonstrierten Tausende im ganzen Land für Presse-, Meinungs- und Reisefreiheit und eine umfassende Demokratisierung. Überall im Land fanden Demonstrationen statt, Kristallisationspunkte waren Großstädte wie Leipzig und Dresden. Trotz umfassender geheimdienstlicher Kontrollen hatten sich die Proteste im Laufe des Jahres 1989 immer mehr ausgebreitet und ergriffen das ganze Land und weite Teile der Bevölkerung. Die Hauptstadt war als Zentrale der Macht zunächst vor allem Adressat der Protestbewegung, doch im Herbst 1989 rückte sie ins Zentrum des Geschehens. Am 7. Oktober 1989 beging die SED-Führung den 40. Jahrestag der DDR in Ost-Berlin mit den üblichen offiziellen Feierlichkeiten, um die Stabilität ihrer Macht nach innen und außen zu demonstrieren. Als die höchsten Repräsentanten des Staates mit dem Ehrengast Gorbatschow im Palast der Republik den offiziellen Festakt begingen, forderten protestierende Demonstranten vor dem Gebäude lautstark Reformen. Die Staatsmacht ging mit aller Härte gegen die Protestierenden vor, es gab zahlreiche Verhaftungen. Die Unruhen hatten jedoch das gewünschte Außenbild der DDR-Führung zerstört: Die Fiktion einer Einheit von Volk und Partei war offensichtlich zerbrochen, die Herrschaftsbasis des Staates nachhaltig erschüttert. Die Mitte der Hauptstadt war zu einem offenen Kampfplatz zwischen der Staatsmacht und ihren Kritikern geworden.

---

35 *Sigrid Meuschel*, Legitimation und Parteiherrschaft in der DDR. Zum Paradox von Stabilität und Revolution in der DDR 1945–1989. Frankfurt a.M. 1992.

Wenige Tage vor dem Zusammenbruch der DDR wurde das Zentrum Ost-Berlins erneut zur Plattform der direkten politischen Auseinandersetzung zwischen Staatsmacht und Opposition. Die Demonstrationen in Ost-Berlin wurden im Unterschied zu Leipzig und Dresden nicht von der breiten Bevölkerung, sondern zunächst nur von einer relativ kleinen Gruppe von Oppositionellen getragen. Sie mündeten dann aber in die große Massendemonstration am 4. November 1989, als sich kirchliche und andere unabhängige Oppositionsgruppen mit reformsozialistischen Intellektuellen und Künstlern in ihrem Protest vereinten. Bei der Abschlußkundgebung versammelten sich auf dem Alexanderplatz über 500.000 Menschen, die den DDR-Sozialismus über Reformen demokratisieren wollten. Der Massenprotest in der Hauptstadt hatte großen Symbolwert, da er direkt im Zentrum der Diktatur stattfand und den Zerfall des politischen Systems und der SED-Herrschaft für alle eindrucksvoll visualisierte. Bis zu diesem Zeitpunkt war der Alexanderplatz wesentlicher Teil des offiziellen Berlin: Aufmarschplatz und Ort wichtiger Staatsfeierlichkeiten, aber auch bauliches Symbol für das Selbstverständnis der DDR als moderner sozialistischer Staat. Indem die Protestierenden diesen Ort mit ihren Forderungen ‚besetzten‘, produzierten sie auch neue Bedeutungen und Bilder, die von den internationalen Medien in die ganze Welt übertragen wurden.

Ost-Berlin war zunächst nicht treibende Kraft der Demokratiebewegung im Land: Hier konzentrierten sich die Machtzentralen und die Ost-Berliner lebten – im Unterschied zum DDR-Durchschnittsbürger – in einer relativ privilegierten Situation und Versorgungslage. Auch deshalb erfolgte der Abschied von den Sozialismushoffnungen in der „Provinz" schneller und radikaler als in der Hauptstadt. Auch waren in Ost-Berlin unter den kritischen Kulturschaffenden die Reformsozialisten stark vertreten, was sich auch in der Umbruchzeit deutlich zeigte: Am 8.11.1989 verlas die Schriftstellerin Christa Wolf im DDR-Fernsehen den Aufruf „Für unser Land", in dem bekannte Künstler und Intellektuelle für einen ‚dritten Weg‘ des Sozialismus, die Eigenständigkeit der DDR und eine „sozialistische Alternative" zur Bundesrepublik plädierten.[36] Angesichts der Massenflucht von DDR-Bürgern wurde an die Bevölkerung appelliert, im Land zu bleiben und für einen demokratischen Sozialismus bzw. einen Wandel des DDR-Systems zu kämpfen. Hier offenbarte sich eine Distanz der kritisch-loyalen Kulturschaffenden zur Mehrheit der Bevölkerung, die die sozialistischen Ideale nicht (mehr) teilte und andere Interessen verfolgte.

Wenige Tage nach der Massendemonstration auf dem Alexanderplatz fiel die Mauer. Als Ost-Berliner in Massen durch die geöffneten Grenzübergänge in den Westen strömten, war das Ende der SED-Herrschaft eingeleitet und Berlin wurde zur Offenen Stadt. Die Bürger aus Ost und West feierten gemeinsam auf den

---

36   „Für unser Land", 28. November 1989, dokumentiert in: *Hannes Bahrmann/Christoph Links*, Wir sind das Volk. Die DDR zwischen 7. Oktober und 17. Dezember 1989. Eine Chronik. Berlin und Weimar 1990, 88f. Der Aufruf wurde nach der Maueröffnung am 9.11.1989 veröffentlicht.

Straßen und Plätzen und nahmen ihre Stadt in Besitz. Diese Bilder symbolisierten das Ende der Ost-West-Konfrontation und die Wiedervereinigung der beiden deutschen Staaten. Ost-Berlin war zur Bühne der Friedlichen Revolution geworden.

V. Fazit: Stadt des Widerspruchs

Die SED-Führung scheiterte bei ihrem Versuch, ihren Anspruch auf absolutes Machtmonopol durchzusetzen und die Bilder ihrer Herrschaft widerspruchsfrei zu inszenieren. Auch gelang es ihr nicht, die Außendarstellung und Wahrnehmung der Hauptstadt als Sinnbild ihrer vermeintlich erfolgreichen und stabilen Herrschaft allumfassend zu definieren und alle abweichenden Bilder zu unterdrücken. Trotz des Einsatzes von Zensur, Repressionen und geheimdienstlichen Methoden fielen in der Hauptstadt die ‚offizielle Schau' und das ‚inoffizielle Berlin' immer stärker auseinander. Ost-Berlin wurde zum Zentrum von Oppositionellen und Unangepaßten, die trotz aller staatlichen Gegenmaßnahmen alternative Bilder der Stadt produzierten und kommunizierten, die den offiziellen Bildern widersprachen. Da die staatlich inszenierten Bilder gleichförmig, erwartbar und ritualisiert waren, fiel die Aufmerksamkeit für diese ‚Bild-Störungen' umso größer aus.

Die westlichen Massenmedien – insbesondere der Bundesrepublik – hatten eine Schlüsselstellung bei der Außendarstellung Ost-Berlins: Als beobachtender und mithandelnder Akteur waren sie permanent präsent und wirkten auch in die DDR hinein; sie waren integraler Bestandteil der politischen Auseinandersetzung zwischen Staatsmacht und Opposition und spielten eine zentrale Rolle bei der Produktion und Kommunikation von Stadt-Bildern. Die westlichen Medien produzierten nicht nur eigenständige Bilder von der DDR-Hauptstadt, sondern sie ermöglichten überhaupt erst die Vermittlung anderer, ‚inoffizieller' Bilder von Ost-Berlin. Diese Störungen der offiziellen Bild-Produktion hatten großen Einfluß auf die Wahrnehmung der Stadt, da sie nicht nur die westliche Öffentlichkeit erreichten, sondern auch in der DDR rezipiert wurden. Entscheidend war die starke Präsenz der internationalen Medien in der Hauptstadt. Die ausländischen Journalisten vor Ort berichteten z.B. über offizielle Kulturveranstaltungen, die Schriftsteller als Podium nutzen konnten, um in Anwesenheit der internationalen Medien öffentlich Kritik an der SED-Politik vorzubringen. Die in Ost-Berlin akkreditierten westlichen Korrespondenten und Diplomaten fungierten als internationale Beobachter und konnten Informationen, Bücher und Zeitungen über die Grenze transportieren.

Während die staatlich gelenkten DDR-Medien die Hauptstadt propagandistisch in Szene setzten, rückten die westlichen Medien verstärkt das ‚andere Berlin' ins Bild, indem sie kritische Stimmen und unabhängige Bestrebungen ins Bewußtsein der internationalen Öffentlichkeit brachten. Die Zielsetzung positiver Außenwirkung und internationaler Anerkennung der DDR schränkte den absoluten Herrschaftsanspruch der SED-Führung erheblich ein: Die Staatsmacht konnte die Entstehung von Kritik und Opposition – und damit auch kritische Gegen-Bilder von und aus der Hauptstadt – letztlich nicht verhindern. Trotz rigoroser Abschottungsversuche und staatlicher Unterdrückungspolitik blieb Ost-Berlin somit auch als Macht-Zentrale einer Diktatur mehr als eine Stadt: ein Teil der Welt.

4. VISIONEN UND ERINNERUNGEN

URBANES IMAGINEERING IN DER POSTINDUSTRIELLEN STADT: ZUR PLAUSIBILITÄT BERLINS ALS OST-WEST-DREHSCHEIBE

Alexa Färber

„Den Traum, eine große Ost-West-Drehscheibe zu werden, haben die Berliner mittlerweile aufgegeben. Es fehlen nicht nur die großen Unternehmen als Lokomotive, auch die Infrastruktur ist nicht auf der Höhe der Zeit. [...] Da bleibt der bescheidene Wunsch der Berliner, wenigstens ‚Ost-West-Metropole‘ zu werden."[1]

Die hier unter Traum und Wunsch subsumierten Anstrengungen, Berlin seit der Wende mit Hilfe des Topos „Ost-West" zu einem plausiblen Image und damit zu einer vorteilhaften Stellung im globalen Städtenetzwerk zu verhelfen, sind Teil einer Praxis, die ich im Folgenden „urbanes Imagineering" nennen möchte. Urbanes Imagineering bezeichnet in der postindustriellen Stadt ein ausdifferenziertes Praxisfeld, an dem zunehmend professionalisierte Akteursgruppen aktiv beteiligt sind, um Bilder der Stadt strategisch und konsumtauglich mit dem urbanen Raum zu identifizieren. Denn in der Konkurrenz um wirtschaftliche Ressourcen ist das Image der Stadt zentraler Gegenstand der Stadtpolitik geworden. Es verspricht, zu einer vorteilhaften Positionierung innerhalb eines regionalen, nationalen und globalen Städtenetzwerkes zu verhelfen. Mit dem Begriff „urbanes Imagineering" ist ein Verfahren umrissen, das die symbolische Wirkung einzelner Charakteristika einer Stadt (ihre geographische Lage, bestimmte Bauwerke, historische Ereignisse oder auch eine Atmosphäre) hervorkehrt und diese gleichsam zum kulturellen Gesamtzustand, zum Bild der Stadt erklärt.

Diese zu Images umgeformten Charakteristika treten als Medien der Städtekonkurrenz auf und müssen so gesehen an allgemeine urbane Standards anschlußfähig sein. Dazu zählen auf der einen Seite wiedererkennbare Raumtypen, wie Einkaufszentren und die damit einhergehenden Konsumpraktiken, Konsumprodukte, aber auch Zugangsmöglichkeiten zum Stadtraum, wie beispielsweise verkehrstechnische Infrastruktur und Zahlungsformen. Auf der anderen Seite müssen diese Images das Spezifische der jeweiligen Stadt vergegenwärtigen, eben jenen „kulturellen Charakter", der Paris von London, New York oder Tokyo unterscheidet. Einförmigkeit und Einmaligkeit laufen in diesen Bildern zusammen und werden in der städtischen Ökonomie der Symbole verwertet.[2]

---

1 *Klaus-Peter Schmid*, in: Die Zeit, Nr. 15 (6.4.2005).
2 Vgl. *Sharon Zukin*, The culture of cities. Oxford 1996. Mit dem Begriff der symbolischen Ökonomie beschreibt Sharon Zukin eben dieses Verfahren, das städtische lokale Charakteristika zur urbanen Kultur erklärt und in eine Ressource verwandelt, um die Transformation vom Industriestandort zum Dienstleistungszentrum voranzutreiben und gleichzeitig zu repräsentieren. Im Anschluß an Zukin sind u.a. in der Stadtsoziologie und Stadtanthropologie diejenigen Praktiken herausgearbeitet worden, die zu dieser Aufwertung von Kultur in der symbolischen Ökonomie einer Stadt beitragen. Die Festivalisierung der Stadt, die Ausdiffe-

Für die Stadtanthropologie eröffnet das Thema „urbanes Imagineering" Forschungsfelder, in denen die Profile und Praktiken der lokalen Akteure dieser städtischen Symbolstrategien und ihre globalisierende bzw. lokale Wirkung in den Vordergrund treten. Denn nicht jede Bildstrategie in Form einer städtischen Werbekampagne erweist sich als nach außen erfolgreich oder als nach innen plausibel. Eine auf Akteure ausgerichtete Forschungsperspektive kann deshalb untersuchen, welche Bevölkerungsgruppen an der Bildproduktion beteiligt sind und für wen einzelne Bildstrategien plausibel erscheinen. Mit Blick auf die Performanz der Stadtimages stellt sich darüber hinaus die empirische Frage, welche Bilder eine Wirkung im Sinne von Identifikationen *mit* und Repräsentation *in* der Stadt zeigen. Vor diesem Hintergrund läßt sich auch theoretisch die Frage beantworten, wie die Plausibilität oder das Scheitern gewisser Images zu erklären ist.

Ich möchte im folgenden zeigen, daß das *Image* einer Stadt, in diesem Fall das Image Berlins seit dem Fall der Mauer 1989, allein dann Identifikationsprozesse für die lokale Bevölkerung bewirkt, wenn es im *Imaginären* der Stadt fußt. Dies läßt sich an einem der dauerhaftesten Topoi Berlins seit 1989 nachweisen: Berlin als Ost-West-Drehscheibe/-Metropole/-Kompetenzzentrum. Anhand der analytischen Gegenüberstellung des *Imaginären* und des *Images* der Stadt soll deutlich werden, warum im Fall von Berlin die Werbung um Investoren mit einem Image als Ost-West-Drehscheibe wirtschaftlich in großem Umfang nicht erfolgreich sein kann, während das Bild kulturell plausibel ist und eine urbane Realität beschreibt. Identifikation und gesellschaftliche Repräsentation fallen deshalb mit Bezug auf diese beiden Bereiche – Wirtschaft und Kultur – unterschiedlich aus.[3] Mit Blick auf urbanes Imagineering bedeutet dies, daß ein gezielt eingesetztes Bild der Stadt sich nur dann als plausibel und damit auch erfolgreich erweist, wenn es mit dem Imaginären der Stadt korrespondiert.

---

renzierung des Konsum (von Kultur) und Gentrifizierungsprozesse sind als solche Praktiken zu beobachten. Besondere Beachtung finden dabei die Ein- und Ausschlußverfahren der Stadtgesellschaft sowie die Transformation von öffentlichem und privatem Raum; vgl. u.a. *Hartmut Häußermann/Walter Siebel*, Neue Urbanität. Frankfurt a.M. 1987; *Hartmut Häußermann* u.a., Stadterneuerung in der Berliner Republik: Modernisierung in Berlin-Prenzlauer Berg. Opladen 2002; *Barbara Lang*, Mythos Kreuzberg: Ethnographie eines Stadtteils (1961–1995). Frankfurt a.M. 1998; *Cordula Gdaniec*, Kommunalka und Penthouse. Transformation von Stadt und Stadtgesellschaft im post-sowjetischen Moskau. Münster 2005.

3   Die folgenden Überlegungen gehen aus den Fragestellungen des DFG-Forschungsprojektes „Urbane Kultur und ethnische Repräsentation: Berlin und Moskau auf dem Weg zur world city?" hervor, das ich gemeinsam mit Cordula Gdaniec am Institut für Europäische Ethnologie der Humboldt-Universität zu Berlin bearbeite. Meine Argumentation an dieser Stelle stützt sich auf Strukturpapiere der Stadtverwaltung, Materialien der Stadtmarketing-Agenturen und die lokale Presse. Darüber hinaus basiert der Beitrag auf empirischem Material, das ich während Veranstaltungen erhoben habe, die Berlin als Ost-West-Drehscheibe thematisiert haben, bzw. auf teilnehmende Beobachtung in diesem Bereich.

Das Imaginäre und das Image der Stadt

Die Objektivierung der Stadt in Form von Repräsentationen trägt in erster Linie zu ihrer Reproduzierbarkeit bei.[4] Diese (mediale) Verfügbarkeit der Stadt allein erklärt jedoch nicht, welches die Vorraussetzungen für plausible und erfolgreiche Bilder und Repräsentationen sind. Der Ost-West-Topos im urbanen Imagineering Berlins zeichnet sich gerade durch seine vielfältige Anknüpfbarkeit aus; um sein Scheitern hinsichtlich des mit ihm verknüpften wirtschaftlichen Aufschwungs zu erklären, bedarf es einer differenzierteren Perspektive. Eine Unterscheidung zwischen Image und Imaginärem der Stadt kann deshalb helfen, Kriterien für die Anknüpfbarkeit von Bildern zu definieren.

Arjun Appadurai unterscheidet zwischen *images* als mechanisch produzierten Bildern und dem *imaginary* als Produkt sozialer Praxis. Beide haben durch die Verbreitung zeitgenössischer Technologien nicht allein an Relevanz gewonnen. Das Imaginäre ist darüber hinaus performativer Teil der kulturellen Globalisierung.[5] Während das Imaginäre bei Appadurai als ein transversales Mediums zu verstehen ist, wirkt es – mit Bezug auf die Stadt – in der Definition von Rolf Lindner in der Tiefe: Das Imaginäre der Stadt stellt eine Vertiefung der städtischen Realität dar.[6] Das Imaginäre der Stadt verweist zum einen auf den Erfahrungsraum Stadt, der durchdrungen ist von Symbolisierungen materieller wie immateriellen Art: Architektur, Literatur, Werbung aber auch Erzählungen über die Stadt prägen als „Vokabular" die Wahrnehmung des Stadtraumes.[7] Zum anderen ist das Imaginäre auch ein Medium, das Zugang zum Stadtraum verschafft – ob alltäglich für seine Bewohner, in künstlerischen Analysen und Recherchearbeiten oder aber in der Fremdwahrnehmung von Touristen. Das Imaginäre wird alltagskulturell produziert und ist im Alltag wirksam. Im Gegensatz dazu ist das Image der Stadt, so zeigt Lindner, Produkt politischer oder ideologischer Ziele. Wenn das Imaginäre widerständig und „langsam" ist, bzw. der Vorstellung einer *longue durée* ähnelt, die historisch verwurzelt ist und sich

4 „Representations make the city available for analysis and replay"; *Rob Shields*, A Guide to Urban Representation and what to do about it: Alternative Traditions of Urban Theory, in: *Anthony D. King* (Hg.), Re-Presenting the City. Ethnicity, Capital and Culture in the twenty-first century metropolis. Houndmills 1996, 227–252, hier: 228.

5 *Arjun Appadurai*, Modernity at Large: Cultural Dimensions of Globalization. Minneapolis 1998, 49. Bereits mit der erstmals 1983 erschienenen kulturhistorischen Arbeit von Benedict Anderson zur Konstruktion von Nationen als „imagined communities" ist das Potenzial von Vorstellungen und Bedeutungen für Gruppen- und Identifikationsprozesse verstärkt in den Blick sozial- und kulturwissenschaftlicher Forschung getreten. Appadurais ähnlich einflußreiche Arbeiten zum Phänomen des kulturellen Transfers unter den Bedingungen aktueller Globalisierungsprozesse schließen an diesen Grundgedanken von Anderson an; vgl. *Benedict Anderson*, Imagined communities: Reflections on the origin and spread of nationalism. London 1983.

6 *Rolf Lindner*, The Imaginary of the City, in: The Contemporary Study of Culture, hg. v. Bundesministerium für Wissenschaft und Verkehr/Internationales Forschungszentrum Kulturwissenschaften. Wien 1999, 289–294, hier: 289.

7 Ebd., hier: 290.

am Gedanken von Mentalitäten orientiert, dann ist das „Image"/Bild dagegen das Produkt kurz- oder mittelfristiger politischer Entwürfe oder Ideologien.[8]

Diese Gegenüberstellung von Image und Imaginärem der Stadt als Außen- und Innensicht, kurzfristig wirkende und langfristig nachwirkende Bilder findet sich in vielen, darüber hinaus durchaus divergierenden Definitionen des Verhält- nisses von Stadt und Repräsentation/Bild.[9] Vor allem die Wechselwirkungen dieser sowohl an unterschiedlichen „Orten" angesiedelten sowie unterschiedlich wirksamen Bilder zählen zu den wiederkehrenden analytischen Unterschei- dungen, um das Verhältnis von Stadt und Bild zu klären. Zusätzlich aber trägt auch hier der Blick auf das Spektrum an Akteuren, die an der Produktion und dem Erfolg eines Images beteiligt sind, dazu bei zwischen Imaginärem und Image zu unterscheiden und den Charakter der Stadt bestimmen zu können.[10]

Dieses komplexe Zusammenspiel umreißt der Begriff *urbanes Imagineering*. Die Verknüpfung eines historisch verwurzelten, „zähflüssigen" Imaginären mit dem situationsbezogenen, auf spezifische beispielsweise stadtpolitische Ziele aus- gerichteten Bildes/Images wird in Diskursfeldern re-/produziert und von Akteuren ausgeformt. Ausgangspunkt für eine solche Imagearbeit ist die Wirkung von Bil- dern *in* einzelnen Bereichen der Stadt und *auf* die Stadt als Gesamtes, was eine spezifische Wahrnehmung der Stadt provozieren soll. Durch die Produktion und Verfestigung lokaler Symbole und Bedeutungen, das Imagineering[11], wird „Ge- schichte zu Geschichten, Gesellschaft zu Kultur und Identität zu lokalen Merk- bildern".[12] Nicht selten aber wird in einer Art selbstreflexiven Wendung dabei eine Idee des Städtischen selbst thematisiert und repräsentiert, weshalb ich von einem *urbanen Imagineering* sprechen möchte. „Urbanes Imagineering" bezeich- net das Zusammenwirken von medialen Repräsentationen der Stadt und städti- scher Realität, es meint die Produktivität und Performanz von Bildern der Stadt im

8   Dies wird u.a. mit Bezug auf Ralf Stremmels historische Arbeit über Berlin gezeigt; *Rolf Lindner*, Talking about the imaginary, in: sinnhaft 14/15 (2003), 10–13. Vgl. auch die kulturwissenschaftliche Perspektive auf den Komplex Bild-Stadt von Alan Blum. Blum bezeichnet in Anlehnung an Plato den Vorgang, der Bilder und ihre „Vorlage" („images and originals") miteinander verbindet, als Glaube („beliefs"), bzw. als die Grundlage für Bilder. Zu dem von ihm entwickelten Konzept einer „imaginativen Struktur der Stadt" führt er aus: „,grounds' of speeches by introducing beliefs which make their images possible or credible, beliefs which explicate the impicit relationship between what is said and what is unsaid"; *Alan Blum*, The imaginative structure of the city. Montreal u.a. 2003, 16.
9   An dieser Stelle sei nur auf eine jüngere kulturanthropologische Arbeit über städtische Trans- formationen in Linz in den 1990er Jahren hingewiesen. Judith Laister unterscheidet darin mit Bezug auf kunst- und literaturwissenschaftliche Bildtheorien (Hans Belting und William J. T. Mitchell) „images" als „innere Bilder" und „pictures" als „äußere Bilder" und betont die Wechselwirkungen zwischen beiden; *Judith Laister*, Schöne neue Stadt. Produktion und Re- zeption postindustrieller Stadt-Bilder am Beispiel von Linz an der Donau. Münster 2004, 19.
10   *Lindner*, Talking about the imaginary (wie Anm. 8), hier: 12.
11   *Wolfgang Kaschuba*, Urbane Identität: Einheit der Widersprüche?, in: *Kristina Hasenpflug* (Hg.), Urbanität und Identität zeitgenössischer europäischer Städte. Ludwigsburg 2005, 8–28, hier: 25.
12   *Wolfgang Kaschuba*, Scars as Tatoos (Vortrag gehalten am 3. Oktober 2002 in New York); www2.hu-berlin.de/hu-ny/events/dateien/Scars_as_Tattoos_2.pdf, 3f., 7.

Verhältnis zur Stadt. Die Stadt als Erfahrungsraum („urbane Realität") und die Repräsentationen des Urbanen (beispielsweise deren Visualisierung) müssen dabei als zwei Spielarten des Städtischen verstanden werden.

Der analytische Gewinn einer Perspektive auf urbanes Imagineering liegt deshalb nicht in der Verifizierung der Repräsentationen durch die Realität und anders herum bzw. die Feststellung, daß eine (mediale) Differenz zwischen beiden besteht. Der Gewinn liegt darin, daß sich in dieser Perspektive ein empirisches, ethnographisch erforschbares Feld eröffnet. Hier können das Ineinandergreifen von beidem als ein Diskursfeld nachgezeichnet, sowie die an diesem Zusammenspiel von Realität und Repräsentation beteiligten Akteure beobachtet werden. In genau dieser Perspektive ist die ungleiche Beziehung zwischen der teils erfolglosen Konstruktion von Bildern und der Beständigkeit eines Imaginären der Stadt Berlin zu beobachten.

Berlin als Ost-West-Drehscheibe: Diskursfeld und Akteursgruppen

Zu den immer wiederkehrenden kulturellen Konstrukten von Berlin zählt seit der Wende 1989 das Bild Berlins als ein Regionen, Städte und Erfahrungen verknüpfender Ort zwischen Ost und West. Akteure aus Politik, Wirtschaft und Kultur formulieren in nur wenig voneinander abweichenden Varianten und mit Blick auf die unterschiedlichen Zielgruppen diesen gleichsam natürlichen Standortvorteil. Dabei ist von der Ost-West-Drehscheibe, von der Ost-West-Metropole oder vom Ost-West-Kompetenzzentrum die Rede. All diese Bilder verbindet die Hoffnung, wirtschaftliche Effekte nach sich zu ziehen. Der „ausufernde Metropolendiskurs um Berlin"[13], zu dem dieser spezifische Topos zählt, ist Produkt einer spezifischen Krisensituation im Zusammenspiel unterschiedlicher Akteursgruppen.

Das hohe Mobilisierungspotenzial dieses sich nahezu selbsterklärenden Images kann zunächst auf die in Berlin ganz unmittelbar erfahrbaren Folgen des Zusammenbruchs der DDR und des Ostblocks zurückgeführt werden. In Berlin war die Transformation des sozialistischen Systems in Osteuropa und der Sowjetunion nicht nur direkt erfahrbar, Berlin wurde darüber hinaus auch zu einem der Embleme und bevorzugten Beobachtungsfelder dieser Umbruchsituation. Anders als in anderen postindustriellen Städten reagierte die Berliner Stadtentwicklungspolitik nach der Wende deshalb mit ihren Imagekampagnen weniger auf die zu erwartenden wirtschaftlichen Transformationen als auf den politischen und kulturellen Umbruch: „Aus der Perspektive des Stadtmarketing bedeutete dies, daß dringend neue Images und eine neue Identität erschaffen werden mußten, um damit auf einer globalen Ebene die Stadt neu positionieren zu können."[14]

---

13   *Werner Sewing*, Berlin – vom Mythos zur Metropole?, in: *Helmuth Berking/Richard Faber* (Hg.), Städte im Globalisierungsdiskurs. Würzburg 2002, 97–111, hier: 98.

14   *Ignacio Farias*, Zukunft zum Greifen nah. Bedingungen, Semantik und Verortung von Berliner Stadtmarketing, in: *Alexa Färber* (Hg.), Hotel Berlin. Formen urbaner Mobilität und Verortung. Berlin 2005, 22–31, hier: 25.

Die Arbeit an einem Image der Stadt setzt generell unterschiedliche Akteursgruppen zueinander in Bezug: Geschäftsleute und Touristen zählen dabei zu den
wichtigen Zielgruppen eines von Seiten des Stadtmarketing bzw. der Stadtverwaltung strategisch entwickelten Stadtimages.[15] Künstler und Migranten sind
ebenfalls produktiver Teil dieses urbanen Imagineering, indem sie die Bilder mitgestalten, Gegenstand des Images werden oder sich von ihnen angezogen oder
auch abgestoßen fühlen. Schließlich reflektieren diejenigen Akteure, die sich
beispielsweise wissenschaftlich mit Städten befassen, urbane Phänomene und
produzieren damit eine weitere Form von Wissen und Bildern über die Stadt. Alle
genannten Akteursgruppen prägen aktiv den Charakter einer Stadt als kulturellem
Konstrukt und Repräsentation.[16]

   Zur Etablierung des Ost-West-Topos im urbanen Imagineering Berlins fällt
zunächst einmal der 1994 gegründeten Partner für Berlin Gesellschaft für Stadtmarketing mbH (im folgenden: PfB), eine zentrale Rolle zu. Mit dieser Institutionalisierung des Stadtmarketing hat sich neben dem mechanistischen und über den
Ort hinausweisenden Bild der Ost-West-Drehscheibe, das vor allem unsystema-
tisch aufgegriffen wird, Berlin als Ost-West-Metropole als Image auch politisch
legitimierter Werbekampagnen etabliert. Seitdem ist die Ost-West-Metropole Berlin vielfach reproduziert, kritisiert und korrigiert worden und animiert Akteure aus
ganz unterschiedlichen Bereichen, dieses Bild mit Bedeutung zu füllen und produktiv zu machen: in stadtpolitischen Initiativen (z.B. den Städtepartnerschaften
oder parteipolitischen Debatten), Wirtschaftsinitiativen in Form des Public Private
Partnership (wie beispielsweise dem Informationsportal Business Location
Centre) oder in den vom Bund geförderten Kulturprogrammen, wie den Groß-
ausstellungen „Berlin-Moskau/Moskau Berlin" (1995, 2003) oder dem „Kulturjahr
der Zehn" (2004–2005).[17]

   Die Publikation „Berlin: Die Stadt. In der Mitte des neuen Europa. Imagebro-
schüre. Das Neue Berlin" demonstriert, zum einen die kulturelle Logik des Ost-
West-Topos, d.h. die von den Akteuren als evident befundene Ausformung und
Wirkung dieses Topos. Aufgrund dieser kulturellen Plausibilität avancierte die
Broschüre gleichzeitig zur Schablone für andere Repräsentationen. Berlin als Ost-

---

15   Franziska Puhan-Schulz zeigt in einer Prag, Amsterdam und Frankfurt am Main vergleichen-
     den Studie, daß der Bau von Kunstmuseen zunehmend mit ihrer Attraktivität für Touristen,
     und nicht für Einheimische, erwirkt wird; *Franziska Puhan-Schulz*, Museen und Stadtimage-
     bildung. Amsterdam – Frankfurt/Main – Prag. Ein Vergleich. Bielefeld 2005.
16   Diese Gruppen tragen so auch zur kulturellen Rolle von Städten als „world cities" bei; *Ulf
     Hannerz*, The Cultural Role of World Cities, in: *A.P. Cohen/K. Fukui* (Hg.), Humanising the
     City? Social Contexts of Urban Life at the Turn of the Millennium. Edinburgh 1993, 67–84;
     Anthony D. King, Re-presenting world cities: cultural theory/social practice, in: *Paul L.
     Knox/Peter J. Taylor* (Hg.), World cities in a world system. Cambridge 1995, 215–231.
17   In diesem Feld hat es in den vergangenen zehn Jahren einige Veränderungen in Form neuer
     Zusammenschlüsse gegeben. Partner für Berlin Gesellschaft für Hauptstadtmarketing mbH
     tritt seit Mitte 2005 unter dem Namen Berlin Partner GmbH zusammen mit der Wirtschafts-
     förderung Berlin International GmbH (WFBI) auf. Die WFBI ist wiederum 2003 aus dem
     Zusammenschluß der 1950 als Berliner Absatz-Organisation (BAO) gegründeten BAO Berlin
     International GmbH und der Wirtschaftsförderung Berlin GmbH hervorgegangen.

West-Metropole ist darin Teil einer von PfB 1998 lancierten langfristigen Kampagne, die unter dem Motto das „Neue Berlin" fünf Leitbilder entwarf[18]: Berlin als „Hauptstadt", „kreative Stadt", „Kulturmetropole", „Lebenswerte Stadt" und an prominenter Stelle Berlin als „Ost-West-Metropole": „Im kommenden Europa liegt Berlin in der Mitte, nicht mehr am Rand. Es verfügt über Erfahrungen sowohl des Westens als auch des Ostens. Berlin wird zum Ort der Begegnungen von Ost und West, zum Tor und Ziel für beide Seiten, zur Ost-West Metropole."[19]

Das Image, das hier weniger als Traum, Wunsch oder Hoffnung auftritt, sondern sich als eine Gewißheit verkauft, gründet rhetorisch in dem Versprechen, daß Berlin allein aus seiner geographischen Lage heraus einen Standortvorteil habe, der sich in Form eines Kommunikationszentrums zwischen Ost und West umsetzen ließe. Ein Standortvorteil, der sich in Investitionen, der Niederlassung von Firmenzentralen internationaler Unternehmen und damit einem wirtschaftlichen Aufschwung ausdrücken würde. Die Eigenschaften der Ost-West-Metropole Berlin führt die Broschüre dementsprechend unter den Überschriften Banken, Entscheidungszentrum, Sogwirkung, Export und Knoten auf. Neben diesen auf Wirtschaftsakteure zielenden Schlagworten wird unter „Nur in Berlin" zudem auf die vielen „Menschen mit Erfahrungen in den neuen Märkten, die außerdem noch Russisch sprechen", verwiesen und in einem Atemzug große Unternehmen genannt, wie debis AG und Gazprom, die sich als Joint Venture in Berlin angesiedelt hätten.[20] Das Image Berlins als Ost-West-Metropole vermittelt sich in dieser Kampagne als eines, das vor allem das Kapital großer Unternehmen transferiert.

Vor diesem Hintergrund und in der folgenden Wendung des Images von der Metropole zum „Ost-West-Kompetenzzentrum"[21] bewegt sich auch die 2002 national und international geschaltete Anzeigenkampagne von PfB: Mit dem Ziel, „internationale Entscheider für den Wirtschaftsstandort Berlin zu interessieren", wird der Vorstandsvorsitzende von BP, Lord Browne, zitiert: „Ein global agierendes Unternehmen wie BP, das seine Europatätigkeit ausweiten möchte, muß den Westen und den Osten des Kontinents gleichermaßen in Betracht ziehen. Dafür

---

18 Zu einer Analyse des Status von Geschichte und Europa in diesem Leitbild vgl. *Farias*, Zukunft zum Greifen nah (wie Anm. 14).

19 Berlin: Die Stadt. In der Mitte des neuen Europa. Imagebroschüre. Das Neue Berlin, hg. v. Partner für Berlin Gesellschaft für Hauptstadtmarketing mbH, o.J. 3.

20 Ebd., 6.

21 Seit 2002 vertritt PfB drei „Schwerpunktthemen": Berlin als „Hauptstadt", „Wissenschaftsstandort", „Ost-West-Kompetenzzentrum"; www.berlin-partner.de/index.php?Page=65 [6.6. 2005]. Die Ausgliederung der Leitbilder „kreative Stadt" und „Kulturmetropole" mag auf die erfolgreiche Etablierung und Zusammenführung beider Topoi von Seiten des Senats liegen, die 2005 in die Veröffentlichung des ersten Kulturwirtschaftsbericht Berlins gemündet ist. Zum Image Berlins als kreative Kulturmetropole siehe unten.

Abb. 1/Tafel X: Motiv „Ost-West-Metropole" der Imagekampagne 2002 für Hauptstadtmarketing (Copyright: Berlin Partner GmbH)

gibt es keinen besseren Standort als Berlin." Illustriert wird die Botschaft dieser Kampagne mit einer Alltagssituation aus der Geschäftswelt (Abb. 1): Das stilisierte Foto zeigt, wie der Blick durch die Glasfassade nach draußen auf das gegenüber liegende Gebäude verrät, eine Bar am Potsdamer Platz. Zwei Männer in grauen Anzügen, der eine im Vordergrund am Tresen der Bar, der andere in einiger Entfernung in einem roten Ledersessel, sind in ihre Zeitungslektüre vertieft, die russischsprachige Wirtschaftszeitung *Kommercant* und das *Wall Street Journal*. Berlin präsentiert sein neues Stadtzentrum als einen Ort, an dem wie in London, New York oder Moskau Informationen zusammenfließen und Entscheidungen getroffen werden.[22] Es kann als ein ironischer Lapsus der Kampagne gewertet werden, daß die beiden Geschäftsleute in einer zurückhaltenden, sich informierenden Pose dargestellt werden und nicht etwa in einer kommunikativen, geschäftlichen Verhandlungssituation. So wie hier abgebildet könnten sie auch nur auf der Durchreise sein, ohne eine nachhaltige Spur (wie etwa Investitionen) in Berlin hinterlassen zu haben.

In der Medienberichterstattung kehrt sich diese programmatische Verknüpfung des Ost-West-Topos mit wirtschaftlichen Effekten, d.h. die positive Besetzung Berlins als wirtschaftlicher Umschlagplatz zwischen Ost und West, in das Gegenteil. Während im Stadtmarketing Zukunftsvisionen illustriert werden, vertreten die Medien den Anspruch, aktuelle Alltagssituationen zu repräsentieren.

---

22 Vgl. dazu die aktuelle Position des Business Location Centre, die sich genau in diese kulturelle Logik einschreibt: „Berlin inmitten des größeren Europas ist für international tätige Unternehmen der strategisch richtige Ort. Berlin verfügt über einzigartige Erfahrungen der Zusammenführung von Ost und West und ist dabei fest in die westlichen Märkte integriert"; www.blc.berlin.de/online.de/A/iv/pmseite0.jsp [17.11.2004].

Und so konterkariert die lokale und nationale Presse das Bild des harmonischen und der Stadt Nutzen bringenden Marktplatzes, indem sie die Migration aus Osteuropa in diesem Zusammenhang thematisiert und symbolisch auflädt. Beispielhaft dafür ist das Bild der russischen Migration in Berlin: Tsypylma Darieva stellt in einer Medienanalyse für die 1990er Jahre fest, daß „Russen als Illegale und Mafiosi, Russen als fremde Eindringlinge, Russen als eine Kaste von geschmacklosen Neureichen" systematisch als Deutungsmuster auftauchen.[23] Dieses Bild der osteuropäischen, in diesem Fall russischen Mafia, hatte 1996–1997 seinen Höhepunkt[24] – kurz vor der Etablierung des Images „Ost-West-Metropole" durch PfB.

Darieva nennt stellvertretend für das Spektrum dieser stereotypen Bilder eine Werbekampagne der *BZ*: Im Herbst 1998 wirbt die größte Berliner Boulevardzeitung auf Plakaten mit dem Slogan „Russen in Berlin" und verweist auf die kommende Serie „Wie mächtig sind die Russen in Berlin? Finanziell, kulturell, kriminell". Die *BZ* gibt selbst die Antwort: „An der Côte d'Azur relaxt die Russen-Mafia, in Berlin arbeitet sie". Personifiziert werden die angebotenen „Perspektiven" auf dem Plakat der *BZ* durch die verschwommene Photographie eines Mannes, der neben einem Krankenwagen steht, und dem Foto einer Frau im Pelzmantel, die gerade das KadeWe verläßt.[25] Nicht der in gepflegter Atmosphäre die Wirtschaftsnachrichten studierende Geschäftsmann ist Repräsentant dieser Verbindung, sondern der nicht zu identifizierende mafiöse männliche Migrant bzw. als weibliches Pendant dazu die dekadente, die Welt des Konsums erobernde Frau. Handel und Transfer, die vom Stadtmarketing propagierten Ziele des Berliner Ost-West-Kompetenzzentrums erscheinen in den Massenmedien als Mafia, Schattenwirtschaft und Dekadenz. Erst ab 1998 wird diese in den Medien geschürte skeptische bis feindliche Atmosphäre gegenüber der Präsenz Osteuropas in Berlin „unter dem Vorzeichen von Kultur" von einem positiven Bild ergänzt.[26] Und auch auf Seiten des Stadtmarketing wird mit einer Informationsbroschüre für „Ruskij Berlin" geworben, „Begleiter und Ratgeber für alle (...), die sich mit dem neuen russischen Berlin vertraut machen wollen."[27]

Die Assoziationen, die der Ost-West-Topos mit Blick auf die wirtschaftlichen Folgen und Praktiken hervorruft, sind offensichtlich ambivalent. Auch im stadtpolitischen Diskurs bleibt diese Ambivalenz nicht unbemerkt. Denn Erfolge im Export von Wirtschaftsgütern und Dienstleistungen und damit auch Investitionen in Berlin können nicht nachgewiesen werden – selbst wenn laut Business Location Centre Berlin „rund 280 Ost-West-Kooperationsinstitutionen tätig" sind.[28] In der Enquête-Kommission „Eine Zukunft für Berlin" wird dies nicht nur beklagt, sondern auch wie folgt begründet:

---

23 *Tsypylma Darieva*, „Russkij Berlin". Migranten und Medien in Berlin und London. Münster 2004, 92.
24 Ebd., 90ff.
25 Ebd., 92.
26 Ebd., 100.
27 Partner für Berlin – Gesellschaft für Stadtmarketing mbH (Hg.), Das neue Russische Berlin. Erweiterte Auflage Berlin 2002, 5.
28 www.blc.berlin.de/online.de/A/iv/pmseite0.jsp [17.11.2004].

„Diese seit dem Mauerfall bekannte Tatsache hat bisher entgegen den Prognosen nicht dazu geführt, dass Berlin zu einer Ost/West-Drehscheibe wurde. Das Problem ist, dass westdeutsche Metropolenräume längst in weit größerem Ausmaß Unternehmensverbindungen in die osteuropäischen Länder geknüpft haben. Hinzu kommt eine unterdurchschnittliche Export-/Importverflechtung der Berliner Wirtschaft."[29]

Diese von Akteuren aus Wissenschaft, Wirtschaft und Kultur erarbeitete Expertise stellt einen weiteren Baustein im Diskursfeld „Berlin Ost-West" dar. So war schon 1995 in der Studie „Berlin – Zukunft aus eigener Kraft" vom Leitbildvakuum die Rede[30], woraufhin in der im Jahr 2000 veröffentlichten BerlinStudie ein „mehrdimensionales Leitbild"[31] propagiert wurde. Durch diese Expertisen wird der Ost-West-Topos wiederum zu einem Politikum, das Reaktionen auf Seiten der politischen Verantwortlichen veranlaßte, bzw. die Verwirklichung des Versprechens „Ost-West-Metropole" zum parteipolitischen Spielball werden ließ. Im Oktober 2003 beschloß die Landesregierung im Rückblick auf die 1990er Jahre ein Positionspapier zur „Zusammenarbeit des Landes Berlin mit Mittel- und Osteuropa", in dem sie hinsichtlich der wirtschaftlichen Effekte des Ost-West-Topos kritisch Bilanz zieht: sie konstatiert dort, daß „die in den 90er Jahren entwickelten Hoffnungen, daß sich Berlin zu einer ‚Ost-West-Drehscheibe' entwickeln werde, aus unterschiedlichen Gründen bislang nur zum Teil in Erfüllung gegangen" sind.[32]

Bis hierhin sollte die Gegenüberstellung der zwei polarisierenden Interpretationen des Ost-West-Topos in Berlin („Wirtschaftsstandort" vs. „Mafiaknotenpunkt") und die Darstellung der unterschiedlichen strategischen Einschätzungen, die daran angeknüpft wurden, eines deutlich machen: Die kulturelle Logik dieses Topos und damit seine Plausibilität liegt in der Interpretation und Hervorkehrung der geographischen Lage Berlins als einer Zwischenposition und der kausalen Verknüpfung dieser Lage mit einem wirtschaftlichen Effekt. Diese rhetorische Verknüpfung hat sich in Form eines urbanen Imagineering als äußerst produktiv erwiesen, indem es Anknüpfungspunkte für eine Vielzahl von Akteuren geboten hat, wenn auch mit teils sehr unterschiedlichen Auslegungen.

Osteuropa in Berlin: Unternehmen Bohème und unternehmerische Bohémiens

Während meiner Recherchearbeit und Feldforschung in Berlin hat sich die Unterscheidung zwischen dem Imaginären und dem Image/Bild der Stadt als äußerst hilfreich erwiesen. Das imaginäre Berlin speist sich daraus, historischer Ort der klassischen Avantgarde und damit von Bohème-Lebensstilen gewesen zu sein,

---

29 Zwischenbericht der Enquête-Kommission „Eine Zukunft für Berlin", Drucksache 15/3131,5.
30 *Walter Kahlenborn* u.a., Berlin – Zukunft aus eigener Kraft. Ein Leitbild für den Wirtschaftsstandort Berlin. Berlin 1995, 13.
31 Der Regierende Bürgermeister von Berlin, Senatskanzlei (Hg.): Die BerlinStudie. Strategien für die Stadt. Berlin 2000, 23f.
32 Vgl. Berlin Landesregierung, Positionspapier zur Zusammenarbeit des Landes Berlin mit Mittel- und Osteuropa. Grundsätze und Schwerpunkte (Oktober 2003); www.berlin.de/imperia/md/content/rbm-skzl/europareferat/95.pdf, 2.

späteren randständigen kulturellen Positionen Raum gegeben zu haben (Ost wie West) und deshalb nicht allein Rückzugsort par excellence für alternative, sub- und popkulturelle Lebensstile geworden, sondern auch als solcher stilisiert worden zu sein. Berlin ist noch heute deshalb für spezifische soziale Gruppen wie Studierende und Künstler attraktiv, weil es Zugehörigkeit zur Stadtgesellschaft mit Bezug auf dieses Berlin der gebastelten Bohème-Lebensstile verspricht. Anders herum gesagt: Zugehörigkeit zur Stadtgesellschaft scheint sich besonders dann zu realisieren, wenn sie von Bildern begleitet wird, die an dieses imaginäre Berlin der Bohème anknüpfen. Daß dies auch für das Bild der Ost-West-Drehscheibe/-Metropole/-Kompetenzzentrum gilt, möchte ich im folgenden anhand einer erfolgreichen und einer unerfolgreichen Strategie aus diesem Diskursfeld darstellen: der „russischen Szenekultur" und einem Netzwerk junger, auf Osteuropa spezialisierten Experten.

Seit der Wende hat sich „russische Szenekultur" innerhalb weniger Jahre zu einem integralen Bestandteil der Berliner Alltags-/Popkultur entwickelt. Motor dieser popkulturellen Szene war die Russendisko, die zunächst eine Tanzveranstaltung in der Ostberliner Kneipe „Kaffee Burger", mit den DJs Vladimir Kaminer und Yuri Gúrzhi umfaßte. Sie expandierte schnell zu einer Club- und Kneipenszene an benachbarten Orten und versammelte die literarische und künstlerische russische und osteuropäische Szene in Berlin-Mitte: Lesungen und Filmvorführungen stehen im Wechselspiel mit Themenparties und Kunstausstellungen. Die zentrale Figur und für viele auch Identifikationsfigur, Vladimir Kaminer, hat seitdem als Kommentator einen festen Platz in den lokalen Printmedien, tritt aber auch regelmäßig in TV-Shows auf und ist erfolgreich auf Lesereise in ganz Deutschland.

Der kulturelle Status des in dieser Szene gelebten und vorgeführten migrantischen Lebens korrespondiert mit kulturellen Institutionen innerhalb Berlins wie der Volksbühne[33], wo etwa das fünfjährige Bestehen der Russendisko vor überfülltem Haus gefeiert wurde. Bei dieser Szene handelt es sich nach Tsypilma Darieva um „Schüler und Studierende der Berliner Schulen und Universitäten, um Touristen aus dem In- und Ausland, Künstler und Computerspezialisten, Immigranten, die für das Radio Multi-Kulti arbeiten oder um Heiratsmigrantinnen". Die Einzugsgebiete sind Prenzlauer Berg, Mitte, Friedrichshain und Kreuzberg; Darieva betont, daß für die Zugehörigkeit zur Szene nicht ethnische Grenzen ausschlaggebend sind, sondern die Tatsache, daß sich die Szenegänger als „Konsumenten einer kulturellen Szene" verstehen: „Das kollektive Vergnügen genießt die Zweisprachigkeit der Teilnehmer. Außerdem ist hervorzuheben, daß von ‚Russen' nirgendwo so selbstbewußt Russisch gesprochen wird wie hier. Russischsprachige spielen die Rolle der ‚geheimnisvollen Russen' unter der

---

33 Die Volksbühne zählte in den vergangenen zehn Jahren zu den Orten, die als Werkstatt für stadtaktivistische Netzwerke dienten, die Theorie und Praxis in ästhetische Politik übersetzen. Heute ist ihr mit dem HAU, Hebbel am Ufer, in diesem Feld Konkurrenz erwachsen. Zum Ineinanderfallen von Produzenten und Konsumenten von Kultur an diesen Orten vgl. auch *Rolf Lindner*, Die Stunde der Cultural Studies. Wien 2000.

Aufsicht des Leiters Kaminer – des ‚Russen im Dienst'.“[34] Neben der konsum-
freundlichen ethnischen Etikettierung der Russendisko zelebriert diese Szene am
Gegenstand des Sozialismus einen Stil des Dilettantismus und der ironischen
Nostalgie: Davon zeugen die „ostalgische" Einrichtung des Kaffee Burger, die
dargebotenen popkulturellen Reliquien aus Sowjetzeiten und die selbstironischen
Auftritte der Künstler. Im Katalog zur Ausstellung „Berlin-Moskau" überträgt
Georgy Litichevsky diese an kulturelle Praktiken der Bohème angelehnte Stilisie-
rung auf einen „anti-bürgerlichen bürgerlichen" Stil Berlins:

> „Vertreter der ‚Bourgeoisie' sind nicht besonders erkennbar (...). Unzählige Berliner Clubs
> sind für fast jeden erschwinglich und offen. So kann man bei seinen endlosen Irrwegen durch
> die Stadt zum Beispiel auf folgendes Schild stoßen: ‚Club der Polnischen Versager'. Das ist
> ein echter Club in der Torstraße. Geführt wird er von Polen, besucht aber mindestens genauso
> oft von Russen, wenn nicht sogar öfter. Ein Club wie jeder andere auch – Feiern, Konzerte,
> Ausstellungen – jedoch mit absolut faszinierendem Namen. Vielleicht liegt darin der Schlüssel
> zur ganzen Stadt: ein Club der polnischen, ein Club aller möglichen – russischen,
> französischen, türkischen, deutschen, humanen, künstlerischen – Versager. Man kann sich
> Berlin gut als eine Art Weltclub der internationalen Versager vorstellen."[35]

Mit diesem zugespitzten Bild Berlins als „Weltclub der internationalen Versager"
beschreibt Litichevsky einen Charakterzug Berlins, der sich von anderen Städten
unterscheidet. Weniger als andere Großstädte sei Berlin von Konkurrenz bestimmt: „mit Sicherheit ist hier das Problem des Erfolgs, der Jagd nach dem Erfolg
nicht ganz so akut wie in anderen Zentren der Welt".[36] Nicht als globales
Wirtschaftszentrum kann Berlin mit anderen Städten gemessen werden, sondern
Berlin als „metropolitane Jugendherberge"[37], in der man mit wenig überleben
kann: Berlin, als Inbegriff eines Alltagsverständnis von Bohème. Das Bild des
russischen und osteuropäischen Berlin konnte im Gewand der populären Szene-
kultur deshalb so erfolgreich zu einer Attraktion für Touristen und zum medien-
wirksamen Aushängeschild für Berlin werden, weil es sich gleich auf zwei Ebenen
in ein Imaginäres der Stadt einschreibt: Zum einen knüpft es an das spezifisch
russische Berlin mit Bezug zur russischen Migration der kulturellen Avantgarde in
den zwanziger Jahre an (1); zum anderen greift es die „schillernde" Vorstellung
Berlins als eines bevorzugten Nährbodens für kreative Existenzen auf (2).

1) Das Russische im Berlin der 1920er Jahre ist in den vergangenen 15 Jahren
auch von offizieller Seite ins Bewußtsein gerufen worden: Ein zentraler Kata-
lysator für die Vergegenwärtigung dieses Imaginären waren ganz sicher die
ambitionierten Ausstellungen „Berlin-Moskau" (1995/2003). In der dem Genre
Ausstellung eigenen vermittelnden Weise wurde hier etwas zu vergegenwärtigen
versucht, was Karl Schlögel (selbst Akteur in diesem Versuch) als eine einstige

---

34 *Darieva*, „Russkij Berlin" (wie Anm. 23), 108.
35 *Georgy Litichevsky*, Berlin – Hauptstadt des dritten Jahrtausends, in: *Pawel Choroschilow u.a.*
    (Hg.), Berlin Moskau / Moskau Berlin 1950–2000. Chronik. Berlin 2003, 18–22, hier: 20.
36 Ebd.
37 *Wolfgang Kaschuba*, Ost-Identitäten: Berliner Inszenierungen, in: *Markus Ottersbach/Erol
    Yildiz* (Hg.), Migration in der metropolitanen Gesellschaft. Zwischen Ethnisierung und globa-
    ler Neuorientierung. Münster 2004, 61–68, hier: 65.

„kulturelle Nähe" Berlins mit dem Russischen bezeichnet hat: In den von Schlögel bezeichneten Jahren der kulturellen Dichte zwischen dem Berlin der zwanziger Jahre und dem Ende des Zweiten Weltkriegs bedurfte es „keiner umständlichen Übersetzung":

> „Das Bezugssystem funktionierte, weil alle, die sich darin bewegten, denselben Lebens- und Erwartungshorizont hatten. Ein solcher gemeinsamer Horizont geht nicht aus Absprachen hervor, sondern ist etwas sehr Vorraussetzungsreiches, das in Generationen geschaffen wurde. Das Ende der Selbstverständlichkeiten markiert zivilisatorische Brüche drastischer, als der Abbruch von diplomatischen Beziehungen und selbst Kriege es vermögen. Mit den Selbstverständlichkeiten endet die Routine, auf deren stummen Funktionieren unsere Zivilisation beruht. Und gerade dies war geschehen."[38]

In anderen Worten ist hier das beschrieben, was als Imaginäres der Stadt und darüber hinaus als der alltagskulturelle Ausdruck eines urbanen Imagineering bezeichnet werden kann: „Berlin erzog zur Wahrnehmung russischer Präsenz. Kein Meter der nicht gezeichnet schien."[39] Die erfolgreiche Anknüpfung an dieses Imaginäre zeichnet die kulturelle Szene um die Russendisko aus. Als konsumierbarer und deshalb sichtbarer Teil der sozialen Topographie des Russischen im Berliner Stadtraum, bildet sie zwar ein sehr ausschnitthaftes Bild ab. Denn das Gros des „neuen russischen Berlin" ist nicht nur in Mitte lokalisiert. Die Mehrzahl der ca. 100.000 russischen Migranten lebt in Marzahn und damit an einem der „Unorte" der Berliner symbolischen Geographie, der, wie Uwe Rada schreibt, im Gegensatz zur „zivilisierten" Mitte für die kulturelle und soziale „Wildnis" steht.[40]

Auch die Mehrzahl der polnischen Migranten zeichnet sich eher durch ihre „Unsichtbarkeit" aus, die häufig auf ihr Pendlerdasein bzw. ihren prekären Aufenthaltsstatus zurückzuführen ist.[41] Die Sichtbarkeit eines „Clubs der polnischen Versager" steht dazu im Gegensatz und verdankt sich einer Identitätskonstruktion, die das Marginale, die prekäre Lebenssituation und das Scheitern durch Provokation in ein kulturelles Kapital verwandelt hat.[42]

---

38 *Karl Schlögel*, Berlin – Ostbahnhof Europas. Russen und Deutsche in ihrem Jahrhundert. Berlin 1998, 9f.
39 Ebd., 11.
40 *Uwe Rada*, Berliner Barbaren. Wie der Osten in den Westen kommt. Berlin 2002, 28.
41 Vgl. die Porträts polnischer Migranten in Berlin von *Norbert Cyrus* in: Zwischenwelten. Polnische Arbeitsmigranten in Berlin, in: *Frank Sträter* (Hg.): Los Angeles – Berlin. Stadt der Zukunft – Zukunft der Stadt. Stuttgart 1995, 112–122; und in: *Falk Blask/Wolfgang Kaschuba* (Hg.): Europa an der Grenze. Ost Odra West Oder. Münster 2003, 44–54.
42 *Sylka Scholz*, Die „Show des Scheiterns" und der „Club der Polnischen Versager. Der (neue) Diskurs der Gescheiterten, in: *Stefan Zahlmann/Sylka Scholz* (Hg.): Scheitern und Biographie. Die andere Seite moderner Lebensgeschichten. Gießen 2005, 265–289.

Abb. 2/Tafel XI: Photographie Alexander Gnädiger, in: style and the family tunes 87 (2005), 80f.

2) Diese Kapitalisierung des Scheiterns schreibt sich in die zweite Ebene des Imaginären Berlins ein, nämlich der Vorstellung von Berlin als bevorzugtem Ort alternativer Lebensstile, subkultureller Szenen, das Berlin des Underground, kurz: Berlin als kreative Stadt der Bohème. Kreativität – und dies wird im historischen Rückblick wiederum deutlich – findet dabei beispielsweise im Vergleich zu Paris auf kulturell „niedrigem" Niveau statt: Populärkulturelle bzw. alltagskulturelle Formen waren schon in der Zwischenkriegszeit Berlins Nährboden für Avant-gardekultur und nährten gleichzeitig das Imaginäre einer wenn auch kreativen, so doch vor allem „schmuddelig-anrüchigen" Stadt.[43] Indem sich die kulturalisierte osteuropäische Szene aus diesem Imaginären speist und in dieses Imaginäre inves-tiert, wird sie sichtbarer Teil der Stadt. Zu dieser Sichtbarkeit tragen dann auch nicht mehr nur die Akteure der spezifisch russischen Szene bei. Als plausibles Image zirkuliert die „Russendisko" inzwischen auch in anderen Szenekulturen und evoziert dort andeutungsreich und äußerst „stylisch" alle Facetten des Imaginären Berlins (Abb. 2). Berlin als Ost-West-Drehscheibe wird in diesem Fall nicht von globalen Unternehmen gestaltet, sondern von unternehmerischen Bohémiens, wie Kaminer und Freunden, sowie kreativen Szenen, die Berlins Imaginäres als Ort der Bohème zu ihrem Unternehmen machen.

---

43 *Daniel Kiecol*, Selbstbild und Image zweier europäischer Metropolen. Paris und Berlin
    zwischen 1900 und 1930. Frankfurt a.M. 2001, 267.

Im Gegensatz dazu drückt sich das Unplausible[44] des Osteuropäischen in Berlin auf einer ganz anderen Ebene aus, nämlich der junger Professioneller, die sich auf den Bereich Osteuropa spezialisiert haben. In den vergangenen Jahren sind eine Reihe von Vereinen gegründet worden, die mit Diskussionsveranstaltungen und Mailinglisten netzwerkartige Strukturen gebildet haben, in denen Mittel- und Osteuropa-Kompetenz (MOE-Kompetenz) thematisiert wird. MOE-Kompetenz wird dabei als berlinspezifisch begriffen und zwar in demselben Sinne, wie es auch auf politischen Veranstaltungen zu beobachten ist: In Berlin könne man auf einen Pool an Akademikern zurückgreifen, wovon viele ihre Ausbildung in der DDR genossen hätten. Sie seien besonders wertvoll für die heutige Kooperation mit Osteuropa, weil ihre Kompetenz nicht allein auf einem Erfahrungswissen basiere, was das Leben in sozialistischen Gesellschaften, sondern auch was die Probleme der post-sozialistischen Transformation angeht.[45] Zudem lebt eine neue Generation von Universitätsabgängern in der Stadt, die hier ihre wissenschaftliche Ausbildung mit Bezug auf Osteuropa absolviert hat und teils vom Image der werdenden Ost-West-Metropole angezogen wurde. Diese generationenspezifische Wissensformen werden in direkten Bezug zu Berlin gesetzt und personalisieren sozusagen in Form von Experten Berlin als „Ost-West-Drehscheibe".

Meine Feldforschung hat mich deshalb auch zu einem Netzwerk junger Experten für Osteuropa geführt. Im Zeitraum von vier Jahren haben sich drei Vereine junger Akademiker in Berlin als ein Netzwerk organisiert, das auf regionalem Expertenwissen basiert. Mit Berlin als ihrer lokalen Basis versucht jeder der drei Vereine professionelle Kooperationen mit Initiativen in der Zivilgesellschaft in Osteuropa zu entwickeln, pädagogische Programme und Institutionen für ihren Wissensbereich zu interessieren, politische Bündnisse zu schließen und mit Wirtschaftsunternehmen zusammenzuarbeiten oder selbst zu gründen – und sich darüber gegenseitig zu informieren. Indem sie sich als ein Netzwerk (angehender) Professioneller auf der Grundlage des geographisch definierten Wissensbereichs Osteuropa identifizieren, beziehen sie sich explizit auf das oben dargestellt Diskursfeld „Berlin Ost-West".

Die Veranstaltung eines Vereins im Frühjahr 2005 erscheint mir im Sinne meiner Argumentation symptomatisch: In dem elektronischen Newsletter wurde unter dem Titel „Osteuropamüde?" zu einem eintägigen Workshop eingeladen. Zu der an einem Samstag stattfindenden Veranstaltung in den weitläufigen Räumlichkeiten des MOE-Kompetenzzentrums in Charlottenburg kamen ca. 30 Teilnehmer, teils Vereinsmitglieder, teils Neugierige. Wie in der ersten Vorstellungsrunde deutlich wurde, hatte der größte Teil einen akademischen Hintergrund mit

---

44   In Umkehrung zum Begriff der Bildfähigkeit, den Tom Holert im Zusammenhang von Bildstrategien entwickelt, könnte auch von „Bildunfähigkeit" gesprochen werden; *Tom Holert*, Bildfähigkeiten. Visuelle Kultur, Repräsentationskritik und Politik der Sichtbarkeit, in: Ders. (Hg.), Imagineering. Visuelle Kultur und Politik der Sichtbarkeit. Köln 2000, 14–33, hier: 29.

45   So beispielsweise der regierende Bürgermeister Klaus Wowereit in seiner Eröffnungsrede der Ausstellung „Wirtschaft, Industrie und Wissenschaft Moskaus" im Rahmen der Moskau-Tage in Berlin, Rotes Rathaus, 2.7.2003; www.berlin.de/landespressestelle/archiv/2003/07/02/13502/index.html [2.5.2004].

Bezug auf Mittel- und Osteuropa (Sprachstudium, Geschichte oder Politikwissen-
schaft mit dem Schwerpunkt Mittel- und Osteuropa) oder familiäre Bindungen
nach Mittel- und Osteuropa, manche auch beides. Nicht alle hatten ihr Studium
schon beendet, die Mehrzahl der Anwesenden stand jedoch bereits im Berufs-
leben. Während die ersten noch den Wunsch pflegten, ihre professionelle Existenz
auf dem Bild Berlins als „Ost-West-Drehscheibe" aufzubauen, waren die anderen
nach teils jahrelanger Jobsuche enttäuscht. So auch einige der Vereinsrepräsen-
tanten, die deshalb die viel sagende Frage „Osteuropamüde?" als Titel der Veranstaltung gewählt hatten.

Das auch auf stadtpolitischer Ebene thematisierte Scheitern des vielverspre-
chenden Bildes der Ost-West-Drehscheibe ließ sich hier in den einzelnen Berufs-
biographien nachzeichnen: Viele hatten versucht nach Abschluß des Studiums,
ihre darin erworbene Osteuropakompetenz in einen Arbeitsplatz einzubringen. Der
Verein und die Vernetzung mit anderen hatte dazu beitragen sollen und war
deshalb zu Beginn mit viel Optimismus und Enthusiasmus vorangetrieben worden.
Andere hatten zudem ihr eigenes kleines Unternehmen gegründet. Diese Form der
Eigeninitiative stand so gesehen in Einklang mit der von stadtpolitischer Seite und
Stadtmarketing propagierten Umsetzung des Leitbildes Ost-West-Kompetenz-
zentrum. Dennoch berichteten viele vom Scheitern ihrer Initiativen und Berufs-
wege. Sie hätten sich heute nahezu damit abgefunden, die im Studium erworbenen
Kenntnisse nicht beruflich, sondern ehrenamtlich umsetzen zu können.

Diese individuellen Erfahrungen des Ausbleibens eines positiven Effekts des
Ost-West-Topos, hier als Berliner Osteuropamüdigkeit formuliert, wurden in dem
Workshop ausgetauscht. Man versuchte sie zu systematisieren und dadurch auch
als objektives und nicht persönliches Scheitern zu legitimieren. Wie viel Hoffnung jedoch immer noch mit der Osteuropa-Kompetenz verbunden wurde, zeigte
der Vorschlag eines Studenten, der aussprach, was offensichtlich alle als Versprechen mit Berlin verbanden: Sein Gesprächsangebot nannte der Student: „Die
geniale Geschäftsidee: Wie werde ich reich mit MOE-Kompetenz?" – und hatte
damit alle Teilnehmer zur Diskussion animiert.

An diesem Beispiel wird deutlich, daß die jungen Akademiker nicht allein
deshalb Schwierigkeiten haben, eine professionelle Zugehörigkeit zu Berlin aufzubauen, weil der reguläre Arbeitsmarkt ohnehin beschränkt ist. In dem speziellen
Fall dieses Netzwerkes, das auf Kompetenz für Osteuropa beruht, erklärt sich ein
Scheitern zunächst daraus, daß sie an das Bild Berlins als ökonomisch
vielversprechende Ost-West-Drehscheibe anknüpfen. Die als Netzwerk organi-
sierten Experten agieren damit in der Logik jenes stadtpolitisch forcierten und erst
in jüngster Zeit korrigierten Images des wirtschaftlich potenten Ost-West-Kompetenzzentrums Berlin, das sich bis heute in großem Stil nicht verwirklicht hat.

Darüber hinaus knüpfen die entsprechenden Berufsprofile, die aus jenem
wirtschaftlich erfolgreichen Bild heraus gedacht sind, nicht an das Imaginäre
Berlins als Ort der Bohème an, als Ort alternativer Lebensstile. Das Bild wirt-
schaftlicher Prosperität findet in diesem Imaginären Berlins keinen Widerhall.
Anders gesagt: Die wirtschaftlichen und professionellen Praktiken eines großen
Teils der Teilnehmer des Workshops ähnelten zwar in vielem der prekären Situa-

tion, in die auch ein alternativer Lebensstil oder ein Lebensstil à la Bohème führen kann. Trotzdem imaginierten sie sich nicht als Teil einer Subkultur oder Kultur der Bohème. Im Gegenteil: Ihr bisheriges Selbstverständnis war davon geprägt, produktiver Teil eines wirtschaftlich prosperierenden Berlins zwischen Ost und West zu sein. Diese Nicht-Korrespondenz zwischen Image und Imaginärem ist meiner Meinung nach der Grund dafür, daß ihr Versuch, wichtige Akteure in der Metropole der Ost-West-Wirtschaft zu werden – und nicht der Ost-West-(Pop-) Kultur zu sein – nicht plausibel ist. Die jungen Experten für Osteuropa sind unternehmerische Bohémiens und darin ihren erfolgreichen „Gegenspielern" ähnlich. Diese erklären zusätzlich Bohèmekultur zu ihrem Unternehmen und knüpfen damit an ein Imaginäres von Berlin als Ort von alternativen, Bohème-Lebensstilen an. Die anderen beziehen sich zwar auf das Image/Bild eines wirtschaftlich prosperierenden Berlins, dieses findet jedoch kein Echo im Imaginären der Stadt.

Scheitern als Praxis und Image

„Berlin ist die Kapitale des Imperfekts – im doppelten Sinn: Zum einen scheint Berlin die Metropole der Imperfektibilität zu sein, eine Stadt, die unfähig ist, Vollkommenes hervorzubringen, zum anderen ist sie die Metropole des Unabgeschlossenen, des Unvollendeten, das in die Gegenwart ragt."[46] Ein wirtschaftlicher Aufschwung Berlins, so würde ich argumentieren, ist nicht allein nicht nachweisbar, er ist undenkbar, weil sich diese Vorstellung nicht in die kulturelle Logik, den Charakter der Stadt einschreibt; er ist damit eine Kehrseite des Imaginären der Stadt. Die „Ost-West-Drehscheibe" Berlin gehört in diesem Sinne zu den unplausiblen Bildern eines urbanen Imagineering. Russische Szene-Kultur ist dagegen – wie auch andere Formen ethnischer warenförmiger Kultur bzw. das Image kultureller Vielfalt[47] – zu einem Markenzeichen der Stadt avanciert, weil sie sich in ein plausibles Imaginäres der Stadt einfügt: das des erfolgreichen (!) „Weltclubs der internationalen Versager".

Versagen und potenzielles Scheitern kann, das haben die unternehmerischen Bohémiens der Szene-Kultur gezeigt, durchaus als Ressource oder gar „Vision" verstanden werden.[48] Entgegen allen Erwartungen erweist sich diese Akteursgruppe als kompatibler mit zeitgenössischen ökonomischen Praktiken als andere. Denn das Scheitern von Unternehmungen und vor allem das Auswerten dieses Scheiterns, ist Kern einer unternehmerischen Logik, die sich seit den 1980er Jahren in immer weiteren Bereichen der Gesellschaft durchzusetzen beginnt.[49] Hier finden sich die „neuen Pragmatiker des Marktes", womit Uwe Rada auf die

---

46 Christian Klein, Vom Glück des Scheiterns. Lebens- und Gesellschaftskonzepte in Kästners „Fabian" und Regeners „Herr Lehmann", in: Zahlmann/Scholz (Hg.), Scheitern und Biographie (wie Anm. 42), 255–264, hier: 255.

47 Vgl. Michi Knecht/Levent Soysal (Hg.), Plausible Vielfalt. Wie der Karneval der Kulturen denkt, lernt und Kultur schafft. Berlin 2005.

48 Ingo Niermann, Minusvisionen. Unternehmer ohne Geld. Protokolle. Frankfurt a.M. 2003.

49 Vgl. Luc Boltanski/Ève Chiapello, Der neue Geist des Kapitalismus. Konstanz 2003.

ökonomische Praxis osteuropäischer Migration in Berlin verweist.[50] Und darin
sehen auch die Kommentatoren der Berliner Stadtpolitik das Kapital der Stadt,
wenn sie im Schlußbericht der Enquête-Kommission „Eine Zukunft für Berlin"
auf eine „unternehmerische Grundstimmung" setzt:

> „Unternehmerisch denken und handeln bedeutet im Kern, seine Zukunft selbst in die Hand zu
> nehmen. Selbstverantwortung, Eigeninitiative und der Mut, auch Fehler zu machen, sind
> zentrale Elemente unternehmerischen Erfolgs. (...) Der gesellschaftliche Stellenwert von
> Unternehmertum ist, wie sich an den Erfolgen wichtiger Konkurrenzregionen in Deutschland
> und Europa ablesen lässt, ein Wirtschaftsfaktor."[51]

Diese das Scheitern mitverwertende unternehmerische Logik stellt demnach eine
Anforderung dar, die sich aus dem Vergleich mit anderen Städten und zwar nicht
allein in Deutschland, sondern auch global ergibt. Gleichzeitig birgt sie das Potenzial, das Spezifische Berlins hervorzukehren, nämlich seine „Imperfektibilität".
Wird dieses Unternehmertum zusätzlich glamourös ins Bild gesetzt, hätte auch die
Stadtpolitik das Scheitern professionalisiert – nämlich zum Gegenstand des
Imagineering gemacht – und zugleich mit dem Imaginären Berlins in Einklang
gebracht. Ob diese symbolische Aufwertung des Scheiterns von offizieller Seite
vorangetrieben wird, ist fraglich. Das breite Spektrum der am urbanen Imagineering und damit am kulturellen Charakter der Stadt mitarbeitenden Akteure hat
aber schon heute Berlin zu dieser markanten Position in der symbolischen
Ökonomie der Städtekonkurrenz verholfen. Der Traum von der Metropolisierung,
der Wunsch und die Hoffnung sind dann immer noch die kulturellen Überfor-
mungen, die diese Aufwertung in pragmatischer Weise vermitteln.

50 *Rada*, Berliner Barbaren (wie Anm. 40), 41.
51 Schlußbericht der Enquête-Kommission „Eine Zukunft für Berlin" (Abgeordnetenhaus Berlin,
    Drucksache 15/4000, 15. Wahlperiode), 9. Mai 2005, 20.

MYTHENMASCHINE POTSDAMER PLATZ: DIE WORT- UND BILDGEWALTIGE ENTWICKLUNG DES „NEUEN POTSDAMER PLATZES" 1989–1998[1]

Sybille Frank

„Zeigt jubelnden Massen die Taten der Technik als friedliches Sport- und Verkehrsvergnügen, als Zirkus und Schauspiel der letzten virtuosen Geläufigkeiten. Und führt die Virtuosen als Helden und Vorbildmenschen in einer neuen merkantilen Zeitbibel vor. [...] Wir aber brauchen viel Wahrheit, keine historische Wahrheit, die sich als kraftlose Betrachtung an die Ereignisse hängt, sondern eine Wahrheit, die Geschichte und Geschehen bewirkt und Form, Gesellschaftsform wird."[2]

Der Potsdamer Platz ist der wohl prominenteste Schauplatz des „Neuen Berlin". Unter diesem Markennamen, mit dem zunächst der Umzug von Bundesregierung, Bundesrat und Bundestag an die Spree beworben worden war, bündelte die 1994 gegründete öffentlich-private Stadtmarketingagentur Partner für Berlin von 1998 bis 2001 ihre Imagekampagnen. Doch bereits in den frühen 1990er Jahren firmierte der Potsdamer Platz an herausgehobener Stelle, wann immer die Vorzüge der wiedervereinigten Stadt als neue Dienstleistungs- und Kulturmetropole in der Mitte Europas in alle Welt getragen wurden. Jahrzehntelang einsam im Mauerstreifen zwischen Ost und West gelegen, verwandelte sich das vom Berliner Senat bald nach dem Fall der Mauer an einige internationale Unternehmen verkaufte Gelände des einstmals für seinen dichten Verkehr berühmten Potsdamer Platzes im Eiltempo zunächst in die größte Baustelle Europas und schließlich in das viel beschworene „neue Zentrum" der neuen deutschen Hauptstadt.

Während Planung, Bebauung und Eröffnung des „Neuen Potsdamer Platzes" ein schier unerschöpfliches touristisches, mediales und wissenschaftliches Interesse auf sich zogen, wurde die jene Prozesse begleitende inflationäre Rede vom „Mythos Potsdamer Platz" bislang nur selten zum Gegenstand systematischer Untersuchungen. Ende der 1980er Jahre geprägt, erlebte diese Wortwendung nach dem Mauerfall eine rasante Diskurskarriere, um schließlich zum schillernden Werbeträger der Neubebauung zu avancieren. Dabei blieben die im Mythos kondensierten Gedächtnisbilder in auffälliger Weise auf die 1920er Jahre und damit auf eine Zeit beschränkt, die den Erinnerungen der lebenden Menschen weitgehend entschwunden war. Die Vermutung, daß Mythos wie Gedächtnisbilder medial evoziert sein mussten, bildete den Ausgangspunkt der vorliegenden Recherchen

---

1   Für viele wertvolle Kommentare zu diesem Beitrag danke ich Gerrit Leerhoff und Gudrun Mouna.
2   Hermann Kesser im Jahr 1929 über das Spektakel der Technik am Potsdamer Platz; zit. in: *Christian Jäger/Erhard Schütz* (Hg.), Glänzender Asphalt. Berlin im Feuilleton der Weimarer Republik. Berlin 1994, 134.

zu Genese, Inhalten und Entwicklung des „Mythos Potsdamer Platz": In welchem
Verhältnis stand der Mythos zur Geschichte des Platzes? Welche Akteure trieben
die Mythologisierung voran? Was waren ihre Interessen, Mittel und Ziele?

Um die changierenden Inhalte des „Mythos Potsdamer Platz" im Verlauf des
Diskurses möglichst genau nachzeichnen zu können, unterliegen die folgenden
Ausführungen einem weiten Mythosbegriff: Im Anschluß an Jan Assmanns
Forschungen zum kulturellen Gedächtnis[3] definiere ich Mythos als „eine fundie-
rende Geschichte, [...] die erzählt wird, um die Gegenwart vom Ursprung her zu
erhellen."[4] Eine solche Erzählung, die immer dann einsetze, wenn eine Vergangenheit dem an alltägliche Handlungen gebundenen kommunikativen Gedächtnis
der lebenden Generationen entschwinde,[5] sei stets auf symbolische Repräsentationen angewiesen. Dabei spiegele sie aktuelle Machtverhältnisse und erfülle für
eine Gruppe immer eine soziale Funktion: „Entweder wird sie zum ‚Motor der
Entwicklung', oder sie wird zum Fundament der Kontinuität. In keinem Falle aber
wird die Vergangenheit ‚um ihrer selbst willen' erinnert."[6] Damit distanziert sich
Assmann von der positivistischen Auffassung, die sinnstiftende Erzählung, die ein
Mythos darbiete, stehe ‚der' Geschichte als einer ‚objektiven' Aufarbeitung einer
vergangenen ‚Realität' entgegen: In der Erinnerung sei jegliche Repräsentation der
Vergangenheit Mythos, „völlig unabhängig davon, ob sie fiktiv oder faktisch ist".[7]

Im Folgenden wird zunächst ein Überblick über die Geschichte des Potsdamer Platzes und die Bedingungen des Verkaufs des Areals zu Beginn der 1990er
Jahre gegeben, um anschließend sowohl die Motive und Handlungslogiken der
öffentlichen wie privaten Akteure am Platz als auch die Bedeutungsverschie-
bungen innerhalb des Mythos bis zur Eröffnung des ersten neuen Stadtviertels
1998 zu analysieren. Aufgrund der Vorreiterrolle der Daimler-Benz AG vom
frühen Grundstückskauf bis hin zum Baubeginn liegt bezüglich der privaten
Eigentümer des Platzes ein Schwerpunkt auf den Aktivitäten dieses Investors.

---

3   *Jan Assmann*, Das kulturelle Gedächtnis. Schrift, Erinnerung und politische Identität in frühen
    Hochkulturen. München 1997. Assmann bezieht sich dabei auf die Arbeiten von Claude Lévi-
    Strauss und Maurice Halbwachs zum sozialen Gedächtnis (*Claude Lévi-Strauss*, Das wilde
    Denken. Frankfurt 1973; *Maurice Halbwachs*, Das Gedächtnis und seine sozialen Bedin-
    gungen. Frankfurt 1985; *Maurice Halbwachs*, Das kollektive Gedächtnis. Stuttgart 1967).
4   *Assmann*, Gedächtnis (wie Anm. 3), 52.
5   Das durch persönlich verbürgte Erfahrung gebildete kommunikative Gedächtnis erreicht laut
    Assmann nach etwa vierzig Jahren eine kritische Schwelle und vergehe spätestens nach acht-
    zig Jahren mit seinen Trägern. Zu diesem Zeitpunkt könne das, was einst lebendige Erinne-
    rung war, nur noch über Medien vermittelt und rezipiert werden, d.h. über eine offizielle
    Überlieferung, die Assmann dem kulturellen Gedächtnis zuordnet; Ebd., 51.
6   Ebd., 76.
7   Ebd.

I. Der Potsdamer Platz bis zum Fall der Mauer

Die Geschichte des Potsdamer Platzes beginnt mit der Inauguration des Potsdamer Tores im Jahr 1735, die den Schlußpunkt einer vom damaligen preus-
sischen König Friedrich Wilhelm I. beauftragten Erweiterung seiner königlichen
Residenzstadt Berlin gen Westen markierte. Zu diesem Zeitpunkt noch mit
Gartenflächen bedeckt, siedelten sich auf dem Stück Land vor der neuen
Eingangspforte zur Stadt bald kleinere Geschäfte und Gastwirtschaften an, welche
die auf Einlaß in die Stadt wartenden Reisenden versorgten. Im 19. Jahrhundert,
als Berlin sich zur am schnellsten wachsenden Großstadt Europas entwickelte,
wurden die ersten Mietshäuser vor dem Tor gebaut, und nach der Fertigstellung
des Potsdamer Bahnhofs im Jahr 1838 auf seiner Landseite erhöhte sich der
Reiseverkehr um dieses Nadelöhr zur Stadt nochmals. Als 1866 die Stadtmauer
geschleift wurde, war der inzwischen so benannte, nun nicht mehr vorstädtische
Potsdamer Platz bereits ein rund um die Uhr belebter Ort.

Abb. 1: Luftbild des Straßenkreuzes Potsdamer Platz, 1919 (in: *Ulrike Plewnia* u.a., Der Potsdamer Platz. Eine Geschichte in Wort und Bild. 3. Aufl. Berlin 1995, 73)

In den nächsten Jahrzehnten entwickelte sich der Potsdamer Platz zu einem
berühmten Verkehrs- und Vergnügungsmittelpunkt und somit zu einem Fokus der
unmittelbaren Großstadterfahrung (Abb. 1). Ab der zweiten Hälfte des 19. Jahrhunderts wurden hier die ersten Pferdestraßenbahnen eingesetzt, und ab 1902
bediente die erste Berliner U-Bahnlinie den quirligen Ort. Mit der Gründung des
Deutschen Kaiserreiches 1871 entstanden in der benachbarten Wilhelmstraße
zahlreiche Regierungs- und Verwaltungsgebäude, was zu einer weiteren Belebung
des Platzes führte. Doch luden vor allem seine Leuchtreklamen, zahlreiche Hotels,

berühmte Brauhäuser, Weinstuben und Cafés wie das Josty oder das Piccadilly, das damals größte Café der Welt im späteren Haus Vaterland, immer mehr Einheimische wie Touristen zum Verweilen ein. Eine weitere Attraktion folgte, als die Berliner Polizei 1924 ob des Gedränges auf dem Platz in seiner Mitte einen Verkehrsturm mit der ersten Ampelanlage Deutschlands errichten ließ (Abb. 2). Eine Verkehrszählung von Anfang der 1930er Jahre kürte den Potsda-mer Platz schließlich zum verkehrsreichsten Europas.

Abb. 2: Ampelturm auf dem Potsdamer Platz, 1924 (in: *Ulrike Plewnia* u.a., Der Potsdamer Platz. Eine Geschichte in Wort und Bild. 3. Aufl. Berlin 1995, 77)

Auch zu Zeiten des Nationalsozialismus war das Straßenkreuz ein Vergnügungs-zentrum und Verkehrsknotenpunkt Berlins. Doch gehörte es fortan zu den am stärksten kontrollierten Gegenden der Stadt: Der Volksgerichtshof, das Sonder-strafgericht zur Ahndung von Hoch- und Landesverrat unter Roland Freisler, zog nach 1933 ebenso in seine Nähe wie die Gestapo, das Reichssicherheitshauptamt, das Propagandaministerium und die Neue Reichskanzlei mit ihrem Führerbunker. Entsprechend gehörten der Potsdamer Platz und seine Umgebung im Zweiten Weltkrieg zu den Hauptangriffszielen der Alliierten. Als der Platz am 30. April 1945 von sowjetischen Truppen eingenommen wurde, war seine Bebauung fast völlig zerstört.

In der Nachkriegszeit grenzten mit den Berliner Bezirken Mitte (sowjetisch), Tiergarten (britisch) und Kreuzberg (amerikanisch) drei der vier Berliner Sekto-ren auf seinem Terrain aneinander. Damit wurde der Potsdamer Platz zu einem der intensivsten Schauplätze des Kalten Krieges. 1948 markierten Militärs die Grenze des sowjetischen Sektors mit Stacheldraht und nach Gründung der DDR wurden Straßensperren mit Kontrollstationen errichtet. Am 17. Juni 1953 starben 33 Menschen auf dem Platz, als sowjetische Panzer den Protest Ostberliner Arbei-ter gegen die jüngsten Normenerhöhungen gewaltsam niederschlugen.

Der Bau der Berliner Mauer am 13. August 1961 quer über die Kreuzung ver-bannte den ehemaligen Verkehrsknotenpunkt schließlich zu Dreivierteln in den

„Todesstreifen" zwischen Ost und West. Die dortigen Ruinen wurden im Auftrag der DDR bald abgerissen, um den Grenzstreifen überschaubar zu machen, und auch der Westberliner Senat ließ westlich der Mauer nahezu alle noch stehenden Häuser planieren, um einer geplanten Stadtautobahn den Weg zu ebnen – die allerdings nie realisiert wurde. Nur durchbrochen von den Resten des früheren Grand Hotels Esplanade (1908) und dem Weinhaus Huth (1911), gemahnte die gähnende Leere des wie an „Gedächtnisstörungen"[8] leidenden, bald grün über-wucherten Westteils des Platzes fortan wie kaum ein anderer Ort im Berliner Stadtbild an die Ursachen und die Brutalität der deutsch-deutschen Teilung (Abb. 3). Die Erinnerung an den Potsdamer Platz vor 1945 hingegen war ortlos gewor-den. Sie bedurfte einer historischen Überlieferung.[9]

Abb. 3: Blick über die Berliner Mauer gen Osten (1966). Im Todesstreifen ist der achteckige Grundriß des hier oberhalb des Potsdamer Platzes gelegenen Leipziger Platzes noch gut zu erken-nen. Am linken Bildrand das Hotel Esplanade, rechts das Weinhaus Huth (in: *Vittorio Magnago Lampugnani/Romana Schneider* (Hg.), Ein Stück Großstadt als Experiment. Planungen am Potsdamer Platz in Berlin. Stuttgart 1994, 62)

8   *László F. Földényi*, An der Grenze zwischen Vergangenheit und Zukunft, in: *Ulrike Plewnia* u.a., Der Potsdamer Platz. Eine Geschichte in Wort und Bild. 3. Aufl. Berlin 1995, 111–124, hier: 120.
9   Zur Geschichte des Platzes ausführlich: *Sybille Frank*, Der Potsdamer Platz: Das „Herzstück" der Metropole und das Unbehagen in der Geschichte, in: *Constance Carcenac-Lecomte* u.a. (Hg.), Steinbruch Deutsche Erinnerungsorte. Annäherung an eine deutsche Gedächtnis-geschichte. Frankfurt a.M. u.a. 2000, 249–269.

II. Mythos Berlin

Die allmähliche Entwicklung einer „historischen Landkarte Potsdamer Platz"
setzte erst in den 1980er Jahren im Kontext der 750-Jahr-Feier Berlins ein, in
deren Jubiläumsprogramm sich eine szenische Ausstellung namens *Mythos Ber-*
lin. Zur Wahrnehmungsgeschichte einer industriellen Metropole fand.[10] Sie beab-
sichtigte, die vielen Mythen nachzuzeichnen, welche sich mit Berlin im „schroffen
Wechsel seiner affektiven Bilder und Identitätsangebote"[11] mangels positiver
Anknüpfungspunkte an seine Geschichte im Verlauf der Jahrzehnte verbunden
hatten. Dabei hätten sich insbesondere „die Erinnerungen an die große Metropole
von einst zu realitätsfernen Imaginationen verflüchtigt".[12] Ziel der Ausstellungsmacher war es daher, dem postmodernen „Bedürfnis nach nostalgischer Verklärung"[13] die Stirn zu bieten und ein umfassendes kritisches Geschichtsbild der Stadt
zu erarbeiten.

Auch wenn die *Mythos Berlin*-Ausstellung den Potsdamer Platz nur am Rande
zeigte, so waren in ihrem Fahrwasser bereits ein Jahr später neue Vorschläge für
seine Wiederbebauung zu besichtigen,[14] während eine Werkstattausstellung die
Geschichte des Platzes materialreich aufarbeitete. Ebenso wurden erste Reflexio-
nen über den „Mythos Potsdamer Platz"[15] angestellt. Jener wurde insbesondere für
die Zeit, als der Ort sich angeschickt hatte, zum verkehrsreichsten Europas aufzu-
steigen, mit den Metaphern „Nabel" oder „Herz" auf den Begriff gebracht. Diese
seit dem Mauerbau wehmütig auf den versunkenen Ort projizierten Vokabeln bezeichneten, so das Ergebnis, jedoch dezidiert nicht die städtische Realität, die in
Berlin stets polyzentral geprägt war,[16] sondern eben eine jener mythischen
Verklärungen im Kopf, welche im Prozeß „kritischer Rekonstruktion"[17] an der
historischen Realität überprüft und entzaubert werden sollten.

---

10   Mythos Berlin. Zur Wahrnehmungsgeschichte einer industriellen Metropole. Kat. Berlin 1987.
     Die Beschäftigung mit dem Thema „Mythos Berlin" hatte bereits einen längeren Vorlauf:
     Mythos Berlin. Ästhetik und Kommunikation 52 (1983); *Ulrich Baehr* (Hg.), Mythos Berlin –
     Wahrnehmungsgeschichte einer industriellen Metropole. Berlin 1984; Mythos Berlin Con-
     cepte. Kat. zur Werkstattausstellung „Mythos Berlin" 1987. Berlin 1986.
11   *Eberhard Knödler-Bunte*, Mythos Berlin. Die inszenierte Stadt, in: *Ulrich Eckardt* (Hg.), 750
     Jahre Berlin. Stadt der Gegenwart. Lese- und Programmbuch zum Stadtjubiläum. Frankfurt
     a.M. 1986, 218–227, hier: 218.
12   Ebd., hier: 223.
13   Ebd., hier: 220.
14   *Kristin Feireiss* (Hg.), Berlin – Denkmal oder Denkmodell? Architektonische Entwürfe für
     den Aufbruch in das 21. Jahrhundert. Kat. Berlin 1988.
15   *Gert Mattenklott*, Mythos Potsdamer Platz, in: *Ders./Gundel Mattenklott* (Hg.), Berlin Transit.
     Eine Stadt als Station. Reinbek 1987, 115–137.
16   *Harald Bodenschatz*, Berlin auf der Suche nach dem verlorenen Zentrum. Berlin 1995.
17   Dieses von Josef Paul Kleihues, Direktor der IBA für den Bereich Stadtneubau, geprägte
     Leitbild machte das „Durchscheinenlassen von Vergangenheit in aktueller, Neues suchender
     Formgebung" zur Maxime des Städtebaus und beeinflußte die IBA-Diskussionen um Wieder-
     bebauungen immens; *Josef Paul Kleihues* (Hg.), 750 Jahre Architektur und Städtebau in

Unter dem Eindruck dieses nüchternen Aufarbeitungsprozesses wurde der Potsdamer Platz seit 1987, unter Berücksichtigung aller Phasen seiner Geschichte, zunehmend als komplexe Geschichtslandschaft wahrgenommen. 1989 beispielsweise konnte sich Bausenator Wolfgang Nagel keinen besseren Standort für das geplante Deutsche Historische Museum vorstellen:

> „Der Bereich Potsdamer Platz als früher belebtester Platz in Berlin, heute Stadtbrache am Rande der Zentren von West-Berlin und Ost-Berlin, etwa auf gleicher Entfernung zwischen dem Prinz-Albrecht-Gelände und dem Bendlerblock mit Blick auf das Gelände der ehemaligen Reichskanzlei und in unmittelbarer Nachbarschaft zum Kulturforum gelegen, eignet sich in ganz eindringlicher Weise für eine bewußte und kritische Auseinandersetzung mit der deutschen Geschichte."[18]

Solchermaßen zum historischen Super-Ort promoviert, erfreute sich der Potsdamer Platz kurz vor dem Mauerfall also bereits einer gestiegenen Aufmerksamkeit. Nach den Ereignissen vom November 1989 bahnte sich indes die kritisch-reflexive Arbeit am Mythos ihren Weg aus den Geschichtswerkstätten heraus in den breiten Diskurs, wo sie eine radikale Umdeutung erfuhr: Mit dem Mauerfall in einen neuen Kontext gestellt, entwickelte das Material der Mythos-Berlin-Schau eine immense Suggestivkraft.

III. Der Fall der Mauer am Potsdamer Platz

Am 9. November 1989 fiel die Berliner Mauer. Bereits drei Tage später wurde am Potsdamer Platz ein zusätzlicher innerstädtischer Grenzübergang eröffnet, welchen der West-Berliner Regierende Bürgermeister Walter Momper gemeinsam mit seinem Ost-Berliner Amtskollegen Erhard Krack mit den Worten einweihte: „Der Potsdamer Platz war das alte Herz Berlins. Es wird wieder schlagen wie früher"[19]. Diese einprägsame, Hoffnungen schürende Chiffre vom „Herzen", die den Platz vom Moment seiner erneuten Zugänglichkeit an funktional mit einer Zentrumsidee verband, erlebte in den Folgemonaten einen kometenhaften Auf-stieg. Auch wenn Mompers Vision keine programmatische Bedeutung für eine künftige Wiederbebauung des Potsdamer Platz beigemessen werden kann – eine deutsch-deutsche Vereinigung stand zu diesem Zeitpunkt noch in den Sternen –, so hatten sich doch alle anderen diesbezüglichen Ideen, insbesondere solche, die bemüht waren, an die

---

Berlin. Die Internationale Bauausstellung im Kontext der Baugeschichte Berlins. Stuttgart 1987, 269.

18   *Wolfgang Nagel*, zit. in: Nagel ohne Kopf, in: die tageszeitung, 17.5.1989. Im Prinz-Albrecht-Palais (dem heutigen Ausstellungsgelände der Topographie des Terrors) befanden sich zwischen 1933 und 1945 mit dem Geheimen Staatspolizeiamt, dem Gestapo-Gefängnis, der SS-Führung und, ab 1939, dem Reichssicherheitshauptamt Zentralen der nationalsozialistischen Repressionspolitik. Im Hof des Bendlerblocks wurden 1944 die Widerstandskämpfer um General von Stauffenberg standrechtlich erschossen. Heute ist dort die Gedenkstätte Deutscher Widerstand beheimatet.

19   Zit. in: *Momper*, Berlins Herz wird wieder schlagen, in: Süddeutsche Zeitung, 13.11.1989.

schmerzliche Erfahrung der Teilung zu erinnern, fortan gegen ihre Anziehungskraft zu behaupten. Mit den Worten: „Es wird wieder schlagen wie früher" schwor Momper die Zukunft des Platzes zudem inhaltlich auf ein Leitbild ein, das sich historischer Motive aus der Zeit vor 1945 bediente.

Abb. 4: Mauerdurchbruch am Potsdamer Platz am 12. November 1989 mit Hakenkreuz (in: *Klaus Liedtke* (Hg.), Vier Tage im November. 5. Aufl. Hamburg 1990, 47)

Eine weitere Einhegung dieses historischen Bezugspunktes offenbaren die tags darauf publizierten Zeitungsberichte über die Grenzübergangseröffnung: Obwohl sich am 12. November 1989 ein Heer von Journalisten eingefunden hatte, um der Abtragung der ersten Mauersegmente am Platz beizuwohnen, zeigten die Artikel erstaunlicherweise kein einziges Bild vom bejubelten Augenblick des Mauerdurchbruchs. Stattdessen präsentierten die meisten Blätter Erhard Krack und Walter Momper[20] oder den Bundespräsidenten Richard von Weizsäcker[21] beim Bad in der Menge am bereits eröffneten Grenzübergang. Damit wurde das dick aufgesprühte Hakenkreuz aus den Berichterstattungen getilgt, welches direkt neben dem ersten Mauersegment geprangt hatte, das der eingesetzte Kran an jenem Morgen aus seiner Verankerung riß (Abb. 4).[22] Offenbar wagte es keine der Zeitungs-Bildredaktionen, die nun greifbar nahe scheinenden „Wir-sind-ein-Volk"-Träume durch ein an die Ursachen der deutsch-deutschen Teilung mah-

---

20 Hierfür entschieden sich *Der Tagesspiegel*, *Neues Deutschland*, *Berliner Zeitung*, *Frankfurter Allgemeine Zeitung* und *Süddeutsche Zeitung*.

21 Dieses Motiv wählten die *Berliner Morgenpost* und die *Frankfurter Allgemeine Zeitung*.

22 Das Hakenkreuz war Teil eines sich über drei Segmente erstreckenden Mauer-Graffitis, welches links neben dem Hakenkreuz Hammer und Sichel und rechts die Worte „Hitler-Stalin-Pact" zeigte. Das Hakenkreuz-Segment, das als viertes fiel, ist heute in Privatbesitz; www.berlinwall.de [12.12.2005].

nendes Symbol zu trüben.[23] Umso einhelliger pflegten die Berichterstattungen in Anlehnung an Momper den Rekurs auf den Potsdamer Platz von vor 1933 als alte, neue Verheißung.[24]

Der von Momper lancierte, bald allerorten affirmativ als Leit- und nur noch selten als zu re- und dekonstruierendes Zerrbild der Geschichte angerufene „Mythos Potsdamer Platz", verbunden mit den organischen Metaphern „Herz" oder „Nabel", stellte planerisch jedoch eine schwere Hypothek dar: Es zeigte sich, daß „ein Mythos, und sei er auch so stark wie der des Potsdamer Platzes, weder eine städtische noch eine architektonische Figur besitzt, jedenfalls nicht aus sich heraus."[25]

IV. Die Geburt des „Neuen Potsdamer Platzes" aus dem Geist der Dienstleistungsmetropole

Die städtebauliche Neugestaltung des Potsdamer Platzes begann die Öffentlichkeit bereits wenige Wochen nach dem Fall der Mauer zu beschäftigen: Welche Funktion sollte er in einem nun wieder „offenen" Berlin erfüllen? Wie könnte seine Wiederbebauung aussehen? Doch noch während eine „Springflut historischer Fotografien" den Ort nun auch im Bewußtsein der breiten Öffentlichkeit „vom Nichts zum Etwas" verwandelte,[26] gab die Daimler-Benz AG im Frühjahr 1990 bekannt, sich nach Verhandlungen mit der Berliner SPD eine Option auf ein knapp 62.000 Quadratmeter großes, westlich an den Potsdamer Platz angrenzendes Gelände gesichert zu haben, um dort ihre Dienstleistungstochterfirma debis (Daimler-Benz-Inter-Services) anzusiedeln. Ungeachtet heftiger Proteste gegen das Privatisierungsvorhaben legte der Westberliner Senator für Finanzen Elmar Pieroth bereits im Juni 1990 einen Kaufvertrag vor. Dieser wurde, ohne Abstimmung mit dem Parlament und gegen die Stimmen der Senatorinnen der Alternativen Liste, welche in dieser Zeit mit der SPD eine rot-grüne Koalition bildete, bereits wenige Tage später vom SPD-dominierten Senat angenommen.

Nach Bekanntwerden der Vertragsdetails überschlugen sich die Skandale förmlich. Erstens wurde offenbar, daß Daimler-Benz auf dem Areal nicht nur den

23 Die Schwierigkeit mit dem Hakenkreuz sollte die Stadt noch lange begleiten: 1997 ließ es die *Berliner Zeitung* für eine Werbekampagne aus dem Maueröffnungsfotomotiv vom Potsdamer Platz entfernen. Gleiches geschah in den Bewerbungsunterlagen Berlins für Olympia 2000.

24 Die *Morgenpost* zum Beispiel druckte bereits am 13. November eine achtseitige Sonderausgabe mit dem Potsdamer Platz als Titelstory. Am 14. November folgte ein historischer Hintergrundbericht zu Mompers Referenz auf das „alte Herz Berlins" unter der Rubrik „Berlin lebt auf. Das alte Herz schlägt wieder neu".

25 *Gerwin Zohlen*, Erblast des Mythos. Das Verfahren Potsdamer/Leipziger Platz. Rückblick nach vier Jahren, in: *Vittorio Magnago Lampugnani/Romana Schneider* (Hg.), Ein Stück Großstadt als Experiment. Planungen am Potsdamer Platz in Berlin. Kat. Stuttgart 1994, 14–23, hier: 22.

26 *Rudolf Stegers*, Der Streit um den Potsdamer Platz. Lose-Blatt-Sammlung. Berlin 1993, Einleitung zum ersten Teil.

debis-Hauptsitz, sondern im Rahmen einer public-private-partnership auch ein gesamtes Stadtquartier mit Büros, Wohnungen, Hotels sowie Flächen für Einzelhandel, Kultur, Gastronomie und Unterhaltung zu errichten plante. Im Gegenzug versprach das Land Berlin, sämtliche Erschließungs- und Anliegerbeiträge für das Gelände zu tragen und im Rahmen eines Wettbewerbs die städtebauliche Ordnung des Entwicklungsgebiets festzulegen. Zweitens stellte sich heraus, daß der Senat das riesige Areal mitsamt dem denkmalgeschützten Weinhaus Huth für nur 1.505 DM pro Quadratmeter veräußert hatte.[27] Diese Summe war derart niedrig, daß die Europäische Kommission Daimler-Benz einige Monate später dazu verpflichtete, wegen „wettbewerbsverzerrender Subventionen" ein Drittel des Verkaufspreises – 33,8 Millionen DM – an das Land Berlin nachzuzahlen.[28]

Was machte die public-private-partnership angesichts dieser öffentlichen Blamage und des daraus resultierenden schlechten Images des Projekts für beide Partner so attraktiv? Für das Unternehmen barg der Kauf des Geländes die Chance, ein hochprofitables Grundstück in der geographischen Mitte der Stadt zu entwickeln und seinen Firmennamen mit dem neuen Quartier zu verbinden. Aus Sicht des Senats versprach das Modell trotz knapper öffentlicher Kassen und des zu erwartenden Verlusts der bundesstaatlichen Berlin- wie der ostdeutschen Hauptstadtförderung nicht nur ein prestigereiches Stadtentwicklungsprojekt, sondern auch etliche, angesichts hoher Arbeitslosenzahlen und einer unterentwickelten Industrie in Ost- wie Westberlin hoch attraktive Arbeitsplätze in der Dienstleistungsbranche. Entsprechend erklärte Walter Momper (SPD), die Ansiedlung der Daimler-Dienstleistungszentrale sei ein „großer wirtschaftspolitischer Erfolg".[29] Als das Berliner Abgeordnetenhaus im September 1990 den Kaufvertrag nachträglich bestätigte, erneut gegen die Stimmen des grünen Koalitionspartners, lange nach Überweisung der Zahlungssumme und ohne parlamentarische Aussprache, schien die „Abdankung der Stadt vor den Investoren" in aller Stille vollzogen.[30]

Doch blieb Daimler-Benz nicht der einzige Großinvestor am Platz. Im Frühjahr 1991 kündigte der Senat der neu gewählten Großen Koalition unter dem Regierenden Bürgermeister Eberhard Diepgen (CDU) ein weiteres öffentlich-privates Kooperationsmodell an: Der japanische Elektronikkonzern Sony hatte sich eine Option auf das nördlich des debis-Areals gelegene Esplanadedreieck gesichert, um dort seine Europazentrale und ein neues Stadtquartier anzusiedeln. Erneut liefen die Verhandlungen hinter verschlossenen Türen, so daß das Parlament vom Vertragsabschluß erst nach Unterzeichnung des Dokuments Kenntnis

---

27 Indem der Senat die vor Verkäufen übliche Ermittlung des Verkehrswerts des Geländes durch den Gutachterausschuß des Landes nicht mehr abgewartet hatte, hatte das Grundstück zu einem Preis den Besitzer gewechselt, der sich an der vergangenen Inselstadt-Ära orientierte, als der Platz noch Stadtrandgebiet gewesen war.

28 *Eva Schweitzer*, Großbaustelle Berlin. Wie die Hauptstadt verplant wird. Berlin 1998, 117.

29 Walter Momper, zit. in: Der Senat verschenkt seine Stadtmitte, in: die tageszeitung, 4.7. 1990.

30 Der Berliner Verleger und Autor Wolf Jobst Siedler, zit. in: *Zohlen*, Erblast (wie Anm. 25), hier: 20.

erhielt. Im Kaufvertrag mit Sony wechselten ca. 31.000 Quadratmeter städtischen Bodens zum Quadratmeterpreis von 3.270 DM den Besitzer. Hierzu gehörten das denkmalgeschützte ehemalige Hotel Esplanade sowie ein Großteil des Grundstücks, auf dem der Volksgerichtshof der Nationalsozialisten gestanden hatte.

Zu Daimler-Benz und Sony gesellten sich kurz darauf noch die Stiftung des Kaufhauskonzerns Hertie, an die das Gelände nördlich des Sony-Dreiecks nach der Wende restituiert werden mußte, sowie eine Projektgemeinschaft namens A+T, die im Herbst 1992 das rund 12.000 Quadratmeter große Gelände des ehemaligen Potsdamer Bahnhofs zu einem Quadratmeterpreis von 4.120 DM erwarb. Damit war das eben erst wiedergewonnene „Herz der Stadt" fast vollständig in den Besitz international tätiger Unternehmen übergegangen.

V. Konkurrierende Interpretationen des „Mythos Potsdamer Platz" im Planungsprozeß

Die nun einsetzende Planungsgeschichte des Gebiets um den Potsdamer Platz war von einem tiefen Konflikt zwischen den beteiligten Unternehmen und dem Berliner Senat gekennzeichnet. In seinem Mittelpunkt standen die Repräsentation und Interpretation der Geschichte des Areals. In dem im Juni 1991 vom Senat herausgegebenen Ausschreibungstext des zur Beschleunigung des Verfahrens auf 17 international renommierte Teilnehmerbüros beschränkten[31] städtebaulichen Wettbewerbs für das Entwicklungsgebiet Potsdamer/Leipziger Platz hieß es einleitend:

„Im Berlin der 20er Jahre hatte [sic!] der Ort und seine Lebendigkeit eine symbolhafte Bedeutung. Auch wenn diese Epoche eher nüchtern betrachtet und jeglichem Mythos kein Vorschub geleistet werden sollte, ist es unbestreitbar, daß die Doppelplatzanlage von ihrer Nutzungsvielfalt und räumlichen Struktur lebte. Hier war ein Ort der Identität."[32]

Diese urbane Identität neu zu erzeugen, „jedoch vor dem Hintergrund, daß der Ort und die Stadt nicht neu geschaffen werden müssen",[33] proklamierte der Senat als ausdrückliches Ziel der Neubebauung. Hierzu sollte der barocke Stadtgrundriß mit seiner Abfolge von öffentlichen Straßen und Plätzen und einer niedrigen Bebauung als „Voraussetzung für die Wiedergewinnung der Urbanität"[34] wiederhergestellt werden und eine Mischnutzung die „umfassende Inszenierung öffentlichen

---

31 Dieser Umstand brachte dem u.a. vom Bund deutscher Architekten (BdA) als undemokratisch kritisierten Planungsverfahren des Senats nicht nur eine „offene städtebauliche Ideenkonkurrenz" des Architekten- und Ingenieursvereins (AIV-Ideenkonkurrenz. Potsdamer Platz – Leipziger Platz. Dokumentation, hg. v. Architekten- und Ingenieurverein zu Berlin. Kat. Berlin 1992), sondern auch den Protest der Architektenkammer ein, welche dem Wettbewerbsverfahren die Registriernummer verweigerte.
32 Potsdamer und Leipziger Platz. Internationaler engerer Wettbewerb. Ausschreibung, hg. v. der Senatsverwaltung für Stadtentwicklung und Umweltschutz. Berlin 1991, 2.
33 Ebd.
34 Ebd., 30.

Lebens"[35] gewährleisten. Weiterhin forderte der Senat die Planer dazu auf, das Wettbewerbsgebiet „in das polyzentrische Gefüge der Stadt einzubinden" und die Reste des Hotels Esplanade und das Weinhaus Huth als „Orte der Erinnerung" in die Neubebauung zu integrieren. Mit Blick auf die jüngste Geschichte sollte der Mauerverlauf so in das städtebauliche Konzept aufgenommen werden, „daß auch dieser Teil deutscher Geschichte wahrnehmbar bleibt."[36] Sony erhielt die Auflage, „in geeigneter Form auf den Standort des Volksgerichtshofes [...] zu reagieren"[37]. Inhaltlich strebte der Senat also, ganz in der Tradition der Mythos-Berlin-Ausstellung, den Erhalt einer komplexen Geschichtslandschaft am Platz an, während sich städtebaulich der im ersten Drittel des 20. Jahrhunderts wurzelnde Urbanitätsmythos des Ortes als Leitbild durchgesetzt hatte.

Nicht identifizieren konnten sich mit diesen historisierenden Vorgaben die Investoren. Anders als der Senat, der den Mythos vom „Herzen" als Gestaltungsvorgabe ausgelegt hatte, interpretierten letztere den Mythos des Platzes funktional als Verpflichtung, für ihre Firmensitze erneut einen solchen fortschrittlichen Ort am Puls der Zeit zu schaffen, wie es der historische Platz mit seinem berühmten Ampelturm einst gewesen war. Folglich ruhten sie nicht, bis der Senat eingewilligt hatte, der Ausschreibung ein Positionspapier der Unternehmen beizulegen, das den Potsdamer Platz als „neues weltstädtisches nationales und internationales Zentrum" der „Metropole" Berlin pries und die Architekten dazu aufforderte, mit ihren Modellen ein „Statement des 21. Jahrhunderts" mit Hochhäusern als „Merkzeichen für Orientierung"[38] und spektakulären Shopping-Malls zu entwerfen. Das „Festhalten an der Historie [...] wird nicht der einzigartigen Chance und Herausforderung an die Planer gerecht"[39], pointierten die Investoren ihre Kritik.

Angesichts dieser widerstreitenden Vorgaben wollte Wettbewerbsteilnehmer Hans Kollhoff die Architekten nur noch als „Kanonenfutter"[40] bezeichnen. Während sie sich der Aufgabe zuwandten, „Begriff, Vorstellung und schließlich sogar ein konkretes Bild"[41] der Stadt zu entwickeln, geriet der Architekturdisput bereits zur „Scheindebatte": Was „eigentlich für Aufregung sorgte, war der Wahn, man könne den Mythos Berlin exhumieren. [...] Berlin sollte wieder so werden wie in den 20er Jahren – ein ewiger Knallbonbon, rasend und rasant. Das alte Herz sollte implantiert werden, um Berlin zu neuem Leben zu verhelfen."[42]

Vor diesem Hintergrund bedeutete die im Oktober 1991 gefällte Entscheidung der Wettbewerbsjury für das an der Stadt des 19. Jahrhunderts orientierte Modell des Münchener Architekturbüros Hilmer und Sattler, welches am wenigsten gegen das historische Wunschbild einer städtebaulichen Rekonstruktion des

---

35   Ebd., 26.
36   Ebd., 25.
37   Ebd., 28.
38   Ebd., 34f.
39   Ebd., 35.
40   Kollhoff, zit. in: *Stegers*, Streit (wie Anm. 26), 12.7.1991.
41   *Zohlen*, Erblast (wie Anm. 25), hier: 20.
42   *Hanno Rauterberg*, Von der Stadtsteppe zur Betonwüste, in: Berliner Zeitung, 19.5.1995.

Verkehrsplatzes aufbegehrt hatte, einen Etappensieg für den Senat. Der dem Modell der Architekten beigegebene, mit Verve formulierte Text versprach in der angespannten Situation zudem ein griffiges Programm:

> „Nicht das weltweit verwendete amerikanische Stadtmodell der Hochhausagglomeration, sondern die Vorstellung von der kompakten, räumlich komplexen, europäischen Stadt liegt dem Entwurf zugrunde. Städtisches Leben soll sich nicht im Inneren großstrukturierter Gebäudekomplexe, sondern auf Straßen und Plätzen entfalten."[43]

Das von Hilmer und Sattler verwendete Schlagwort der europäischen Stadt fungierte hier also als eine Art „kultureller Kampfbegriff"[44] gegen amerikanische Malls und Hochhäuser – und somit gegen Investoreneinmischungen. Im Ergebnisprotokoll der Sitzung begründete das Preisgericht seine Entscheidung entsprechend mit der „Bändigung und Kultivierung der Wirtschaftsinteressen durch ein weitgehendes und präzise definiertes öffentliches Interesse", wodurch „die europäische Stadttradition und insbesondere die Tradition Berlins fortgesetzt werden"[45] solle. Um letzteres zu plausibilisieren, ließ sich nun auch – über den Brückenschlag „historischer Stadtgrundriß", welcher zu den „legendären Zeiten" am Platz noch intakt gewesen sei – die vom Senat favorisierte gestalterische Interpretation des „Mythos Potsdamer Platz" erfolgreich mit dem städtebaulichen Modell der „europäischen Stadt" vermählen.

Doch gaben die düpierten Unternehmen nicht auf: Nicht nur beauftragten sie den Londoner Stararchitekten Richard Rogers mit einem städtebaulichen Gegenmodell; sie wetterten in der Presse zudem lautstark gegen den Provinzialismus der Stadt. Als sie schließlich mit der Aufkündigung ihrer Verträge drohten, stand der Senat erneut mit dem Rücken zur Wand. Einerseits hätte eine Auflösung der public-private-partnerships aufgrund eines Zwistes um Malls und Hochhäuser ein katastrophales Signal für künftige öffentlich-private Entwicklungsprojekte bedeutet. Den vertragsbrüchigen Konzernen in dieser Situation nachzugeben, wäre andererseits einer unwiderruflichen Aufgabe städtischer Kontroll- und Entscheidungskompetenzen gleichgekommen und hätte ebenfalls einen Imageschaden bewirkt. Damit wurde der Potsdamer Platz zur Chefsache: Der Regierende Bürgermeister Eberhard Diepgen schaltete sich persönlich in die Gespräche ein, um die Investoren hinter verschlossenen Türen mithilfe eines Kompromisses doch noch zum Bleiben zu bewegen. Dieser lautete, daß man im Grundsatz am Modell von Hilmer und Sattler festhielt, aber im Gegenzug die Richtlinien für die von den Unternehmen auf ihren Grundstücken durchzuführenden Realisierungswettbewerbe lockerte.

1992 gewannen die Architekten Renzo Piano und Christoph Kohlbecker den Realisierungswettbewerb für das Daimler-Benz-Areal. Abweichend vom Hilmer-

---

43 Hilmer und Sattler, zit. in: *Lampugnani/Schneider* (Hg.), Großstadt (wie Anm. 25), 70.
44 *Bodenschatz*, Suche (wie Anm. 16), 226.
45 Städtebaulicher Wettbewerb Potsdamer/Leipziger Platz. Ergebnisprotokoll der Preissitzung am 1. und 2. Oktober 1991 im ehemaligen Hotel Esplanade, hg. v. der Senatsverwaltung für Stadtentwicklung und Umweltschutz. Berlin 1991, 13.

und-Sattler-Modell sah ihr Entwurf gleich drei Hochhäuser und eine Mall quer über das Gelände vor. Der Sieger des Realisierungswettbewerbs von Sony hieß Helmut Jahn. Sein Modell präsentierte einen komplexen, dreieckigen, verglasten Block, der sich um eine überdachte „Indoorplaza" gruppierte. Am Potsdamer Platz erhob sich ein Hochhaus; das Hotel Esplanade war überbaut worden. Daß auf dem Baugelände einst der Volksgerichtshof der Nationalsozialisten gestanden hatte, wurde von Jahn ignoriert. Auch der Entwurf von Giorgio Grassi, der den Realisierungswettbewerb von A+T für sich entscheiden konnte, wich von den städtebaulichen Vorgaben ab, indem er die Blockränder nicht schloß. Entsprechend trug Martin Kieren die Idee eines an seine Vergangenheit anknüpfenden neuen Potsdamer Platzes zu Grabe: „Was [...] bleibt? Die Erinnerung an einen Ort, der einmal Potsdamer Platz hieß."[46]

VI. Der Schulterschluß: der Mythos der Goldenen 20er in der Bebauungsphase

Auch wenn es den Investoren gelungen war, ihre Vorstellungen von Hochhäusern und Malls teilweise in das historisierende Leitbild des Berliner Senats zu integrieren – im Verlauf des so konfliktreichen Planungsprozesses war das Potsdamer Platz-Projekt, welches im Zuge von Marktanalysen eine immer stärkere Tendenz zum urban-entertainment-center entwickelt hatte, öffentlich in Ungnade gefallen. Um diesen „Imageknick" schnellstens wieder auszubügeln (denn wie sollte das künftige „Herz der Stadt" ohne Kunden pulsieren?), verfolgte Baupionier Daimler-Benz eine Doppelstrategie: In den Baujahren 1994 bis 1998 wurden zum einen mit Hilfe von Festivals und Events Einheimische wie Touristen in Scharen auf die Baustelle gelockt. Vorauseilende Aneignung schien dabei das Motto zu heißen: „Auf der Baustelle übte sich die neue Stadt schon in ihren Lebenszyklus von Tag und Nacht ein. Sie war schon alles, was sie in Zukunft einmal werden sollte: Ort des Verkehrs, Arena, Festsaal, Bühne, Zirkus, Schauplatz."[47] Einmal auf der Großbaustelle angekommen, konnten sich die Besucher und Besucherinnen den dort waltenden Kräften kaum noch entziehen. Doch die energie-geladene Atmosphäre der Baustelle faszinierte nicht nur, sie verwirrte zugleich: Der Ort war nicht in der Lage, für sich selber zu sprechen. „Der Fortschritt gibt sich hier die Gestalt einer ruppigen, chaotischen Gegenwart, gleich weit entfernt von den Mythen des untergegangenen Potsdamer Platzes wie von den Visionen seiner neuerlichen Bebauung"[48], konnte der gewonnene Eindruck lauten.

Diesem Verwirrspiel mußte also zum anderen mit einer sinnstiftenden Erzählung Abhilfe geschaffen werden. Ein neues Zentrum sollte am Potsdamer Platz entstehen, ein Unterhaltungszentrum zudem. Was lag also näher, als den eben

46 *Martin Kieren*, Erst die Leere macht Platz, in: die tageszeitung, 18.6.1992.
47 *Karl Schlögel*, Lob der Ingenieure, in: Sonderbeilage der Berliner Zeitung, 2.10.1998.
48 *Andreas Muhs/Heinrich Wefing*, Der Neue Potsdamer Platz. Ein Kunststück Stadt. Berlin 1998, 44f.

noch gestalterisch als rückständig verfemten Mythos der Goldenen Zwanziger nun nicht nur funktional, sondern auch inhaltlich zu bemühen, da er sich für die angestrebte Verknüpfung von Fortschritt und Amüsement im Image des neuen Dienstleistungszentrums hervorragend eignete?

Aufbereitet zum Nutzen der Gegenwart, wurden die „wilden 1920er" fortan in Katalogen, Faltblättern und Reden glorifiziert. Das eindrücklichste Beispiel hierfür lieferte der im Herbst 1995 auf der Baustelle eröffnete rote Stelzenbau der Info-Box. In ihm präsentierten sich die entzweiten öffentlichen und privaten Investoren am Platz erstmals wieder als Einheit. Konzipiert als Ausstellungsgebäude auf Zeit, sollte die Box dem in der Planungsphase gegen das Projekt erhobenen Vorwurf der Bürgerferne entgegenwirken und einer Identifizierung der Bevölkerung mit dem „Neuen Potsdamer Platz" Vorschub leisten. Bewerkstelligt werden sollte dies durch eine größtmögliche Transparenz des Bauablaufs.

Diese Strategie hatte Erfolg: Die Menschen erstiegen die Box in Scharen. Dies war vor allem den multimedialen Präsentationstechniken zu verdanken, die selbst ausgeklügelten technischen Details einen Erlebniswert verliehen. Dank der Info-Box hatte die Stadt ein neues Gesprächsthema. „Es ist der Gipfel technischer Entwicklung, auf dem die Nüchternheit der Konstruktion verfliegt und der Schauder der Schöpfung spürbar wird",[49] faßte Heinrich Wefing ihre Anziehungskraft in Worte. Wer angesichts der „übermenschlichen Anstrengungen" aller an dem Bauvorhaben Beteiligten noch die Stirn besaß, gegen das Projekt aufzubegehren, lief bald Gefahr, als ewig Gestriger diffamiert zu werden. Auch das Auswischen der jüngeren Geschichte des Platzes war angesichts der beeindruckenden Skyline der Baustelle schnell verziehen: „Wer sich Computeranimationen leistet, den Grundwasserspiegel jederzeit abrufbar macht und eine intelligente Baustellenlogistik vorweist, der wird es schon nicht auf eine Zerreißprobe stellen, das künftige Herz der Stadt"[50]– so oder ähnlich lautete das verbreitete Fazit.

Zugleich schürten die in der Box präsentierten Filme offensiv den Mythos des Platzes: Computersimulationen der neuen, freundlich glänzenden Viertel, kombiniert mit Schwarz-Weiß-Filmausschnitten, welche die Vergnügungsstätten und die belebte Kreuzung zu Zeiten der „legendären" 1920er Jahre zeigten, stellten eine Verbindung zwischen dem alten und dem neuen „Herzen der Metropole" her. Auch nahm die Daimler-Benz AG Fundstücke, welche beim Aushub der Baustelle ans Tageslicht gekommen waren – zum Beispiel eine Tasse mit den Initialen des Café Josty – zum Anlaß, an die Geschichte des Platzes zu Beginn des 20. Jahrhunderts zu erinnern. „Die Rede vom Brachland am Potsdamer Platz ist seither nur noch Makulatur – das alte Berliner Zentrum schlummerte, nur unter Gras verborgen"[51], lautete das Kontinuität behauptende Fazit des Unternehmens.

Der Erzählung, daß der Potsdamer Platz dank der gemeinsamen Kraftanstrengung von Senat und Unternehmen nach den Verirrungen der Geschichte endlich

---

49 Ebd., 48.
50 *Uwe Rada*, Mit dem drögen Charme der Hannover-Messe, in: die tageszeitung, 17.10.1995.
51 Info-Box, Der Katalog. 3., überarb. Aufl. Berlin 1997, 143.

seine „Bestimmung" zurückerhalte, wurde im Sommer 1997 noch etwas nachgeholfen: Gemeinsam mit der Siemens AG stiftete die Daimler-Benz AG eine Kopie
des Verkehrsturms mit der ersten Ampelanlage Deutschlands, der ab 1924 den
Verkehr auf dem Platz geregelt hatte und 1936 abgerissen worden war. Gut
sichtbar direkt neben der Box aufgestellt,[52] projizierte die Nachbildung fortan die
Aufbruchstimmung der legendären 1920er Jahre richtungweisend in das Chaos der
Baustelle (Abb. 5). Entsprechend begaben sich in der zweiten Hälfte der 1990er
Jahre immer mehr Menschen auf den Platz, um dort ein Rendezvous mit dem
Mythos zu zelebrieren. Wonach sie auf der Baustelle „eigentlich Ausschau halten,
ist jenes vielbeschworene Flirren im brüllenden Berlin der Weimarer Republik.
Lebt sie denn nun, die Legende, oder bebt sie zumindest?"[53]

Abb. 5/Tafel XII: Kopie des berühmten Verkehrsturms neben der Info-Box (Photo der Autorin)

Daß alle anderen Phasen in der 250-jährigen Geschichte des Platzes in der Info-
Box ausgespart blieben und die Rede von den Goldenen Zwanzigern, die den privaten Investoren als Legitimation der in Deutschland einmaligen, hochgradig
umstrittenen Entwicklung eines neuen Zentrums am Reißbrett diente, eine
verklärende Lesart dieser von Kriegserfahrungen der Bevölkerung, einer instabilen außen- und innenpolitischen Lage sowie von Inflation gekennzeichneten
Dekade darbot, monierten nur wenige Kritiker. Parallel dazu wurde es immer
schwieriger, die jüngere Geschichte des Platzes zu rekonstruieren. Der in der Info-

52 Nach Abschluß der Bauarbeiten wurde der Turm auf dem Daimler-Benz-Areal am Potsdamer
    Platz aufgestellt.
53 *Hanno Rauterberg*, Die Legende bebt, in: Die Zeit, 24.9.1998.

Box in großen Stapeln vorrätige Hochglanz-Fotoband *Der Potsdamer Platz*[54] widmete dem Nationalsozialismus sowie der deutsch-deutschen Teilung im mehr als 100-seitigen historischen Teil nur wenige Absätze, während das in der Serie *Der historische Ort* auf Deutsch, Englisch und Französisch erschienene Heftchen zum Potsdamer Platz die Geschichte des Platzes gar im Jahr 1930 enden ließ.[55]

Unter dem Eindruck des Erfolgs der Baustellen-Events und des beispiellosen Siegeszugs der Info-Box, die bis zu ihrem Abriß Anfang 2001 rund neun Millionen Besucher und Besucherinnen zählte, schwenkte schließlich auch der Senat auf die Marketingstrategien der Unternehmen um: In der Gewißheit, daß der Baustellentourismus das Potential zur neuen Einnahmequelle Berlins hatte, veranstaltete Partner für Berlin von 1996 bis 2005 nach dem Vorbild der Daimlerschen Baustellensommer allsommerlich die „Schaustelle Berlin", in deren Rahmen die Stadt über Wochen zum Schauplatz vielfältiger „Happenings" wurde. „Ein Berliner, der auf sich hält, outet sich heutzutage als Baustellen-Fan"[56], resümierte *die tageszeitung* 1997. Somit war aus der Gegnerschaft der Berliner gegen das Potsdamer-Platz-Projekt zu Beginn der Bauphase an ihrem Ende Stolz und Begeisterung geworden.

Die Frage, ob der neu bebaute Platz dem Herz-, Vergnügungs-, Fortschritts- und Großstadt-Versprechen des Mythos standhalten würde, harrte am 2. Oktober 1998 ihrer Beantwortung. An diesem Tag wurde die „Daimler City"[57] als das erste neue Stadtquartier eröffnet.[58]

VII. Der Mythos von der Stunde Null: die Eröffnung der Daimler City

Hatten die Baustellen-Diskurse und -Events Anspielungen auf die jüngere Geschichte des Platzes strikt vermieden, so änderte sich dies im Rahmen der Eröffnungsfeier der Daimler City grundlegend: Bereits im August 1998 begann die Daimler-Benz AG ihre Neubauten unter großem Medieninteresse mit soge-

54 *Plewnia* u.a., Potsdamer Platz (wie Anm. 8).
55 *Raimund Hertzsch*, Der Potsdamer Platz um 1930. Berlin 1998.
56 *Hannes Koch*, Und dann schwebt der Tunnel, in: die tageszeitung, 29.5.1997.
57 Nach der Fusion der Daimler-Benz AG mit der Chrysler-Corporation wurde die Daimler City einen Monat später als „Quartier DaimlerChrysler" beschildert.
58 Sony folgte im Juni 2000 mit dem „Grand Opening" seiner Sony Plaza, während A+T ihre Park Kolonnaden im Juni 2001, überschattet durch den Konkurs ihres Mitinvestors Roland Ernst, in aller Stille einweihten. Hertie verkauften ihr Grundstück Anfang 2000 an die Beisheim Holding GmbH, eine Firmenneugründung des Metro-Besitzers Otto Beisheim, der im Januar 2004 auf seinem Areal einen Mix aus Luxuswohnungen, Büros und Hotels der gehobenen Klasse eröffnete. Das Beisheim-Hochhaus am Nordrand des Potsdamer Platzes korrespondiert mit einem noch ungenutzten Turmbau der Delbrück-Bank. Auf das letzte, ca. 13.000 Quadratmeter große Grundstück des Entwicklungsgebiets Potsdamer Platz am neuen U-Bahnhof Mendelssohn-Bartholdy-Park erhielt im Jahre 2000 die Gesellschaft für Städtebau und Projektentwicklung (GSP) eine Option. Die GSP plant, dort einen Komplex mit zwei Bürotürmen zu errichten.

nannten „hanging pictures" zu verhüllen. Dies waren kolossale, auf die jeweiligen Gebäudemaße vergrößerte historische Schwarz-Weiß-Fotos, welche ausgewählte Szenen aus der Geschichte des Potsdamer Platzes präsentierten. An den Außenwänden des neuen Stadtviertels ausgestellt, thematisierten die Bilder die Zerstörung des Platzes im Zweiten Weltkrieg, verschiedene Stationen der Teilung der Stadt in den 1950er und 1960er Jahren sowie den Fall der Mauer (Abb. 6). Auffällig war, daß sich in dieser „größten Fotogalerie Berlins"[59] nur ein einziges Motiv aus der Vorkriegszeit entdecken ließ: ein Verkehrsstau von 1930 am Pariser Platz. Bilder aus den „Wilden Zwanzigern"[60] oder der Zeit des Nationalsozialismus suchte man vergebens. Mit aufwühlenden Abbildungen von Zerstörung und Leid, von entstehenden und wieder fallenden Grenzen erinnerte die Daimler-Benz AG in emotionalisierender Weise vor allem an die Wechselfälle der Berliner Geschichte nach 1945.

Abb. 6/Tafel XIII: „Hanging pictures" der Daimler-Benz AG im Oktober 1998 (Photo der Autorin)

Am Vormittag des 2. Oktober 1998 begann im Inneren der Daimler City der Festakt für geladene Gäste, an dessen Ende Fassadenkletterer die „hanging pictures" entfernten und den Blick auf den neuen Stadtteil freigaben. Das eigentliche Volksfest aber war für den Abend angesetzt: Vor einer Million Zuschauern intonierten bekannte Künstler auf dem neuen Marlene-Dietrich-Platz Lieder der Berliner Diva. Der Höhepunkt der Feier war die Uraufführung des von Eberhard Schoener im Auftrag der Daimler-Benz AG komponierten, vom United Philhar-

59 Presse-Information der Daimler-Benz AG vom August 1998.
60 Sechs im Innern der noch nicht zugänglichen Daimler City aufgehängte Bilder, die jedoch nur von den geladenen Gästen des offiziellen Festakts am 2. Oktober 1998 betrachtet werden konnten, zeigten Motive vom Potsdamer Platz aus den 1920er Jahren sowie die Eröffnung des neuen Grenzübergangs 1989.

monic Orchestra Budapest, der ostdeutschen A-Capella-Gruppe Die Prinzen und Solisten des westdeutschen Tölzer Knabenchores interpretierten offiziellen Eröffnungsliedes der Daimler City *Potsdamer Platz – Herz von Berlin*.[61]

Diese Hymne auf das neue Stadtviertel wurde mit der Liedzeile „Potsdamer Platz / Mythos von Berlin" als ein Frage- und Antwortspiel zwischen den Sängern des Tölzer Knabenchors und den Prinzen eingeleitet. Dabei wurden verschiedene Bilder des Platzes entlang des Zeitstrahls „Gestern-Heute-Morgen" beschworen: Auf die Frage „Sagt uns, was war der Glanz von gestern?" folgte die Replik: „Helle Tage, lichte Nächte" – eine Anspielung auf die „goldenen Zeiten" des Platzes und seine Leuchtreklamen. Weiter hieß es in dem Lied, der Gegenwart zugewandt („Sagt uns, was ist der Atem von heute?"): „Ein Fest der Freude / Ein neuer Klang / Steine und Straßen / Wo keine Grenzen mehr sind [...] / Ein Platz erwacht". Hier wurde auf die deutsch-deutsche Teilung Bezug genommen, die mit der Wiederbebauung des Platzes nun endgültig überwunden sein sollte. Und wie sah abschließend der Blick in die Zukunft aus („Sagt uns, wie wird es morgen sein?")? „Treffpunkt einer Stadt / Großstadtmelodie / Großstadtlichterglanz / Mythos einer Stadt". Damit war die Verbindung zu den mythisch verklärten 1920er Jahren perfekt. Leuchtender Mittelpunkt und Treffpunkt der vereinten Großstadt sollte der Potsdamer Platz endlich (wieder) sein. Auf den erlösenden Befund „Der Himmel über Berlin / Ist wieder frei" folgte die Aufforderung „Leuchte im Lichterglanz / Leuchte, Herz von Berlin!" Dieser Schlußakkord bildete den Auftakt einer gigantischen Lasershow, in deren Anschluß die Daimler-Benz AG die Anwesenden zum „Final Countdown" aufrief. An seinem Ende gingen, wie von den Liedinterpreten versprochen, im neuen Stadtviertel sämtliche Lichter an: Das „Herz von Berlin" erstrahlte.

Damit zeugte die beschriebene Dramaturgie der Daimlerschen Eröffnungsfeier von dem Bestreben des Konzerns, sich insbesondere der jüngeren Geschichte des Platzes symbolisch zu entledigen: Zum einen lud die Daimler-Benz AG mit dem Entfernen der „hanging pictures", die die Zeit zwischen 1945 und 1989 noch einmal intensiv vergegenwärtigten, dazu ein, mit Zuversicht in eine bessere, von der schmerzlichen Erinnerung an Zerstörung und Teilung befreite Zukunft zu blicken. So, wie die Geschichte die Gebäude verhüllte, verstellte sie auch den Blick nach vorn, lautete verkürzt der Wahlspruch des Investors. Zum anderen diente die Hymne dazu, am Potsdamer Platz eine Gründerzeit- und Goldgräberstimmung, die Assoziation einer „Stunde Null", zu induzieren. Etwas Neues und zugleich Kontinuierliches sollte hier entstehen. Entsprechend verwies die Frage nach dem Morgen im Eröffnungslied sogleich auf die 1920er Jahre: Sie waren es, die in neuem Gewand wiedererwachen sollten. Unter Aufgebot großer Namen und sorgfältig selektierter Bilder stilisierte sich der einst für seinen Griff nach dem „Herzen der Stadt" gescholtene Konzern auf der Einweihungsfeier seines Stadtquartiers erfolgreich als Vollstrecker jener „richtigen" (Metropolen-) Geschichte.

---

61   BMG Ariola, Potsdamer Platz – Herz von Berlin, Maxi-CD, Nr. 74321 62359 2 (1998).

Diese Selbstinszenierung des Investors stützen jüngere Publikationen zum Potsdamer Platz. In dem dreisprachigen Hochglanz-Baustellenfotoband *Der Potsdamer Platz*[62] von Pierre Adenis beispielsweise wird die Baustelle des Platzes auf großformatigen Farbfotos gefeiert: Den „Neulingen, [...] die eben erst in die Stadt kommen", allen, die den Wachstumsprozeß nicht persönlich begleiten konnten, wolle Adenis, der laut Vorwortautor Bernhard Schulz mehr vom Bauprozeß sehen durfte „als wir Normalsterblichen"[63], vermitteln, „wie das war mit den Baugruben, den Seen und Tauchern und dem Wald der Kräne, wie alles wuchs und sich immer höher reckte."[64] Auf der Daimler-Baustelle, so das Fazit, habe sich eine neue Ära manifestiert. Dort habe sich neben „den alten Mythos, den vielzitierten" vom historischen Platz – von dem früher, „vor der Wende, keiner mehr gewußt"[65] habe und der in den vergangenen Jahren „bis zum Überdruß beschworen worden" sei – „ein neuer Mythos geschoben, der Mythos des ‚neuen' Potsdamer Platzes"[66]. Dessen Substanz faßt Schulz wie folgt:

> „An diesem unwahrscheinlichsten Ort der Stadt nun wieder Stadt zu schaffen, Stadt zurückzugewinnen, das neu zu entwerfen, was originalgetreu zu rekonstruieren auch nur in Ansätzen gänzlich unmöglich gewesen wäre: Das ist es, was im Innersten die Geschichte des ‚neuen' Potsdamer Platz ausmacht. Das ist der Stoff eines neuen Mythos."[67]

Exakt diesem Verdienst hat sich Daimler-Benz mit seiner Eröffnungsfeier ein Denkmal gesetzt. Beim als „Embryonalzustand der künftigen Stadt"[68] gefeierten Entstehungsprozeß der an das Charisma des alten Berlins anknüpfenden „neuen Wirklichkeit"[69] dabei gewesen zu sein, wird heute als Privileg gehandelt. Der „neue Mythos" ist ein Gründungsmythos und die Daimler-Benz AG sein Schöpfer.

VIII. Fazit

Der geschilderte konfliktreiche Prozeß des Verkaufs, der Planung und der Wiederbebauung des Potsdamer Platzes zeigt, wie sich Berlin nach dem Fall der Mauer und dem Verlust seines politischen Sonderstatus in den 1990er Jahren nicht nur in eine zunehmend unter Beteiligung privatwirtschaftlicher Akteure regierte,[70] sondern auch in eine immer stärker nach unternehmerischem Vorbild beworbene

---

62 *Pierre Adenis*, Der Potsdamer Platz. Die größte Baustelle Europas. Aktualisierte Neuauflage. Berlin 2000.

63 *Bernhard Schulz*, Ein neuer Mythos. Am Potsdamer Platz entstand ein Stadtquartier – und mehr als das, in: Ebd., 5–7, hier: 5.

64 Ebd., hier: 7.

65 Ebd., hier: 5.

66 Ebd.

67 Ebd., hier: 6.

68 *Schlögel*, Lob (wie Anm. 47).

69 *Schulz*, Mythos (wie Anm. 63), 7.

70 *Susanne Heeg*, „Vom Ende der Stadt als staatlicher Veranstaltung". Reformulierung städtischer Politikformen am Beispiel Berlins, in: PROKLA 110, 1 (1998), 5–23.

Stadt verwandelte. Auf Regierungsebene zeugen die hastigen, unter Umgehung des Abgeordnetenhauses zu Dumpingpreisen getätigten Grundstücksverkäufe, der Abschluß der public-private-partnerships und die Beschränkung des städtebaulichen Wettbewerbsverfahrens von einer gezielten Aushebelung bzw. „Verschlankung" demokratischer Entscheidungs- und Kontrollprozesse, die der Senat mit dem Verweis auf die knappen öffentlichen Kassen und den dringend notwendigen Wandel Berlins zum Dienstleistungsstandort rechtfertigte. Demgegenüber illustrieren die Gründungen der öffentlich-privaten Stadtmarketingagentur Partner für Berlin (1994), der Info-Box (1995) und der Schaustelle (1996) eine sukzessive Professionalisierung städtischer Imagepolitiken nach dem Vorbild der Marketingstrategien insbesondere der Daimler-Benz AG. Auch Städte, so lautete die Erkenntnis des Senats aus der Entwicklung des „Neuen Potsdamer Platzes", müssen eine Art „corporate identity", ein positives „Image" ausbilden, um in der verschärften internationalen Städtekonkurrenz zu bestehen.

Vor dem Hintergrund dieser stadtpolitischen Umbrüche lassen sich mit Jan Assmann bezüglich des Bedeutungswandels von Geschichte und Mythos des Platzes im Prozeß städtischen Standortmarketings drei große Phasen identifizieren: In der *ersten Phase*, der Planungsphase (1987–1994) wurde die kritisch-reflexive Rekonstruktion von Geschichte der Verklärung der Historie im Mythos entgegengesetzt. Die von diesem Verständnis geprägte, noch Anfang der 1990er Jahre vom Berliner Senat als Leitbild der Neubebauung verfochtene Vision des Erhalts einer komplexen Geschichtslandschaft am Platz scheiterte baulich an der Weigerung der Investoren, die Standorte des nationalsozialistischen Volksgerichtshofs und der Mauer in ihren Bebauungsprojekten zu würdigen.[71] Darüber hinaus gewann der von Walter Momper in den breiten Diskurs eingebrachte, vom Senat gestalterisch und von den Investoren funktional ausgelegte, in den 1920er Jahren wurzelnde Urbanitäts- und Modernitätsmythos des Platzes diskursiv an Wirkungsmacht. Entsprechend konnte der Senat seine historisierenden Vorstellungen zur Neubebauung des Platzes nur noch mit Abstrichen gegen die eine moderne Weltstadtarchitektur favorisierenden Unternehmen behaupten.

Laut Jan Assmann fungieren Herrschaftswechsel als besonders starke „Inzentive" für Mythenbildungen, indem sich neue Machthaber zum einen retrospektiv über Mythen und Genealogien zu legitimieren und zum anderen prospektiv in Denkmälern und Monumenten zu verewigen trachteten. Insofern illustriert die beschriebene Planungsphase den umkämpfen Übergang von dem zunächst dominanten städtischen Konzept der komplexen Geschichtslandschaft Potsdamer Platz, das die Erinnerung an den Ort zwar zeitlich anreicherte, ihn jedoch seinerseits erzählerisch zu einem „Platz der Superlative und historischen Ereignisse" stilisierte[72], hin zu einer kontrapräsentischen[73], nur bestimmte Phasen und Aspekte

---

71 Zur baulichen Repräsentation von Geschichte am „Neuen Potsdamer Platz": *Sybille Frank*, Die Patinierung der Gegenwart. Geschichtspflege am Neuen Potsdamer Platz in Berlin, in: Berlin-Forschungen junger Wissenschaftler 1 (2004), 11–31.
72 Walter Leo im IBA-Jahr über den Potsdamer Platz; *Walter Leo*, Die Steine reden noch. Menschen und Häuser erzählen ihre Geschichten. Berlin 1987, 189.

dieser Geschichte fokussierenden Erzählung der Unternehmen als den neuen „Hausherren" am Platz: Sie „geht von Defizienz-Erfahrungen der Gegenwart aus und beschwört in der Erinnerung eine Vergangenheit, die meist die Züge eines Heroischen Zeitalters annimmt."[74]

In der *zweiten Phase*, der Bebauungsphase (1994–1998) setzte sich infolge des Schulterschlusses von Stadt und Investoren der nun inhaltlich gewendete, historisch auf die Goldenen Zwanziger beschränkte und mit dem Etikett der „europäischen Stadt" versehene „Mythos Potsdamer Platz" als sinnstiftende Erzählung „von einer größeren und schöneren Vergangenheit" durch.[75]. Mithilfe einer sowohl auf Innen- als auch auf Außenwirkung bedachten „Brot und Spiele"-Strategie[76] wurden dabei einzelne Motive aus der Geschichte des Platzes ausgewählt (Verkehr, Vergnügen, Konsum) und anhand alten Bildmaterials und historisierender neuer Symbole zu einer eingängigen, lokal spezifischen, die Bebauungsprojekte der Unternehmen stützenden und zudem international kommunizierbaren Erzählung verwoben. Dabei wurde die Erinnerung an die rührige Großstadt der 1920er Jahre entpolitisiert, kulturalisiert, kommodifiziert und emotionalisiert. Zugleich gelang es Investoren und Stadtpolitikern im Zuge der Festivalisierung[77] der Baustelle, in der skeptischen Bevölkerung eine begeisterte Anteilnahme am Bauprozeß und eine erwartungsfrohe Gespanntheit auf die zukünftige Gestalt des Areals hervorzurufen.

Jan Assmann betont, daß Herrschaft auch zum „Quietiv" von Erinnerung werden könne, sobald die neuen Mythen und ihre Objektivationen erfolgreich in Orte und Gedächtnisse eingepflanzt seien und nach Zeiten des Wandels Kontinuität gesichert werden solle. Dann mündeten die etablierten Mythen in eine „Stillstellung und Entsemiotisierung der Geschichte."[78] Eben diesen Wendepunkt zur *dritten Phase* markiert die feierliche Eröffnung der Daimler City (1998), welche „Gegenwärtiges in das Licht einer Geschichte [stellte], die es sinnvoll, notwendig und unabänderlich erscheinen lässt."[79] Sie präsentierte den „Neuen Potsdamer Platz" nicht nur als einen von der Last der Geschichte erlösten Ort. Im Gründungsmythos von der „Stunde Null" blieb zudem vom großen Narrativ der

---

73 *Assmann*, Gedächtnis (wie Anm. 3), 78ff.

74 Ebd., 79.

75 Ebd.

76 Als „bread and circuses" bezeichnen Gerry Kearns und Chris Philo in ihrem Band *Selling Places* die verbreitete Imagepolitik von Städten, mit Events nicht nur den Erlebnishunger von Stadt-Besuchern wie -Bewohnern zu befriedigen, sondern auch dem Bedürfnis der Menschen nachzukommen, im identitätsstiftenden Bilder- und Waren-Rausch ihren Ängsten vor einer unberechenbar gewordenen Welt zu entfliehen; *Gerry Kearns/Chris Philo*, Culture, History, Capital: A Critical Introduction to the Selling of Places, in: Dies. (Hg), Selling Places. The City as Cultural Capital, Past and Present. Oxford 1993, 1–32, hier: 5.

77 *Hartmut Häußermann/Walter Siebel*, Die Politik der Festivalisierung und die Festivalisierung der Politik, in: Dies. (Hg.), Festivalisierung der Stadtpolitik. Stadtentwicklung durch große Projekte. Opladen 1993, 7–31.

78 *Assmann*, Gedächtnis (wie Anm. 3), 75.

79 Ebd., 79.

„legendären Zwanziger" nur noch die Stimmung von Aufbruch – Zentrum – Großstadt – Fortschritt übrig: „Wir lassen die Geschichte hinter uns und brechen auf in eine neue, verheißungsvolle Zukunft", lautete die Botschaft des Konzerns. Anläßlich der 2000 erstmals am Potsdamer Platz stattfindenden Berliner Filmfestspiele beschrieb Harald Martenstein den neuen Ort entsprechend wie folgt:

> „Der Potsdamer Platz [...] bietet neutrales Gelände. Seine Sterilität ist seine Stärke. Ohne Geschichte, das heißt: ohne Hypotheken. [...] Am Potsdamer Platz stehen alle Uhren auf Null [...]. Genau das hat Berlin gebraucht [...]. Einen Ort, der innerlich leer ist. Historisch aufgeladene Orte hat die Stadt wahrlich genug."[80]

Damit präsentiert sich der „Neue Potsdamer Platz" heute als ahistorischer und tendenziell entmythologisierter Ort. Innerhalb nur einer Dekade ist die komplexe Geschichtslandschaft Potsdamer Platz somit zu einem selbstreferentiellen Zeichen, zu einem Signifikanten ohne Signifikat mutiert.

---

80 *Harald Martenstein*, Mythos Potsdamer Platz, in: Der Tagesspiegel, 14.2.2000.

DIE NEUGESTALTUNG BERLINS
ZWISCHEN PLANUNGSPROZESS UND STÄDTEBAULICHER VISION

Thomas Albrecht

In den Berliner Buchhandlungen gibt es seit etwa zehn Jahren zwei grundverschiedene Arten von Bildbänden: diejenigen, die in schwarz/weiß das „alte" Berlin der „glücklichen" Zeit vor 1933 zeigen (hier sei auch auf den Beitrag von Katja Zelljadt verwiesen), und jene, die in farbigen Fotografien und Perspektiven die neuerbauten Gebäude und Plätze des Berlin nach 1991 darstellen. Wir haben es hier also mit zwei völlig unterschiedlichen Bildwelten zu tun, die jedoch durch diese Zweiteilung bei genauerer Betrachtung die Geschichte dieser Stadt in ihrer Zerstörung und ihrer städtebaulichen Neufindung exakt beschreiben. In diesem Beitrag werden nun der Prozeß der Stadtplanung, genauer gesagt der Gestaltung des Potsdamer und des Leipziger Platzes, und die Machtkämpfe zwischen den Investoren und der kommunaler Verwaltung von einem unmittelbar Beteiligten geschildert, da ich als Mitarbeiter und seit 1994 als Partner im Büro der damaligen Wettbewerbsgewinner Hilmer & Sattler arbeite. Dies wird unter anderem deshalb vorausgeschickt, um die dem Autor anhaftende Subjektivität zu erklären, zumal unser Büro nach der Ausarbeitung des Bebauungsplanes Potsdamer/Leipziger Platz auch als Hochbauarchitekten vor Ort mehrfach tätig waren. Wir konnten dadurch den gesamten Weg, den die städtebauliche Vision vom Entwurf über den Guß in die kommunale Baugesetzgebung bis hin zur Realisierung durchlief, begleiten.

I. Vorgeschichte – der Verlust des Gedächtnisses

Der Plan (Abb. 1) aus dem wichtigen städtebaulichen Abriß „Die gezeichnete Stadt" von Hans Stimmann zeigt in grau den baulichen Bestand der Innenstadt von Berlin um 1940 und in schwarz, das was heute davon noch zu sehen ist.[1] Auch wenn dieses Werk erst im Jahre 2002 erschien, so war doch allen Städteplanern nach 1945 bewußt, in welch großem Ausmaß diese Stadt ihre städtebaulichen Situationen verloren hatte. Abriß und Neubau führten zum Verlust so vieler städtebaulicher Situationen, daß – wie Hans Stimmann schrieb – „der Stadt damit das historische Gedächtnis verloren ging". Daß dieser Verlust in Folge der Schuld an Kriegsverbrechen und Genozid erfolgte und mit der Teilung der Stadt einherging, läßt gerade am Potsdamer und Leipziger Platz erkennen, welch große Belastungen Berlin erfuhr, zumal im Niemandsland zwischen den beiden Stadtteilen auch noch

---

1   *Hans Stimmann*, Die gezeichnete Stadt. Berlin 2002.

Abb. 1/Tafel XIV: Kriegszerstörung und Abriss bis 2001 (in: *Stimmann*, Gezeichnete Stadt, wie
Anm. 1)

das Gelände der ehemaligen Reichskanzlei lag. Die zaghaften städtebaulichen
Experimente des Hansaviertels in West-Berlin von 1957 zeigen im Umgang mit
dieser Situation einen völligen Neuanfang, der sich mit dem „genius loci" und den
vorgefundenen historischen Gegebenheiten nicht beschäftigen kann und will.
Ähnlich, aber doch völlig anders, wird in Ost-Berlin reagiert: Die Stalinallee ist
klar von Moskau vorgegeben und zieht den Blick in eine bisher nicht vorhandene
Richtung. Durs Grünbein schreibt in der Rückschau zu dieser Periode:

> „Berlin war eine Art hastig von zwei Weltmächten eingerichtetes Realitätsstudio, ein
> Hollywood aus Versatzstücken heißester europäischer Geschichte, eine preußisch-
> protestantisch-sozialistische Cinecittà aus Paradestraßen, Hinterhöfen, Bürozentralen, Villen,
> Museen, Schienennetzen [...] der ideale Kulissenplatz."[2]

Später sehen wir in Ost und West verheerende gigantomanische Fehlentwick-
lungen wie die der Autobahnüberbauung der Schlangenbader Straße oder die
gesichtslosen Trabantenstädte; die eng beieinanderliegenden Schauplätze in der
Berliner Innenstadt wurden von mehr oder weniger beliebigen graphischen
Mustern des Siedlungsbaus überzogen, ihre städtebaulichen und hoch gesteckten
gesellschaftlichen Ziele jedoch auch nicht annähernd erreicht. Die Entwerfer ver-
nachlässigten die Tatsache, daß Planung eben nicht nur die Befriedigung von
technischen Bedürfnissen bedeutet, sondern – viel wichtiger – auch die Unverwechselbarkeit eines durch die Geschichte bestimmten Ortes zu berücksichtigen
hat. Alexander Mitscherlichs „Die Unwirtlichkeit unserer Städte"[3] drückte die
allgemeine Unzufriedenheit mit dieser Stadtplanung aus, bis mit Leon Kriers
städtebaulichem Entwurf zur Berliner Rauchstraße (Abb. 2) auf der Internationalen Bauausstellung (IBA) 1984–1987 die Stadtplanung zur Stadtreparatur

---

2   *Durs Grünbein*, Transit Berlin. Frankfurt a.M. 1996.
3   *Alexander Mitscherlich*, Die Unwirtlichkeit unserer Städte. Anstiftung zum Unfrieden. Frank-
    furt a.M. 1965.

zurückfand und damit die bereits geplanten großflächigen Abrisse der Sanie-
rungsgebiete in Kreuzberg verhinderte. Erst jetzt wurden vorhandene städtebauliche Typologien wieder erkannt, der Begriff „genius loci" konnte wieder
verwendet werden. Hans Stimmann schreibt über die IBA und das von ihr veran-
twortete Programm:

> „Die Stadt verfolgte damit im Westteil nicht mehr das Ziel, diese Stadt und die Formen des
> gesellschaftlichen Lebens gleichzeitig neu zu erfinden, sondern nutzte die gebaute, oft ver-
> schüttete Geschichte als Ressource für eine sich allmählich transformierende Industrie-
> gesellschaft."[4]

Man kann heute den Einfluß der IBA auf die Denkweise der Städteplaner nach
1990 in Berlin gar nicht überschätzen; nicht ohne Zufall waren die ersten drei
Preisträger des Wettbewerbs zur Gestaltung von Potsdamer und Leipziger Platz an
mehreren Projekten der Bauausstellung beteiligt.

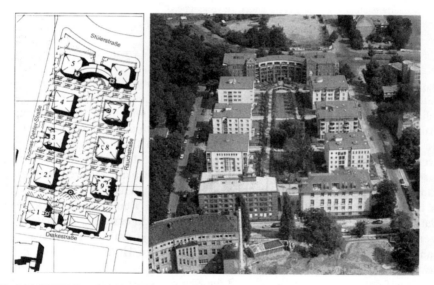

Abb. 2/Tafel XV: Rauchstraße, Städtebau Rob Krier, 1986

II. Die Situation nach dem Fall der Mauer

Vor der Wettbewerbsausschreibung lag ein großer Erwartungsdruck auf den politisch Verantwortlichen, zumal im Juni 1991 die Entscheidung zur Verlegung des
Regierungssitzes nach Berlin gefallen war. Der damalige Stadtentwicklungs-
senator Hassemer sprach davon, daß es nach 40 Jahren des Wartens und Hoffens
nun darum gehe, „[...] den Tiger zu reiten. Wir wollen die Kräfte nicht bändigen,

---

4 *Stimmann*, Gezeichnete Stadt (wie Anm. 1).

wir wollen sie ausschöpfen."[5] Wolf Jobst Siedler und Michael Mönninger initi-
ierten Ende 1990 in der F.A.Z. eine Artikelserie, die Vorschläge zum Zusammenwachsen von Berlins beiden Mitten zu Papier brachte. Die meisten Visionen wie
die der internationalen Architekturstars Zaha Hadid, Coop Himmelblau oder John
Heiduck orientierten sich jedoch weder an einer historischen Stadtstruktur noch
boten sie Lösungen real anstehender Probleme Berlins; es handelte sich hier vielmehr um Großstrukturen im Geist der 70er Jahre. Es bestand deshalb die Befürchtung, daß sich das Bild der Stadtreparatur, der mühsam in der IBA gelernte
Umgang mit der geschundenen Stadt, bei allen weiteren Entscheidungen sich nicht
werde durchsetzen lassen. Es gab jedoch andere Stimmen: So forderte der Berliner
Architekturhistoriker Dieter Hoffmann-Axthelm im Jahre 1990:

> „Die Aufgabe ist, vor allen symbolischen Zentrumsproblemen, die einer ‚kritischen Rekon-
> struktion' der Stadt. Die Stadt muß auf ihre Geschichte hin wiedererkennbar, die Orte müssen
> berechenbar sein. Man darf sie also nicht kaputtmachen. Man muß städtische Identität
> wiederherstellen, ohne die Zerstörungen zu verleugnen."[6]

III. Der Wettbewerb zum Potsdamer und Leipziger Platz

Insgesamt fünf Großinvestoren (Daimler Benz, Sony, Hertie, ABB und Haus
Vaterland) hatten *vor* der Ausschreibung des Wettbewerbes für den städtebaulichen Rahmenplan verschieden große Grundstücksanteile erworben. Die genauen
Grundstücksgrenzen sollten erst *nach* dem Wettbewerb definiert werden, dem sich
die Investoren – wie im Kaufvertrag festgelegt – zu fügen hatten. Der britische
Architekt Richard Rogers wurde als offizieller Berater der Investoren benannt, der
aber nur verbal, keinesfalls aber mit dem Zeichenstift agieren sollte. Die
städtebaulichen Zielvorgaben des Wettbewerbs forderten u.a., den Potsdamer Platz
in die polyzentrische Stadtstruktur einzubinden, die Raumfolge zum Leipziger
Platz zu beachten und eine breite Nutzungsmischung zu erzielen, gleichzeitig aber
Freiheiten für die Architektur zu lassen, da es sich ja um einen städtebaulichen
Rahmenplan handelte. Das Weinhaus Huth, das alte Hotel Esplanade und die
Reste der alten Potsdamer Straße wurden zur Integration anempfohlen, ebenso
wurde auf den „Volksgerichtshof" und die Schinkelschen Torhäuser hingewiesen,
die sich einst auf dem Gelände befanden. Als wichtigste Forderung sollten
mindestens 30 % der entstehenden Flächen dem Wohnen vorbehalten bleiben, um
eine Entleerung der Stadt nach Büroschluß zu verhindern.

In einer internationalen Vorauswahl waren 16 Architekturbüros zugelassen
worden, wobei hervozuheben ist, daß es sich hier ausschließlich um Architekten
handelte und keine reinen Städtplaner zugelassen waren; mit letzteren hatte
Berlin durch die leidvollen Fehler der Nachkriegszeit zu schlechte Erfahrungen
gemacht. Trotz dieser Einschränkung waren *alle* zeitgemäßen Richtungen der
Architektur vertreten:

---

5   *Volker Hassemer*, Den Tiger reiten, in: Bauwelt 41 (1991), 2230.
6   *Sebastian Redecke*, Keine Gewalt!, in: Bauwelt 41 (1991), 2211.

1. Daniel Libeskinds Dekonstruktivismus (Abb. 3), der die Welt als Chaos sieht, symbolisiert durch eine riesige, von Hochhäusern kontrastierte schiefe Ebene.

Abb. 3: Wettbewerbsentwurf Daniel Libeskind, Modellphoto 1991

2. Alsop & Strömer (4. Preis), die eher moderne technische Großformen aus den 1960er Jahren zeichneten und kaum Interesse an klassischen Stadträumen haben.
3. Die dem New Yorker Rockefeller-Center entlehnte Idee von Hans Kollhoff, der acht feine, platzbildende Hochhäuser zu einem Ensemble komponierte und den östlichen Leipziger Platz im Sinne der kritischen Rekonstruktion wiederherstellte.
4. Vittorio Gregotti, der eine fast historistisch zu nennende triumphale Stadt-architektur im Stile der 20er Jahre vorschlug.
5. Otto Steidle (3. Preis), Oswald Mathias Ungers (2. Preis) und Hilmer & Sattler (1. Preis), die in der kritischen Rekonstruktion am weitesten gingen. Hier werden verschiedene Typologien aufgegriffen, u.a. die des städtischen Blocks, und nur vereinzelt treten Hochhäuser eingeplant (Abb. 4).

IV. Der Entwurf von Hilmer & Sattler

Symbolisiert durch die Ansicht einer Idealstadt aus der Schule von Piero della Francesa (Abb. 5) mit Platz, Straße und Gasse, sehen wir unser Ideal in einer Stadt, die von kompakten Kuben und verdichteten Straßen gebildet wird, also eine Weiterentwicklung der europäischen Stadt.

Abb. 4: Wettbewerbsentwurf Hilmer & Sattler, Modellphoto, 1991

Abb. 5/Tafel XVI: Piero della Francesca, Schule, Ideale Stadt, 1561

Die rasanten Stadtentwicklungen nach dem Zweiten Weltkrieg rund um die Welt –
von Sydney, Hongkong und Singapur bis Sao Paulo, Dallas und letztlich auch
Frankfurt – waren dem amerikanischen Modell der teppichartigen Wucherung mit
der konzentrierten Hochhauskrone in der Mitte gefolgt. Der erste Satz im Erläute-
rungsbericht zu unserem Wettbewerbsbeitrag Potsdamer/Leipziger Platz Berlin
1991 lautete hingegen: „Nicht das weltweit verwendete amerikanische Stadt-
modell der Hochhausagglomeration, sondern die Vorstellung von der kompakten,
räumlich komplexen europäischen Stadt liegt diesem Entwurf zugrunde." Das
zukünftige urbane Leben Berlins sollte sich jedoch nicht im Inneren groß-
strukturierter Gebäudekomplexe abspielen, wie es die drei Grundstücksbesitzer

und Großinvestoren Daimler-Benz, Sony und ABB an dieser Stelle wollten, sondern auf Straßen und Plätzen entfalten. Die entscheidend andere Stadt ist nach unserer Sicht diejenige, in der sich alle Funktionen und Bereiche des städtischen Lebens ineinander verschränken, die Grundstücke und damit die Räume, in denen sich das Leben abspielt, jedoch präzise definiert sind, nämlich als öffentliche einerseits und private andererseits. Die europäische Stadt ist bestimmt durch dieses Spannungsverhältnis von „veröffentlichtem" und privatisiertem Raum, und diese Grenzziehung bestimmte strukturell unseren Entwurf. Dessen große gliedernde Elemente sind

1. die Leipziger Straße in ihrem alten Querschnitt und mit 22m Traufhöhe,
2. der Leipziger Platz auf dem ursprünglichen, oktogonalen Grundriß mit der Gebäudehöhe von 35m,
3. der Potsdamer Platz mit einer Gruppe spitzwinkliger Hochhäuser als schlanke, vertikale Zeichen in der Silhouette Berlins,
4. die breite boulevardartige neue Potsdamer Straße zum Kulturforum hin, an der entlang sich die Bauten für die öffentlichen und publikumsintensiven Nutzungen aufreihen,
5. die Freiräume mit der Wasserfläche im Süden und dem Grünkeil vom Potsdamer Platz zum Tiergarten hin.

Zwischen diesen großräumigen, öffnenden Elementen des Plans hingegen soll eine größtmögliche stadträumliche Geschlossenheit entstehen. Für diese Grundstücke, also auch für die großen Areale der Großinvestoren, beinhaltet der Plan eine Neuinterpretation des Berliner Blocks. Der gründerzeitliche Block war gekennzeichnet durch sehr große Abmessungen, oft von bis zu 150 mal 300m, durch geschlossene Bebauung der Blockränder und durch eine Folge von Innenhöfen auf der Basis von Grundstücksparzellen. Diese Blockdimension findet sich in unserem Plan wieder, nicht jedoch der kontinuierlich bebaute Blockrand. Die Fläche ist stattdessen besetzt durch große Häuser von ca. 50 mal 50m Seitenlänge, deren Zwischenräume schmale Straßen bilden. Die Höhe der Häusertraufe liegt bei 35m. Nicht zuletzt in der Kürze der Seitenabmessungen dieser Häuser, wo durch die häufige Unterbrechung der Straßenfronten vielfältige Lichtwirkungen entstehen, sehen wir die Legitimation für die neue Höhe des Stadtteils. Uns erscheint diese Festlegung radikal neu: Drei Geschosse mehr als die alte Berliner Traufhöhe von 22m bedeutet eine neue Proportionierung der Stadträume, die an Wien, Mailand oder Madrid erinnern soll und viel grundlegender ist als es etwa eine Beibehaltung der alten Traufhöhe mit zurückgesetzten Hochhäusern dahinter und darüber gewesen wäre, eine klassische Lösung der 70er Jahre.

Daß sich diese Vorstellung gegen 15 internationale Konkurrenten durchsetzen konnte, war keineswegs naheliegend. Die Wettbewerbsphase ist der kurze Moment einer Art Allmacht des Architekten, in der er einsam in seinem Studio aufzeichnet, was er will, bis dann mit der Juryentscheidung die Macht der Kommune und der Investoren zu wirken beginnt. Es ist auch der Moment, in dem das Ringen um das Bild der Stadt das abstrakte Organisieren der städtischen Funktionseinheiten ablöst. 1992 folgten nun die Hochbauwettbewerbe für die Einzelbereiche auf der Grundlage unseres Masterplans. Vergleicht man die beiden Stadtpläne von 1991 und 1999 (Abb. 6 und 7), so erkennt man den Wucherungscharakter, in dem sich seit 1992 die Entwicklung dieses Stadtteils vollzogen hat. Wir als Autoren des ersten Plans beobachten dies mit einer Mischung aus Neugierde und Verzweiflung. Der Vergleich zeigt aber auch, daß Renzo Pianos Daimler-Benz-Areal, Helmut Jahns Sony-Center und Giorgio Grassis ABB-Bebauung nicht die Grunddisposition zerstört haben, sondern daß vielmehr verschiedene individuelle Handschriften unseren Entwurf vom städtebaulichen Schema hin zum Stadtplan verändert haben.

Dies soll an einigen Beispielen der gebauten Wirklichkeit am Potsdamer Platz deutlich gemacht werden. Zunächst zeigt die Reihung der großen Blöcke von der Freifläche aus die Staffelung zu den Hochhäusern am Ende hin. Sehr unterschiedliche Architekturformen kennzeichnen das Bild, geprägt von Isozaki, Richard Rogers, und Renzo Piano, wobei zwischen den großen Bauten, im Inneren gleichsam, die dichte städtische Welt der Gassen dominiert. In diesem Bereich des Quartiers ist in etwa unsere ursprüngliche Vorstellung von der räumlichen Wirkung des Planes umgesetzt. In diesen Zusammenhang gehört auch das von unserem Büro entworfene Hochhaus des Ritz-Carlton-Hotels, dicht neben dem gläsernen Sonyturm ein leicht artdecohaft anmutender Beitrag zum steinernen Berlin.

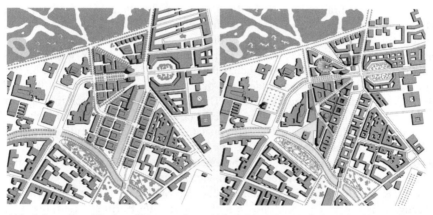

Abb. 6: Lageplan, Wettbewerbsentwurf   Abb. 7: Lageplan, städtebauliche Situation,
Hilmer & Sattler, 1991   1999, Hilmer & Sattler

Ganz anders hat Helmut Jahn im Sony-Großblock agiert: Im Realisierungswettbewerb wurden die Publikumsfunktionen von der eigentlichen Achse höchster Zentralität und Intensität, nämlich der Raumfolge Leipziger Platz, Potsdamer Platz, Neue Potsdamer Straße, Kulturforum ins Blockinnere verlagert, ganz im Sinne des Großinvestors Sony, der seine eigene Welt schaffen wollte und nicht primär die Belebung der öffentlichen Boulevards und Plätze im Sinne der Weiterentwicklung der europäischen Stadt im Auge hatte.

Somit ist zu erkennen, wie im wuchernden Realisierungsprozeß des Quartiers zwei divergierende Prinzipien verwendet wurden, nämlich bei Daimler-Benz

Häuser auf eigenen Parzellen aus der Hand unterschiedlicher Architekten und bei Sony die Superstruktur aus einer Hand. Erkennbar sind die Vorteile und Nachteile beider Prinzipien, ihre historischen Provenienzen, die Form, in welcher sie die geistigen und gesellschaftspolitischen Zustände unserer Gesellschaft spiegeln. Bemerkenswert erscheint dabei, daß beide Prinzipien von jeweils zwei Groß-konzernen zur selben Zeit und nebeneinander auf gegenüberliegenden Straßen-seiten tatsächlich baulich realisiert wurden.

Aus unserer Sicht trägt der erste Ansatz weit mehr zum Thema Weiter-entwicklung der europäischen Stadt bei. Am Leipziger Platz wird dieses Konzept noch weiterentwickelt. Um an diesem Platz eine echte Ensemblewirkung zu erzielen, wie sie dem Vorbild Place Vendôme in Paris eigen ist, haben wir der Neugestaltung vier strikte Festlegungen zugrundegelegt (Abb. 8):

1. Das historische Element des Oktogons im Stadtgrundriß der Friedrichstadt wird übernommen, obwohl – wie beim Berliner Schloß – die alte Bebauung voll-ständig vernichtet ist.
2. Die Traufhöhe wird wie beim angrenzenden Potsdamer Platz auf 35m festgelegt und um einen Fassadenrücksprung von 2 m Tiefe in 22m Höhe ergänzt, um damit die alte gründerzeitliche Raumwirkung anzudeuten.
3. Als Fassadenmaterial sind hellbeiger Naturstein und Glas zu verwenden.
4. Die Nutzung ist vertikal gestaffelt: die untersten beiden Geschosse sind für Läden gedacht, es folgen vier Geschosse Büros, und und ab dem Rücksprung Wohnungen.

Abb. 8/Tafel XVII: Städtebauliche Situation Leipziger Platz, Photomontage, 2001

Eine solche Regulierung steht auch heute im radikalen Gegensatz zur Gedanken-welt der meisten Architekten und Stadtplaner. Durch diese für alle Grundstücke identischen architektonischen Rahmendingungen städtebaulich gleichsam domes-tiziert, können sich jedoch bei der Gestaltung der einzelnen Gebäude um so deutlicher die unterschiedlichen Handschriften der Architekten entwickeln, denn die Differenzierungen etwa in der Tektonik, der Oberflächenstruktur, der Konsistenz des Materials und der Fügung der Details sind für den Betrachter gerade bei einer größtmöglichen Ähnlichkeit der Themenstellung lustvoll wahrnehmbar und unterscheidbar.

V. Der klassische Konflikt: Investor versus Stadtplanung

In der zweitägigen Jurysitzung zur Entscheidung über den städtebaulichen Wettbewerb 1991 war die Kernfrage, welches Stadtbild sich durchsetzen werde: die futuristische Stadt als Weiterentwicklung der autogerechten Stadt oder das traditionelle Stadtbild. Nach Aussage eines Jurymitgliedes ging es nur sekundär um das damals die Medien bestimmende Hochhausthema. Bereits am Abend des ersten Sitzungstages verließ der niederländische Architekt Rem Koolhaas die Sitzung, der als eiserner Verfechter der Moderne so enttäuscht von der sich abzeichnenden Hinwendung zum traditionellen Stadtbild war, daß er seinen Verschwiegenheitsstatus als Jurymitglied brach und in der F.A.Z. seinem Zorn über den seiner Meinung nach desaströsen geistigen Zustand der Jury Ausdruck gab – ein in der Geschichte der Wettbewerbe zumindest ungewöhnlich zu nennendes Verhalten.

Kaum war das eigentliche Ergebnis des Wettbewerbs bekannt, begannen die Investoren Mißmut über den Siegerentwurf auszudrücken. Werner Breitschwert, damals Aufsichtsrat von Damiler-Benz kritisierte: „Die Investoren [...] sind angetreten mit dem Anspruch, ein attraktives, lebendiges Stadtviertel zu schaffen und mit einer anspruchsvollen, zukunftsgerichteten Architektur ein Zeichen in und für Berlin zu setzen. Mit dem Entwurf von Hilmer & Sattler kann man diesem Anspruch nicht gerecht werden."[7] Interessant ist hier der klar vorgetragene Wille, in einer komplizierten städtebaulichen Situation die alleinbestimmende Kraft darstellen zu wollen, der an den Anspruch von Daimler-Benz in den 60er Jahren erinnerte, daß der Mercedes-Stern über jeder Großstadt Deutschlands das Kirchenkreuz als höchsten Punkt der Stadt ablösen sollte.

Alle 16 Wettbewerbsarbeiten wurden vor Ort im sogenannten Kaisersaal des ehemaligen Hotels Esplanade ausgestellt. Unser städtebauliches Massenmodell – wie alle im Maßstab 1:500 angefertigt – stand neben einer Wand, die ein Vorhang bedeckte. Am dritten Tag der Ausstellung befanden die Investoren, man habe sich nunmehr genug geärgert und wohlwissend schon vor Monaten dem weltberühmten Architekten Richard Rogers für ein Honorar von 1,8 Mio. DM den Auftrag erteilt, alles im Maßstab 1:200 ganz genau auszuarbeiten. Sich wie vertraglich vorgesehen an den Sieger des städtebaulichen Wettbewerbes zu binden, sei mangels Qualität desselben leider nicht mehr möglich. Der oben erwähnte Vorhang wurde geradezu theatralisch beiseite gezogen, und auf einer leicht erhöhten Bühne stand – zwei Meter neben und ein Meter oberhalb unseres Modells – das zweieinhalb mal so große und sehr präzise Architekturmodell des britischen Kol-

---

7   *Werner Breitschwert*, Das Beste für Berlin, in: Bauwelt 41 (1991), 2230.

legen. In verschiedenen Pressemitteilungen war nun zu lesen, daß der so sorgfältig
vorbereitete internationale Wettbewerb nun obsolet sei, ja sogar Rogers Honorar –
45-mal so hoch sei wie unsere Siegesprämie – wurde als Argument ins Feld geführt. Der Entwurf von Rogers stellte zweifellos die aus Sicht der Investoren
ideale Stadt dar: mehrere langgestreckten Baukörper schließen im Inneren jeweils
eine überdachte Einkaufspassage ein und weisen je ein einziges Hochhaus als
Träger des „cooperate ego" auf. Die ebenerdige Fußgängerzone steht über einer
unterirdischen Parkebene für Autos. Eine typologische Verflechtung mit
bestehenden Stadtstrukturen fehlt vollkommen.

Meine Partner wurden nun von den Investoren bedrängt, sich doch wenigstens
mit Richard Rogers zusammenzuschließen, was weder kräftemäßig realistisch
noch im Sinne des Städtebaus sinnvoll möglich gewesen wäre. Nach einer mehr-
wöchigen Abwägungsphase stimmten jedoch dann letztendlich alle Parteien des
Berliner Abgeordnetenhauses dafür, dem weiteren Bebauungsplan den ersten Preis
zugrunde zu legen, weil sich die Investoren – neben ihrer Abwendung vom
Konzept der Stadtreparatur – allzu offensichtlich gegen alle getroffenen Abspra-
chen und demokratischen Gepflogenheiten verhalten hatten. Durch den Fortbe-
stand der Großen Koalition in Berlin von CDU und SPD bis zum Jahre 2001
wurde die Planung nie zum politischen Zankapfel, so daß deren weiterer Fortgang
aus unserer Sicht nahezu ideale politische Rahmenbedingungen hatte.

VI. Die Bebauung der Einzelgrundstücke 1992 bis 2005

Warum wollte ein Automobilkonzern wie Daimler-Benz zu Beginn der 90er Jahre
in Berlin Städtebau betreiben? Einerseits war es damals ein globaler Trend von
Großkonzernen, auch in fremden Geschäftsbereichen zu investieren (wie ja auch
der Nachbar Sony), andererseits spielten sicherlich auch persönliche Vorlieben der
Konzernchefs eine Rolle: So war der damalige Vorstandsvorsitzende von Daimler-
Benz, Edzard Reuter, der Sohn des berühmten Berliner Regierenden Bürgermeisters der Nachkriegszeit Ernst Reuter; nach dem unrühmlichen Abgang Edzard
Reuters aus dem Hause Daimler Benz versuchte er es seinem Vater gleichzutun
und bemühte sich vergeblich um das Amt der Berliner Bürgermeisters; hier gab es
offenbar eine langanhaltende Affinität zu Berlin. Ähnlich verhielt es sich aber
auch bei Sony: Der damalige Konzernchef hatte in Deutschland u.a. Musik studiert
und träumte seit langem davon, einmal die Berliner Philharmoniker zu dirigieren,
was er bei der Einweihung des Sony Centers im Jahre 1998 auch realisieren
konnte. Aus heutiger Sicht würden die beiden Konzerne Daimler-Benz und Sony
sicherlich nicht mehr im damals geplanten Umfang an dieser Stelle investieren –
die von ihnen genutzten Büros sind nur nur ein Bruchteil der Gesamtfläche ihrer
Areale aus; für die Gesamtentwicklung Berlins war dies jedoch in dieser Zeit
sicherlich ein Glücksfall, da der Potsdamer Platz in den 90er Jahren als ein
Symbol für das rasche Zusammenwachsen der beiden Stadthälften galt.

Als letztes Grundstück wurde im Jahr 2000 das ehemalige Hertie-Areal dem
Quartierswettbewerb unterzogen, den wir glücklicherweise selbst gewinnen konn-

ten. Der neue Besitzer Otto Beisheim war wohl der einzige Bauherr in persona, der überhaupt nicht in die Planung eingriff und uns unsere ursprünglichen Ideen des Wettbewerbes von 1991 in vollem Umfange realisieren ließ. Da das Grundstück lediglich Rendite für eine wohltätige Stiftung erbringen muß, waren hier auch die ökonomischen Zwänge relativ gering. Ein kubischer Quartiersplatz bildet den Mittelpunkt der Blöcke; konventionelle Berliner Straßenprofile mit Gehsteig, Bäumen und Parkmöglichkeiten schaffen ein Straßenbild, das von Straßencafes und Brunnen ergänzt wird.

Abb. 9: Straße im Beisheim Center, Architekten Hilmer & Sattler und Albrecht, 2004

Unserer Auffassung nach können sich in Mitteleuropa mit wenigen Ausnahmen wirklich exklusive Adressen mit Restaurants, Schmuckläden etc. – als Beispiel sei hier die Rue Faubourg St. Honore in Paris genannt – nur dort bilden, wo man aus dem Auto diese neu geschaffenen und kleinräumig strukturierten Orte entdecken kann, auch und gerade wenn der Autoverkehr auf ein Minimum beschränkt ist. Die beiden Großinvestoren Daimler Benz und Sony hingegen schufen autofreie Zonen wie die Shopping Mall und den überdeckten Sony-Platz, die mit hoher Wahrscheinlichkeit langfristig nie zu den „ersten" Adressen der Stadt zählen werden. Wenn letztere beiden Areale jedoch wie bisher durchaus als Publikumsmagnet funktionieren, wird dies allerdings in den nächsten Jahren immerhin zur Folge haben, daß sie so die (heute noch nicht alle existierenden, aber geplanten) eleganten Geschäfte und Lokale am Leipziger Platz unterstützen, indem sie die im Städtebau so genannte „kritische Masse" eines größeren Publikums anziehen.

VII. Konklusion

In der Rückschau und unter Berücksichtigung der sich immer mehr beschleunigenden globalen Veränderungen können wir mit dem Ergebnis unseres Beitrages zur Weiterentwicklung der europäischen Stadt am Potsdamer/Leipziger Platz zufrieden sein, obwohl (oder weil?) wir als Planer in der Demokratie heute nicht mehr die Macht eines Baron Haussmann haben, die ihm im Paris des 19. Jahrhunderts eine weit höhere Durchsetzungsfähigkeit auf allen Ebenen erlaubt hatte. Unser Bild konnte sich im Großen und Ganzen trotzdem durchsetzen. Natürlich stören uns die Einkaufspassagen und der Innenraum des Sony Center, die Kinos und Theater sahen wir städtebaulich anders situiert. Aber uns scheint die großmaßstäbliche Verdichtung räumlich vertretbar, die ja auch durch die moderne Umwelttechnologie eine bisher nicht gekannte Lebensqualität zuläßt, die kein Wien Otto Wagners, vom Florenz der Renaissance zu schweigen, je kannte. Erfolgreich haben sich unverwechselbare „Images" wie z.B. die beiden Türme von Daimler-Benz und Sony am Potsdamer Platz etabliert, und dies wird hoffentlich bald auch mit dem wiederhergestellten Leipziger Platz mit seiner neuen modernisierten Traufhöhe geschehen. Wir sind deshalb zufrieden, weil sich unser Anonymität vermeidender Ansatz der europäischen Stadt verwirklicht hat und letztendlich trotz aller Verschiedenartigkeit der individuellen Architekturen eine räumliche Schärfe entstanden ist. Der Ort ist so ein weiteres lebhaftes und beliebtes Zentrum Berlins geworden und trägt so positiv zur Stellung Berlins im internationalen Konkurrenzkampf der Städte bei.

STADTENTWICKLUNG UND STADTMARKETING NACH 1990 – DIE PERSPEKTIVE EINES KOMMUNALEN VERANTWORTUNGSTRÄGERS

Volker Hassemer

I. Stadt und Marketing

Wahrheit – das ist es, was verlangt ist, wenn man eine Stadt „verkaufen" will. Jeder Produzent wird Ähnliches über sein Produkt zu sagen geneigt sein, im Fall einer Stadt ist es aber unausweichlich, sich nach Kräften daran zu halten. Die Stadt muß das halten (können), was sie verspricht. Erstens beteiligt sich hier das Produkt unentwegt selbst am Marketing, und zwar aus allen Poren: mit dem Mund und dem Verhalten seiner Bürger, Unternehmen, Organisationen, Institutionen, seiner Besucher, überhaupt (wobei dies noch am meisten normalen Produkten ähnelt) mit der von all diesen erfahrenen Existenz und Lebendigkeit der alltäglichen Stadt. Und zweitens verändert sich das Produkt Stadt selbst ständig – als Folge tatsächlicher Entwicklungen, aber auch wiederum angesichts der Nachrichten und Einschätzungen, die es über sich selbst wahrnimmt. Dieses Produkt lebt, in vielen und komplexen Organismen.

Darin liegt auch das Wesentliche der Stadt, was sie für das ganze Land unverzichtbar und zu Leistungen fähig macht, die so nur sie erbringen kann, dieses in seiner Unterschiedlichkeit Unfaßbare und durch keinen Marketingwillen Domestizierbare: ihre Häuser, Plätze und Straßen, die Wege und Alleen, die Parks und Wiesen, die Bäume und Flüsse – und vor allem die Menschen, die Alten und Jungen, die Alteingesessenen und (im Falle Berlins z.B. in den 60er Jahren oder nach 1989) Zugezogenen, die Arbeiter und Beamten, die Unternehmer und Verkäufer, die Deutschen und die Inhaber europäischer oder außereuropäischer Pässe, die Menschen mit West- und jene mit Osterfahrung, die Wissenschaftler und die Arbeitslosen, die Neuköllner und die Spandauer usw.; und von all denen jeweils ganz viele! Der Bürger einer solchen Großstadt ist eben nicht einförmig, über nur einen Leisten zu scheren: nur immer der eine, in Herkunft, Leistungsvermögen, Mentalität und Aussehen derselbe. Vielmehr einer der vielen, ganz unterschiedlichen, aber in gerade dieser Stadt zusammengekommenen Menschen. Er bewirkt mit diesen anderen, teilweise ganz anderen, die vielfältige Produktivität dieser von ihnen gemeinsam bewohnten Großstadt. Die übrigens auch ihre Schattenseiten hat: das „Kochen" einer Stadt hat nicht nur Schmack- und Nahrhaftes zur Folge, auch Giftiges, Widerspenstiges, Aggressives. Eine Stadt ist der Platz besonderer Produktivität, aber auch erheblicher Destruktivität. Berlin ist nicht „Friede, Freude, Eierkuchen". Wer das braucht, sollte sich lieber von dieser Stadt fernhalten; das gibt es woanders besser.

Gerade diese Uneinheitlichkeit produktiver Akteure ist der Schatz der Stadt, mit dem daraus resultierenden, konfligierenden wie produktiven Leben. Verbunden mit und verursacht von den Erwartungen, Hoffnungen, Ansprüchen und Nachfragen ebenso wie der Abwehr, den Ängsten, Konkurrenzen und Attacken von außen. Das Wunder ist, daß daraus eine irgendwie gemeinsame Siedlung, eine anderen gegenüber bündige Adresse, eine Persönlichkeit, ein Mythos wird; auch eine gemeinsame Rolle, eine gemeinsame Aufgabe in der Region, im Land, vielleicht sogar in der Welt. Marketing kann und darf nicht anders als sich daraus entwickeln; muß der Sache selbst gegenüber ehrlich sein. Standortprofilierung muß die Stadt und ihre Möglichkeiten verstanden haben, darf sie nicht in irgendeinem gewünschten Sinne verbiegen wollen. Stadtmarketing hat die Hoheit über Vermittlungsformen, nicht über die Inhalte. Ein gelenktes und unzutreffendes Bild wird schnell zum Rohrkrepierer. Die „Schicksalsgemeinschaft" Stadt steht vor anderen Problemen. Denen des Funktionsverlustes und, verbunden damit, etwa einer steigenden Arbeitslosigkeit. Das verlangt gemeinsame Besinnung darauf, womit man ins Konkurrenzrennen mit anderen Orten gehen kann, wie man daraufhin Kräfte und Förderungen bündelt, wie man die erhofften und erreichten Ergebnisse „der Welt" (je nach Aktionsradius) kommunizieren kann. Anstrengungen, die in der Vergangenheit vernachlässigt wurden oder auch einfach noch nicht notwendig, lebensnotwendig waren.

II. Ausgangslage nach 1990

In Berlin gab es bei manchen Anfang der 90er Jahre die Befürchtung, der Umzug von Regierung und Parlament würde zu einer Unterwerfung der Stadt unter gesamtstaatliche Interessen führen. Der Umzug hat zwar stattgefunden. Daß aber nun Bundesregierung und Bundesländer die Stadt mit ihren Zielen überziehen würden, ist so wenig zu beobachten, daß man sagen muß: Schön ware es es, würden sie dazu Anstalten machen. Oder nehmen wir „die Wirtschaft". Würde sie sich jetzt Berlin als den größten Ort Deutschlands und seine Hauptstadt zur Beute machen und kommunale Interessen an den Rand oder darüber hinaus drängen? Und würde sie sich dann im Stadtmarketing als das Berlin Prägende kommunizieren? Sie denkt nicht daran. Berlin würde es geradezu gut tun, würde „die Wirtschaft" der Stadt auch nur annähernd mit einem solchen Anspruch entgegentreten. Gerade eine Stadt wie Berlin, die angesichts des Verlusts alter Funktionen neue aufbauen muß, zittert heute nicht vor einer erdrückenden Inanspruchnahme durch mächtige Funktionsträger, sondern leidet unter deren Ausbleiben.

Wie gerne würden wir nicht nur als Berliner von der internationalen Attraktivität der Stadt für junge Leute sprechen, sondern auch davon, daß sich die Bundesregierung diese unschätzbare Qualität – nach dem Motto „wer die Jugend hat, hat die Zukunft" – ihrer Hauptstadt zunutze gemacht hat, um z.B. Berlin in ihre Greencard-Strategie zur Anziehung der hochqualifiziertesten jungen Menschen aus aller Welt zu machen. Ebenso dankbar wäre Berlin, würde es sich nicht nur selbst als der paradigmatische Ort der sich nach 1989 eröffnenden neuen Möglichkeiten zwischen Ost und West vorstellen können, sondern würde es zum Forum der Bundespolitik, um für Deutschland insgesamt eine hohe Kompetenz für die Nutzung der Potentiale einer nicht mehr geteilten Welt zu beanspruchen.

Oder, um einen anderen zentralen Bereich zu nehmen: würde Berlin nicht nur selbst auf sich als eine der international anerkannten Kulturmetropolen verweisen müssen, sondern würde die Bundesregierung mit diesem weltweit anerkannten Ruf Berlins Deutschland insgesamt als Land höchsten kultureller Vermögens in Vergangenheit und Gegenwart positionieren – als ein Land des Einfallsreichtums, der Kreativität und Lebendigkeit; ja, würde die Bundesregierung vielleicht sogar Berlin – Ort menschenvernichtenden Versagens, am Ende aber auch dessen Überwindens im 20. Jahrhunderts – als schlußfolgernden Lernort für Zukunftsstrategien zum 21. Jahrhundert entwickeln; und, schließlich, würden die deutschen Bundesländer erkennen, daß die deutsche Hauptstadt auch ihnen gehört und sie dort ihren Nutzen suchen dürfen.

Zusammengefaßt: Würde Deutschland seine Hauptstadt mit dem besten, was sie kann, in seinen Dienst nehmen (und so auch die Kommunikation über sie beeinflussen) – es wäre ein großer Anfang, nicht ein Anfang vom Ende. Die Stadt hat eine Interesse daran, daß sich Deutschland seiner Hauptstadt, der internationalen Marke „Berlin" bedient. Sage nun keiner: Euch Berlinern geht es offenbar so schlecht, daß Ihr Euer letztes Hemd an den Nächstbesten verkauft. Nein: Worum es hier geht, ist die Art und Weise, wie eine Stadt, jede Stadt, überhaupt erst zu ihrer Kraft, ja zu ihrer Würde kommt: Wenn sie gebraucht wird, und zwar nicht nur von ihren eigenen Bürgerinnen und Bürgern. Sie wird erst wichtig, sie wird erst Stadt, wenn sie sich für andere als interessant und lebenswichtig erweist, wenn sie eine Überschußproduktion leistet, die von anderen nachgefragt wird. Die Stadt ist ebenso abhängig vom Zufluß von Energien, wie sie durch das Abstrahlen von Energien erst zur Stadt mit Bedeutung wird.

III. Das Unvergleichbare der Stadt

Immer aber bleibt die konkrete und einzigartige Stadt selbst Ausgangs- und Endpunkt aller auf sie gerichteten Gedanken und Anstrengungen. Sie ist der durch ihre spezifische Geschichte und seine aktuelle Situation unvergleichliche Ort des skizzierten Energieaustauschs. In der Stadtentwicklungsplanung kam dies in Berlin zu Beginn der 90er Jahre sehr konkret zum Ausdruck. Dort erwies sich, daß es für eine auf das nun neu Mögliche auszurichtende Planung nur ein Ziel und nur einen Maßstab geben konnte: Berlin. Hilfsformeln wie z.B. „europäische Stadt" erschienen mir deshalb immer als ablenkende, vereinfachende und deshalb geradezu gefährliche Maßstäbe. Denn damit konnte man sich die Sache zu leicht machen, erlaubten sie doch manches aus dem spezifischen Merkmalebündel Berlins herauszunehmen. Gegenüber dem, was die Aufgabe „Berlin" auf den Tisch legte, waren derartige Formeln hölzern und fast langweilig. Natürlich ist Berlin eine europäische Stadt. Und „Stadt" gehört zum Großartigsten, was Europa in seiner Geschichte kulturell hervorgebracht hat. Aber diese Großartigkeit erweist sich gerade in der Besonderheit der jeweiligen Stadt gegenüber ihren größeren und kleineren Nachbarn und Konkurrenten, so von Florenz gegenüber Turin, von Berlin gegenüber München und von Paris gegenüber Reims. Hätten sich all diese Städte nicht gerade ihren eigenen besonderen Möglichkeiten entsprechend entwickelt, wäre „die europäische Stadt" arm geblieben. Das individuelle und mit anderem letztlich Unvergleichbare ist es ja gerade, was den Teilnehmern der Tafelrunde der großen europäischen Städte erst die Krone aufsetzt.

Nicht erst beim Marketing muß also die Frage vorangestellt werden: Was soll man ausgerechnet mit genau dieser Stadt anfangen, von ihr erwarten, in ihr suchen, wo es doch schon so viele andere prachtvolle und eindrucksvolle Städte in diesem Europa gibt. Und dann kommt man, was die Ausgangslage angeht, zu Besonderheiten der Stadtstruktur, der Architektur, der Stadtlandschaft, und muß daraus lernen, daß die aktuelle Stadtplanung nur dann gelungen sein wird, wenn sie wieder solche Besonderheiten hervorbringt oder erlaubt; in unserem Falle berlinische Besonderheiten wohlgemerkt, nicht solche aus dem Kuriositätenkabinett weltweiten Angebots. Eine so entwickelte Stadt, ein so bewirkter Städtebau, der öffentliche wie der umbaute Raum werden dann ein Teil des Wesens der Stadt, ihres Organismus, ihres Lebens. Sie stehen nicht neben ihr. Sie werden die Stadt, nicht nur ihr Rufverstärker. Sie bewirken ihren Mythos mit, der die Wahrnehmung ihrer Geschichte, aber auch ihrer Möglichkeiten und der in sie gesetzten Erwartungen bündelt. Auch er ist nicht beliebig per Marketing manipulierbar. Vielmehr erweist sich das Reden über die Stadt, mehr noch natürlich ihre Gestaltung, der jeweiligen Stadt erst dann als zugehörig, wenn sie mit ihrem Mythos zumindest verträglich sind.

IV. Stadtentwicklungsplanung

Stadtentwicklungsplanung ist eine diesen Grundsätzen folgende Dienstleistung für die Stadt und ihre – heutigen wie zukünftigen – Akteure. Sie muß die Gefäße entwickeln, in die hinein die möglichen und erhofften, jedenfalls erst einmal zu erarbeitenden neuen Funktionen der Stadt passen sollen. Sie mußte in Berlin gerade nach 1989 im Hinblick auf diese Funktionen der Stadt die räumlichen Voraussetzungen schaffen, mußte den neuen Trägern und Mitträgern dieser Funktionen ein guter Gastgeber sein. Persönlich war ich in der ungewöhnlichen Situation, für das neue Berlin zu Beginn der 90er Jahre die räumliche Stadtentwicklungsplanung im nun nicht mehr geteilten Berlin zu verantworten und ab der zweiten Hälfte dann das Stadtmarketing, das die eingeleiteten neuen Entwicklungen in die Welt hinaustragen sollte. Die Leitlinie der Unverwechselbarkeit und Einzigartigkeit war vor allem, und logisch konsequent, bei der Stadtentwicklungsplanung prägender als später beim Marketing, das diese inhaltlichen Entscheidungen und seine Konsequenzen nur nachzuvollziehen, zu berichten, zu exemplifizieren, auf den Begriff zu bringen hatte.

Die angesprochene „gute Gastgeberschaft" war deshalb auch keineswegs mit einer Art Übergabe der Stadt an die Interessenten gleichzusetzen. So wie die Stadt die Entschiedenheit, das Interesse, die Kraft, ja die Erfolgsgetriebenheit derer benötigte, die nun in ihr investieren sollten und wollten, so durfte sie sich ihnen andererseits nicht unterwerfen; schon in deren wohlverstandenem eigenem Interesse nicht. Denn aus der Reibung des städtischen Selbstbewußtseins, der kommunalen Tradition und Kultur mit dem Interesse derer, die zunächst einmal sich selbst in ihr verwirklichen, sie sich zunutze machen wollen, entsteht dann das Spezifische, was als die besondere Qualität der dann gemeinsamen Stadt allen Beteiligten nutzt. Wirft sich die Stadt dagegen den Investoren und ihren Archi-tekten (z.B. auch, wie im Falle Berlin, einer umziehenden Regierung) als beliebige Baustelle zu Füßen, wird sie zu nichts mehr als einer Ansammlung dieser Investitions- und Architekturideen werden. Mit der Bundesregierung hatten wir beispielsweise vereinbart, daß Planung und Bau der Regierungs- und Parlamentssitze Einvernehmen mit Berlin voraussetzen. Das funktionierte in der Realität nicht ohne Streit, jedoch im Ergebnis jedenfalls nach unserem Eindruck zur beiderseitigen Zufriedenheit und ohne Zeitverzögerung. Am Potsdamer Platz konnten, durften wir den Plänen der Investoren in zwei aufeinanderfolgenden Planungsschritten angesichts der städtischen Notwendigkeiten und Ziele aus bestimmten Gründen (wegen der Überbetonung des Areals in der Stadtlandschaft zunächst und der Implantierung einer großflächigen Indoor-Anlage sodann) nicht folgen. Wir mußten alle Kraft zur Abwehr dieser Pläne und zur Durchsetzung des Städtischen aufwenden. Anders motiviert, aber ähnlich in der Problematik, waren die Auseinandersetzungen mit den Architekten am gleichen Ort. Auch ihre Gestaltungs- und Stadtphilosophien stehen nicht ohne weiteres in Übereinstimmung mit den Gestaltungs- und Entwicklungszielen, die dem jeweiligen Stadtorganismus gerecht werden.

Man wird immer streiten können und im Interesse eines möglichst richtigen Ergebnisses auch streiten müssen, ob die formulierte städtische Entwicklungsstrategie für Stadtstruktur und Städtebau im konkreten Fall inhaltlich zutreffend ist. Daß es aber unabdingbar ist, eine solche zu erarbeiten und zu formulieren, um das Spezifikum der Stadt und des Ortes, um die es konkret geht, zu erfassen, zu bewahren und weiterzuentwickeln, darf nicht in Frage gestellt werden. Nur daraus läßt sich dann auch im Einzelfall ableiten, was das inhaltlich und konkret überhaupt ist, die Haltung eines guten, von der Stadt insgesamt profitierenden und sie mit dem eigenen Projekt bereichernden Nachbarn. Das geht nicht ohne Konflikte ab – wir hatten viele davon und mit praktisch jedem Partner. Aber es hat sich gelohnt. Nur so entsteht eine Stadt der guten, von der Stadt insgesamt profitierenden und sie mit dem eigenen Projekt bereichernden Nachbarschaft. Nur so entsteht mit jeder neuen Investition, mit jeder neuen Planung ein städtischer Mehrwert, der dann wieder allen zugute kommt.

V. Das „Neue Berlin"

Das alles zeigt sich besonders klar im Fall des heutigen Berlin. Andere, die meisten Städte entwickeln sich kontinuierlicher in Vorwärts- oder auch Rückwärtsbewegungen. Man kann sie dabei über die Zeit beobachten und erleben, wie sie Besonderheiten verlieren und hinzugewinnen. Aber sie gehen nicht aus ihrer Haut, bleiben letztlich dieselben, können dieselben bleiben. In Berlin sind mit dem Fall der Mauer mehr als 50 % der Existenzbedingungen, die davor das Leben und das Auskommen bedeuteten, entfallen. Die politische und wirtschaftliche Metropole der „östlichen Welt" (Berlin-Ost) gab es nicht mehr, weil es diese in sich geschlossene und Bedeutung gebende Welt nicht mehr gab. Die unbestrittene Notwendigkeit, einer – der anderen – Teilstadt (Berlin-West) die zum Überleben notwendigen Voraussetzungen gesamtstaatlich bereitzustellen, war ebenso verschwunden. Stattdessen eröffnete sich die Chance für Entwicklungen und Funktionen, wie sie vorher undenkbar waren. Das bedeutete, daß die Stadt Berlin zwar unverändert diesen Namen trug, daß aber das damit Bezeichnete in entscheidenden Teilen entweder neu war oder als Neues nun erst noch, auf der Grundlage der neuen Möglichkeiten, acquiriert werden mußte. Das Stadtmarketing mußte dieser Aufgabe und der Einmaligkeit dieses Funktionsaustausches entsprechen. Wir waren überzeugt, daß wir vor allem dieses Ungewöhnliche der Berliner Situation, den großkarätigen Austausch ihrer Lebensbedingungen, zu kommunizieren hatten. Das eben unterschied uns mehr als alles andere von allen anderen. Daher unser Leitsatz „Das neue Berlin", und deshalb die „Schaustelle", die das Bauen nicht nur als stolz- und mutmachendes Ereignis kommunizieren, sondern darüber hinaus selbst als Erkennungszeichen für die aktuelle Lage der Stadt stehen wollte.

Die Berlinerinnen und Berliner – auch das sicher ungewöhnlich – sahen wir als die ersten Adressaten unserer Marketingarbeit. Gerade wer wie wir die Stadt und ihre Menschen selbst als den bestimmenden Faktor des Marketings sieht, hat bei einer solchen Revolutionierung der Lebensbedingungen einer Stadt ein fundamentales Problem: Erst einmal müssen jetzt die Bewohner selbst in der Stadt ankommen, in der sie letzt leben; die immer noch ihre, aber „über Nacht" eine andere geworden ist. Erst mit dieser Grundkenntnis können sie auch in dieser neuen Stadt produktiv werden. Daß überhaupt der Fall der Mauer diese Art neue Stadt zur Folge hatte und daß zum zweiten dies eine neue Einstellung eines jeden Stadtbürgers herausforderte, ist lange nur unzureichend bei den Berlinern angekommen. Die „Baustelle in den Köpfen" eröffneten längst nicht alle. Zugegeben war dies eine enorme Herausforderung: am selben Ort, in derselben Wohnung zu bleiben und sich zugleich irgendwie des „Umzug in eine andere Stadt" bewußt zu werden und dort erst noch „ortskundig" werden zu müssen. Die neu Zugezogenen hatten es da leichter, auch die Interessenten und Partner von außen. Sie mußten sich nicht von ihrer bisherigen Aufgehobenheit verabschieden, wandten sich überwiegend gerade der Veränderungen wegen Berlin zu. Sie wußten und wollten, daß sie es mit einer gegenüber vor 1989 ganz anderen Stadt einem neuen Berlin zu tun hatten. Diese Ausgangslage macht die Sache in Berlin bis heute schwer. Denn Marketing für eine Stadt muß mit der Frage beginnen, was die Stadt selbst, ihre

Bürgerinnen und Bürger leisten können und wollen, als was sie sich ihren Partnern vorstellen können und wollen. Da sie im Falle Berlins nun erst einmal selbst dabei sind zu lernen, was ihnen die geänderten Verhältnisse jetzt ermöglichen, und erst auf dieser Grundlage beurteilen können, was sie sich zutrauen, ist die leider bis heute andauernde Phase von Unsicherheit und Unklarheit unausweichlich.

VI. Die neue Bedeutung von Stadtmarketing

Für die Beantwortung der Frage, wohin man mit seiner Stadt will, spielen die „Marktverhältnisse" eine entscheidende Rolle: Auf welchen Märkten kann sich eine Stadt mit begründeter Hoffnung auf Konkurrenzfähigkeit und demzufolge Nachfrage ins Spiel bringen? Die Globalisierung macht dies gerade für größere Städte zu einem Thema mit rasant wachsender Bedeutung. Sogar eine kleinere Stadt kann sich immer weniger darauf verlassen, daß sie von der sie umgebenden Region nachgefragt wird. Ihre Alleinstellung der räumlichen Nähe löst sich in der Geschwindigkeit leichterer Erreichbarkeit früher von der „Provinz" weniger beachteter Orte auf. Noch stärker gilt dies für Großstädte und Metropolen. Diese haben zwar zunächst den Vorzug, bereits national und international bekannt zu sein. Derartige Bekanntheitsvorteile haben aber inzwischen immer kürzere Verfallszeiten. Zum einen vermehren sich solche ins Kalkül zu ziehenden Großstädte in der weltweiten Konkurrenz sprunghaft. Und zugleich entwickeln sie – und gerade die neuen Konkurrenten – energisch ihre Angebote ebenso wie ihr Marketing. Die Frage, was sich eine Stadt, die sich in der Vergangenheit noch einigermaßen selbstverständlich auf ihre „Kundschaft" verlassen konnte, für welchen – inhaltlich wie regional definierten – Markt zutraut, und wie sich dementsprechend aufzustellen hat, wird eine existentielle.

In der Wirkung auf den Tourismus läßt sich dies am leichtesten illustrieren. Für Berlin war die Mauer ein zentraler Anlaß, die Stadt – jedenfalls den Westteil – zu besuchen. Diese Nachfrage war nach 1989 – durchaus Gott sei Dank – nicht mehr zu befriedigen. Nur eine kurze Zeit blieb damals noch interessant, Abriß der Mauer oder die von ihr hinterlassene Schneise zu besichtigen. Mit der „Schaustelle Berlin" haben wir dann wohl ziemlich exakt die Abbildung dessen geschaffen, was sich in der Wirklichkeit ereignete: Wo die Mauer das Zeichen, der Beweis von Teilung, des politisch motivierten Vermauerns von Möglichkeiten war, stand nun die Ereignisstruktur der Baustellen für die aufgestoßenen Türen, die eröffneten Chancen Berlins. Zusätzlich konnten und wollten wir damit die Nachricht verbinden, daß die durch diese neuen Möglichkeiten erreichbaren Perspektiven uns nicht in den Schoß gelegt waren, sondern noch genutzt, das Neue noch erbaut werden mußte. In unserem Marketing transportierten wir – immer unter der auffordernden Überschrift des „Neuen Berlin" – über das Schaustellenprojekt hinaus Beispiele, die erste Vorstellungen dieses neuen Weges vermitteln sollten. Die „Berliner Rede" des Bundespräsidenten gehörte dazu, weil sie mit einem jährlichen Ereignis in Erinnerung rief, daß Berlin auch vor dem Umzug der Regierung Sitz des Staatsoberhauptes war. Die vor allem ganz jungen Unternehmen waren die Hauptthemen unserer Wirtschaftsberichterstattung. „Die lange Nacht der Museen" lenkte mit einem Massenereignis die Aufmerksamkeit auf einen traditionellen, aber eher schlafenden Riesen Berliner Attraktivität. Bis hin zum Wettbewerb der „Meisterköche", der eine neue und sehr unmittelbar genießbare Kultur Berlins kommunizieren sollte. Auch die erfolgreiche Beförderung des Brandenburger Tors als den deutschen Ort unter den Bildern des Jahrtausendwechsels, zu sehen als ein wieder einladendes und offenes Tor mitten in Europa, gehörte dazu.

Wichtiger als die dadurch für den Tourismus erzielten Erfolge war uns aber die „message" vom neuen Berlin insgesamt. Daß sich die Stadt nun wieder auf den Weg machen kann, ja muß, denn sie braucht eine neue Lebensgrundlage; daß bei weitem noch nicht alles in trockenen Tüchern ist, sondern im Gegenteil eine Zeit voller offener Themen, auch Risiken beginnt – die aber auch bedeutet, daß Claims noch nicht lange abgesteckt und Zirkel nicht geschlossen sind. Eine Situation durchaus nicht nach jedem Geschmack. Wer aber eine solche Pionierlage in einer bei allem Aufbruch zugleich geschichtsträchtigen Stadt miterleben und mitgestalten will – für den ist Berlin jetzt ein unvergleichliches Angebot. Wir wußten schon damals, daß dies keine leichte Botschaft war. Aber es war, begleitet vom Mauerfall und angesichts der Ereignisse des 20. Jahrhunderts eine mit Weltgeltung. Und eine andere Botschaft war angesichts der objektiven Lage gar nicht möglich. Und unsere Adressaten waren und sind bei einer solchen Botschaft sicherlich nicht die für die gewünschte produktive Stadtgesellschaft uninteressantesten Menschen: im Zweifel eher offen, frisch, unternehmungslustig. Wir behielten damit Recht. Wir hatten einen Punkt getroffen, den „der Markt" Berlin auch zutraute, ja von ihm erwartete. Wie nie zuvor sind wir heute Anlaufpunkt für junge Leute weit über Deutschland hinaus. Ihrem emotionalen Entschluß, nach Berlin zu gehen, folgen dann leider oft objektive Schwierigkeiten. Oft reicht die Substanz der Stadt noch nicht aus für ihre praktischen Erwartungen, für erträgliche Verdienstmöglichkeiten. Das aber heißt nichts anderes, als daß die Erwartungen an Berlin, die Bereitschaft, die Stadt in ihrer neuen Lage ernst zu nehmen und sich auf sie einzulassen, größer sind als das, was die Stadt schon jetzt anbieten kann.

VII. Lernstück Berlin

Berlin ist schon „verkauft", bevor seine Produktion fertig ist. Die Welt wartet auf uns… Eine für das Stadtmarketing eigentlich komfortable Situation. Wo es andere schwer haben, auf sich aufmerksam zu machen, ist Berlin bereits präsent. Vieles in der jüngeren Geschichte der Stadt hat dazu beigetragen; wie wir alle wissen, waren das nicht nur positive und stolze Nachrichten. Sie haben aber nicht dazu geführt, daß die Stadt abgeschrieben, verbraucht, „unten durch" wäre. Es ist die Summe der Konnotationen, die Berlin interessant macht, weil sich schließlich zum Ende des vergangenen Jahrhunderts der Problemknoten der vorherigen Jahrzehnte auflöste. Eben darauf haben wir auch mit unserem Marketing gesetzt. Was wir überwiegend einfach aus dem Lauf der Dinge heraus durch unsere Marketingarbeit lediglich verstärken mußten, müssen andere Städte heute als ihre so noch nie dagewesene Herausforderung begreifen. Wie durch einen Sog werden sie in eine Konkurrenzsituation gezogen, in der die Konkurrenten immer zahlreicher, immer leistungsfähiger und immer erreichbarer werden. Was – so lautet die Frage – macht mich unentbehrlich oder jedenfalls gleichwertig gegenüber den anderen, ständig zahlreicheren und in stets wachsendem Radius erreichbaren Konkurrenten? Und bin ich in der Lage, meine Antwort darauf diesen Kunden auch in der notwendigen Weise zu kommunizieren?

Ganz besondere, alleinstellende Fähigkeiten – das zeigt Berlin – werden sich gerade da finden lassen, wo die jeweilige Stadt in ihrer individuellen, ihrer einzigartigen Entwicklung Qualitäten erworben hat, die woanders und angesichts der anderen dortigen Voraussetzungen nicht möglich sind. Wie wunderbar ist Paris: und doch kann und soll es wie Berlin nie werden! Mir scheinen von der Leistungsfähigkeit her andere Städte für diese Entwicklung gut aufgestellt. Anders als Berlin haben sie ihre Qualitäten ohne die ganz großen Brüche Berlins über längere Zeiten fortentwickeln und, wenn nötig, ständig anpassen können. Diese Kontinuität ist für den Nachfrager leichter faßbar als der Bruch, mit dem es Berlin jetzt zu tun hat. „Konkurrenz" bedeutet dabei natürlich wie immer nicht nur Gefährdung. Andere Märkte, andere Städte, andere Menschen , die uns bisher unermeßlich fern waren, sind nun erreichbar. Junge Menschen etwa in China oder Indien, und gerade die Besten und Leistungsfähigsten unter ihnen, sehen sich heute geradezu selbstverständlich in der Welt um, wenn sie sich fragen, wo sie ihren nächsten Entwicklungsschritt machen sollen. Sie müssen sich ja nicht alle für die U.S.A. entscheiden.

Da sind wir wieder an der Stelle, die die „innere Ertüchtigung" Berlins betrifft, die möglichst bald dem davongeeilten Ruf hinterhereilen muß. Solange das nicht gelingt, bekommt der Eindruck Nahrung, daß Berlin eine Stadt ist, wo die Wirklichkeit hinter dem zurückbleibt, was man von der Stadt meint erwarten zu können. Berlin droht dann chronisch die in die Stadt gesetzten Erwartungen zu enttäuschen. Das wird eine gute Ausgangsposition ins Gegenteil verkehren. Es kommt hinzu, daß das Image der Stadt sich weniger auf ganz konkrete Kompetenzen bezieht, sondern eher einer generellen positiven Erwartungshaltung entspringt. Diese wird dann für den Einzelnen hinsichtlich der erwarteten Stadtatmosphäre zumeist nicht enttäuscht, hinsichtlich der erreichbaren äußeren Lebensverhältnisse, vor allem der Verdienstmöglichkeiten, jedoch schon. Für das Marketing hatten wir daraus den Schluß gezogen, sehr genau nur auf das als beachtenswert hinzuweisen, über was die Stadt bereits verfügte. Und das waren durchgehend Prozeß- und Aufbruchs-, nicht Ergebnisgrößen. Wir haben sogar signalisiert, daß Berlin ein Projekt mit offenem Ausgang ist; das seine erst noch zu erarbeitende Zukunft nicht sicher hat.

Berlin wird so lange auf diese Weise von sich sprechen müssen, wie der Transformationsprozeß, in dem die Stadt steht, anhält. Auch wenn Baustellen im Stadtbild seltener werden – die „Baustelle Stadt", die des gesellschaftlichen, kulturellen und wirtschaftlichen Organismus Berlins, wird noch lange bestehen bleiben. Da sind wir, gerechnet von 1989 her, allenfalls gerade bei der Halbzeit. Es war von Anfang an unsere Strategie, die Schaustelle/Baustelle Berlin im Angesicht des praktischen Bauens so nachdrücklich als Marke zu plazieren, daß sie auch nach Abschluß der größten Bauprojekte in der weiteranhaltenden Phase der inhaltlichen, der gesellschaftlichen Neuwerdung Berlins bewußt bleibt. Diese Botschaft ist durchaus attraktiv, weckt Interesse und ist zugleich „modern" – denn Transformation wird auch jenseits der Berliner Stadtgrenzen zunehmend zur bestimmenden Größe werden.

BERLIN ALS PALIMPSEST

David Midgley

„Zu einer Heimat wurde mir Berlin erst, als es anfing, mir verloren zu gehen" – so
der Theaterkritiker und Publizist Arthur Eloesser im Vorwort zu seiner 1919 erschienenen Sammlung von Berliner Skizzen.[1] Eloesser war 1870 in der Prenzlauer
Straße, damals noch am nördlichen Rand von Berlin, geboren worden und hatte in
den dazwischen liegenden vier Jahrzehnten den ständigen Wandel der Stadt von
der Gründerzeit bis zur Entstehung von Groß-Berlin miterlebt und als Mitarbeiter
der *Vossischen Zeitung* Aspekte dieser unaufhaltsamen Entwicklung präzise kommentiert. Es war das Verschwinden von vertraulichen Straßenbildern und Zuständen, das Eloesser als Aufforderung zu deren Beschreibung begriffen hatte. Gerade
die rasch zum Sprichwort gewordene Betriebsamkeit, die „Verpflichtung zur
Bewegung"[2] der entstehenden Weltstadt, förderte offenbar jenes Verlangen nach
kontemplativer Betrachtung des Straßenlebens und der Zeichen vergangener
Zustände, wie sie auch Franz Hessel in seinen Feuilletons der 1920er Jahre festgehalten und Walter Benjamin in seinem Aufsatz *Die Wiederkehr des Flaneurs*
besprochen hat.[3]

　Was hier unter dem Titel „Berlin als Palimpsest" besprochen werden soll,
beruht zum großen Teil ebenfalls auf persönlichen Erfahrungen mit dem rasch
sich ändernden Stadtbild Berlins. Meine Erfahrungen reichen allerdings nicht in
die Kindheit zurück wie diejenigen Benjamins, Hessels und Eloessers. Sie wurden
in meinem Fall vielfach durch Lektüre angereichert, wenn nicht gar erst durch
Lektüre und durch langjährige literaturwissenschaftliche Beschäftigung mit Berlin
ausgelöst, und meine Überlegungen beziehen sich deshalb ebenso sehr auf schriftliche Darstellungen wie auf persönliche Begegnungen mit Berlin. Mit der
Palimpsest-Metapher soll vorerst jener geschichtliche Überlagerungseffekt ange-
deutet werden, der seit Eloessers Zeiten von vielen Autoren beschworen wurde
und den man heute noch auf den Straßen Berlins sinnlich erfahren kann. Es soll
also durch diese Metapher kein Anspruch darauf erhoben werden, die Stadt wie
einen Text lesen zu können, denn städtische Räume entstehen eben durch ganz
andere Verfahren und zu ganz anderen Zwecken als Texte. Aber die Erfahrungen,
die man an einer Stadt macht, entstehen aus einer Vermengung von unmittelbaren
sinnlichen Eindrücken, persönlichen Erinnerungen und den historischen Kenntnis-
sen, die man so oder so gesammelt hat, und die konkret vorhandene Stadt bildet

1　*Arthur Eloesser*, Die Straße meiner Jugend. Berliner Skizzen. Berlin 1919 (ND: Berlin 1987),
　7.
2　Ebd., 33.
3　*Walter Benjamin*, Die Wiederkehr des Flaneurs, in: Ders., Gesammelte Schriften, hg. v. *Rolf
　Tiedemann/Hermann Schweppenhäuser*, Bd. 3. Frankfurt a.M. 1972, 194–199.

insofern, wie Benjamin am Anfang seines Aufsatzes anmerkt, einen „mnemotech-
nische[n] Behelf des einsam Spazierenden", der „mehr hinauf[ruft] als dessen
Kindheit und Jugend, mehr als ihre eigene Geschichte."[4] Bei einer so stark von
geschichtlichen Ereignissen gezeichneten Stadt wie Berlin kommt hinzu, daß offizielle Denkmalpflege und historisierende Rekonstruktion neben eher zufällig
Erhaltenem, vorsätzliche Musealisierung neben spontanen Verknüpfungen und
zwangloser kultureller Überlieferung ihre Wirkung tun. Es ist eben das Zusammenspiel solcher heterogenen Elemente, aus dem die Palimpsest-Effekte hervor-
gehen, von denen hier die Rede sein soll.

Der Gedanke, Betrachtungen zur Vergangenheit einer Stadt mit dem Begriff
Palimpsest zu verbinden, ist keineswegs neu. Allein auf touristischen Websites ist
die Vorstellung „Stadt als Palimpsest" bei der Evozierung der kulturhistorischen
Vielschichtigkeit von Großstädten ziemlich weit verbreitet: sie wird auf so diverse
Fälle wie Havanna und Kairo, Delhi und Pittsburgh angewandt, um mal die
Ergebnisse archäologischer Forschungen, mal die Reize der gegenwärtigen kultu-
rellen Vielfalt zu evozieren.[5] Eine Website lädt sogar unter Verwendung desselben
Begriffes dazu ein, an der Erbauung einer virtuellen Stadt teilzunehmen. Der
virtuelle Palimpsest, der sich aus einer Menge einzelner persönlicher Beiträge
zusammensetzt, wird unter der Devise angeboten: „Write Your Own City: A
Palimpsest of Personal Geographies".[6] Die Veranstalter dieses globalen Gesell-
schaftsspiels scheinen sich allerdings nur an den einen Aspekt des Palimpsest-
Gedankens gehalten zu haben, nämlich daß eine Stadt von den Leistungen und
Lebenszeichen vieler einzelner Menschen „beschriftet" wird, ohne auf die etymo-
logische Bedeutung des Wortes Palimpsest zu achten, das im Altgriechischen auf
die Abschabung oder Abwaschung einer beschrifteten Fläche hinweist, die dann
neu beschriftet werden soll. Zur Erkenntnis einer wirklichen Stadt als Palimpsest
gehört eben auch das Bewußtsein der Spuren, die im Laufe der historischen Entwicklung erloschen bzw. absichtlich getilgt worden sind.

Unter Einbeziehung dieser zweiten Dimension läßt sich der Palimpsest-
Gedanke sodann für die meisten Großstädte, die auf eine längere Geschichte
zurückblicken, sehr wohl als Metapher für das Ablesen hinterlassener Spuren
fruchtbar machen. Jede solche Stadt hat ihre mehr oder weniger sichtbaren
„Erinnerungsorte" (Pierre Nora), ob man nun an die Monumente und Mausoleen
von London, Paris oder Wien denkt, oder an die freigelegten antiken Relikte in
Rom oder Athen. Eine Ausstellung, die vor ein paar Jahren durch die Hauptstädte
Europas wanderte, zeigte unter anderem, wie es die Reste eines verloren geglaub-
ten und neuentdeckten Aztekentempels mitten in Mexiko-Stadt ermöglicht hatten,

---

4   Ebd. 194.
5   Z.B. www.goldentriangle-india.com/delhi.html [5.2.2005]: „Delhi is a palimpsest, bearing the
     complexities, the contradictions, the beauty and the dynamism of a city where the past
     coexists with the present. Many dynasties ruled from here and the city is rich in the archi-
     tecture of its monuments."
6   www.design.umn.edu/go/person/PDPAL [5.2.2005]; dazu: *Kristin Veel*, Cyber-Citizen: Ur-
     ban Identity in Net Art, in: *Christian Emden/Catherine Keen/David Midgley* (Hg.), Imagining
     the City. Bd. 1: The Art of Urban Living. Bern u.a. 2006, 229–245.

die über Jahrhunderte angehäuften Konstruktionsschichten der Riesenpyramide
mit Computergraphik nachzuzeichnen. Und der vor kurzem verstorbene Schriftsteller W.G. Sebald, der die Erkundung des Gedächtnisses in seinen persönlichen,
kulturellen und politischen Dimensionen zum Markenzeichen seiner Erzählwerke
gemacht hat, liefert in seinem Roman *Austerlitz* zwei einprägsame Beispiele dafür,
wie sich die ständige Weiterentwicklung einer Großstadt auf die bewußten Bezüge
der Einwohner auf ihre Vergangenheit fördernd oder hemmend auswirken kann.
Im einen Fall evoziert er mit Straßenplänen, Fotografien und Beschreibungen von
Gräbern und Grabstätten, die im Laufe des Umbaus der Umgebung von Liverpool
Street Station in London entdeckt wurden, die Möglichkeit eines Zugangs zur
Vergangenheit mit archäologischen Mitteln, die für den Protagonisten – einen mit
einem der Kindertransporte der 1930er Jahre nach England gelangten Prager
Juden – auch persönliche Resonanzen hat.[7] Im anderen Fall weist er mit ebenso
ausführlichen Beschreibungen auf die beklemmende Tatsache hin, daß mit der Erbauung der neuen Bibliothèque Nationale in Paris, die von ihrem Konzept her eine
vollständige Dokumentierung der Geschichte der Bevölkerung Frankreichs
anstrebt, genau jener Ort zugeschüttet worden sei, auf dem das Eigentum der
ausgeplünderten Juden Frankreichs 1942 vor dem Abtransport nach Deutschland
gesammelt und sortiert wurde.[8]

Die Erfahrungen mit der Vergangenheit, die man im Falle Berlins machen
kann, sind nicht wesentlich anderer Art, sie befallen einen auf den Straßen Berlins
nur eindringlicher. Das ist vielleicht auch der Grund, warum in neueren Publikationen die Vorstellung des Palimpsests wie selbstverständlich auf Berlin angewandt wird. Zu diesen Publikationen gehört das vor kurzem erschienene Buch
Present Pasts: Urban Palimpsests and the Politics of Memory des amerikanischen
Germanisten Andreas Huyssen, in dem es u.a. um den Umgang mit der politischen
Geschichte Berlins seit der Wiedervereinigung, um das Zusammenspiel von
Historisierung und Image-Pflege bei der neuesten baugeschichtlichen Entwicklung
der Stadtmitte und um die „Umschreibung" Berlins als deutsche Hauptstadt geht.[9]
Daß meine eigenen Ausführungen sich an einigen Stellen mit Huyssens berühren,
war bei der Themenstellung nicht zu vermeiden. Auf seine weitgesteckte kulturhistorische These, daß wir am Ende des 20. Jahrhunderts eine Umkehrung der
Moderne erlebt hätten – statt der Vielfalt an zukunftsorientierten Projekten
nunmehr eine Orientierung nach historischen Grundmustern – , will ich hier nicht
eingehen, aber diese These wurde offenbar von einer Beobachtung angeregt, die
zum Thema „Selling Berlin" in völligem Einklang steht: Nie zuvor im 20. Jahr-

---

7   *W.G. Sebald*, Austerlitz. München 2001, 188–196.
8   Ebd., 407–409.
9   *Andreas Huyssen*, Present Pasts. Urban Palimpsests and the Politics of Memory. Stanford
    2003. Auch die französische Publizistin Régine Robin bedient sich der Vorstellung der Stadt
    als Palimpsest in der Überschrift zum zentralen Abschnitt ihres Buches; *Régine Robin*, Berlin
    Chantiers. Paris 2001, 129–142.

hundert, so Huyssen im Hinblick auf die neueste Phase der kulturellen Entwicklung Berlins, habe sich Vergangenheit so gut verkauft wie in den 1990er Jahren![10]

Das Berlin, das man heutzutage als Besucher oder Zugewanderter erlebt, hat offenbar ein großes, ein stark ausgeprägtes Gedächtnis. Man geht ins Konzert und entdeckt, ins Pflaster eingelassen, die Gedenktafel für das Haus am Tiergarten (Tiergarten 4), wo das Euthanasie-Programm der Nationalsozialisten 1940 anlief. Man überquert den Opernplatz, und es eröffnet sich einem unter den Füßen der Blick in eine ausgeräumte Bücherkammer, die an die 1933 dort veranstaltete Bücherverbrennung erinnert. Man sucht eine Ausstellung im Martin-Gropius-Bau auf und wird auf das Nachbargrundstück aufmerksam, wo das Hauptquartier der Gestapo stand und wo man jetzt über Lebenslauf und Schicksal einzelner Opfer der nationalsozialistischen Verfolgung belehrt wird. Wer solche Erinnerungen an die Vergangenheit dieser Stadt sucht, findet sie auch, sorgsam ausgearbeitet und anschaulich dargestellt, in einer beträchtlichen Anzahl von Gedenkstätten, vom Jüdischen Museum und dem Bendlerblock bis nach Plötzensee und Wannsee. Solche Gedenkstätten sind allerdings erst infolge langwieriger politischer Aufklärungsarbeit errichtet worden: die Ausstellung im Bendlerblock wurde erst in den 1980er Jahren zur umfassenden Darstellung des Widerstands gegen den Nationalsozialismus erweitert, die Tafel zur Erinnerung an das Euthanasie-Programm erst 1989 angebracht und die Gedenkstätte am Wannsee erst 1992 eröffnet; entschlossene Bürgerinitiativen waren nötig, damit die Ausgrabungen am Gestapo-Gelände auch nur in ihrer provisorischen Form zugänglich blieben.[11] Den Gedächtnisorten für die Opfer und Gegner des Nationalsozialismus haben sich in den letzten Jahren auch Veranstaltungen zur Erinnerung an das Leiden der Stadtbevölkerung im Krieg – in der als Mahnmal erhaltenen Gedächtniskirche – sowie an die Opfer des DDR-Regimes – an der Bernauer Straße und am ehemaligen Checkpoint Charlie – zugesellt. Den ehrenvollen Bemühungen der für solche Erinnerungspflege Verantwortlichen will ich hier gewiß keine Abstriche tun, wenn ich aber gleichzeitig feststelle, daß sich die ausdrückliche Erinnerung an Erfahrungen mit Diktatur und Schreckensherrschaft längst in die Tagesordnung des hiesigen Fremdenverkehrs festgeschrieben hat. Jeder Tourist, der in der Buchhandlung am Bahnhof Friedrichstraße oder im Geschäft „Berlin Story" unter den Linden nach Anregung und Ausflugszielen für seinen Aufenthalt sucht, kann sich in wenigen Minuten einen präzisen Eindruck der Erwartungen bilden, von denen man erwartet, daß er sie mit sich schleppe: Neben Museumsführern, Führern durch einzelne Stadtviertel und Anweisungen zu Unterhaltung und Konsum („Essen, Trinken & Shopping"), werden vor allem Publikationen zum Berlin des Dritten Reiches und des Kalten Krieges favorisiert: „Berlin – the War – the Wall".

Das ist aber nur der aufdringlichste Aspekt der Beschäftigung mit der Vergangenheit, der uns hier beschäftigen soll. Das Angebot ist an diejenigen gerichtet, die mit dem stolzen Gefühl nach Hause fahren wollen: „Ja, an jener berüchtigten

---

10   *Huyssen*, Present Pasts (wie Anm. 9), 20.
11   *Peter Reichel*, Politik mit der Erinnerung. Gedächtnisorte im Streit um die nationalsozialistische Vergangenheit. 2. Aufl. Frankfurt a.M. 1999, 149–217.

Stelle habe ich auch mal gestanden." In den Buchhandlungen liegt aber auch eine andere Sorte Angebot aus: literarische Stadtführer, Anthologien und einzelne literarische Texte sowie eine gediegene Memoirenliteratur, die aus dieser oder jener Perspektive Einzelaspekte der geschichtlichen Erfahrung näher beleuchtet. Solche Publikationen, die zehn Jahre nach der Maueröffnung geradezu ihre Hochkonjunktur erlebten, ermöglichen gewiß eine Art historisches Flanieren: Man kann etwa mit Heine unter den Linden lustwandeln oder sich an den restaurierten Hackeschen Höfen die kulturelle Atmosphäre vorzustellen versuchen, die die Fantasie der frühexpressionistischen Dichter erregt hat[12] – und darf sich dabei nicht darüber täuschen, daß man selber viel Fantasie braucht, um die historische Situation vor dem inneren Auge entstehen zu lassen. Dabei gibt es jedoch graduelle Unterschiede. Wer das Brecht-Haus besucht, kann wohl relativ leicht nachempfinden, wie Brecht und die Seinen im Berlin der 1950er Jahre gelebt haben. Wenn man aber am Nollendorfplatz nach irgendwelchen Spuren der Zeit sucht, als Piscator sein Theater – die Sensation der Saison von 1927 – dort eröffnete, fällt es schon schwieriger, sich in die damalige Zeit zurück zu denken. Die Villen im Grunewald haben sich erhalten, und man kann sich vielleicht noch vorstellen, wie etwa Arnold Zweig und Werner Hegemann zur Krisenzeit der Weimarer Republik ihre Gespräche beim Spaziergang entlang des AVUS geführt haben.[13] Aber die Welt der Leute, die sich Ende des 19. Jahrhunderts in Friedrichshagen versammelt haben, läßt sich wohl besser aus deren Schriften konstruieren als aus irgendwelchen physischen Zeichen, die sie an jenem Ort hinterlassen hätten. Und an der Stelle, wo Fontane die erste Szene seines Romans *Irrungen Wirrungen* spielen läßt, ist heute höchstens zu erahnen, wie gewaltig die Stadt sich in den darauf folgenden Jahrzehnten ab 1888 erweitert hat. Es handelt sich nämlich um die Stelle, wo sich Kurfürstendamm und Kurfürstenstraße damals kreuzten, die zu jener Zeit noch Stadtrand war, und in deren Nähe erst zwischen 1891 und 1895 die Kaiser-Wilhelm-Gedächtniskirche erbaut wurde; bei Fontane wird der Schauplatz noch als „eine große, feldeinwärts sich erstreckende Gärtnerei" beschrieben.[14]

Berlin läßt sich gewiß, wie andere Großstädte auch, als Nekropole erleben, wie der Literaturwissenschaftler Erhard Schütz bemerkt hat.[15] Aber in der Stadtmitte hat man äußerste Mühe, irgendwelche Spuren vom Berlin Wilhelm Raabes zu erkennen – die heutige Sperlingsgasse wurde erst 1931 in seinem Andenken so benannt[16] –, und die Ecke, wo E.T.A. Hoffmanns „armer Vetter" aus seinem Eckfenster auf die wimmelnde Menge auf dem Gendarmenmarkt hinunterblicken

---

12 Dazu: *Michael Bienert*, Berlin: Wege durch den Text der Stadt. 2. Aufl. Stuttgart 2004, 57–75; 101–102.

13 *Arnold Zweig*, Meine Nachbarn, in: Ders., Über Schriftsteller. Berlin 1967, 50–54, 52–53. Dazu: *David Midgley*, Fearing for the past and hoping for the future: Arnold Zweig and Werner Hegemann, in: *Arthur Tilo Alt/Julia Bernhard* (Hg.), Arnold Zweig – Sein Werk im Kontext der deutschsprachigen Exilliteratur. Bern 1999, 11–24.

14 *Theodor Fontane*, Sämtliche Werke, hg. v. *Walter Keitel*. Bd. 2. München 1968, 319.

15 *Erhard Schütz*, Text der Stadt – Reden von Berlin, in: *Ders./Jörg Drews* (Hg.), Text der Stadt – Reden von Berlin. Literatur und Metropole seit 1989. Berlin 1999, 7–15, hier: 9.

16 *Bienert*, Berlin (wie Anm. 12), 13.

konnte, läßt sich viel besser anhand von alten Radierungen rekonstruieren als an irgendeinem Aspekt des Straßenbildes von heute. Man kennt die Gründe für solche Auslöschung; und wenn man Alfred Döblins Bericht von seinem Besuch in Berlin 1947 liest, kann man auch präziser nachvollziehen, wie es so gekommen ist. Von allem, was zwanzig Jahre zuvor der Gegend um den Alexanderplatz ihren besonderen Charakter verliehen hatte, findet Döblin nur kümmerliche Reste vor:

> „Ich komme aus der Königstraße, die stumm und menschenleer liegt. Das ehemalige Warenhaus Wertheim ist zertrümmert, geschlossen, ausgebrannt. Ich stehe unter dem Stadtbahnbogen. Da ist noch das alte Lokal „Zum Prälaten", da mache ich Halt und betrachte die Menschen, die wenigen, die hier vorbeigehen und herumstehen, armselige, abgerissene Figuren. […]
> Und dies ist der Platz selber, einmal erfüllt von einem wimmelnden Leben, von Geschäften und Kaffees umgeben, voller Straßenhändler, Reihen von Wagen über das Pflaster. […] Vor dem Warenhaus Tietz, das schrecklich mitgenommen ist, dessen Kuppel und Globus tief liegt, stehen Tische[,] und Straßenhändler verkaufen das billige Zeug, das man jetzt in allen deutschen Städten feilbietet. Ich kann mich nur umblicken und fragen: wo ist dies und wo ist jenes? Ich gehe in die Seitenstraße und in die großen Straßen, die vom Platz ausgehen. Ich wandere die Münzstraße hinunter, hier gab es früher viele Lokale. […] Es schloß sich an das Scheunenviertel und es geht zum Bülowplatz, wo die Volksbühne stand. Die kleineren Lokale entdecke ich nicht mehr. Ich bin wie Diogenes mit der Laterne, ich suche und finde nichts."[17]

Königstraße und Bülowplatz wurden übrigens wenig später zu Karl-Liebknecht-Straße bzw. Rosa-Luxemburg-Platz umbenannt – und heißen trotz aller sonstigen Straßenumbenennungen, die seit 1990 stattgefunden haben, immer noch so. Solche Momente gehören eben auch zum Erlebnis der Stadt als Palimpsest. Nicht nur die Wahrnehmung dessen, was in welcher Form auch immer als Hinweis auf Vergangenes erhalten geblieben ist, sondern auch die Erkenntnis, daß – und wie – vieles mit der Zeit spurlos getilgt wurde, gehört zu den Grunderfahrungen, die man auf Schritt und Tritt mit den historischen Dimensionen dieser Stadt machen kann. Es sind auch besondere Fähigkeiten erforderlich, um von den weitgehend verdeckten oder verwischten Zeichen auf einen früheren Stand der Dinge zu schließen. Nachdem man bekanntlich heute schon die Fachkenntnisse eines Archäologen braucht, um zu erkennen, wo – bis auf einige bekannte Stellen – die Berliner Mauer überhaupt verlief,[18] ist die Zeit vielleicht nicht fern, wo die einzige in der gelebten Wirklichkeit Berlins erkennbare Spur der Teilung der Stadt die merkwürdige Trennung der Staats- und Landesbibliotheken sein wird.[19] Aber es bestehen doch Möglichkeiten, ob bewußt gepflegte oder eher zufällige, sich von jeweils verbleibenden Resten zur Besinnung auf das, was einmal war, anregen zu lassen.

17   *Alfred Döblin*, Berlin Alexanderplatz – heute, in: Ders., Schriften zu Leben und Werk, hg. v. *Erich Kleinschmidt*. Olten 1986, 277–280, 278f.

18   *Kai Michel*, Die Mauer ist noch lange nicht weg, in: Die Zeit, 7.8.2003, 26–27.

19   *Jens Bisky*, Stabi-Opfer, gut gelaunt, in: Süddeutsche Zeitung, 20./21.3.2004, Wochenende-Teil, IV.

Eine Einsicht, die sich im Laufe der Debatte um die Erinnerung an den Holocaust erhärtet hat, ist die, daß die wirksamsten Mittel, aktives Erinnern hervorzurufen, diejenigen seien, die in den alltäglichen Umgang der Menschen eindringen und ihnen Rätsel aufgeben. Als Beispiele für solche Praxis werden häufig Christian Boltanskis fehlendes Haus in der Großen Hamburger Straße und die Aktion im Bayerischen Viertel genannt, die Hinweise auf die Phasen der Judenverfolgung als alltägliche Erfahrungen der 1930er Jahre im Straßenbild von heute festhält.[20] Ganz in ähnlichem Sinne hat der Architekt Daniel Libeskind 1992 den Vorschlag gemacht, den öden Landstrich um den Potsdamer Platz als Erinnerungsort zu erhalten, statt ihn zu bebauen.[21] Sein Vorschlag konnte der Bauwut der 1990er Jahre allerdings nicht standhalten, aber es blieb immerhin eine Weile möglich, etwa vom Ausgang der S-Bahn-Station Potsdamer Platz aus den Streifen Brachland, der in nördlicher Richtung bis zum Reichstagsgebäude hinauflief, als ein von der geschichtlichen Überlagerung gezeichnetes Gelände zu betrachten: In der Ferne lauerte das noch nicht umgestaltete Reichstagsgebäude, schwer beladen mit Assoziationen aus der Zeit zwischen dem Kaiserreich und der Eroberung Berlins 1945; im Vordergrund stand noch ein vereinzelter Wachtturm zur Mahnung an die Teilung und die DDR-Zeit; und dazwischen protzte von Zeit zu Zeit – ein riesiges Zirkuszelt. Es war eine Konstellation, die einen unmißverständlich belehrte, daß man sich in einer Übergangssituation befand: ein Gebäude, das mit überliefertem Sinn schwer belastet war, ein Objekt, das seines Sinnes gerade beraubt worden war, und ein Provisorium, das auf den noch zu bestimmenden Sinn des im Entstehen Begriffenen hinzuweisen schien.

Auch heute noch wird man als Besucher in Berlin mit Rätseln konfrontiert, die sich aus dem arglosen Umgang mit Orten und Benennungen ergeben. Wieso heißt ein Ausstellungsgebäude „Hamburger Bahnhof", und was gehört wohl zu dessen Geschichte? Wieso heißt eine Konzerthalle „Tränenpalast" oder eine Gaststätte „Ständige Vertretung"? Wieso gibt es im Bereich vom Potsdamer Platz einen Marlene-Dietrich-Platz und eine Varian-Fry-Straße? Hatte Marlene Dietrich eine direkte Beziehung zum Potsdamer Platz oder nicht schon eher zum Kino-Betrieb, der sich jetzt an dem Ort breit gemacht hat? Und ist es über den engen Kreis der Kenner der deutschen Exilliteratur hinaus wohl bekannt, daß dieser Varian Fry durch seinen selbstlosen und erfinderischen Einsatz im Namen des amerikanischen Emergency Rescue Committee 1940 vielen vertriebenen Autoren und Künstlern den Fluchtweg aus Frankreich nach USA eröffnet hat?[22] Es bleiben auch einzelne Gebäude stehen, an denen sich die Spuren historischer Entwicklungen noch ablesen lassen – am symbolträchtigsten natürlich der neue Bundestag im alten Reichstagsgebäude mit seinen erhaltenen russischen Graffiti,

20 *Aleida Assmann*, Erinnerungsräume. Formen und Wandlungen des kulturellen Gedächtnisses. München 1999, 372–382; *Robin*, Berlin Chantiers (wie Anm. 9), 345–394; *James Young*, At Memory's Edge. New Haven, Conn. 2000, 184–223.

21 *Huyssen*, Present Pasts (wie Anm. 9), 65.

22 *Hans-Albert Walter*, Deutsche Exilliteratur 1933–1950, Bd. 3: Internierung, Flucht und Lebensbedingungen im Zweiten Weltkrieg. Stuttgart 1988, 318–372.

auch wenn der gewöhnliche Besucher nicht so leicht an diese herankommt – und seinem sorgsam konstruierten Zusammenstoß von historischen Elementen und nüchterner, praktisch-parlamentarischer Raumnutzung. Oben in der Kuppel, belehrt von den Ausstellungskästen, kann man sich immerhin über die Topographie der gewordenen Stadt gut orientieren und sich auch auf die politische Bedeutung besinnen, die dem Gebäude während der Teilung zugemessen wurde, als in seiner unmittelbaren Umgebung politische Prominenz auftrat (John F. Kennedy 1963) und Rock-Konzerte veranstaltet wurden (Michael Jackson 1988). Von solcher Warte aus ist es auch leicht einzusehen, wie Andreas Huyssen es meint, wenn er in seinem Buch behauptet, das Berlin der Zukunft werde genauso wie das Berlin der Vergangenheit den Eindruck einer komplexen historischen Montage bieten.[23]

Aber auch unten auf den Straßen der Friedrichstadt kann man, wenn man sich nicht gerade von den Glanzfassaden der neuen Bauten überwältigen läßt, Anlaß zum Nachdenken über die geschichtliche Entwicklung finden, die sich an bestimmten Gebäuden abgezeichnet hat. In der Schützenstraße stehen gleich zwei kontrastierende Beispiele: Am einen Ende, Ecke Charlottenstraße, steht ein Haus in prächtigstem Renaissancestil, dessen Motivik auf Konfektion deutet. Es ist das Michaelsen-Palais, ein 1904 gebautes Geschäftshaus, das im Zweiten Weltkrieg beschädigt, zu DDR-Zeiten teilweise restauriert, und in der letzten Zeit originalgetreu wiederhergestellt wurde, wie man auf der eigens diesem Haus gewidmeten Website lesen kann.[24] Man hat sich offenbar Mühe gegeben, dieser präzisen Nachbildung des ursprünglichen Historismus den Anschein zu verleihen, als habe sie Krieg und diverse Regimewechsel unversehrt überstanden. Am anderen Ende der Schützenstraße, Ecke Jerusalemer Straße, hingegen steht das Gebäude, wo das Germanistische Institut der Humboldt-Universität untergebracht [war; die Herausgeber], ein Haus, dessen äußere Gestaltung die Spuren wechselnder Zeiten deutlich zur Schau stellt. 1901 für die Presse-Firma Mosse gebaut, wie die Verzierung der Hauptfassade noch zu erkennen gibt, wurde es im Laufe des Spartakusaufstandes 1919 stark beschädigt. Daraufhin erhielt der Architekt Erich Mendelsohn den Auftrag, die zerstörten Teile des Hauses neu zu gestalten, und fügte ihm die für seinen Stil charakteristischen runden und welligen Formen hinzu, die die beiden Fassaden vereinen und komplementieren, während die Seitenfassade noch die zu DDR-Zeiten durchgeführte Reparatur aufweist, die nichts weiter zu erreichen bestrebt war als die Hauptzüge der alten Neorenaissance-Fassade in schlichter Manier nachzuzeichnen. Wirklich ein Haus mit Geschichte, das dem

23   *Huyssen*, Present Pasts (wie Anm. 9), 71.
24   www.michaelsen-palais.de [5.2.2005]: „Die in Berlin selten gewordene Bausubstanz sollte
     unbedingt erhalten werden. Den historischen Bestand des Gebäudes durch die Verbindung
     behutsamer Interpretation zerstörter Bereiche und zeitgenössischer Architekturelemente neu
     zu formen, ist eine reizvolle Aufgabe und eine spannende Herausforderung. Der Geschichte
     des Hauses wird dabei gebührender Raum belassen und neue Elemente werden sich in
     selbstbewußter Bescheidenheit hinzufügen.“

aufmerksamen Betrachter die Zeichen seiner geschichtlichen Erfahrungen klar zu erkennen gibt.

Ein weiteres Gebäude von Erich Mendelsohn – sein nach dem Zweiten Weltkrieg noch erhaltenes Columbus-Haus – hätte übrigens dem Wiederaufbau des Potsdamer Platzes eventuell einen historischen wie ästhetischen Bezugspunkt geben können, wenn das DDR-Regime es nicht infolge des Aufstandes vom Juni 1953 hätte abreißen lassen. Aber es gehört offenbar zu den eisernen Gesetzen der historischen Entwicklung einer Großstadt, daß – gleich ob die Erneuerung der Bausubstanz mehr nach der historistischen oder der ultra-modernistischen Richtung schielt – vieles Historische unweigerlich aus dem Auge verloren wird. Auch dieser Aspekt des Palimpsest-Effektes ist allerdings in der Literatur zu Berlin nichts Neues, er ist vielmehr für den Stadtdiskurs durchaus bezeichnend, wie er in den Briefen, Feuilletons und Memoiren des frühen 20. Jahrhunderts überliefert worden ist, als ebenfalls rasche Veränderungen des Stadtbildes alltägliche Erfahrungen waren. So präsentiert der eingangs zitierte Arthur Eloesser seine 1919 unter dem Titel *Die Straße meiner Jugend* veröffentlichte Sammlung von Feuilletons als eine Darstellung von Szenen und Zuständen, die in den vorangegangenen drei Jahrzehnten „dem Moloch des Fortschritts geopfert" worden seien,[25] und in den frühen dreißiger Jahren trauerte auch Walter Benjamin in seiner *Berliner Kindheit um neunzehnhundert* Orten und Einrichtungen nach, die für ihn als Kind eine geradezu magische Wirkung besessen hatten, seitdem jedoch dem Lauf der Zeit verfallen waren.[26] Alfred Döblin stellt die Entwicklung der Dinge allerdings, wie so oft, unbarmherziger dar, wenn er die Wiederbelebung der Wirtschaft und des öffentlichen Lebens nach dem Ersten Weltkrieg kommentiert. Döblin schreibt in einem Zeitungsartikel vom Dezember 1921:

> „Die Schußlöcher aus den Revolutionskämpfen am Polizeipräsidium und in der Umgebung des Schlosses sind längst verdeckt und vermauert. Die Kaufwut der Reichen und Armen immens. Banken reißen ganze Häuser nieder, errichten sich selbst mächtige Häuser, schieben in die Vororte ihre Filialen. Auf die Okkupation Berlins durch Kaffeehäuser vor zehn Jahren, auf die vorangegangene durch Bierlokale, folgt jetzt die dritte Okkupation durch Likörstuben, murksige Läden, die pompös ausgestattet sind und für zehn Tropfen Apothekerpreise nehmen. Es ist Initiative da. Die Initiative ist eine wild materielle, ist bestial materiell! Zu keiner Zeit war sie so elementar sichtbar in ihrer Rohheit und Unbekümmertheit wie jetzt. [...] Denn Verdienen wird mit zwei großen F geschrieben."[27]

Man soll vielleicht die Suche nach Querverbindungen zwischen Gegenwart und Vergangenheit nicht überanstrengen, aber die Kontraste zwischen dem Lebensgefühl von damals und dem von heute scheinen mir durch eine Stelle beim Gegenwartsautor David Wagner belegt, die einen Hinweis darauf vermittelt, wie sich die junge Generation im heutigen Berlin auf die Erfahrung stetigen Wandels einge-

---

25 *Eloesser*, Straße (wie Anm. 1), 13.
26 *Walter Benjamin*, Berliner Kindheit um neunzehnhundert, in: Ders., Gesammelte Schriften (wie Anm. 3), Bd. 4/1. Frankfurt a.M. 1972, 235–304.
27 *Alfred Döblin*, Deutsches und jüdisches Theater (Prager Tagblatt, 28.12.1921), in: Ders., Ein Kerl muß eine Meinung haben. Berichte und Kritiken 1921–1924. Olten/Freiburg i.Br. 1976, 34.

stellt hat. In seinem 2004 veröffentlichten Text *Weiße Nacht* läßt Wagner von einem erfahrenen Besucher Berliner Nachtclubs erzählen, wie es neuerdings Sitte geworden sei, im Dekor solcher Etablissements Spuren der früheren Funktion des Gebäudes beizubehalten:

> „Das Prinzip der meisten interessanteren Clubs sei es, sich in oder mit Hinterlassenschaften und Überresten einzurichten. Das White Trash war ein China Restaurant, das Tristesse ein Küchenstudio, das Golden Gate eine Tischlerei. Es gab die Kachelbar, in der weiß gekachelten Küche eines geschlossenen Burger King. Und es gibt oder gab Tresorräume, die Bunker, die E-Werke, Handtaschen werden heute aus alten Lastwagenplanen und Aldütütenresten hergestellt, uncool is the new cool, das Häßliche das neue Schöne."[28]

Die soziologisch wohl keineswegs müßige Frage, wie man dieses kultische Verhalten wohl beurteilen soll, lasse ich dahingestellt, aber Wagners Text scheint mir zumindest ein bezeichnendes Beispiel dafür zu bieten, wie man das Palimpsest-Prinzip gewissermaßen zum Leitfaden des Alltagslebens erheben kann.

Vermutlich hängt es nicht zuletzt mit der fließenden und unsteten Bewegung der wirtschaftlichen Entwicklung der Stadt seit 1990 zusammen, wenn sich das Transitorische und Ephemere der Lebenserfahrung geradezu ein Merkmal der Berlin-Fiktion der jüngsten Zeit geworden ist, wie die bislang umfassendste Studie zu dieser Literatur nachweist.[29] Es gibt allerdings Ausnahmen: Bei Günter Grass (*Ein weites Feld*, 1995) wird Berlin immerhin als Schauplatz nationaler Geschichte wahrgenommen,[30] und bei F.C. Delius (*Die Flatterzunge*, 1999) dienen Elemente der Topographie Berlins dazu, die Unmöglichkeit, sich den politischen Nachwirkungen der nationalsozialistischen Vergangenheit zu entziehen – und den subjektiven Willen, es trotzdem zu tun –, zu evozieren.[31] Und Michael Kleebergs Roman *Der Garten im Norden* (1999), der einen erfundenen Ort in der Nähe von Berlin zum Schauplatz einer Neuschreibung der deutschen Geschichte im 20. Jahrhundert von der menschenfreundlichen Seite her macht, scheint deshalb einen Bruch mit der ahistorischen Literatur der jüngeren Generation der 1990er Jahre zu markieren, weil er auf die „notwendige Einsetzung des Handlungssubjekts" in den historischen Prozeß hinweist.[32] Wenn man aber nach praktischer Anregung sucht, um Verbindungen zwischen dem Straßenbild der Gegenwart und der gelebten Wirklichkeit der Vergangenheit für sich selber zu erleben, findet man sie vielleicht weniger bei renommierten Schriftstellern und Historikern, sondern eher bei einem Volkserzähler, der eben wegen der Einblicke in die Lokalgeschichte Berlins, die seine Texte gewähren, zu DDR-Zeiten offenbar ein dankbares Publikum gefunden hat: Heinz Knobloch.

---

28 *David Wagner*, Dein Handrücken ist mein Stempelkissen (Auszug aus: *Weiße Nacht*), in: Der Tagesspiegel, 26.3.2004, 27.

29 Dazu: *Phil Langer*, Kein Ort. Überall. Die Einschreibung von „Berlin" in die deutsche Literatur der neunziger Jahre. Berlin 2002, insbes. 63–100.

30 *Egbert Birr*, Grassland, Feldpost aus dem Reich der Mitte. Zu Günter Grass: Ein weites Feld, in: *Schütz/Drews* (Hg.), Text der Stadt (wie Anm. 15), 32–58.

31 *Langer*, Kein Ort (wie Anm. 29), 81.

32 Ebd., 202.

Zur Veranschaulichung des Phänomens, das ich hier als Palimpsest-Erfahrung bezeichnet habe, dienen zwei Texte, die anscheinend zu seinen beliebtesten zählen, besonders gut. Beide sind in dem 2002 nachgedruckten Band *Stadtmitte umsteigen* abgedruckt.[33] Die Titelgeschichte zunächst beginnt mit einem Hinweis auf eine Erscheinung, die den meisten U-Bahn-Passagieren, die am Bahnhof Stadtmitte täglich aussteigen, vermutlich nie aufgefallen wäre: einen etwa wohnzimmergroßen, verfärbten Fleck am Boden nahe dem Ausgang, der sich vom übrigen Untergrund abhebt. Was hier beschrieben wird, war eine alltägliche Erscheinung zu DDR-Zeiten, es ist der zubetonierte Zugang zu der anderen, nordsüdlich verlaufenden U-Bahn-Linie, welche die Stationen Hallesches Tor und Bahnhof Friedrichstraße verbindet. Die Erzählperspektive ist also die einer Zeit, wo es eben nicht möglich war, am Bahnhof Stadtmitte umzusteigen – schon der Einblick in diesen Sachverhalt heißt für den Leser der Gegenwart einen Schritt in die Vergangenheit vollziehen – und das ist auch nicht das Ende der in diese Erzählung eingebauten Palimpsest-Effekte. Die nächste Station in westlicher Richtung, die damals auch Endstation war, hieß noch nicht Mohrenstraße, sondern Thälmannplatz – und hatte früher wieder anders geheißen, nach dem nahe liegenden Hotel Kaiserhof, war aber damals keine Endstation gewesen, denn die Linie lief weiter nach Potsdamer Platz und darüber hinaus in westlicher Richtung. Auch der Bahnhof Stadtmitte hatte früher einmal anders geheißen, nämlich Friedrichstadt. Heinz Knobloch deckt die zubetonierte Treppe in seiner Imagination ab und stellt sich vor, wie es am 1. Mai 1945 an dieser Stelle wohl zugegangen sei, als die Überlebenden aus dem „Führerbunker", in kleine Gruppen eingeteilt, durch die U-Bahn-Tunnel in Richtung Stettiner Bahnhof (heute Zinnowitzer Straße) zu entkommen versuchten. Er erzählt auch weiter davon, wie die bekannteren Teilnehmer an diesem versuchten Ausbruch geendet sind, sofern das bekannt ist, aber nicht bevor er die wesentlichen Merkmale der Gegend um das ehemalige Hotel Kaiserhof festgehalten und deren historische Bedeutung bis zu ihrer Zerstörung im Zweiten Weltkrieg kurz erläutert hat.

Man tut Knobloch Unrecht, wenn man ihn wegen seines oft leutseligen und ungehobelten Erzählstils verschmäht, denn er hat eine eigene Art, die Beschwörung von historischen Ereignissen mit persönlichen Erinnerungen zu verquicken. Knobloch ist 1935 im Alter von neun Jahren mit seinen Eltern aus Dresden nach Berlin gezogen und in der Gegend um den Anhalter Bahnhof aufgewachsen, wo sein Vater nach dem Krieg auch eine Zeitlang als Gleisbauarbeiter tätig war.[34] In einem zweiten Text erzählt er denn auch davon, wie es 1880 – unter der Leitung des Ingenieurs und Schriftstellers Heinrich Seidel[35] – zum Bau des für seine Zeit immensen Bahnhofsgebäudes gekommen sei, und von den historischen Ereig-

33 *Heinz Knobloch*, Stadtmitte umsteigen. Geschichten aus dem Osten Berlins. Berlin 2002.
34 Ebd., 291. Hierzu auch: *Heinz Knobloch*, Eine Berliner Kindheit. Zwischen Olympia und Luftschutzkeller. Berlin 1999.
35 Zur Biographie von Heinrich Seidel: *Wolfgang Promies*, „Konstruieren ist Dichten – Dichten ist Konstruieren!" Heinrich Seidel, Dichter und Maschinen-Bauer, in: *Rudolf Hoberg* (Hg.), Technik in Sprache und Literatur. Darmstadt 1994, 143–159.

nissen, bei denen der Anhalter Bahnhof gewissermaßen eine symbolische Rolle gespielt habe – bei der Ankunft von fremden Staatsoberhäuptern vor dem Ersten Weltkrieg oder von Karl Liebknecht 1918, bei den Olympischen Spielen 1936, als die Athleten aus aller Herren Ländern dort ankamen, und anläßlich des Reichstagsbrandes 1933 und der Pogromnacht 1938, als viele Menschen von dort aus geflohen sind, bis dieser Kopfbahnhof, durch die Teilung der Stadt seiner Funktion beraubt, im Jahre 1959 gesprengt und bis auf das an der Stresemannstraße bis heute als Ruinendenkmal erhaltene Eingangsportal abgetragen wurde. Da dieser Text angeblich infolge einer Einladung entstanden war, für eine DDR-Zeitschrift einen Reiseartikel zu schreiben, führt ihn Knobloch mit der geistreichen Beschreibung der Erfahrung ein, wie herrlich weit man auf einem Gesundheitsfahrrad fahren kann – nämlich in der Imagination –, und stattet ihn mit dem Titel *Angehaltener Bahnhof* aus.

Die Möglichkeit, eine Stadt als Palimpsest zu erfahren, beruht, wie wir eingangs festgestellt hatten, auf einem Zusammenspiel von subjektiven, offiziell gepflegten und inoffiziell überlieferten Elementen. Als Anregungsmittel zur Entdeckung der vielschichtigen Verknüpfungen, die zwischen dem Erlebnis des Stadtbildes der Gegenwart und der erlebten Welt der Vergangenheit bestehen, erweisen sich die Texte von Heinz Knobloch als besonders gut geeignet, denn er war selber ein geschickter, sozusagen ein bewanderter Leser des Palimpsests Berlin.

ANHANG

ENGLISH ABSTRACTS

In their introductory essay, **Thomas Biskup** and **Marc Schalenberg** provide a thematic and methodical framework for assessing the creation and strategic uses of city images, focussing on the case of Berlin. Proposing a broad understanding of „marketing" as a cultural process defined by specific social or institutional groups operating in specific media contexts, they suggest a distinction between three types of activity: 1) government, from local to international; 2) civic commitment, in accordance with the authorities; 3) opposition, critical of the existing political system. Challenging the commonly held view that „selling cities" is an essentially novel phenomenon dominated by marketing professionals, the editors argue for a historical perspective on city marketing as a promising field of further research.

In her chapter on Frederick William I's use of architecture and art, **Melanie Mertens** reassesses a ruler who is usually held to have been hostile to culture throughout his reign. In its later stages, however, the king financed the building of a prestigious city quarter in Berlin's Western disctricts. Begun in 1733, the expensive project combined urban development and ambitious architecture, and marked a turning point after the state's public presentation had previously been almost exclusively focussed on the military. In this re-orientation, the intensification of the „friendship" between Frederick William and Augustus „the Strong", Elector of Saxony and King of Poland, after 1728 played an important role. The chapter traces the stages of this development and thus corrects the traditional image of the „soldier king", who, once the state budget had been consolidated, knew how to use the arts as well as his royal rivals.

Daniel Schönpflug's investigation into urban representations in Hohenzollern marriage festivals explores the staging of state weddings in 18th-century Berlin. In challenging Habermas' thesis of a transformation of the public sphere, Schönpflug demonstrates how throughout the 18th and 19th centuries, the core elements of the ritual continued to be performed with a great respect for traditions. Moreover, participation and self-representation of the urban population were not new elements introduced in response to the French Revolution. Despite new opportunities and the fact that the popular genre of festival books allowed bourgeois authors to propagate their interpretation of the event, royal weddings remained a predominantly dynastic representation, in which the urban population only played a supporting role.

Thomas Biskup's chapter focusses on 18th-century discussions of Berlin's rapid rise from Hohenzollern residence to German metropolis. Critics of the Berlin Enlightenment and opponents of Frederick the Great's Prussia used the city's sandy subsoil as a metaphor for what they considered the morally as well as economically shaky foundations of urban growth and Prussian power. Berlin „Aufklärer", in contrast, shaped a specific image of Berlin as an exceptionally dynamic yet well-ordered, clean yet tolerant city, which they projected in Germany's burgeoning public sphere. Here, the city appeared as an example of harmonious co-operation of enlightened rulers and industrious citizens. This new Berlin was also celebrated in pictorial representations whereas earlier stages of Berlin's history aroused little interest until the 19th century.

Marc Schalenberg in his contribution „Berlin on all channels" argues that the period between the Napoleonic occupation of the city and the Revolution of 1848 is under-estimated in terms of its conscious efforts to effectively create and market an image of Berlin as a modern, aspiring capital. As can be shown for rather diverse examples and a number of objects and media, a synthesis between the concerns of the monarchy and the newly forming middle classes (including businessmen, artists and engineers) was sought; personal networks facilitated these attempts. The message to be conveyed was to present Berlin as a well-ordered, but civil place, skilled and innovative, clean and open to all talents.

Esther Kilchmann reads Heinrich Heine's *Letters from Berlin* as an early example of big-city narrative where the flaneur's gaze is turned into a literary method. On his narrated strolls through Berlin, Heine juxtaposes, seemingly un-systematically, important and unimportant impressions, architectural peculiarities and fleeting encounters. Thus, he manages to indirectly word observations which do not match the official image of the Prussian capital; observations which would otherwise not have passed censorship. The paths of the flaneur can therefore be read as a political programme. This becomes perfectly clear at the end of the series of letters: in the staging of a royal wedding ceremonial, Heine uncovers traces of a revolution yet to come. Biedermeier Berlin is thus being re-mapped as a space in which political opposition can be articulated.

Combining the views of art historian and museum practitioner, **Tilmann von Stockhausen** provides an insider's perspective for the development of Berlin's „museum island" between 1830 and the early 1900s. The author stresses that the degree of both professionalisation and popularisation of these art and archaeo-logical collections was unheard of in other German capitals, in particular since Richard Schöne took over as director-general in 1880. The use of the latest exhi-bition and reproduction technologies as well as a wide range of publications, all with a common design, allow to speak of the late 19th-century museum island as a „brand" in its own right.

Katja Zelljadt's chapter, „Alt-Berlin in the Kaiserreich: History as Object of Consumption and Marketing Concept", explores the array of meanings that the term „Alt-Berlin" conjured around 1900. Treating the phrase as an historical lieu de mémoire, Zelljadt looks at Alt-Berlin in theater, in exhibitions, and in photography. As a „Special Exhibit" in the 1896 Gewerbeausstellung, „Alt-Berlin" became the city's largest public historical attraction before World War I, creating and fostering a new sense of city pride. Photographs of Alt-Berlin played an important part in the collecting practices and activities of local historical societies and museums, as well as fuelling the nascent postcard industry and contributing to the development of historic preservation and historical tourism.

According to **Peter Fritzsche** („Mass culture and the representation of Wilhelmine Berlin"), a key aspect of „selling Berlin" was the effort to represent Berlin and Berliners as orderly, variegated, and democratic, which heightened the spectatorial capacity of the city but also made claims on political power. As the largely working-class population of Berlin consumed the city they opened up new spaces of mass culture and created a more democratic politics which has not been integrated into historical narratives of the Kaiserreich. Both the politics of consumption and representation around 1900 enhanced the potential for urban democracy and embellished perspectives on the city that were detailed and empathetic as a closer look onto the 1904 murder of Lucie Berlin reveals.

Jan Rüger highlights that ever since the rise of Berlin as a city, evocations of urban identity had been linked to a particular form of „Berlin wit". By the end of the nineteenth century, the idea of the „Berliner Schnauze" was a widely used cliché about the city and its inhabitants. It was traditionally connected to an image of crude lower-class quick-wittedness, which high-brow observers found deeply unappealing – and typical of the Berliners. How this idea of a particular form of „Berlin wit" was used and interpreted between 1914 and 1918 is central for an understanding of the cultural and political processes that unfolded in the imperial capital during the war.

Daniel Kiecol investigates into Berlin tourism in the 1920s, which then witnessed both a noticeable expansion and the creation of dedicated institutions. Forming part of the urban administration, the Fairs and Exhibitions Office became a focus of organised promotion and advertisement for the city. The notion of a decisively „modern" metropolis, partly informed by American models and far from unanimously shared, was propagated by influential voices, such as urbanist-politician Martin Wagner or the city's business associations. They succeeded in presenting Berlin as a vibrant, avant-garde, cosmopolitan place, uninhibited by constraints. To set this into wider perspective, Kiecol draws a comparison with Paris, a classic tourist destination, where image-making was less contested the 1920s.

Christian Saehrendt considers „political tourism and the transformation of war memorials in Berlin in the interwar period 1919–1939", showing how the reception of political war monuments, dedicated to the fallen German soldiers of the Great War, divided society and accelerated political conflicts. Apparently, it was not possible to find a political consensus to build a huge, central monument which could be used as a unifying national symbol. The diversity of the memorial landscape in Berlin didn't attract large numbers of tourists. Political visitors –

leftist, nationalist, social democratic – preferred to see only those monuments, which fitted their allegiances.

Robert Graf's chapter „Staging Berlin as the Reich's Capital under National Socialism" examines the different phases of the National Socialists' endeavours to reshape Berlin as "worthy capital of the Third Reich". Special focus is put on the role and importance of the many thoroughly planned spectacles and mass rallies the Nazis held in public spaces in an ongoing process of successive marking, reinterpretation, appropriation and transformation of urban space. The almost constant confrontation with an atmosphere of festival and celebration led to a process of mental re-configuration of the city's population in regard to the political aims of the Nazis. The analysis of the different stages of the transformation process uncovers the connection between the shape of the public festivals of the 1930s, city planning and propagandistic representation of intensive building activity and war planning in the context of the Nazis' overall plan to equip Berlin with a set of "eternal" architectures.

In her chapter „With *Baedeker*'s Guidebook to East-Berlin? Building Sites and Tourism during the Cold War (1945-1970)", **Stephanie Warnke** considers East and West Berlin as travel destinations and tourist attractions. With a special focus on new architecture serving as city landmarks and tourist features, she shows how quickly the physical reconstruction of Berlin became a major attraction for visitors, not only despite, but also because of the cold war. Various institutions used the broader interest in urban design for their marketing; on both sides of the wall they produced competing and successful new city images. Exploring the history of this image production and city marketing through architecture helps to unterstand the ongoing debates on architecture and the protection of historical monuments in the „New Berlin".

As **Alexander Sedlmaier** argues in „Berlin as a twofold showcase", consumerism played a major role in the public staging of Berlin during the Cold War. Issues of consumption, distribution and standard of living were used on both sides to demonstrate the superiority of the respective social system entailing heavy subsidies. Real and metaphorical showcases were central to this process. The American and West German actors of city marketing in the wider sense developed an ideological emphasis on the abundance of full shop windows, employing material as well as cultural infiltration as Cold War weapons. Their Soviet and East German counterparts basically shared this desire to sell their political system via the abundance their part of the city had to offer, but increasingly went on to the defensive as self-inflicted and competitive promises could not be met. This provoked a different recourse to showcases which were supposed to distract from difficulties and often introduced western goods and lifestyles.

Hendrik Tieben's chapter „Images of Berlin in the context of the city's 750th anniversary" focusses on the years prior to the fall of the Berlin Wall, and examines four architectural and exhibition projects developed in the context of the city's anniversary in 1987. The latter was used as an opportunity to redefine the image of the city on both sides of the Wall, and the article analyses the different images and the motivations behind them. The first two projects were initiated in the late 1970s and, under the catch phrase of „critical reconstruction", responded to the short-comings of the urban development of the preceding years. The two later projects addressed changing conditions in the 1980s. In particular the German Historical Museum, initiated by West German chancellor Kohl, was supposed to be a reminder of Berlin's role as German capital by both its contents and its originally intended location.

In her chapter „Bild-Störungen" („Interferences"), **Angela Borgwardt** is concerned with the changes in the presentation of East-Berlin as „GDR capital" between 1949 and 1989. Official images shaped by the ruling communist party prevailed in the first two decades, but from the 1970s onwards, critical counter-images gained ground. Through several examples, ranging from informal networks to democratic mass protest in 1989, the different modes of producing such diver-ging images in an authoritarian system are examined. In spite of a far-reaching policy of repression, East-Berlin as the centre of state power increasingly emerged as a city of contradictions and as a place where official images were more and more eclipsed by alternative representations.

Alexa Faerber employs the notion of „urban imagineering" to define a performative practice and sphere where the plausibility of images as parts of discursive and economic practices and in cultural production have to prove their plausibility with respect to the imaginary of the city. Within the perspective of urban imagineering the plausibility of the image of Berlin as an "east-west-turntable" after 1989 is analysed on three levels (urban policy, cultural production, young experts on Eastern Europe) which show to be unequally plausible. It is argued that because of the persistent imagery of Berlin as a bohemian space, failure – as one feature of bohemian lifestyle – turns out to be a particularly plau-sible image. Thus, selling the city of Berlin as an "east-west-turntable" asks for inscribing images into an urban imagineering of a successfully unsuccessful city.

Sybille Frank considers, in a detailed spatial and discursive analysis, the „myth machine" Potsdamer Platz, its controversial rebuilding and partial privatisation after the fall of the Wall. Taking up Jan Assmann's studies on „cultural memory", she reconstructs the genesis and contents as well as shifting meanings of the myth(s) attached to the site. As a flamboyant selling point, it was part and parcel of Daimler's building project, and its suggestive power eventually cast a spell not just over sceptical citizens, but also over Berlin politicians in charge. As a result, Potsdamer Platz, marketed as flagship of a „New Berlin", evolved from a complex historical site to a self-referential sign within a mere decade.

A different perspective on the same project is provided by **Thomas Albrecht** in „Berlin's recreation between planning process and urbanistic vision". The Potsdamer Platz site at the very centre of Berlin was one of the busiest places in pre-war Berlin; following destruction in World War II, it turned completely empty when the Wall was built in 1961. In 1991 it was the subject of an international competition for architects. By virtue of its prominent position within the city, all decisions taken for this site had a great influence on the new image of Berlin. From the view-point of an architect and city planner actively involved in the process, the author examines how this new image was defined, what ideas and traditions were inserted into the process, and how the city reacted to it.

With the fall of the Berlin Wall, the city's economic and financial basis changed fundamentally. What was called „Berlin" after 1989 was thus either new or had to be created on the basis of new opportunities. **Volker Hassemer**'s article describes from an insider's perspective how those responsible for the city's public relations programme put their emphasis on communicating the exceptional, in particular the large-scale change of almost all aspects of the city's living conditions. This was encapsulated in the heading of „The new Berlin" and the concept of „Schaustelle" („building stage"), which communicated the re-building of Berlin not only as an encouraging and proud-making event, but, moreover, aspired to standing as a distinctive mark in its own right for the city's novel situation.

As **David Midgley** argues, describing a city as a „palimpsest" is a way of acknowledging that the obliteration of old structures to make way for new ones is a constant feature of urban development. Berlin, with its well-known history as Germany's capital and as the centre of abrupt regime changes in the course of the twentieth century, displays the effects of such obliteration to a particularly marked degree. Drawing on texts by writers who knew Berlin well, such as Arthur Eloesser, Walter Benjamin, Alfred Döblin and the GDR raconteur Heinz Knobloch, this article looks beyond official memory culture and the images of the city that the tourist industry is fond of exploiting, and evokes some of the palimpsest effects that have characterised life in Berlin ever since the period of its rapid growth and industrialisation in the nineteenth century.

AUTORENVERZEICHNIS

Thomas Albrecht, geb. 1960, ist Architekt und Städteplaner im Büro Hilmer & Sattler und Albrecht sowie ehrenamtlicher Hochschuldozent und Ehrendoktor an der Northumbria University, Newcastle und an der Kent State University, Florenz. Wichtige Bauten in Berlin: Gemäldegalerie, Umbau des Museums Berggruen, Masterplan Potsdamer Platz/Leipziger Platz, Beisheim Center. Veröffentlichungen u.a.: *Hilmer & Sattler und Albrecht: Bauten und Projekte* (Stuttgart 2004).

Thomas Biskup, geb. 1971, promoviert an der University of Cambridge, ist RCUK Fellow and Lecturer in History an der University of Hull. Er hat bisher v.a. zur Geschichte von Monarchie, Höfen und politischer Symbolik im 17. bis 19. Jahrhundert veröffentlicht und arbeitet zur Zeit an einer Studie über englisch-deutsche Gelehrtennetzwerke um 1800.

Angela Borgwardt, geb. 1963, Politikwissenschaftlerin und Germanistin, arbeitet als freie Autorin und Lektorin in Berlin für verschiedene Verlage und Stiftungen. Ihre Dissertation *Im Umgang mit der Macht* (Wiesbaden 2003) analysiert Konflikte im politischen Raum zwischen der Staatsmacht der DDR und prominenten kritischen Autoren. 2001–2002 nahm sie einen Lehrauftrag am Otto-Suhr-Institut der FU Berlin zum Thema „Politik und Kultur in der Metropole Berlin" wahr.

Alexa Färber, geb. 1968, ist Wiss. Mitarbeiterin am Institut für Europäische Ethnologie der HU Berlin. Sie wurde mit der Arbeit *Weltausstellung als Wissensmodus: Ethnographie einer Repräsentationsarbeit* (Münster 2006) promoviert und arbeitete anschließend in einem komparativen Forschungsprojekt zu urbaner Kultur und ethnischer Repräsentation in Berlin und Moskau. Hg.: *Hotel Berlin: Formen urbaner Mobilität und Verortung* (Berlin 2005); *Islamisches Gemeindeleben in Berlin,* zus. mit Riem Spielhaus (Berlin 2006).

Sybille Frank, geb. 1972, ist seit 2003 Wiss. Mitarbeiterin am Institut für Soziologie der TU Darmstadt. 2000–2003 arbeitete sie am Wissenschaftszentrum Berlin für Sozialforschung und wirkte 2002 an der Ausarbeitung der „Partnerships for World Heritage"-Initiative des UNESCO World Heritage Centre in Paris mit. Ihre Dissertation behandelt die Konjunktur des kulturellen Erbes in Berlin.

Peter Fritzsche, geb. 1959, ist Professor of History an der University of Illinois in Urbana-Champaign. Er ist Autor zahlreicher Bücher v.a. zur deutschen Geschichte des 19. und 20 Jahrhunderts, u.a. *Reading Berlin 1900* (Cambridge/Mass. 1996), *Germans into Nazis* (Cambridge/Mass. 1998) und *Stranded in the Present: Modern Time and the Melancholy of History* (Cambridge/Mass. 2004). Zur Zeit arbeitet er an einem Buch mit dem Titel *Life and Death in the Third Reich.*

Robert Graf, geb. 1968, Historiker und Theaterwissenschaftler (FU Berlin), arbeitet als Designer, Programmierer und Berlin-Stadtführer. Seine Kenntnisse flossen maßgeblich in Konzeption und Gestaltung der multimedialen „Videobustour Berlin" ein. Seit seiner letzten Publikation – Illustrationen zu Marina Abramovics „7 easy pieces" (New York 2007) – lebt er in Santiago de Chile.

Volker Hassemer, geb. 1944, Dr. jur., 1981–1983 sowie 1991–1996 Senator für Stadtentwicklung und Umweltschutz in Berlin. 1983–1989 Senator für kulturelle Angelegenheiten. 1996–2002 Vorsitzender der Geschäftsleitung von „Partner für Berlin". Vorstandsvorsitzender der „Stiftung Zukunft Berlin" und Sprecher der Initiative „Europa eine Seele geben".

Daniel Kiecol, geb. 1966, Autor, Lektor und Übersetzer in Köln. Dissertation an der Universität Duisburg *Image und Selbstbild zweier europäischer Metropolen. Berlin und Paris zwischen 1900 und 1930* (Frankfurt a.M. 2001). Vielfältige Beschäftigung mit dem Thema Berlin im 20. Jahrhundert, u.a. in *Schmelztiegel und Höllenkessel. Die Sehnsucht nach der großen Stadt* (Berlin 1999).

Esther Kilchmann, geb. 1976, ist Wiss. Mitarbeiterin am Zentrum für Literatur- und Kulturforschung in Berlin. Sie promovierte 2007 im Fachbereich Neuere deutsche Literatur der Universität Zürich mit der Arbeit „Prekäre Einheit. Herkunftsszenarien zwischen Familien- und Nationsgeschichten bei Heine, Droste-Hülshoff, Gotthelf, Gervinus und F. Schlegel".

Melanie Mertens, geb. 1967, ist Kunsthistorikerin mit Schwerpunkt Architekturgeschichte. Zahlreiche Veröffentlichungen zum Barock in Berlin und in der Mark Brandenburg, u.a. ihre Dissertation *Berliner Barockpaläste* (Berlin 2003). Nach mehrjähriger Tätigkeit in der Landesdenkmalpflege Baden-Württemberg derzeit Bearbeiterin des *Dehio-Handbuchs der Deutschen Kunstdenkmäler (Westfalen)* in Münster.

David Midgley, geb. 1948, ist Literaturwissenschaftler und Reader in German Literature and Culture an der Universität Cambridge. Sein Forschungsgebiet ist die literarische Moderne, mit Schwerpunkten in den Werken von Musil, Döblin und Brecht. Hauptpublikationen: *Arnold Zweig. Zu Werk und Wandlung 1927–1948* (Königstein/Ts. 1980); *Writing Weimar. Critical Realism in German Literature, 1918–1933* (Oxford 2000).

Jan Rüger, geb. 1972, ist Lecturer in Modern European History am Birkbeck College, University of London. Beiträge zur deutschen, britischen und europäischen Geschichte des 19. und 20. Jahrhunderts, u.a. *The Great Naval Game: Britain and Germany in the Age of Empire* (Cambridge 2007); Entertainments, in: Jay Winter/Jean-Louis Robert (Hg.), *Capital Cities at War: Paris, London, Berlin, 1914–1919* (Cambridge 2007); Nation, Empire and Navy: Identity Politics in the United Kingdom, 1887–1914, in: *Past & Present* 185 (2004).

Christian Saehrendt, geb. 1968, 2002 in Heidelberg promoviert mit einer Arbeit über Ernst Ludwig Kirchner, arbeitet als Kunsthistoriker und Publizist; zahlreiche Veröffentlichungen zu Kunst und Politik im „Zeitalter der Extreme".

Marc Schalenberg, geb. 1970, promoviert an der HU Berlin mit der universitätsgeschichtlichen Dissertation *Humboldt auf Reisen?* (Basel 2002), ist Assistent am Historischen Seminar der Universität Zürich und bereitet eine vergleichende Studie über die Selbstdarstellungen deutscher Residenzstädte und ihr Verhältnis zu europäischen Metropolen im 18. und frühen 19. Jahrhundert vor; Mitherausgeber des H-Soz-u-Kult/H-ArtHist-Forums „Das Ende der Urbanisierung?" (Edoc 2006).

Daniel Schönpflug, geb. 1969, ist Wiss. Assistent am Friedrich-Meinecke-Institut der FU Berlin. Sein Arbeitsgebiet ist die Westeuropäische Geschichte des 17.-20. Jahrhunderts. Promotion 1999 mit der Arbeit *Der Weg in die Terreur. Radikalisierung und Konflikte im Straßburger Jakobinerclub 1789–1795* (München 2002); arbeitet an einer Habilitationsschrift zur Geschichte europäischer Fürstenheiraten und ihrer Bedeutung für dynastische Strategien, symbolische Außenpolitik und die Entstehung europäischer Identität.

Alexander Sedlmaier, geb. 1969, lehrt Moderne Geschichte an der University of Wales, Bangor. Er hat zur Konsumgeschichte und zur Geschichte der deutschamerikanischen Beziehungen veröffentlicht, u.a. seine Dissertation *Deutschlandbilder und Deutschlandpolitik. Studien zur Wilson-Administration, 1913–1921* (Stuttgart 2003). Arbeitet derzeit zum historischen Zusammenhang von Konsumkritik und politischer Gewalt zwischen Nahrungsmittelaufstand und Warenhausbrandstiftung.

Tilmann von Stockhausen, geb. 1965, ist Kunsthistoriker und Marketingdirektor der Stiftung Preußische Schlösser und Gärten Berlin-Brandenburg. Er wurde mit einer Dissertation über die *Gemäldegalerie Berlin: Die Geschichte ihrer Erwerbungspolitik 1830–1904* (Berlin 2000) promoviert.

Hendrik Tieben, geb. 1967, ist Architekt und lehrt als Assistenzprofessor am Architekturdepartment der Chinese University of Hong Kong. Dissertation an der ETH Zürich zu Aspekten der Geschichte, Erinnerung und Identität im Werk des Architekten Aldo Rossi am Beispiel des Projekts für das Deutsche Historische Museum. Untersucht derzeit städtebauliche Transformationen und Identitätskonstruktionen in Hongkong und Macao im Zusammenhang mit der Integration der ehemaligen Kolonien in die Volksrepublik China.

Stephanie Warnke, geb. 1974, Historikerin und Literaturwissenschaftlerin, promoviert am interdisziplinären Graduiertenkolleg „Stadtformen. Bedingungen und Folgen" der ETH Zürich über die Wahrnehmung des Berliner Wiederaufbaus nach dem Zweiten Weltkrieg in den Massenmedien.

Katja Zelljadt, geb. 1974, 2005 in Harvard promoviert mit der Arbeit „History as Past-time: Amateurs and Old Berlin, 1870–1914". Projekte am Deutschen Historischen Museum, am Lower East Side Tenement Museum in New York und an Harvard University Art Museums; derzeit Wissenschaftliche Mitarbeiterin am Getty Research Institute in Los Angeles.

Tafel I: Die „Lindenrolle" von 1820 (siehe Aufsatz Schalenberg, S. 81, Abb. 2)

Tafel II: Eduard Gärtner, Panorama von Berlin vom Dach der Friedrichwerderschen Kirche, 1834 (As. Schalenberg, S. 84, Abb. 4)

Tafel III: Johann Erdmann Hummel, Die Granitschale im Berliner Lustgarten, 1831 (As. Schalenberg, S. 86, Abb. 5)

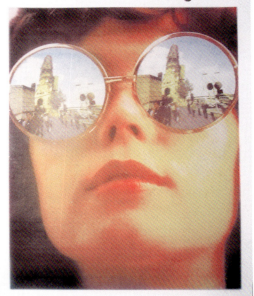

Tafel IV: West-Berliner
Werbeplakat
(As. Sedlmaier, S. 237,
Abb. 2)

Tafel V: Ost-Berliner
Werbeplakat (As.
Sedlmaier, S. 238,
Abb. 3)

Tafel VI: Rückkehr
zum Berliner Block:
Aldo Rossis Haus an
der Ecke Koch- und
Wilhelmstraße, Berlin,
1981–1988 (As.
Tieben, S. 249, Abb. 1)

Tafel VII: Städtebau-
licher Plan für Berlin,
1984 (As. Tieben, S.
250, Abb. 2)

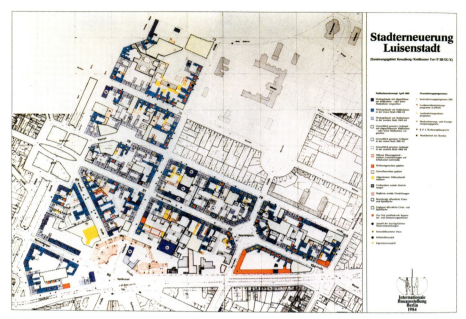

Tafel VIII: Maßnahmenkonzept April 1981: Erhalt der Bausubstanz und Verbleiben der Bewohner, Sanierungsgebiet Kreuzberg/Kottbusser Tor (As. Tieben, S. 252, Abb. 3)

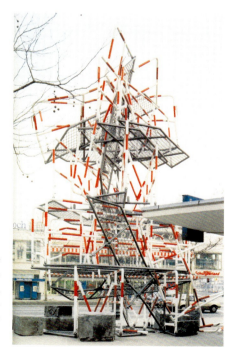

Tafel IX: Olaf Metzlers Skulptur „13.4.1981", Joachimstaler Platz am Kurfürstendamm, 1985–1987 (As. Tieben, S. 258, Abb. 7)

Tafel XI: Photographie „Russendisco", Alexander Gnädiger (As. Färber, S. 292, Abb. 2)

Tafel X: Motiv „Ost-West-Metropole" der Imagekampagne 2002 für Hauptstadtmarketing (As. Färber, S. 286, Abb. 1)

Tafel XII: Kopie des
Verkehrsturms neben
der Info-Box
(As. Frank, S. 312,
Abb. 5)

Tafel XIII: „Hanging pictures" der Daimler-Benz AG im Oktober 1998 (As. Frank, S. 314, Abb. 6)

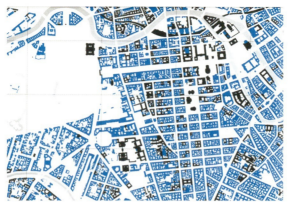

Tafel XIV: Kriegszerstörung und Abriß bis 2001
(As. Albrecht, S. 322, Abb. 1)

Tafel XV: Rauchstraße, Städtebau Rob Krier, 1986 (As. Albrecht, S. 323, Abb. 2)

Tafel XVI: Piero della Francesca (Schule), Ideale Stadt, 1561
(As. Albrecht, S. 326, Abb. 5)

Tafel XVII: Städtebauliche Simulation Leipziger Platz, 2001
(As. Albrecht, S. 329, Abb. 8)